NEIL WILSON
MARK BAKER

# PRAG

CITYGUIDE

# WILLKOMMEN IN PRAG

*Im Ständetheater (S. 110) fand 1787 die Uraufführung von Mozarts* Don Giovanni *statt*

CHRISTER FRE

## Prag hat jedem etwas zu bieten. Was die Schönheit betrifft, gleicht es Paris. Die Geschichte reicht ein Jahrtausend zurück. Und das Bier? Ist das beste Europas.

Die Samtene Revolution von 1989 befreite die Tschechen vom Kommunismus und schenkte Europa das Juwel einer Stadt, das sich vor Metropolen wie Rom, Amsterdam und London nicht verstecken muss. Seitdem strömen Besucher aus aller Welt nach Prag – an manchen Sommertagen kommt es einem vor, als spaziere die ganze Menschheit über die Karlsbrücke. Doch selbst die Besuchermassen können die Anziehungskraft der Steinbrücke aus dem 14. Jh., der Burg auf dem Hügel und der reizenden, trägen Moldau nicht mindern. Der Fluss inspirierte zu einem der schönsten Werke der klassischen Musik des 19. Jhs.: zu Smetanas *Die Moldau*.

Wer sich mit Zeitgeschichte beschäftigt, wird von den Höhen und Tiefen, die Tschechien im 20. Jh. erlebt hat, gefesselt sein: von der Gründung des Landes 1918, der tragischen Zeit des nationalsozialistischen Regimes im Zweiten Weltkrieg, der kommunistischen Machtergreifung 1948 und dem Einmarsch der Warschauer-Pakt-Truppen 1968 genauso wie vom endgültigen Triumph 1989, als Hunderttausende friedlicher Demonstranten auf die Straßen gingen und der Schriftsteller Václav Havel in die Prager Burg einzog.

Seit 1989 scheint sich alles noch schneller zu verändern. Die Kunst- und Musikszene der Stadt blüht wieder auf und der Kulturkalender ist voll mit Veranstaltungen und Festen wie dem weltweit bekannten Prager Frühling im Mai und Juni. Die Qualität der Restaurants und Hotels hat sich sehr verbessert und ist nicht mehr mit der von vor zehn Jahren zu vergleichen.

Und falls das noch nicht genügend Interesse geweckt hat: Auch das Bier ist ziemlich gut.

# LEBEN IN PRAG

Im Sommer 2010 steckt Prag mitten in aufreibenden, viele Millionen Euro teuren Bauprojekten, welche die einst so verschlafene Ostblock-Metropole endgültig in die Moderne katapultieren sollen. Die größte Einzelmaßnahme ist der Bau des Autobahntunnels Blanka unmittelbar nördlich der Innenstadt, zwischen den Letnáanlagen und der Metrostation Hradanská. Der Tunnel soll über mehrere Kilometer unterirdisch verlaufen und am Ende an das Prager Ringstraßensystem angeschlossen werden. Gegenwärtig aber – und wohl mindestens noch bis 2012 – verursacht die Baustelle ein absolutes Chaos. Das Gelände rund um Hradanská ähnelt schon seit geraumer Zeit eher einer Großstadt nach einem Bombenangriff. Die Straßenbahnschienen, die sich normalerweise durch das Areal schlängeln, wurden immer neuen Linien zugewiesen, und selbst alteingesessene Prager haben längst den Überblick darüber verloren, welche Linie gerade wohin fährt.

Ein zweites großes Bauprojekt dürfte die meisten Urlauber noch näher betreffen: die Renovierung des Hauptbahnhofs (Praha hlavní nádraží). Während der Recherchen für dieses Buch waren die Modernisierungsarbeiten gerade im Gange – eine dringend nötige Maßnahme, denn noch vor wenigen Jahren galt der Prager Hauptbahnhof als wohl schäbigster Bahnhof in ganz Osteuropa. Die ersten Erfolge können sich schon sehenlassen: In die große Bahnhofshalle sind viele neue Läden eingezogen, der Bereich der Auskunfts- und Fahrkartenschalter wurden erheblich verschönert, und die Bahnsteige sind sauberer und besser beschildert. Die Arbeiten werden noch einige Jahre andauern und vermutlich zu einer Aufwertung des gesamten Viertels beitragen, das an den Wenzelsplatz grenzt und mittlerweile ein wenig heruntergekommen wirkt.

Viele Tschechen beklagen sich zwar über die Begleiterscheinungen der Maßnahmen, die meisten zweifeln aber nicht daran, dass die Modernisierung längst überfällig war. Denn das unzulängliche Straßennetz stammt ebenso wie der baufällige Bahnhof noch aus den Zeiten des Kommunismus. Wenn Prag seinen angestammten Platz unter den großen Metropolen Europas einnehmen will, sind die geschilderten Eingriffe wohl unumgänglich – und am Ende werden auch die Straßenbahnenlinien wieder auf ihren althergebrachten Strecken fahren.

IZZET KERIBAR

*Auf dem Altstädter Ring (S. 95) herrscht gegen Abend besonders viel Betrieb*

# HIGHLIGHTS

RICHARD NEBE

## GESCHICHTE & ARCHITEKTUR

*In Prag kann man 1000 Jahre europäischer Geschichte auf sich wirken lassen. Die bunte Palette von Architekturstilen reicht von der hoch aufstrebenden Gotik und vom sinnlichen Barock über den eleganten Jugendstil bis hin zu der unverwechselbar tschechischen Architekturform, dem Kubismus.*

JOHN E

RICHARD NEBESKY

JOHN ELK III

**1 Prager Burg**
*Na hrad* – auf geht's „zur Burg" (S. 65).

**2 Karlsbrücke**
Am schönsten morgens im Nebel (S. 81).

**3 Vyšehrad**
Vor den Menschenmassen auf Prags andere Burg flüchten (S. 127).

**4 Jüdisches Museum Prag**
Eine düstere Erinnerung an eine zuletzt dunklere Seite der Prager Geschichte (S. 104).

**5 Vinohrady**
Das Viertel, das einen Anfall von Wohnungsneid auslöst (S. 133).

**6 Repräsentationshaus**
Jugendstil morgens, Jugendstil mittags und Jugendstil abends (S.109).

WILMAR PHOTOGRAPHY/ALAMY

RICHARD NEBESKY

DOUG MCKINLAY

**1 Letná**
Prager und Besucher der Stadt lieben den Blick von diesem hoch gelegenen Park (S. 147).

**2 Waldsteingarten**
Das ist doch endlich mal ein richtiger Garten … (S. 86)

**3 Moldau**
Einfach auf der Sophieninsel ein Boot mieten und hinausfahren auf den Fluss (S. 124).

# OUTDOOR-AKTIVITÄTEN IN PRAG

*Wenn sich die Sonne zeigt, kommen die vielen Parks, Gärten, die Moldau und ihre Inseln voll zur Geltung. Egal ob beim Inlineskaten im Stromovka-Park, beim Wandern auf dem Laurenziberg oder in den Letnáanlagen beim Relaxen mit einem Bierchen in der Hand – Sonnenbrille und Sonnencreme sollten immer dabei sein.*

RICHARD NEBESKY

RICHARD NEBESK

# AUSGEHEN

*Prag ist die Stadt für Feierwütige schlechthin – schließlich haben die Tschechen ja das Pils erfunden. Ob traditionelle Kneipen voller mit Bierschaum benetzter Schnurrbärte oder coole Cocktailbars, in denen das Personal noch stylisher gekleidet ist als die Kundschaft – Prag hat für alle etwas zu bieten.*

RICHARD NEBESKY

### 1 U zlatého tygra
Hierher nahm Havel Bill Clinton mit, damit der mal eine echte Prager Kneipe kennenlernt (S.196).

### 2 U vystřeleného oka
Eine typische Kneipe in Žižkov – die wahrscheinlich authentischste in der Stadt (S. 201).

### 3 Letenský zámeček (Biergarten in den Letnáanlagen)
Genau der richtige Ort für einen faulen Sonntagnachmittag (S. 202).

RICHARD NEBESKY

RICHARD NEBESKY

# KUNST & LITERATUR

*Von Kafka bis Kundera: Die Tschechen haben viel zur europäischen Literatur des 20. Jhs. beigetragen. Auf dem Gebiet der Kunst hält der provokative Künstler David Černý die tschechische Tradition am Leben, anspruchsvolle und irritierende Kunst zu schaffen, die einem gleichzeitig ein Lächeln aufs Gesicht zaubert.*

RICHARD NEBESKY

RICHARD NEBESKY

RICHARD NEBESKY

### ❶ Messepalast (Palais Veletržní)

Vier Stockwerke voller moderner Kunst in einem herrlich funktionalistischen Gebäude (S. 148).

### ❷ Franz-Kafka-Museum

Hier können Besucher die klaustrophobisch-paranoide Romanwelt Kafkas erkunden (S. 86).

### ❸ Kafkas Grab

Wahre Kafka-Verehrer können zum Jüdischen Friedhof pilgern (S. 138).

### ❹ David Černý

Černýs witzige Werke sind über ganz Prag verteilt (S. 153).

### ❺ Franz-Kafka-Denkmal

Wie in einer seiner Geschichten sitzt Kafka auf den Schultern eines leeren Anzugs (Karte S. 96 f.).

RICHARD NEBESKY

SCULPTURE BY JAROSLAV RÓNA/PHOTO BY RICHARD NEBESKY

JONATHAN SMITH

# MUSIK

*Prag ist voller Musik: Man hört sie in wundervollen Konzertsälen für klassische Musik genauso wie in Jazzkneipen in Kellern, sie kommt von den Straßenmusikanten auf der Karlsbrücke oder dringt auf der Kleinseite in Form einer Klavierübung aus einem offenen Fenster.*

MARTIN MOOS

RICHARD NEBESKY

RICHARD NEBESKY

## ❶ Rudolfinum
Wer erkennt unter den Figuren auf dem Dach einen bekannten Komponisten? (S. 106)

## ❷ Dvořáks Grab
Der berühmteste tschechische Komponist liegt auf dem Vyšehrader Ehrenfriedhof (S. 130).

## ❸ Straßenmusikanten auf der Karlsbrücke
Für ein paar Münzen bekommt man ein Open-Air-Jazzkonzert (S. 81).

## ❹ Smetana-Denkmal
Wer ist besser: Smetana oder Dvořák?
Im Smetanamuseum kann man diese Glaubensfrage erörtern (S. 110).

## ❺ Spiegelkapelle
Einer der schönsten Konzertsäle in der ganzen Stadt (S. 108).

## ❻ Smetanasaal, Repräsentationshaus
Hier findet alljährlich das erste Event des musikalischen Prager Frühlings statt (S. 109).

RICHARD NEBESKY

RICHARD NEBESKY

RICHARD NEBESKY

RICHARD NEBESKY

**1 Bunkr Parukářka**
Bier & Industrial in den Tiefen eines Atombunkers (S. 208).

**2 Ökotechnisches Museum**
Wer könnte einem Museum, das der Abwasserentsorgung gewidmet ist, schon widerstehen? (S. 145)

**3 Fernsehturm in Žižkov**
Futuristisches Wahrzeichen, bedeckt mit … David Černýs krabbelnden Babys (S. 142).

**4 Kubistischer Laternenmast**
Wo sonst auf der Welt gibt es schon einen kubistischen Laternenpfahl? (S. 132)

# PRAG GANZ ANDERS

*Es gehört zu den Highlights eines jeden Pragbesuchs, einmal abseits der Hauptstraßen spazieren zu gehen und dort die wunderbar schrägen Dingen zu entdecken, die es zu Hause garantiert nicht gibt.*

RICHARD NEBESKY

DOUG MCKINLAY

# INHALT

# DIE AUTOREN

## Neil Wilson

Neil erlag 1995 dem Zauber Prags. Wie jeder war er von dessen himmlischer Schönheit fasziniert, aber auch von der dunkleren Seite seiner Geschichte. Er ist seitdem regelmäßig in Prag: um einige der besten Biere der Welt zu genießen und weil noch so manches Bauwerk entdeckt werden will. Neil hat mittlerweile an sechs Auflagen des Lonely Planet Bands *Prag* mitgearbeitet. Seit 1988 verdient Neil seine Brötchen als freiberuflicher Autor. Fünf Kontinente hat er inzwischen bereist. Von ihm stammen über 50 Reise- und Wanderführer für verschiedene Verlage. Er lebt in Edinburgh, Schottland. Infos über ihn gibt es unter www.neil-wilson.com.

Neil, der Hauptautor des Bandes, verfasste „Willkommen in Prag", „Bevor es losgeht", „Ausflüge", „Verkehrsmittel & -wege" und „Allgemeine Informationen". Zudem steuerte er Texte zu den Kapiteln „Stadtviertel", „Shoppen", „Essen", „Ausgehen", „Unterhaltung", „Sport & Aktivitäten" und „Schlafen" bei.

### NEILS PERFEKTER TAG IN PRAG

Meinen Tag beginne ich gern im Krásný Ztráty (S. 195), wo ich bei einem Cappuccino in den Zeitungen blättere. Anschließend schlendere ich durch die Straßen der Altstadt und schaue mir die neuen Bücher in den Auslagen von Anagram (S. 160) und Big Ben (S. 160) an, bevor ich die Moldau überquere. Den restlichen Vormittag verbringe ich dann in den Anlagen der Kleinseite (S. 86), wobei ich mich entweder im Waldsteingarten (S. 86) oder in den Palastgärten unterhalb der Prager Burg (S. 86) aufhalte.

Zum Mittagessen suche ich mir einen Tisch mit Blick aufs Wasser im Hergetova Cihelna (S. 173), bevor ich mit der Standseilbahn auf den Laurenziberg (Petřín; S. 90) hinauffahre, wo ich durch den Park des Strahov-Klosters (S. 77) spaziere. Auf dem Gelände der Burg sehe ich mir die Ausstellung zur Geschichte (S. 90) an. Mittlerweile könnte ich ganz gut ein Bier gebrauchen, und so gehe ich dann durch die Letnáanlagen zum dortigen Biergarten (Letenský Zámeček; S. 202), wo ich mir an einem Tisch mit Blick über die Stadt ein oder zwei Glas Gambrinus genehmige.

Den Tag beschließe ich mit einem Abendessen auf der Außenterrasse des Terasa U zlaté studně (S. 172) – abermals mit Blick auf die Dächer der Stadt, diesmal bei Sonnenuntergang. Ganz zum Schluss genieße ich dann noch Live-Jazz (und Bier) im U malého Glena (S. 212).

## Mark Baker

Mark kam als Journalist zum ersten Mal in den 1980er-Jahren nach Prag. Damals lag das kommunistische Regime in den letzten Zügen. Mark war wie gebannt von der Schönheit der Stadt, ihrer geheimnisvollen Aura – und vom Schweinebraten. Anfang der 1990er-Jahre, kurz nach der Samtenen Revolution, zog er nach Prag; er wurde dort Mitbegründer des Globe Bookstore & Coffeehouse und arbeitete als Journalist für Radio Free Europe/Radio Liberty. Außerdem fing er an, freiberuflich für Reisebuchverlage zu schreiben. Von Mark stammen die Kapitel „Hintergrund" und „Architektur", er war an den Kapiteln über „Stadtviertel", „Essen", „Ausgehen", „Unterhaltung", „Sport & Aktivitäten" und „Schlafen" beteiligt.

### DIE AUTOREN VON LONELY PLANET

Warum unsere Reiseführer die besten der Welt sind? Ganz einfach: Unsere Autoren sind unabhängige und leidenschaftliche Globetrotter. Sie recherchieren nicht einfach nur übers Internet oder Telefon, und sie lassen sich nicht mit Werbegeschenken für positive Berichterstattung schmieren. Sie reisen weit, zu touristischen Highlights und entlegenen Orten. Sie besuchen persönlich Tausende von Hotels, Restaurants, Cafés, Bars, Galerien, Schlösser, Museen und mehr – und schildern ihre Eindrücke gnadenlos ehrlich, ohne Schönfärberei. Weitere Infos gibt's auf www.lonelyplanet.com im Autorenbereich.

## REISEZEIT

Prag ist ganzjährig auf Besucher eingestellt, eine ungünstige Reisezeit gibt es also eigentlich nicht. Am schönsten ist ein Besuch in der Stadt allerdings im Frühling, wenn in den vielen Parks die Blumen blühen und die Knospen sprießen.

Die meisten Touristen kommen an Ostern und zwischen den Jahren. Auch Mai (während des Prager Frühlings), Juni und September sind beliebte Reisemonate. Viele Tschechen fahren im Hochsommer in den Urlaub; dann kann es in Prag unerträglich heiß werden. Zu dieser Zeit sollte man nach Möglichkeit ein Hotel mit Klimaanlage buchen. Mit Regen muss man das ganze Jahr hindurch rechnen, wobei längere Regenperioden im Sommer eher selten sind.

Wem Kälte und regelmäßiger Smogalarm nichts ausmachen, der fährt im Winter (nicht zwischen Weihnachten und Neujahr). Unter einer Decke aus Schnee sieht die Stadt dann traumhaft und geheimnisvoll aus.

## FESTE & EVENTS

Festspielzeit ist in Prag vor allem im Frühling und Herbst: Dann finden die großen Ereignisse der klassischen Musik statt. Kleinere Feste und Events sind dagegen über das ganze Jahr verteilt; die entsprechenden Hinweise dazu findet man im Internet auf der Website www.praguewelcome.cz/de (in deutscher Sprache).

### Januar

#### HEILIGE DREI KÖNIGE (SVÁTEK TŘÍ KRÁLŮ)

6. Januar

Die Tschechen feiern diesen Tag, indem sie Weihnachtslieder singen, Glocken läuten und die Armen beschenken.

#### TODESTAG VON JAN PALACH

19. Januar

Auf dem Wenzelsplatz gedenkt man des Studenten, der sich 1969 aus Protest gegen die sowjetische Besatzung selbst verbrannt hat (s. Kasten S. 28).

### Februar

#### MASOPUST

**www.carnevale.cz**

Straßenfeste, Feuerwerke, Konzerte und Partys sind Teil der tschechischen Version des Karnevals. Die Tradition wurde von den Kommunisten verbannt und zum ersten Mal 1993 in Žižkov wieder zum Leben erweckt. Mittlerweile ist auch die restliche Stadt wieder mit dabei. Die Feierlichkeiten beginnen am Freitag vor Faschingsdienstag und enden mit einem Maskenumzug.

### März

#### ST.-MATTHIAS-KIRMES (MATĚJSKÁ POUŤ)

Vom Matthiasfest (24. Februar) bis einschließlich Ostern füllt sich das Ausstellungsgelände von Výstaviště (S. 143) mit Fahrgeschäften wie Achter- und Geisterbahnen, mit Schießbuden und mit Ständen, die Zuckerwatte

## REISEVORBEREITUNG

Wenn man einmal davon absieht, dass Flüge und Hotels in der Hauptsaison sehr frühzeitig gebucht werden müssten, ist für eine Reise nach Prag eigentlich kein besonders hoher Planungsaufwand erforderlich.

Wer vor allem nach Prag fährt, um große Festspiele wie etwa den Prager Frühling zu besuchen, sollte sich die Website der Veranstaltung mindestens einen Monat im Voraus ansehen und Karten für alle interessanten Veranstaltungen reservieren. Möchte man sich dagegen einfach nur ein paar Opern ansehen, ein wenig Jazz oder Rockmusik anhören, informiert man sich am besten ein oder zwei Wochen vor der Reise auf Websites wie www.prague.tv. Die meisten besorgen sich ihre Karten für Opernaufführungen oder klassische Konzerte erst kurz vor der Aufführung, oft erst am Vortag.

Bei den Beschreibungen der Restaurants im Kapitel „Essen" wird jeweils erwähnt, wo eine Vorabreservierung ratsam ist. Sucht man allerdings etwas ganz Spezielles, beispielsweise für ein romantisches Essen am Valentinstag, sollte man den Tisch sicherheitshalber schon mehrere Wochen im Voraus reservieren.

Aber Vorsicht: Angesichts der wirtschaftlich angespannten Lage ist es natürlich nicht auszuschließen, dass beim Erscheinen dieser Auflage das ein oder andere Lokal schon gar nicht mehr existiert ...

und Lebkuchenherzen verkaufen. Das Ganze ist von Dienstag bis Freitag von 14 bis 22 Uhr und am Wochenende von 10 bis 22 Uhr geöffnet.

### GEBURTSTAG VON TOMÁŠ MASARYK 7. März

An den „Vater" und ersten Präsidenten der Tschechoslowakei wird bei Feierlichkeiten in der Prager Burg erinnert.

### OSTERMONTAG (PONDĚLÍ VELIKONOČNÍ)

Bei einem fröhlichen Frühjahrsbrauch jagen die tschechischen Jungs ihren Angebeteten hinterher und klatschen ihnen mit bunt bebänderten Weidenruten auf die Beine (diese Ruten gibt's überall zu kaufen). Zum Dank schenken ihnen die Mädchen handbemalte Eier (die es auch zu kaufen gibt), bevor sich alle dem Feiern widmen. Es ist der Höhepunkt einer Zeit, die aus Frühjahrsputz, Kochen und Familienbesuchen besteht.

### ONE WORLD (JEDEN SVĚT)

**www.oneworld.cz**

Das einwöchige Filmfestival widmet sich Dokumentarfilmen über die Menschenrechte. In einigen der kleineren Kinos der Stadt finden Filmvorführungen statt, z. B. im Kino Světozor (S. 216).

### FEBIOFEST

**www.febiofest.cz**

Auf diesem internationalen Film-, Fernseh- und Videofestival werden neue Werke internationaler Filmemacher gezeigt. Sie werden anschließend in ganz Tschechien und in der Slowakei vorgeführt.

## April

### HEXENVERBRENNUNG (PÁLENÍ ČARODĚJNIC) 30. April

Bei der tschechischen Version eines heidnischen Festes wird das Böse vertrieben, indem man in Výstaviště (S. 143) Besen verbrennt. Auf der Insel Kampa (S. 87) und in Vorstadthöfen feiert man die ganze Nacht hindurch mit Feuern das Winterende.

### SPERM FESTIVAL

**www.sperm.cz**

Ein Festival der zeitgenössischen Kunst, Musik und „visuellen Kultur", das mit der avantgardistischen Meet Factory (S. 163) von David Černý verknüpft ist.

## Mai

### BOOKWORLD PRAGUE (SVĚT KNIHY)

**www.bookworld.cz**

Die große internationale Buchmesse auf dem Ausstellungsgelände von Výstaviště (S. 143) richtet sich in erster Linie an die Verlagsbranche, aber auch die breite Öffentlichkeit ist willkommen. Autorenlesungen, Buchvorstellungen, Ausstellungen, Seminare und Vorträge – meistens auf Englisch.

### TAG DER ARBEIT (SVÁTEK PRÁCE) 1. Mai

Der 1. Mai war einst ein hoher Feiertag für die Kommunisten. Heute bietet er immerhin noch die Gelegenheit, einen Ausflug oder ein Picknick zu veranstalten. Um den Frühlingsbeginn zu feiern, legen viele Pärchen an der Statue des romantischen Dichters Karel Hynek Mácha aus dem 19. Jh. (Karte S. 82) Blumen nieder. Er ist der Verfasser von *Máj* (Mai), einem Gedicht über unerwiderte Liebe. Auch der ehemalige Präsident Václav Havel hat ihm schon seine Ehrerbietung erwiesen.

### PRAGER FRÜHLING (PRAŽSKÉ JARO)

Das internationale Musikfestival dauert vom 12. Mai bis zum 3. Juni und ist Prags angesehenstes Kulturereignis. In Theatern, Kirchen und historischen Gebäuden finden klassische Konzerte statt (Details s. Kasten S. 216).

### PRAGUE FOOD FESTIVAL

**www.praguefoodfestival.com**

Von freitags bis sonntags ist ein ganzes Wochenende den Highlights der tschechischen und internationalen Küche gewidmet. Es gibt Kochvorführungen, Imbissstände, Bier- und Weinproben und Spiele für die Kinder – alles in den Anlagen südlich der Prager Burg.

### KHAMORO

**www.khamoro.cz**

Das Kulturfestival der Roma bietet traditionelle Musikvorführungen, Kunst- und Fotoausstellungen und eine Parade durch die Altstadt. Es findet Ende Mai statt.

## Juni

### PRAGUE FRINGE FESTIVAL

**www.praguefringe.com**

Das neuntägige Festival mit internationalen Theatertruppen, Tanz, Comedy und Musik orientiert sich am berühmten Fringe in Edinburgh und findet Ende Mai/Anfang Juni statt. Anfangs war es vor allem bei Besuchern beliebt; mittlerweile haben sich auch die Prager selbst damit angefreundet.

### PRAGUE WRITERS' FESTIVAL

**www.pwf.cz**

Ein Treffen von Schriftstellern aus aller Welt mit öffentlichen Lesungen, Vorträgen, Diskussionen und Buchverkauf.

### TANEC PRAHA

**www.tanecpha.cz**

Internationales Festival des modernen Tanzes, das im Juni in Prager Theatern stattfindet.

## Juli

### JAN-HUS-TAG (DEN JANA HUSA) 6. Juli

Die Feierlichkeiten erinnern an den böhmischen Religionsreformator Jan Hus, der 1415 auf dem Konstanzer Konzil auf dem Scheiterhaufen endete. Los geht's am Vorabend mit Versammlungen und Glockengeläut in der Bethlehemskapelle (S. 111).

## August

### FESTIVAL ITALIENISCHER OPERN

**www.opera.cz**

Ende August bis September. In der Staatsoper (S. 215) werden Werke von Verdi und anderen Italienern aufgeführt – eine tolle Gelegenheit, außerhalb der Hauptsaison gute Opernproduktionen zu sehen.

## September–November

### STRUNY PODZIMU (STRINGS OF AUTUMN)

**www.strunypodzimu.cz**

Dieses Festival hat das Erbe des einstigen Prager Herbstfestes angetreten. Das Programm enthält eine bunte Mischung von Musik aller Art: von Klassik und Barock bis zu avantgardistischem Jazz, von mehrstimmigem Gesang aus Sardinien bis zum Schweizer Jodeln. Die Aufführungen erstrecken sich über acht Wochen (Mitte September bis Mitte November).

## Dezember

### WEIHNACHTEN–NEUJAHR (VÁNOCE–NOVÝ ROK)

Viele Tschechen machen Urlaub, aber feiernde Touristen überfluten die Stadt und auf dem Altstädter Ring wird ein Weihnachtsmarkt aufgebaut.

### WAS KOSTET WIE VIEL?

1 l Benzin 31 Kč

Flasche Mineralwasser (1,5 l) 18 Kč

Internationale Zeitung 95 Kč

Bier (0,5 l) in touristischen/nicht touristischen Kneipen 60 Kč und mehr/30 Kč

Schweinebraten mit Knödeln 100–150 Kč

„Prague Drinking Team" T-Shirt 200–400 Kč (plus die Bereitschaft, sich öffentlich nicht unbedingt positiv zur Schau zu stellen)

Karten für die Laterna Magika 250–650 Kč

Rundgang durchs Repräsentationshaus 270 Kč

Kinoticket 100–170Kč

Rundfahrt mit einem Oldtimer 1200 Kč (pro Auto)

# PREISE

Prag ist kein besonders günstiges Reiseziel mehr. Durch die schnell wachsende Tourismusindustrie und eine immer stärker werdende Währung hat Prag mittlerweile zu den meisten westeuropäischen Städten aufgeschlossen – jedenfalls in guten Hotels und Restaurants.

In einem Mittelklassehotel zahlt man in der Hauptsaison für ein Doppelzimmer pro Nacht schon mal um die 160 €. Zimmer in Spitzenklassehotels können 260 € kosten. Backpackerhostels verlangen üblicherweise um die 15 € für ein Bett in einem Schlafsaal. Ein Abendessen mit einer Flasche Wein für zwei Personen auf der Kleinseite kann leicht 38 € pro Kopf kosten. Und auch das berühmte billige Bier kostet mittlerweile in Touristenbars mindestens 2 € pro Halbe.

Aber abseits der Touristenrouten bekommt man immer noch relativ billiges Essen und günstige Getränke. Nur ein paar Blocks vom Altstädter Ring entfernt gibt es Lokale, in denen man für unter 11 € pro Person isst. Dort kostet das gleiche Bier weniger als 1 €.

Und was Unterkünfte angeht, hat die Entwicklung mittlerweile zu einem Überangebot geführt – mit der Folge, dass die Preise teilweise deutlich nachgegeben haben. Inzwischen sind auch Schnäppchen durchaus wieder möglich. Bei der Suche nach günstigen Unterkünften kann das Internet helfen: Auf vielen Hotelwebsites gibt es attraktive Preise und Wochenendangebote. Außerhalb der Saison, also im Winter, sind die Zimmer oft bis zu 40 % billiger.

# INFOS IM INTERNET

All Praha (www.allpraha.com) Infos für Touristen und Auswanderer mit Tipps (Restaurants, Bars usw.) von Usern.

Expats.cz (www.expats.cz) Seite für in Prag lebende Ausländer: Artikel, Bar- und Restaurantkritiken, Foren usw.

Living Prague (www.livingprague.com) Insider-Stadtführer von einem britischen Auswanderer, der zehn Jahre lang in Prag gelebt hat.

Öffentliche Verkehrsmittel in Prag (www.dpp.cz) Alles über die Prager Metro, Straßenbahn und das Busnetz.

Prague City Hall (http://magistrat.praha-mesto.cz) Offizielle Website des Stadtrats mit vielen nützlichen Hintergrundinformationen.

Prague Daily Monitor (www.praguemonitor.com) Nachrichtenseite mit englischen Übersetzungen wichtiger Artikel aus tschechischen Zeitungen.

Prague Information Service (www.pis.cz) Offizielle Website der Touristeninformation.

PragueTV (www.prague.tv) Nützliche Seite über das Nachtleben, Kinos, Restaurants usw.

# GESCHICHTE

## UNBEKANNTES AUS DER MITTE EUROPAS

Es birgt durchaus eine Portion Ironie in sich: Viele Besucher der tschechischen Hauptstadt eilen von Attraktion zu Attraktion, ohne die vielfältige Geschichte dieser Stadt überhaupt zu kennen. In London, Paris und Rom fühlt man sich historisch gleich zu Hause, spielten doch die Geschichten und Mythen dieser Metropolen eine so bedeutende Rolle bei der traditionellen Vermittlung westlicher Kultur. Doch in Prag, das quasi direkt vor der Haustür liegt, fühlt man sich mitunter überraschend fremd. Dabei war Böhmen lange Zeit fester Bestandteil des Heiligen Römischen Reichs Deutscher Nation. Und so versteckt sich hinter manch slawischem Namen denn auch eine bekannte historische Persönlichkeit. Doch wer nicht gerade ein Studium der osteuropäischen Geschichte absolviert hat, wird kaum alle Namen kennen, die einem auf den Streifzügen durch Prag begegnen. Hier besteht also Nachholbedarf - nicht nur, weil die tschechische Geschichte voller fesselnder Persönlichkeiten und Begebenheiten ist, sondern weil sie auch einen integralen Bestandteil der europäischen Geschichte bildet.

Einige Besucher werden verblüfft feststellen, dass Prag unter Karl IV. und seinen Nachfolgern Hauptstadt des Römisch-deutschen Kaiserreichs war, also etwa mit Magdeburg, Speyer oder Wien in einer Linie steht. (Freilich war dieses Kaiserreich lange nicht so straff und zentralistisch organisiert wie das antike römische Reich, sondern hatte sich im Spätmittelalter bereits zu einem lockeren Bund christlicher Königsreiche und Fürstentümer entwickelt.) Und unter Rudolf II. Ende des 16. Jhs. war Prag eine Zeit lang Sitz des riesigen Habsburgerreiches, dessen Territorien weit verstreut waren und bis ins heutige Italien und Polen reichten.

Die Stadt war also einst so stark mit dem verbunden, was wir heute als Westeuropa ansehen, dass es im 17. Jh. genügte, zwei katholische Stadträte und einen Sekretär aus einem Fenster der Prager Burg zu befördern, um einen Krieg auszulösen. Dieser sollte 30 Jahre dauern und den ganzen Kontinent erfassen.

All dies hilft einem natürlich nicht dabei, sämtliche Boleslavs und Václavs kennenzulernen. Es sollte aber als Anreiz reichen, einen Blick hinter unaussprechliche Namen zu werfen und einige Zusammenhänge zu erfassen. Ein bisschen Wissen wird den steinigen Weg durch die Prager Burg mit Sicherheit sehr viel lohnender machen. (Bücher, die einen tieferen Einblick in die tschechische Geschichte vermitteln, stehen im Kasten auf S. 22.)

## ZUR TSCHECHISCHEN GESCHICHTE

Bevor der Rundflug über Prags Geschichte beginnt, noch ein paar Anmerkungen zur Art und Weise, wie Geschichte in der Tschechischen Republik traditionell gelehrt und erzählt wurde: Seit nunmehr Jahrzehnten - unter den Kommunisten und auch nach der Samtenen Revolution - hat sich eine orthodoxe Geschichtsversion etabliert, die dazu tendiert, die Tschechen als Opfer ihrer eigenen nationalen Tragödie darzustellen. Demnach handelt die tschechische

**500 v. Chr.–400 n. Chr.**

Keltische Stämme lassen sich im Gebiet der heutigen Tschechischen Republik nieder und errichten Siedlungen, deren Überreste später in und um Prag entdeckt wurden.

**Ca. 500 n. Chr.**

Während der Völkerwanderung dringen slawische Stämme in Mitteleuropa ein und errichten an der Moldau Siedlungen. Neueren Grabungen zufolge könnte die größte dieser Siedlungen nahe Roztoky, nordwestlich von Prag, gelegen haben.

**Anfang des 7. Jhs.**

Prinzessin Libussa (Libuše), die sagenumwobene Begründerin der Přemysliden-Dynastie, blickt über das Tal der Moldau und sagt voraus, dass hier eines Tages eine große Stadt entstehen wird … zumindest wenn man dem Mythos Glauben schenkt.

Geschichte von einer kleinen, aber gerechten Nation, die tapfer darum kämpft, die Vorherrschaft sehr viel größerer und mächtigerer Feinde abzuschütteln. Zu diesen zählten im Lauf der Jahrhunderte immerhin die katholische Kirche, die Habsburger in Wien und in jüngerer Zeit das Deutsche Reich und die Sowjetunion. Und noch immer beherrscht diese Einstellung die öffentliche Meinung, bildet die Botschaft hinter Erläuterungen und Schautafeln vieler Museen und liefert den Stoff für Reiseführer und Artikel in Zeitungen und Zeitschriften.

Deswegen ist sie noch lange nicht falsch. Im Gegenteil, es liegt sogar sehr viel Wahrheit in ihr. Lange Zeit haben die Tschechen Kriege, Not und Elend erduldet und unter ausländischen Machthabern gelitten. Auch stimmt es, dass bemerkenswerte Persönlichkeiten wie der Reformer Jan Hus (s. Kasten S. 24) letztlich außerhalb des Landes verraten wurden. Ja, die Tschechoslowakei selbst wurde gewissermaßen vom Westen verraten und schon vor dem Zweiten Weltkrieg im Stich gelassen, etwa beim Münchner Abkommen von 1938. Und nicht zuletzt wurde das tschechische Volk unter das Joch einer nationalsozialistischen wie auch sowjetischen Fremdherrschaft gezwängt.

Doch dies ist nur die eine Seite der Medaille. Die Tschechen haben ihre Geschichte – im Guten wie im Schlechten – immer stärker mitgestaltet, als es die Geschichtsbücher glauben machen. Wie die Kommunisten auf das aktive Engagement einiger Tschechen (und die stillschweigenden Duldung von vielen) zählen konnten, so fanden zuvor auch Deutsche, Österreicher, Katholiken und andere Herren die stets willigen Mitspieler. Auch dieses Kapitel gehört zur „tschechischen Geschichte".

Und schließlich wäre es auch irreführend, wenn man alle ausländischen Einflüsse per se verdammen würde. Prag war zu seinem eigenen großen Nutzen stets ein kosmopolitischer Ort – es genügen flüchtige Blicke auf einige architektonische Meisterwerke, um dies nachvollziehen zu können. Die Karlsbrücke (S. 81) und Teile des Veitsdoms (S. 69) wurden vom Deutschen Peter Parler entworfen. St. Niklas (S. 82), das barocke Meisterwerk auf der Kleinseite, war die Gemeinschaftsarbeit eines bayerischen Vater-Sohn-Duos, während vieles vom Rest der barocken Pracht der Kleinseite von Italienern erschaffen wurde. Und als Präsident Tomáš Masaryk in den 1920er-Jahren die Renovierung der Prager Burg (S. 65) in Auftrag gab, wählte er den Slowenen Jože Plečnik zum leitenden Architekten ... Diese Liste ließe sich beliebig fortsetzten.

Immerhin finden sich mittlerweile Anzeichen dafür, dass das althergebrachte Geschichtsbild allmählich einer differenzierteren Sicht der Dinge weicht. Dazu trägt sicherlich bei, dass viele Hochschullehrer, die ihre Karriere noch im Zeichen des Kommunismus begonnen hatten, allmählich ins Pensionsalter kommen und jüngeren, weltoffeneren Akademikern Platz machen. Eines der neuesten Forschungsgebiete für Historiker ist inzwischen Prags jüdische Vergangenheit und die Rolle dieser Stadt als einstiges Zentrum jüdischer Gelehrsamkeit in Mitteleuropa – ein Thema also, das noch vor ein bis zwei Jahrzehnten im offiziellen Geschichtsbild überhaupt nicht vorkam.

## DIE URSPRÜNGE

Der älteste Beleg für die menschliche Besiedlung des Prager Tals ist auf die Zeit um 600 000 v. Chr. zu datieren, erste dauerhafte Siedlungen entstanden um 4000 v. Chr. Die erste Blüte erfuhr die Region jedoch unter den Kelten, die sich in der Gegend des heutigen Prag etwa 500 v. Chr. niederließen. Der Name „Böhmen" leitet sich dann auch von einem der erfolgreichsten

**26. August 1278**

König Ottokar II. wird bei der Schlacht auf dem Marsfeld (Moravské Pole in Tschechien) auf dem Höhepunkt der Macht der Přemysliden-Dynastie von den Habsburgern geschlagen.

**4. August 1306**

Wenzel III., der letzte König aus der Dynastie der Přemysliden, wird ermordet. Er hinterlässt keinen männlichen Erben. Die Krone geht an Johann von Luxemburg über, der Böhmen seinen größten Herrscher bescheren wird, seinen Sohn Karl IV.

**26. August 1346**

Karl IV. wird nach dem Tod seines Vaters König von Böhmen; später fügt er seiner Liste von Titeln den des Kaisers des Heiligen Römischen Reiches hinzu.

## NACHHILFE IN TSCHECHISCHER GESCHICHTE

Es herrscht kein Mangel an gut geschriebenen Geschichtsbüchern, die sich mit Prag und der Tschechischen Republik beschäftigen. Hier eine Auswahl zur Geschichte des 19. und 20. Jhs.

- *Magisches Prag* (Angelo Maria Ripellino, 1973) – Der italienische Professor Ripellino haucht in dieser einfallsreichen wie unterhaltsamen Mischung aus Tatsachen und Fiktion historischen Gestalten aller Epochen neues Leben ein. Indem er seine Werke mit Persönlichkeiten wie Rudolf II., dem Golem und Franz Kafka besetzte, konnte er kaum etwas falsch machen. Das Buch ist zwar vergriffen, doch antiquarisch bekommt man es immer noch.
- *Prag in Schwarz und Gold* (Peter Demetz, 2000) – Eines von zwei empfehlenswerten Büchern aus der Feder des tschechischen Emigranten und Literaturhistorikers Peter Demetz. Es erzählt die imposante Geschichte von Demetz' Heimatstadt, gewürzt mit einem scharfen Blick für das Absurde. Eine anspruchsvolle wie inspirierende Lektüre, die nicht zwingend Vorkenntnisse der tschechischen oder mitteleuropäischen Geschichte erfordert.
- *Mein Prag. Erinnerungen 1939 bis 1945* (Peter Demetz, 2007) – Demetz' zweites, leichter verständliches Werk ist teils klassisches Geschichtsbuch, teils lebhafte und bewegende Chronik seiner eigenen Familie – Demetz' jüdische Mutter starb in Theresienstadt. Die persönlichen Erinnerungen sind besonders intensiv und vermitteln aus erster Hand einen Eindruck davon, wie das Leben in Prag unter der deutschen Besatzung aussah. Es eignet sich auch gut als Einführung in historische Ereignisse wie die Ermordung Reinhard Heydrichs 1942.
- *Prague in the Shadow of the Swastika* (Callum MacDonald und Jan Kaplan, 1995) – Teils ausdrucksvoller Bildband zu Prag, teils seriöses Geschichtsbuch, das sich hauptsächlich mit der deutschen Besatzung beschäftigt. Das englischsprachige Buch ist nicht leicht erhältlich, doch die englischen Buchhändler in Prag, z. B. der Big Ben Bookshop (S. 160), haben es meist vorrätig.
- *Verlorener Frühling. Ein Amerikaner in Prag 1967–1971* (Alan Levy, 1980; dt.: 1998) – Packender Bericht über den Einmarsch des Warschauer Pakts 1968 und dessen unmittelbare Folgen aus der Perspektive eines amerikanischen Journa-

keltischen Stämme ab, den Boii. Spuren der Boii-Kultur wurden in Süddeutschland gefunden, weshalb einige Archäologen eine Verbindung zwischen den Kelten in Tschechien, in Frankreich und möglicherweise sogar auf den noch weiter entfernten Britischen Inseln sehen. Wohl mehr Wunschdenken als historisch belegbar ist hingegen die „These", die Tschechen seien tatsächlich die direkten Nachkommen der frühgeschichtlichen Krieger.

In mehreren Gegenden Prags stieß man bei Grabungen auf keltische Siedlungen. Während des Baus der Metrolinie B in den 1980er-Jahren wurde bei Nové Butovice eine große keltische Grabstätte entdeckt, im nicht weit entfernten Jinonice fand man Reste einer frühen Eisenschmelze. Für die Vermutung, dass sich dort, wo heute die Prager Burg steht, einst eine keltische Siedlung befunden hat, gibt es allerdings keine handfesten Beweise.

## DIE ANKUNFT DER SLAWEN

Im Zuge der Völkerwanderung begannen slawische Stämme im 6. Jh., sich im größeren Stil in Mitteleuropa niederzulassen. Die Germanen, die im 1. Jh. n. Chr. aus dem Norden eingewandert waren, zogen sich nach Westen zurück. Die Neuankömmlinge errichteten etliche Siedlungen entlang der Moldau, darunter eine in der Nähe des jetzigen Standorts der Prager Burg und eine weitere flussaufwärts am Vyšehrad (S. 127). Archäologen, die in der Nähe der Stadt Roztoky nordwestlich von Prag arbeiteten, legten vor kurzem die möglicherweise größte und älteste dieser Siedlungen frei, die aus dem frühen 6. Jh. stammt.

## ZEITACHSE

**6. Juli 1415**

Der religiöse Reformator Jan Hus wird in Konstanz auf dem Scheiterhaufen verbrannt, nachdem er sich geweigert hatte, seine Kritik an der Katholischen Kirche zu widerrufen. Sein Tod führt zu jahrzehntelangen religiösen Auseinandersetzungen.

**30. Juli 1419**

Wütende Anhänger der Hussiten stürmen das Neustädter Rathaus, stürzen mehrere katholische Räte aus dem Fenster und begründen damit die Tradition der „Fensterstürze".

**Anfang des 15. Jhs.**

Die Hussitenkriege – erst kämpfen radikale Reformisten gegen Katholiken, dann verschiedene Hussitengruppen untereinander – verwüsten ganz Böhmen.

listen, der dies alles selbst miterlebte. Levy wurde 1971 aus der ČSSR ausgewiesen und durfte erst 1990 zurückkehren. Bis zu seinem Tod 2004 arbeitete er als Chefredakteur der *Prague Post*.

- *The Coast of Bohemia* (Derek Sayer, 2000) – Eine breite historische Abhandlung vom Erwachen eines tschechischen Nationalbewusstseins im 19. Jh. über die Unabhängigkeit bis zur Ersten Republik, dem Zweiten Weltkrieg und der kommunistischen Ära. Der Titel ist eine Anspielung auf den oft zitierten Vers aus Shakespeares *Wintermärchen*: „Bist du gewiss, dass unser Schiff gelandet an Böhmens Wüstenei'n?" – entweder Beweis der schlechten Geografiekenntnisse des Dramatikers oder eine Anspielung auf Böhmens mystische Meeresküste.
- *Heydrich. Anatomie eines Attentats* (Callum MacDonald, 2007) – Fesselnder Bericht über das Attentat auf Reichsprotektor Reinhard Heydrich 1942 durch tschechische Patrioten, die von Briten ausgebildet wurden. Das Attentat zerstörte zwar den Mythos der Unbesiegbarkeit der deutschen Besatzung, führte aber auch zu Vergeltungsmaßnahmen, die Tausende das Leben kosteten.
- *The Magic Lantern: The Revolution of 1989 Witnessed in Warsaw, Budapest, Berlin, and Prague* (Timothy Garton Ash, 1993) – Ein Standardwerk. Der Oxforder Professor Garton Ash hatte die fachlichen und linguistischen Kenntnisse, um die geschichtsträchtigen Ereignisse, die sich während der tumultartigen Monate des Jahres 1989 ereigneten, zu interpretieren – und die Geistesgegenwart, dies alles aufzuschreiben. Das Buch handelt vom Ende des Kommunismus in ganz Osteuropa, der Schwerpunkt liegt aber auf der Samtenen Revolution.
- *Eine Jüdin in Prag. Unter dem Schatten von Hitler und Stalin* (Heda Margolius Kovály, 1997) – Eines der wenigen Bücher, die eine Linie zwischen der deutschen Besatzung und der kommunistischen Ära ziehen. Das Schicksal meinte es mit der Autorin, einer in Prag geborenen Jüdin, nicht gut. Sie war während des Zweiten Weltkriegs sowohl nach Theresienstadt als auch nach Auschwitz geschickt worden, aber sie überlebte den Krieg und heiratete einen aufstrebenden Kommunisten, der bei den Schauprozessen der 1950er-Jahren hingerichtet wurde. Dieses bemerkenswerte Buch ist leider vergriffen und schwer zu finden, aber die Mühe lohnt sich.

## PRAGS GRÜNDUNGSMYTHOS

Um Prags Entstehung rankt sich – wie es sich für solch eine geheimnisumwitterte Stadt gehört – ein Märchen. Es wird berichtet, dass Prinzessin Libussa (Libuše), die Tochter des einstigen Herrschers Krok, im frühen 7. Jh. eines Tages auf einem Hügel stand und eine glanzvolle Stadt voraussah. Der Legende zufolge war Libussa auf der Suche nach einem kräftigen Ehemann, der für stramme Thronfolger sorgen sollte. Nachdem sie eine Reihe infrage kommender Junggesellen einschließlich einiger kränklich aussehender Mitglieder der Königsfamilie geprüft hatte, wählte sie einen einfachen Bauern namens Přemysl. Eine gute Wahl: Die Přemysliden-Dynastie herrschte fortan mehrere Jahrhunderte. Einer ihren frühen Vertreter, der Přemysliden-Prinz Bořivoj, wählte für die Errichtung der Prager Burg im 9. Jh. einen Hügelsporn auf dem Hradschin aus. Seither ist die Burg Sitz der Dynastie und Zentrum der Macht.

Das Christentum stieg unter dem frommen Wenzel (Václav), dem Herzog von Böhmen (regierte ca. 925–929), zur Staatsreligion auf. Der wichtigste Schutzpatron des tschechischem Volkes fand auch als der „gute König Wenzel" ins bekannten englischen Weihnachtslied Eingang, das der Geistliche John Mason Neale 1853 verfasste. Neale, ein Kenner der europäischen Kirchengeschichte, hatte über die legendäre Frömmigkeit des heiligen Wenzel gelesen, der in Begleitung seines Dieners einem armen Bauern Essen, Wein und Feuerholz brachte. Der historische Wenzel soll durch seine Hinwendung zum Christentum seine Mutter und seinen Bruder Boleslav so in Rage gebracht haben, dass sie den jungen Regenten umbrachten.

**1583**

Der Habsburger Kaiser Rudolf II. verlegt den Sitz der Dynastie von Wien nach Prag und leitet hier ein zweites Goldenes Zeitalter ein. Nach seinem Tod 1612 eskalieren die Spannungen zwischen Protestanten und Katholiken.

**23. Mai 1618**

Ein Trupp Protestanten befördert zwei katholische Räte und ihren Sekretär aus einem Fenster der Prager Burg. Der zweite „Prager Fenstersturz" löste letztlich den Dreißigjährigen Krieg aus.

**8. November 1620**

Die unter dem protestantischen „Winterkönig" Friedrich V. kämpfenden Soldaten verlieren die entscheidende Schlacht am Weißen Berg gegen die österreichischen Truppen der Habsburger. Die Niederlage begründet eine 300-jährige Herrschaft der Österreicher.

## JAN HUS

Noch ein Jahrhundert vor Martin Luther und dessen Reformation war Jan Hus einer der frühesten christlichen Reformatoren Europas.

Hus wurde 1372 in eine arme Familie in Südböhmen geboren. Dennoch wurde ihm ein Studium am Carolinum (Karlsuniversität) ermöglicht, an dessen philosophischer Fakultät er schließlich auch zum Dekan berufen wurde. Wie viele seiner böhmischen Kollegen wurde Hus vom englischen Philosophen und radikal-reformistischen Theologen John Wycliffe inspiriert. Dessen Vorstellungen von einer Reform des römisch-katholischen Priestertums passten hervorragend zu dem wachsenden Groll über den Reichtum und die Verderbtheit des Klerus.

Bereits 1391 hatten Prager Reformer die Bethlehemskapelle (S. 111) gegründet, in der die Predigt auf Tschechisch und nicht auf Lateinisch gehalten wurde. Hus predigte hier etwa zehn Jahre lang, während er weiter an der Universität lehrte. Hus' Kritik an der Katholischen Kirche, besonders an der Praxis des Ablasshandels, machte ihn zwar bei seinen Anhängern beliebt, doch sicherte sie ihm auch einen Platz auf der schwarzen Liste des Papstes. Er wurde vom Papst im Jahr 1410 exkommuniziert, doch er fuhr mit seinen Predigten fort. Im Jahr 1415 wurde er zum Konstanzer Konzil eingeladen, um seine Ansichten zu widerrufen. Er weigerte sich und wurde am 6. Juli 1415 auf dem Scheiterhaufen verbrannt. Auf dem Altstädter Ring steht eine riesige Statue von Jan Hus (S. 98).

Trotz gelegentlicher Brudermorde – die Přemysliden waren geschickte Herrscher. Sie formten eine slawische Allianz und herrschten bis 1306 über Böhmen. Bis zum frühen 13. Jh. taten sie dies als Herzöge von Böhmen. Ottokar I. erwirkte dann aber zwischen 1198 und 1212 bei den Mächtigen des christlichen Europas, Kaiser und Papst, die Anerkennung eines böhmischen Erbkönigtums. Auf dem Höhepunkt ihrer Macht herrschten die Přemysliden unter Ottokar II. (regierte 1253–1278) zudem über das Herzogtum Österreich, die Steiermark, das Egerland, Kärnten und die Krain.

## DAS HEILIGE RÖMISCHE REICH

Es ist kaum vorstellbar, dass Prag je wieder die Bedeutung erlangen wird, die es im 14. Jh. unter dem König und späteren Kaiser Karl IV. (Karel IV.) hatte, als es für einige Jahrzehnte der Mittelpunkt des Heiligen Römischen Reiches war.

Prags Aufstieg zum Ruhm begann 1306, als der Přemyslide Wenzel III. ermordet wurde, ohne einen männlichen Thronfolger zu hinterlassen. Durch die Heirat mit der Tochter Wenzels III., Elyška, gelangte schließlich 1310 Johann von Luxemburg (Jan Lucemburský) auf den tschechischen Thron.

Unter der aufgeklärten Herrschaft von Johanns Sohn, Karls IV., entwickelte sich Prag zu einer der größten und wohlhabendsten Städte Europas. Die Stadt erhielt ihr herrliches gotisches Antlitz – Karl gab u. a. die heute nach ihm benannte Brücke und den Veitsdom in Auftrag. Außerdem gründete er die Karlsuniversität, die erste Universität Mitteleuropas.

## DIE BÖHMISCHE VERSION EINER KRISE

Im Unterschied zum 14. Jh. brachten die Jahre zwischen 1400 und 1500 überwiegend Elend und Krieg. Viele Früchte der Vorjahre wurden durch religiös motivierte Gewaltexzesse und Intoleranz zunichtegemacht. In diese Zeit fällt auch die von Jan Hus angeführte kirchenrefor-

**21. Juni 1621**

27 böhmische Adlige werden auf dem Altstädter Ring wegen Anstiftung zu einem Aufstand gegen die Habsburger hingerichtet. Ihre abgetrennten Köpfe werden am Prager Altstadtturm auf der Karlsbrücke zur Schau gestellt.

**29. Oktober 1787**

Wolfgang Amadeus Mozart, der in Prag eine hohe Popularität genießt, dirigiert im Ständetheater nahe des Altstädter Rings die Uraufführung seiner Oper *Don Giovanni*.

**3. Juli 1883**

Der deutsch-jüdische Schriftsteller Franz Kafka wird in unmittelbarer Nähe des Altstädter Rings geboren. Er führt später ein Doppelleben: harmloser Versicherungsangestellter bei Tag und leidender Vater des modernen Romans bei Nacht.

matorische Bewegung (s. Kasten S. 24). Hus' Ziele waren ihrer Zeit allerdings weit voraus – letztlich führte seine Bewegung zu einer Spaltung des Landes.

1419 stürmten Anhänger des hussitischen Predigers Jan Želivský das Neustädter Rathaus und stürzten mehrere katholische Räte aus dem Fenster. Dieser Akt führte nicht nur zu verhärteten Fronten, sondern auch zur Aufnahme des Wortes „Fenstersturz" in den politischen Wortschatz.

Nach dem Tod des römisch-deutschen Kaisers Wenzel IV. im gleichen Jahr errangen die Hussiten die Kontrolle über Prag. Dies löste den ersten antihussitischen Kreuzzug aus, zu dem Sigismund, der Nachfolger Wenzels, 1420 aufrief. Der Hussiten-Befehlshaber Žižka verteidigte die Stadt in der Schlacht am Veitsberg erfolgreich – doch religiöse Konflikte erfassten das gesamte Land. Die Hussiten waren in verfeindete Gruppen zersplittert: Die eine wollte Frieden mit dem Kaiser schließen (Utraquisten bzw. Kalixtiner), die andere bis zum bitteren Ende weiterkämpfen (Taboriten). Letztere wurde dann auch 1434 in der Schlacht bei Lipan vernichtend besiegt.

Nach Sigismunds Tod herrschte Georg von Poděbrady (Jiří z Poděbrad) als Böhmens einziger Hussitenkönig mit Rückendeckung der gemäßigten Utraquisten von 1452 bis 1471. Doch es war zu spät – das einst wohlhabende Böhmen lag bereits in Trümmern. Der Rest des Jahrhunderts war von einem fragilen Gleichgewicht zwischen hussitischen Bürgern und katholischem Adel geprägt.

## DAS HAUS HABSBURG – DIE NEUE MACHT

Das Land erholte sich zwar nur langsam von den Hussitenkriegen, schwang sich aber in der zweiten Hälfte des 16. Jhs. unter dem Habsburger Kaiser Rudolf II. zum zweiten „Goldenen Zeitalter" auf (als das erste gilt die Regentschaft Karls IV. im 14. Jh.). Die österreichische Habsburgerdynastie kommt in tschechischen Geschichtsbüchern größtenteils schlecht weg, hauptsächlich aufgrund der repressiven Maßnahmen. So ließen die Habsburger nach der böhmischen Niederlage am Weißen Berg 1620 (s. S. 166) protestantische Gegner öffentlich hinrichten, um ihrer Herrschaft Nachdruck zu verleihen. Oft wird jedoch übersehen, dass es der böhmische Hochadel war, der den Habsburgern in Gestalt von Ferdinand I. 1526 die Herrschaft übertrug. Ferdinand machte sich beim überwiegend katholischen Hochadel beliebt, brachte aber große Teile der böhmischen Gesellschaft gegen sich auf.

Sein wesentlich beliebterer Enkel Rudolf (regierte 1575–1611) zog als Residenz Prag der Donaumetropole Wien vor. Heute haftet Rudolf oft der Ruf eines liebenswerten Spinners an. Wahr ist, dass er ernsthafte Künstler und Wissenschaftler, darunter die berühmten AstronomenTycho Brahe und Johannes Kepler, förderte, aber auch ein Faible für Esoterisches wie Wahrsagung und Alchemie hatte. Der englische Mathematiker und Okkultist John Dee und sein weniger angesehener Landsmann Edward Kelly waren nur zwei der bekannten Mystiker, die Rudolf auf der ewigen Suche nach dem Rezept für die Goldherstellung auf seiner Burg um sich scharte. Prags große jüdische Gemeinde, als deren Schutzherr Rudolf fungierte, erlebte unter seiner Regentschaft eine wirtschaftliche Blüte, wenngleich sie nach wie vor in einem winzigen Ghetto unmittelbar nördlich der Altstadt (s. Kasten S. 30) ausgegrenzt wurde.

Das Ende der Herrschaft Rudolfs Anfang des 17. Jhs. war von erneuter Zwietracht zwischen Protestanten und Katholiken geprägt. Diese erreichte ihren Höhepunkt 1618 im „Zweiten Prager Fenstersturz": Eine Gruppe protestantischer Edelmänner stürmte ein Zimmer der

**28. Oktober 1918**

In den letzten Tagen des Ersten Weltkriegs wird am Repräsentationshaus (Obecní dům) eine neue unabhängige Tschechoslowakei ausgerufen. Jubelnde Menschen versammeln sich danach auf dem Wenzelsplatz.

**1920er-Jahre**

Die Blütezeit der Ersten Republik wird heute als ein weiteres Goldenes Zeitalter betrachtet. Prager Intellektuelle werden stark von den modernen Bewegungen in Kunst, Architektur, Literatur und Fotografie beeinflusst.

**30. September 1938**

Die europäischen Großmächte akzeptieren in München Hitlers Forderung, das tschechische Sudetenland dem Deutschen Reich einzuverleiben. Der britische Premierminister Neville Chamberlain erklärt, dadurch habe man „Frieden für unsere Zeit" erwirkt.

## DIE PRAGER JUDEN

Die jüdische Gemeinde von Prag wurde zum ersten Mal im 13. Jh. in ein ummauertes Ghetto eingezwängt. Damit reagierte man auf die Anweisung des 3. Laterankonzils in Rom, Juden und Christen sollten voneinander getrennt leben. Die Pogrome und offiziellen Repressalien der folgenden Jahrhunderte gipfelten in der Drohung Ferdinands I. (regierte 1526–1564), alle Juden aus Böhmen auszuweisen.

Unter der Herrschaft von Rudolf II. änderte sich am Ende des 16. Jhs. die offizielle Einstellung gegenüber den Juden. Unter seiner Regentschaft gelangten die Prager Juden zu Ehren, das intellektuelle jüdische Leben erblühte. Mordechai Maisel, der damalige Bürgermeister des Ghettos, wurde als Rudolfs Finanzminister der reichste Bürger Prags. Als weitere bedeutende Gestalt tat sich Judah Löw ben Bezalel (Rabbi Löw) hervor, ein herausragender Theologe, Oberrabbiner, Schüler der mystischen Kabbala-Lehren und heute besser bekannt als Schöpfer des mythischen Golems – einer Art Proto-Roboter, geformt aus dem Lehm der Moldau.

Als die Prager Juden 1648 auf der Karlsbrücke dabei halfen, die Schweden zurückzudrängen, errangen sie die Gunst Ferdinands III., der daraufhin das Ghetto vergrößern ließ. Doch schon ein Jahrhundert später wurden sie unter Maria Theresia aus der Stadt vertrieben – und man hieß sie nur deshalb später wieder willkommen, um mit ihnen Geschäfte zu machen. Erst in den 1780er-Jahren verbot der Habsburger Kaiser Joseph II. (regierte 1780–1790), der Sohn Maria Theresias, viele Formen der Diskriminierung. Im 19. Jh. schließlich erlangten die Juden das Recht, ihren Wohnort frei zu wählen. Viele kehrten dem Ghetto den Rücken und zogen in schönere Viertel um. Ende des 19. Jhs. beschloss die Stadtverwaltung, das inzwischen zu einem Elendsviertel heruntergekommene Ghetto zu räumen. Anstelle der alten Gebäude entstanden die wunderschönen Jugendstilhäuser, die man noch heute dort vorfindet.

Das Ghetto, das zu Josephs Ehren in Josefstadt (Josefov) umbenannt worden war, blieb aber das spirituelle Herz der jüdischen Gemeinde Prags, die während der deutschen Besatzung im Zweiten Weltkrieg ein grausames Ende fand. Heute leben in Prag etwa 5000 Juden – nur ein Bruchteil der früheren Größe der Gemeinde.

Prager Burg und warf zwei katholische Räte und ihre Sekretäre aus dem Fenster. Die Männer überlebten – es heißt, sie seien auf einen Misthaufen gefallen, der den Aufprall abfederte. Dennoch löste die Tat den Dreißigjährigen Krieg aus, der schließlich ganz Europa erfasste und Böhmen abermals in Schutt und Asche legte.

Nach dem Zweiten Fenstersturz wählte der böhmische Adel einen deutschen Protestanten – Friedrich V., Kurfürst von der Pfalz – zum König, der sie in die bevorstehende Schlacht mit den katholischen Habsburgern führen sollte. Doch Friedrichs Herrschaft hatte kaum Rückhalt, die meisten europäischen Mächte unterstützten die Habsburger. Und so erlitten die Böhmen am 8. November 1620 in der Schlacht am Weißen Berg (Bílá Hora) im Westen Prags eine Niederlage. Der Kampf dauerte keine zwei Stunden. Der „Winterkönig" – er herrschte in Böhmen nur einen Winter lang – floh. 27 Adlige, die die Revolte angezettelt hatten, wurden 1621 auf dem Altstädter Ring hingerichtet.

Die Niederlage am Weißen Berg schlug Böhmen die Tür zur Unabhängigkeit für fast drei Jahrhunderte vor der Nase zu. Die böhmische Bevölkerung verlor ihre Privilegien und Rechte, Grund und Boden und – als Folge einer erzwungenen Katholisierung und Germanisierung im Zuge der Gegenreformation – um ein Haar ihre nationale Identität. Noch während des Dreißigjährigen Krieges hielten die Sachsen Prag von 1631 bis 1632 besetzt, 1648 eroberten die Schweden den Hradschin und die Kleinseite. Die Altstadt lag monatelang unter Beschuss, konnte aber nicht erobert werden (am Altstadtturm auf der Karlsbrücke sind noch heute Zeichen dieser Schlacht zu erkennen). Prags Bevölkerung schrumpfe von 60 000 Einwohnern im

**15. März 1939**

Deutsche Soldaten überqueren die tschechoslowakische Grenze und besetzen Böhmen und Mähren. Die tschechoslowakischen Soldaten, die im Vorfeld angewiesen wurden, keinen Widerstand zu leisten, lassen die Deutschen einmarschieren, ohne einen Schuss abzugeben.

**27. Mai 1942**

Freiheitskämpfern gelingt ein Attentat auf den deutschen Reichsprotektor Reinhard Heydrich. Die Männer werden später in ihrem Versteck in einer Kirche in der Neustadt gefasst. Von deutschen Soldaten umstellt, nahmen sich einige das Leben, die restlichen werden getötet.

**5. Mai 1945**

Prager Bürger erheben sich zum bewaffneten Widerstand gegen die Deutschen und befreien die Stadt nach dreitägigem Kampf. Den deutschen Truppen wird freies Geleit gewährt – im Gegenzug verzichten sie auf eine weitere Zerstörung der Stadt.

Jahr 1620 auf 24 600 im Jahr 1648. Die Habsburger verlegten endgültig ihre Residenz zurück nach Wien und degradierten Prag zur Provinzstadt.

## WIEDERGEBURT DER TSCHECHISCHEN NATION

Erstaunlicherweise überlebte die tschechische Sprache und Kultur die österreichische Ära. Als die Macht der Habsburger im 19. Jh. allmählich erodierte, wurde Prag zum Zentrum der nationalen Wiedergeburt der Tschechen. Diese manifestierte sich zunächst nicht in der Politik, sondern vor allem in der tschechischen Literatur und Sprache. Wichtige Persönlichkeiten dieser Bewegung waren die Linguisten Josef Jungmann, Josef Dobrovský und František Palacký, Verfasser von *Dějiny národu českého* (Geschichte von Böhmen).

Viele Länder im postnapoleonischen Europa wurden von einer Welle nationalistischer Stimmungen erfasst. Der tschechischen Bewegung verliehen allerdings soziale und wirtschaftliche Faktoren eine besondere Stärke. Die Bildungsreformen von Kaiserin Maria Theresia (regierte 1740–1780) hatten die Schulen selbst für Ärmste geöffnet. Und im Zuge der Industriellen Revolution bildete sich eine Mittelschicht, die sich Gehör zu verschaffen wusste.

So war es eine logische Konsequenz, dass die Tschechen die demokratische Revolutionen, die 1848/49 über Europa hinwegfegten, mit der nationalen Frage verknüpften. Zwar wurde die Prager Revolution wie die meisten anderen rasch niedergeschlagen, doch 1863 trugen die Tschechen bei den Prager Ratswahlen den Sieg über die deutsche Minderheit davon, die allerdings noch bis zum Ende des 19. Jhs. einen beachtlichen Einfluss ausübte.

## ENDLICH UNABHÄNGIG

Für die Tschechen hatte der Erste Weltkrieg auch etwas Gutes. Nach der Niederlage der Achsenmächte 1918 war die Habsburger Donaumonarchie am Ende und der Unabhängigkeit der früheren Territorien stand nichts mehr im Weg. Die tschechischen Patrioten Tomáš Garrigue Masaryk und Edvard Beneš hatten den Großteil des Krieges in den USA verbracht, wo sie bei emigrierten Tschechen und Slowaken unablässig Propaganda für einen tschechoslowakischen Staat betrieben. Die Forderung fand besonders beim amerikanischen Präsidenten Woodrow Wilson Gehör, der sich selbst als Anwalt des Selbstbestimmungsrechts der Völker verstand. Die praktikabelste Lösung schien ein föderativer Staat aus zwei gleichberechtigten Republiken zu sein. Sie wurde in zwei Vereinbarungen ausgearbeitet, die 1915 in Cleveland und 1918 in Pittsburgh unterzeichnet wurden (in den beiden amerikanischen Städten lebten viele Tschechen und Slowaken).

Gegen Ende des Zweiten Weltkriegs erklärte die Tschechoslowakei mit Unterstützung der Alliierten am 28. Oktober 1918 ihre Unabhängigkeit. Der beliebte Masaryk, ein Schriftsteller und Staatsphilosoph, wurde der erste Präsident der Republik.

## DIE ERSTE REPUBLIK & DER ZWEITE WELTKRIEG

In den zwei Jahrzehnten zwischen der Unabhängigkeit und dem Einmarsch deutscher Truppen 1939 war die Tschechoslowakei ein bemerkenswert erfolgreicher Staat. Noch heute betrachten viele Tschechen die „Erste Republik" als ein weiteres Goldenes Zeitalter mit enormen kulturellen und wirtschaftlichen Errungenschaften.

Die Nähe zu Deutschland und die relativ große deutsche Minderheit im Sudetenland machten die Tschechoslowakei für Adolf Hitler zum ersten Ziel der nationalsozialistischen Expan-

**9. Mai 1945**

Die sowjetische Armee befreit offiziell die Stadt, obwohl die meisten deutschen Soldaten schon besiegt oder abgezogen waren. Unter den Kommunisten galt der 9. Mai dennoch als der offizielle Tag der Befreiung.

**25. Februar 1948**

Die Kommunisten führen einen gewaltlosen Putsch durch. Parteichef Klement Gottwald verkündet den Machtwechsel auf dem Altstädter Ring. Die Menschenmenge jubelt – doch der Staatsstreich zieht vier Jahrzehnte der Unterdrückung nach sich.

**20. November 1952**

Bei Säuberungsaktionen nach stalinistischem Vorbild macht das KSČ-Regime einigen ihrer eigenen Funktionäre den Prozess, darunter Generalsekretär Rudolf Slánský. Die Inhaftierten werden im Gefängnis Pankrác von Prag hingerichtet.

sionspolitik. Hitlers Kalkül ging auf, da weder Großbritannien noch Frankreich bereit waren, die Unabhängigkeit der Tschechoslowakei militärisch zu verteidigen. Auf der Münchner Konferenz im September 1938 erhob er die Forderung, die Annexion des Sudetenlands durch das Deutsche Reich abzusegnen. Der britische Premierminister Neville Chamberlain willigte ein und deklarierte Deutschlands Pläne für die Tschechoslowakei als einen „Streit in einem ziemlich fernen Land zwischen Leuten, von denen wir nichts verstehen".

Am 15. März 1939 besetzte Deutschland ganz Böhmen und Mähren und erklärte das Gebiet zum „Protektorat", während die Slowakei als Marionettenstaat ihre Unabhängigkeit erklären durfte. Prag selbst wurde während des Kriegs kaum zerstört. Die Nationalsozialisten zerschlugen jedoch die tschechische Widerstandsbewegung und töteten als Vergeltungsmaßnahme für das Attentat auf den SS-General und Reichsprotektor Reinhard Heydrich 1942 (s. Kasten S. 127) Tausende unschuldiger Tschechen.

Die vor dem Zweiten Weltkrieg 40 000 Mitglieder zählende jüdische Gemeinde Prags wurde durch die Nationalsozialisten völlig ausgelöscht. Fast drei Viertel der Prager Juden und 90 %

## STUDENTENOPFER

Niemals in der tschechischen Geschichte – ob nun im Zeitalter Jan Hus' oder während der Samtenen Revolution – kannten die Studenten der Prager Universität Furcht, wenn es darum ging, für ihre politische Überzeugung einzutreten. Viele von ihnen opferten dafür sogar ihr Leben. Zwei solcher Studenten, die in die tschechischen Geschichtsbücher des 20. Jhs. eingingen, sind Jan Opletal und Jan Palach.

Am 28. Oktober 1939 – dem 21. Jahrestag der tschechischen Unabhängigkeitserklärung – wurde der Medizinstudent Jan Opletal von der Polizei, die eine Demonstration gegen das Naziregime zu zerschlagen versuchte, angeschossen und tödlich verwundet. Nach seiner Beerdigung gingen die Prager Studenten erneut auf die Straße, verunstalteten deutsche Straßenschilder, skandierten antideutsche Parolen und verhöhnten die Polizei. Die grausame Vergeltung der Nationalsozialisten folgte auf dem Fuße: In den frühen Morgenstunden des 17. November – der Tag heißt heute *den boje studentů za svobodu a demokracii* (Tag der Studentenkämpfe für Freiheit und Demokratie) – überfiel ein SS-Sonderkommando die Studentenheime der Prager Universität, inhaftierte etwa 1200 Studenten und verschleppte sie in verschiedene Konzentrationslager. Einige wurden hingerichtet, viele andere kamen in den Lagern um. Die Prager Universitäten blieben für die Dauer des Zweiten Weltkriegs geschlossen.

Knapp 30 Jahre nach Opletals Tod verbrannte sich am 16. Januar 1969 der Student Jan Palach aus Protest gegen den ein Jahr zuvor erfolgten Einmarsch der Truppen des Warschauer Pakts auf der Treppe des Prager Nationalmuseums (Národní muzeum; S. 123). Er taumelte die Stufen herunter und brach auf dem Bürgersteig zusammen. Am folgenden Tag versammelten sich 200 000 Menschen zu seinen Ehren auf dem Platz.

Drei Tage dauerte sein Todeskampf; seine Leiche wurde auf dem Olšany-Friedhof in Žižkov (S. 142) begraben. Sein Grab wurde allerdings zum Ziel zahlreicher Demonstrationen, weshalb man 1974 seine Gebeine in sein Heimatdorf überführte. Auf öffentlichen Druck hin wurden sie 1990 erneut auf dem Olšanské hřbitovy bestattet. Ein kreuzförmiges Denkmal rechts des Brunnens vor dem Nationalmuseum markiert die Stelle, an der er zusammenbrach.

Die Straße im Nordwesten der Altstadt, heute die 17. listopadu (17. November; Karte S. 96 f.), wurde nach den Studenten benannt, die am 17. November 1939 getötet und deportiert wurden. Am 17. November 1989 – genau 50 Jahre nach der „Sonderaktion Prag" – griff die Polizei Studenten an, die im Gedenken an diesen Tag die Národní tída entlangmarschierten, und prügelte auf sie ein. Die nationale Empörung über dieses Ereignis löste letztlich einige Wochen danach den Sturz der kommunistischen Regierung aus. In den Arkaden an der Národní tída 16 (S. 122) findet sich eine Gedenktafel.

**20./21. August 1968**

Streitkräfte des Warschauer Paktes marschieren unter sowjetischer Führung in der Tschechoslowakei ein, um den als Prager Frühling bezeichneten Reformen ein Ende zu bereiten. Der kommunistische Führer der Reformen, Alexander Dubček, wird durch den Hardliner Gustáv Husák ersetzt.

**16. Januar 1969**

Der Student Jan Palach verbrennt sich am oberen Ende des Wenzelsplatzes, um gegen die Invasion des Warschauer Paktes zu demonstrieren. In den folgenden Tagen kommen Tausende zum Platz und zu seiner Beerdigung, um ihm die letzte Ehre zu erweisen.

**1977**

Nach der „Normalisierung" erreicht das Leben in Prag einen politischen und kulturellen Tiefpunkt. Václav Havel und andere Dissidenten unterzeichnen die Charta 77, die die Tschechoslowakei dazu auffordert, die internationalen Menschenrechte zu achten.

aller Juden in Böhmen und Mähren starben an Seuchen und Krankheit oder wurden zwischen 1941 und 1944 in Konzentrationslagern ermordet.

Kurz vor Beendigung des Zweiten Weltkriegs erhob sich am 5. Mai 1945 die Prager Bevölkerung gegen die deutschen Machthaber. Während sich die Rote Armee von Osten näherte, hatten die US-Truppen Pilsen (Plzeň), 90 km westlich von Prag, erreicht. Die Amerikaner hielten sich jedoch aus Rücksicht auf ihre sowjetischen Verbündeten zurück und befreiten die Stadt vorerst nicht. Die einzige Hilfe erhielten die kaum bewaffneten Prager Bürger von russischen Soldaten der sogenannten Wlassow-Armee. Diese setzte sich aus ehemaligen Kriegsgefangenen zusammen, die einst zu den Deutschen übergelaufen waren und sich nun den tschechischen Widerständlern anschlossen. Viele Menschen mussten ihr Leben lassen, bevor die deutsche Wehrmacht am 8. Mai mit dem Truppenabzug begann (nachdem ihnen freier Abzug gewährt worden war, verzichteten die Deutschen im Gegenzug auf die Zerstörung weiterer Gebäude oder Brücken). Fast ganz Prag wurde auf diese Weise von den eigenen Einwohnern befreit, noch ehe die Rote Armee am 9. Mai eintraf. Daher wird der Tag der Befreiung auch heute am 8. Mai gefeiert, und nicht, wie unter den Kommunisten üblich, am 9. Mai.

1945 wurde erneut die Unabhängigkeit der Tschechoslowakei proklamiert. Eine der ersten Maßnahmen der neuen Regierung war die Vertreibung der Sudetendeutschen aus dem Grenzgebiet. Bis 1947 war fast 2,5 Mio. Sudetendeutschen, die man zwangsweise nach Deutschland und Österreich aussiedelte, die tschechoslowakische Staatsbürgerschaft entzogen worden. Tausende kamen auf Gewaltmärschen ums Leben.

Auch wenn Deutschland und die Tschechische Republik 1997 offiziell erklärten, dass „ihre Beziehungen nicht mit aus der Vergangenheit herrührenden politischen und rechtlichen Fragen belasten werden" sollten, lässt das Thema nach wie vor Emotionen hochkochen. Viele sudetendeutsche Flüchtlinge und deren Nachkommen vertreten den Standpunkt, ihnen sei die tschechische Staatsangehörigkeit und ihr Grundbesitz unrechtmäßig genommen worden. Auf der anderen Seite argumentieren viele Tschechen, die Sudetendeutschen hätten ihre Rechte verwirkt, als sie mit den Nationalsozialisten gemeinsame Sache machten; in ihren Augen war auch die formelle Entschuldigung durch Präsident Václav Havel 1990 ein Fehler.

## VOM NS-REGIME ZU DEN KOMMUNISTEN

In den Augen vieler Tschechen hatte der Zweite Weltkrieg den Ruf der westlichen Demokratien beschädigt, hatten diese doch Hitlers Aufstieg zur Macht und der Teilung der Tschechoslowakei tatenlos zugeschaut. Die kommunistischen Appelle zum Weltfrieden und ökonomischer Gerechtigkeit fanden in einem kriegsgebeutelten Land reichlich Gehör. Bei den ersten Wahlen der Nachkriegszeit 1946 wurde die Kommunistische Partei der Tschechoslowakei (KSČ) mit 36 % die stärkste Partei der Republik.

Als sich die Beziehungen zwischen den USA und der Sowjetunion verschlechterten, ging Stalin in Ost- und Mitteleuropa entschlossener zu Werke. Im Februar 1948 inszenierten die tschechoslowakischen Kommunisten mit der Rückendeckung aus Moskau einen gewaltlosen Putsch und riefen einen Arbeiterstaat aus, dessen Regierung und Wirtschaft dem sowjetrussischen Vorbild folgen sollte. Klement Gottwald, Führer der KSČ, teilte der euphorischen Menge vom Balkon des Palais Goltz-Kinský (S. 101) auf dem Altstädter Ring den Staatsstreich mit.

In den 1950er-Jahren war der anfängliche Enthusiasmus bereits verflogen: Die kommunistische Planwirtschaft trieb das Land fast in den Ruin und im Zug von Repressionen wurden

**August/September 1989**

DDR-Bürger suchen in der bundesdeutschen Botschaft in Prag Zuflucht. Als am 30. September rund 17 000 Menschen die Ausreise in die Bundesrepublik genehmigt wird, ist dies eine wichtige Vorstufe zum Fall des Eisernen Vorhangs.

**17. November 1989**

Die Polizei löst eine Studentendemonstration am Národní třída gewaltsam auf. Die Aktion erschüttert die Bevölkerung und löst tagelange Demonstrationen aus, die zum Fall des kommunistischen Regimes führen – und bald als Samtene Revolution bezeichnet werden.

**1. Januar 1993**

Die Tschechoslowakei löst sich auf friedlichem Wege auf, Tschechen und Slowaken gehen staatlich getrennte Wege. Die Teilung gilt später auch als „Samtene Scheidung".

## VÁCLAV HAVEL: PRÄSIDENT UND SCHRIFTSTELLER

Die Samtene Revolution brachte zumindest einen großen Namen hervor, der rund um den Globus bekannt wurde: Václav Havel – Dramatiker, Dissident und erster postkommunistischer Präsident des Landes – wurde am 5. Oktober 1936 als Sohn eines wohlhabenden Prager Geschäftsmannes geboren. Der Familienbesitz wurde nach dem kommunistischen Staatsstreich von 1948 konfisziert; und als Kind großbürgerlicher Eltern wurde Havel der Zugang zu höherer Bildung erschwert. Dennoch beendete er das Gymnasium und studierte einige Semester, bevor er einen Job als Bühnenarbeiter im Theater am Geländer (S. 218) ergatterte. Neun Jahre später war er dessen Hausdramatiker.

Seine Begeisterung für die liberalen Reformen des Prager Frühlings und seine Unterzeichnung der Charta 77 machten ihn zum Feind der kommunistischen Regierung. Seine Stücke, die sich üblicherweise mit den Absurditäten und der Entmenschlichung der totalitären Bürokratie befassen, wurden verboten. Sein Pass wurde eingezogen, Havel insgesamt vier Jahre inhaftiert, weil er für die Wahrung der Menschenrechte gekämpft hatte.

Die massiven Demonstrationen im November 1989 beförderten Havel ans Licht der Öffentlichkeit – als Wortführer des nichtkommunistischen Bürgerforums, das schließlich eine friedliche Machtübergabe aushandelte. Kurz danach übernahm Havel das Amt des tschechoslowakischen Staatspräsidenten, vorwärtsgetrieben von Tausenden jubelnder Demonstranten, die Transparente mit der Aufschrift *Havel na hrad!* (Havel in die Burg!) in die Höhe hielten.

Nach zwei Amtsperioden als tschechischer Staatspräsident (1993–2003) – die Verfassung Tschechiens erlaubt nur eine einmalige Wiederwahl – wurde Havel durch den ehemaligen Ministerpräsident Václav Klaus abgelöst. Seit seinem Amtsende hat Havel immerhin zwei Memoirenbände geschrieben, und er kehrte 2008 zu den Brettern zurück, die die Welt bedeuten: als Autor des neuen und sehr gelobten Stücks *Odcházení* (Abgang).



Tausende in Arbeitslagern interniert. In einer Reihe von stalinistischen Säuberungsaktionen ordnete die KSČ in den frühen 1950er-Jahren die Hinrichtung vieler Regimegegner an, darunter waren – wie bei den Säuberungen in der Sowjetunion in den 1930er-Jahren – selbst Spitzenfunktionäre der Partei.

In den 1960er-Jahren begann in der Tschechoslowakei unter Alexander Dubček, dem reformfreundlichen Generalsekretär der KSČ, eine vorsichtige Liberalisierung. Die Reformen spiegelten das Verlangen der Bevölkerung nach mehr Demokratie und dem Ende der Zensur wider – Forderungen, die die Partei unter dem Stichwort „Sozialismus mit menschlichem Antlitz" zusammenfasste. Die Führung in Moskau freilich schreckte die Aussicht auf eine demokratische Gesellschaft innerhalb des Ostblocks; sie fürchtete den Domino-Effekt, den die tschechoslowakische Entwicklung wahrscheinlich auf die anderen Satellitenstaaten ausüben würde. Der „Prager Frühling" währte daher nur kurz: In der Nacht vom 20. auf den 21. August 1968 wurde er durch den Einmarsch der Truppen des Warschauer Pakts unter sowjetischer Führung zerschlagen. Prag war das Hauptziel. Sowjetische Kampftruppen riegelten mit Hilfe des tschechoslowakischen Geheimdienstes den Flughafen zugunsten sowjetischer Transportflugzeuge ab. Traurige Bilanz des ersten Tages: 58 Todesopfer. Der Großteil der Kämpfe fand am oberen Ende des Wenzelsplatzes statt; noch heute trägt die Fassade des Nationalmuseums Spuren des Kampfes.

1969 wurde Dubček durch den konservativen Gustáv Husák ersetzt und ins Staatliche Forstamt verbannt. Etwa 14 000 Parteifunktionäre und 280 000 Mitglieder, die sich weigerten, sich vom „Sozialismus mit menschlichem Antlitz" abzuwenden, wurden aus der Partei ausgestoßen und verloren ihre Arbeit. Viele Intellektuelle mussten sich ihren Lebensunterhalt als Arbeiter und Straßenfeger verdienen.

**12. März 1999**

Die Tschechische Republik tritt gemeinsam mit Polen und Ungarn der Nato bei. Trotz der Versicherung, es handle sich um eine reine Verteidigungsmaßnahme, reagiert Russland verärgert.

**14. August 2002**

Mehrere Viertel und Metrotunnel werden überschwemmt, als die Moldau ihren höchsten Wasserstand der Neuzeit erreicht. Der Schaden beläuft sich auf mehrere Milliarden Euro und führt zum Neuaufbau der besonders schwer getroffenen Gebiete.

**1. Mai 2004**

Die Tschechische Republik erreicht das wichtigste Ziel ihrer Außenpolitik seit der Samtenen Revolution: Zusammen mit mehreren anderen Ländern des Ostblocks, darunter auch die Slowakei, tritt sie der EU bei.

Im Januar 1977 unterzeichnete eine Gruppe von 243 Schriftstellern, Künstlern und anderen Intellektuellen die Charta 77, mit der sie öffentlich grundlegende Menschenrechte einforderte. Sie war zudem quasi das Gründungsdokument der gleichnamigen Dissidentengruppe, deren prominentestes Mitglied der Autor und Dramatiker Václav Havel war (s. Kasten S. 30).

## SAMTENE REVOLUTION & TEILUNG

Das Jahr 1989 brachte das Ende des Kalten Krieges und den Falls des sozialistischen Ostblocks. Die autoritäre Staatsführung der ČSSR beobachtete nervös, wie ein Nachbarregime nach dem anderen ins Wanken geriet (wobei der Berliner Mauerfall Anfang November zweifelsohne den Höhepunkt darstellte). In der Bevölkerung machte sich zunehmend Nervosität breit, da sich wohl auch die Prager Regierung nicht an der Macht würde halten können. Mit Sorge beobachtete man, ob und wie sich der Machtwechsel vollziehen würde.

Am 17. November organisierte die kommunistische Jugendbewegung Prags eine offiziell genehmigte Demonstration zum Gedenken an jene Studenten, die 1939 von den deutschen Besatzern ermordet worden waren (s. Kasten S. 28). Die friedliche Menge – es kamen rund 50 000 Menschen – wurde an der Národní třída in die Enge getrieben. Mehrere 100 Personen wurden von der Polizei zusammengeschlagen, etwa 100 Demonstranten verhaftet.

Doch der Schuss ging nach hinten los: Der mutwillige Akt staatlicher Gewalt wirkte auf die Bevölkerung elektrisierend. In den folgenden Tagen demonstrierten Studenten, Künstler und schließlich fast das gesamte Volk; die Kundgebungen gipfelten in einer Veranstaltung in den Letnáanlagen (S. 147), an der etwa 750 000 Menschen teilnahmen. Führende Dissidenten mit Václav Havel an der Spitze bildeten eine antikommunistische Koalition, die am 3. Dezember mit der Regierung deren Rücktritt aushandelte. Eine „Regierung der nationalen Verständigung“ wurde gebildet, der die Kommunisten nur noch als Minderheit angehörten. Am 29. Dezember wählte die Föderalversammlung schließlich Havel zum Präsidenten. Fast völlig gewaltfrei hatte das tschechoslowakische Volk das sozialistische Regime gestürzt. Heute werden die letzten Wochen des Jahres 1989 daher als Samtene Revolution (Sametová revoluce) bezeichnet.

Fast unmittelbar nach der Revolution kam es zu Streitigkeiten zwischen Tschechen und Slowaken. Während die Slowaken schon lange einen Groll gegen die Dominanz Prags hegten und mehrheitlich von einem eigenen Staat träumten, war die tschechische Bevölkerung gespalten: Einige wollten eine intakte Tschechoslowakei bewahren, andere waren bereit, die wirtschaftlich schwächeren Slowaken ihren eigenen Weg gehen zu lassen.

Am 1. Januar 1993 trennten sich schließlich die Tschechen und Slowaken friedlich, wenn auch begleitet von Händeringen auf beiden Seiten. Besonders Havel weigerte sich, für die Teilung des Landes Verantwortung zu tragen.

## PRAG NACH 1989

Es ist ein Ding der Unmöglichkeit, die 20 Jahre nach der Samtenen Revolution in einigen Absätzen zusammenzufassen. Im Großen und Ganzen standen sie jedoch unter einem guten Stern. Mit dem Beitritt zur NATO 1999 und der Aufnahme in die EU 2004 gelang der Tschechischen Republik die Verwirklichung zweier außenpolitischer Ziele.

Innenpolitisch liegt jedoch noch einiges im Argen. Weder der konservativen Demokratischen Bürgerpartei (ODS) noch den Sozialdemokraten (ČSSD) gelang es, stabile Mehrheiten zu erringen. 2009 und Anfang 2010 führte das Gerangel zwischen den großen Parteien gar dazu,

**15. Februar 2008**

Der konservative Wirtschaftswissenschaftler Václav Klaus wird vom Parlament mit knapper Mehrheit wiedergewählt und tritt seine zweite fünfjährige Amtszeit als Präsident der Tschechischen Republik an.

**1. Januar 2009**

Tschechien übernimmt turnusgemäß für sechs Monate die EU-Ratspräsidentschaft. Überschattet wird die Amtszeit nicht nur von einer Niederlage der Regierung in einer Vertrauensabstimmung im März 2009, sondern auch von zahllosen Fehlern und Pannen.

**28./29. Mai 2010**

In einer richtungsweisenden Parlamentswahl entscheiden sich die Tschechen für eine neue Mitte-Rechts-Koalition und beenden damit ein Jahr ohne gewählte Regierung.

## ALS „BIG BROTHER" TRAURIGE REALITÄT WAR

Mehr als 20 Jahre nach der Samtenen Revolution scheint es, als ob es den Sozialismus nie gegeben hätte. Prag hat sich seinen Platz unter den schillernden Hauptstädten Europas erobert und an einem sonnigen Tag könnte man meinen, die Welt sei hier in Ordnung. Doch die Erinnerungen an eine dunklere Zeit sitzen noch tief. Anna Siskova, eine gebürtige Tschechin, war beim Fall des Kommunismus im Jahr 1989 Gymnasiastin in Bratislava. Heute lebt sie in Prag, wo sie im Kommunikationsbereich für eine internationale Firma arbeitet. Sie erzählte uns ein wenig vom Leben mit „Big Brother".

**Was sind Deine stärksten Erinnerungen aus den Zeiten des Kommunismus?** Alles wird plötzlich grau: graue Straßen, graue Häuser, Geschäfte, in denen es überall die gleichen Waren zu kaufen gab, egal in welcher Stadt der Tschechoslowakei man lebte. Ich denke an Ausflüge mit der Familie zum Schwarzen Meer. Wir fuhren nach Bulgarien, dem einzigen Land, das für viele Bürger des Ostblocks problemlos zu bereisen war. Wer nach Jugoslawien wollte, benötigte einen speziellen Pass. Die bulgarische Küste war voll von Ungarn, Ostdeutschen, Slowaken, Tschechen und Polen. Man konnte anhand der Badekleidung erkennen, woher jemand stammte!

**Erinnerst Du Dich, wo Du warst, als Du zum ersten Mal von der Samtenen Revolution hörtest?** Ich erinnere mich genau. Es war am 16. November, einen Tag davor. Wir wurden früh aus der Schule nach Hause geschickt (das war eine normale Prozedur, wenn eine Demonstration geplant war). Wir wurden aufgefordert, direkt nach Hause und nicht in das Stadtzentrum zu gehen. Es gab einen Studentenprotest vor dem Bildungsministerium und überraschenderweise berichtete das staatliche Fernsehen von den Forderungen der Studenten. Als am 17. November die Nachrichten aus Prag eintrafen, war das sehr verwunderlich. Ich war aufgeregt. Die älteren Leute sagten, wir sollten nicht zu enthusiastisch sein – erinnert Ihr euch nicht daran, was aus dem Prager Frühling wurde? Doch das war mir egal. Ich stand jeden Tag auf dem Platz. Es war wunderbar.

**Kannst Du uns einen Eindruck davon vermitteln, wie das Leben damals war? Wie war es, Nahrung oder Kleidung zu kaufen?** Einer der besten Jobs war es, in einem Gemüseladen oder in einer Metzgerei zu arbeiten. Wenn man jemanden kannte, der in einem *zelovoc* (Obst- und Gemüseladen) angestellt war, konnte man zumindest Bananen oder Mandarinen bekommen. Was die Kleidung angeht ... nun, jeder trug das Gleiche. Es gab keine Auswahl und wenn ein Geschäft einmal etwas Besonderes anbot – ich erinnere mich, dass es einmal Kleidung aus Griechenland gab –, bildete sich davor eine riesige Schlange. Irgendwo war immer etwas knapp. Als z. B. eine Papierfabrik abbrannte, gab es im ganzen Land kein Toilettenpapier mehr.

**Gibt es auch irgendetwas aus dieser Zeit, das Du wirklich vermisst? Was ist heute schlechter als damals?** Die Menschen haben mehr gelesen. Sie gingen gern ins Theater, da sie immer einige politische Aussagen in den Stücken finden konnten. Es herrschte eine merkwürdige Atmosphäre. Ich vermisse die Zeit nicht, aber sie ruft nostalgische Erinnerungen hervor. Als Kinder wurden wir angehalten, Deutsch oder Englisch zu lernen, damit wir österreichische Fernseh- und Radiosendungen und englische Lieder verstehen konnten.

dass das Land längere Zeit keine gewählte Regierung besaß, und das schon zum zweiten Mal innerhalb von nur drei Jahren: Spötter erklärten die Tschechische Republik deshalb zur weltweit größten Nichtregierungsorganisation.

Havels 13-jährige Regierungszeit als Staatspräsident endete 2003. Nachfolger wurde sein Rivale und ehemaliger Ministerpräsident, der konservative Václav Klaus. Klaus wurde 2008 für eine zweite Amtsperiode von fünf Jahren wiedergewählt. Zwar kommen dem Präsidenten eher repräsentative Aufgaben zu, doch das hindert den selbst erklärten „EU-Dissidenten" Klaus nicht daran, sich zu vielen Fragen der tschechischen Tagespolitik zu äußern.

Wirtschaftlich betrachtet haben Tschechien und besonders Prag, das sich seit 1989 zu einem der attraktivsten Touristenziele des Kontinents entwickelt hat, massiv vom Ende des Kommunismus profitiert. Die Arbeitslosenrate ist niedrig, die Ladenregale sind gut gefüllt und die noch vor einem Jahrzehnt maroden Häuserfassaden erstrahlen in neuem Glanz. Und dennoch wäre es übertrieben zu behaupten, der Übergang von der sozialistischen Planwirtschaft zum freien Markt sei völlig problemlos verlaufen. Bei der komplizierten Veräußerung staatseigener Vermögenswerte an Privatpersonen war oft Korruption im Spiel. Selbst heute herrscht noch das untergründige Gefühl vor, der Reichtum konzentriere sich nur auf wenige Personen. Ex-Kommunisten stehen im Verdacht, den Verlust ihres politischen Einflusses mit Hilfe ehemaliger Seilschaften mehr als wettgemacht zu haben. Die Weltfinanz- und Wirtschaftskrise der

Jahre 2009 und 2010 hat die Lage naturgemäß nicht verbessert. Die Tschechen mussten wie die Bewohner vieler anderer Länder zur Kenntnis nehmen, dass der Kapitalismus zwar Wohlstand schaffen, aber durchaus auch vernichten kann.

# KUNST & KULTUR

Wer im Ausland nach dem bekanntesten tschechischen Künstler, Musiker oder Schriftsteller fragt, wird als Antwort Alfons Mucha, Antonín Dvořák oder Franz Kafka zu hören bekommen. Doch für die tschechische Generation 20 Jahre nach der Samtenen Revolution gehören diese Namen der Vergangenheit an. Auch kulturelle Ikonen der jüngeren Vergangenheit wie die Schriftsteller Milan Kundera und Ivan Klíma (die übrigens beide noch leben und schreiben) muten etwas realitätsfern an. Ja, selbst Václav Havel gelang es erst vor kurzem, seinen schwindenden Ruf als Dramatiker zu retten; 2008 konnte er mit einem Theaterstück (sein erstes seit 1989) einen großen Erfolg verzeichnen. Fasziniert von romantischen Vorstellungen von der nationalen Wiedergeburt der Tschechen, vom Jugendstil oder von edelmütigen Dissidenten, die selbstlos gegen die Unterdrückung des kommunistischen Regimes kämpften, neigen Besucher aus dem Ausland gerne dazu, die lebendige Kunstszene zu übersehen, die sich seit 1989 in der Stadt entwickelt hat. Neben den renommierten Prager Kunsthäusern gibt es Dutzende kleine, unabhängige und kommerzielle Galerien, in denen man schnell die künstlerische Energie zu spüren bekommt, die unter der Oberfläche der Stadt brodelt. Und die kleinen Locations für Konzerte, Jazzclubs und Musikbars bieten jede Menge Spaß, schröpfen nicht das Reisebudget und sind gut zu erreichen.

## MUSIK

Die Prager haben einen vielseitigen Musikgeschmack. Sie interessieren sich für jede nur erdenkliche Musikrichtung, angefangen bei Mozart, der hier 1787 die Uraufführung seines *Don Giovanni* dirigierte, bis hin zu Tom Waits, dessen zwei Konzerte im Juli 2008 im Kongresové Centrum (Kongresszentrum) innerhalb von Stunden ausverkauft waren.

Kurz nach der Samtenen Revolution wurde die Rock- und Popszene von Rockbands aus der Dissidentenzeit und von erfolgreichen internationalen Bands und Urgesteinen wie Velvet Underground und den Rolling Stones bestimmt. Seitdem hat sie sich jedoch stark weiterentwickelt. Eine Flut von internationalen Künstlern drängte auf den Markt, die neue Trends wie elektronische Musik, Trance, Techno, Hip-Hop, Rap, Weltmusik und Indie in ihrem Gepäck trugen. Zu den Überraschungsbands der letzten Jahren gehört Čechomor; die Band verbindet in ihren einfachen, aber ergreifend schönen Liedern eigene Harmonien mit tschechischen Volksweisen.

Am klassischen Ende des musikalischen Spektrums steht die Mezzosopranistin Magdalena Kožená (geb. 1973). Sie hat sich in der jüngeren Generation der Opernsängerinnen zu einer der führenden Vertreterinnen ihres Faches gemausert und ist u. a. auf Festivals in Salzburg, Glyndebourne und Edinburgh aufgetreten. Dazwischen hat sie CDs mit Mozart-Arien, französischen Operstücken und Bachs *Matthäus-Passion* aufgenommen, die in großen Stückzahlen über den Ladentisch wandern.

### Klassik

Klassische Musik ist in Prag ungeheuer populär – und das nicht nur bei den Heerscharen an ausländischen Gästen, die alljährlich zum renommierten Musikfestival des Prager Frühlings in die Stadt strömen, sondern auch bei den Tschechen selbst. Bereits zur Zeit der österreichisch-ungarischen Monarchie waren die Tschechen für ihren hervorragenden und kritischen Musikgeschmack bekannt – sie schätzten Mozarts Musik schon, bevor der Komponist in Wien die ihm gebührende Anerkennung fand.

Einen ersten Höhepunkt erreichte die klassische Musik Tschechiens bereits Mitte des 19. Jhs. Die Nationale Wiedergeburt brachte einige große Komponisten hervor, deren Werke von der traditionellen tschechischen Volksmusik inspiriert waren: Bedřich Smetana (1824–1884) integrierte volkstümliche Melodien in seine klassischen Kompositionen. Zu seinen bekanntesten Werken zählen *Die verkaufte Braut (Prodaná nevěsta)*, *Dalibor und Libusa (Libuše)* oder die

## ZEHN TSCHECHISCHE MELODIEN FÜR DEN MP3-PLAYER

Wenn es um Musik geht, sind die Tschechen ziemlich patriotisch. In vielen anderen europäischen Ländern interessiert sich die Jugend ja eher für die aktuellen Bands aus den USA oder Großbritannien, in Tschechien aber ist eine Party ohne tschechische Songs ganz und gar undenkbar. Pop-Songs aus den 1960er- und 1970er-Jahren stehen besonders hoch im Kurs, denn sie sind so schön kitschig, und viele erinnern sich mit Wehmut an die unkomplizierteren Zeiten unter kommunistischer Herrschaft. Härter und weniger künstlich klingen da schon die Lieder aus den 1990-Jahren und aus dem ersten Jahrzehnt des 21. Jhs. All diese Songs sind auf ihre je eigene Weise hörenswert – also einfach einmal im iPod oder MP3-Player laufen lassen, während man durch die Stadt schlendert.

- „Želva" (Schildkröte; 1967) von Olympic – Die „tschechischen Beatles" ähnelten ihren Idolen nicht nur äußerlich, sondern auch in der Musik.
- „Stín Katedrál" (1968) von Helena Vondráčková – Eine der einfachsten und eingängigsten Pop-Melodien der 1960er-Jahre.
- „Modlitba pro Martu" (Gebet für Marta; 1969) von Marta Kubišová – Ein Klagelied, das viele Menschen immer noch an den Einmarsch der Warschauer-Pakt-Truppen im Jahr 1968 denken lässt. Das Lied wurde 1989 zur inoffiziellen Hymne der Samtenen Revolution.
- „Bratříčku, zavírej vrátka" (Oh Bruder, schließ die Tür; 1969) von Karel Kryl – Ein weiteres wehmütiges Lied aus den späten 60er-Jahren. „Schließ die Tür" deutet auf die Hoffnungslosigkeit hin, die viele Menschen nach dem Einmarsch des Warschauer Pakts empfanden – und in der sterilen Phase der sogenannten Normalisierung unter kommunistischer Führung, die dem Prager Frühling folgte.
- „Je jaká je" (Sie ist, wie sie ist; 1975) von Karel Gott – Der tschechische Schlagerstar Karel Gott ist auch heute, mit über 70 Jahren, äußerst beliebt. Dieser Titel war einer der größten Hits der „goldenen Stimme aus Prag".
- „Medvídek" (Teddybär; 1998) oder „Černí Andělé" (Schwarze Engel; 1991) von Lucie – Nach Ansicht von Kritikern die beste Rock-Band der 90er-Jahre. „Medvídek" ist heute so etwas wie eine Erkennungmelodie für all jene Tschechen, die in der Zeit nach der Samtenen Revolution erwachsen wurden.
- „Láska je láska" (Liebe ist Liebe; 1995) von Lucie Bílá – Einer der bekanntesten Hits der 90er; die raue Stimme der Sängerin vergisst man nicht so leicht.
- „Lolita" (2001) von Kryštof – Der unbestrittene König des tschechischen Pop hat in den letzten Jahren eine ganze Reihe ähnlich guter und beinahe süchtig machender Hits gesungen.
- „Pohoda" (Ruhe; 2002) von Kabát – Ein aggressives Schmählied von der Anfang des 21. Jhs. wohl größten Band des Landes.
- „Proměny" (2006) von Čechomor – Wunderschöne Musik – von jener Gruppe, die beinahe im Alleingang Folk-Musik wieder populär gemacht hat.

sechsteilige symphonische Dichtung *Má vlast* (Mein Vaterland), die die international wohl berühmteste tschechische Komposition, *Die Moldau (Vltava)*, enthält.

Antonín Dvořák (1841–1904) ist der wahrscheinlich im Ausland bekannteste tschechische Komponist. Er verbracht vier Jahre in den USA, wo er Vorträge über Musik hielt und seine berühmte Symphonie Nr. 9 *Aus der Neuen Welt (Nového světa)* komponierte. Neil Armstrong nahm 1969 eine Kopie davon mit auf den Mond. Andere bekannte Werken sind die zwei *Slawischen Tänze* (1878 & 1881), die Opern *Rusalka* und *Der Teufel & Käthe (Čert a Kača)* sowie sein religiöses Meisterwerk *Stabat Mater* (ein lateinisches Kirchenlied aus dem 13. Jh.; der Titel bedeutet „Es stand die Mutter").

Der in Mähren geborene Leoš Janáček (1854–1928) wird im Allgemeinen als führender tschechischer Komponist der Moderne betrachtet, obwohl er in seiner Heimat nie die Popularität Smetanas oder Dvořáks erreichte. Seine disharmonischen Violinstücke sind anfangs nur schwer eingänglich, doch das gibt sich nach häufigerem Hören. Zu seinen bekannteren Stücken zählen *Das Schlaue Füchslein (Příhody lišky bystroušky)* und *Káťa Kabanová*, *Glagolitische Messe (Glagolská mše)* sowie *Taras Bulba*, nach einer Kurzgeschichte gleichen Namens von Nikolai Gogol. Zu den bekannteren tschechische Komponisten gehören außerdem Dvořáks Schwiegersohn Josef Suk (1874–1935) mit seiner *Serenade für Streicher* und der *Asrael-Symphonie* und Bohuslav Martinů (1890–1959), der mit der Oper *Julietta* und seiner sechsten Symphonie bekannt wurde.

Der bekannteste zeitgenössische Komponist ist wohl Milan Slavický (geb. 1947), der zurzeit an der Prager Akademie der Musischen Künste unterrichtet. Sein berühmtes *Requiem* wurde 2005 in Prag uraufgeführt. Andere hörenswerte moderne Komponisten sind der durch seine

Chor- und Orgelmusik bekannt gewordene Petr Eben (1929–2007), ein Überlebender des Konzentrationslagers Buchenwald, und Marek Kopelent (geb. 1932), der sich mit avantgardistischen Kompositionen in den 1950er- und 1960er-Jahren einen Namen gemacht hat.

Prag bietet ein vielfältiges Konzertprogramm, das von den drei großen in Prag ansässigen Orchestern gestaltet wird: dem **Prager Symphonieorchester** (Symfonický orchestr hlavního města prahy; www.fok.cz); der **Tschechischen Philharmonie** (Česka filharmonie; www.czechphilharmonic.cz) und dem **Tschechischen Nationalen Symphonieorchester** (Český národní symfonický orchestr; www.cnso.cz).

## Jazz

Jazz wurde schon im Prag der 1930er-Jahre gespielt. Die Musikrichtung hinterließ einen immensen Einfluss auf das kulturelle Leben der Stadt. Bis zur Machtübernahme durch die Kommunisten 1948 standen die tschechischen Musiker an der Spitze der europäischen Jazzszene. Danach wurden Jazzkonzerte und -publikationen streng kontrolliert. Dennoch leistete sich das Prager Radio in den späten Fünfzigern ein festes Jazzorchester, das vom Saxophonisten Karel Krautgartner (1922–1982) geleitet wurde.

In den 1960er-Jahren wurden die Restriktionen schrittweise gelockert. Eine der wichtigsten Bands dieser Zeit war das SH Quartet, das drei Jahre lang in der Reduta auftrat, dem ersten professionellen Jazzclub der Stadt, der immer noch kräftig mitmischt (wenngleich nicht länger als Zentrum der Jazzszene). Als weitere führende Band etablierte sich das Junior Trio, bestehend aus Jan Hamr und den Brüdern Miroslav und Allan Vitouš, die allesamt nach 1968 in die USA emigrierten. Hamr alias Jan Hammer wurde in der amerikanischen Musikszene bekannt und komponierte u. a. den Soundtrack zur TV-Serie *Miami Vice* (der sich allein in Amerika rund 4 Mio.-mal verkaufte).

Heute ist die Szene nicht mehr ganz so dynamisch, doch gibt es immer noch jeden Abend ordentliche Konzerte. Einer der herausragendsten Musiker der aktuellen europäischen Jazzszene ist Jiří Stivín, der in den Siebzigern zwei ausgezeichnete Alben mit der Band System Tandem produzierte. Zwei andere Jazzgrößen sind Emil Viklický und Milan Svoboda.

## Rock & Pop

Die Prager Rockszene unterteilt sich in verschiedene Genres und Subgenres, jedes mit seiner eigenen Fangemeinde, etlichen Bands und Clubs. In vielen Tanzclubs wird standardmäßig elektronische Musik, Techno und Drum 'n' Bass gespielt. Weitere populäre Musikrichtungen sind Indie Rock – darunter fallen alle Bands, die sich nicht so recht in ein Genre einordnen lassen –, Classic Rock, Revival-Musik, Pop und Folk Rock. Zudem gibt es sogar eine aufkeimende tschechische Hip-Hop-Szene.

In den 1950er-Jahren eroberte der amerikanische Rock 'n' Roll das Land im Sturm. Von offizieller Seite wurde er zwar missbilligt, doch tolerierte man ihn mehr oder weniger. Selbst heute haben Tschechen eine Vorliebe für die Rockidole der Fünfziger – Elvis „the King“ Presley, Chuck Berry und Little Richard. Tschechen jeden Alters können immer noch sehr viel besser tanzen als viele Amerikaner oder Westeuropäer. Tschechische Tänzer wie Roman Kolb gewinnen regelmäßig die Weltmeisterschaft im Rock-'n'-Roll-Tanz.

Im politischen Tauwetter Mitte der 1960er-Jahre erlebte die Popmusik eine Blüte. Der Einfluss des Westens machte sich durch Bands wie die Beatles, die Beach Boys und die Rolling Stones stark bemerkbar. Die Hitsingle *Želva* (Schildkröte) der Band Olympic aus dem Jahr 1967 ist unverkennbar von den Beatles beeinflusst. Einer der größten Stars jener Tage war aber die Popsängerin Marta Kubišová (geb. 1942). Die Kommunisten belegten sie nach der Niederschlagung des Prager Frühlings zwei Jahrzehnte lang mit einem Auftrittsverbot. Gelegentlich tritt sie heute wieder in Prag auf. Für viele Tschechen liegt in ihrer Stimme immer noch etwas von jenem letztendlich enttäuschten Optimismus anno 1968.

Die Invasion des Warschauer Pakts 1968 brachte auch die Revolution des Rocks zum Schweigen. Vielen Bands war es verboten, öffentlich aufzutreten oder Aufnahmen zu machen. Stattdessen förderten die Behörden Künstler wie Helena Vondráčková (geb. 1947) und Karel Gott (geb. 1939), die zugegebenermaßen schöne Stimmen haben, deren Musik es jedoch an ... nun ja ... etwas Originalität mangelt. Viele populäre Lieder, etwa Gotts Klassiker *Je jaká je* (Sie ist wie sie ist), sind einfach tschechische Coverversionen absolut harmloser westlicher Schlager (in diesem Fall des italienischen Liedes „Sereno è“). Vondráčková und Gott sind immer noch aktiv und zudem sehr populär. Die meisten Tschechen haben ihnen heute ihre „Kollaboration“ in den 1970er- und 1980er-Jahren verziehen. Ihre Lieder wecken inzwischen starke nostalgische Gefühle und eine Sehnsucht nach einer Zeit, in der scheinbar so vieles einfacher war.

In den 1980er-Jahren wurde Rockmusik stark politisiert, besonders in der Zeit vor der Samtenen Revolution. Selbst das Attribut „samten“ ist teilweise auf die Rockmusik zurückzuführen – die amerikanische Band Velvet Underground zählte damals zu Havels Lieblingsbands und hatte einen starken Einfluss auf die tschechischen Underground-Bands. Derb experimentelle Bands wie die Gruppe Plastic People of the Universe waren zwar gezwungen, das Licht der Öffentlichkeit zu meiden, besaßen aber dennoch eine riesige Fangemeinde in der Tschechoslowakei. Karel Kryl (1944–1994), ein weiterer Künstler mit Auftrittsverbot, wurde die inoffizielle Stimme des Volkes; seine Werke erschienen ab 1969 im Exil in Westdeutschland. Sein Album *Bratříčku, Zavírej Vrátka* (Bruder, schließ die Tür) drückte die Hoffnungslosigkeit aus, die die Tschechen nach der Niederschlagung des Prager Frühlings ergriffen hatte.

Die Samtene Revolution öffnete einer Flut von Einflüssen aus der ganzen Welt die Tür. In den Anfangstagen von Havels Präsidentschaft waren Rockikonen, die die Revolution beflügelt hatten, etwa Frank Zappa, Mick Jagger und Lou Reed, häufige Gäste auf der Prager Burg. Zappa wurde sogar zum inoffiziellen Kulturbotschafter ernannt. Neben den Songs von tschechischen Rockbands der frühen Neunziger, z. B. Lucie und Žlutý Pes, oder den tschechischen Mainstream-Bands waren bald auch schon abwechslungsreiche Sounds zu hören, etwa das schrille Kreischen von Lucie Bílá, das ein wenig an Nina Hagen erinnert, oder das eher avantgardistische Piepsen Iva Bittovás. Zu den besten Künstlern zählen Psí Vojáci, Buty, Mňága a Žd'orp, Laura a Její Tygři, Už Jsme Doma oder Support Lesbiens. Besonders beliebt sind gegenwärtig die Hardrock-Band Kabát, der Schlagersänger Kryštof und die Weltmusik-Band Čechomor. Weitere Hinweise auf die tschechische Pop-Musik von heute finden sich im Kasten auf S. 34.

Prag hat in den letzten 20 Jahren auch als Veranstaltungsort für westliche Künstler an Bedeutung gewonnen. In den ersten Jahren nach der Samtenen Revolution verirrten sich nur wenige internationale Superstars nach Tschechien, Bands wie die Rolling Stones (mehrmals), Pink Floyd, R. E. M, U2, Bruce Springsteen und Guns N' Roses waren die Pioniere. Axl Rose eröffnete sein Konzert im Strahover Stadion 1992 mit den legendären Worten „OK, you excommie bastards, it's time to rock and roll!“ Inzwischen lässt sich jede Rock- und Popgröße blicken, ob nun Madonna, Radiohead oder Tom Waits. Und jeden Sommer scheint das Programm vielfältiger zu werden.

## LITERATUR

An neuen literarischen Talenten herrscht in Tschechien kein Mangel. Zu den führenden Autoren des Landes zählen derzeit Jáchym Topol, Petra Hůlová, Michal Viewegh, Magdaléna Platzová, Emil Hakl, Miloš Urban und Hana Androniková. Sie verdrängen die Namen der alten Garde wie Milan Kundera und Ivan Klíma, die heute als Chronisten einer völlig anderen Zeit betrachtet werden.

Immer mehr jüngere Schriftsteller suchen jedoch nach Ideen und Themen außerhalb der Tschechischen Republik. Während in der Vergangenheit Schriftsteller wie Kundera oder Klíma ganze Bücher über das Innenleben einer Figur schreiben konnten, siedeln viele jüngere Autoren ihre Romane in entfernteren Ländern an, um abenteuerhungrige Leser für sich zu gewinnen. Zu den besten neueren Werken zählt Hůlovás *Paměť mojí babičce* (dt.: Erinnerungen an meine Großmutter; 2002), das in der Mongolei spielt und von drei Generationen mongolischer Frauen handelt. Ebenso lesenswert (sofern man denn Tschechisch kann) ist das Buch *Sul, ovce a kamení* (dt.: Salz, Schafe und Steine; 2003) von Magdaléna Platzová, dessen Handlung zwischen der Tschechischen Republik und der Dalmatinischen Küste angesiedelt ist. Iva Pekárková, eine weitere Nachwuchsautorin, scheint überall zu Hause zu sein, nur nicht in der Tschechischen Republik. Ihre Geschichten spielen an Orten wie New York, Thailand und Indien

Bis vor wenigen Jahren kümmerten sich internationale Verlage kaum um diese tschechischen Schriftsteller. Abgesehen von Pekárkovás *Truck Stop Rainbows*, Topols Roman *Die Schwester* und zwei Titeln von Michal Viewegh hatte man im Westen kaum die Möglichkeit, jüngere Autoren dieses relativ kleinen Landes zu lesen, wenn man nicht gerade zufällig die tschechische Sprache beherrschte. Erfreulicherweise scheint sich das aber gerade zu ändern. Topols jüngs-

## BÜCHER FÜR DEN RUCKSACK (ODER DEN NACHTTISCH ZU HAUSE)

Es gibt eine ganze Menge guter tschechischer Bücher, die ins Deutsche (oder Englische) übersetzt wurden und die bei vielen Internetbuchhändlern erhältlich sind. Zu den besonders lesenswerten Werken zählen:

- *Erziehung von Mädchen in Böhmen* (Michal Viewegh, 1996) – Auf heitere Weise werden die Kindheitsjahre des neuen kapitalistischen Prags erzählt. Die Verfilmung mit der tschechischen Schauspielerin Anna Geislerová in der Hauptrolle beginnt mit einer Szene, in der Geislerová entspannt im alten Globe Bookstore & Coffeehouse (jetzt: Ouky Douky) in Holešovice sitzt – eine klassische Mischung aus Kunst und realem Leben.
- *Liebe nach Fahrplan* (Bohumil Hrabal, 1965) – Hrabals Roman erzählt die Geschichte eines Jugendlichen, der während des Zweiten Weltkrieges in einem Bahnhof arbeitet. Die Verfilmung gewann als bester ausländischer Film 1967 einen Oscar.
- *Die Schwester* (Jáchym Topol, 1994) – Der englische Übersetzer Alex Zucker beschreibt diesen weitschweifigen Roman, in dem sich die Worte geradezu überschlagen, als „die Geschichte eines jungen Mannes, der versucht, in der schwierigen Landschaft der postkommunistischen Tschechoslowakei seinen Weg zu finden". Dicht, zutiefst bedeutungsvoll – und wahrscheinlich unglaublich schwer zu übersetzen.
- *Daylight in the Nightclub Inferno* (herausgegeben von Elena Lappin, 1997) – Gute englischsprachige Anthologie mit Werken der besten jungen tschechischen Autoren aus der Zeit kurz nach der Samtenen Revolution. Mit von der Partie sind u. a. Jáchym Topol, Michal Viewegh, Daniela Fischerová und Michal Ajvaz.
- *Ich habe den englischen König bedient* (Bohumil Hrabal, 1990) – Die unglückselige Geschichte der Tschechoslowakei lieferte den Stoff für einige der brillant lustigen Romane aus Hrabals meisterhafter Feder. Dieser Roman handelt von einem kleinwüchsigen Kellner namens Ditie, der wie Schwejk unter der deutschen Besatzung Wohlstand und Bekanntheit erlangt, nur um sie nach dem Krieg wieder zu verlieren.
- *Leben mit dem Stern* (Jiří Weil, 1949) – Der jüdische Schriftsteller Weil überlebte die deutsche Besatzung, indem er seinen eigenen Tod inszenierte und sich für die Dauer des Krieges versteckte. Sein zutiefst bewegender Bericht aus dieser Zeit erzählt die Geschichte eines einfachen Bankangestellten, dessen Leben sich völlig ändert, nachdem er gezwungen wurde, den gelben Davidstern zu tragen.
- *Mendelssohn auf dem Dach* (Jiří Weil, 1960) – Der Klassiker beginnt mit dem absurden Bericht von SS-Arbeitern, die den Auftrag hatten, eine Statue des jüdischen Komponisten Mendelssohn vom Dach des Rudolfinums zu entfernen. Da sie nicht erkennen können, welche Statue es ist, entfernen sie die mit der größten Nase – wie sich herausstellt, ist es ausgerechnet die Richard Wagners!
- *Meine fröhlichen Morgen* (Ivan Klíma, 1986) – Klíma ist ein ruhiger, kraftvoller Schriftsteller mit einer beeindruckenden Werksammlung aus der Zeit vor und nach 1989. Bücher wie *Meine fröhlichen Morgen* oder *Meine erste Lieben* spiegeln den geheimnisumwitterten Zauber wider, der die Stadt umgab, bevor sie von Typen in „Prager Drinking Team"-T-Shirts überschwemmt wurde.
- *Das Buch vom Lachen und Vergessen* (Milan Kundera, 1979) – Kundera schrieb diese ergreifende und äußerst lustige Sammlung von thematisch verwandten Kurzgeschichten in den 1970er-Jahren in seinem Pariser Exil. Sie begründete sofort seinen Ruf als führender Schriftsteller Mitteleuropas.
- *Das Schloss* (Franz Kafka, 1926) – Obwohl Kafka ein bedeutender Schriftsteller Prags war, wird die Stadt nur in wenigen seiner Bücher erwähnt. *Das Schloss* macht da keine Ausnahme. Der arme K. schafft es niemals, ins Innere zu gelangen – der Roman endet 280 Seiten später mitten im Satz. Die Arbeit eines Genies oder einfach nur frustrierend? Das soll jeder selbst entscheiden.
- *Der brave Soldat Schwejk* (Jaroslav Hašek, 1923) – Hašeks Roman über einen liebenswerten tschechischen „Tölpel", der sich mit viel Bauernschläue durch den Ersten Weltkrieg laviert, ist etwas in Ungnade gefallen – die Tschechen ärgern sich über die Darstellung und nicht alle Ausländer verstehen die Feinheiten des Humors. Für alle mit einem Faible für die Donaumonarchie ist der Roman dennoch ein Muss.
- *Der Golem* (Gustav Meyrink, 1915) – Der düstere Prag-Roman, der in einer Art Traumwelt spielt, gilt als ein Klassiker der fantastischen Literatur. Meyrink, Autor bizarrer Romane, hat sich auch als Satiriker einen Namen gemacht. Er lebte eine Zeitlang in Prag und war dort u.a. als Bankdirektor tätig.
- *Der Scherz* (Milan Kundera, 1967) – Kunderas erster Roman erschien in der Tschechoslowakei 1967 in der kurzen Phase des politischen Tauwetters. Es ist eine tragikomische Liebesgeschichte, die davon erzählt, was passiert, wenn ein verschmähter Liebhaber seiner ideologisch verblendeten Freundin einen dummen Witz schickt.
- *Der Prozess* (Franz Kafka, 1925) – „Jemand musste Josef K. verleumdet haben, denn ohne dass er etwas Böses getan hätte, wurde er eines Morgens verhaftet." Kafka schrieb diese Worte 1914, doch waren es unheimliche Prophezeiungen der Verhaftungen von Tschechen und Juden der folgenden Jahrzehnte.
- *Die unerträgliche Leichtigkeit des Seins* (Milan Kundera, 1984) – Nicht zuletzt wegen der Verfilmung von 1988 mit Daniel Day-Lewis und Juliette Binoche in den Hauptrollen Kunderas bekanntester Roman. Die eindringliche Darstellung Prags während der Niederschlagung des Prager Frühlings und der äußerst sympathische Frauenheld Tomáš begründeten in den 1980er-Jahren Kunderas Ruf als Genie. Immer noch sehr empfehlenswert.

## BLICK VON AUSSEN

Ausländische Schriftsteller hatten es in Prag nicht leicht. Ein erfolgreicher Schriftsteller zu sein, ist schon schwer genug, doch dank des 2004 verstorbenen amerikanischen Verlegers Alan Levy litten die ausländischen Autoren in Prag unter einer fast unerträglichen Erwartungshaltung. Es war Levy, der in der ersten Ausgabe der *Prague Post* im Oktober 1991 den Spruch prägte, dass Prag das „linke Ufer der Neunziger" sei. Weiter schrieb er, künftige Isherwoods und Audens arbeiteten schon daran, die Ereignisse zu dokumentieren.

Ja, richtig. In den ersten zehn Jahren nach Levys Ankündigung war es leicht, seine Aussage als eigennütziges Gerede abzutun. Dennoch stimmte es, dass es in Prag zu jener Zeit geradezu von Möchtegern-Kunderas wimmelte und das tatsächlich veröffentliche Schrifttum als dürftig zu bezeichnen war. 20 Jahre später kann man wohl behaupten, dass die Kritiker zu voreilig waren. Die in Prag lebenden ausländischen Autoren machen einen guten Teil der angesehenen Schreiberzunft aus. Hier nur eine kleine Auswahl:

- Gary Shteyngart, Anfang der 1990er-Jahre Student der Karlsuniversität, verfasste u. a. das *Handbuch für den russischen Debütanten* (2003), das teilweise in Prag in den Zeiten nach der Samtenen Revolution spielt, und *Snack Daddys abenteuerliche Reise* (2006).
- Jonathan Ledgard, ein seit langem in Prag tätiger Korrespondent für *The Economist*, ist Autor des gefeierten englischsprachigen Romans *Giraffe* (2006); er handelt vom Abschlachten der größten Giraffenherde Mitteleuropas durch die tschechische Geheimpolizei im Jahr 1975.
- Maarten Troost, Journalist der *Prague Post* in deren Anfangszeit, brachte später zwei höchst unterhaltsame Bücher auf den Markt: *Billard mit Kokosnüssen* (2004) und *Die Verlockungen der Südsee* (2007) – Bücher, die auch über Prag hätten geschrieben werden können, die aber in Wirklichkeit von seinen Abenteuern im Südpazifik handeln.
- Olen Steinhauer lebte Mitte der 1990er-Jahre in Prag, bevor er weiter nach Budapest zog, wo er fünf erfolgreiche Spionagethriller über den Kalten Krieg schrieb. Sein viertes Buch, *Liberation Movements* (2006), beginnt in der Tschechischen Republik; und in allen späteren Büchern spielt Prag eine Rolle.
- Robert Eversz lebt mit Unterbrechungen seit 1992 in Prag, wo auch sein 1998 nur auf Englisch erschienener Roman *Gypsy Hearts* spielt. Er hat populäre schwarze Krimis verfasst, darunter auch den ins Deutsche übersetzte Roman *Shooting Elvis* (1997), der Amerikas Leidenschaft für den Starkult unter die Lupe nimmt.
- Brendan McNally hat jahrelang als Reporter für die *Prague Post* gearbeitet. Typisch für ihn sind sein spezieller Humor und seine Leidenschaft für deutsche Geschichte. Nach seiner Rückkehr in die USA packte er all seine Erfahrungen in einen Roman: *Germania* (2009), das wohl schrägste und surrealste Buch über Nazi-Deutschland, das man jemals gelesen hat (auf Englisch).
- Arthur Phillips hat allem Anschein nach niemals in Prag gelebt. Dafür ist es ihm gelungen, den bekanntesten ausländischen Roman über Osteuropa zu schreiben. Er heißt schlicht und einfach *Prag* (2003) – und spielt merkwürdigerweise in Budapest. Phillips hat jedoch auch eine echte Verbindung zu Prag: Seine Kurzgeschichte *Wenceslas Square* (dt.: Wenzelsplatz) erschien 2003 in der Anthologie *Wild East* (dt.: Der Wilde Osten).
- 2010 stellte der in Prag lebende Publizist Louis Armand die aus seiner Sicht besten Beiträge ausländischer Autoren seit 1989 zusammen. Die Anthologie *The Return of Kral Majales* umfasst mehr als 900 Seiten und ist im örtlichen Buchhandel erhältlich.

Schließlich gibt es noch zahlreiche „Ich war hier"-Berichte. Gene Deitchs *For the Love of Prague* (dt.: Für die Liebe zu Prag) gehört zu den erfreulichsten. Deitch war früher Zeichner in Hollywood, bevor er Ende der 1950er-Jahre nach Prag zog und hinter dem Eisernen Vorhang an Zeichentrickfiguren wie *Tom und Jerry*, *Popeye* und *Krazy Kat* mitgearbeitet hat. Douglas Lytles *Pink Tanks and Velvet Hangovers* (dt.: Rosa Panzer und samtener Kater) entstand in einer Phase, in der Ausländer in Prag ein „Goldenes Zeitalter" (1991–1995) erlebten. Das Buch erzählt die wichtigsten Ereignisse jener Zeit aus der Perspektive eines jungen amerikanischen Journalisten. Zu den neuesten Vertretern des Genres zählt *Me, Myself and Prague* (dt.: Ich, ich selbst und Prag) von Rachael Weiss. Es handelt sich um die gute gemachte Geschichte einer Australierin, die 2005 die Annehmlichkeiten von Sydney hinter sich lässt, um ins kalte, unfreundliche Prag zu ziehen. Ohne zu viel zu verraten – schlussendlich liebt sie es.

tes Buch, *Kloktat dehet* (dt.: Mit Teer gurgeln), das vom Leben in einem Waisenhaus während der sowjetischen Invasion von 1968 handelt, hat offenbar schon einen englischen Verleger gefunden. Und Miloš Urbans düsterer Thriller *Sedmikosteli* ist unter dem Titel *Im Dunkel der Kathedrale* auch auf Deutsch zu haben.

Selbst wenn dieser noch einigermaßen bescheidene Trend zur Übersetzung neuester tschechischer Literatur nicht anhalten sollte, gibt es immer noch eine beträchtliche Anzahl älterer Titel aus der Zeit des Kalten Krieges, die nach wie vor erhältlich sind und Einblicke in die Kultur des Landes vermitteln.

Kundera bleibt wohl der unumstrittene Meister der tschechischen Literatur, dem anlässlich einer neuen Übersetzung seines Klassikers *Die Unerträgliche Leichtigkeit des Seins* sogar der tschechische Staatspreis für Literatur verliehen wurde. Dabei besteht zwischen Kundera und den Tschechen eine Art Hassliebe; sie haben es dem Autor niemals ganz verziehen, dass er Mitte der 1970er-Jahre seine unter der russischen Besatzung leidende Heimat verließ. *Die Unerträgliche Leichtigkeit des Seins*, *Der Scherz* und *Das Buch vom Lachen und Vergessen* sind Pragbesuchern besonders zu empfehlen (weitere empfehlenswerte Bücher stehen auch im Kasten auf S. 37). Kunderas spätere Werke, etwa der 2005 erschienene Roman *Der Vorhang*, sind eher trockenere, klinische Erzählungen, an denen sich möglicherweise nur eingefleischte Anhänger des Autors und Literaturwissenschaftler erfreuen.

Weitere literarische Größen aus der Zeit zwischen dem Prager Frühling und der Samtenen Revolution sind Ivan Klíma, Bohumil Hrabal, Josef Škvorecký und Václav Havel (als Essayist und als Dramatiker; s. Kasten S. 30). Klíma, der als Kind die Internierung im Konzentrationslager in Theresienstadt überlebte, wohnt heute immer noch in Prag. Er hat sich vor allem mit seinen bittersüßen Kurzgeschichten einen Namen gemacht, in denen er das Prager Leben der 1970er- und 1980er-Jahre betrachtet (z. B. *Meine ersten Lieben*). Auch nach 1989 erschienen von ihm einige ausgezeichnete Romanen, die die moralischen Konflikte nach der Samtenen Revolution sichtbar machen, so u. a. *Warten auf Dunkelheit, Warten auf Licht* und *Weder Heilige noch Engel.*

Einer der Lieblingsschriftsteller der tschechischen Bevölkerung ist hierzulande weniger bekannt: Bohumil Hrabal. Seine Werke spiegeln das wider, was Tschechen an ihrer Gesellschaft und Kultur besonders schätzen, darunter Witz, einen Sinn fürs Absurde und eine Vorliebe fürs Bier. Von dem großen Geschichtenerzähler stammen Romane wie *Ich habe den englischen König bedient* (2006 verfilmt) und *Das Städtchen, in dem die Zeit stehenblieb,* die sowohl unterhaltsam als auch erkenntnisreich sind. Hrabal starb 1997; er stürzte – einer tschechischen Tradition gemäß – aus dem Fenster.

Josef Škvorecký emigrierte kurz nach der Niederschlagung des Prager Frühlings nach Kanada. Sein Werk wird – wie bei Kundera – von den Themen Exil und Erinnerung beherrscht. Empfehlenswert sind *Feiglinge*, *Eine prima Saison* und *Der Seeleningenieur*.

Keine Abhandlung über die tschechische Literatur wäre vollständig ohne Franz Kafka, den eindeutig bekanntesten Schriftsteller Prags, aus dessen Feder moderne Klassiker wie *Der Prozess* und *Das Schloss* stammen. Der deutschsprachige jüdische Autor war (und ist) sehr eng mit der tschechischen Hauptstadt verbunden. Kafka wurde nur einen Steinwurf vom Altstädter Ring entfernt geboren. In seinem kurzen Leben (1883–1924) entfernte er sich selten mehr als ein paar Hundert Meter von diesem Viertel (s. Kasten S. 90). Während der deutschen Besatzungszeit 15 Jahre nach Kafkas Tod wurde jede Spur des deutschsprachigen Literatenkreis um Kafka ausgelöscht, zu dem auch sein Freund und Verleger Max Brod, der blinde Schriftsteller Oskar Baum und der Journalist Egon Erwin Kisch gehörten.

Kafkas Zeitgenosse und literarischer Gegenpol war der populäre Schriftsteller Jaroslav Hašek, Autor des gleichermaßen geliebten wie geschmähten Buches *Der brave Soldat Schwejk.* Hašek beschreibt in dem Meisterwerk mit satirischem Humor die Geschichte des schusseligen, gutmütigen Tschechen Schwejk und seine – absichtlichen oder unabsichtlichen – Bemühungen, sich im Ersten Weltkrieg vor dem Militärdienst für Österreich-Ungarn zu drücken. Die Tschechen tendieren eher dazu, gegen die Behauptung zu protestieren, ein Idiot wie Schwejk verkörpere nationale Eigenschaften. Freunde des Buches finden aber, da gäbe es nun wirklich gar nichts zu protestieren.

Die tschechische Sprache ist stark flektierend und gibt grammatikalisch begabten Schriftstellern reichlich Möglichkeiten, durch einfaches Spielen mit Zeitformen und Endungen verschiedene Bedeutungsebenen entstehen zu lassen. Der unbestrittene Meister dieses Metiers ist Karel Čapek, ein Schriftsteller und Essayist der Zwischenkriegszeit. Von ihm stammt u. a. das Science-Fiction-Drama *R. U. R. – Rossum's Universal Robots*, das den Wortschatz um die Vokabel „Roboter" erweiterte (es leitet sich vom tschechischen Wort für Arbeit ab).

Der tschechische Beitrag zur Weltliteratur beschränkt sich nicht nur auf die Prosa. Der tschechische Dichter Jaroslav Seifert (1901–1986) wurde 1984 mit dem Nobelpreis für Literatur ausgezeichnet. Von seinen Landsleuten wird er deswegen aber noch lange nicht als bester Dichter Tschechiens angesehen. Diese Ehre gebührt normalerweise dem Dichter und Naturwissenschaftler Miroslav Holub (1923–1998).

# BILDENDE KÜNSTE

Mit dem Stichwort „Prager Kunst“ verbinden die meisten Besucher nicht viel, einigen fallen dazu vielleicht ein paar Jugendstilgemälde von Alfons Mucha ein (s. Kasten S. 43). Doch die Stadt hat wesentlich mehr zu bieten als die lasziven Mädchen des Meisters. Prag blickt sowohl auf eine lange Tradition avantgardistischer Fotografie als auch auf ein reiches Erbe an Skulpturen und Baudenkmälern zurück, angefangen beim Barock bis hin zu zeitgenössischen Werken. Zudem gibt es im Messepalast und in den privaten Galerien immer faszinierende aktuelle Arbeiten aus Prag zu entdecken.

## Fotografie

Tschechische Fotografen gehörten schon immer zu den Besten ihrer Zunft. Die Fotografen der Anfangszeit, Ende des 19. bzw. Anfang des 20. Jhs., arbeiteten in einem bildhaften Stil, sie betrachteten die neue Kunstform als verlängerten Arm der Malerei. So kamen auch verschiedene Foto- und Drucktechniken zum Einsatz, um das Bild ähnlich einem impressionistischen Gemälde unscharf zu gestalten.

Nach der Unabhängigkeit 1918 und während der 1920er- und 1930er-Jahre eroberte die Moderne die Fantasie der Tschechen. Fotografen griffen Trends wie Kubismus, Funktionalismus, Dadaismus und Surrealismus auf und schufen schrille abstrakte Kunst, die immer noch aktuell wirkt. Zu den besten Fotografen dieser Zeit zählen František Drtikol und Jaroslav Rössler. Drtikol porträtierte mit seinen Arbeiten die Gesellschaft seiner Zeit, er kreierte vor allem Aktfotos vor dramatischem, kantigem Hintergrund. Rössler lebte mehrere Jahre in Paris, wo er den Stil seiner kraftvollen abstrakten Bilder verfeinerte, die auf konstruktivistische Trends zurückgreifen.

In der kommunistischen Ära wurde die Fotografie in den Dienst des Arbeiterstaates gestellt. Unfreiwillig komische Fotos mit Traktoren, Fabriken, Wohnanlagen und fröhlichen Bauern füllen die Bildbände jener Zeit. Seriöse Fotografen machten Landschaften oder Stillleben zum Gegenstand ihrer Werke, die – zumindest oberflächlich betrachtet – frei von politischen Aussagen waren.

Der wohl beste tschechische Fotograf jener Zeit war Josef Sudek. Im Lauf seiner fünf Jahrzehnte währenden Karriere richtete Sudek sein Objektiv bis zu seinem Tod Mitte der 1970er-Jahre auf die Stadt Prag und erzielte dabei eine absolut erstaunliche Wirkung. Sudek-Ausstellungen sind relativ selten, seine Bildbände sind allerdings recht häufig in antiquarischen Buchläden der Stadt erhältlich.

Das gegenwärtige *enfant terrible* der tschechischen Fotografie, Jan Saudek (geb. 1935), erfreut nach wie vor seine Fans (und entsetzt seine Kritiker) mit traumartigen, von Hand kolorierten Drucken, die Bilder von Utopia und Dystopia heraufbeschwören – und in denen oft eine nackte oder halbnackte Frau oder ein Kind vorkommt. Saudek ist zweifellos der bekannteste zeitgenössische tschechische Fotograf. Bei einer seiner zahlreichen Ausstellungen kann man sicher kontrovers darüber diskutieren, ob er mit seinen Werken nicht die Grenzen des guten Geschmacks überschreitet.

## Bildhauerei

Skulpturen haben im öffentlichen Raum Prags schon immer eine wichtige Rolle gespielt. Man denke nur an die barocken Heiligen, die das Geländer der Karlsbrücke säumen, oder die monumentale Stalinfigur, die einst von der Letnáhöhe auf die Altstadt blickte (s. Kasten S. 88 & S. 100). Nicht selten hatten sie eine politische Aussage.

Während des Barocks schossen religiöse Skulpturen überall auf öffentlichen Plätzen aus dem Boden. Mariensäulen wurden zu Ehren der Heiligen Jungfrau errichtet, die die Stadt vor der Pest oder Glaubensfeinden schützen sollte – eine dieser Mariensäulen stand von 1650 bis 1918 auf dem Altstädter Ring. Als man 1683 die Statue des Heiligen Johannes von Nepomuk auf der Karlsbrücke aufstellte, war das ein Akt gezielter politischer Propaganda aus dem Hause Habsburg: Es sollte ein neuer – und vor allem katholischer – tschechischer Nationalheld etabliert werden, um den beliebten protestantischen Reformer Jan Hus aus dem öffentlichen Bewusstsein zu verdrängen. Die Aktion war so erfolgreich, dass Johannes von Nepomuk 1729 heilig gesprochen wurde und sich die von den Jesuiten erfundene Nepomuklegende bald ins kollektive Gedächtnis einbrannte.

## DAVID ČERNÝ: KÜNSTLER UND PROVOKATEUR

Der tschechische Künstler David Černý (geb. 1967) sorgte erstmals 1991 für internationale Schlagzeilen, als er einen sowjetischen Panzer, das Prager Denkmal für den Zweiten Weltkrieg, rosa anmalte (s. Kasten S. 100). Seitdem pflegt und hegt er seinen Ruf als *enfant terrible* der Prager Kunstszene – seine Arbeiten werden meist schnell zu größeren Medienevents, in die auch die Polizei gelegentlich involviert ist.

Aufsehen erregen seine Arbeiten allemal; so etwa 2009, als seine Skulptur *Entropa* – eine Auftragsarbeit anlässlich der tschechischen EU-Ratspräsidentschaft – für diplomatische Verwicklungen sorgte. Die Skulptur nimmt nationale Klischees aus ganz Europa aufs Korn und provozierte einen Skandal; die Bulgaren etwa waren über die Darstellung ihres Landes (als eine Ansammlung von Hock-Klosetts) so empört, dass dieser Teil mit schwarzen Tüchern abgedeckt werden musste. Bei Redaktionsschluss für diese Auflage wurde *Entropa* gerade im Prager Zentrum für zeitgenössische Kunst DOX (S. 144) gezeigt, einen endgültigen Platz hatte das Kunstwerk aber noch nicht gefunden.

Mit der „Pink Tank"-Episode machte sich Černý international einen Namen. Er lebte einen Weile in den USA, seine Arbeiten wurden u. a. in New York, Chicago, Dresden, Berlin, Stockholm und London ausgestellt. Viele seiner Werke sind in Prag zu sehen (s. Kasten S. 155).

Černý setzt sich auch sehr für die Förderung von Verbindungen mit Künstlern im Ausland ein und nutzt dafür seine weitläufige „Meet Factory" (S. 153), ein Wohn- und Kunstprojekt in Smíchov. Nähere Infos zu Černýs Werken und zur Meet Factory gibt es auf seiner Website unter www.davidcerny.cz.

Während der Nationalen Wiedergeburt der Tschechen hatten die Prager Skulpturen dann eine andere Aufgabe: Sie sollten ein öffentliches Bewusstsein für die tschechische Tradition und Kultur wecken. Einer der produktivsten Bildhauer dieser Zeit war Josef Václav Myslbek, dessen berühmte Skulptur vom hl. Wenzel, dem Patron Tschechiens, den oberen Teil des Wenzelsplatzes (S. 121) dominiert. Er schuf auch die vier riesigen Skulpturen der mythisch-historischen tschechischen Helden Libussa, Přemysl, Šárka und Ctirad, die heute die Gärten der Burg Vyšehrad zieren (S. 130).

Der Jugendstilkünstler Ladislav Šaloun ist für eine der symbolträchtigsten Skulpturengruppen verantwortlich: das Denkmal für Jan Hus, das 1915 anlässlich seines 500. Todestags auf dem Altstädter Ring (S. 95) enthüllt wurde. Hus' Figur – standhaft und unbeweglich trotz der historischen Ereignisse um ihn herum – versinnbildlicht die tschechische Nation, die drei Jahre nach der Enthüllung erstmals in ihrer Geschichte ihre Unabhängigkeit erlangte. Diese drei kurzen Jahre lang blickte Hus trotzig über den Platz hinweg auf die Statue der Heiligen Jungfrau – das Symbol für den Sieg der Habsburger über die Böhmen –, bevor der Mob sie kurz nach der Unabhängigkeitserklärung 1918 von ihrem Sockel kippte. Šalouns Arbeiten schmücken außerdem die Fassade des Repräsentationshauses (S. 109), das Grand Hotel Evropa (s. Kasten S. 123) und das Rathaus (einen Block westlich des Altstädter Rings auf dem Mariánské náměstí). Und er schuf eine Büste Antonín Dvořáks, die das Grab des Komponisten auf dem Vyšehrader Ehrenfriedhof ziert (S. 130).

Die vielleicht beeindruckendste und auffälligste Skulptur in Prag, das riesige Reiterstandbild des hussitischen Helden Jan Žižka, soll das größte Reiterstandbild der Welt sein. Es ist jedenfalls groß genug, um die Skyline von Žižkov zu beherrschen (der Stadtteil wurde nach ihm benannt). Erschaffen wurde es 1950 nach einem Entwurf von Bohumil Kafka (der mit dem berühmten Schriftsteller weder verwandt noch verschwägert war). Eigentlich als Teil des Nationaldenkmals (S. 139) geplant, sollte es an die tschechischen Soldaten im Zweiten Weltkrieg erinnern, bis dann die kommunistische Regierung das Standbild für andere Zwecke in Beschlag nahm und es zu einem politischen Symbol für tschechische Bauern und Arbeiter ummünzte.

Die lange Tradition der Stadt, Skulpturen politisch zu instrumentalisieren, hält bis heute an. Die kontrovers-ironischen Arbeiten von David Černý (s. Kasten oben & S. 151) sind ein gutes Beispiel dafür.

# Malerei

Die brillanten und realistischen Gemälde des Magisters Theodoricus aus dem 14. Jh., dessen Werke in der Heiligkreuzkappelle in der Burg Karlstein (S. 244) und in der Wenzelskapelle im St.-Veits-Dom (S. 69) zu besichtigen sind, beeinflussten die Kunst in ganz Mitteleuropa. Zu den Juwelen der gotischen Kunst Böhmens gehört beispielsweise auch der Ende des 14. Jhs. geschaffene Altar des sogenannten Meisters des Třeboň-Altars, dessen Überreste sich im Agneskloster (S. 104) in der Prager Altstadt befinden.

Die Nationale Wiedergeburt der Tschechen im späten 18. und 19. Jh. stand ganz im Zeichen des wiedererwachten tschechischen Realismus, wie er vor allem von Mikuláš Aleš, Antonín Mánes und seinem Sohn Josef praktiziert wurde. Alfons Mucha erlangte im späten 19. und frühen 20. Jh. durch seine Jugendstilplakate und seine Buntglasfenster Berühmtheit (s. Kasten rechts). Der tschechischen Landschaftsmalerei eines Adolf Kosárek folgten impressionistische und symbolistische Strömungen, die von Antonín Slavíček, Max Švabinský und anderen aufgegriffen wurden.

Rund um die Künstlergruppe Osma (die Acht) entwickelte sich Prag Anfang des 20. Jhs. zu einem Zentrum der Avantgarde. Zugleich spielte die Stadt eine wichtige Rolle bei der Entwicklung des Kubismus, der in Tschechiens Metropole vor allem mit dem Namen der Maler Josef Čapek und Bohumil Kubišta (der Name passt mal wirklich) verbunden ist. Zwischen den Weltkriegen gewann dann mit der maßgeblich vom Kritiker und Lektor Karel Teige geprägten Gruppe Devětsíl der Funktionalismus an Bedeutung. Es folgten Surrealisten wie Zdeněk Rykr und Josef Šima.

In der deutschen Besatzungszeit wurde die Kunst in den Untergrund getrieben, während Maler in den Anfangsjahren der kommunistischen Ära dazu gezwungen wurden, im von der Obrigkeit angeordneten Stil des sozialistischen Realismus zu arbeiten. Gewöhnlich wurden Arbeiter und Bauern bei der Errichtung ihres Staates abgebildet. Zu den im Untergrund tätigen Künstlern zählten Mikuláš Medek (dessen abstrakte, surrealistische Kunst in wenig bekannten Galerien ausgestellt wurde) und Jiří Kolář, ein begnadeter Grafiker und Dichter, dessen Namen ein wenig wie „Collage" klingt – eine seiner bevorzugten Kunstformen.

## Kino

Wenn man bedenkt, dass Tschechien nicht gerade zu den größten Staaten Europas gehört, ist es beachtlich, dass die rege Filmindustrie des Landes 15 bis 20 Filme im Jahr produziert. Fast alle Filme werden vom Staat und von Sponsoren wie dem tschechischen Fernsehen gesponsert, doch es hilft natürlich auch, dass die Tschechen leidenschaftliche Kinogänger sind. Hollywoodfilme machen zwar einen Löwenanteil aus, tschechische Filme bringen aber immerhin rund ein Viertel des Gesamtumsatzes.

Tschechen gehören zu den ersten Pionieren der Filmproduktion. Die ersten tschechischen Filme waren Stummfilme – Slapstickfilme nach amerikanischem Vorbild –, die schon Ende des 19. Jhs. entstanden. Zwischen den Weltkriegen startete die Filmindustrie dann richtig durch. Sehr beliebt waren amerikanische Westernfilme – sie entfachten bei den Tschechen gar eine Leidenschaft für das Leben in der freien Natur und eine Wildwest-Romantik, die bis heute anhält. Gustav Machatýs *Sinfonie der Liebe* (1932) war der erste Film überhaupt, in dem eine Darstellerin vollständig nackt gezeigt wurde. Die Dame, die ihre Haut damals zu Markte trug, war eine gewisse Hedvige Kiesler, die später unter dem Namen Hedy Lamarr in Hollywood Karriere machte.

Amerikanische Filme erfreuten sich weiterhin großer Popularität, bis sie bei Kriegsbeitritt Amerikas Ende 1941 von den Deutschen verboten wurden. Doch auch die Wirren der Kriegsjahre konnten die Tschechen nicht davon abhalten, weiterhin ins Kino zu gehen – nur schauten sie sich nun statt amerikanischer Dramen und Komödien deutsche Produktionen an. Der kommunistische Putsch 1948 verlegte den Schwerpunkt der Filmproduktion dann von Unterhaltung auf Bildung. Filme wurden in den Dienst des Staates gestellt, um das Klassenbewusstsein der Arbeiter zu fördern. Das Resultat war vorhersehbarer Durchschnitt. Er endete erst mit dem politischen Tauwetter der 1960er-Jahre, als junge Absolventen der Prager Filmakademie FAMU tragikomische Filme drehten, mit denen sie clever die Machthaber kritisierten und weltweit Lob einheimsten.

Die „Neue Welle", wie die Bewegung in der Filmkunst genannt wurde, eroberte die Welt im Sturm. Tschechoslowakische Filme gewannen in den 1960er-Jahren zweimal den Oscar in der Kategorie „Bester Ausländischer Film": 1965 für *Das Geschäft in der Hauptstraße* (DDR-Titel: *Der Laden auf dem Korso*) von Ján Kadár und Elmar Klos, 1967 für *Liebe nach Fahrplan* von Jiří Menzel. Der unumstrittene Meister der Neuen Welle war aber Miloš Forman. Er begann 1963 mit dem spärlich ausgestatteten, aber spannenden Streifen *Der Schwarzer Peter (Černý*

## EIN VERKANNTES GENIE

Alfons Mucha (1860–1939) gehört zu den international bekanntesten tschechischen Künstlern – selbst wenn sein Ruf im Ausland besser ist als in seiner Heimat.

Mucha lebte in Paris, als seine Karriere begann und sich sein Leben quasi über Nacht änderte: Eine Druckerei gab ihm bei einem zufälligen Besuch den Auftrag, ein Plakat für die berühmte Schauspielerin Sarah Bernhardt zu gestalten. Die Originallithografie, die Bernhardts neues Stück *Gismonda* beworben hatte, kann heute im Mucha-Museum (S. 115) besichtigt werden. Das hochformatige Plakat mit seinen gedeckten Farben, den vielen Ornamenten und seiner hintergründigen Schönheit sorgte für wahre Begeisterungsstürme.

Mucha, der schnell in aller Munde war, stieg zrasch um gefragtesten Künstler von Paris auf. Er unterschrieb bei Bernhardt einen Vertrag über sechs Jahre, in denen er für sie weitere neun großartige Plakate entwarf, deren Gestaltung unter dem Begriff *Mucha-Stil* bekannt wurde. Neben Schmuck, Kostümen und Theaterkulissen produzierte er noch etliche andere Werbeplakate, etwa für Job-Zigarettenpapier, Champagner von Möet & Chandon und Tourismusagenturen in Monaco und Monte Carlo. Auch wenn er allgemein als Vertreter des Jugendstils angesehen wird, bestand Mucha selbst immer darauf, keiner künstlerischen Richtung anzugehören. Er sah seine Arbeit einfach als Fortsetzung der tschechischen Kunsttradition. Sein Bekenntnis zu Kultur und Wurzeln seines Heimatlandes kam besonders in seiner zweiten Schaffensperiode zum Tragen, als er ohne Gage die Ausmalung des Primatorsalons im Prager Repräsentationshaus (S. 117) übernahm, neue Briefmarken, Banknoten und Polizeiuniformen entwarf und ein großartiges farbiges Kirchenfenster für das Hauptschiff des St.-Veit-Doms (S. 76) gestaltete.

18 Jahre seines Lebens (1910–1928) widmete er der Gestaltung des *Slawischen Epos*, das er dem tschechischen Volk widmete. Die 20 monumentalen Leinwände stellen Mythen und Ereignisse aus der slawischen Geschichte dar. Wenngleich sich die Bilder stilistisch deutlich von seinen berühmten Pariser Plakaten abheben, so haben sie doch ihre mythisch-verklärenden Qualitäten beibehalten: Die Gemälde sind bevölkert mit wild dreinblickenden Priestern, mittelalterlichen Festzügen und Massakern auf dem Schlachtfeld – alles getaucht in symbolische Farben. In den eigenen Worten des Künstlers: „Schwarz ist die Farbe der Sklaverei, Gelb die fröhliche Gegenwart, Orange die glorreiche Zukunft." Wer sich davon selbst ein Bild machen möchte: Das *Slawische Epos* wird in der Stadt Mährisch Krumlov (Moravský Krumlov) in der Nähe von Brünn (Brno), 200 km südöstlich von Prag, ausgestellt.

Als das Deutsche Reich die Tschechoslowakei zu Beginn des Zweiten Weltkriegs annektierte, war Mucha einer der ersten, die festgenommen und von der Gestapo verhört wurden. Er wurde entlassen, starb jedoch nur wenige Tage später, kurz vor seinem 79. Geburtstag. Er wurde in der Ehrengruft Slavín auf dem Vyšehrader Friedhof (S. 130) begraben.

Muchas Enkelin Jarmila Plockova integriert in ihren Kunstwerken Elemente aus den Gemälden ihres Großvaters – wer daran interessiert ist, sollte im Laden Art Décoratif (S. 160) vorbeischauen.

*Petr)*. Danach schuf er Klassiker wie *Die Liebe einer Blondine* (1966) – der für den Oscar nominiert wurde, ihn aber nicht gewann – und *Der Feuerwehrball* (1967), bevor er nach der Niederschlagung des Prager Frühlings in die USA emigrierte. Hier schuf er die mit Oscars prämierten Filme *Einer flog übers Kuckucksnest* und *Amadeus*. Weitere herausragende Regisseure, die die tschechische Neuen Welle prägten, sind u. a. Ivan Passer, Věra Chytilová und Jan Němec. Viele Filme dieser Regisseure sind mittlerweile auf DVD erhältlich. (Eine – natürlich subjektive – Liste der besten tschechischen Filme aller Zeiten steht im Kasten S. 44.)

Seit der Samtenen Revolution haben sich viele tschechische Regisseure trotz schmalem Budget darum bemüht, anspruchsvolle Filme zu drehen und dem Mainstream Marke Hollywood die Stirn zu bieten. Ihre Filme werden an den hohen Standards tschechischer Produktionen aus den 1960er-Jahren gemessen und entsprechend kritisch beäugt. Doch die hohen Erwartungen konnten die neuen tschechischen Regisseure großenteils erfüllen, indem sie kleinere, theaterartige Filme drehten, die sich auf die Unbilden und moralischen Zwickmühlen in einer rasch vom Kommunismus zum Kapitalismus übergehenden Gesellschaft konzentrierten. Wenn die tschechische Neue Welle das Beste aus einer schlechten Situation herausgeholt hat, so könnte man heute überspitzt sagen, dass die zeitgenössischen Filme das Schlechteste aus einer relativ guten Situation sichtbar machen.

Produktionen wie David Ondříčeks *Einzelgänger*, Jan Hřebejks *Up and Down*, Sasa Gedeons *Die Rückkehr der Idioten* oder Bohdan Slámas *Die Jahreszeit des Glücks* (Štěstí) beweisen die Vielfältigkeit des tschechischen Films, beschäftigen sich aber allesamt mit derselben dunklen Welt des schnöden Mammons, Eheproblemen und moralischen Untiefen. Gegen diesen Trend arbeitet Regisseur Jan Svěrák, der weiterhin kostspielige und international beachtete Filme

## TSCHECHISCHE MEISTERFILME

- *Amadeus* (1985) – Die größte Hollywoodproduktion, die vor 1989 in Prag gedreht wurde. Der Regisseur Miloš Forman wählte die Stadt für seinen Oscar-prämierten Film über das Leben des Komponisten Wolfgang Amadeus Mozart aus, da sie dem Wien des 18. Jhs. ähnlicher war als das heutige Wien selbst. Er filmte auch im Ständetheater, wo der Komponist 1787 höchstpersönlich seinen *Don Giovanni* uraufgeführt hatte.
- *Kráska v nesnázích* (dt.: Schönheit in Gefahr; 2006) – Der Film des gefeierten Regisseurs Jan Hřebejk hält der tschechischen Gesellschaft den Spiegel vor und zeigt ihre hässlichen Fratzen. Die tschechische Schauspielerin Anna Geislerová spielt eine Frau, deren Leben nach dem Hochwasser in Prag 2002 zusammenbricht. Sie geht danach zögerlich eine Beziehung zu einem reichen tschechischen Emigranten ein, der in Italien lebt.
- *Der Schwarze Peter* (1963) – Das Frühwerk Miloš Formans begeisterte bei seiner Uraufführung die New Yorker Kritiker mit seiner gemächlichen, aber faszinierenden Handlung über das Erwachsenwerden eines Teenagers.
- *Der Boss kennt auch den Staatsanwalt* (1987) – Vít Olmers Klassiker wirft einen Blick auf das Prag in den Jahren vor der Samtenen Revolution, als eine korrupte Geheimpolizei und das organisierte Verbrechen identisch waren. Der Film wurde nach der Veröffentlichung verboten, war aber auf Videos im Untergrund im Umlauf. Der Soundtrack mit Songs von Frankie Goes to Hollywood hätte nicht passender gewählt werden können.
- *Liebe nach Fahrplan* (1966) – Jiří Menzels Adaptation von Bohumil Hrabals witzigem Zweiten-Weltkrieg-Klassiker gewann 1967 einen Oscar und machte den neuen tschechischen Film bekannt. Man beachte, wie der junge Jiří vorsichtig das Thema Vorzeitiger Samenerguss anschneidet, indem er eine ältere Frau in Szene setzt, die liebevoll den Hals einer Gans streichelt.
- *Pelíšky* (dt.: Gemütliche Höhle; 1999) – Die Geschichte zweier Nachbarn mit völlig unterschiedlichen politischen Ansichten am Vorabend des Einmarsches der Warschauer-Pakt-Truppen. Noch haben die tschechischen Regisseure den ultimativen Film über den Kommunismus nicht gedreht, doch dieser Versuch – gleichermaßen traurig und lustig – kommt ihm schon recht nahe.
- *Český sen. Der tschechische Traum* (Český sen; 2004) – Der wohl schönste tschechische Dokumentarfilm der letzten Jahre. Zwei Witzbolde täuschen die Eröffnung eines neuen Supermarkts vor und verteilen Handzettel, auf denen sie mit den niedrigsten Preisen aller Zeiten werben, und filmen dann das Resultat. Das Ende ist sowohl vorhersehbar als auch traurig – eine Allegorie auf die neue kapitalistische Tschechische Republik.
- *Wir müssen zusammenhalten* (2000) – Jan Hřebejks und Petr Jarchovskýs komischer aber schonungsloser Blick auf die deutsche Besatzung und auf die Tschechen, die mit ihnen kollaborierten. Ein Paar versteckt einen jüdischen Flüchtling in seinem Haus und muss findig sein, um nicht aufzufliegen– beispielsweise die Nazis öffentlich preisen.
- *Kolya* (1996) – Der Oscar-prämierte Film von Jan Svěrák erzählt die Geschichte eines alternden tschechischen Junggesellen und eines niedlichen russischen Kindes. Anfangs bejubelt, da es den internationalen Ruf des tschechischen Films zu retten galt. Doch die Zeiten ändern sich – heute finden viele den Film einfach nur schmalzig. Dennoch sehenswert, schon allein wegen der aufwendigen Bilder, die das Prag vor 1989 zeigen.
- *Einzelgänger* (2000) – David Ondříčeks *Einzelgänger* stand am Beginn einer langen Reihe von Chroniken über das Leben von Twens, in denen die Schauspieler die Dynamik bestimmen. Diese Art Film prägte nach der Samtenen Revolution eine Weile das Tschechische Kino.
- *Die Liebe einer Blondine* (1965) – Miloš Formans bittersüße Liebesgeschichte zwischen einem naiven Mädchen aus einer kleinen Industriestadt und einem kultivierteren Prager Beau. Dem wohl schönsten Film Formans gelingt es mühelos, die Unschuld und die Hoffnungslosigkeit jener grauen Tage Mitte der 1960er-Jahre einzufangen.
- *Geschichte der Wände* (1979) – Věra Chytilovás Klassiker über junge Familien, die Wohnungen in neuen Plattenbauten kaufen, welche überall in der Stadt aus dem Boden schießen, nur um dann festzustellen, wie schlecht diese Wohnungen sind. Faszinierend ab der ersten Minute.
- *Die Jahreszeit des Glücks* (2005) – Bohdan Slámas schlichter Film ähnelt *Kráska v nesnázích*. Die Hauptrolle spielt ebenfalls Geislerová, doch diesmal stellt sie eine emotional gestörte Mutter dar, die in der im Norden gelegenen Stadt Most am Rande des Zusammenbruchs steht. Die Lage wird durch die bodenständige Monika gerettet, die von der tschechischen Schauspielerin Tatiana Vilhelmová gespielt wird.
- *Jízda* (dt.: Die Fahrt; 1994) – Ungeheuer einflussreiches tschechisches Road Movie mit der jungen Geislerová in der Hauptrolle, die sich als Anhalterin ihren Weg in die hoffnungsvolle Freiheit erkämpft. Spiegelt etwas vom Optimismus und dem Geist der frühen postrevolutionären Jahre wider.
- *Up and Down* (2004) – Der hochgelobte Film des Regisseurs Jan Hřebejk ist einer jener Streifen der letzten Jahre, die einen schonungslosen Blick auf die neuen Realitäten im Prag nach 1989 werfen, wo Geld Macht bedeutet und uraltem Hass mehr oder weniger freier Lauf gelassen wird

produziert. Sein Werk *Kolya* wurde 1996 mit dem ersten Oscar für einen tschechischen Film seit den 1960er-Jahren ausgezeichnet.

Aufgrund geringer Produktionskosten ist Tschechien auch für internationale Filmteams ein attraktiver Drehort. Ein Grund hierfür sind auch die hervorragenden Bedingungen der Barrandov-Studios südlich von Smíchov. Die Bemühungen haben sich ausgezahlt. Mehrere Blockbuster – darunter *Mission: Impossible*, der James-Bond-Streifen *Casino Royale* und die beiden ersten Filme der *Chroniken von Narnia* – sind hier gedreht worden. Ob Prag weiterhin große Produktionen anziehen kann, ist angesichts der starken tschechischen Krone fraglich. So sind inzwischen in Ungarn und Rumänien billigere Produktionsorte entstanden.

## Zeichentrick- und Fantasyfilme

Es ist nicht überraschend, dass ein Land mit einer solch langen Puppenspieltradition auch überragende Zeichentrickfilme hervorbringt. Zentrum des tschechischen Zeichentrickfilms ist Prags berühmtes Filmstudio Krátký.

Die Tschechen sind besonders in Mittel- und Osteuropa für ihre Zeichentrickfilme und Kurzfilme für Kinder bekannt. Die sicherlich populärste Figur ist Krtek. Der kleine Maulwurf, den Trickfilmer Zdeněk Miler in den 1950er-Jahren kreierte, kennt man hierzulande aus der *Sendung mit der Maus*. Seine Markenzeichen sind die großen weißen Augen, die rote Nase und drei abstehende Haare auf dem Kopf. Krtek hat im Lauf der Jahre in Dutzenden von Filmen die Hauptrolle gespielt, angefangen mit dem Klassiker aus dem Jahre 1957 *Wie der Maulwurf zu seiner Hose kam*.

Der tschechische Maler und Illustrator Jiří Trnka machte sich mit seinen atmosphärischen Puppentrickfilmen weltweit einen Namen. Seine Karriere startete er 1945. Über 20 Jahre bis zu seinem Tod 1969 blieb Trnka seinem Metier treu. Zu seinen besten Filmen zählen *Das Lied der Prärie*, eine Parodie auf den amerikanischen Western, *Der Kaiser und die Nachtigall* (mit der Stimme von Boris Karloff in der amerikanischen Version von 1951), *Der brave Soldat Schwejk* und schließlich *Die Hand* aus dem Jahre 1965 – ein hochpolitischer Film, der den Kampf des Künstlers gegen totalitäre Autorität zeigt, nur dargestellt mittels eines weißen Handschuhs. Der Film wurde anfangs von der Regierung toleriert, dann aber kurz nach Trnkas Tod aus den Kinos verbannt; er wurde erst nach 1989 wieder zugelassen.

Der Tscheche Jan Švankmajer ist für bizarre, surrealistische Trickfilme und für im Stop-Motion-Verfahren gedrehte Filme bekannt, darunter seine Version von *Alice im Wunderland* aus dem Jahr 1988 und der Klassiker *Faust* von 1994. Sein 1996 erschienener Film *Spiklenci slasti* (dt.: Verschwörer der Lust) ist eine übersteigerte Darstellung des Themas Fetischismus und Selbstbefriedigung – er verzichtet vollständig auf Dialoge, zumindest in diesem Punkt sollte man also keine Verständnisprobleme haben.

# THEATER

Theater in Prag bleibt eine beliebte und wichtige Kunstform – und zwar trotz zunehmender Konkurrenz durch Internet, Film und Fernsehen. Premieren wichtiger Aufführungen, etwa Tom Stoppars fesselndes Stück *Rock 'n' Roll* im Nationaltheater (Národní divadlo; S. 215) 2007 oder Václav Havels gefeiertes Theaterstück *Odcházení* (dt.: Abgang) im Divadlo Archa Theater 2008, sind oft Monate im Voraus ausverkauft und werden noch Wochen danach in den Zeitungen und in der Öffentlichkeit diskutiert.

Zusätzlich zu den großen Bühnen wie dem Nationaltheater und dem Ständetheater (Stavovské divadlo; S. 215) gibt es im ganzen Stadtzentrum und in fast jedem der angrenzenden Viertel Dutzende von kleineren Theatern. Ohne Tschechischkenntnisse hält sich das Vergnügen eines Theaterbesuchs aber in der Regel in Grenzen. Bei großen Inszenierungen werden manchmal englische Übertitel eingesetzt, doch der tschechische Theateralltag findet nunmal auf Tschechisch statt. Zwei Bühnen, Archa (S. 217) und Švandovo divadlo in Smíchov (S. 218), haben sich dem englischen Theater verschrieben und führen manchmal Stücke in Originalsprache auf. Ferner werden während des jährlich Ende Mai und Anfang Juni stattfindenden Fringe Festival eine Woche Theater- und Comedy-Acts geboten, davon viele auf Englisch.

Das Theater spielte für die tschechische Identität schon immer eine wichtige Rolle. Es stand im Dienst der Pflege und Fortentwicklung der während der Gegenreformation zurückgedrängten tschechischen Sprache bzw. der Verteidigung der aufkeimenden tschechischen Kultur, die sich erst gegen die Habsburger und dann gegen nationalsozialistische und kommunistische Einflüsse zu behaupten hatte. Das tschechische Drama (als Pendant zum deutschsprachigen) hat Ende des 18. Jhs. eine erste Heimat am Nostitztheater gefunden, das heute als Ständetheater bekannt ist. Historische Stücke mit patriotischem Unterton blühten im 19. Jh., ihnen kam bei der Nationalen Wiedergeburt der Tschechen eine bedeutende Funktion zu. Die Jahrzehnte dauernde Errichtung des Nationaltheaters und dessen Eröffnung 1881 gilt als Wendemarke der tschechischen Geschichte. Tragischerweise brannte es kurz nach der Eröffnung nieder, wurde dank öffentlichen Engagements aber in nur zwei Jahre wieder neu aufgebaut.

Das Schauspiel erlebte in den ersten Jahren nach der Staatsgründung der Tschechoslowakei eine Blüte, hatte dann aber unter der nationalsozialistischen Besatzung zu leiden. Viele Theater wurden geschlossen oder mussten deutsche Stücke zeigen. Nach 1948 besaßen klassische Inszenierungen eine hohe Qualität, die Moderne blieb aber unterdrückt. Zu den Ausnahmen zählen die Pantomime des Cerné divadlo (Schwarzes Theater) und die ultramoderne Laterna Magika, die von Alfréd Radok gegründet wurde und immer noch sehr bedeutsam ist.

Viele Stücke mit regimekritischen Aussagen – darunter auch Werke Václav Havels – wurden in der ČSSR verboten und nur im Westen aufgeführt. Mitte der 1960er-Jahre experimentierte das Theater am Geländer (S. 217) kurze Zeit mit der Meinungsfreiheit, indem es Werke von Havel, Ladislav Fialka und Milan Uhde inszenierte und das Komikerduo Jiří Suchý und Jiří Šlitr auftreten ließ. 1989 wurde dann die Bedeutung des Theaters für das politische Leben Tschechiens abermals unterstrichen, als Havel und sein Bürgerforum die Laterna Magika als Basis für ihre Verhandlungen mit den sozialistischen Machthabern wählten.

Das tschechische Theater ist zwar lebendig und bei seinen Zuschauern beliebt. Grund zur Sorge besteht dennoch – während die Eintrittspreise kontinuierlich steigen, wird bei den öffentlichen Mitteln immer wieder der Rotstift angesetzt. Die Finanzierung ihrer kulturellen Einrichtungen ist eines der Hauptprobleme der Stadt. Im Rathaus machen sich viele Abgeordnete für eine deutliche Kürzung der Subventionen stark. Der ehemalige Präsident und Schriftsteller Václav Havel wagte kürzlich den umstrittenen Schritt an die Öffentlichkeit. Er forderte die Bürger Prags auf, die konservativen Bürgerlich-Demokratischen Partei (ODS) wegen deren kulturpolitischen Positionen abzustrafen.

Havels Stück *Odcházení* (dt.: Abgang), sein erstes größeres Theaterstück seit 1989, wurde im Mai 2008 uraufgeführt und fast durchweg bejubelt. Es ist eine Parodie des Lebens im postkommunistischen Prag. Die Hauptrolle spielt ein bloßgestellten Politiker, Vlastík Klein, der rein zufällig eine gewisse Ähnlichkeit mit Havels politischem Gegenspieler Präsident Václav Klaus hat (und zwar nicht nur, was die Initialen angeht). Havel konzipierte die weibliche Hauptrolle für seine zweite Frau Daša, die aber kurz vor der Karriere erkrankte und nicht auftreten konnte.

Neben dem klassischem Schauspiel pflegen die Tschechen begeistert das Puppen- und Marionettentheater, dessen Wurzeln bis ins Mittelalter zurückreichen. Ein großer Vertreter dieser Gattung war Matej Kopecký (1775–1847). Marionettentheater wurden in Prag und auch in Pilsen zu Beginn des 20. Jhs. eröffnet. Josef Skupas legendäre Figuren Spejbl und Hurvínek (die tschechische Version vom Kasperle) zogen damals wie heute große Zuschauermengen in ihren Bann.

# NATUR & UMWELT

Prag hat sich alle Mühe gegeben, die Luftqualität zu verbessern: So wurde es verboten, in der Stadt Kohle zu verbrennen, Fabrikemissionen wurden reduziert und alte Lkw, Busse und Pkw aus dem Verkehr gezogen. Ein beträchtlicher Teil dieser Leistung wird aber durch den rasanten Anstieg der Autozahl zunichtegemacht. Die Behörden verfolgen derzeit das ehrgeizige Projekt, den Fernverkehr auf einer Ringstraße um die Stadt zu leiten, und erwägen sogar eine Staugebühr nach Londoner Vorbild, um den Verkehr in der Innenstadt zu begrenzen.

Die Ausdehnung der Stadt könnte sich als ein noch größeres Problem erweisen. Die Samtene Revolution löste nämlich damals einen Bauboom aus, der seit 20 Jahren unvermindert anhält. Jedes Jahr müssen seither Tausende Hektar Garten- und Ackerland neuen Siedlungen und Einkaufszentren weichen. Dadurch entstehen wiederum neue Verkehrsmuster und -probleme. Die Bemühungen der Stadt, die Entwicklung zu planen und zu steuern, hatten bislang nur geringen Erfolg.

# GEOGRAFIE

Prags Altstadt (Staré Město) und die Kleinseite (Malá Strana), Smíchov im Süden sowie Karlín und Holešovice im Osten und Norden liegen mehr oder weniger auf Flussniveau an einer Biegung der Moldau, des längsten Flusses Tschechiens. Die Viertel wurden im Lauf der Geschichte immer wieder von schweren Hochwassern heimgesucht, so etwa 1342, als die Judithbrücke, Vorgängerin der Karlsbrücke, zerstört wurde. Lange Zeit galt das Hochwasser von 1890, das an der Karlsbrücke Schäden verursachte, als Ende der Fahnenstange, bis die Prager 2002 eines Schlimmeren belehrt wurden. Schwere Regenfälle ließen die Nebenflüsse der Moldau anschwellen und die Verantwortlichen begingen den folgenschweren Fehler, die Schleusen am Oberlauf zu öffnen, um den Druck zu verringern. Daraufhin walzte am 13. August 2002 eine Wasserwand durch die Stadt und überflutete die Kleinseite, Smíchov, Karlín, Holešovice und den Prager Zoo in Troja.

Die Fassaden der Altstadt blieben verschont, da in letzter Minute Metalldeiche an den Ufern errichtet wurden. Das Grundwasser erreichte jedoch fast das Straßenniveau und überflutete die alten gotischen Keller. 19 Menschen kamen ums Leben, viele Zootiere ertranken oder mussten getötet werden. Der Schaden wurde auf 2,4 Mrd. Euro geschätzt. Für die Industriegebiete von Smíchov, Karlín und Holešovice hatte die Flut jedoch auch eine gute Seite – mehrere 100 Mio. Kronen verwandelten diese Viertel danach von Beinahe-Slums in begehrte Wohngegenden.

Das Stadtzentrum ist an drei Seiten von hohen Hügeln umgeben: dem Laurenziberg (Petřín) und Hradschin (Hradčany) im Westen, der Letnáhöhe im Norden und dem Veitsberg (Vitkov) im Osten. Was Freunde schöner Panoramen begeistert, ist aus städtebaulicher Sicht problematisch: Da nicht ohne weiteres neue Straßen gebaut werden können, müssen sich die Prager mit den wenigen, notorisch verstopften Verkehrsadern zufriedengeben. Auch ist es schwierig, das Radfahren zu fördern – kaum ein Pendler kommt auf die Idee, jeden Morgen und Abend anstrengende Bergprüfungen zu meistern, um von der Peripherie Prags in die Innenstadt zu radeln.

# GRÜNES PRAG

In puncto Recycling im großen Stil, erneuerbare Energie und ökologische Landwirtschaft hinkt die Tschechische Republik im Vergleich zu Deutschland, Großbritannien oder Skandinavien noch weit hinterher. Dennoch ist in Tschechiens Industrie seit dem Niedergang des Kommunismus deutlich wahrnehmbar ein Umweltbewusstsein erwacht – der jährliche Ausstoß an Treibhausgasen ist seit 1989 auf einen Bruchteil früherer Werte gesunken.

Den Hausmüll trennen die Tschechen schon seit längerem. In ganz Prag stehen große Sammelbehälter für Glas, Plastik und Papier. Meistens trinken die Tschechen aus Mehrwegflaschen aus Glas: Im Preis der meisten Getränkeflaschen – so auch beim liebsten Kind der Tschechen, dem Bier – ist Pfand enthalten (Rückgabe in den Supermärkten).

Bauträger beginnen endlich, das Wirtschafts- und Marketingpotenzial einer nachhaltigen Bauweise zu sehen. Einige neue Projekte werben nun mit ihrem „Grünsein". Zwei gegenüberliegende Projekte – der Park in der Nähe der U-Bahnhaltestelle Chodov im Süden und der River City-Amazon Court in Karlín – werden als Pionierleistung grüner Architektur gefeiert.

Ein hartnäckiges Problem, das einer grünen Stadtplanung im Weg steht, stellen die *paneláky* (Plattenbauten) dar, die sich wie ein Ring um die Stadt ziehen und noch immer vielen Pragern ein Zuhause bieten. Die Bauten sind notorisch umweltschädlich. Im Sommer braten die Bewohner darin, während sie im Winter wertvolle Wärme abgeben. Viele werden gegenwärtig mit öffentlichen Mitteln und Hypotheken saniert. Infolge der Weltwirtschaftskrise der Jahre 2009/10 geriet die Modernisierung allerdings ein wenig ins Stocken.

# STADTPLANUNG & -ENTWICKLUNG

Seit der Samtenen Revolution 1989 haben sich die städtischen Behörden bemüht, ein Gleichgewicht zwischen Wirtschaftsförderung und Umweltschutz zu finden. Sie versuchen, die Grünflächen am Stadtrand zu erhalten und die Lebensqualität dadurch zu verbessern.

Ob diese Politik schon Erfolge zeigt, ist umstritten. Einigkeit besteht jedoch darin, dass die Behörden noch mehr tun könnten. Kritikern sind u. a. die riesigen Einkaufszentren, die rund um den Stadtrand massenweise aus dem Boden schießen, ein Dorn im Auge. Das Muster ist überall das Gleiche: Investoren erwerben große Grundstücke – meist in der Nähe von Metrostationen –, um darauf Gewerbe- und Wohngegenden zu errichten. So werden Konsumenten und Pendler in Gebiete gelockt, die noch vor wenigen Jahren Ackerland waren. Die Auswirkungen sind noch nicht zu überblicken – es besteht jedoch Anlass zur Sorge, dass die Neubaugebiete Kapital und Menschen aus der Innenstadt abziehen.

Weitere Schwierigkeiten erwachsen den Behörden aus dem kommunistischen Erbe. Straßen und Einkaufsflächen waren völlig unzureichend. Man muss sich nur einmal die wichtigste Autobahn der Stadt anschauen, die *magistrála,* die mitten durch die Stadt führt und das Nationalmuseum (S. 125) vom Rest des Wenzelsplatzes trennt, um erkennen, wie mangelhaft die Stadtplanung unter der KSČ-Regierung war.

Neben einem privaten Bauboom erlebt die Stadt das größte öffentliche Bauprogramm ihrer Geschichte. Im Mittelpunkt steht ein riesiger Ring mit Brücken und Tunneln, auf dem der Verkehr um die Innenstadt herumgeführt werden soll. 2008 begann der Bau des *Blanka Tunnel* (Prags „Großer Graben"), der Břevnov im sechsten Prager Stadtbezirk mit dem Prager Zoo in Troja verbinden soll und damit teilweise unter den Letnáanlagen und dem Park Stromovka verläuft. Mit geplanten 800 Mio. Euro gehört dieses zu den derzeit teuersten Bauprojekten in der gesamten EU. Ferner planen die Behörden eine Bahnverbindung zwischen Zentrum und Flughafen sowie eine enorme Erweiterung des Metronetzes bis zum Jahr 2100. In den kommenden Jahren soll der Bau der neuen Metrolinie D beginnen. 2008 wurden drei neue Stationen am nördlichen Teil der Linie C eröffnet, die jetzt – natürlich! – an einem großen Einkaufszentrum in Letňany endet.

Pläne der Tschechischen Eisenbahn, Bahnhöfe und Verbindungen zu verbessern, dümpeln hingegen vor sich hin. Die Renovierung des Hauptbahnhofs (Hlavní nádraží) und des wichtigen Bahnhofs in Holešovice (Nádraží Holešovice) – von hier verkehren Züge nach Budapest, Wien und Berlin – kommt nur schleppend voran. Beim Hauptbahnhof scheint es ein klein wenig schneller zu gehen, beide werden aber wohl noch lange eine Beleidigung fürs Auge bleiben. Immerhin Humor besitzen die Oberen der Bahnverwaltung: Der Nádraží Holešovice wurde offiziell in Nádraží Franze Kafky (Franz-Kafka-Bahnhof) umbenannt und damit der Name des großen Schriftstellers mit einem der schäbigsten Bahnhöfe des Landes in Verbindung gebracht. (Vielen Dank auch!)

Die überfälligen Arbeiten an der Karlsbrücke dauern noch an. Einige Abschnitte der Brücke werden noch eine Zeitlang für den Publikumsverkehr geschlossen bleiben, die Brücke kann aber weiterhin überquert werden.

## REGIERUNG & POLITIK

Als Hauptstadt der Tschechischen Republik ist Prag Sitz der Regierung, des Parlaments und des Staatspräsidenten. Die Stadt selbst untersteht natürlich einer eigenen Verwaltung. An deren Spitze steht Bürgermeister Pavel Bém (geb. 1963), Arzt und Vorsitzender im Ortsverband der konservativen Demokratischen Bürgerpartei (ODS). Das Resümee seiner Amtszeit fällt derzeit eher gemischt aus: Einige der von ihm angestoßenen Maßnahmen haben zweifellos Gutes für die Stadt bewirkt, er wird aber auch mit mehr als einem Bestechungsskandal in Verbindung gebracht, und 2010 schienen viele Wähler eher einen Wechsel im Amt zu befürworten. Sein politischer Glanz ist also in den letzten Jahren ein wenig stumpf geworden.

Kennzeichen des Politik auf nationaler Ebene ist eine nahezu konstante Instabilität, die auch daher rührt, dass die großen Parteien der Mitte schon aus Prinzip jede Zusammenarbeit mit der kommunistischen Partei KSČM ablehnen. Daraus folgt freilich, dass die Großen zu sehr fragilen Koalitionen mit den übrigen Kleinparteien gezwungen sind, mit den Christdemokraten (KDU-ČSL) etwa, den Grünen (SZ) oder Top 09, einer neuen rechtsgerichteten Partei, die sich überwiegend aus abtrünnigen ODS-Mitgliedern zusammensetzt. Bleibt zu hoffen, dass die wichtige Parlamentswahl im Mai 2010 diese Instabilität zumindest für eine gewisse Zeit beendet: Bei dieser Wahl erhielt eine konservative Koalition aus ODS und Top 09 eine ausreichend große Mehrheit; damit endete eine fast einjährige Periode, in der das Land nur von einer geschäftsführenden Regierung gelenkt wurde.

Staatspräsident Václav Klaus wurde im Februar 2008 für eine zweite Amtsperiode von fünf Jahren wiedergewählt. Klaus, ein bekannter EU-Skeptiker und lautstarker Kritiker der Maß-

*(Fortsetzung Seite 57)*

# ARCHITEKTUR

*Die hoch aufragenden Türme des St.-Veits-Doms (S. 69) auf der Prager Burg*

GLENN VAN DER KNIJFF

# ARCHITEKTUR

**Prag verkörpert lebendig die tausendjährige Architekturgeschichte Europas. Der historische Stadtkern hat den Zweiten Weltkrieg ohne größere Schäden überstanden. An ihm ist die kontinuierliche Stadtentwicklung eines Jahrtausends abzulesen: Gotische Häuser mit barocken Fassaden thronen auf romanischen Fundamenten und folgen allesamt dem im 11. Jh. entwickelten Stadtplan. Viele Plätze und Bauwerke werden als UNESCO-Weltkulturerbe geschützt.**

## ROMANIK

Die ältesten noch existierenden Gebäude Prags gehen auf die Zeit der Přemyslidendynastie zurück. In der Krypta des St.-Veits-Doms (Katedrála sv Vita; S. 69) stehen die Überreste der Veitsrotunde, die für Herzog Wenzel (den „guten König Wenzel" aus dem englischen Weihnachtslied) Anfang des 10. Jhs. errichtet wurde.

Zahlreiche romanische Steinrotunden, Rundkirchen, die zwischen dem 10. und 12. Jh. gebaut wurden, hat man später in größere Kirchen integriert. Beispiele sind die St.-Longinus-Rotunde (frühes 12. Jh.; S. 126) in der Neustadt, die Heiligkreuzrotunde (Mitte des 12. Jhs.; S. 112) in der Altstadt und die St.-Martins-Rotunde (spätes 11. Jh.; S. 129) in Vyšehrad. Prags romanisches Prunkstück ist die St.-Georgs-Basilika (S. 71) in der Prager Burg. Außen wird sie noch durch eine kunstvolle Barockfassade aus dem 17. Jh. kaschiert. Im Inneren aber sind die massiven Wände, schmucklosen Säulen und Tonnengewölbe noch gut zu sehen, die für den romanischen Stil so typisch sind.

## GOTIK

Die Gotik erlebte in Prag ihre Blüte zwischen dem 13. und 16. Jh. Sie stand nicht nur für eine neue Ästhetik, sondern war zugleich eine Stilrevolution, da Architekten nun in der Lage waren, weniger wuchtige Wände und höhere Gewölbedecken zu bauen. Markenzeichen der gotischen Architektur sind Spitzbögen, Kreuzrippengewölbe, filigrane Säulen, Strebepfeiler und -bögen außen an der Kirche (um den Druck des Rippengewölbes abzuleiten) und hohe, schlanke Fenster, die mit kompliziertem Maßwerk und farbenfrohen Glasmalereien verziert sind.

RICHARD NEBESKY

*Die romanische St.-Georgs-Basilika (S. 71)*

RICHARD NEBESKY

*Der gotische Innenraum des St.-Veits-Doms (S. 69)*

Detail des Renaissancebrunnens im Königsgarten (S. 69) der Prager Burg

RICHARD NEBESKY

Die gotische Architektur Böhmens erreichte ihre Blütezeit unter der Regentschaft Karls IV. – besonders durch die Meisterleistungen des Deutschen Peter Parler. Sein bekanntester Bau ist der Ostteil des St.-Veits-Doms (S. 69). Matthias von Arras (Matyáš z Arrasu) begann die Arbeiten am Dom 1344, Parler führte sie bis zu seinem Tod 1399 fort. Er war auch verantwortlich für den Bau der Karlsbrücke (S. 84), den Altstädter Brückenturm (S. 108), St. Maria Schnee (S. 121) und St. Barbara (S. 255) in Kuttenberg (Kutná Hora; S. 253). Benedikt Ried, ein weiterer gotischer Meister, lebt in seinem schönsten Werk fort, dem Netzgewölbe des Vladislav-Saals (1487–1500; S. 73) im Königspalast in der Prager Burg. Während dieses ein herausragendes Beispiel spätgotischer Handwerkskunst ist, gelten die Fenster an der Südwand als frühestes Beispiel der „Böhmischen Renaissance".

## RENAISSANCE

Als die Habsburger im frühen 16. Jh. den böhmischen Thron erlangten, luden sie italienische Architekten nach Prag ein. Mit ihrer Hilfe wollten sie eine Stadt erschaffen, die ihrem königlichem Anspruch entsprach. Die Italiener brachten ihre Begeisterung für klassische Formen mit, eine Obsession für Anmut und Symmetrie und ihre Vorliebe für üppige Ornamentik.

Der Mix aus heimischen und italienischen Stilelementen führte zur einzigartigen „Böhmischen Renaissance", die sich in wuchtigen, ornamentalen Stuckdekorationen und historischen und mythischen Gemälden niederschlug. Häufig benutzt wurde die Technik des *sgraffito* – vom italienischen Wort für „kratzen" abgeleitet: In eine obere, hellere Putzschicht ritzte man Muster und Bilder, die in den Farben der dunkleren Schicht sichtbar wurden.

Das Belvedere (Letohrádek;1538–1560; S. 68) im Königsgarten wurde für Königin Anna errichtet, die Gemahlin des ersten Habsburger Regenten Ferdinand I. Es ist fast vollständig im Stil der italienischen Renaissance erbaut und erinnert stark an Brunelleschis Werke in Florenz. Andere Renaissancebauwerke sind das Ballhaus (Míčovna; 1569; S. 68) ebenfalls im Königsgarten, das mit auffälligem *sgraffito* verzierte Palais Schwarzenberg (1546–1567; S. 73) auf dem Hradschin, das Haus zur Minute (Dům U minuty; 1546–1610; S. 102) und das Schloss Stern (Hvězda; 1556; S. 166).

## BAROCK

Nach dem Dreißigjährigen Krieg (1618–1648) wollten die siegreichen Habsburger Böhmen umstrukturieren und rekatholisieren. Der opulente Barock mit seinen Marmorsäulen, überladenen Skulpturen, Deckenfresken und üppigen Ornamenten hielt in Prag Einzug, von der katholischen Kirche bewusst als Propagandamittel eingesetzt. Bis Anfang des 18. Jhs. hatte sich ein böhmischer Barockstil entwickelt. Zu den bekanntesten Baumeistern gehören die Bayern Christoph und Kilian Ignaz Dientzenhofer und der Italiener Giovanni Santini.

St. Niklas (S. 85) auf der Kleinseite

RICHARD NEBESKY

Das imposanteste Beispiel des Prager Barock ist die Dientzenhofer-Kirche **St. Niklas** (1704–1755; S. 85) auf der Kleinseite, deren gewaltige Kuppel die Dominanz der katholischen Kirche im Prag des 18. Jhs. symbolisiert. Heiligenfiguren schmücken die geschwungene Westfassade. Im Inneren erwartet ein prächtiger Palast in blassem Rosa, Grün und Gold den Besucher, zahlreiche Säulen, Bögen und Heiligenstatuen lenken den Blick nach oben zur lichtdurchfluteten Kuppel. Das großartige Deckenfresko im Kirchenschiff – mit 1500 m² eines der größten Europas –, stellt die Apotheose des hl. Nikolaus dar. Zudem ist u. a. zu sehen, wie der Heilige Schiffbrüchigen hilft, drei unschuldig Verurteilte vor dem Tode bewahrt und Frauen vor der Prostitution rettet, indem er ihnen Säcke mit Gold zuwirft.

Den letzten Höhepunkt erlebte der Spätbarock im Rokokostil, einer Art übersteigertem Barock mit noch stärker überbordenden – und komplizierteren – Ornamenten. Am **Palais Goltz-Kinský** (1755–1765; S. 101) am Altstädter Ring kann eine solche Rokokofassade studiert werden.

## KLASSIZISMUS

Nach der Überschwänglichkeit des 17. und 18. Jhs. war die Architektur des 19. Jhs. vergleichsweise glanzlos. Eine weitere Steigerung der Ornamentik schien nicht möglich, daher besann man sich auf eine Vereinfachung der Stile. Die Architekten blickten ins antike Griechenland und Rom. Hier fanden sie Bauwerke, die sie wegen ihrer Beschränkung aufs Wesentliche, ihrer Symmetrie und Eleganz schätzten. Sie versahen ihre Entwürfe mit Fassaden mit klaren Linien, massiven Säulen oder dreieckigen Giebeln über Türen und Fenstern.

Böhmen wurde damals vom habsburgischen Wien aus regiert, wo der Neoklassizismus perfekt mit der konservativen Gesinnung Kaiser Franz Josefs I. harmonierte. In unzähligen Gebäuden hat der Klassizismus in Prag bis heute überlebt: Wer ein Bauwerk mit vielen unechten Säulen und Reihen identischer Fenster – und dazu noch etwas monotonem Erscheinungsbild – erblickt, liegt meistens nicht daneben, wenn er es ins 19. Jh. datiert.

Der Neoklassizismus und andere historistische Stilrichtungen sind eng mit der Nationalen Wiedergeburt der Tschechen im 19. Jh. verknüpft. Das **Nationaltheater** (Národní divadlo; 1888; S. 123) und das **Nationalmuseum** (Národní muzeum; 1891; S. 122) wurden z. B. im Stil der Neorenaissance errichtet. Sie sind nicht unbedingt architektonische Meisterwerke – manch ein Kritiker mag sie vielleicht als schwerfällig bezeichnen –, besitzen aber eine bedeutsame Aussage: das böhmische Volk signalisierte den Wiener Herren, das mit ihm zu rechnen sei.

Die Neugotik war der erfolgreichste Stil des 19. Jhs., ja vielleicht der Prager Architekturgeschichte. 1880 bis 1900 befahl die Stadtverwaltung die Errichtung Dutzender neugotischer Turmspitzen – darunter auch die des **Pulverturms** (Prašná brána) und des **Jindřišská-Turms** (Jindřišská věž). Dieser Bauten wegen erhielt Prag den Spitznamen „Stadt der 100 Türme".

## JUGENDSTIL

Als sich das 19. Jh. dem Ende zuneigte, wurden die tschechischen Architekten der unerbittlich geradlinigen, neugotischen Fassaden und des pompösen, rückwärtsgewandten Stils des kaiserlichen Wiens überdrüssig. Sie suchten nach etwas Neuem und fanden ihre Inspiration in Paris: Der Jugendstil mit seinen fließenden Linien bestimmte den Zeitgeist.

Der Jugendstil prägt das Erscheinungsbild einiger vornehmer Hotels, etwa des **Hotels Central** (1899–1901; Karte S. 116) an der Hybernská in der Neustadt, dessen Fassade mit Stuckblattwerk, verschnörkelten Lampen und Glasbaldachin verziert ist. Noch prächtiger dekoriert ist das bekanntere **Grand Hotel Evropa** (1906; s. S. 132) am Wenzelsplatz – zumindest was die Fassade anbelangt. Dagegen präsentiert sich das **Hotel Paříž** (1904; Karte S. 96 f.) an der U Obecního Domu in der Altstadt innen wie außen von seiner Jugendstil-Schokoladenseite. Das schönste Jugendstilbauwerk ist aber das **Repräsentationshaus der Hauptstadt Prag** (Obecní dům; 1906–1912; S. 109). Am Bau waren alle führenden tschechischen Künstler der damaligen Zeit beteiligt – der bekannteste war wohl Alfons Mucha (s. Kasten S. 43), der die Gestaltung des **Primatorsaals** übernahm.

## KUBISMUS

In der zweiten Dekade des 20. Jhs. hinterließen ein knappes Dutzend Architekten ein einzigartiges architektonisches Erbe in Prag. Ihre Entwürfe von in erster Linie Privat- und Wohnhäusern orientierten sich an der zeitgleich auftretenden Kunstrichtung des Kubismus.

Die Kubisten lehnten sowohl die gleichmäßige Linienführung der traditionellen Architektur wie auch die verspielten Formen des Jugendstils ab und bevorzugten stattdessen dreieckige, polygonale und pyramidale Formen. Sie betonten diagonale Linien und vernachlässigten horizontale und vertikale Linien und erzielten so eine zackige, fast schon kristalline Wirkung.

Josef Chochol gestaltete zwischen 1912 und 1914 einige der schönsten **kubistischen Häuser** (Karte S. 128 f.) Prags. Sie sind im Viertel unterhalb der Burg Vyšehrad zu finden: die **Villa Libušina** an der

*Kubistisches Haus (Karte S. 128 f.) an der Rašínovo nábřeží, Vyšehrad*

RICHARD NEBESKY

*Jugenstildetail am Repräsentationshaus (S. 106) in der Altstadt*

# top picks

## ROMANIK
- **St.-Georgs-Basilika** (S. 71)
- **St.-Martins-Rotunde** (S. 129)
- **St.-Longinus-Rotunde** (S. 126)

## GOTIK
- **St.-Veits-Dom** (S. 69)
- **Vladislavsaal** (S. 69)
- **Karlsbrücke** (S. 84)

## RENAISSANCE
- **Sommerpalast** (S. 69)
- **Palais Schwarzenberg** (S. 73)
- **Haus zur Minute** (S. 102)

## BAROCK
- **St. Niklas auf der Kleinseite** (S. 85)
- **Loretoheiligtum** (S. 76)
- **Palais Goltz-Kinský** (S. 101)

## KLASSIZISMUS
- **Nationaltheater** (S. 123)
- **Nationalmuseum** (S. 123)
- **Rudolfinum** (S. 106)

## JUGENDSTIL
- **Repräsentationshaus** (S. 106)
- **Grand Hotel Evropa** (S. 132)
- **Hotel Paříž** (S. 53)

## KUBISMUS
- **Häuser am Vyšehradfelsen** (S. 53)
- **Haus zur Schwarzen Mutter Gottes** (S. 106)
- **Legionářska banka** (S. 55)

## FUNKTIONALISMUS
- **Baťa-Schuhhaus** (S. 164)
- **Villa Müller** (S. 155)
- **Messepalast (Palais Veletržní)** (S. 148)

## KOMMUNISTISCHE ÄRA
- **Hotel Crowne Plaza** (S. 145)
- **Kotva-Einkaufszentrum** (S. 55)
- **Fernsehturm** (S. 142)

## NACH 1989
- **Tanzendes Haus** (S. 125)
- **Ehemalige Brauerei von Holešovice** (S. 56)
- **Einkaufszentrum Nový Smíchov & angrenzende Bürokomplexe** (S.160)

Ecke Vnislavova/Rašínovo nábřeží, die **Häuser** Rašínovo nábřeží Nr. 6–10 und das **Wohnhaus** Neklanova Nr. 30. Andere Beispiele sind das **Haus zur Schwarzen Mutter Gottes** (1912; S. Karte S. 74 f.) in der Altstadt, zugleich Museum des Tschechischen Kubismus, das **Doppelhaus** (Karte S. 74 f.) Tychonova Nr. 4–6 auf dem Hradschin – jeweils von Josef Gočár – und der 1921 von Otakar Novotný entworfene **Wohnhausblock** (Karte S. 69 f.) Elišky Krasnohorské Nr. 10–14 in der Altstadt.

Nach dem Ersten Weltkrieg entwickelte sich der Kubismus zu einem einzigartigen Prager Stil. Architekten wie Pavel Janák und Josef Gočár integrierten Farbe und dekorative Elemente in ihre verwinkelten Fassaden und versuchten so wieder einmal, einen tschechischen Nationalstil zu kreieren. Der rundere Stil, der diese Gebäude charakterisiert, bekam den Namen „Rondokubismus". Beispiele dieser kurzlebigen Stilrichtung sind Janáks monumentaler **Palais Adria** (1922–1925; S. 122) in der Národní třída und das hohe, schmale Wohnhaus Jungmannovo náměstí Nr. 4. Das Glanzlicht ist jedoch Gočárs **Legiobank** (1921–1923; Karte S. 116 f.), Na poříčí Nr. 24, deren Wechselspiel aus runden und rechteckigen Elementen hypnotisierende Wirkung entfaltet.

In dieser Epoche eroberte der Kubismus sowohl die angewandte Kunst – kubistische Möbel, Keramiken und Glaswaren stellen das **Kunstgewerbemuseum** (S. 104) und das **Museum des Tschechischen Kubismus** (S. 109) aus – wie auch das Stadtbild Prags: Die böhmische Metropole ist wohl die einzige Stadt mit **kubistischen Laternenmasten** (S. 132.). Auch das **Grabmal Franz Kafkas** (s. S. 138), das Leopold Ehrmann 1924 gestaltete, erinnert an den kubistischen Stil.

## FUNKTIONALISMUS

Das neumodische Mantra „Die Form folgt der Funktion" fand unter den Architekten der 1920er- und 1930er-Jahren überzeugte Anhänger. Der Funktionalismus war schick, weil er – ähnlich wie der Bauhausstil – alles ablehnte, was zuvor dem Zeitgeist entsprach. Kubismus und vor allem Rondokubismus erschienen plötzlich übertrieben verspielt – zu viel beschäftigten sich deren Vertreter mit den Äußerlichkeiten eines Gebäudes, zu wenig mit dessen Funktion.

In der Tschechoslowakei entwickelte sich Brünn (Brno) zum Zentrum der funktionalistischen Architektur. Aber auch in Prag wurde die cleveren, modernen Kästen gebaut, die sehr leicht an ihren Glasfassaden und flachen Dächern zu erkennen sind. Gelungene funktionalistische Gebäude präsentieren die Vorzüge dieses Architekturstils: Einfachheit und Symmetrie.

Am besten funktionierte der Funktionalismus im kleineren Maßstab, etwa bei Villen und kleinen Apartmenthäusern. Ein bekanntes größeres funktionalistisches Gebäude im Stadtzentrum ist das **Bata-Schuhhaus** (1929; S. 164) auf dem Wenzelsplatz. Die siebenstöckige Fassade besteht fast komplett aus Glas und strahlt einen ansteckenden Großer-Gatsby-Modernismus aus. Fans des Funktionalismus müssen zudem Adolf Loos' **Villa Müller** (1930; S. 155) im westlichen Vorort Střešovice besichtigen. Loos baute das Haus 1930 für den Industriellen František Müller und dessen Frau. Er entwarf ein minimalistisches Gebäude, stattete die Innenräume dann aber mit aufwendigem Travertin-Marmor und exotischem Hartholz aus.

## KOMMUNISTISCHE ÄRA

Wenn man den tschechischen Otto Normalbürger fragt, ob der Kommunismus irgendetwas von architektonischem Wert hervorgebracht habe, wird dieser bestenfalls nur herzhaft lachen. Tatsächlich kann der Plattenbau (*paneláky*) wohl nicht als das architektonische Ei des Kolumbus gelten: Hunderte von Häusern, Schulen und Instituten entstanden nach einer Handvoll 08/15-Entwürfen, die ideenlosen Einheitsbrei hervorbrachten – alle mit dem gleichen billigen, blassgrünen Linoleum. Im Laufe der Zeit begannen aber einige Kritiker, ihre Ansichten zu relativieren. Allmählich weiß man auch diese Architekturepoche zu schätzen – nicht dass die Gebäude gut wären, aber zumindest sind sie auf eine interessante Art und Weise schlecht.

In den ersten Jahren nach dem Zweiten Weltkrieg wurden die tschechoslowakischen Architekten dazu gezwungen, ihre Entwürfe im bombastischen stalinistischen, sozialistisch-realistischen Stil zu gestalten. Das beste Beispiel ist das ehemalige **Hotel International** (heute das **Hotel Crowne Plaza**; 1954; S. 145) in Dejvice.

Mitte der 1970er-Jahre gab es dann anscheinend einen Wettbewerb, wer das dysfunktionalste Einkaufszentrum bauen konnte. Sowohl das **Máj-Gebäude** (heute **Tesco**; 1975; S. 172) in der Neustadt als auch das **Kotva** (1975; Karte S. 96 f.) am Rand der Altstadt eröffneten im selben Jahr und stellten verschiedene Trends des damals beliebten Brutalismus zur Schau. Das Tesco gleicht mit seiner Fassade aus Metall und Glas einer Miniaturausgabe des Centre Pompidou, bewusst

Das Tanzende Haus (S. 125) in der Neustadt

RICHARD NEBESKY

liegen die Rohre und Leitungen des Gebäudes frei. Das rundum eckige Kotva-Einkaufszentrum ist näher dran am monströsen Karfunkelstein von Prinz Charles (gemeint ist der Sainsbury Wing der National Gallery in London). Immerhin: Beide Bauwerke stehen inzwischen unter Denkmalschutz.

Der **Fernsehturm in Žižkov** (S. 142) markiert den Übergang vom kommunistischen zum demokratischen Prag. Seine schiere Größe lässt alles um ihn herum zwergenhaft erscheinen. Wenngleich ein Symbol des kommunistischen Systems, wurde er von den Pragern gut angenommen – sie zeigen einen Anflug von Stolz auf das Bauwerk, das die Grenzen der Hässlichkeit auslotet und dabei schon fast Schönheit verkörpert.

## NACH 1989

Puristen mögen entsetzt sein angesichts der Bauwerke, die nach 1989 entstanden: Hunderte Einkaufszentren, Großmärkte und Whopper-Villen schossen am Stadtrand wie Pilze aus dem Boden. Doch es gibt auch Lichtblicke wie das **Tanzende Haus** (1992–1996; S. 125) in der Rašínovo nábřeží in der Neustadt. Es wurde von dem Amerikaner Frank Gehry und Vlado Milunić, einem kroatischen Architekten tschechischer Abstammung, entworfen. Das kühne Bauwerk erscheint durch seine eleganten Kurven wie geschaffen für die Titelseiten von Reiseführern und Touristenprospekten. Die Ähnlichkeit des Gebäudes mit einem tanzenden Pärchen verpasste ihm bald den Spitznamen „Fred und Ginger" – nach den Tanzikonen Astaire und Rogers.

In ehemaligen Industrievierteln wie Smíchov, Karlín und Holešovice findet man einige der besten Vertreter der neuen, an kommerziellen Interessen ausgerichteten Architektur. Einer dieser innovativen „Lifestyle-Büro- und Wohnkomplexe" liegt in Holešovice, wo eine **ehemalige Brauerei** (Karte S. 144f.) saniert wurde.

2007 hielt die Zukunft der Architektur in Prag Einzug. Der Emigrant Jan Kaplický präsentierte den kontrovers diskutierten Entwurf für die Nationalbibliothek in der Nähe der Letnáanlagen. Kaplický und seine Londoner Firma Future Systems haben sich u. a. mit wellenförmigen Bauwerken einen Namen gemacht. Das Gebäude wurde als „biomorphes Meereslebewesen" beschrieben (einheimische Witzbolde nennen es bereits „Oktopus"). Zum Zeitpunkt der Recherche war jedoch noch nicht entschieden, ob es überhaupt gebaut wird.

(Fortsetzung von Seite 48)

nahmen zur Senkung der globalen Erwärmung, bleibt eine stark umstrittene Figur. Seine bekannte Kritik an den Bemühungen, die Treibhausgase zu reduzieren, haben ihn zum Liebling der konservativen Expertenkommissionen gemacht. Viele Tschechen, die den Klimawandel als ernsthafte Angelegenheit betrachten, schämen sich jedoch für ihn.

# MEDIEN

Die Tschechen sind echte Zeitungsjunkies – in Bars, auf Parkbänken und sogar beim Laufen auf der Straße stecken sie ihre Nase tief in den neusten Klatsch. Leider lässt die Berichterstattung im Durchschnitt stark zu wünschen übrig. Jegliche Tradition eines qualitativ hochwertigen und kritischen Journalismus wurde während der kommunistischen Ära gnadenlos eingestampft.

Heute gibt es nur eine Handvoll landesweit verbreiteter Tageszeitungen; die meisten davon gehören deutschen oder schweizerischen Medienkonzernen. Die höchste Auflage erzielt das Boulevardblatt *Blesk*, das zur Schweizr Ringier-Gruppe gehört. Beliebt sind aber auch die eher konservative *Mladá fronta DNES* und die ehemals kommunistische und heute allgemein linksgerichtete *Právo*. *Lidové noviny*, häufig zu *Lidovky* abgekürzt, hat eine deutlich geringere Auflage; allerdings gilt das Blatt als „Qualitätszeitung", was auch mit seinem exzellenten Ruf in den 1920er- und 1930er-Jahren zusammenhängt. Die Zeitung war unter den Kommunisten verboten und tauchte kurz vor der Samtenen Revolution als Untergrundblatt (*samizdat*) wieder auf. Politisch vertritt sie gemäßigt konservative Positionen.

Was englischsprachige Medien angeht, so erscheint (seit mittlerweile 19 Jahren) weiterhin die ehrwürdige *Prague Post*, obwohl Gerüchte über ihr Ende kursieren. Die Qualität der Zeitung steht und fällt mit ihren jeweiligen Machern, die Beilage *Night and Day* bleibt jedoch ein ausgezeichneter, wöchentlich erscheinender Veranstaltungskalender mit Tipps rund um Restaurants, Filme, Veranstaltungen, Konzerte und Galerien. Online hat sie vom *Prague Daily Monitor* Konkurrenz bekommen, einem bunten Mix aus eigenständiger Berichterstattung, die ergänzt wird durch Übersetzungen von Artikeln aus tschechischen Zeitung, Meldungen von Nachrichtenagenturen und Links zu anderen Nachrichtenquellen und Blogs. *The New Presence* ist da-

## NACHRICHTEN IM NETZ

Führende tschechische Tageszeitungen:

- *Blesk* (www.blesk.cz)
- *Lidové noviny* (www.lidovky.cz)
- *Mladá fronta DNES* (zpravy.idnes.cz/mfdnes.asp)
- *Právo* (pravo.novinky.cz)

Deutsch- und englischsprachige Medien:

- *aktuálně.cz* (aktualne.centrum.cz/czechnews) – Überblick über Politik und Wirtschaft; in Zusammenarbeit mit einer tschechischen Online-Zeitung.
- *Czech Business Weekly* (www.cbw.cz)
- *Czech Happenings* (www.ceskenoviny.cz/news) – Englischsprachige Nachrichtenseite der Tschechischen Presseagentur, CTK.
- *The New Presence* (www.new-presence.cz)
- *Prager Zeitung* (www.pragerzeitung.de)
- *Prague Post* (www.praguepost.com)
- *Prague Daily Monitor* (www.praguemonitor.com)
- *Radio Prag* (www.radio.cz/de) – Deutschsprachige Nachrichten und Kulturberichte, die vom internationalen Zweig des tschechischen Radios gesendet werden.
- *Provokátor* (http://provokator.org) – Die Onlinezeitschrift berichtet über die Prager Clubszene, Musik und Lifestyle und besitzt einen hervorragenden Veranstaltungskalender.
- *Think Again* (www.thinkagain.cz) – Die jüngste Erscheinungsform der wohl ältesten alternativen Zeitschrift im Prag nach der Samtenen Revolution. Lustige und oft geistreiche Artikel über Alternativkultur, Mode und Veranstaltungen.

## TSCHECHISCHE ZUNGENBRECHER

Vergiss Fischers Fritze und Whiskymixer. Als Sprache fast ohne Vokale kann das Tschechische mit einer langen Tradition von Zungenbrechern aufwarten. Wer seine Gastgeber beeindrucken will, muss die folgenden allerdings lange üben:

- Strč prst skrz krk (wörtlich: Steck deinen Finger durch deine Kehle)
- Třistatřicettři stříbrných stříkaček stříkalo přes třistatřicettři stříbrných střech (333 Silbersprenkler sprühten über 333 Silberdächer)
- Šel pštros s pštrosáčaty pštrosí ulicí (Der Strauß ging mit seinen Straußenkindern durch die Straußenstraße)

Wer richtig gut ist, kann diesen hier probieren (mit Dank an Wikipedia – wenngleich wir nie jemanden gehört haben, der sich daran gewagt hätte):

- Prd krt skrz drn, zprv zhlt hrst zrn (Ein Maulwurf furzte im Gras, nachdem er eine Handvoll Körner verschluckt hatte)

gegen eine vierteljährlich erscheinende Übersetzung der tschechischen *Nová přítomnost*. Die Zeitung widmet sich aktuellen Themen aus Politik und Wirtschaft. Zu den wichtigsten Websites dieser Medien siehe Kasten S. 57.

In puncto Zeitschriften ist die Situation noch trostloser. Zwar wurden in den letzten Jahren in Prag Dutzende neue englischsprachige Zeitschriften, Wochenzeitschriften und Boulevardblätter gegründet, doch sie sind oft schnell wieder von der Bildfläche verschwunden. Die Gründe hierfür? Nun, die ausländische Gemeinde lungert wohl weniger in Cafés herum als früher und hat eben auch das Internet für sich entdeckt – tote Bäume zu bedrucken, erscheint manchen wohl altmodisch. Eine der Zeitschriften, die diesem Trend bisher erfolgreich getrotzt hat, ist *Provokátor*, das in Prager Kneipen und Cafés ausliegt.

# SPRACHE

Tschechisch ist stark mit der kulturellen und ethnischen Identität des Landes verbunden. Während der habsburgischen Besatzung wurde die tschechische Sprache jahrhundertelang zugunsten der deutschen zurückgedrängt. Erst im 19. Jh. erlebte sie als literarische Sprache eine Renaissance, bis schließlich um 1900 die tschechischsprachige Bevölkerung in Prag in der Mehrheit war. Als das Deutsche Reich Tschechien 1939 annektierte, gab es nur noch eine deutschsprachige Randgruppe (wenngleich Prag streng genommen immer noch zweisprachig war). Während des Krieges versuchte das NS-Regime, Deutsch erneut als führende Sprache zu etablieren. Nach dem Zweiten Weltkrieg wurde die sowjetrussische Kultur zum Leitbild; die tschechische Sprache blieb zwar unangetastet, doch Russisch wurde wie anderswo auch Pflichtfach an den Schulen.

Vor dem Hintergrund dieses Kampfes um sprachliche Souveränität überrascht es kaum, dass manchmal der Eindruck entstehen könnten, die Tschechen weigerten sich, eine andere Sprache zu sprechen. Abgesehen davon ist es unwahrscheinlich, dass man im Zentrum von Prag auf größere sprachliche Probleme stößt. Nicht nur viele ältere Prager können mehr oder weniger gut Deutsch, das an einigen tschechischen Schule sogar als erste Fremdsprache unterricht wird. Wer also nicht fließend Tschechisch spricht – soll ja vorkommen –, wird mit Deutsch und Englisch das Nötigste zum Leben bekommen, zumal es in der City kaum ein Restaurant geben dürfte, in dem einem die Speisekarte nicht bereitwillig in mehreren Sprachen unter die Nase gehoben wird. Außerhalb des Zentrums und im Rest des Landes sieht es in sprachlicher Hinsicht aber oft etwas anders aus.

Die Tschechen sind auf eine sonderbare Weise stolz auf die schwierige Aussprache ihrer Sprache. Tschechisch ist – selbst verglichen mit anderen slawischen Sprachen wie Polnisch oder Russisch – eine echte Herausforderung. Es gibt beispielsweise vier grammatische Geschlechter (männlich belebt, männlich unbelebt, weiblich und sächlich). Bei insgesamt sieben grammatischen Fällen kommt da ein Haufen Endungen zusammen – und dann hat man erst die Substantivformen gelernt. Kein Wunder also, dass schließlich selbst der wohlmeinendste Besucher mit den Achseln zuckt und wieder zur Standardphrase *Mluvíte anglicky?* (Sprechen Sie Englisch?) greift. Wie schwierig das Tschechische sein kann, belegen auch die beliebten Zungenbrecher in dieser Sprache; siehe dazu den Kasten oben.

Wer sich von diesen Zeilen nicht abschrecken lässt, kann ab S. 277 einen Blick auf die wichtigsten Floskeln werfen.

# STADTVIERTEL

## top picks

# STADTVIERTEL

Die Moldau schlängelt sich wie ein riesiges Fragezeichen mitten durch Prag, wobei das Stadtzentrum im unteren Knick dieses Fragezeichens liegt. Das Stadtgebiet von Prag erscheint ziemlich planlos – die Stadt wächst nämlich eher ungezügelt aus ihren mittelalterlichen Wurzeln, aus den früheren Dörfern und Vororten und breitete sich dabei bis in die bewaldeten Hügel von Mittelböhmen aus.

Die ältesten Viertel Prags liegen südlich der Flussbiegung dicht an dicht – die Karlsbrücke über die Moldau ist gewissermaßen das Zentrum der Stadt. An Prags Westufer liegt die Kleinseite (Malá Strana): Hier kann man wunderschöne, barocke Gebäude besichtigen, versteckte Gärten entdecken oder über Kopfsteinpflasterstraßen und -plätze flanieren, die von netten Bars, Restaurants und Cafés gesäumt sind. Die wichtigsten historisch interessanten Sehenswürdigkeiten in dieser Ecke Prags sind die Kirche St. Niklas und der Waldsteingarten, neueren Ursprungs sind das Franz-Kafka-Museum und die John-Lennon-Gedächtnismauer.

Die Nerudagasse (Nerudova) führt vom Hauptplatz der Kleinseite bergauf zum Hradschin (Hradčany), dem mittelalterlichen Burgviertel, das von den mächtigen Türmen des St.-Veits-Dom überragt wird. Bei der mittäglichen Wachablösung drängen sich Touristen um die Burg herum und versuchen, sich den besten Platz zu erkämpfen. Sonst geht's in diesem Stadtteil eher friedlich zu, viele ruhige Gassen laden zum Erkunden ein.

„Das Stadtgebiet von Prag ist planlos – es breitet sich bis in die bewaldeten Hügel von Mittelböhmen aus."

Östlich der Karlsbrücke wälzt sich tagein tagaus der Touriststrom auf der Karlova zum Altstädter Ring, dem Herzen der mittelalterlichen Altstadt (Staré Město), die vom Fluss bzw. vom Verlauf der alten Stadtmauer (entlang den Straßen Revoluční, Na Příkopě und Národní třída) eingegrenzt ist. Die Altstadt beherbergt viele beliebte Sehenswürdigkeiten, u. a. das Altstädter Rathaus, die Astronomische Uhr, das Repräsentationshaus und das Prager Jüdische Museum. Auch die wichtigsten Adressen für kulturelle Veranstaltungen wie das Rudolfinum und das Ständetheater befinden sich hier.

Die von der Hauptverkehrsader Wilsonova begrenzte Neustadt (Nové Město) umgibt die Altstadt im Süden und Osten. Mittelpunkt der Neustadt ist die kilometerlange Prachtstraße des Wenzelsplatzes. In dem Bezirk sind das Muchamuseum, das Nationalmuseum, das Nationaltheater und viele von Prags moderneren Hotels und Restaurants zu finden. Am südlichen Ende thront die uralte Zitadelle auf dem Vyšehradfelsen hoch über dem Ostufer der Moldau.

Jenseits des Zentrum liegen, nur wenige Stationen mit der Straßenbahn oder der Metro entfernt, Vororte, die überwiegend aus dem 19. und 20. Jh stammen: im Osten das noble Viertel Vinohrady mit belaubten Alleen und coolen Cafés, weiter ostwärts Vršovice und im Norden das schäbige Žižkov mit seinem alles überragenden Fernsehturm und einfachen Pubs und Clubs sowie das sich schnell entwickelnde Viertel Karlín. Žižkov und Karlín wiederum werden durch den Veitsberg (Žižkov) voneinander getrennt, der von dem monumentalen Bau der Nationalen Gedenkstätte und der riesigen Reiterstatue des Jan Žižka gekrönt wird.

Wieder zurück auf der westlichen Seite der Moldau liegen nördlich vom Hradschin die aufstrebenden Vororte Holešovice, Bubeneč und Dejvice. Außer der Kunstgalerie des Palais Veletržní und den offenen, grünen Anlagen von Letná und Stromovka gibt es hier nicht allzu viel anzuschauen. Dafür warten jede Menge lohnenswerte Restaurants, Bars und Clubs auf Gäste. Dies gilt auch für das ehemalige Industrieviertel Smíchov südlich der Kleinseite.

Den Abschluss des Kapitels bilden schließlich abseits des Statzentrums gelegene Attraktionen, darunter Viertel wie Troja mit dem Prager Zoo oder Střešovice mit dem Museum des Öffentlichen Personennahverkehrs.

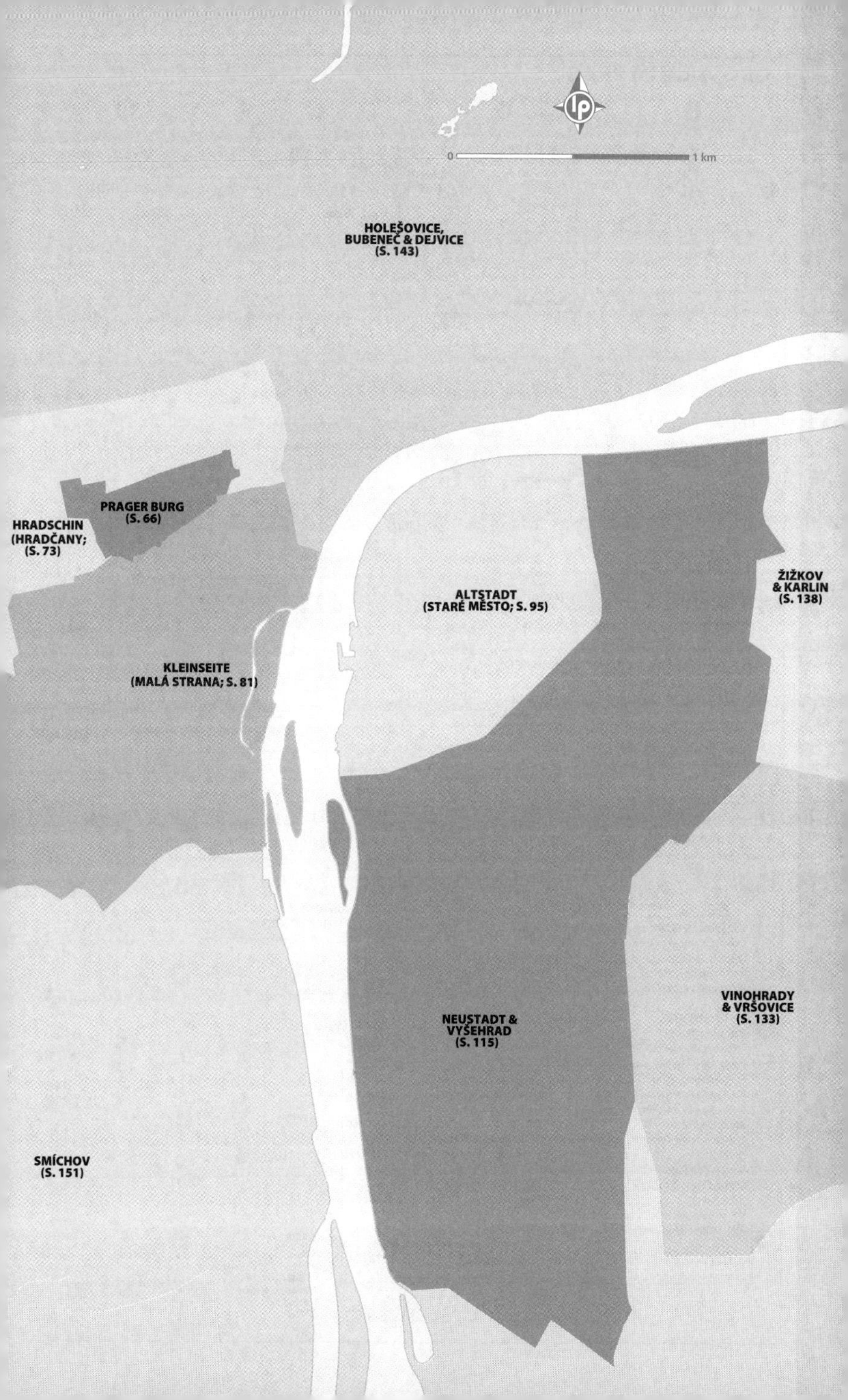
0
1 km
HOLEŠOVICE, BUBENEČ & DEJVICE (S. 143)
PRAGER BURG (S. 66)
HRADSCHIN (HRADČANY; S. 73)
ALTSTADT (STARÉ MĚSTO; S. 95)
ŽIŽKOV & KARLIN (S. 138)
KLEINSEITE (MALÁ STRANA; S. 81)
VINOHRADY & VRŠOVICE (S. 133)
NEUSTADT & VYŠEHRAD (S. 115)
SMÍCHOV (S. 151)

# GROSSRAUM PRAG

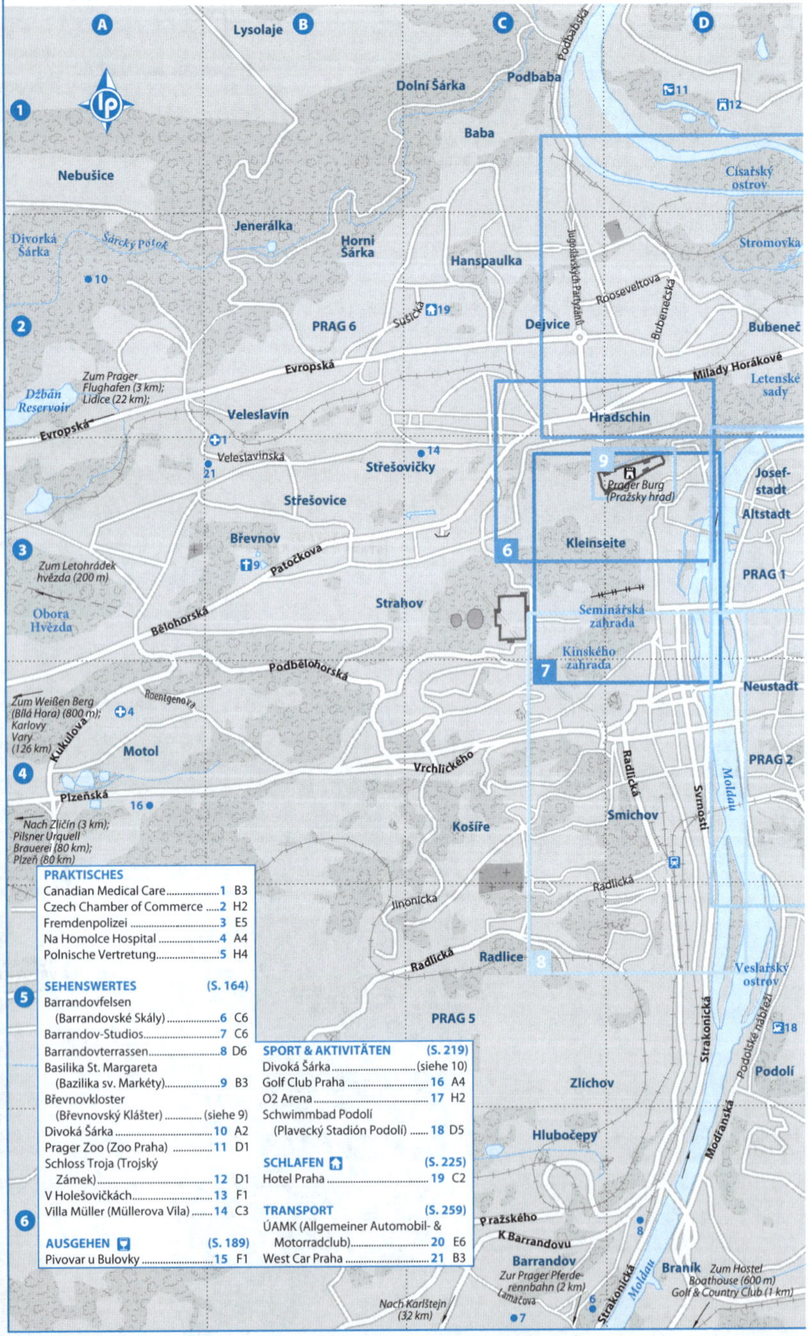


**PRAKTISCHES**

| | | |
|---|---|---|
| Canadian Medical Care | 1 | B3 |
| Czech Chamber of Commerce | 2 | H2 |
| Fremdenpolizei | 3 | E5 |
| Na Homolce Hospital | 4 | A4 |
| Polnische Vertretung | 5 | H4 |

**SEHENSWERTES** (S. 164)

| | | |
|---|---|---|
| Barrandovfelsen (Barrandovské Skály) | 6 | C6 |
| Barrandov-Studios | 7 | C6 |
| Barrandovterrassen | 8 | D6 |
| Basilika St. Margareta (Bazilika sv. Markéty) | 9 | B3 |
| Břevnovkloster (Břevnovský Klášter) | (siehe 9) | |
| Divoká Šárka | 10 | A2 |
| Prager Zoo (Zoo Praha) | 11 | D1 |
| Schloss Troja (Trojský Zámek) | 12 | D1 |
| V Holešovičkách | 13 | F1 |
| Villa Müller (Müllerova Vila) | 14 | C3 |

**AUSGEHEN** (S. 189)

| | | |
|---|---|---|
| Pivovar u Bulovky | 15 | F1 |

**SPORT & AKTIVITÄTEN** (S. 219)

| | | |
|---|---|---|
| Divoká Šárka | (siehe 10) | |
| Golf Club Praha | 16 | A4 |
| O2 Arena | 17 | H2 |
| Schwimmbad Podolí (Plavecký Stadión Podolí) | 18 | D5 |

**SCHLAFEN** (S. 225)

| | | |
|---|---|---|
| Hotel Praha | 19 | C2 |

**TRANSPORT** (S. 259)

| | | |
|---|---|---|
| ÚAMK (Allgemeiner Automobil- & Motorradclub) | 20 | E6 |
| West Car Praha | 21 | B3 |

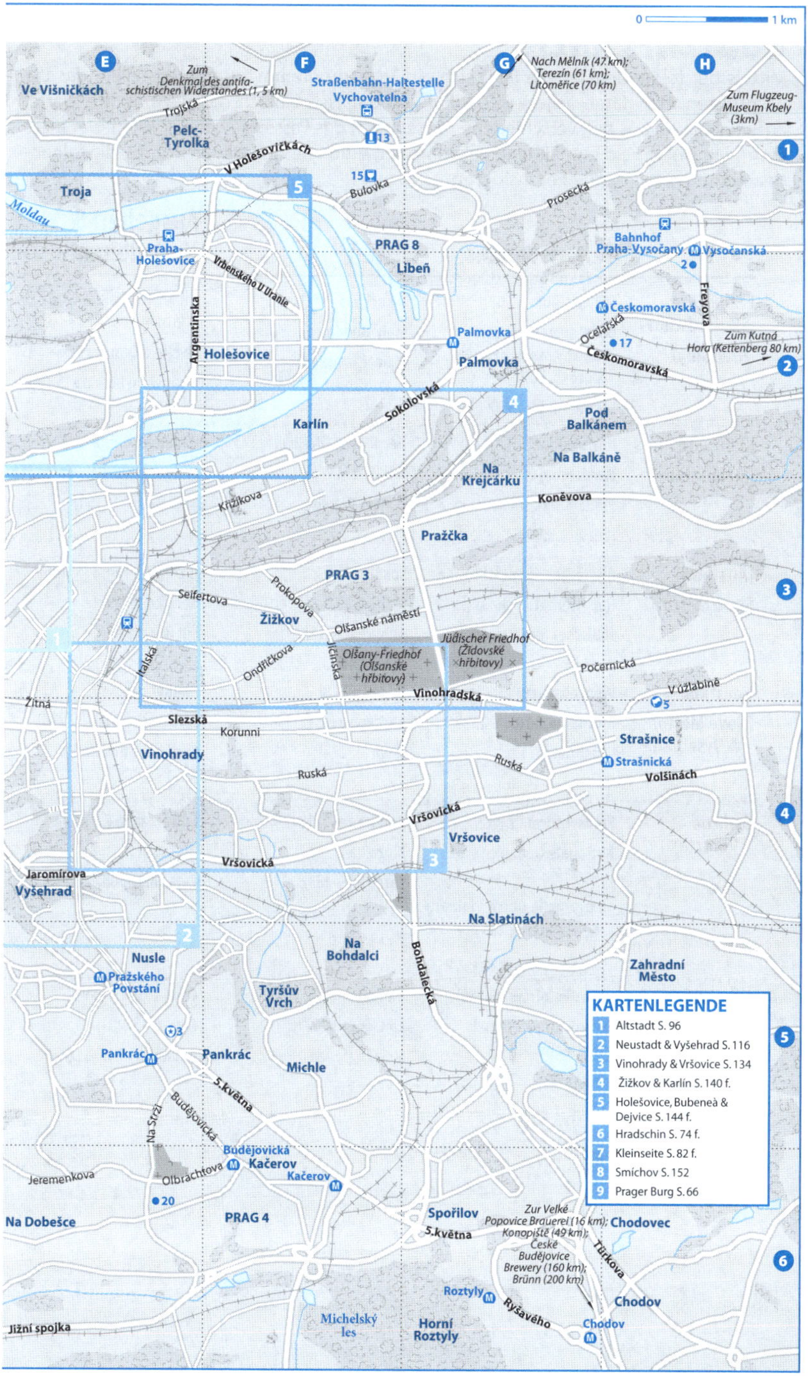
0 1 km
E
F
G
H
Ve Višničkách
Zum Denkmal des antifaschistischen Widerstandes (1,5 km)
Straßenbahn-Haltestelle Vychovatelna
Nach Mělník (47 km); Terezín (61 km); Litoměřice (70 km)
Zum Flugzeug-Museum Kbely (3km)
Trojská
Pelc-Tyrolka
13
V Holešovičkách
15
Bulovka
Troja
Moldau
Prosecká
Praha-Holešovice
Vrbenského U Uranie
PRAG 8
Libeň
Bahnhof Praha-Vysočany
Vysočanská
2
Freyova
Českomoravská
Argentinská
Holešovice
Palmovka
Palmovka
Ocelářská
17
Zum Kutná Hora (Kettenberg 80 km)
Českomoravská
Sokolovská
Karlín
Pod Balkánem
Na Balkáně
Na Krejcárku
Křižíkova
Koněvova
Pražčka
PRAG 3
Prokopova
Seifertova
Žižkov
Olšanské náměstí
Jüdischer Friedhof (Židovské hřbitovy)
Olšany-Friedhof (Olšanské hřbitovy)
Jičínská
Italská
Ondříčkova
Počernická
V úžlabině
5
Vinohradská
Žitná
Slezská
Korunní
Strašnice
Vinohrady
Strašnická
Ruská
Ruská
Volšinách
Vršovická
Vršovice
Vršovická
Jaromírova
Vyšehrad
Na Slatinách
Nusle
Na Bohdalci
Bohdalecká
Zahradní Město
Pražského Povstání
Tyršův Vrch
KARTENLEGENDE
1 Altstadt S. 96
2 Neustadt & Vyšehrad S. 116
3 Vinohrady & Vršovice S. 134
4 Žižkov & Karlín S. 140 f.
5 Holešovice, Bubeneà & Dejvice S. 144 f.
6 Hradschin S. 74 f.
7 Kleinseite S. 82 f.
8 Smíchov S. 152
9 Prager Burg S. 66
3
Pankrác
Pankrác
Michle
5.května
Budějovická
Na Strži
Budějovická
Kačerov
Olbrachtova
Kačerov
Jeremenkova
20
Na Dobešce
PRAG 4
Spořilov
5.května
Zur Velké Popovice Brauerei (16 km); Konopiště (49 km); České Budějovice Brewery (160 km); Brünn (200 km)
Chodovec
Türkova
Roztyly
Ryšavého
Chodov
Michelský les
Horní Roztyly
Chodov
Jižní spojka
1
2
3
4
5
6

# ROUTENPLANER

Mittels der folgenden Tabelle lässt sich ein Tagesprogramm zusammenstellen, das die wichtigsten Aktivitäten in jedem Stadtviertel umfasst. Einfach das gewünschte Viertel auswählen und aus den verschiedenen Kategorien das Passende herauspicken. Der erste Eintrag in einem Feld enthält eine bekannte Attraktion des jeweiligen Bezirks, die folgenden Einträge sind dann eher Insidertipps.

| | Sehenswertes | Essen | Ausgehen & Nachtleben |
|---|---|---|---|
| **Prague Burg & Hradschin (Hradčany)** | **St.Veits-Dom** (S. 69)<br>**Dauerausstellung zur Geschichte der Prager Burg** (S. 70)<br>**Strahov-Bibliothek** (S. 77) | **Víkarka** (S. 172)<br>**Malý Buddha** (S. 172)<br>**U zlaté hrušky** (S. 172) | **Lobkowicz Palace Café** (S. 194)<br>**Pivnice U Černého vola** (S. 194)<br>**U zavěšenýho kafé** (S. 194) |
| **Kleinseite (Malá Strana)** | **Karlsbrücke** (S. 84)<br>**Waldsteingarten** (S. 86)<br>**Franz-Kafka-Museum** (S. 86) | **Hergetová Cihelná** (S. 173)<br>**Noi** (S. 174)<br>**U Malé Velryby** (S. 174) | **U malého Glena** (S. 212)<br>**Malostranská Beseda** (S. 212)<br>**Klub Újezd** (S. 194) |
| **(Altstadt) Staré Mêsto** | **Altstädter Ring** (S. 95)<br>**Repräsentationshaus** (S. 109)<br>**Jüdisches Museum** (S. 104) | **Lokál** (S. 177)<br>**Maitrea** (S. 177)<br>**Allegro** (S. 175) | **U Zlatého Tygra** (S. 196)<br>**Kozička** (S. 195)<br>**Čili Bar** (S. 196) |
| **Neustadt (Nové Mêsto) & Vyšehrad** | **Wenzelsplatz** (S. 121)<br>**Muchamuseum** (S. 115)<br>**Vyšehrad** (S. 127) | **Kogo** (S. 178)<br>**Karavanseráj** (S. 180)<br>**Oliva** (S. 178) | **Bokovka** (S. 197)<br>**Pivovarský Dûm** (S. 200)<br>**Lucerna Music Bar** (S. 212) |
| **Östliche Vororte** | **Fernsehturm** (S. 142)<br>**Nationale Gedenkstätte** (S. 139)<br>**Spaziergang durch Vinhrady & Vršovice** (S. 135) | **Ambiente** (S. 181)<br>**Mozaika** (S. 181)<br>**Café FX** (S. 183) | **Caffé Kaaba** (S. 198)<br>**Blatouch** (S. 198)<br>**Palác Akropolis** (S. 213) |
| **Nördliche Vororte** | **Palais Veletržní** (S. 150)<br>**Technisches Nationalmuseum** (S. 147)<br>**Stromovka** (S. 148) | **Da Emanuel** (S. 184)<br>**La Crêperie** (S. 187)<br>**SaSaZu** (S. 185) | **Cross Club** (S. 209)<br>**Fraktal** (S. 201)<br>**Andaluský Pes** (S. 203) |

# PRAGER BURG

Essen S. 172; Ausgehen S. 193

Die Prager Burg (Pražský hrad, für Tschechen auch einfach nur *hrad*) dürfte wohl Prags bekannteste Sehenswürdigkeit sein. Laut *Guinness-Buch der Rekorde* darf sie sich mit dem Prädikät „größte historische Burganlage der Welt" schmücken: Mit einer Länge von 570 m und einer durchschnittlichen Breite von 128 m erstreckt sich über eine Gesamtfläche, die größer ist als sieben Fußballfelder.

Die lange Geschichte der Burg beginnt im 9. Jh. Damals gründete Prinz Bořivoj an der Stelle der heutigen Anlage eine befestigte Siedlung. Viele der folgenden Herrscher fügten im Lauf der Jahrhunderte eigene Elemente hinzu und der *hrad* wuchs vogelwild in einem wahren Mischmasch aus verschiedenen Architekturstilen. Schon immer war die Burg Sitz der tschechischen Herrscher. Noch heute residiert hier offiziell das Staatsoberhaupt, auch wenn sich Václav Havel, der erste Präsident der tschechischen Republik, dazu entschloss, in seinem eigenen Haus am Stadtrand zu leben.

Die Prager Burg erlebte vier große Umbauphasen: von der des Prinz Sobieslav im 12. Jh. bis zum frühklassizistischen „Facelifting" unter Kaiserin Maria Theresia (reg. 1740–1780). In den 1920er-Jahren beauftragte Präsident Tomáš Masaryk den slowenischen Architekten Jože Plečnik mit der Renovierung der Burg. Seine Veränderungen brachten einige der bemerkenswertesten Burgelemente hervor, zudem wurde die Anlage touristenfreundlicher gestaltet.

Die folgende Beschreibung der Burg beginnt mit dem Haupteingang an ihrem Westende. Von hier aus geht es durch die verschiedenen Burghöfe und vorbei an zahlreichen Attraktionen zum Ostende der Anlage. Um die wichtigsten Attraktionen zu sehen, sollte man mindestens zwei Stunden einplanen. Wer alles besichtigen will, kann auch gut und gern einen fganzen Tag auf der Burg verbringen.

Folgende Bereiche sind für Rollstuhlfahrer zugänglich: der Haupteingang des St.-Veits-Dom, der Alte Königspalast, der Vladislav-Saal, die St.-Georgs-Basilika, das Ballhaus, die Burggalerie und die Burggärten. Rechts vom Domportal befindet sich eine Behindertentoilette.

## Tickets & Öffnungszeiten

Durch die **Burghöfe** (⌚ April–Okt. 5–24 Uhr, Nov.–März 6–23 Uhr), die **Burggärten** (⌚ April & Okt. 10–18 Uhr, Mai & Sept. bis 19 Uhr, Juni & Aug. bis 20 Uhr, Nov.–März geschl.) und den St.-Veits-Dom kann man auch schlendern, ohne ein Ticket gekauft zu haben. Für alle weiteren wichtigen **historischen Gebäude** (⌚ April–Okt. 9–18 Uhr, Nov.–März bis 16 Uhr) muss jedoch Eintritt gezahlt werden.

Es gibt sechs Tickets (jeweils 2 Tage gültig), die verschiedene Sehenswürdigkeiten miteinander kombinieren (s. Kasten S. 68). Die Tickets sind bei den beiden **Touristeninformationen** (Karte S. 66; ☎ 224 372 419, 224 372 423; www.hrad.cz; ⌚ April–Okt. 9–18 Uhr, Nov.–März bis 16 Uhr) im Ersten und Zweiten Burghof oder bei Ticketschaltern an den Eingängen zum Goldenen Gässchen, zum Königspalast und zur Dauerausstellung zur Geschichte der Prager Burg erhältlich.

Kinder von 6 bis 16 Jahren, Schüler, Studenten und Körperbehinderte erhalten Ermäßigungen, für Kinder unter fünf Jahren ist der Eintritt frei. Das angebotene Familienticket gilt für ein oder zwei Erwachsene und bis zu fünf Kinder unter 16 Jahren. Das Fotografieren im Innern der Gebäude kostet 50 Kč extra, dabei ist die Benutzung von Blitz und Stativ ist allerdings untersagt.

Die hier aufgeführten Tickets gelten jedoch nicht für den Eintritt in andere Kunstgalerien und Museen innerhalb der Burghöfe. Die Eintrittspreise sind in den jeweiligen Abschnitten genannt.

Einstündige **geführte Touren** werden dienstags bis sonntags in verschiedenen Sprachen an-

### ANFAHRT – PRAGER BURG

**Metro** Die nächste Metrostation ist Malostranská – allerdings muss man von hier aus noch die recht steile Schlosstiege bergauf zum östlichen Eingang der Burg bewältigen. Die Station Hradčanská liegt etwa zehn Gehminuten nördlich der Burg, die Strecke ist dafür einfach und eben.

**Straßenbahn** Die Linie 22 fährt u. a. von folgenden Haltestellen zur Burg: Národní třída am Südrand der Altstadt, Malostranská náměstí auf der Kleinseite oder Metrostation Malostranská. An der Haltestelle Pražský hrad aussteigen; wer zuerst den Hradschin erkunden möchte, bleibt noch zwei Stationen länger bis Pohořelec in der Straßenbahn sitzen.

## PRAGER BURG

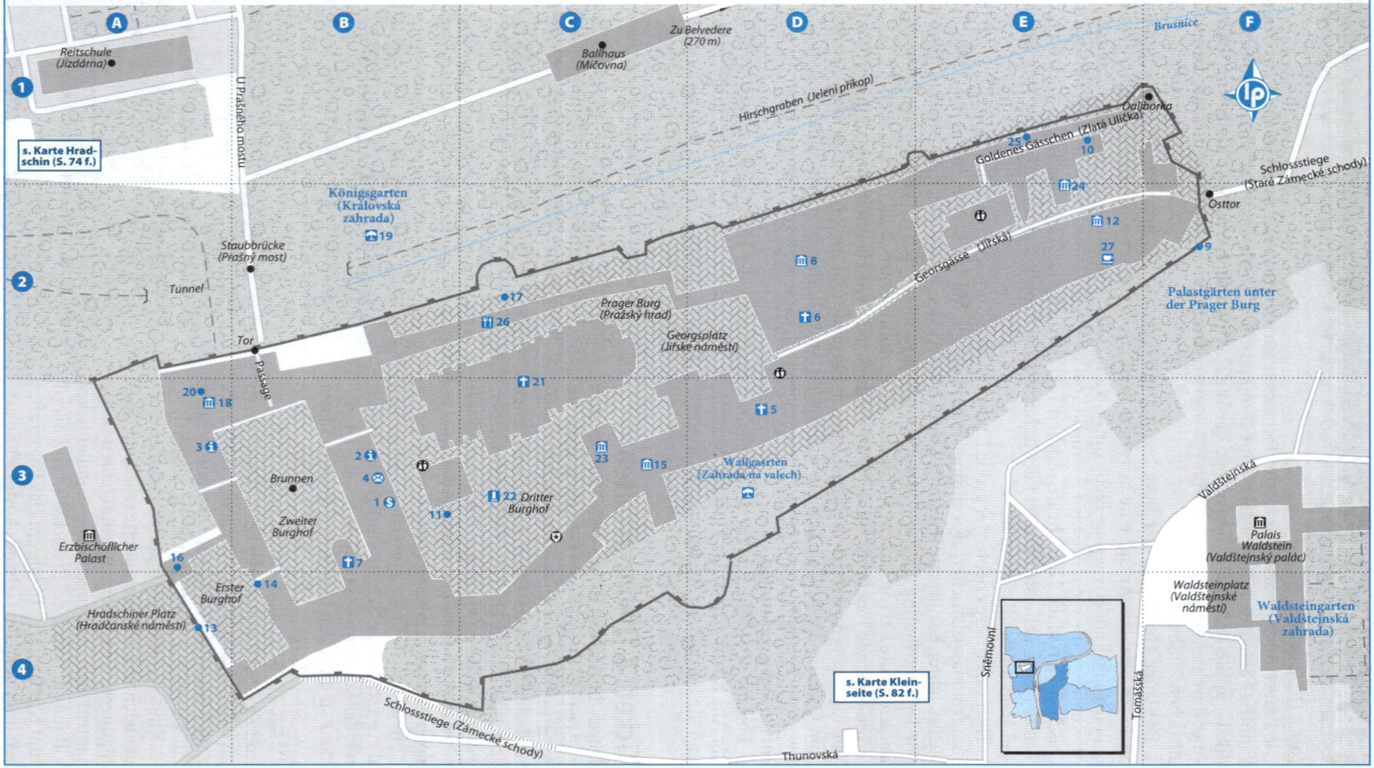
0 — 100 m
A
B
C
D
E
F
1
2
3
4
Reitschule (Jízdárna)
s. Karte Hradschin (S. 74 f.)
U Prašného mostu
Ballhaus (Míčovna)
Zu Belvedere (270 m)
Hirschgraben (Jelení příkop)
Brusnice
Daliborka
Goldenes Gässchen (Zlatá Ulička)
Schlossstiege (Staré Zámecké schody)
Osttor
Königsgarten (Královská zahrada)
Staubbrücke (Prašný most)
Tunnel
Tor
Passage
Prager Burg (Pražský hrad)
Georgsplatz (Jiřské náměstí)
Georgsgasse (Jiřská)
Palastgärten unter der Prager Burg
Brunnen
Zweiter Burghof
Dritter Burghof
Erster Burghof
Erzbischöflicher Palast
Hradschiner Platz (Hradčanské náměstí)
Wallgasrten (Zahrada na valech)
Schlossstiege (Zámecké schody)
Thunovská
s. Karte Kleinseite (S. 82 f.)
Sněmovní
Tomášská
Valdštejnská
Palais Waldstein (Valdštejnský palác)
Waldsteinplatz (Valdštejnské náměstí)
Waldsteingarten (Valdštejnská zahrada)
1
2
3
4
5
6
7
8
9
10
11
12
13
14
15
16
17
18
19
20
21
22
23
24
25
26
27

## PRAGER BURG

**PRAKTISCHES**
- Wechselstube & Geldautomat ... 1 B3
- Informationszentrum ... 2 B3
- Infozentrum & Geldautomat ... 3 A3
- Post ... 4 B3
- Vorferkaufsstelle ... (siehe 7)

**SEHENSWERTES** (S. 65)
- Allerheiligenkapelle (Kaple Všech Svatých) ... 5 D3
- St.-Georgs-Basilika (Bazilika Sv. Jiří) ... 6 D2
- Heilig-Kreuz-Kapelle (Kaple Sv. Kříže) ... 7 B3
- St.-Georgs-Kloster (Klášter Sv. Jiří) ... 8 D2
- Eingang zu den Palastgärten unter der Prager Burg ... 9 F2
- Goldenes Gässchen (Zlatá Ulička) 10 E1
- Granitobelisk ... 11 B3
- Palais Lobkowicz (Lobkovický Palác) ... 12 E2
- Haupteingang ... 13 A4
- Matthiastor (Matyášova Brána) ... 14 B4
- Königspalst (Starý Královský Palác) ... 15 C3
- Plečniksaal (Plečnikova Síň) ... 16 A3
- Mihulkaturm (Prašná Věž) ... 17 C2
- Burggalerie (Obrazárna Pražského Hradu) ... 18 A3
- Königsgarten (Královská Zahrada) ... 19 B2
- Rudolfsgalerie (Rudolfova Galerie) ... (siehe 20)
- Spanischer Saal (Španelský Sál) ... 20 A3
- St.-Veits-Dom (Katedrala sv Víta) ... 21 C3
- Reiterstatue des hl. Georg ... 22 C3
- Dauerausstellung zur Geschichte der Prager Burg ... 23 C3
- Spielzeugmuseum (Muzeum Hraček) ... 24 E2
- Zlatá Ulička 22 (Wohnhaus der Schwester Franz Kafkas) ... 25 E1

**ESSEN** (S. 167)
- Vikárka ... 26 C2

**AUSGEHEN** (S. 189)
- Café im Lobkowicz Palais ... 27 E2

geboten, darunter auch Deutsch, Englisch und Französisch (400 Kč, zzgl. 100 Kč pro weitere Pers.). Das Informationszentrum verleiht auch **Audioguides** (150 Kč für 2 Std.).

Gleich neben dem Informationszentrum im Dritten Burghof befinden sich eine **Post** (Mo–Fr 8–19, Sa 10–19 Uhr), eine **Wechselstube** (8.10–18.10 Uhr) und ein Geldautomat. Eine weitere Wechselstube und einen Geldautomat gibts im Informationszentrum im Zweiten Burghof.

Tickets für Konzerte und andere besondere Veranstaltungen verkauft die **Vorverkaufsstelle** (☎ 224 373 483; April–Okt. 9–17 Uhr, Nov.–März bis 16 Uhr) in der Heilig-Kreuz-Kapelle im Zweiten Burghof.

# ERSTER BURGHOF

Der **Erste Burghof** liegt hinter dem Haupteingang zur Burg am Hradschiner Platz (Hradčanské náměstí), den riesige Barockstatuen flankieren. Im Vergleich zu den **Kämpfenden Giganten** (1767–1770) wirken die Schlosswachen daneben eher wie Zwerge. Nach dem Niedergang des Kommunismus 1989 kontaktierte der damalige Präsident Václav Havel seinen alten Kumpel Theodor Pistek. Der Kostümdesigner hatte bereits die Darsteller im Film *Amadeus* (1984) ausstaffiert und ersetzte nun die Khaki-Uniformen der kommunistischen Ära durch die schicke hellblaue Kluft von heute. Er orientierte sich dabei an den Uniformen der Armee der ersten Tschechoslowakischen Republik (1918–1938).

Die beliebteZeremonie der **Wachablösung** erfolgt stündlich, die längste und beeindruckendste Demonstration findet aber zur Mittagsstunde statt: Die Banner werden feierlich übergeben, während die Fanfare einer Blaskapelle aus den Fenstern des **Plečníksaals** (Plečníkova síň) erschallt.

Auf der linken Seite des barocken **Matthiastors** (Matyášova brána; 1614) öffnet sich dieser großartige Saal mit Blick auf den Ersten Burghof. Für seinen Bau war der slowenische Architekt Jože Plečník verantwortlich, der in den 1920er-Jahren die Burg restaurierte. Auch die spitzen Fahnenmasten im Ersten Burghof gehen auf das Konto Plečníks. Wer das Tor durchschreitet, sollte auf den Unterschied zwischen dem vergoldeten Barocktreppenhaus zur Rechten und der dorisch-nüchternen Plečníktreppe zur Linken achten.

# ZWEITER BURGHOF

Im Anschluss an das Matthiastor folgt der Zweite Burghof. In seiner Mitte erheben sich ein barocker Springbrunnen und ein Ziehbrunnen mit einem wunderschönen Renaissance-Ziergitter aus dem 17. Jh. In der **Heilig-Kreuz-Kapelle** (kaple sv. Kříže; 1763) auf der rechten Seite war früher die Schatzkammer des St.-Veits-Doms untergebracht. Heute beherbergt sie die Vorverkaufsstelle der Burg und einen Souvenirshop.

Der herrliche **Spanische Saal** (Španělský sál) und die **Rudolfsgalerie** (Rudolfova galerie) im Nordflügel des Hofs sind Staatsempfängen und besonderen Konzerten vorbehalten. Nur zweimal im Jahr darf Otto Normalbürger einen Blick hineinwerfen: Normalerweise an dem jeweils ersten Samstag nach dem Tag der Befreiung Prags (8. Mai) und nach dem Tag der Republik (28. Oktober).

## TICKETS FÜR DIE PRAGER BURG

**Prager Burg – Große Tour** (Erw./erm./Fam. 350/175/500 Kč) Königspalast, Dauerausstellung zur Geschichte der Prager Burg, St.-Georgs-Basilika, Pulverturm, Goldenes Gässchen mit Daliborkaturm, Burggalerie

**Prager Burg – Kleine Tour** (Erw./erm./Fam. 250/125/300 Kč) Königspalast, Dauerausstellung zur Geschichte der Prager Burg, St.-Georgs-Basilika, Goldenes Gässchen mit Daliborkaturm

**Geschichte der Prager Burg** (Erw./erm./Fam. 140/70/200 Kč) Dauerausstellung

**Burggalerie** (Erw./erm./Fam. 150/80/200 Kč)

**St.-Georgs-Kloster** (Erw./erm./Fam. 150/80/200 Kč)

**Pulverturm** (Erw./erm./Fam. 70/40/110 Kč)

### BURGGALERIE Karte S. 66

**Obrazárna pražského hradu; ☎ 224 373 531; www.obrazarna-hradu.cz; Pražský hrad, II. nádvoří; Erw./erm. 150/80 Kč, Mo 16–18 Uhr Eintritt frei; ⌚ April–Okt. 9–18 Uhr, Nov.–März bis 14 Uhr; 🚊 22; ♿**

Im Jahr 1648 ließ eine schwedische Armee die berühmten Bronzestatuen im Waldsteingarten (S. 86) mitgehen und riss sich auch die Kunstschätze Rudolfs II. unter den Nagel. Die Ausstellung europäischer Kunstwerke aus dem 16., 17. und 18. Jh. befindet sich in den schmucken Renaissance-Stallungen am Nordende des Zweiten Burghofs. Sie basiert auf der Sammlung, die die Habsburger 1650 als Ersatz für die geraubten Gemälde zusammentrugen. Ausgestellt sind hier u. a. Werke von Cranach, Holbein, Rubens, Tintoretto und Tizian.

### KÖNIGSGARTEN Karte S. 66

Das Tor auf der Nordseite des Zweiten Burghofs führt zur **Staubbrücke** (Prašný most; 1540). Sie überspannt den **Burg- bzw. Hirschgraben** (Jelení příkop) hinüber zum **Königsgarten** (Královská zahrada). Ferdinand I. ließ den Renaissancegarten 1543 anlegen. Stolz der Gartens ist das **Ballhaus** (Míčovna; 1569; Karte S. 74 f.) – ein Paradebeispiel für ein Renaissance-Sgraffito, in dem sich die Habsburger mit einem Vorläufer des heutigen Federballspiels die Zeit vertrieben. Im Osten erhebt sich das **Belvedere** (**Sommerschlösschen der Königin Anna;** Letohrádek; 1538–1560; Karte 74), das vielleicht authentischste italienische Renaissancegebäude außerhalb Italiens. Den westlichen Abschluss des Gartens bildet die ehemalige **Reitschule** (Jízdárna; 1695; Karte S. 74 f.). Alle drei Bauwerke werden für zeitgenössische Ausstellungen mit moderner Kunst genutzt.

Westlich der Staubbrücke führt auf der Burgseite ein Fußweg hinunter in den Hirschgraben. Dort angekommen verläuft der Pfad durch einen modernen, künstlerisch angehauchten – und ziemlich „Freud'schen" – Tunnel aus rotem Backstein unter der Brücke hindurch und dann ostwärts durch den Hirschgraben. Und wer will, kann auf einer betriebsamen Straße bis zur Metrostation Malostranská weitergehen. Ein Tor im äußeren Wall (dem Graben zugewandt) bildet den Eingang zu einer Atombunkeranlage. Diese wurde von den Kommunisten in den 1950er-Jahren begonnen, jedoch nie komplett fertiggestellt. Die Stollen durchziehen fast das gesamte Burgfundament.

## DRITTER BURGHOF

Geht man an der Ostseite des Zweiten Burghofs durch den Durchgang hindurch, findet man sich direkt vor der riesigen Westfassade des St.-Veit-Doms wieder. Südlich davon (rechts vom Eingang) liegt der Dritte Burghof. Kaum zu übersehen sind der 16 m hohe **Granitobelisk**, den Jože Plečnik 1928 zum Gedenken an die Opfer des Ersten Weltkriegs entwarf, und die Replik eines **Bronzereiterstandbilds des hl. Georgs** aus dem 14. Jh., die den Märtyrer als Drachentöter darstellt. Das Original wird in der Dauerausstellung zur Geschichte der Prager Burg gezeigt.

Das eigentliche dominierende Element des Dritten Burghofs ist allerdings die Südfassade des St.-Veits-Doms. Und an dieser wiederum sticht die **Goldene Pforte** (Zlatá brána) hervor. Das großartige Meisterwerk der Gotik ist ein elegantes Portal mit drei Spitzbögen, entworfen von Peter Parler. Den oberen Teil des Portals schmückt ein **Mosaik des Jüngsten Gerichts** (1370–1371): Links steigen die Seligen aus ihren Gräbern und werden von Engeln in den Himmel geleitet. Rechts treiben Dämonen die Sünder hinab in die Hölle. In der Mitte regiert

Christus in voller Herrlichkeit, zu ihm hinauf schauen die sechs tschechischen Heiligen Prokop, Sigismund, Veit, Wenzel, Ludmilla und Adalbert. Unter ihnen knien in betender Haltung – rechts und links des Mittelbogens – Karl IV. und seine Frau.

Links des Portals erhebt sich der **Südturm**, den Parlers Söhne im 15. Jh. unvollendet hinterließen. Seine hoch aufragenden gotischen Linien werden durch eine Empore aus der Renaissance abrupt unterbrochen, die Ende des 16. Jhs. hinzugefügt wurde. Die Krönung des Ganzen ist eine gewölbte Turmspitze aus den 1770er-Jahren.

## KÖNIGSPALAST Karte S. 66

**Starý královský palác; Eintritt nur mit Ticket für die Tour durch die Prager Burg; ⌚ April–Okt. 9–18 Uhr, Nov.–März bis 16 Uhr; ♿**

Der Alte Königspalast im Osten des Burghofs stammt aus dem Jahr 1135 und ist eines der ältesten Gebäude der Burg. Er wurde ursprünglich für die tschechischen Prinzessinnen konzipiert, vom 13. bis 16. Jh. residierten jedoch die Könige selbst darin.

Das Herzstück des Palasts bildet der **Vladislavsaal** (Vladislavský sál), der berühmt ist für seine wunderschöne, spätgotische Gewölbedecke, die Benedikt Rejt zwischen 1493 und 1502 schuf. Obwohl rund 500 Jahre alt, verbreiten die fließenden und ineinander übergehenden Rippen des Gewölbes beinahe schon einen Hauch von Jugendstil und bilden einen schönen Kontrast zur geradlinigen Form der Renaissancefenster. Der riesige Saal diente als Schauplatz für Festessen, Ratsversammlungen und Krönungszeremonien. Außerdem wurden darin Indoor-Ritterturniere abgehalten: daher auch die **Reitertreppe** (Jezdecké schody) an der Nordseite, die Ross und Reiter Einlass gewährte. Alle Präsidenten der Republik wurden in dem Saal vereidigt.

Eine Tür in der südwestlichen Ecke des Saals führt zum Ludwigsflügel mit den ehemaligen Räumen der **Böhmischen Kanzlei** (České kanceláře). Am 23. Mai 1618 rebellierten im zweiten Raum protestantische Adlige gegen die böhmischen Stände und den Habsburger Kaiser und „beförderten" zwei seiner Statthalter und deren Sekretär unsanft aus dem Fenster an die frische Prager Luft. Diese überlebten den Sturz zwar, da sie im Misthaufen des Burggrabens landeten. Doch dieser Zweite Prager Fenstersturz löste letztlich den Dreißigjährigen Krieg aus (s. S. 26).

Am östlichen Ende des Vladislav-Saals führt eine Treppe hinauf zum Balkon, der die **Allerheiligenkapelle** (kaple Všech svatých) überblickt. Die Tür zur Rechten führt auf eine Terrasse mit großartigem Blick über die Stadt. Rechts von der Reitertreppe befindet sich eine ungewöhnliche Renaissancetür, die von gedrehten Säulen eingerahmt ist. Sie führt in den **Landtagssaal** (Sněmovna) – oder Sitzungssaal –, der ebenfalls mit einem wunderschönen Deckengewölbe ausgestattet ist. Zur Linken führt eine Wendeltreppe empor zu den **Kanzleien der Neuen Landtafeln** (Říšská dvorská kancelář), in denen einst die Grundbücher aufbewahrt wurden. Die Wände sind mit den Wappen der Kanzleiverwalter gepflastert.

## ST.-VEITS-DOM Karte S. 66

**Katedrálasv Víta; ☎ 257 531 622; www.kate dralapraha.cz; Pražský hrad, III. nádvoří; Eintritt frei; ⌚ März–Okt. Mo–Sa 9–17 & So 12–17 Uhr, Nov.–Feb. Mo–Sa 9–16 & So 12–16 Uhr; Ⓜ Malostranská;**

Auf den ersten Blick scheint es sich bei der beeindruckende Westfassade des St.-Veits-Doms, die am Eingang zum Dritten Burghof die Blicke der Besucher auf sich zieht, um ein Meisterstück der Gotik zu handeln. Tatsächlich aber stammt das dreibogige Portal aus dem Jahr 1953. Somit gehört es zu den Teilen der Kirche, die zuletzt fertiggestellt wurden. Der Grundstein des Doms wurde rund 600 Jahre vorher, genauer gesagt 1344, von Kaiser Karl IV. gelegt. Zuvor befand sich an der Stelle des heutigen Doms eine romanische Rotunde aus dem 10. Jh., die Herzog Wenzel hatte errichten lassen.

Karls erster Architekt Matthias von Arras (Matyáš z Arrasu) begann mit den Arbeiten am Chor im Stil der französischen Gotik, starb aber bereits acht Jahre später. Sein deutscher Nachfolger Peter Parler – ein „Veteran" des Kölner Dombaus – konnte den größten, östlichen Teil des Doms in einem freieren, spätgotischen Stil vollenden, bevor er 1399 starb. In den folgenden Jahrhunderten kamen Elemente der Renaissance und des Barocks hinzu, das Bauwerk aber blieb unvollendet. Erst mit der Nationalen Wiedergeburt der Tschechen ab 1861 wurden gemeinsamen Anstrengung unternommen, die Arbeiten am Dom abzuschließen. Zu Beginn des 20. Jhs. konnten schließlich die Bereiche zwischen dem Westportal und der Vierung fertiggestellt werden. 1929 wurde der Dom geweiht.

Im Innern taucht das Hauptschiff in Farben, die die bezaubernden **Buntglasfenster** erzeugen. Die Fenster wurden von bedeutenden tschechischen Künstlern des frühen

20. Jhs. geschaffen. Beachtung verdient das Werk des Jugendstilkünstlers Alfons Mucha (s. Kasten S. 43) in der dritten Kapelle der Nordseite, links vom Eingang; es stellt die hl. Kyrill und Method, die beiden Apostel der Slawen, dar. Daneben steht die **Holzskulptur Kreuzigung** (1899) von František Bílek.

Die Vierung – hier treffen Haupt- und Querschiff aufeinander – wird von dem riesigen und farbenprächtigen **Südfenster** (1938) von Max Švabinský überragt. Darauf abgebildet ist das Jüngste Gericht – in der rechten, unteren Ecke lodern hell die Höllenfeuer. Im nördlichen Querschiff unter der barocken Orgel sind drei holzgeschnitzte Türen mit **Reliefs böhmischer Heiliger** verziert. Auf kleineren Abbildungen ist jeweils das Martyrium des Heiligen zu sehen, auf der linken Tür das des hl. Vitus (Veit), der in einem Kessel mit kochendem Öl gefoltert wird. Neben dieser Darstellung ist das Martyrium des hl. Wenzel dargestellt: Er kniet auf einem Bein und hält sich an einem löwenkopfförmigen Türknauf fest, während sein verräterischer Bruder Boleslav einen Speer in seinen Rücken rammt. Glaubt man der Legende, ist eben dieser Türknauf auf der anderen Seite der Kirche an der **Wenzelskapelle** zu bestaunen.

Gleich rechts vom südlichen Querschiff befindet sich der Eingang zum 96 m hohen **Südturm** (⌚ April–Okt. letzter Einlass 16.15 Uhr, bei schlechtem Wetter geschl.). Die Besucher können die 297 Stufen bis zur Spitze erklimmen – Vorsicht, nichts für klaustrophobisch Veranlagte – und werden mit einer genialen Aussicht belohnt. Außerdem kann man aus nächster Nähe einen Blick auf das Uhrwerk (1597) werfen. Die Sigismund-Glocke des Turms, 1549 von Tomáš Jaroš gegossen, ist die größte Glocke in der Tschechischen Republik.

Das östliche Ende der Kathedrale ist überbaut mit einem großartigen spätgotischen Kreuzgewölbe aus dem 14. Jh. In der Mitte befindet sich das aufwendig verzierte **Habsburgermausoleum** (1571–1589) mit den eher kalt wirkenden Marmorbildnissen von Ferdinand I., dessen Frau Anna Jagiello und Sohn Maximilian II. Auf der Nordseite des Chorumgangs – der Weiterführung der Seitenschiffe des Langhauses – gibt es u. a. ein schönes **Holzrelief** (1630) Kaspar Bechterles zu sehen. Es zeigt den Winterkönig, den Protestanten Friedrich V. von der Pfalz, wie er Prag in einer Pferdekutsche fluchtartig verlässt – zuvor hatte die katholische Liga in der Schlacht am Weißen Berg gegen die protestantische Union Friedrichs gesiegt.

Wer dem Chorumgang weiter folgt, gelangt zum **Grab des hl. Vitus**, des Schutzheiligen sowohl der Böhmen als auch der Schauspieler, Entertainer und Tänzer, der Gläubige auch gleich noch vor Blitzen, Hundebissen und Hypersomnie bewahren soll. Die in den Boden eingelassenen Messingstäbe markieren Bischofsgräber. Die **Marienkapelle** am Ostende des Chorumgangs enthält die Grabplatten von Matthias von Arras und Peter Parler. Etwas weiter entfernt liegt das spektakuläre barocke **Hochgrab des hl. Johannes von Nepomuk**, das prächtig in Silber erstrahlt. Den herabhängenden Baldachin stützt eine Schwadron silberner Engel. Insgesamt wurden für das Grab zwei Tonnn des kostbaren Edelmetalls verarbeitet! Am Ende des Chorumgangs gelangt man schließlich zum spätgotischen **Königlichen Oratorium** mit seinen reichhaltigen Verzierungen. Die ausgefallene Empore ziert ein Rippengewölbe, das an die Äste eines Baums erinnert. In einer Ecke der benachbarten **Heiligkreuzkapelle** führen Stufen hinunter in die **Krypta** mit den Überresten der Vorgängerbauten. U. a. wurden hier die Überreste der romanischen Basilika aus dem 11. Jh. zusammengetragen. Außerdem versammeln sich die Besucher scharenweise um den Eingang zur **Königsgruft** mit ihren Marmorsarkophagen, die in den 1930er-Jahren errichtet wurde. Sie ist die Grablege böhmischer Herrscher wie Karls IV., Wenzels IV., Georgs von Podiěbrad und Kunštát (Jiří z Poděbrad) sowie Rudolfs II.

Die größte und prachtvollste Kapelle des Doms ist Parlers **Wenzelskapelle**. Ihre Wände schmücken Wandgemälde, vergoldeter Stuck und glitzernde Halbedelsteine. Die Bilder aus dem frühen 16. Jh. zeigen Szenen aus dem Leben des tschechischen Schutzpatrons, ältere Fresken porträtieren das Leben Christi.

Sieben Schlösser verriegeln die kleine Tür auf der Südseite der Wenzelskapelle. Die Treppe dahinter führt zur **Kronkammer** über der Goldenen Pforte (Zlatá brána) hinauf, in der die böhmischen Kroninsignien aufbewahrt werden (Nachbildungen davon sind in der Dauerausstellung zur Geschichte der Prager Burg zu sehen).

## DAUERAUSSTELLUNG ZUR GESCHICHTE DER PRAGER BURG Karte S. 66

**☎ 224 373 102; www.pribeh-hradu.cz; Eintritt mit dem Tourticket für die Prager Burg, alternativ Erw./Kind 140/70 Kč; ⌚ April–Okt. 9–18 Uhr, Nov.–März bis 16 Uhr**

Die imposante Sammlung ist neben dem Palais Lobkowitz die vielleicht interessanteste Attraktion, die in der Burganlage zu sehen ist. Beheimatet in den gotischen Gewölben neben dem Königspalast, zeichnet sie über 1000 Jahre Burggeschichte nach: vom Aufstellen der ersten Holzpalisaden bis zum heutigen Tag. Große Burgmodelle veranschaulichen die verschiedenen Entwicklungsstufen. Außerdem können Kostbarkeiten wie der Helm und das Kettenhemd des hl. Wenzels, Prachthandschriften und Nachbildungen der böhmischen Kronjuwelen besichtigt werden. Darunter befindet sich auch eine Replik der Wenzelskrone, die 1346 aus dem Gold der Přemyslkrone für Karl IV. angefertigt wurde.

Wer ein tiefergehendes Interesse an der Prager Burg hat, für den ist die Ausstellung die erste Anlaufstelle für die weitere Orientierung. Sollte man kein Tourticket für die Prager Burg gelöst haben, bekommt man eine separate Eintrittskarte am Eingang (nur Barzahlung).

# GEORGSPLATZ

Der Georgsplatz (Jiřské náměstí) mit seinen Sehenswürdigkeiten erstreckt sich östlich des Doms im Herzen der Burganlage.

## ST.-GEORGS-BASILIKA Karte S. 66

**Bazilika sv Jiří; Jiřské náměstí; Eintritt mit dem Tourticket für die Prager Burg; April–Okt. 9–18 Uhr, Nov.–März bis 16 Uhr;**

Eine atemberaubende frühbarocke Fassade aus rotem Backstein dominiert den Platz. Dahinter verbirgt sich die am besten erhaltene romanische Kirche Tschechiens, die im 10. Jh. durch Vratislav I., den Vater des hl. Wenzels, gestiftet wurde. Heutzutage bekommt man jedoch hauptsächlich die Ergebnisse der Restaurierungsarbeiten zwischen 1887 und 1908 zu sehen.

Die Nüchternheit des romanischen Hauptschiffs lockert eine barocke Doppeltreppe auf. Sie führt zur Apsis mit Freskenfragmenten aus dem 12. Jh. Vor den Stufen liegen die Grabmäler der Herzöge Boleslav II. (gest. 997; links) und Vratislav I. (gest. 921) – letzterer war der Stifter der Kirche. Durch den Bogen neben der Treppe kann man einen Blick in die Krypta aus dem 12. Jh. werfen. In der Gruft und im Hauptschiff betteten die Přemysliden ihre Herrscher zur letzten Ruhe.

Die winzige Barockkapelle links neben dem Eingang ist dem hl. Johannes von Nepomuk geweiht (Grab im Veitsdom; s. S. 69).

## ST.-GEORGS-KLOSTER Karte S. 66

**Klášter sv Jiří; 257 531 644; www.ngprague.cz; Jiřské náměstí 33; Eintritt mit dem großen Tourticket für die Prager Burg, alternativ Erw./erm. 150/80 Kč; Di–So 10–18 Uhr**

973 entstand auf Initiative Boleslavs II. Böhmens erstes Kloster in einem äußerst gewöhnlich wirkenden Gebäude links der Basilika. 1782 wurde es säkularisiert und das Gebäude in eine Kaserne umgewandelt. In seinen Räumen ist heute eine Zweigstelle der Nationalgalerie untergebracht – zu sehen gibt es eine umfangreiche Sammlung böhmischer Kunstwerke aus dem 19. Jh. Die Glanzlichter darunter sind u. a. die Jugendstilskulptur von Josef Myslbek, Stanislav Sucharda und Bohumil Kafka, die leuchtenden Porträts von Josef Mánes und die Waldlandschaften Július Mařáks.

## MIHULKATURM (PULVERTURM) Karte S. 66

**Prašná věž; Eintritt mit dem großen Tourticket für die Prager Burg; April–Okt. 9–18 Uhr, Nov.–März bis 16 Uhr**

Nördlich vom St.-Veits-Dom führt ein Durchgang zum Mihulka- bzw. Pulverturm, der ab Ende des 15. Jh. die Wehranlagen ergänzte. Später betrieb darin der Kanonen- und Glockengießer Tomáš Jaroš seine Werkstatt – von ihm stammen u. a. die Glocken des St.-Veits-Doms. Auch die Alchimisten Rudolfs II. gingen hier ihren Studien nach. Der 1. Stock beherbergt heute eine mäßig spannende Ausstellung über die militärische Vergangenheit der Burg.

# GEORGSGASSE

Die Georgsgasse (Jiřská) verbindet die St.-Georgs-Basilika mit dem östlichen Burgtor.

## GOLDENES GÄSSCHEN Karte S. 66

**Zlatá ulička; Zlatá ul; Eintritt mit dem großen od. kleinen Tourticket für die Prager Burg; April–Okt. 9–17 Uhr, Nov.–März bis 16 Uhr**

Das Pflaster des malerischen Goldenen Gässchens verläuft entlang der nördlichen Burgmauer. Die winzigen kunterbunten Hütten wurden im 16. Jh. für die Burgschützen der Schlosswache errichtet. Den Namen erhielt das Gässchen aber von Alchimisten, jenen „Goldmachern", die im Namen Rudolfs II. an der „Goldrezeptur" tüftelten. Später dann gingen hier Goldschmiede ihrem Gewerbe nach. Im 18. und 19. Jh. nahmen arme Leute die Quartiere in Beschlag, danach ließen sich

Künstler häuslich nieder, u. a. der Schriftsteller Franz Kafka (von 1916–1917 in Nr. 22, dem Haus seiner Schwester) und der Literaturnobelpreisträger Jaroslav Seifert. Heute ist die Gasse ein belebter Touristentreffpunkt, vollgestopft mit Handwerks- und Souvenirläden. Trotzdem nett.

Der runde **Daliborkaturm** am Ostende ist nach dem Ritter Dalibor von Kozojedy benannt. 1498 wartete er hier wegen seiner Teilnahme an einem Bauernaufstand auf seine Hinrichtung. Einer alten Geschichte zufolge soll er während seiner Haft auf einer Geige gespielt haben, deren Klänge in der ganzen Burg zu hören waren, bis der Henker seiner Pflicht nachkam. 1868 verwendete der Komponist Bedřich Smetana (S. 34) diese rührende Geschichte als Grundlage für seine Oper *Dalibor*.

Interessanter als die kleine Ausstellung von Folterinstrumenten im Turm ist die moderne Bronzeskulptur *Gleichnis mit einem Totenkopf* von Jaroslav Róna (der auch das Franz-Kafka-Denkmal in der Prager Josefstadt errichtete; Karte S. 96 f.). Der Künstler wurde vermutlich von einem der Charaktere Kafkas inspiriert. Die Skulptur zeigt eine auf dem Bauch liegende, menschliche Gestalt, die einen riesigen Totenkopf auf ihrem Rücken trägt (auch im Prag des 21. Jhs. wird man noch Obdachlose sehen, die in dieser traditionellen aber unterwürfigen und ziemlich verzweifelten Haltung betteln).

### PALAIS LOBKOWITZ Karte S. 66

**Lobkovický palác; ☎ 233 312 925; www.lobkowiczevents.cz/palace; Jiřská 3; Erw./erm./Fam. 275/175/690 Kč; 🕐 10.30–18 Uhr**

Dieses im 16. Jh. errichtete Palais beherbergte die adlige Familie Lobkowitz für rund 400 Jahre. Es wurde im Zweiten Weltkrieg von den Nazis und 1948 von den Kommunisten konfisziert und gelangte schließlich 2002 wieder in die Hände von Wilhelm von Lobkowitz. Dieser ist ein amerikanischer Bauinvestor und Enkel von Maximilian, dem zehnten Prinzen von Lobkowitz, der 1939 in die USA floh. Der Palast wurde 2007 als privates Museum wieder für die Öffentlichkeit zugänglich gemacht.

Auf dem Rundgang durch die Hauptausstellung, auch bekannt als **Prinzensammlungen**, werden die Besucher von einem Audioguide geleitet, dessen Text von Wilhelm und seiner Familie stammt. Diese intimen Einblicke hauchen der Ausstellung echtes Leben ein und machen das Palais zu einer der interessantesten Attraktionen der Burg. Zu den Highlights gehören Gemälde von Cranach, Brueghel dem Älteren, Canaletto und Piranesi, originale Partituren mit Anmerkungen von Mozart, Beethoven und Haydn (der siebte Prinz war ein großer Gönner der Musik – Beethoven widmete ihm drei Symphonien). Ergänzt wird die Ausstellung durch eine bemerkenswerte Sammlung von Musikinstrumenten. Aber es ist mehr die persönliche Note, die großen Eindruck hinterlässt – z. B. das Porträt eines Lobkowitz aus dem 16. Jh., der einen Ring am Finger trug, den Wilhelms Mutter auch heute noch trägt. Oder ein altes Fotoalbum mit dem Bild des Lieblingshundes der Familie, der eine Pfeife raucht.

Das Palais hat ein ausgezeichnetes Café (S. 194). Jeden Tag finden hier um 13 Uhr **klassische Konzerte** statt (390 bis 490 Kč; www.matinee.cz).

### SPIELZEUGMUSEUM Karte S. 66

**Muzeum hraček; ☎ 224 372 294; Jiřská 6; Erw./erm./Fam. 60/30/120 Kč; 🕐 9.30–17.30 Uhr**

Das zweitgrößte Spielzeugmuseum der Welt befindet sich im Turm der ehemaligen Burggrafschaft (Nejvyšší Purkrabství) gegenüber des Palais Lobkowitz. Einige Ausstellungsstücke der bezaubernden Sammlung reichen zurück bis ins alte Griechenland. Die meisten dürfen jedoch nicht berührt werden – recht frustrierend für den Nachwuchs.

## WALLGARTEN

Vom östlichen Burgtor führt die **Alte Schlossstiege** hinunter zur Metrostation Malostranská (Karte S. 74 f.). Wer lieber noch etwas weiter oben bleiben will, biegt scharf rechts ab und marschiert durch den **Wallgarten** (Zahrada na valech; 🕐 April–Okt.) zurück zum Hradschiner Platz (Hradčanské náměstí). Der Terrassengarten besticht mit einer herrlichen Aussicht auf die Dächer der Kleinseite – und gestattet auch einen Blick in den Garten hinter der britischen Botschaft.

Alternativ geht es auch durch die terrassierten **Palastgärten unter der Prager Burg** (S. 65) hinunter zur Kleinseite.

# HRADSCHIN (HRADČANY)

Essen S. 172; Ausgehen S. 193; Shoppen S. 159; Schlafen S. 227

Das attraktive und ruhige Wohnviertel Hradschin (Hradčany) erstreckt sich von der Prager Burg westwärts bis zum Kloster Strahov. 1320 wurde es zu einer eigenen Stadt, die zweimal schwer zerstört wurde: einmal während der Hussitenkriege und nochmals durch das Große Feuer von 1541. 1598 wurde Hradschin schließlich ein Stadtbezirk von Prag, in dem der Habsburger Adel in der Folgezeit etliche Palais in der Hoffnung errichtete, ihren Einfluss gegenüber den Herrschern auf der Prager Burg zu festigen.

## HRADSCHINER PLATZ

Der Hradschiner Platz (Hradčanské náměstí) liegt vor dem Burgeingang. Seit dem Mittelalter hat sich seine Form kaum verändert. In der Mitte steht die Pestsäule von Ferdinand Brokoff (1726), um sie herum säumen ehemals für Adel und Domherren errichtete Palais (Nr. 6–12) mit reich verzierten Fassaden den Platz. Haus Nr. 16 ist das Erzbischöfliche Palais (Arcibiskupský palác).

Es ging 1562 in den Besitz des Erzbischofs Antonín Brus von Mohelnice über und dient seitdem als Residenz der Prager Erzbischöfe. 1763–1765 wurde die Fassade mit Rokoko-Elementen überarbeitet (das Gebäude ist nur am Gründonnerstag für die Öffentlichkeit zugänglich).

Eine Statue von Tomáš Masaryk, dem ersten Präsidenten der Republik Tschechien, blickt auf den Eingang zur Burg.

### PALAIS SCHWARZENBERG Karte S. 74 f.

**Schwarzenberský palác; ☎ 224 810 758; www.ngprague.cz; Hradčanské náměstí 2; Erw./Kind 150/80 Kč; ⌚ Di–So 10–18 Uhr; 🚊 22**

Das kürzlich renovierte Renaissancepalais Schwarzenberg, das eine wunderschöne schwarzweiße Sgraffito-Fassade aufweist, beherbergt die Sammlung barocker Kunstwerke der Nationalgalerie. Leider sind viele der ausgestellten Gemälde schlecht beleuchtet und leiden unter den Spiegelungen der nahen Fenster – eine Schande, zumal das Innere des Palais weitaus weniger beeindruckend ist als das Äußere und die Sammlung wirklich nur begeisterte Kunstliebhaber interessieren dürfte.

Das Erdgeschoss ist zwei Meistern der barocken Bildhauerkunst gewidmet: Die überarbeiteten Skulpturen von Matthias Braun und Maximilian Brokof scheinen von einem Wirbelsturm mitgerissen zu werden, so lebendig sind die Falten ihrer Gewänder. Die Höhepunkte des 1. Stocks stellen die düsteren Porträts aus dem 16. Jh. von Petr Brandl und Jan Kupecký dar, im obersten Stock werden Stiche von Albrecht Dürer gezeigt.

### PALAIS STERNBERG Karte S. 74 f.

**Šternberský palác; ☎ 233 090 570; www.ngprague.cz; Hradčanské náměstí 15; Erw./Kind 150/80 Kč; ⌚ Di–So 10–18 Uhr; 🚊 22, 23**

Hinter dem Erzbischöflichen Palais versteckt sich das barocke Palais Sternberg. Hier stellt die Nationalgalerie ihre europäische Kunstsammlung mit Werken aus dem 14.–18. Jh. aus (u. a. von Goya und Rembrandt). Fans mittelalterlicher Altarbilder dürften sich hier wie im siebten Himmel fühlen. Ebenfalls zu sehen sind Gemälde von Rubens und Breughel, ergänzt durch unzählige böhmische Miniaturen. Stolz der Sammlung ist *Das Rosenkranzfest* von Albrecht Dürer, der ansonsten eher für seine Stiche bekannt ist. Das Gemälde entstand ursprünglich 1505 in Venedig für den Altar der Kirche San Bartolomeo; Rudolf II. ließ es später nach Prag verfrachten. Im Hintergrund des Bildes hat sich Dürer unter dem Baum zur Rechten selbst mit einer dem Betrachter zugewandten Figur verewigt.

Wer auf ein wenig grotesken Realismus steht, für den lohnt sich ein Abstecher in den hinteren Bereich des Obergeschosses, wo die Besucher das niederländische Gemälde *Die weinende Braut* aus dem 16. Jh. erwartet.

### ANFAHRT – HRADSCHIN

**Straßenbahn** Die Linie 22 fährt zur Haltestelle Pohořelec an der Westseite des Hradschin.

**Metro** Die Station Hradčanská an der Linie A liegt im Norden des Viertels.

## LORETOPLATZ

Vom Hradschiner Platz läuft man nur wenige Minuten in Richtung Westen bis zum Loretoplatz (Loretánské náměstí). Er wurde im frühen 18. Jh. angelegt, zur gleichen Zeit wurde auch das imposante Palais Černín erbaut.

# HRADSCHIN (HRADČANY)

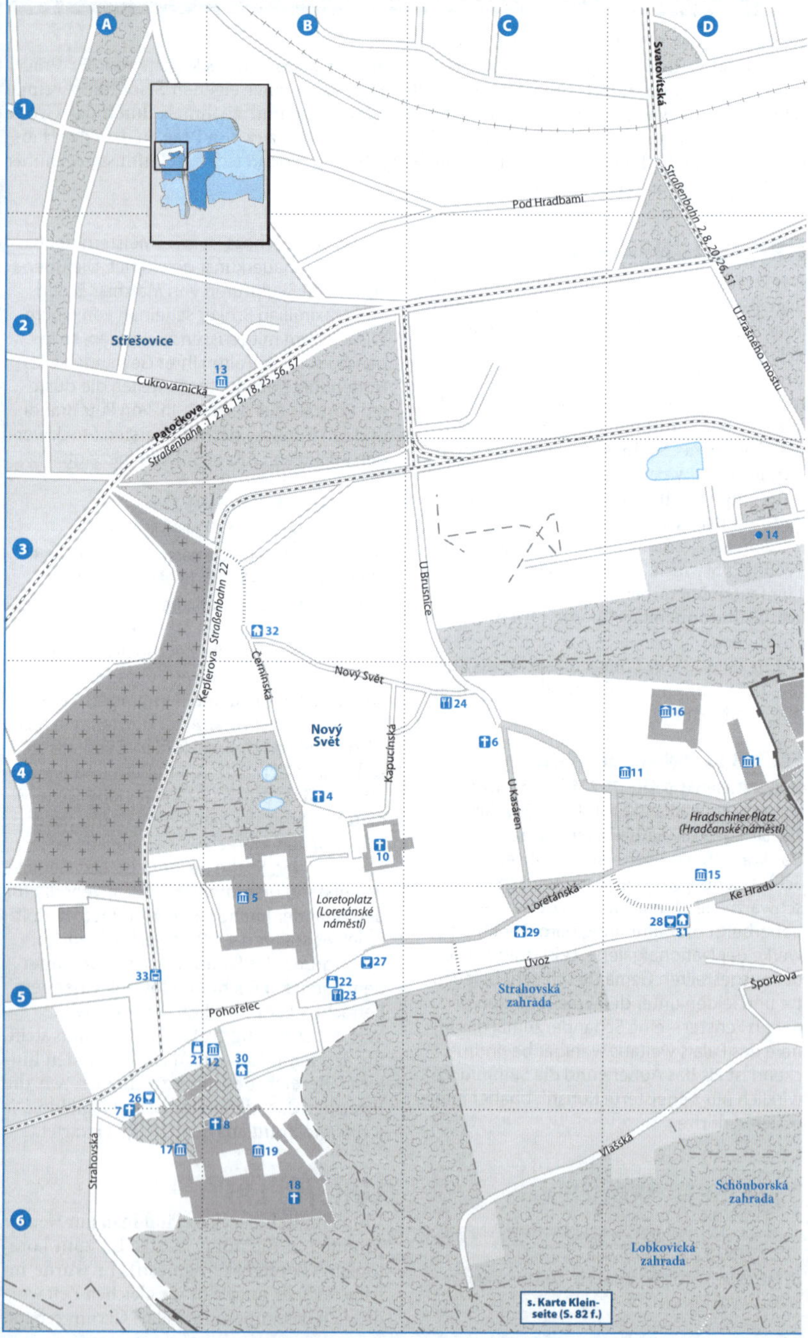

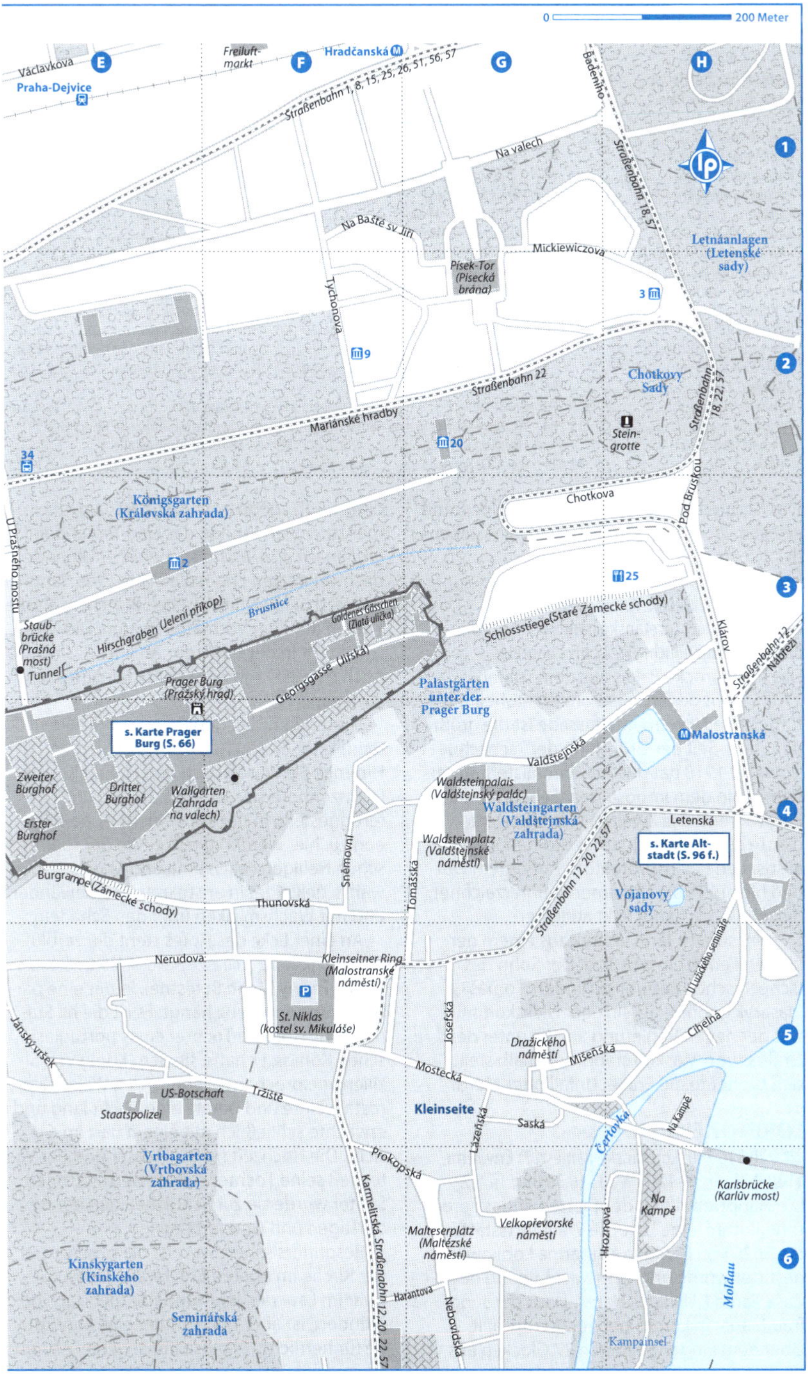

0 200 Meter
E
F
G
H
1
2
3
4
5
6
Václavkova
Praha-Dejvice
Freiluft-markt
Hradčanská
Straßenbahn 1, 8, 15, 25, 26, 51, 56, 57
Badeniho
Na valech
Straßenbahn 18, 57
Na Baště sv Jiří
Mickiewiczova
Písek-Tor (Písecká brána)
Tychonova
Letnáanlagen (Letenské sady)
3
9
Straßenbahn 22
Chotkovy Sady
Straßenbahn 18, 22, 57
Mariánské hradby
20
Stein-grotte
34
Chotkova
Pod Bruskou
Königsgarten (Královská zahrada)
U Prašného mostu
2
25
Brusnice
Hirschgraben (Jelení příkop)
Goldenes Gässchen (Zlatá ulička)
Schlosstiege (Staré Zámecké schody)
Klárov
Straßenbahn 12
Nábřeží
Staub-brücke (Prašná most)
Tunnel
Georgsgasse (Jiřská)
Prager Burg (Pražský hrad)
Palastgärten unter der Prager Burg
s. Karte Prager Burg (S. 66)
Valdštejnská
Malostranská
Zweiter Burghof
Dritter Burghof
Wallgarten (Zahrada na valech)
Erster Burghof
Waldsteinpalais (Valdštejnský palác)
Waldsteingarten (Valdštejnská zahrada)
Waldsteinplatz (Valdštejnské náměstí)
Letenská
s. Karte Altstadt (S. 96 f.)
Straßenbahn 12, 20, 22, 57
Vojanovy sady
Sněmovní
Tomášská
Burgrampe (Zámecké schody)
Thunovská
Nerudova
Kleinseitner Ring (Malostranské náměstí)
U Lužického semináře
P
St. Niklas (kostel sv. Mikuláše)
Josefská
Cihelná
Jánský vršek
Dražického náměstí
Mišeňská
Mostecká
US-Botschaft
Tržiště
Staatspolizei
Kleinseite
Saská
Lázeňská
Čertovka
Na Kampě
Vrtbagarten (Vrtbovská zahrada)
Prokopská
Karlsbrücke (Karlův most)
Karmelitská Straßenbahn 12, 20, 22, 57
Malteserplatz (Maltézské náměstí)
Velkopřevorské náměstí
Hroznová
Na Kampě
Kinskýgarten (Kinského zahrada)
Harantova
Nebovidská
Moldau
Seminářská zahrada
Kampainsel

Das **Kapuzinerkloster** (1600–1602) am Nordrand gelegen, ist Böhmens ältestes noch bestehendes Kloster.

### PALAIS ČERNIN Karte S. 74 f.

**Černínský palác; Loretánské náměstí; nicht öffentlich zugänglich; 22 bis Pohořelec**

Das frühbarocke Palais aus dem späten 17. Jh. steht gegenüber vom Loretoheiligtum. Seine Monumentalfassade ist die größte der Stadt. Seit der Gründung der Tschechoslowakei 1918 hat das Außenministerium seinen Sitz in dem imposanten Gebäude – außer während des Zweiten Weltkriegs, da diente es als Hauptquartier des nationalsozialistischen Reichsprotektors. Außerdem wurden hier 1991 die Dokumente unterzeichnet, die den Warschauer Pakt auflösten.

1948 stürzte Jan Masaryk aus einem der oberen Fenster in den Tod. Der Sohn des tschechischen Republikgründers Tomáš G. Masaryk gehörte als einziger Nichtkommunist der neuen Regierung an, die unter dem Einfluss von Moskau stand – deshalb stellt sich bis heute die Frage: Unfall oder Mord?

### LORETOHEILIGTUM Karte S. 74 f.

**220 516 740; Loretánské náměstí 7; Erw./erm. 110/90 Kč; 9–12.15 & 13–16.30 Uhr; 22**

Die Hauptattraktion des Platzes ist das Loretoheiligtum, eine barocke Wallfahrtsstätte, die 1626 von Benigna Katharina Lobkowitz gestiftet wurde und eine Nachbildung der Casa Santa („Heiliges Haus"; Haus der Jungfrau Maria) in Loreto bei Ancona enthält. Über dem Eingang hängen 27 Glocken aus dem 17. Jh., gegossen in Amsterdam, die immer zur vollen Stunde das Lied *Tausendmal grüßen wir dich, Maria* spielen. Der Legende nach versetzten Engel die echte Casa Santa in Nazareth in das italienische Städtchen, als die Türken auf dem Vormarsch waren. Die **Casa Santa** steht in der Mitte der Anlage, es sind noch einige Fragmente der Originalfresken zu sehen.

Hinter dem Heiligen Haus ragt die **Geburt-Christi-Kirche** (kostel Narození Páně) in den Himmel. Sie wurde nach den Plänen Kristof Dientzenhofers erbaut (s. S. 52) und um 1737 fertiggestellt. In der Kirche geht es ziemlich eng zu, hier werden die Skelette der spanischen Heiligen Felicissima und Marcia aufbewahrt, gekleidet in aristokratische Gewänder und mit Wachsmasken über den Schädeln.

An einer Ecke des Hofes steht die verblüffende **Kapelle der Schmerzensreichen Mutter Gottes** (kaple Panny Marie Bolestné), in der eine bärtige Dame am Kreuz hängt: Es ist die hl. Starosta, die fromme Tochter eines portugiesischen Königs. Er hatte sie dem König von Sizilien versprochen – gegen ihren Willen. Starosta weinte und betete eine Nacht lang und erwachte schließlich mit einem Bart im Gesicht. Die Hochzeit fiel ins Wasser und der Vater ließ seine Tochter stattdessen kreuzigen. Später wurde sie zur Schutzheiligen der Bedürftigen und Gottverlassenen.

Besonders sehenswert ist die **Schatzkammer** der Kirche im oberen Stockwerk. Sie wurde zwar im Lauf der Jahrhunderte mehrfach geplündert, ist aber noch immer eine Fundgrube für herrliche religiöse Kunstwerke. Absolutes Highlight ist die 90 cm hohe Diamantenmonstranz, auch Prager Sonne (Pražské slunce) genannt. Das Hostiengefäß aus massivem Silber und Gold ist mit 6222 Diamanten besetzt.

Fotografieren ist nicht erlaubt – wer meint, es trotzdem tun zu müssen, bekommt eine Geldstrafe von 1000 Kč aufgebrummt.

## KLOSTER STRAHOV

In 1140 Vladislav II founded Strahov Monastery Herzog Vladislav II. gründete das Kloster Strahov (Strahovský klášter; Karte S. 74 f.) 1140 für den Prämonstratenserorden. Die heutigen Klostergebäude wurden im 17. und 18. Jh. vollendet. Bis die Kommunisten das Kloster schlossen und die meisten Mönche ins Gefängnis steckten, herrschte hier ein reger Betrieb. 1990 kehrten die Mönche zurück.

Auf dem Gelände stehen die Kapelle St. Rochus (kostel sv Rocha), die heute als Kunstgalerie dient, und die Kirche Mariä Himmelfahrt (kostel Nanebevzetí Panny Marie) von 1143. Von der ursprünglichen Version ist aber nichts mehr vorhanden und seit dem 18. Jh. herrschen üppige Barockelementen vor. Mozart soll hier die Orgel gespielt haben.

### MINIATURENMUSEUM Karte S. 74 f.

**Muzeum miniatur; ☎ 233 352 371; www.muzeumminiatur.com; Strahovské II.nádvoří; Erw./Kind 50/20 Kč; 🕘 9–17 Uhr; 🚊 22**

Miniaturkünstler sind vielleicht nicht so angesehen, weil es Mode ist, an jeder Ecke Namen auf Reiskörner zu schreiben … aber die mikroskopischen Kreationen des sibirischen Technikers Anatolij Konjenko sind damit nicht vergleichbar! Konjenko stellte Instrumente für die Augenmikrochirurgie her, inzwischen verbringt er aber lieber siebeneinhalb Jahre damit, ein goldenes Hufeisenpaar für einen Floh anzufertigen. Hier kann man es sehen – außerdem das kleinste Buch der Welt und seltsam schöne Autoumrisse auf einem Mückenbein. Echt verrückt!

### KLOSTERBIBLIOTHEK Karte S. 74 f.

**Strahovská knihovna; ☎ 233 107 718; www.strahovskyklaster.cz; Strahovské I.nádvoří; Erw./erm. 80/50 Kč; 🕘 9–12 & 13–17 Uhr; 🚊 22**

Die wichtigste Sehenswürdigkeit des Klosters ist die Bibliothek. Die größte Klosterbibliothek des Landes verteilt sich auf zwei herrliche Barocksäle. Man kann durch die Türen hineinspähen, darf die Räume aber nicht betreten – Untersuchungen haben ergeben, dass allzu viele ausatmende Besucher die Luftfeuchtigkeit so verändern, dass die Fresken geschädigt werden.

Die atemberaubende Inneneinrichtung des zweistöckigen Philosophischen Bibliothekssaals (Filozofický sál; 1780–1797) ist perfekt an die gedrechselten und vergoldeten Bücherregale aus Walnussholz angepasst. Die Regale wurden aus einem anderen Kloster in Südmähren hierher gebracht und reichen vom Boden bis zur Decke.

Die obere Galerie ist über Wendeltreppen erreichbar, die sich in den Ecken verstecken. Richtig hoch wirkt der Saal außerdem durch ein grandioses Deckenfresko *Das Streben der Menschen nach Weisheit*. In der Mitte befindet sich die Allegorie der Göttlichen Vorsehung, umgeben von goldenem Licht. An den Rändern des Freskos sind Figuren von Adam und Eva bis hin zu griechischen Philosophen dargestellt.

In der Eingangshalle vor dem Saal ist eine Kuriositätensammlung aus dem 18. Jh. ausgestellt, mit grotesk zusammengeschrumpften Überresten von Haien, Rochen, Schildkröten und anderen Meerestieren. Die gegerbten und ausgebreiteten Kadaver haben Seeleute mitgebracht, die sie als Meeresungeheuer an leichtgläubige Landratten verschacherten. Neben der Tür zum Flur sind in einem Schaukasten historische Ausstellungsstücke zu sehen, z. B. ein Miniaturkaffeeservice. Es wurde 1813 für Marie-Louise von Österreich hergestellt und findet in vier Buchattrappen Platz.

Der Flur führt zum älteren und fast noch schöneren Theologischen Bibliothekssaal (Teologiský sál; 1679). Die niedrige, geschwungene Decke ist von barocken Stuckarbeiten übersät. Gemalte Zierrahmen sind dem Thema der Wahren Weisheit gewidmet, die natürlich durch Frömmigkeit zu erreichen ist. Einer der Denksprüche an der Decke lautet *initio sapientiae timor domini* – Gottesfurcht ist der Beginn der Weisheit.

## top picks

### ALLES GRATIS

- Karlsbrücke (S. 84)
- Nationalmuseum (S. 123) – am ersten Montag jeden Monats
- Prager Burg (S. 65) – Außenanlagen und Gärten
- St.-Veits-Dom (S. 69)
- Letná- (S. 147) und Stromovka-Park (S. 148)

Auf einem Ständer vor der Saaltür liegt ein Faksimile des kostbarsten Schatzes der Bibliothek: des Strahover Evangelienbuches aus dem 9. Jh. Der Kodex ist in einen edelsteinbesetzten Einband aus dem 12. Jh. gebunden. Die sogenannte Xylothek (1825) nimmt ein Regal in der Nähe in Beschlag: Jede der buchförmigen Schachteln steht für einen bestimmten Baum, der Einband ist jeweils aus dessen Holz und Rinde gefertigt. In den Schachteln werden Proben von Blättern, Wurzeln, Blüten und Früchten aufbewahrt.

Zwischen dem Modellschiff und dem Narwalstoßzahn im Zwischenflur erregen zwei lange braune Gegenstände mit ledriger Oberfläche Aufmerksamkeit. Wer nachfragt, wird vom prüden Aufseher etwas von konservierten Elefantenrüsseln hören – tatsächlich sind die Dinger aber Walpenisse.

### STRAHOVER BILDERGALERIE

Karte S. 74 f.

**Strahovská obrazárna; ☎ 220 517 278; www.strahovskyklaster.cz; Strahovské II.nádvoří; Erw./Kind 60/30 Kč; Di–So 9–12 & 12.30–17 Uhr; 22**

Im 1. Stock des Kreuzgangs wartet die Strahover Bildergalerie auf Kunstliebhaber. Die wertvolle Sammlung umfasst Werke der Gotik, Barock, Rokoko und Romantik. Manche Stücke aus dem Mittelalter sind wirklich außergewöhnlich, besonders sehenswert ist das sehr modern wirkende Iglauer Kruzifix aus dem 14. Jh. Man kann sich auch den Kreuzgang, das Refektorium und das Kapitelhaus des Klosters ansehen.

## PÍSEKTOR

Die Gegend im Nordosten der Prager Burg rund um das Písektor (Písecká brána; Karte S. 74 f.) ist ein ruhiges und grünes Stadtviertel mit teuren Villen und ausländischen Botschaften. Nur wenige Besucher finden den Weg zu der einzigen nennenswerten Sehenswürdigkeit.

### VILLA BÍLEK Karte S. 74 f.

**Bílkova vila; ☎ 224 322 021; Mickiewiczova 1; Erw./Kind 50/30 Kč; Di–So 10–18 Uhr; 18, 22**

Diese eindrucksvolle Villa aus roten Ziegelsteinen wurde 1912 von František Bílek entworfen und diente ihm als eigenes Zuhause. Die Villa beherbergt mittlerweile ein Museum, in dem neben den unkonventionellen Stein- und Holzreliefs Bíleks auch Möbel und Grafiken ausgestellt sind. Zum Zeitpunkt der Recherche war die Villa wegen Renovierungsarbeiten geschlossen; Wiedereröffnung soll Ende 2010 sein.

## HRADSCHIN (HRADČANY)

## Stadtspaziergang

### 1 Písektor

Fährt man an der Metrostation Hradčanská die Rolltreppen hinauf, muss man sich rechts halten und zum Ausgang rechts hinten mit der Aufschrift „Pražský hrad" gehen. Oben angekommen, zweimal rechts abbiegen und die Gasse durch das Gebäude hindurchgehen. Man gelangt so auf die Straße namens K Brusce, die einen zum steinernen Portal des Písektors (Písecká brána) bringt – man läuft direkt darauf zu. Das barocke Tor, in das Militärabzeichen eingemeißelt sind, wurde 1721 von Giovanni Battisti für Karl VI. erbaut. Es war Teil von Prags neuer Festungsanlage. Die Straßen drumrum folgen immer noch den Grundrissen der Bastionen des hl. Georgs (sv Jiří) zur Rechten und der hl. Ludmillas (sv Ludmila) zur Linken. Ein Jahrhundert später, 1821, wurde das Tor die Endstation der ersten Prager Eisenbahn, die zur damaligen Zeit von Pferden gezogen wurde.

### 2 Kubistische Häuser

Hinter dem Tor führt der Weg erst nach rechts und dann nach links auf die U Písecké Brány. Am Ende der Straße geht es wieder nach links auf die Tychonova. Hier stehen zwei schöne Kubistische Häuser, die von Josef Gočár entworfen wurden.

### 3 Belvedere

Hat man die Mariánské Hradby (hier fahren die Straßenbahnen entlang) erreicht, überquert man diese und betritt den Königsgarten (S. 68), in dem das hübsche Belvedere (Sommerschlösschen der Königin Anna; S. 68) aus der Renaissance die Blicke auf sich zieht. Der Garten hat allerdings nur von April bis Oktober geöffnet.

#### ROUTENINFOS

**Start** Metrostation Hradčanská
**Ziel** Petřín (Straßenbahnen 12, 20, 22 bzw Standseilbahn)
**Länge** 2,5 km
**Dauer** 1 Std.
**Schwierigkeitsgrad** Einfach
**Snack unterwegs** U zlaté hrušk

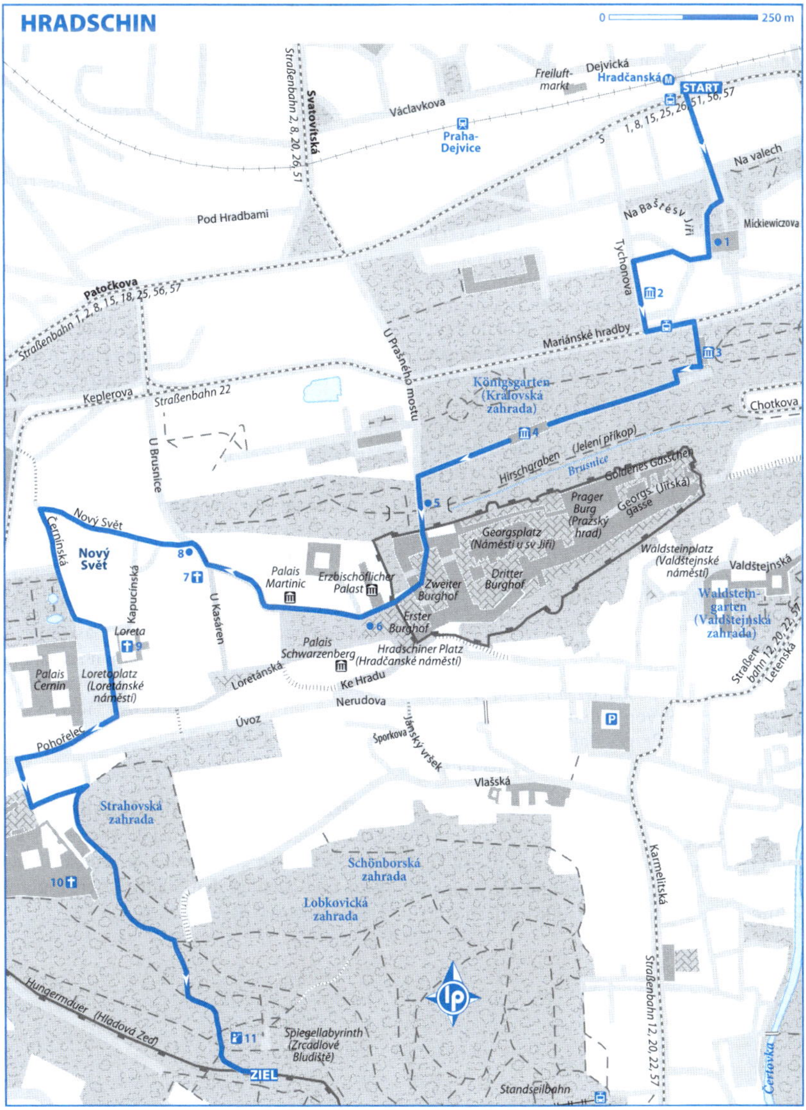


Zwischen November und März muss man rechts die Mariánské Hradby entlang gehen und die Prager Burg über die Staubbrücke (U Prašného mostu) betreten.

## 4 Ballhaus

Hinter dem Belvedere biegt man nach rechts ab und geht weiter an dem genauso beeindruckenden **Ballhaus** (S. 68) vorbei. Man sollte einfach dem oberen Rand des Hirschgrabens (Jelení příkop) bis zum westlichen Ende des Gartens folgen.

## 5 Staubbrücke

Schreitet man durch das Tor hindurch und biegt dann links ab, gelangt man über die **Staubbrücke** (Prašná most) in den Zweiten Burghof der **Prager Burg** (S. 65). „Staub" steht hier für den Kanonenstaub und bezieht sich nicht auf eine vielleicht dürftige Bauweise der Brücke.

Wer möchte, kann die Burg besichtigen; zunächst einmal verlässt man den Burghof aber durch das erste Tor auf der rechten Seite, das an einem Fenster vorbei führt. Wer durch das Fenster blickt, kann einen flüchtigen Blick auf die Ruinen einer romanischen Kapelle und auf den Hradschiner Platz erhaschen.

### 6 Hradschiner Platz

Der Hradschiner Platz (S. 73) war früher das gesellschaftliche Zentrum des vornehmen Viertels Hradschin (Hradčany). Heute wacht eine Statue von Tomáš G. Masaryk, dem ersten Präsidenten der Tschechoslowakei, über ihn. Auf der Südseite des Platzes befindet sich ein extravagantes Statussymbol der Renaissance, das Palais Schwarzenberg (S. 73). An der Nordseite sieht man das Erzbischöfliche Palais (S. 73) mit seinem Rokoko-Erscheinungsbild und das Palais Martinitz (Martinický palác) im Sgraffitto-Stil. Letzteres diente als Hradschiner Rathaus. In jüngerer Zeit wurde das Palais in dem Film *Amadeus* als Haus Mozarts genutzt.

### 7 St.-Johannes-Nepomuk

Am hinteren Ende des Platzes geht's rechts auf die enge Kopfsteinpflasterstraße Kanovnická zur hübschen, kleinen Kirche St. Johannes Nepomuk (kostel sv. Jan Nepomucký). Sie wurde 1729 von Kilian Dientzenhofer, dem König des Prager Barocks, erbaut. Danach geht man die erste Gasse links der Kirche den Berg hinunter.

### 8 Nový Svět

Die Gasse heißt Nový Svět (Neue Welt). Sie ist eine malerische Ansammlung von kleinen Hütten, die früher von Hofkünstlern und Händlern bewohnt waren. Sie liegt weit entfernt von den schicken und repräsenativen Palästen auf dem Gipfel des Hradschiner Hügels. Nový Svět Nr. 1 war das bescheidene Heim des Hofastronomen Tycho Brahe und nach 1600 das sei-nes Nachfolger Johannes Kepler. Das stimmungsvolle Restaurant U zlaté hrušky (S. 172) liegt gleich nebenan. Am Fuß des Hügels endet die Nový Svět in einer belaubten Ecke, in der sich das Romantik Hotel U Raka (S. 228) eingenistet hat.

### 9 Loretoplatz

Biegt man links ab und folgt langsam der Černínská bergauf, gelangt man zu dem hübschen Platz vor dem verschwenderisch barocken Loretoheiligtum (S. 76). Die sehr beliebte katholische Wallfahrtsstätte ist der Jungfrau Maria gewidmet. Gegenüber liegt die imposante 150 m lange Fassade des Palais Černín (S. 76), die im Jahr 1692 entstand.

### 10 Kloster Strahov

Am Südende des Platzes geht es rechts auf die Pohořelec und weiter bis zur Westseite. Bei Hausnummer 9 führt eine kleine Gasse in den Hof des Kloster Strahov (S. 77), wo man zuerst die Bibliothek besichtigen kann, bevor man durch das Tor am östlichen Ende des Hofs in die Gärten gelangt, die sich oberhalb der Kleinseite erstrecken.

### 11 Prager Eiffelturm (Petřínwarte)

Dann biegt man an dem Fußweg rechts ab (den Schildern „Rozhledna & Bludiště" folgen) und beendet den Stadtspaziergang am Prager Eiffelturm (S. 91).

# KLEINSEITE (MALÁ STRANA)

Essen S. 172; Ausgehen S. 194; Shoppen S. 159; Schlafen S. 228

Die barocke Kleinseite (Malá Strana) ist fast schon malerischer, als es ihr gut tut. Das Viertel erstreckt sich am Hang zwischen der Prager Burg und der Moldau. Mittelpunkt ist der Kleinseitner Ring (Malostranské náměstí) – der Platz wiederum wird von der grünen, hoch aufragenden Kuppel von St. Niklas dominiert. Richtung Norden befindet sich ein Labyrinth aus Gassen, Gärten und Palais, in denen meistens Regierungsbüros und Botschaften untergebracht sind. Im Süden erstrecken sich Parks und Gärten am Ufer der Moldau entlang, bevor sich die kommerzialisierteren Straßen von Smíchov (S. 151) anschließen.

Ist man erst einmal den belebten Straßen Mostecká und Nerudova, den wichtigsten Touristenrouten zwischen Karlsbrücke und Prager Burg, entflohen, gibt es viele Kopfsteinpflasterstraßen zu erkunden. Dort verstecken sich historische Gärten (s. Stadtspaziergang S. 92), altmodische und farbenfrohe Hausnummernschilder über den Türen und unzählige kleine Bars und Cafés, in denen sich locker auch mal ein verregneter Nachmittag verbringen lässt. Im Bereich der heutigen Kleinseite entstand im 8. oder 9. Jh. zunächst ein Marktflecken. 1257 verlieh dann der Přemyslide Ottakar II. dem Gebiet eigene Stadtrechte. Der Bezirk wurde im Lauf seiner Geschichte zweimal fast dem Erdboden gleich gemacht: während der Schlacht zwischen Hussiten und den Soldaten der Prager Burg 1419 und durch das Große Feuer 1541. Danach ersetzten gewaltige Renaissancegebäude und -palais die zerstörten Gebäude, später dann folgten barocke Kirchen und Palais, die den Charme der Kleinseite größtenteils ausmachen.

## VON DER PRAGER BURG ZUR KARLSBRÜCKE

Wer von der Burg aus den Touristenmassen bergabwärts über die Ke Hradu folgt, trifft bald auf die Nerudagasse (Nerudova), die architektonisch bedeutsamste Straße der Kleinseite. Sie ist benannt nach dem tschechischen Dichter Jan Neruda. Der Verfasser der berühmten *Kleinseitner Geschichten* wohnte von 1845 bis 1857 im Haus **Zu den zwei Sonnen** (dům U dvou slunců; Nerudagasse 47). Die meisten der historischen Renaissancefassaden der Straße sind im 18. Jh. auf Barock getrimmt worden.

Der Name des Hauses **Zum goldenen Hufeisen** (dům U zlaté podkovy; Nerudagasse 34) stammt von dem Relief des hl. Wenzels über dem Eingang – angeblich war sein Pferd mit Gold beschlagen. Im **Palais Bretfeld** (Nerudagasse 33) gab Josef von Bretfeld ab 1765 regelmäßig Gesellschaften, unter den illustren Gästen waren u. a. Mozart und Casanova. Die Barockkirche **St. Maria von der Immerwährenden Hilfe** (kostel Panny Marie ustavičné pomoci; Nerudagasse 24) diente von 1834 bis 1837 als Theater. Während der Nationalen Wiedergeburt der Tschechen wurden hier tschechische Stücke aufgeführt.

Die meisten Häuser tragen ein Hauszeichen. Das Haus **Zum hl. Johannes von Nepomuk** (Nerudagasse 18) von 1566 wird vom Abbild des tschechischen Schutzheiligen geziert. Das ursprünglich gotische Haus **Zu den drei Geigen** (dům U tří houslíček; Nerudagasse 12) wurde im 17. Jh. im Stil der Renaissance umgebaut und gehörte früher einer Familie von Geigenbauern.Der Hauptplatz der Malá Strana, der **Kleinseitner Ring** (Malostranské náměstí; Karte S. 82 f.), ist durch die Kirche St. Niklas in eine obere und eine untere Hälfte geteilt. Die Kirche ist der auffälligste Orientierungspunkt in der Gegend. Seit dem 10. Jh. ist er der Lebensmittelpunkt des Bezirks – leider ist ein Teil seines Charakters verlorengegangen, als zu Beginn des 20. Jhs. die Karmelitská verbreitert wurde. Dieser Effekt wurde durch die Eröffnung der ersten Starbucks-Filiale im Jahr 2008 noch verstärkt. Heute säumt eine Mischmasch aus Verwaltungsgebäuden und touristisch angehauchten Restaurants den Platz. Die Straßenbahngleise führen mitten durch die untere Hälfte.

Ein Nachtclub mit Bar, das **Malostranská beseda** (s. S. 212), nimmt heute das ehemalige Rathaus (Nr. 21) in Beschlag. 1575 verfassten protestantische Adlige hier die sogenannte *České Konfese* (böhmische Konfession): Der bahnbrechende Vorstoß für religiöse Toleranz war an den Kaiser Maximilian II. adressiert und floss 1609 unter dessen Nachfolger Rudolf II. in die tschechischen Gesetze ein. Am 22. Mai 1618 versammelten sich tschechische Edelleute im **Palais Smiřický** (Malostranské náměstí 18) und heckten einen Aufstand gegen die Habsburger aus. Am nächsten Tag warfen sie zwei der österreichischen Statthalter aus einem Fenster der Prager Burg – der zweite Prager Fenstersturz löste in der Folge den Dreißigjährigen Krieg aus.

# KLEINSEITE

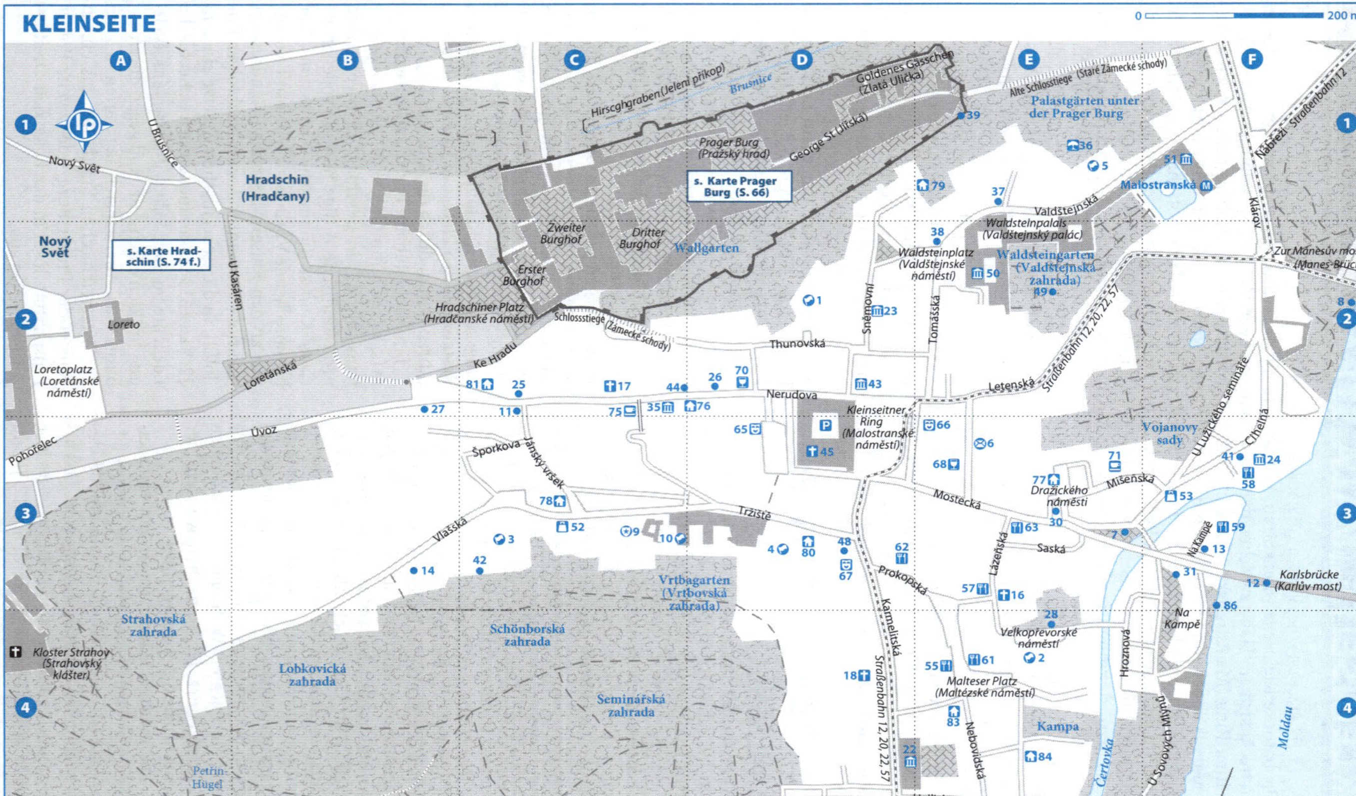
0 200 m
Hradschin (Hradčany)
Nový Svět
s. Karte Hradschin (S. 74 f.)
s. Karte Prager Burg (S. 66)
Prager Burg (Pražský hrad)
Goldenes Gässchen (Zlatá Ulička)
George St (Jiřská)
Hirscghgraben (Jelení příkop)
Brusnice
Zweiter Burghof
Dritter Burghof
Erster Burghof
Wallgarten
Hradschiner Platz (Hradčanské náměstí)
Schlossstiege (Zámecké schody)
Alte Schlosstiege (Staré Zámecké schody)
Palastgärten unter der Prager Burg
Malostranská
Valdštejnská
Waldsteinpalais (Valdštejnský palác)
Waldsteingarten (Valdštejnská zahrada)
Waldsteinplatz (Valdštejnské náměstí)
Klárov
Nábřeží
Straßenbahn 12
Zur Mánesův most (Manes-Brücke)
Loreto
Loretoplatz (Loretánské náměstí)
Loretánská
U Brusnice
U Kasáren
Nový Svět
Pohořelec
Úvoz
Ke Hradu
Thunovská
Sněmovní
Tomášská
Nerudova
Letenská
Straßenbahn 12, 20, 22, 57
Kleinseitner Ring (Malostranské náměstí)
Vojanovy sady
U Lužického semináře
Cihelná
Mišeňská
Dražického náměstí
Mostecká
Tržiště
Šporkova
Jánský vršek
Vlašská
Saská
Lázeňská
Na Kampě
Karlsbrücke (Karlův most)
Prokopská
Karmelitská
Straßenbahn 12, 20, 22, 57
Velkopřevorské náměstí
Malteser Platz (Maltézské náměstí)
Nebovidská
Hellichova
Hroznová
U Sovových Mlýnů
Kampa
Čertovka
Moldau
Vrtbagarten (Vrtbovská zahrada)
Schönborská zahrada
Strahovská zahrada
Lobkovická zahrada
Seminářská zahrada
Petřín-Hügel
Kloster Strahov (Strahovský klášter)

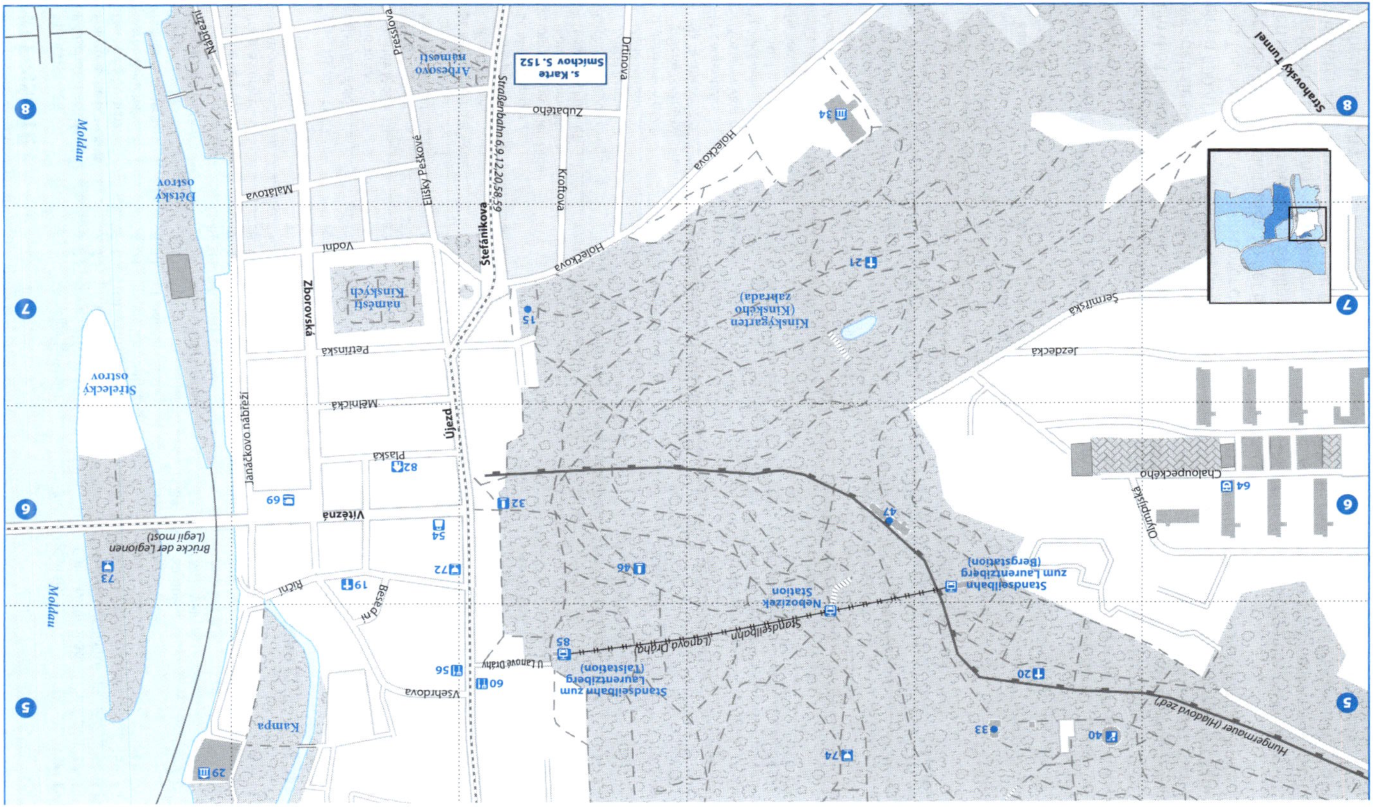
Moldau
Střelecký ostrov
Dětský ostrov
Brücke der Legionen (Legií most)
Kampa
Janáčkovo nábřeží
Nábřežní
Říční
Besední
Všehrdova
U Lanové Dráhy
Vítězná
Plaská
Mělnická
Petřínská
Zborovská
náměstí Kinských
Vodní
Malátova
Elišky Peškové
Presslova
Arbesovo náměstí
Újezd
Štefánikova
Straßenbahn 6,9,12,20,58,59
s. Karte Smíchov S. 152
Zubatého
Kroftova
Drtinova
Holečkova
Standseilbahn zum Laurentziberg (Talstation)
Standseilbahn (Lanová Dráha)
Nebozízek Station
Standseilbahn zum Laurentziberg (Bergstation)
Kinskýgarten (Kinského zahrada)
Jezdecká
Šermířská
Olympijská
Chaloupeckého
Hungermauer (Hladová zeď)
Strahovský Tunnel
5
6
7
8
15
19
20
21
29
32
33
34
40
46
47
54
56
60
64
69
72
73
74
82
85

## KLEINSEITE

**PRAKTISCHES**

Britische Botschaft ... 1 D2
Französische Botschaft ... 2 E4
Deutsche Botschaft ... 3 C3
Irische Botschaft ... 4 D3
Polnische Botschaft ... 5 E1
Post ... 6 E3
Prague Information Service ... (siehe 30)
Prague Venice ... 7 E3
Prague Venice ... 8 F2
Staatspolizei ... 9 C3
US-Botschaft ... 10 C3

**SEHENSWERTES** (S. 81)

Palais Bretfeld ... 11 C2
Karlsbrücke (Karlův Most) ... 12 F3
Kinderspielplatz ... 13 F3
Kinderspielplatz ... 14 B3
Kinderspielplatz ... 15 D7
St. Maria unter der Kette (Kostel Panny Marie pod Řetězem) ... 16 E3
St. Maria von der immerwährenden Hilfe (Kostel Panny Marie Ustavičné Pomoci) ... 17 C2
Kirche Maria vom Siege (Kostel Panny Marie Vitězné) ... 18 D4
St. Johann an der Bleiche (Kostel sv. Jana Na Prádle) ... 19 E6
St. Laurentius (Kostel sv Vavřince) ... 20 B5
St. Michael (Kostel sv. Michala) ... 21 C7
Tschechisches Musikmuseum (České Muzeum Hudby) ... 22 D4
Abgeordetenhaus (Sněmovna) ... 23 D2
Franz-Kafka-Museum (Muzeum Franzy Kafky) ... 24 F3
Haus zum Goldenen Hufeisen ... 25 C2
Haus der drei Geigen ... 26 D2
Haus zu den zwei Sonnen ... 27 B2
John-Lennon-Gefächtnismauer ... 28 E4
Kampa-Museum (Muzeum Kampa) ... 29 F5
Kleinseitner Brückentürme ... 30 E3
Metallgedenktafel ... 31 F3
Denkmal für die Opfer des Kommunismus (Památnik Obětem Komunismu) ... 32 D6
Spiegellabyrinth (Zrcadlové Bludiště) ... 33 B5
Musaion ... 34 C8
Museum Montanelli ... 35 C2
Museum für das Prager Jesuskind (Muzeum Pražského Jezulátka) ... (siehe 18)
Palastgarten an der Prager Burg ... 36 E1
Palastgarten an der Prager Burg Eingang ... 37 E1
Palastgarten an der Prager Burg Eingang ... 38 E2
Palastgarten an der Prager Burg Eingang ... 39 E1
Standseilbahn zum Laurentziberg (Talstation) ... (siehe 85)
Aussichtstrum Laurentziberg ... 40 B5
Proudy (Prinkeln) – Skulptur von David Černý- ... 41 F3
Quo Vadis – Skulptur von David Černý ... 42 C3
Palais Smiřický ... 43 D2
Zum hl.Johannes von Nepomuk 44 C2
St. Nikolas (Kostel sv. Mikuláše) ... 45 D3
Karel Hynek Mácha-Statue ... 46 D6
Štefánik-Sternwarte ... 47 C6
Tržiště 15 (Kafkas Wohnstätte 1917) ... (siehe 10)
Vrtbagarten Eingang ... 48 D3
Walldsteingarten (Valdštejnská Zahrada) ... 49 E2
Palais Waldstein (Valdštejnský Palác) ... 50 E2
Waldstein-Reitschule (Valdštejnská Jízdárna) ... 51 F1

**SHOPPEN** (S. 157)

Pavla & Olga ... 52 C3
Shakespeare & Sons ... 53 F3
Vetešnictvi ... 54 E6

**ESSEN** (S. 167)

Café de Paris ... 55 E4
Café Savoy ... (siehe 69)
Cantina ... 56 E5
Cukrkávalimonáda ... 57 E3
Hergetova Cihelna ... 58 F3
Kampa Park ... 59 F3
Noi ... 60 D5
Terasa U Zlaté Studně ... (siehe 79)
U Malé Velryby ... 61 E4
U Maltézských Rytířů ... 62 D3
Vacek Bio-Markt ... 63 E3

**UNTERHALTUNG** (S. 207)

Klub 007 Strahov ... 64 A6
Liechtenstein Palace ... 65 D3
Malostranská Beseda ... 66 E3
U Malého Glena ... 67 D3

**AUSGEHEN** (S. 189)

Blue Light ... 68 E3
Café Savoy ... 69 E6
Hostinec U Kocoura ... 70 D2
Kafíčko ... 71 E3
Klub Újezd ... 72 E6
Letní Bar ... 73 F6
Petřínské Terasy ... 74 C5
U Zeleného Čaje ... 75 C2

**SCHLAFEN** (S. 225)

Castle Steps ... 76 D2
Charles Bridge B&B ... 77 E3
Design Hotel Sax ... 78 C3
Golden Well Hotel ... 79 E1
Hotel Aria ... 80 D3
Hotel Neruda ... 81 C2
Hunger Wall Residence ... 82 E6
Mandarin Oriental ... 83 E4
Pension Dientzenhofer ... 84 E4

**TRANSPORT** (S. 259)

Standseilbahn zum Laurentziberg (Talstation) ... 85 D5
Prague Passenger Shipping (PPS) Anlegestelle ... 86 F3

## KARLSBRÜCKE Karte S. 82 f. & S. 96

**Karlův most**

Scheinbar alle Pragbesucher treffen sich rund um die Uhr auf der Karlsbrücke – und so verwandelt sie sich schon um 9 Uhr morgens in einen 500 m langen Rummelplatz: Ein Heer von Touristen quetscht sich unter dem starren Blick der Barockstatuen an der Brüstungen (s. Kasten S. 88) durch ein Spalier von Straßenhändlern und -musikanten . Am schönsten ist die Atmosphäre definitiv zum Sonnenuntergang.

im Jahr 1357 beauftragte Karl IV. Peter Parler, den Architekten des St.-Veits-Doms, einen Ersatz für die Judithbrücke aus dem 12. Jh. zu schaffen. Diese war 1342 durch ein Hochwasser stark beschädigt worden (ihren einzigen noch vorhandenen Bogen kann man im Rahmen eines Bootsausflugs mit Prague Venice besichtigen; s. S. 268).

Die neue Brücke wurde um 1400 vollendet. Karls Namen bekam sie allerdings erst im 19. Jh., davor hieß sie einfach Kamenný most (Steinbrücke). Obwohl es immer wieder Flutschäden gab, hielt die Karlsbrücke 600 Jahre lang den Verkehr auf vier Rädern aus – einer inzwischen widerlegten Legende zufolge, weil der Mörtel mit Eiern angereichert worden war. Seit Ende des Zweiten Weltkriegs dürfen aber nur noch Fußgänger die Brücke überqueren.

Vom Altstädter Ende der Brücke aus ist unterhalb der Brüstung flussabwärts an der Mauer ein gemeißelter Steinkopf zu sehen, der als Bradáč (Bärtiger Mann) bekannt ist. Wenn der Wasserstand der Moldau diese mittelalterliche Markierung überstieg, wussten die Prager, dass es nun an der Zeit war, in die nahe gelegenen Hügel zu ziehen. Eine blaue Linie an dem modernen Wasserstandsmesser ganz in der Nähe zeigt den Wasserstand des Hochwassers von 2002 – nicht weniger als zwei Meter über dem Bradáč!

In dem ganzen Gedränge sollte man daran denken, die Brücke selbst in Augenschein zu nehmen (von den Brückentürmen ist die Aussicht großartig). Auch die Ausblicke über die Moldau sind herrlich. Bei alledem sollte man aber nicht vergessen, gut auf die Wertsachen zu achten – Taschendiebe sind Tag und Nacht auf der Brücke zugange.

### KLEINSEITNER BRÜCKENTÜRME

Karte S. 82 f.

**Malostranská mostecká věž; Karlsbrücke; Erw./Kind 70/50 Kč; ⌚ April–Sept. 10–22 Uhr, März & Okt. 10–21 Uhr, Nov.–Feb 10–18 Uhr; 🚋 12, 20, 22**

Tatsächlich stehen zwei Türme am Kleinseitner Ende der Karlsbrücke. Der kleinere gehörte früher zur längst verschwundenen Judithbrücke aus dem 12. Jh., der größere ist Mitte des 15. Jhs. als Kopie des Altstädter Turms (s. S. 108) entstanden. Man kann ihn besichtigen und sich darin eine Ausstellung zur Geschichte der Judith- und der Karlsbrücke anschauen – aber das beste ist wie beim Altstädter Brückenturm die Aussicht.

### ST. NIKLAS Karte S. 82 f.

**Kostel sv. Mikuláše; ☎ 257 534 215; www.psalterium.cz; Malostranská náměstí 38; Erw./Kind unter 10 Jahren 70 Kč/frei; ⌚ März–Okt. 9–17 Uhr, Nov.–Feb. bis 16 Uhr; Ⓜ Malostranská oder 🚋 12, 20, 22**

Ein Wahrzeichen der Kleinseite ist die gigantische grüne Kuppel von St. Niklas. Die Kirche ist eines der herrlichsten Barockgebäude Mitteleuropas (und nicht zu verwechseln mit der anderen St.-Niklas-Kirche am Altstädter Ring; s. S. 95). Begonnen hat den Bau der berühmte deutsche Barockarchitekt Christoph Dientzenhofer (S. 52); sein Sohn Kilian Ignaz setzte die Arbeiten fort, Anselmo Lurago vollendete sie schließlich 1755.

Die *Apotheose des hl. Nikolaus* an der Decke stammt von 1770 – das Fresko von Johann Lukas Kracker ist eines der größten seiner Art in Europa. Der Künstler hat die raffinierte Technik Trompe l'oeil eingesetzt, die es ermöglich, Gemälde fast nahtlos in die Architektur übergehen zu lassen. In der ersten Kapelle links ist ein Wandgemälde von Karel Škréta zu sehen: Es zeigt u. a. den Aufseher der Kirche, der dem Künstler bei der Arbeit auf die Finger geschaut hat: Er blickt in der oberen Ecke aus einem Fenster.

Mozart höchstpersönlich betätigte 1787 die Tasten der Orgel mit ihren 2500 Pfeifen. Ihm zu Ehren fand hier am 14. Dezember 1791 eine Totenmesse statt. Wer die Stufen hinauf zur Galerie nimmt, bekommt Škrétas düsteren Passionszyklus aus dem 17. Jh. zu Gesicht – und auch die Rillen, mit denen sich gelangweilte Touristen der 1820er-Jahre und paar Möchtegern-Kafkas in der Balustrade verewigt haben.

Durch einen separaten Eingang an der Ecke Malostranské náměstí und Mostecká gelangt man auf den Glockenturm (Erw./Kind 70/50 Kč; ⌚ April–Sept. 10–22, März & Okt. bis 20, Nov.–Feb. bis 18 Uhr) der Kirche hinauf. Während des Kalten Krieges diente der Turm auch dazu, die nahe gelegene Amerikanische Botschaft im Auge zu behalten; das gusseiserne Urinal, an dem man auf dem Weg nach oben vorbeikommt, war extra für die Bedürfnisse der „Spione" angebracht worden.

## ANFAHRT – KLEINSEITE

**Metro** Die Metrostation Malostranská liegt im Norden der Kleinseite, etwa fünf Minuten vom Kleinseitner Ring (Malostranské náměstí) entfernt.

**Straßenbahn** Die Linien 12, 20 und 22 fahren über die Újezd und den Kleinseitner Ring.

## NÖRDLICHE KLEINSEITE

Von der Nordseite des Kleinseitner Rings führen die Thunovská und die Neue Schlossstiege (Zámecké schody) zur Burg. In einer Querstraße der Thunovská, der Sněmovní, steht das Abgeordnetenhaus der Tschechischen Republik (Sněmovna). Wo heute das Unterhaus des Parlaments sitzt, tagte einst die Nationalversammlung, die am 14. November 1918 die Habsburger vom böhmischen Thron verjagte.

## FRANZ-KAFKA-MUSEUM Karte S. 82 f.

**Muzeum Franzy Kafky; ☎ 257 535 507; www.kafkamuseum.cz; Hergetova Cíhelná, Cihelná 2b; Erw./Kind 160/80 Kč; ⌚ 10–18 Uhr; 🚊 12, 20, 22**

Die viel gelobte Ausstellung beschäftigt sich seit 2005 mit Leben und Werk des wohl berühmtesten Prager Schriftstellers. Zuvor war sie insgesamt sechs Jahre lang in Barcelona und in New York zu sehen. Unter dem Motto „City of K" beleuchtet sie die intime Beziehung zwischen Kafka und der Stadt, die seine Persönlichkeit formte. Originalbriefe, Fotos und Zitate sind zu sehen, zudem Zeitungen und Publikationen aus Kafkas Lebzeiten. Video- und Soundinstallationen runden den modernen Touch des Museums ab. Entsteht so also ein lebendiges Porträt von der einengenden Bürokratie, der beängstigenden Atmosphäre einer grüblerischen Paranoia, die so typisch für Kafkas Welt waren? Oder hortet das Museum nur einen Haufen pompösen Krimskrams? Das muss man selber beurteilen.

Vor dem Museum steht Proudy (S. 151), eine der ebenso lustigen wie heiß diskutierten Skulpturen von David Černý.

## PALASTGÄRTEN UNTER DER PRAGER BURG Karte S.82

**Palácové zahrady pod Pražským hradem; ☎ 257 010 401; Valdštejnské náměstí 3, Valdštejnská 12–14; Erw./Kind 79/49 Kč; ⌚ Juni & Juli 9–21 Uhr, Aug. 9–20 Uhr, Mai & Sept.9–19 Uhr, April & Okt. 9–18 Uhr; 🚊 12, 20, 22**

Die herrlichen terrassierten Gärten erstrecken sich über den steilen Südhang des Burgbergs. Sie wurden im 17. und 18. Jh. für die Besitzer der angrenzenden Palais angelegt. In den 1990er-Jahren war schließlich Zeit für eine Restaurierung. Zur Anlage gehören u. a. eine Renaissanceloggia mit Pompeji-Fresken und ein Barockportal mit einer Sonnenuhr: Sie arbeitet auf verblüffende Weise mit den Strahlen, die das Wasser des vor ihr stehenden Tritonspringbrunnens reflektiert.

Es gibt zwei Eingänge an der Valdštejnská: einen gegenüber vom Palais Waldstein und einen neben dem Palais Palffy Restaurant. Auch am oberen Ende des Hangs, im Wallgarten der Prager Burg, befindet sich ein weiter Eingang.

## WALDSTEINGARTEN Karte S. 82 f.

**Valdštejnská zahrada; Letenská 10; Eintritt frei; ⌚ April–Okt. 10–18 Uhr; Ⓜ Malostranská**

Der riesige, ummauerte Garten versteckt sich hinter dem Palais Waldstein. Inmitten des Trubels der Straßen der Kleinseite bildet er eine Oase der Ruhe. Highlight ist die gigantische Loggia, die mit Szenen aus dem Trojanischen Krieg ausgestaltet ist. Auf der einen Seite befindet sich eine Voliere mit Uhus und eine riesige, nachgebildete Tropfsteinhöhle voller verborgener Tiere und grotesker Gesichter. Die Bronzestatuen griechischer Götter, welche die Prachtstraße gegenüber der Loggia säumen, sind nur Imitate. Die Originale haben sich 1648 plündernde Schweden unter den Nagel gerissen; sie zieren heute Schloss Drottningholm in der Nähe von Stockholm.

Am Ostende des Gartens liegt ein malerischer Teich, in dem einige Monsterkarpfen leben. Zudem befindet sich hier die Waldstein-Reitschule (Valdštejnská jízdárna; ☎ 257 073 136; Valdštejnská 3; Erw./Kind 150/80 Kč; ⌚ Di–So 10–18 Uhr) mit wechselnden Ausstellungen moderner Kunst. Zugang zum Garten hat man über die Eingänge an der Letenská (neben der Metrostation Malostranská) oder über das Palais Waldstein (s. Stadtspaziergänge S. 92).

## PALAIS WALDSTEIN Karte S.82

**Valdštejnský palác; ☎ 257 071 111; Valdštejnské náměstí 4; Eintritt frei; ⌚ April–Okt. Sa & So 10 bis 17 Uhr, Nov.–März Sa & So 10–16 Uhr; 🚊 12, 20, 22**

Knapp 150 m nordöstlich des Kleinseitner Rings liegt der kleinere Waldsteinplatz (Valdštejnské náměstí). Dominierendes Gebäude ist das monumentale Palais Waldstein von 1630. Bauherr war Albrecht von Waldstein (Wallenstein), der berühmte Generalissimus der Habsburger Armee. Finanziert wurde der Bau mit den eingezogenen Besitztümern protestantischer Adliger, die sich in der Schlacht am Weißen Berg (Bilá Hora; s. S. 156) 1620 geschlagen geben mussten. Das Palais ist heute Sitz des Tschechischen Senats, ein paar Räumeim Innern können aber am Wochenende besichtigt werden. Das Deckenfresko im Barocksaal zeigt Wallenstein als Krieger an den Zügeln einer Kutsche. Die Decke des ungewöhnlich ovalen Audienzsaals ziert ein Fresko von Vulkan bei der Arbeit an seiner Schmiede.

# SÜDLICHE KLEINSEITE

Herzstück der südlichen Kleinseite ist der schmucke, nach den Malteserrittern benannte Malteserplatz (Maltézské náměstí; Karte S. 82 f.). 1169 gründete der Orden neben den nüchternen frühgotischen Türmen der Kirche St. Maria unter der Kette (kostel Panny Marie pod řetězem) ein Kloster. Die Ritter waren früher mit dem Schutz der Brücke über den

Fluss betraut – „Kette“ bezieht sich auf die dabei verwendete Sperre.

Die Insel **Kampa** (Karte S. 82 f..) östlich des Platzes ist durch den Čertovka (Teufelsbach) abgetrennt. Hier zeigt sich die Malá Strana von ihrer friedlichsten und malerischsten Seite. Im 13. Jh. wurde auf der Insel die Sovovský mlýn, die erste Mühle der Stadt, errichtet, die heute das Kampamuseum beherbergt; weitere Mühlen folgten.

Kampa war früher Ackerland – der Name leitet sich vom lateinischen Begriff *campus* (Feld) ab. Nachdem hier Erdreich bis über den Hochwasserpegel aufgeschüttet worden war, ließen sich im 16. Jh. die ersten Siedler nieder. Im Jahr 1939 war der Wasserstand einmal so weit gesunken, dass man wieder Anschluss ans Festland hatte – in dem ausgetrockneten Kanal fand man damals Münzen und Schmuckstücke.

Dort, wo der Čertovka unter der Karlsbrücke hindurchfließt, liegt das Prager Venedig. Oft tummeln sich niedliche kleine Ausflugsboote im Kanal. Am Na Kampě, dem kleinen Platz südlich der Brücke, wirken die Straßencafés nur allzu einladend, auch wenn hier oft eine mörderische Sommerhitze herrscht. Im Süden von Kampa (abseits des Platzes) gibt's einen Park; hier kann man sich in den Schatten von Bäumen flüchten und die tolle Aussicht auf die Altstadt genießen.

In der Nähe des südlichen Rands von Kampa erhebt sich die Kirche **St. Johannes der Täufer an der Bleiche** (kostel sv. Jana Na prádle; Karte S. 82 f.), eines der ältesten gotischen Gebäude der Kleinseite. Das Gotteshaus diente ab 1142 als Pfarrkirche, in ihrem Inneren sind Reste von Fresken aus dem 14. Jh. zu sehen.

Die Brücke der Legionen (Legií most) auf dem Festland überspannt die **Schützeninsel** (Střelecký ostrov ; Karte S. 82 f.) gleich südlich von Kampa. Die Insel verdankt ihren Namen übrigens der Tatsache, dass die Prager Garnison sie im 16. Jh. als Zielscheibe für ihre Kanonen und Gewehre benutzten. Im Sommer gibt es hier eine Freiluftbar und ein Kino (s. Kasten S. 196). Am Nordende befindet sich sogar ein kleiner Strand. Man gelangt auf die Insel über die Stufen, die von der Brücke der Legionen abgehen.

## KINDERINSEL Karte S. 82 f.

**Dětský ostrov; Zugang von der Nábřežní; Eintritt frei; ⌚ 24 Std.; Ⓜ Anděl**

Prags kleinste Insel ist ein grünes Refugium abseits vom Trubel der Stadt. Schaukeln, Rutschen, Klettergestelle und Sandkästen lassen beim Nachwuchs keine Langeweile aufkommen. Ältere Kids toben sich an einem Schwingseil, in einer Halfpipe, auf einem Minifußballplatz und einem Basketballfeld aus. Jede Menge Platz für alles Mögliche gibt's auch noch. Und viele Bänke versprechen Erholung für müde Elternbeine. Am südlichen Inselende finden sich auch eine anständige Bar und ein Restaurant.

## JOHN-LENNON-GEDÄCHTNISMAUER
Karte S. 82 f.

**Velkopřevorské náměstí; 🚋 12, 20, 22**

Der am 8. Dezember 1980 ermordete Ex-Beatle John Lennon war auch für viele junge Tschechen eine Ikone des Friedens. Gegenüber der französischen Botschaft findet sich ein ruhig gelegener Platz mit einer Mauer, auf der ein Porträt von Lennon entstanden ist, umgeben von politischen Parolen und Beatles-Texten (eine Nische auf der Mauer ähnelt einem Grabstein).

Die Geheimpolizei hat zwar immer wieder versucht, die Andenken an Lennon zu übertünchen – lange blieb die Mauer aber nie sauber. Stattdessen wurde sie zu einem politischen Wallfahrts- und Protestort der Prager Jugend: Schließlich war unter den Kommunisten ein Großteil der westlichen Popmusik verboten und ein paar tschechische Musiker mussten sogar ins Gefängnis, weil sie diese Songs gespielt hatten.

Nach 1989 verwitterten die politischen Botschaften zusehends oder wurden von den üblichen Graffitis übermalt, bis von John Lennon nur noch die Augen übrig waren. Doch nun begannen vor allem Touristen damit, Botschaften an die Mauer zu kritzeln. Die Mauer ist Eigentum des Malteserordens, der sie mehrmals frisch streichen ließ. Sie füllt sich jedoch schnell wieder mit Bildern von Lennon, Friedensbotschaften und nichtssagenden Touristenschmierereien. In den letzten Jahren haben sich die Besitzer wohl dem Unvermeidbaren gebeugt und von dem Gedanken verabschiedet, eine einfarbige saubere Wand zu haben.

## KAMPAMUSEUM Karte S. 82 f.

**Muzeum Kampa; ☎ 257 286 147; www.museumkampa.cz; U Sovových Mlýnů 2; Erw./erm. 150/75 Kč; ⌚ 10–18 Uhr; 🚋 12, 20, 22**

Die Galerie ist in einer renovierten alten Mühle untergebracht. Sie widmet sich zeitgenössischer mitteleuropäischer Kunst aus dem 20. und 21. Jh. Zu den Höhepunkten der Dauerausstellung zählen die umfangreichen Bron-

## SKULPTUREN DER KARLSBRÜCKE

Die erste Skulptur war das Kruzifix nahe dem östlichen Brückenende; sie wurde 1657 aufgestellt. Die erste Figur, den hl. Johannes von Nepomuk, stifteten die Jesuiten. Als die Geistlichen dem Schutzpatron der Brücken 1683 ein Denkmal setzten, rief das auch andere katholische Orden auf den Plan. In den nächsten 30 Jahre entstand so etwas wie eine klerikale Werbefläche mit vielen weiteren Statuen. Mitte des 19. Jhs. kamen noch weitere Bildnisse hinzu – und noch eins im 20. Jh., außerdem Ersatzstücke nach Flutschäden. Die meisten Statuen waren früher aus weichem Sandstein, weshalb heute teilweise Kopien die verwitterten Originale ersetzen. Manche der Originale haben in den Kasematten von Vyšehrad (S. 129) oder im Lapidárium (S. 146) von Holešovice eine neue Heimat gefunden.

Am Westende (Kleinseite) beginnend – die ungeraden Zahlen links von sich, die geraden rechts – säumen die Skulpturen die Brücke in dieser Reihenfolge:

**1 Hll. Kosmas & Damian** (1709) Wohltätige Arztbrüder aus dem 3. Jh.

**2 Hl. Wenzel** (sv. Václav; 1858) Schutzheiliger Böhmens.

**3 Hl. Vitus (Veit;** sv. Víta; 1714) Schutzheiliger Prags (und der von Hunden, Tänzern, Schauspielern und Komödianten).

**4 Hll. Johannes von Matha & Félix von Valois** (1714) Die Franzosen gründeten im 12. Jh. den Trinitarierorden, dessen Hauptaufgabe der Freikauf oder Austausch versklavter Christen war (sie werden hier symbolisch von einem Tataren bewacht). Der **hl. Iwan** gehört auch zur Gruppe.

**5 Hl. Philipp Benitius** (sv. Benicius; 1714) Wundertäter und Heiler.

**6 Hl. Adalbert** (sv. Vojtěch; 1709) Prags erster tschechischer Bischof wurde im 10. Jh. heilig gesprochen. Kopie.

**7 Hl. Kajetan** (1709) Der Italiener gründete im 15. Jh. den Theatinerorden.

**8 Die Vision der hl. Luitgard** (1710) Gilt vielen als eine der schönsten Brückenstatuen: Die Heilige kniet zu Füßen des gekreuzigten Jesu, der sie – einen Arm vom Kreuz gelöst – zu sich herzieht.

**9 Hl. Augustinus** (1708) Von dem bekehrten Hedonisten und Schutzheiligen der Bierbrauer stammen die berühmten *Bekenntnisse* (theologischer „Urquell" der Reformation). Kopie.

**10 Hl. Nikolaus Tolentinus** (1706) Schutzpatron der Armen Seelen im Fegefeuer. Kopie.

**11 Hl. Judas Thaddäus** (1708) Apostel und Schutzheiliger der Verzweifelten. Rechts davon ziert eine Statue des Namensgebers des epischen *Rolandsliedes* (Bruncvík; 11. Jh.) eine Säule hinter dem Geländer.

**12 Hll. Vinzenz Ferrer** (1712) Ein spanischer Priester des 14. Jhs., dargestellt mit **Prokop**, einem böhmischen Priester.

**13 Hl. Antonius von Padua** (1707) Portugiesischer Schüler von Franz von Assisi im 13. Jh.

**14 Hl. Franz Seraph** (1855) Schutzpatron der Armen und Verlassenen.

zesammlungen des kubistischen Bildhauers Otto Gutfreund und Gemälde von František Kupka, einem Pionier auf dem Gebiet der abstrakten Kunst. Das vielleicht beeindruckendste Werk ist Kupkas *Kathedrale* – scheinbar gefaltete Diagonalen von Rot und Blau deuten einen Vorhang an, hinter dem ein Streifen Dunkelheit hervorblitzt. Im Außenbereich des Museums kann man sich eines der berühmten Babys von David Černý aus der Nähe ansehen (genau, die Babys vom Fernsehturm in Žižkov (S. 142). Jeden ersten Mittwoch im Monat ist der Eintritt frei.

### TSCHECHISCHES MUSIKMUSEUM
Karte S. 82 f.

**České muzeum hudby; ☎ 257 257 777; www.nm.cz; Karmelitská 2/4; Erw./erm. 100/60 Kč; Mo 10–18, Mi 10–20, Fr 9–18, Do, Sa & So 10–18 Uhr, Di geschl.; 12, 20, 22**

Ein Barockkloster aus dem 17. Jh. mit einem beeindruckenden Innenhof bildet die wunderschöne Kulisse für das interessante Prager Musikmuseum. Die Dauerausstellung des Museums trägt den Namen „Mensch-Instrument-Musik". Sie beleuchtet über viele Epochen hinweg die wechselseitige Beziehung zwischen Mensch und Musikinstrument. Außerdem zeigt es eine unglaubliche Sammlung an Geigen, Gitarren, Lauten, Trompeten, Flöten und Harmonikas.

### PRAGER JESUSKIND Karte S. 82 f.

**Muzeum Pražského Jezulátka; ☎ 257 533 646; www.pragjesu.info; Karmelitská 9; Eintritt frei; Kirche Mo–Sa 8.30–19, So 8.30–20 Uhr, Museum Mo–Sa 9.30–17.30, So 13–18 Uhr, 1. Jan., 25. & 26. Dez. & Ostermontag geschl.; 12, 20, 22**

Im Mittelaltar der Kirche St. Maria de Victoria (kostel Panny Marie Vítězné) von 1613 befindet sich ein 47 cm großes Christuskind. Die in

15 Hl. Johannes von Nepomuk (1683) Eine Bronzestatue stellt den Schutzheiligen der Tschechen dar. Der Legende auf dem Statuensockel zufolge ließ Wenzel IV. den Heiligen 1393 in voller Rüstung von der Brücke werfen – als Beichtvater der Königin hatte er sich geweigert, deren Bekenntnisse preiszugeben (in Wahrheit lag die Ursache aber im erbitterten Konflikt zwischen Kirche und Staat). Die Sterne seines Heiligenscheins sollen dem Leichnam angeblich den ganzen Fluss hinuntergefolgt sein. Wer seine Hände an der Bronzeplatte reibt, kehrt nach traditionellem Glauben eines Tages nach Prag zurück. Ein Bronzekreuz in der Brüstung zwischen den Statuen 17 und 19 markiert die Stelle, an der der hl. Johannes über die Brüstung geworfen wurde.

16 Hl. Wenzel als Knabe (um 1730) Zusammen mit seiner Großmutter und Beschützerin, der hl. Ludmilla, der Schutzheiligen Böhmens.

17 Hl. Wenzel (1853), hl. Sigismund (Sohn Karls IV.) und hl. Norbert (der Deutsche gründete im 12. Jh. den Prämonstratenserorden).

18 Hl. Franz von Borgia (1710) Spanischer Priester des 16. Jhs.

19 Hl. Johannes der Täufer (1857) Von Josef Max.

20 Hl. Christophorus (1857) Schutzpatron der Reisenden.

21 Hll. Kyrill & Method (1938) Die letzte hinzugekommene Statue. Die beiden Heiligen missionierten im 9. Jh. die Slawen und erfanden angeblich das kyrillische Alphabet.

22 Hl. Franz Xaver (1711) Der spanische Missionar des 16. Jhs. wird für seine Arbeit im fernen Osten verehrt. Kopie.

23 Hl. Anna selbdritt (1707) Die hl. Anna ist die Mutter der Jungfrau Maria.

24 Hl. Josef (1854) Ehemann der Jungfrau Maria.

25 Kruzifix (1657) Aus vergoldeter Bronze. 1696 machte sich ein Jude über das Kreuz lustig und bekam eine Geldstrafe aufgebrummt – damit wurde die Inschrift mit dem hebräischen Bittgebet „Heiliger, heiliger, heiliger Gott" bezahlt. Die Steinfiguren stammen von 1861.

26 Pietà (1859) Der tote Leib Christi in den Armen Marias.

27 Maria mit hl. Dominikus (1709) Der Spanier gründete den Dominikanerorden; an seiner Seite ist der hl. Thomas von Aquin dargestellt. Kopie.

28 Hll. Barbara, Margarete & Elisabeth (1707) Die im 2. Jh. lebende Barbara ist die Schutzheilige der Bergleute, die um 305 hingerichtete Margarete Patronin werdender Mütter und Elisabeth von Thüringen eine Prinzessin, die im 13. Jh. ihrem süßen Leben abschwor und fortan den Armen diente.

29 Maria und hl. Bernhard (1709) Gründete im 12. Jh. den Zisterzienserorden. Kopie.

30 Hl. Ivo von Kermartin (1711) Ein Bretone aus dem 13. Jh., Schutzpatron der Juristen und Waisen. Kopie.

Spanien gefertigte Wachsfigur kam 1628 in die böhmische Hauptstadt. Das Prager Jesuskind (Pražské jezulátko) hat Prag angeblich vor der Pest und vor den Schrecken des Dreißigjährigen Krieges bewahrt. Regelmäßig machen ihm Scharen von Pilgern (vor allem aus Italien, Spanien und Lateinamerika) ihre Aufwartung – dies liegt nicht zuletzt an dem deutschen Prior E. S. Stephano, der im 18. Jh. die vollbrachten Wunder niederschrieb und damit den Grundstein zu einem weltweiten Kult gelegt hatte. Die Figur trägt traditionell prächtige Gewänder – im Lauf der Zeit haben diverse Wohltäter aufwendig bestickte Trachten gespendet. Heute hängen im Kleiderschrank des Jesulein über 70 Kostüme aus aller Herren Länder – abgestimmt auf den Kirchenkalender wird regelmäßig gewechselt.

Das Museum im hinteren Teil der Kirche zeigt mehrere der Kostüme, die die Figur schon übergezogen wurden. Unzählige Läden rund um die Kirche verkaufen Nachbildungen des Jesuskinds. Irgendwie kommen einem da unwillkürlich die Ziele der Reformation in den Sinn. Jan Hus jedenfalls würde sich im Grab umdrehen …

## VRTBAGARTEN Karte S. 82 f.

**Vrtbovská zahrada; ☎ 257 531 480; www.vrtbovska.cz; Karmelitská 25; Erw./erm. 55/35 Kč; 🕑 April–Okt. 10–18 Uhr; 🚊 12, 20, 22**

Der „geheime Garten" versteckt sich hinter den Fassaden der Tržiště und Karmelitská. Er wurde 1720 für den Grafen Vrtba, einem Altkanzler der Prager Burg, angelegt. Der elegante Barockgarten erstreckt sich auf einer steilen Hügelflanke hinauf zu einer Terrasse. Einige Barockstatuen von Matthias Bernhard Braun schmücken die Anlage – unter den Figuren der römischen Mythologie findet man auch Vulkan, Diana und Mars. In dem winzigen Studio unterhalb der Terrasse (auf der

## KAFKAS PRAG

Auch wenn er seine Werke auf Deutsch verfasste, war Franz Kafka (1883–1924) ein waschechter Sohn der tschechischen Hauptstadt. Er verbrachte sein ganzes Leben in Prag, das ihn wiederum nicht zur Ruhe kommen ließ – er hasste und brauchte die Stadt gleichermaßen. Sein Roman *Der Prozess* kann als metaphysischer Grundriss der Altstadt interpretiert werden: In dem Gewirr der Gassen und Durchgänge verschwimmen die bekannten Grenzen zwischen Straßen und Innenhöfen, Öffentlichkeit und Privatsphäre, Neu und Alt, Wirklichkeit und Fantasie.

Den Großteil seines Lebens wohnte Kafka in der Nähe des Altstädter Rings, wo er aufwuchs, zur Schule ging, arbeitete und seine Freunde traf. „Mein ganzes Leben spielt sich in diesem kleinen Kreis ab", so Kafka selbst. Viele Reiseführer und Stadtrundgänge behaupten, „Kafkas Prag" zu zeigen – doch wer mit seinen Werken etwas vertraut ist, wird schnell erkennen, dass so ein Ort nur in Kafkas Fantasie existiert. Anstatt also einen weiteren mehr oder weniger willkürlichen Stadtrundgang zusammenzuschustern, sind im Folgenden alle ins Kafkas Leben relevanten Orte in Prag in chronologischer Reihenfolge aufgelistet. So können alle Besucher im Rahmen einer selbst gewählten Route auf den Spuren des Autors wandeln.

- **U Radnice 5** (Karte S. 96 f.; 1883–1888). Hier wurde Kafka am 3. Juli 1883 in einer Wohnung neben der Kiche St. Niklas geboren. Von dem Originalgebäude ist nur das steinerne Eingangsportal erhalten. Heute beherbergt es eine Kafka-Ausstellung, bei der es sich in Wirklichkeit um einen schlecht getarnten Souvenirshop handelt.
- **Celetná 2** (Karte S. 96 f.; 1888–1889) Im „Sixthaus" verbrachte Kafka einen kleinen Teil seiner Kindheit.
- Im **Haus zur Minute** (dům U minuty; Karte S. 96 f.; 1889–1896) wohnte Kafka während seiner Schulzeit. Das Renaissance-Eckhaus gehört heute zum Altstädter Rathaus. In einem Brief erinnert er sich an den Besuch der Grundschule in der Straße Masná. Jeden Tag schleppte die Hausköchin den Widerspenstigen getreu ihres Auftrags quer über den Platz und lieferte ihn im Klassenzimmer ab.
- **Palais Goltz-Kinský** (Karte S. 96 f.) Zwischen 1893 und 1901 besuchte Kafka im 2. Stock des Palasts das Altstädter Staatsgymnasium. Zeitweise betrieb Kafkas Vater im Erdgeschoss einen Kleiderladen, in dem sich heute der Kafka-Buchladen befindet.
- **Celetná 3** (Karte S. 96 f.; 1896–1907) Im „Haus zu den Drei Königen" hatte Kafka sein erstes eigenes Quartier. Hier schrieb er auch seine erste Geschichte. Vom Schlafzimmerfenster konnte er auf die Teynkirche blicken.
- **Assicurazioni Generali** (Karte S. 118 f.; 1907–1908) Nachdem Kafka 1906 die Karlsuniversität als frisch gebackener Jurist verlassen hatte, bekam er bei der italienischen Versicherungsgesellschaft am Wenzelsplatz Nr. 19 seine erste

rechten Seite) arbeitete der tschechische Maler Mikuláš Aleš. Von der kleinen Aussichtplattform darüber hat man einen tollen Blick auf die Prager Burg und die Kleinseite.

# LAURENZIBERG (PETŘÍN)

Der 318 m hohe Hügel ist eine von Prags ausgedehntesten Grünflächen. Er eignet sich hervorragend für ruhige Spaziergänge im Schatten der Bäume und offenbart dabei atemberaubende Ausblicke auf die „Stadt der 100 Türme". Einst gab es hier Weinberge und einen Steinbruch, der das Baumaterial für die meisten romanischen und gotischen Gebäude Prags lieferte.

Der Laurenziberg ist vom Kloster Strahov (S. 77) aus leicht zu Fuß zu erreichen. Alternativ wählt man die **Standseilbahn** (lanová draha) von der Újezd bis zum Gipfel. Diese hält übrigens auch nach zwei Dritteln des Weges beim Restaurant Nebozízek.

Im friedlichen **Kinskýgarten** (Kinského zahrada) an der Südseite des Laurenzibergs steht die im 18. Jh. aus Holz erbaute Kirche **St. Michael** (kostel sv. Michala). Wer für dieses Bauwerk einen russischen Ursprungs vermutet, hat Recht: Es wurde Brett für Brett vom ukrainischen Dorf Medveďov hierher versetzt. In Böhmen ist dieser Kirchentyp anders als in der Ukraine oder der nordöstlichen Slowakei eher selten.

### DENKMAL FÜR DIE OPFER DES KOMMUNISMUS Karte S. 82 f.

**Památník obětem komunismu; Ecke Újezd & Vítězná; 6, 9, 12, 20, 22**

Die eindrucksvolle Skulpturengruppe besteht aus mehreren hageren Figuren – umstrittenerweise alle männlich – in verschiedenen Phasen des „Zerfalls", die auf Stufen angeordnet sind. Ein Bronzestreifen im Boden vor ihnen protokolliert die schrecklichen menschlichen Tragödien, die das sozialistische Regime verschuldet hat: 205 486 Verhaftungen, 170 938 Verbannungen, 248 Hinrichtungen, außerdem starben 4500 Menschen im Gefängnis und 327 wurden beim Fluchtversuch über die Grenze erschossen.

### SPIEGELLABYRINTH Karte S. 82 f.

**Zrcadlové bludiště; Erw./Kind 70/50 Kč; April–Sept. 10–22 Uhr, März & Okt. 10–20 Uhr, Nov.–Feb. 10–18 Uhr; Standseilbahn**

Stelle als Versicherungsangestellter. Lange Arbeitszeiten, schlechte Bezahlung und bürokratische Langeweile forderten ihren Tribut: Nach nur neun Monaten kündigte er.

- **Arbeiter-Unfall-Versicherungsanstalt** (Karte S. 116) Im 5. Stock des Bürohauses Na Poříčí 7 in der Neustadt schuftete Kafka 14 Jahre lang: von 1908 bis zu seinem Ausscheiden aus gesundheitlichen Gründen 1922.
- **U Jednorožce** (Zum Einhorn; Karte S. 96 f.) Haus Nr. 17 auf der Südseite des Altstädter Rings gehörte einst Otto Fanta und dessen Frau Berta. Diese veranstaltete regelmäßig einen Literatursalon, zu dem sie angesagte, zeitgenössische Intellektuelle aus ganz Europa einlud. Unter den Gästen befanden sich neben Kafka auch seine Dichterkollegen Max Brod (Kafkas Freund und Biograf), Franz Werfel und Egon Erwin Kisch.
- **Pařížská 36** (Karte S. 96 f.; 1907–1913) In einem Apartment neben der Tschechischen Brücke (Čechův most) mit Blick auf den Fluss schrieb Kafka *Das Urteil* und begann mit der Arbeit an der Erzählung *Die Verwandlung*. (Das Gebäude existiert heute nicht mehr.)
- **Pařížská 1** (Karte S. 96 f.; 1913–1914) In der luxuriösen Dachgeschosswohnung im Oppelt-Haus gegenüber von St. Niklas lebte Kafka zuletzt mit seinen Eltern. Hier spielt auch seine verwirrende Parabel *Die Verwandlung*.
- **Bílkova 22** (Karte S. 96 f.; 1914–1915) Mit 31 Jahren verließ Kafka erstmals sein Elternhaus und bezog eine Wohnung in dieser Straße. Hier nahm auch *Der Prozess* seinen Anfang.
- **Dlouhá 16** (Karte S. 96 f.; 1915–1917) Mietwohnung Kafkas an der spitz zulaufenden Ecke Dlouhá/Masná. In den folgenden Jahren reiste er viel in der Welt herum und besuchte u. a. Berlin und Wien. Nach seiner Rückkehr nach Prag zog er wieder bei seinen Eltern im Oppelt-Haus ein.
- **Zlatá ulička 22** (Karte S. 66) Von Kafkas Schwester gemietete Hütte auf dem Burggelände. Im Winter 1916/17 fand Kafka hier Erholung vom Lärm und der Ablenkung in seiner Altststädter Wohnung. Über ein Dutzend Geschichten entstanden hier.
- **Tržiště 15** (Karte S. 82 f. f.; 1917) Im Palais Schönborn auf der Kleinseite (heute amerikanische Botschaft) bezog Kafka ein paar Monate lang Quartier. Nachdem er hier eine Weile bei guter Gesundheit war, erlitt er infolge einer Tuberkulose einen Blutsturz. Von der schweren Lungenkrankenheit sollte er sich nie wieder erholen. Seine letzten Jahre verbrachte er entweder in ärztlicher Behandlung oder bei seinen Eltern. Kafka starb am 3. Juni 1924 in Wien und wurde auf dem Jüdischen Friedhof in Žižkov (s. S. 138) begraben.

Das Spiegellabyrinth unterhalb des Aussichtsturms wurde auch für die Prager Ausstellung 1891 errichtet. Neben dem Labyrinth, das regelmäßig für Lacher sorgt, gibt es noch das Diorama, das die Schlacht von 1648 zwischen Pragern und Schweden auf der Karlsbrücke nachstellt. Gegenüber steht die Kirche St. Laurentius (kostel sv. Vavřince). Erwähnenswert ist das Deckenfresko, das die Legende um die Gründung der St.-Adalbert-Kirche an der Stelle einer heidnischen Kultstätte im Jahre 991 darstellt. Der Berg verdankt der Kirche übrigens auch seinen deutschen Namen.

## MUSAION Karte S. 82 f.

**☎ 257 325 766; Kinského zahrada 98; Erw./Kind 70/40 Kč; ⌚ Mai–Sept. Di–So 10–18 Uhr, Okt.–April Di–So 9–17 Uhr; 🚋 6, 9, 12, 20**

Dieses renovierte Sommerpalais beherbergt die ethnografische Sammlung des Nationalmuseums mit Ausstellungen über traditionelle tschechische Volkskultur und -kunst, u. a. zu den Themen Musik, Textilien, Ackerbau und Handwerkskunst. Bei regelmäßigen Folklorekonzerten und Workshops werden traditionelle Handwerke wie die des Hufschmieds und Holzschnitzers vorgeführt. In den Sommermonaten steht ein Gartencafé zum Verweilen zur Verfügung.

## STANDSEILBAHN ZUM LAURENZIBERG Karte S. 82 f.

**Lanová draha na Petřín; ☎ 800 19 18 17; www.dpp.cz; Erw./Kind 26/13 Kč; ⌚ April–Okt. 9–23.30 Uhr, Nov.–März 9–23.20 Uhr; 🚋 12, 20, 22**

Prags kleine Standseilbahn wurde 1891 in Betrieb genommen. Heute kommen auf den Schienen moderne Wagen zum Einsatz, die die 510 m zwischen Tal- und Bergstation zurücklegen und den Touristen den schweißtreibenden Weg auf den Laurenziberg ersparen. Die Bahn fährt alle zehn Minuten (Nov.–März alle 15 Min.) von der Újezd zum Prager Eiffelturm, ein Zwischenstopp wird am Restaurant Nebozízek eingelegt. Einfache Tickets für Straßenbahn und Metro (26 Kč) gelten auch für die Standseilbahn.

## PRAGER EIFFELTURM (PETŘÍNWARTE) Karte S. 82 f.

**Petřínská rozhledna; ☎ 257 320 112; Erw./Kind 100/50 Kč; ⌚ April–Sept. 10–22 Uhr, März & Okt. 10–20 Uhr, Nov.–Feb. 10–18 Uhr; 🚋 Standseilbahn**

Auf dem Gipfel des Laurenzibergs steht eine 62 m hohe Nachbildung des Eiffelturms, die 1891 für die Prager Industrieausstellung errichtet wurde. 299 Stufen führen auf die oberste Aussichtsplattform und zu einem der herrlichsten Ausblicke Prags. An klaren Tagen kann man bis zu den Wäldern Mittelböhmens im Südwesten blicken ( für behinderte Besucher gibt es auch einen Lift).

Auf dem Weg zum Turm kommt man an der **Hungermauer** (Hladová zeď) vorbei, die von der Újezd bis zum Kloster Strahov verläuft. Die Festungsanlage wurde im Jahr 1362 unter Karl IV. errichtet; den Namen verdankt sie der Tatsache, dass sie von Bedürftigen der Stadt gebaut wurde, die im Gegenzug Lebensmittel bekamen – eine frühe Arbeitsbeschaffungsmaßnahme.

### ŠTEFÁNIKSTERNWARTE Karte S. 82 f.

**Štefánikova hvězdárna; ☎ 257 320 540; www.observatory.cz; Erw./Kind 65/45 Kč; ⌚ wechselnde Öffnungszeiten, siehe Website; Standseilbahn**

Die sogenannte Volkssternwarte gleich südlich der Bergstation gibt es schon seit 1928. Sie sollte Astronomie und andere Naturwissenschaften stärker ins Bewusstsein der Öffentlichkeit rücken. Hier finden zwar auch astronomische Ausstellungen statt, doch die Hauptattraktion ist der Astrograf von Zeiss, der ebenfalls aus dem Jahr 1928 stammt: Mit diesem Teleskop können Besucher die Sonne und die Sonnenflecken beobachten. In klaren Nächten kann man auch den Mond, die Sterne und Planeten genauer unter die Lupe nehmen.

# KLEINSEITNER GÄRTEN

## Stadtspaziergang

### 1 Ausblick von der Prager Burg

Der Rundgang beginnt am **Aussichtspunkt** direkt vor dem Osteingang der Prager Burg. Von hier aus bietet sich ein sehr schöner Blick auf die Dächer der Kleinseite. An dem steilen Hang darunter liegen die Gärten entlang der Valdštejnská, die zu den Adelspalästen aus dem 18. Jh. gehören. Sie wurden mittlerweile restauriert und sind für die Öffentlichkeit zugänglich.

### 2 Palastgärten

Gegenüber dem Tor zur Wallgartenanlage (Zahrada na valech; S. 72) befindet sich der Eingang zu den **Palastgärten** (S. 86) unterhalb der **Prager Burg**. Die Gärten haben nur von April bis Oktober geöffnet und kosten Eintritt. Im Winter beginnt der Stadtspaziergang deshalb erst an der Metrostation Malostranská und führt in südwestliche Richtung über die Valdštejnská zum Palais Waldstein.

### 3 Waldsteingarten

Nach der Erkundung der Palastgärten verlässt man diese durch das Haupttor an der Valdštejnská und biegt nach rechts ab. Am Waldsteinplatz (Valdštejnské náměstí) angekommen, geht es links zum Haupteingang des **Palais Waldstein** (S. 86) und durch den Hof hindurch in den friedlichen **Waldsteingarten** (S. 86). Nach dessen Besichtigung nimmt man in der nordöstlichen Ecke rechts vom großen Fischweiher den Ausgang durch das Tor, das sich neben der Metrostation Malostranská befindet (sollte es geschlossen sein, der Südmauer folgen und den Garten durch das Tor an der Letenská verlassen).

### 4 Vojan-Park

An der Klárov biegt man rechts ab, dann geht es geradeaus über die Kreuzung mit der Straßenbahnlinie und weiter an der U Lužického Semináře entlang. Direkt hinter dem Restaurant Černý Orel geht es durch ein Tor zur Rechten in den **Vojan-Park**, eine bescheidenere Ausgabe der vielen Parks auf der Kleinseite. Der Garten ist nicht so in Form gebracht wie die anderen, dafür aber auch friedvoller. Es ist ein öffentlicher Park, in dem Einheimische mit ihren Kindern eine Verschnaufpause einlegen und auf den Bänken die Sonne genießen. Wer hungrig ist, kann auf der der Moldau zugewandten Terrasse des **Hergetova Cihelna** (S. 173) zu Mittag essen.

### 5 Na Kampě

Weiter geht's auf der U Lužického Semináře entlang, bis die Straße enger wird. Dort biegt man nach links ab und überquert die kleine Brücke über den Čertovka (Teufelsbach). Auf der Insel **Kampa** (S. 87) angelangt, geht es unter der Karlsbrücke hindurch auf den malerischen kleinen Platz **Na Kampě**.

Auf der linken Seite – etwa in Hüfthöhe an der linken Wand der kleinen Galerie unter den Treppen – befindet sich eine kleine **Gedenktafel** mit der Aufschrift *Výska vody 4.září 1890* (Höhe des Wassers,4. September 1890); sie markiert den Wasserstand an diesem Tag. Direkt darüber – etwa auf Kopfhöhe – befindet sich eine weitere Markierung, die den Stand des Hochwassers im Jahr 2002 anzeigt

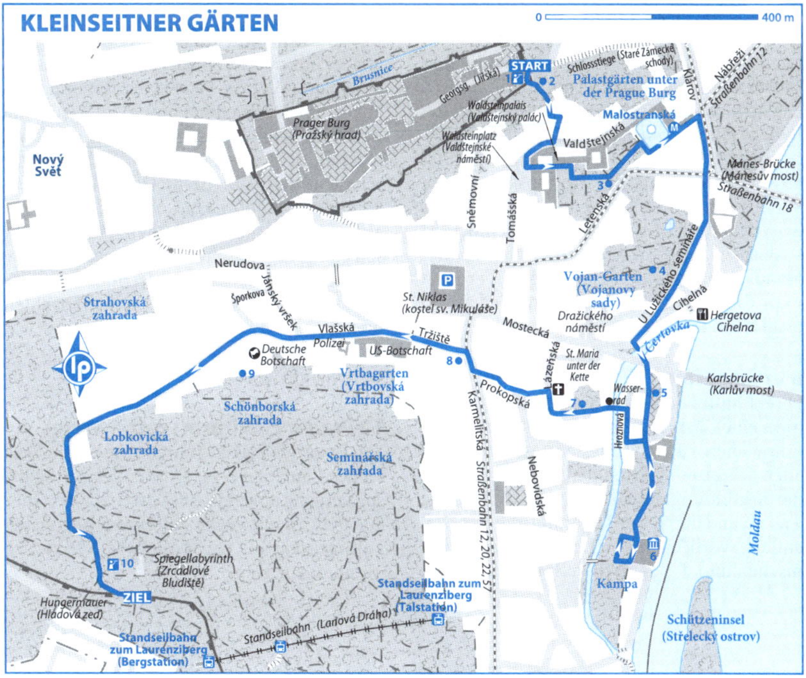


(es gibt noch weitere ähnliche Tafeln auf der Insel). Fans des Tom-Cruise-Filmstreifens *Mission: Impossible* werden diesen kleinen Platz vielleicht wiedererkennen - viele der in Prag spielenden Nachtszenen des Agententhrillers wurden hier gedreht.

## 6 Kampamuseum

Am Ende des Platzes gelangt man in den grünen Park am Flussufer, der den einfachen Namen **Kampa** trägt (abgeleitet vom lateinischen Wort *campus*, Feld). Dieser Park ist einer der beliebtesten Plätze Prags, um ein wenig zu faulenzen. Im Sommer bevölkern dann auch jede Menge träge Menschen die Anlage. Freunde moderner Kunst können zum **Kampamuseum** (S. 87) hinüberschlendern, das in einer alten Mühle am Ufer des Flusses untergebracht ist.

## 7 John-Lennon-Gedächtnismauer

Anschließend muss man wieder ein Stück zurückgehen. Sobald man das Kopfsteinpflaster vor dem Na Kampě erreicht hat, folgt man links der Hroznová. Die Seitenstraße führt zu einer kleinen Brücke über den Čertovka, die sich direkt neben Prags am häufigsten fotografierten **Wasserrad** befindet. Auf dieser Brücke lässt sich übrigens eine neuere Modeerscheinung beobachten, die beispielsweiseebenso in Rom an der Ponte Milvio ihren Platz gefunden hat (und vom italienischen Schriftsteller Federico Moccia angestoßen wurde): Junge verliebte Paare bringen hier zum Zeichen ihrer unverbrüchlichen Liebe und Treue Vorhängeschlösser an.

Die Brücke führt auf einen winzigen mit Kopfsteinpflaster versehenen Platz. Auf der einen Seite befindet sich die **John-Lennon-Gedächtnismauer** (S. 96), auf der andere Seite ein Barockpalast, in dem die französische Botschaft ihr

### ROUTENINFOS

**Start** Prager Burg (Straßenbahn Linie 22 bzw. Metrostation Malostranská)

**Ziel** Laurenziberg (Petřín; Straßenbahnen 12, 20, 22 oder Standseilbahn)

**Länge** 4 km

**Dauer** 2 Std.

**Schwierigkeitsgrad** Mittel

**Snack unterwegs** Hergetova Cihelna, Cukrkávalimonáda

Domizil hat. Das hintere Ende des Platzes macht eine Rechtskurve, vorbei an den wuchtigen Gotiktürmen der Kirche St. Maria unter der Kette (S. 86). Unmittelbar rechts hinter der Kirche liegt das Gebäude der Malteserritter, das in dem Film *Amadeus* als Haus Salieris diente. Gegenüber der Kirche biegt man nach links ab und geht rechts die Prokopská entlang. Wem nach einem Drink zumute ist - was inzwischen nicht ganz unwahrscheinlich ist -, der geht ins Cukrkávalimonáda (S. 175) rechter Hand. Am Ende der Prokopská überquert man die stark befahrene Karmelitská und biegt dann rechts ab.

## 8 Vrtbagarten

Direkt hinter der Bar U malého Glena zweigt links eine Gasse ab, die in den Vrtbagarten (S. 89) führt, einen der am wenigsten besuchten, aber auch schönsten Gärten der Kleinseite. Nach der Erkundung des Gartens geht es links die Tržiště und deren Verlängerung, die Vlašská, entlang, vorbei an der irischen, der amerikanischen und der deutschen Botschaft.

## 9 Quo Vadis

Einige 100 m hinter der deutschen Botschaft liegt auf der linken Seite ein kleiner Park mit einem Spielplatz. Wer die Straße verlässt und links auf einem Trampelpfad hinter der Mauer am Ende des Spielplatzes entlangläuft, der kann einen Blick in den Garten der deutschen Botschaft werfen. Dort steht David Černýs bekannteste Skulptur *Quo Vadis* - ein Trabbi auf vier menschlichen Beinen. Die Skulptur soll an die ostdeutschen Flüchtlinge erinnern, die hier 1989 während der letzten Atemzüge der kommunistischen Ära Zuflucht suchten und ihre geliebten Trabbis in Prag zurück ließen (mehr über David Černý steht in den Kästen auf S. 41 und S. 151).

## 10 Prager Eiffelturm (Petřínwarte)

Am Ende der Vlašská führen Stufen zum Gipfel des Laurenzibergs. Dort endet der Stadtspaziergang am Prager Eiffelturm (S. 91). Von hier aus geht es entweder auf einem der vielen Fußwege oder mit der Standseilbahn (S. 91) zurück hinunter zur Újezd.

# ALTSTADT (STARÉ MĚSTO)

Essen S. 175; Ausgehen S. 195; Shoppen S. 159; Schlafen S. 230

Die Altstadt (Staré Město) ist das historische Herz des mittelalterlichen Prags. Sie gruppiert sich rund um einen der spektakulärsten Plätze Europas. Im 10. Jh. entstanden am Ostufer der Moldau ein Marktplatz und eine Siedlung. Im 12. Jh. wurde durch die Judithbrücke, die Vorläuferin der Karlsbrücke, der Anschluss an den Burgbezirk geschaffen. 1231 verlieh Wenzel I. dem Gebiet ein eigenes Stadtrecht und begann mit dem Bau von Festungsanlagen.

Die Stadtmauern gibt es schon lange nicht mehr, ihren Verlauf kann man jedoch entlang der Straßen Národní třída, Na Příkopě („auf dem Burggraben") und Revoluční nachvollziehen. Auch der Pulverturm, das Haupttor der Altstadt, hat die Jahrhunderte überdauert.

Als Karl IV. Prag ein gotisches Antlitz verpasste, bekam die Altstadt einen ordentlichen Teil davon ab. So wollte der Herrscher dem neuen Status Prags als Hauptstadt des Heiligen Römischen Reichs gerecht werden. Er gründete 1348 die Karlsuniversität und gab 1357 den Bau der Karlsbrücke in Auftrag. Als 1784 Kaiser Joseph II. die verschiedenen Stadtgemeinden Prags – Hradschin, Kleinseite, Altstadt und Neustadt – zu einer einzigen Verwaltungseinheit zusammenfasste, wurde das Altstädter Rathaus (Staroměstská radnice) der Regierungssitz.

Um den regelmäßig durch das Moldauhochwasser entstandenen Schäden vorzubeugen, wuchs die Stadt Schritt für Schritt in die Höhe. Ab dem 13. Jh. wurden neue Häuser einfach auf ältere Fundamente gebaut – viele der gotischen Bauwerke der Altstadt haben daher romanische Fundamente. Ein Großfeuer 1689 schaffte Platz für eine wahre Neubau-Orgie zur Zeit der katholischen Gegenreformation im 17. und 18. Jh. Dadurch erhielt das ursprünglich gotische Viertel ein stark barockes Gesicht.

Nur zwei Eingriffe aber haben den mittelalterlichen Grundriss der Altstadt verändert: Zum einen die Errichtung eines riesigen Gebäudekomplexes im Westen – im 16. und 17. Jh. entstand hier ein gewaltiges Jesuitenkolleg, das Clementinum. Und zum anderen wurde das jüdische Viertel, die Josefstadt, Ende des 19. Jhs. „saniert".

Das Herz der Altstadt bildet der Altstädter Ring (Staroměstské náměstí). Der sogenannte Krönungsweg kann in dem Labyrinth der engen Gassen um den Platz herum ruhig als Hauptstraße bezeichnet werden. Die alte zeremonielle Route zur Prager Burg beginnt am Pulverturm und führt entlang der Celetná zum Altstädter Ring und zum Kleinen Ring (Malé náměstí). Danach geht's die Karlova entlang und schließlich über die Karlsbrücke.

## ALTSTÄDTER RING

Der Altstädter Ring (Staroměstské náměstí, oft auch einfach Staromák genannt; Karte S. 96 f.) zählt zu Europas größten und schönsten städtischen Plätzen. Seit dem 10. Jh. ist er Prags öffentlicher Platz Nummer eins, bis zum Beginn des 20. Jhs. diente der Altstädter Ring darüber hinaus als Hauptumschlagsplatz für Waren aller Art.

All den fliegenden Händlern, den überfüllten Cafés und den Touristenscharen zum Trotz ist das Spektakel, das heute am Altstädter Ring stattfindet, sehr unterhaltsam: Stadtführer bahnen sich ihren Weg durch die Menge und recken ihre Schirme wie Standarten in die Höhe, während die Reisegruppen im Gänsemarsch hinterdrein zuckeln. Als Frösche oder Hühner verkleidete Studenten verteilen Flyer für Theaterproduktionen. Paare mittleren Alters tragen Partnerlook (meistens zu kurze Shorts und Sandalen) und mustern finster extrem gepiercte Punks mit rosa Haaren und Lederklamotten. Horden von rotgesichtigen Burschen in Fußballtrikots schlürfen Bier und lutschen Eiscreme. Und schließlich macht ein gelangweilter Kerl mit einem Plakat Werbung für ein Foltermuseum.

Und dann spielen Straßenjazzbands hier auf, Open-Air-Konzerte finden statt, genauso wie politische Versammlungen, Modeschauen sowie Weihnachts- und Ostermärkte – alles

### ANFAHRT – ALTSTADT

**Metro** Die Station Staroměstská liegt nur ein paar Gehminuten nordwestlich vom Altstädter Ring. Die Station Můstek ist in einem fünfminütigen Fußmarsch in Richtung Süden zu erreichen.

**Straßenbahn** In der Nähe des Altstädter Rings halten keine Straßenbahnen. Die Linien 17 und 18 fahren in Flussnähe am Westrand der Altstadt entlang. Die Linien 5, 8 und 14 stoppen am Platz der Republik (náměstí Republiky) gegenüber vom Altstädter Rathaus (Obecní dům). Die Linien 6, 9, 18, 21 und 22 sind auf der Národní třída am Südrand der Altstadt unterwegs.

## ALTSTADT

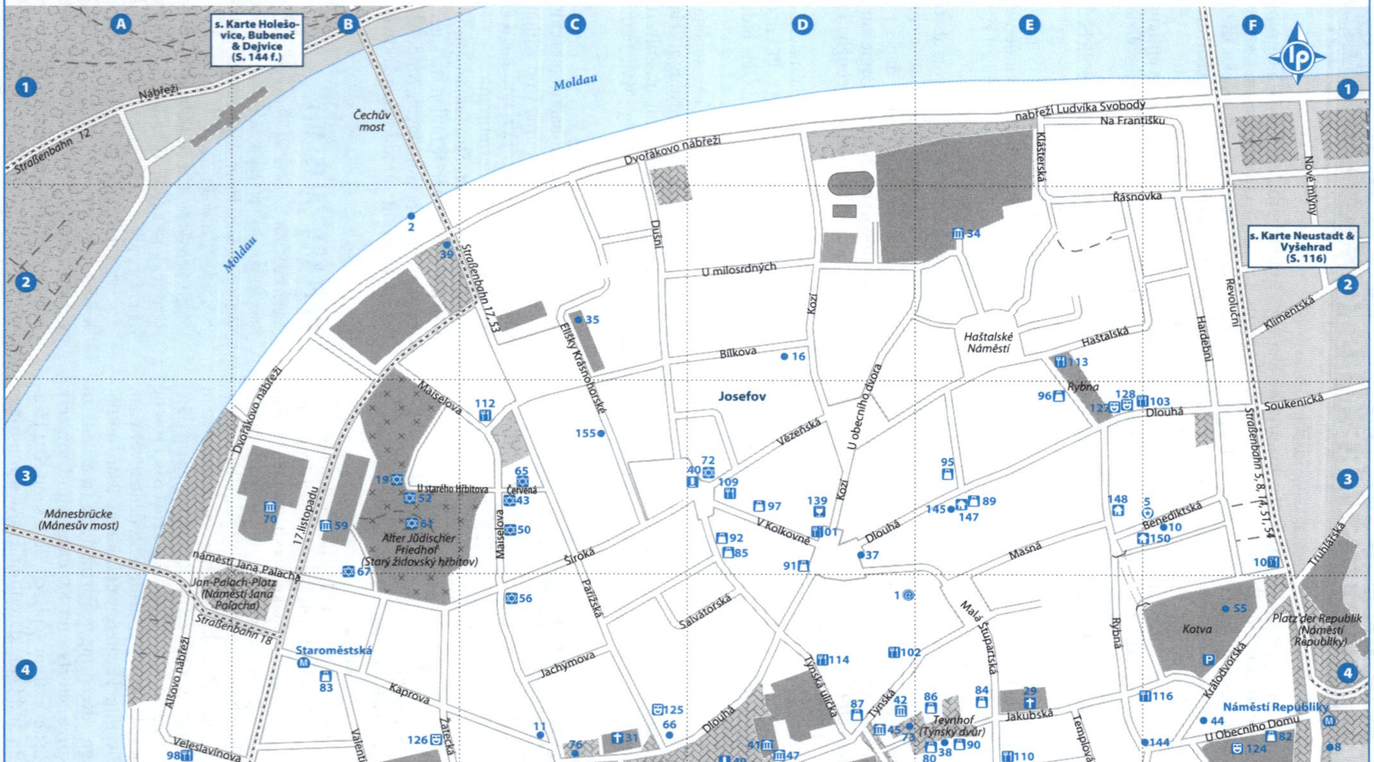
0 200 m
A
B
C
D
E
F
1
2
3
4
s. Karte Holešovice, Bubeneč & Dejvice (S. 144 f.)
s. Karte Neustadt & Vyšehrad (S. 116)
Moldau
Čechův most
Mánesbrücke (Mánesův most)
Nábřeží
Straßenbahn 12
Straßenbahn 17, 53
Straßenbahn 18
Straßenbahn 5, 8, 14, 51, 54
nábřeží Ludvíka Svobody
Na Františku
Dvořákovo nábřeží
Klášterská
Řásnovka
Nové mlýny
Revoluční
Klimentská
Hardební
Soukenická
Haštalská
Haštalské Náměstí
Rybná
Dlouhá
Dušní
U milosrdných
Kozí
Bílkova
Josefov
U obecního dvora
Vězeňská
Elišky Krásnohorské
Maiselova
U starého Hřbitova
Červená
17. listopadu
Alter Jüdischer Friedhof (Starý židovský hřbitov)
V Kolkovně
Široká
Pařížská
Salvátorská
Benediktská
Masná
Malá Štupartská
Truhlářská
Kotva
Platz der Republik (Náměstí Republiky)
Králodvorská
Náměstí Republiky
U Obecního Domu
Jakubská
Templová
Týnská ulička
Týnská
Teynhof (Týnský dvůr)
náměstí Jana Palacha
Jan-Palach-Platz (Náměstí Jana Palacha)
Staroměstská
Kaprova
Žatecká
Valentinská
Jáchymova
Alšovo nábřeží
Veleslavínova

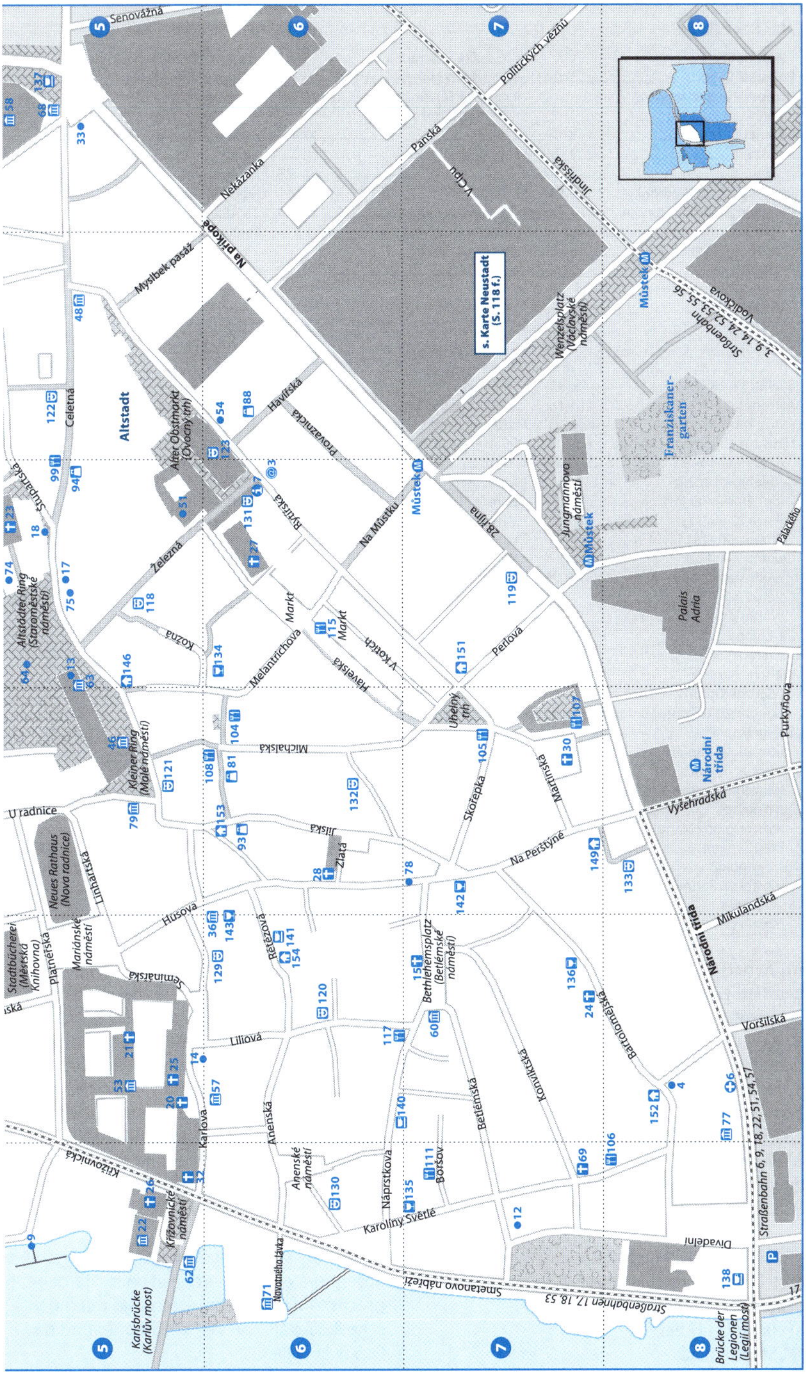
Altstadt
Altstädter Ring (Staroměstské náměstí)
Kleiner Ring (Malé náměstí)
Altes Obstmarkt (Ovocný trh)
Neues Rathaus (Nová radnice)
Stadtbücherei (Městská Knihovna)
Mariánské náměstí
Bethlehemsplatz (Betlémské náměstí)
Anenské náměstí
Křižovnické náměstí
Karlsbrücke (Karlův most)
Brücke der Legionen (Legií most)
Wenzelsplatz (Václavské náměstí)
Jungmannovo náměstí
Franziskanergarten
Palais Adria
Uhelný trh
s. Karte Neustadt (S. 118 f.)
Na příkopě
Celetná
Železná
Havířská
Provaznická
Rytířská
Na Můstku
Melantrichova
Havelská
V kotcích
Michalská
Jilská
Zlatá
Skořepka
Na Perštýně
Martinská
Perlová
28. října
Národní třída
Mikulandská
Vyšehradská
Voršilská
Purkyňova
Palackého
Vodičkova
Jindřišská
Politických vězňů
Panská
V Cípu
Nekázanka
Senovážná
Myslbek pasáž
Kozí
Štupartská
U radnice
Linhartská
Husova
Platnéřská
Seminářská
Řetězová
Liliová
Karlova
Anenská
Náprstkova
Betlémská
Konviktská
Bartolomějská
Boršov
Karolíny Světlé
Křižovnická
Smetanovo nábřeží
Divadelní
Novotného lávka
Můstek
Národní třída
Straßenbahn 3, 9, 14, 24, 52, 53, 55, 56
Straßenbahn 6, 9, 18, 22, 51, 54, 57
Straßenbahnen 17, 18, 53

## ALTSTADT

**PRAKTISCHES**

Bohemia Bagel ... 1 D4
Evropská Vodní Doprava (EVD) ... 2 B2
Internet Centre ... 3 D6
Fundbüro ... 4 B8
Polizei ... 5 F3
Polyklinik in der Národní ... 6 B8
Prager Informationsservice ... 7 D6
Prager Informationsservice ... (siehe 63)
Prague Sightseeing Tours ... 8 F4
Prague Venice ... 9 A5
Prague Wheelchair Users Organisation ... 10 F3
Precious Legacy Tours ... 11 C4
Travel.cz ... 12 A7

**SEHENSWERTES (S. 95)**

Astronomische Uhr ... 13 D5
Astronomischer Turm ... (siehe 53)
Haus zur goldenen Schlange (U Zlatého Hada) ... 14 B5
Bethlehemskapelle (Betlémská Kaple) ... 15 B7
Bílkova 22 (Kafkas Wohnstätte1914–1915) ... 16 D2
Celetná 2 (Kafkas Wohnstätte 1888–1889) ... 17 D5
Celetná 3 (Kafkas Wohnstätte1896–1907) ... 18 D5
Zeremoniehaus (Obradní Síň) ... 19 B3
Wälsche Kapelle (Vlašska Kaple Nanebevzetí Panny Marie) ... 20 B5
Spiegelkapelle (Zrcadlová Kaple) ... 21 B5
Karlsbrückenmuseum (Muzeum Karlova Mostu) ... 22 A5
Teynkirche (Kostel Panny Marie Před Týnem) ... 23 D5
St. Bartholomäus (Kostel sv. Bartoloměje) ... 24 B7
St. Clemens (Kostel sv. Klimenta) ... 25 B5
St. Franziskus Seraphinus (Kreuzherrenkirche, Kostel sv. Františka Serafinského) ... 26 A5
St. Gallus (Kostel sv. Havla) ... 27 D6
St. Ägidius (Kostel sv. Jiljí) ... 28 C6
St. Jakob (Kostel sv. Jakuba) ... 29 E4
St. Martin in der Mauer (Kostel sv. Martin ve Zdi) ... 30 C7
St. Niklas (Kostel sv. Mikuláše) ... 31 C4
St. Salvator (Kostel Nejsvětějšího Spasitele) ... 32 A5
Kommerzbank (Komerční Banka) ... 33 F5
Kloster St. Agnes (Klášter sv. Anežky) ... 34 E2
Kubistisches Wohnstätte ... 35 C2
Tschechisches Museu der schönen Künste (České Muzeum Výtvarných Umění) ... 36 B6
Dlouhá 16 (Kafkas Wohnhstätte 1915–1917) ... 37 D3
Dům U Černého Medvěda (Haus zum schwarzen Bären) ... 38 E4
Ständetheater (Stavovské Divadlo) ... (siehe 123)
Kafkas Wohnstätte (1907–1913) ... 39 B2
Franz-Kafka-Denkmal ... 40 D3
Rudolfgalerie ... (siehe 70)
Palais Goltz-Kinský (Palác Kinských) ... 41 D4
Palais Granovsky ... 42 D4
Hohe Synagoge (Vysoká Synagóga) ... 43 C3
Hotel Paříž ... 44 F4
Haus zum Goldenen Ring (Dům U Zlatého Prstenu) ... 45 D4
Haus zu Minute (Dům U Minuty, Kafkas Wohnstätte 1889–1996) ... 46 C5
Haus zur Steinernen Glocke (Dům U Kamenného Zvonu) ... 47 D4
Haus zur schwarzen Mutter Gottes (Dům U Černé Matky Boží) ... 48 E5
Jan-Hus-Statue ... 49 D4
Jüdisches Rathaus (Židovská Radnice) ... 50 C3
Carolinum (Univerzita Karlova) ... 51 D5
Klausensynagoge (Klausová Synagóga) ... 52 B3
Clementinum ... 53 B5
Kolowrat-Theater (Divadlo Kolowrat) ... 54 E6
Kotva ... 55 F4
Maiselsynagoge (Maiselova Synagóga) ... 56 C4
Marionettenmuseum (Muzeum Loutek) ... 57 B6
Repräsentantenhaus (Obecní Dům) ... 58 F5
Museum des tschechischen Kubismus (Muzeum Českého Kubismu) ... (siehe 48)
Kunstgewerbemuseum (Umělecko-Průmyslové Muzeum) ... 59 B3
Náprstek-Museum (Náprstkovo Muzeum) ... 60 B7
Alter Jüdischer Friedhof (Starý Židovský Hřbitov) ... 61 B3
Altstädter Brückenturm (Staroměstska Mostecká Věž) ... 62 A5
Altstädter Rathaus (Staroměstska Radnice) ... 63 D5
Altstädter Platz (Staroměstské Náměstí) ... 64 D5
Alt-Neu-Synagoge (Staronová Synagóga) ... 65 C3
Pařížská 1 (ehemaliges Haus der Familie Kafka 1913–1914) ... 66 C4
Pinkassynagoge (Pinkasova Synagóga) ... 67 B3

im Schatten der von Ladislav Šaloun im Jugendstil geschaffenen, grüblerisch wirkenden **Jan-Hus-Statue** (s. Kasten S. 24): Sie wurde am 500. Todestag Hus' enthüllt (er starb auf dem Scheiterhaufen), genau am 6. Juli 1915.

In der Nähe markiert eine Messingleiste im Boden den sogenannten **Prager Meridian**. Bis 1915 war eine Pestsäule aus dem 17. Jh. (s. Kasten S. 128) das Wahrzeichen des Platzes und genau um 12 Uhr mittags schnitt sich ihr Schatten mit dem Längengrad.

### TEYNKIRCHE Karte S. 96 f.

**Kostel Panny Marie před Týnem; Staroměstské náměstí; Eintritt frei; Di–Fr 15–17 Uhr; M Staroměstská**

Die markante Teynkirche mit ihren spitzen Türmen ist ein frühgotisches Bauwerk. Man muss heute schon etwas Fantasie haben, um das Original in seiner Gesamtheit zu erfassen, denn es wird teilweise von der vierstöckigen **Teynschule** verdeckt. Ihr Bau war zwar keine Habsburger Verschwörung, um die Hussiten-Bastion aus dem 15. Jh. in den Schatten zu stellen, stammt aber ungefähr aus der gleichen Zeit. Der Name der Kirche bezieht sich übrigens auf den **Teynhof** (S. 103) hinter dem Gotteshaus.

Obwohl sie von außen gotisch ist, erstrahlt das Innere der Teynkirche in voller Barockpracht. Am interessantesten sind der gigantische **Rokoko-Altar** an der Nordmauer und das **Grab Tycho Brahes**.

Pulverturm (Prašná Brána) .......... 68 F5
Prague Meridian .......... (siehe 64)
Heiligkreuzrotunde (Kaple sv. Kříže) .......... 69 A7
Rudolfinum .......... 70 B3
Smetana-Museum (Muzeum Bedřicha Smetany) .......... 71 A6
Spanische Synagoge (Španělská Synagóga) .......... 72 D3
Teyn Burghof .......... 73 D4
Teynschule .......... 74 D5
U Jednorožce (Zum Einhorn) .......... 75 D5
U Radnice 5 (Kafkas Geburtshaus) .......... 76 C4
Viola-Gebäude .......... 77 B8
Viselec (Abhängen) Skulptur von- David Černý .......... 78 C7
VJ-Rott-Gebäude .......... 79 C5

**SHOPPEN** (S. 157)
Anagram .......... 80 E4
Art Deco Galerie .......... 81 C6
Art Décoratif .......... 82 F4
Arzenal .......... 83 B4
Big Ben .......... 84 E4
Bohème .......... 85 D3
Botanicus .......... 86 E4
Bríc á Brac .......... 87 D4
Frey Wille .......... 88 E6
Granát Turnov .......... 89 E3
Keramika v Ungeltu .......... 90 E4
Klara Nademlýnská .......... 91 D3
Kubista .......... (siehe 48)
Le Patio Lifestyle .......... 92 D3
Maximum Undergound .......... 93 C6
Modernista .......... 94 D5
Qubus .......... 95 E3
Talacko .......... 96 E3
TEG .......... 97 D3

**ESSEN** (S. 167)
Allegro .......... 98 A4
Ambiente Pasta Fresca .......... 99 D5
Ambiente Pizza Nuova .......... 100 F3
Bakeshop Praha .......... 101 D3
Beas Vegetarian Dhaba .......... 102 D4
Casa Argentina .......... 103 F3
Country Life .......... 104 C6
Culinaria .......... 105 C7
Kabul .......... 106 A8
Káva Káva Káva .......... 107 C7
Khajuraho .......... 108 C6
Kolkovna .......... 109 D3
La Provence .......... 110 E4
Lehká Hlava .......... 111 A7
Les Moules .......... 112 C3
Lokál .......... 113 E2
Maitrea .......... 114 D4
Markt .......... 115 D6
Red, Hot & Blues .......... 116 F4
V Zátiší .......... 117 B6

**UNTERHALTUNG** (S. 207)
Agharta Jazz Centrum .......... 118 D5
Batalion .......... 119 D7
Blues Sklep .......... 120 B6
Bohemia Ticket International (BTI) .......... 121 C5
Celetná-Theater (Divadlo v Celetné) .......... 122 E5
St. Franziskus .......... (siehe 34)
Dvořáksaal (Dvořakova Sín) .......... (siehe 70)
Ständetheater (Stavovské Divadlo) .......... 123 E6
Ständetheater, Ticketschalter .......... (siehe 54)
FOK-Vorferkauf .......... 124 F4
Image-Theater .......... 125 C4
Nationaltheater der Marionetten (Narodní Divadlo Marionet) .......... 126 B4
NoD-Galerie .......... 127 E3
Prager Frühling Ticketverkauf .......... (siehe 70)
Roxy .......... 128 E3
Smetanasaal .......... (siehe 58)
Ta Fantastika .......... 129 B6
Theater am Geländer Balustrade (Divadlo Na Zábradlí) .......... 130 A6
Ticketcentrum .......... 131 D6
USP Jazz Lounge .......... 132 C6
Vagon .......... 133 C8

**AUSGEHEN** (S. 189)
Čili Bar .......... 134 D6
Duende .......... 135 A7
Friends .......... 136 B7
Grand Café Orient .......... (siehe 48)
Káva Káva Káva .......... (siehe 107)
Kavárna Obecní Dům .......... 137 F5
Kavárna Slavia .......... 138 A8
Kozička .......... 139 D3
Krásný Ztráty .......... 140 B6
Literarni Kavarna Retezova .......... 141 B6
Monarch Vinný Sklep .......... 142 C7
U Medvídků .......... (siehe 149)
U Zlatého Tygra .......... 143 B6

**SPORT & AKTIVITÄTEN** (S. 219)
City Bike .......... 144 F4
Praha Bike .......... 145 E3

**SCHLAFEN** (S. 225)
Grand Hotel Praha .......... 146 D5
Hotel Antik .......... 147 E3
Hotel Josef .......... 148 E3
Hotel U Medvídků .......... 149 C7
Old Prague Hostel .......... 150 F3
Perla Hotel .......... 151 D7
Residence Karolina .......... 152 B8
Savic Hotel .......... 153 C6
U Zeleného Věnce .......... 154 B6

**TRANSPORT** (S. 259)
Europcar .......... 155 C3

Der dänische Astronom war einer der schillerndsten Berater Rudolfs II. Er starb 1601 angeblich nach einem königlichen Gelage an einem Blasenriss – er war einfach zu höflich, um die Tafel zum Austreten zu verlassen. Auf der Innenseite der Südmauer befinden sich zwei kleine Fenster, sie sind heute verschlossen. Früher konnte man von den Zimmern des Hauses Celetná Nr. 3 durch sie hindurch in die Kirche schauen – und dort wohnte Franz Kafka während seiner „Flegeljahre" (1896–1907; s. Kasten S. 90).

Außen krönt ein bemerkenswertes Tympanon aus dem 14. Jh. das Nordportal an der Týnská ulička. Es zeigt die Kreuzigung und stammt aus der Werkstatt Peter Parlers, des Lieblingsarchitekten Karls IV. Allerdings ist das hier eine Kopie; das Original befindet sich im Lapidárium (S. 146).

Der Zugang zur Kirche erfolgt über einen Durchgang, der am Platz beginnt und durch den dritten (von der linken Seite gesehen) der insgesamt vier Bögen der Teynschule führt. Das Gotteshaus ist nur während der Messe und gelegentlich für Konzerte geöffnet. Übrigens: Der Klang der Orgel ist schlicht überwältigend.

## ST. JAKOB Karte S. 96 f.

**Kostel sv. Jakuba; Malá Štupartská 6; Eintritt frei; 9.30–12 & 14–16 Uhr; M Staroměstská**
Das großartige „Gotik-Massiv" von St. Jakob, östlich vom Teynhof, nahm im 14. Jh. als Klosterkirche der Minoriten seinen Anfang. Im

## DIE VERSCHWUNDENEN DENKMÄLER

Im 20 Jh. erlebte Prag mehrere tiefgreifende Umstürze des politischen Systems: zuerst den Übergang vom Habsburgerreich zur unabhängigen Republik Tschechoslowakei (1918), dann zur nationalsozialistischen Schreckensherrschaft (1938–1945) und zum kommunistischen Regime (1948–1989), bis schließlich erneut die Demokraten an die Macht kamen.

Mit jeder politischen Veränderung war eine umfassende Umbenennung von Straßen und Plätzen in der Stadt verbunden, um den Helden des jeweiligen Regimes gerecht zu werden. Der Platz vor dem Rudolfinum in der Altstadt z. B. trug bereits folgende Namen: Smetanovo náměstí (Smetanaplatz; 1918–1939), Mozartplatz (1939–1945) und náměstí Krasnoarmějců (Platz der Roten Armee; 1948–1989). Heute heißt er náměstí Jana Palacha (Jan-Palach-Platz; seit 1989).

Doch oft beschränkten sich die neuen Machthaber nicht nur auf Umbenennungen, sondern ließen auch die Denkmäler ihrer Vorgänger entfernen. Vier der bekanntesten „verschwundenen Monumente" Prags sind:

### Die verschwundene Jungfrau

Auf dem Altstädter Ring (Staroměstské náměstí; Karte S. 96 f. f.) ist rund 50 m südlich vom Jan-Hus-Denkmal eine runde Steinplatte im Pflaster am anderen Ende des Messingstreifens eingelassen, der den Prager Meridian (S. 98) markiert. Hier stand einst eine Mariensäule, die 1650 anlässlich des Habsburger Siegs über die Schweden zwei Jahre zuvor errichtet wurde. Sie war umgeben von Engelsfiguren, die Dämonen zermalmten und auf sie einschlugen – ein ziemlich wüstes Symbol für die wiederauflebende katholische Kirche im Kampf gegen die protestantische Reformation.

Am 3. November 1918 stürzte eine aufgebrachte Menschenmenge die Säule, die sie als Symbol für die Unterdrückung durch die Habsburger ansah. Fünf Tage zuvor hatte die Tschechoslowakei ihre Unabhängigkeit erklärt. Die Überreste der Säule können im Lapidárium (S. 146) besichtigt werden.

### Der verschwundene General

Ein prominentes Opfer des Regierungswechsels von 1918 war die Statue des Feldmarschalls Václav Radecký (1766–1858), der im deutschsprachigen Raum eher als Joseph Graf Radetzky bekannt ist. Seine Statue stand einst im unteren Teil des Kleinseitner Rings (Malostranské náměstí; Karte S. 82 f..) und befindet sich heute im Lapidárium (S. 146). Der Böhme Radecký gelangte als Heerführer der Habsburger durch den Sieg über Napoleon zu Ruhm, in den Schlachten von Custoza und Novara besiegte er außerdem die aufmüpfigen Italiener. Zu seinen Ehren komponierte Johann Strauss der Ältere den *Radetzkymarsch*. Und das Starbucks-Café hier hieß früher Radetzky Café.

frühen 18. Jh. wurde der Bau mit wunderschönen Barockelementen überarbeitet. Die Hauptattraktion im Innenraum ist im nördlichen Seitenschiff zu finden: das Grabmal des Grafen Jan Vratislav von Mitrovice, des Obersten Kanzlers Böhmens im 18. Jh.

Inmitten von Gold und Stuck stoßen Besucher auf ein gruseliges Mahnmal – an der Innenseite der Westmauer, genauer rechts oberhalb des Eingangs, hängt ein verschrumpelter menschlicher Arm. Der Legende zufolge soll um 1400 herum ein Dieb versucht haben, die kostbaren Juwelen der Marienstatue mitgehen zu lassen. Mit eisernem Griff aber umklammerte diese das Handgelenk des Frevlers so fest, dass der Arm abgehackt werden musste. Die Wahrheit liegt vielleicht gar nicht so weit entfernt: Die Kirche war bevorzugter Andachtsort der Fleischerzunft, die möglicherweise eine eigene Gerichtsbarkeit ausübte.

Allein die großartige Orgel und die tolle Akustik von St. Jakob sind schon einen Besuch wert. Recitale (kostenlos um 10.30 oder 11 Uhr nach der Sonntagsmesse) und gelegentliche Konzerte werden nicht immer von den Ticketagenturen angekündigt – daher lohnt sich ein Blick auf das Schwarze Brett, das außen angebracht ist.

## ST. NIKLAS IN DER ALTSTADT

Karte S. 96 f.

**Kostel sv Mikuláše; Staroměstské náměstí; Eintritt frei; Mo 12–16, Di–Sa 10–16, So 12–15 Uhr; M Staroměstská**

Die Niklaskirche ist der barocke „Hochzeitskuchen" an der nordwestlichen Ecke des Altstädter Rings. Sie entstand in den 1730er-Jahren nach den Plänen Kilian Dientzenhofers (und ist nicht zu verwechseln mit zwei weiteren Prager Kirchen gleichen Namens, darunter Dientzenhofers Meisterwerk auf der Kleinseite; S. 52). Mit dem Gotteshaus wurde ansehnliche Erhabenheit auf engstem Raum realisiert. Ursprünglich versteckte es sich hinter dem Nordflügel des Altstädter Rathauses. Der aber wurde 1945 zerstört.

In dem mit Stuckarbeiten verzierten Inneren finden oft Kammerkonzerte statt – allerdings ist die Kirche zwar ein optisch reizvoller, aber akustisch mittelmäßiger Veranstaltungsort.

## Der verschwundene Diktator

Wer auf dem Altstädter Ring (Karte S. 96 f. f.) steht und die schnurgerade Pařížská in Richtung Norden entlang blickt, entdeckt auf der anderen Seite der Čechův most ein riesiges Metronom (s. auch Letná Terása, S. 147) auf einer weitläufigen Terrasse. Die übertrieben wirkenden Ausmaße haben ihren Grund: Die Terrasse wurde als Standort für die weltgrößte Stalin-Statue konzipiert. 1955 – zwei Jahre nach Stalins Tod – wurde der 30 m hohe und 14 000 t schwere Koloss enthüllt: „Onkel Josef" führte zwei Reihen kommunistischer Helden an – Tschechen auf der einen, Russen auf der anderen Seite. Angesichts der ständigen Lebensmittelknappheit fanden die Prager für den Koloss schnell den Spitznamen *fronta na maso* (Schlange stehen für Fleisch).

Im Zuge von Chruschtschows Entstalinisierung wurde das Denkmal 1962 gesprengt. Der Abrisstrupp erhielt folgende Instruktionen: „Es muss schnell gehen. Keine Explosion. Und so wenig Zuschauer wie möglich." Das **Kommunismusmuseum** (S. 122) hat ein tolles Foto vom Monument – und dessen Zerstörung.

## Der verschwundene Panzer

Bis 1989 war der Kinský-Platz (náměstí Kinských; Karte S. 82 f.) am Südrand der Kleinseite unter dem Namen náměstí Sovětských tankistů (Platz der sowjetischen Panzertrupps) bekannt – zu Ehren der Sowjetsoldaten, die Prag am 9. Mai 1945 „befreiten". Jahrelang stand hier ein russischer T-34-Panzer drohend auf dem Podest: angeblich der erste beim Einmarsch in die Stadt – in Wirklichkeit aber ein späteres „Geschenk" der Sowjets.

1991 beschloss der Künstler David Černý (s. Kasten S. 41), dass der Panzer ein unangemessenes Denkmal für die Sowjetsoldaten sei und strich ihn grellrosa. Die Behörden überstrichen den Panzer wieder mit grüner Farbe und klagten Černý wegen Verbrechen gegen den Staat an. Das brachte viele Abgeordnete auf die Barrikaden; zwölf von ihnen schwangen selbst den Pinsel und sorgten so erneut für einen „Pink Panzer". Ihre parlamentarische Immunität bewahrte sie vor der Verhaftung – und auch Černý kam wieder frei.

Nachdem sich die Russen beschwert hatten, wurde der Panzer schließlich entfernt. Mittlerweile umgeben Parkbänke den runden Springbrunnen am früheren Standort. Die gigantische Granitplatte in der Mitte durchzieht ein gezackter Riss. Ein symbolischer Bruch mit der Vergangenheit? Den rosa Panzer jedenfalls gibt's immer noch. Zu sehen ist er im Militärhistorischen Museum von Lešany (bei Týnec nad Sázovou) 30 km südlich von Prag.

### PALAIS GOLTZ-KINSKY Karte S. 96 f.

**Palác Kinských; ☎ 224 810 758; Staroměstské náměstí 12; Erw./Kind 100/50 Kč; 🕑 Di–So 10–18 Uhr; Ⓜ Staroměstská**

Hinter Prags wahrscheinlich schönster Rokoko-Fassade verbirgt sich das spätbarocke Palais Goltz-Kinsky, an dem der angesehene Kilian Dientzenhofer die Arbeiten 1765 beendete (s. S. 52). Alfred Nobel, der Erfinder des Dynamits, machte hier seine Aufwartung. Wer weiß, vielleicht hat ihn sein Interesse an der Pazifistin Bertha Kinsky zur Stiftung des Friedensnobelpreises bewegt. Viele der älteren Prager verbinden mit dem Gebäude eine wesentlich unangenehmere Erinnerung: Vom Balkon proklamierte Klement Gottwald im Februar 1948 die kommunistische Machtübernahme in der Tschechoslowakei.

Auch in diesem Gebäude gibt es Verbindungen zu Kafka: Der junge Franz besuchte einst eine Schule auf der Rückseite des Gebäudes; und sein Vater hatte dort einen Laden, wo heute der Kafka-Buchladen (s. Kasten S. 90) untergebracht ist.

Heute beherbergt das Palais eine Zweigstelle der Nationalgalerie mit einer Sammlung von tschechischen Landschaftsmalereien aus dem 17. bis 20. Jh. Außerdem sind immer mal wieder Ausstellungen mit zeitgenössischer Kunst zu Gast. Bei Redaktionsschluss für diese Auflage war das Palais gerade wegen Renovierungsarbeiten geschlossen; es sollte aber bald wieder geöffnet werden und dann auch die Sammlung orientalischer Kunst aus der Nationalgalerie aufnehmen.

### HAUS ZUM GOLDENEN RING Karte S. 96 f.

**Dùm U kamenného zvonu; ☎ 224 827 526; Staroměstské náměstí 13; Erw./Kind 120/60 Kč; 🕑 Di–So 10–18 Uhr; Ⓜ Staroměstská**

Gleich neben dem Palais Goltz-Kinský steht dieses elegante, mittelalterliche Gebäude. Dessen gotische Erhabenheit aus dem 14. Jh., die Ende des 19. Jhs. hinter einer zweitklassigen barocken Fassade verschwand, wurde seit den 1960er-Jahren wieder schrittweise freigelegt; u. a. kam auch das originale Mauerwerk zum Vorschein. Die namengebende steinerne Glocke befindet sich an der Ecke des Gebäudes. Die zwei restaurierten gotischen Kapellen im Innern dienen heute als Zweigstellen der Galerie der Hauptstadt Prag

## DIE ASTRONOMISCHE UHR

1410 errichtete der Uhrmachermeister Mikuláš von Kadaně für den Altstädter Rathausturm eine Uhr. Meister Hanuš verbesserte sie 1490 – von ihm stammt das mechanische Wunderwerk, das man heute besichtigen kann. Die Legende erzählt, dass Hanuš danach geblendet wurde, um ihn so daran zu hindern, nochmals eine vergleichbare Uhr zu bauen. Um Rache zu nehmen, soll er dann in das Uhrwerk geklettert sein und es außer Gefecht gesetzt haben. Zeitgenössische Dokumente belegen allerdings, dass er bei vollem Augenlicht weiterhin als Uhrmacher tätig war – aber offenbar funktionierte die Uhr nicht richtig, bis sie um 1570 repariert wurde.

Neben der Uhr symbolisieren vier Figuren die Urängste der Bürger Prags im 15. Jh.: die Eitelkeit (mit Spiegel), die Raffgier (mit einem Geldsäckel; der ursprüngliche jüdische Geldverleiher wurde jedoch nach dem Zweiten Weltkrieg einer „Schönheitsoperation" unterzogen), der Tod und die Heidnische Invasion (in Form eines Türken). Darunter tummeln sich ein Stadtschreiber, ein Engel, ein Astronom und ein Philosoph.

Zur vollen Stunde läutet der Tod seine Glocke und dreht sein Stundenglas um. Die Zwölf Apostel paradieren durch die Fenster über der Uhr und nicken der Menge zu. Links sind Paulus (mit Schwert und Buch), Thomas (mit Lanze), Judas (mit Buch), Simon (mit Säge), Bartholomäus (mit Buch) und Barnabas (mit Pergament) zu sehen, rechts Petrus (mit Schlüssel), Matthäus (mit Axt), Johannes (mit Schlange), Andreas (mit Kreuz), Philippus (mit Kreuz) und Jakobus (mit Holzhammer). Am Ende der Prozession kräht ein Hahn und die Turmuhr schlägt.

Im Zentrum des oberen Ziffernblatt kann man bei genauerem Hinschauen alle Teile der Welt erkennen, die zum Zeitpunkt der Entstehung der Uhr bekannt waren – natürlich mit Prag als Zentrum. Die goldene Sonne durchläuft folgende Bereiche: Blau steht für den Tag, das braune Feld für den Sonnenuntergang (auf Latein *crepusculum*) im Westen (*occasus*). Die schwarze Scheibe repräsentiert die Nacht, der Sonnenaufgang (*aurora*) erfolgt im Osten (*ortus*) – aus diesem System lässt sich der Zeitpunkt von Sonnenauf- und -untergang ablesen. Die geschwungenen Linien mit schwarzen arabischen Ziffern gehören zu einer astrologischen „Sternenuhr".

Auf dem Ring mit den römischen Ziffern weist der Sonnenzeiger auf die jeweilige Stunde (ohne Rücksicht auf Sommer- und Winterzeit). Die obere „XII" bedeutet „Mittag", die untere „Mitternacht". Die gotischen Ziffern auf dem äußeren Ring zählen die traditionellen 24 Stunden der Böhmischen Zeit (gemessen ab Sonnenuntergang) – die „24" befindet sich stets gegenüber der Stunde des Sonnenuntergangs auf dem festen (inneren) Ziffernblatt. Auch der Mond zieht mit seinen jeweiligen Phasen seine Bahn durch die Felder von Tag und Nacht. Er läuft auf dem separaten beweglichen Ring. Daraus lässt sich auch schließen, in welchem Abschnitt des Tierkreises sich Sonne und Mond gerade befinden. Ein kleiner Stern am Ende eines weiteren Zeigers zeigt die siderische Zeit (Sternenzeit) an.

Das Kalendarium unter all dieser astronomischen Zauberei ist ein Duplikat eines Gemäldes von 1866. Es stammt von Josef Mánes, einem Anhänger der tschechischen Nationalen Wiedergeburt. Passend zu jedem Monat des Jahres wird in zwölf Szenen das böhmische Landleben gepriesen. Im Museum der Hauptstadt Prag (S. 117) kann das wunderschöne Original aus nächster Nähe betrachtet werden. Die meisten Daten des Kalendariums tragen die Namen der dazugehörigen Heiligen – der 6. Juli ist Jan Hus gewidmet.



(mit wechselnden Ausstellungen moderner Kunst) und als Veranstaltungsort für Kammerkonzerte.

### ALTSTÄDTER RATHAUS Karte S. 96 f.

**Staroměstská radnice; ☎ 12444; Staroměstské náměstí 1; unterschiedliche Tickets für geführte Tour & Eintritt zum Turm, jeweils Erw./Kind 100/50 Kč; ⌚ April–Okt. Mo 11–18, Di–So 9–18 Uhr, Nov.–März Di–Sa 9–17, So 11–17 Uhr; Ⓜ Staroměstská**

Das Altstädter Rathaus in Prag wurde 1338 in Auftrag gegeben. Es besteht aus einem Sammelsurium mittelalterlicher Gebäude, das über die Jahrhunderte hinweg Stück für Stück erworben und erweitert wurde. Über allem thront ein hoher gotischer Turm, an dem die berühmte prächtige Astronomische Uhr (s. oben) zu bestaunen ist. Der Haupteingang befindet sich links der Uhr, südwestlich davon schließt sich das Haus zur Minute (dům U minuty) mit seinen Arkaden und den Renaissance-Sgraffitos an. Franz Kafka lebte hier (1889–1896) als Kind, bevor das Gebäude vom Stadtrat gekauft wurde.

Das Rathaus beherbergt nicht nur die zentrale Touristeninformation der Altstadt, sondern im Erdgeschoss und im 1. Stock auch verschiedene historische Attraktionen und Kunstausstellungen (Erw./erm. 40/20 Kč). Die geführte Tour bringt die Besucher in den Rathaussaal und in den Sitzungssaal, der noch mit aus den 1930er-Jahren stammenden wunderschönen Mosaiken verziert ist. Danach kann die gotische Kapelle besichtigt und ein Blick hinter die Kulissen der Zwölf Apostel geworfen werden, die jede Stunde oberhalb der Astronomischen Uhr vorbeiziehen. Die Tour wird abgerundet mit einem Abstecher durch die romanischen und gotischen Keller unter dem Gebäude. Das schönste Highlight des Rathauses ist aber vielleicht die Aussicht von seinem 60 m hohen Turm, die den Aufstieg allemal wert ist (ach ja, es gibt auch einen Lift). Die Gegend rund ums Rathaus ist eine der belebtesten Ecken des Altstädter Rings. Besonders während des stündlich stattfindenden Apostelumzugs an der Astronomischen Uhr kommt man nur noch im Schneckentempo vorran. Auf einer Tafel rechts um die Ecke, an der Ostfassade des Gebäudes, sind die Namen der 27 protestantischen Adligen aufgelistet, die hier 1621 nach der Schlacht am Weißen Berg geköpft wurden. Weiße Kreuze am Boden markieren die Stelle, an der die Urteile vollstreckt wurden. Eine weitere Tafel erinnert an einen entscheidenden Sieg, den die Rote Armee im Zweiten Weltkrieg zusammen mit tschechoslowakischen Einheiten am Dukla-Pass in der Slowakei errang. An anderer Stelle wird der tschechischen Partisanen gedacht, die am Prager Aufstand am 8. Mai 1945 ihr Leben ließen. Wer den neugotischen Giebel an der Ostseite genauer betrachtet, wird erkennen, dass die rechte Seite abrupt endet. Der einstige Nordflügel wurde 1945 von der deutschen Wehrmacht in die Luft gesprengt – einen Tag bevor die Rote Armee in die Stadt einmarschierte.

### TEYNHOF Karte S. 96

**Týnský dvůr; Eingänge an den Straßen Malá Štupartská & Týnská ulička; Eintritt frei; 24 Std.; M Staroměstská**

Dieser malerische Hof versteckt sich hinter der Teynkirche und war ursprünglich eine Art mittelalterliche Karawanserei – befestigtes Gasthaus, Handelszentrum und Zollbüro für fremde Händler auf der Durchreise. Da er bereits im 11. Jh. gegründet wurde, ist noch häufig sein deutscher Namen „Ungelt" (eine mittelalterliche Abgabe) zu hören. Während der Herrschaft von Karl IV. erlebte der Teynhof seine Blütezeit – der Handel florierte. Der mittlerweile schön renovierte Hof beherbergt heute Läden, Restaurants und Hotels.

In der nordwestlichen Ecke steht das aus dem 16. Jh. stammende Palais Granovsky mit seiner eleganten Renaissance-Loggia, Sgraffitos und gemalten Verzierungen, die biblische und mythologische Szenen darstellen. Auf der anderen Seite des Hofs, rechts vom Laden V Ungeltu, steht das Haus zum schwarzen Bären (dům U černého medvěda); an dessen Barockfassade ist über der Tür eine Statue vom hl. Johannes von Nepomuk zu sehen. An der Ecke befindet sich ein Bär in Ketten, der an die fragwürdige „Unterhaltung" erinnert, die hier einst geboten wurde..

## JOSEFSTADT (JOSEFOV)

Ein halbes Dutzend alter Synagogen, ein Rathaus und der Alte Jüdische Friedhof sind alles, was von dem einst so florierenden Jüdischen Viertel in der Josefstadt übrig geblieben ist. Dieser Teil der Altstadt wird von den Straßen Kaprova, Dlouhá und Kozí begrenzt. Die meisten Gebäude des Viertels wurden Ende des 19. und zu Beginn des 20. Jhs. zerstört, als im Zuge einer großangelegten Neugestaltung der Josefstadt die alten Ghettos ausgedehnten, neuen Apartmentkomplexen weichen mussten.

Seit Anfang des 20. Jhs. verläuft ein breiter Boulevard, die Pařížská třída (Pariser Avenue), schnurgerade durch das Herz der alten Elendsviertel. Damals war der Jugendstil schwer in Mode: Entlang der neuen Prachtstraße und ihrer Seitenstraßen schossen elegante Wohnhäuser aus dem Boden, verziert mit Buntglasfenstern und bildhauerischen Schnörkeln. Innerhalb des letzten Jahrzehnts sich die Pařížská in eine glitzernde Einkaufsmeile verwandelt, auf der sich weltbekannte Nobelmarken wie Dior, Louis Vuitton und Fabergé tummeln.

Der Jan-Palach-Platz (Náměstí Jana Palacha; Karte S. 96 f.) am Moldauufer ist nach dem jungen Studenten der Karlsuniversität benannt, der sich im Januar 1969 auf dem Wenzelsplatz selbst verbrannte, um so gegen die militärische Niederschlagung des Prager Frühlings durch Truppen des Warschauer Pakts (s. Kasten S. 31) zu protestieren. Auf der Ostseite des Platzes erinnert eine Bronzegedenktafel mit einer geisterhaften Totenmaske an Palach. Sie befindet sich am Eingang zur Philosophischen Fakultät, an der er studierte.

Der Platz liegt im Schatten des Rudolfinums aus dem Jahr 1884. Neben der Heimat der tschechischen Philharmoniker entwarfen die Architekten Josef Schulz und Josef Zítek auch das Nationaltheater. Beide Bauwerke gelten als Paradebeispiele für die Prager Neorenaissance. Zwischen den Kriegen tagte im Rudolfinum das tschechoslowakische Parlament. Und im Zweiten Weltkrieg installierten hier die nationalsozialistischen Besatzer ihre Verwaltungszentrale (s. Kasten S. 106).

## AGNESKLOSTER Karte S. 96 f.

**Klášter sv. Anežky; ☎ 224 810 628; www.ngprague.cz; U Milosrdných 17; Erw./Kind 150/80 Kč; ⏲ Di–So 10–18 Uhr; 🚋 5, 8, 14; ♿**

Im Nordosten der Altstadt steht das ehemalige Agneskloster, Prags ältestes noch vorhandenes Gotikbauwerk. Im 1. Stock befindet sich eine Dauerausstellung der Nationalgalerie mit mittelalterlicher Kunst (1200–1550) aus Böhmen und Mitteleuropa.

1234 gründete der Přemyslidenkönig Wenzel I. den franziskanischen Klarissenorden. Er ernannte seine Schwester Agnes (Anežka) zur ersten Äbtissin. Im 19. Jh. wurde sie selig gesprochen, im November 1989 dann erklärte sie – sicherlich kein Zufall – Papst Johannes Paul II. nur wenige Wochen vor den revolutionären Ereignissen dieses Jahres zur hl. Agnes von Böhmen.

Im 16. Jh. gingen die Gebäude in den Besitz der Dominikaner über. Unter dem Habsburger Joseph II., 1780–1790 König von Böhmen, wurde das Kloster aufgelöst und fortan zu einem Paradies für Obdachlose. Erst in den 1980er-Jahren begann man damit, die Klosteranlagen zu restaurieren und zu renovieren. Zusätzlich zum Kreuzgang aus dem 13. Jh. können die Besucher auch die im Stil der französischen Gotik erbauten **Salvatorkirche** besichtigen. Hier befinden sich die Gräber der hl. Agnes und der Königin Kunigunde, der Ehefrau Wenzels I. In der kleineren **Franziskuskirche** daneben liegt Wenzel I. begraben. Teile des zerstörten Hauptschiffs dienen heute als kühle Konzerthalle.

Die Galerie ist für Rollstuhlfahrer gut zugänglich. Der Kreuzgang im Erdgeschoss enthält eine Ausstellung mit zwölf Abgüssen mittelalterlicher Skulpturen, die man auch mit den Händen anschauen darf (Erklärungen in Blindenschrift).

## KUNSTGEWERBEMUSEUM Karte S. 96 f.

**Umělecko-průmyslové muzeum; ☎ 251 093 111; www.upm.cz; 17. listopadu 2; Dauerausstellung Erw./Kind 80/40 Kč, Sonderausstellungen 80/40 Kč, Kombiticket 120/70 Kč; ⏲ Di 10–19, Mi–So bis 18 Uhr; Ⓜ Staroměstská**

Das Museum öffnete 1900 seine Pforten. Es verstand sich als Teil einer europäischen Bewegung, die sich die Wiederbelebung der ästhetischen Werte auf die Fahne geschrieben hatte, die der industriellen Revolution zum Opfer gefallen waren. Die vier Säle sind ein optischer Leckerbissen: Zu sehen sind Exponate aus dem 16.–19. Jh., z. B. Möbel, Wandteppiche und Porzellan. Hinzu kommt eine wunderbare Glassammlung.

Doch schon das Neorenaissance-Gebäude an sich ist ein Kunstwerk. Die Fassadenreliefs stehen für verschiedene Kunstgewerbe und die böhmischen Städte, die sich mit ihnen einen Namen gemacht haben. Von der Eingangshalle führt ein Treppenhaus hinauf zur Hauptausstellung im 2. Stock; verziert ist es mit herrlichem Dekor aus farbenfroher Keramik, Buntglasfenstern und Fresken. Letztere repräsentieren neben grafischen Künsten und der Metallverarbeitung auch die Töpfereikunst, die Glasherstellung und das Goldschmiedehandwerk. Am oberen Ende der Treppe öffnet sich der prächtige **Weihesaal** mit dem **Karlstein-Schatz**. Der Silberhort aus dem 14. Jh. wurde im 19. Jh. in den Mauern der Burg Karlstein (s. S. 244) entdeckt.

Rechts gibt's eine Textilausstellung sowie ein paar faszinierende Uhren, Armbanduhren, Sonnenuhren und astronomische Gerätschaften zu sehen. Richtig interessant wird's dagegen links im **Glas- und Keramiksaal** – die Sammlung dort umfasst u. a. exquisite barocke Glaswaren und herrliches Meissner Porzellan. Außerdem werden tschechische Glaserzeugnisse, Keramik und Möbel aus den Stilepochen Kubismus, Jugendstil und Art déco ausgestellt. Die schönsten Stücke stammen von Josef Gočár und Pavel Janák. Die Grafikkunst-Abteilung zeigt einige geniale Jugendstilplakate, während die Gold- und Schmuckausstellung mit ein paar echten Kuriositäten neugierige Blicke auf sich zieht: eine chinesische Nashornvase (mit Silbersockel), ein schmucker Nautiluspanzer (mit eingravierten Schlachtszenen) und ein silberner Uhrenkasten (in Form eines Schädels). Außerdem sind noch die böhmische Granatbroschen, Kelche aus dem 14. Jh., diamantbesetzte Monstranzen und Jugendstil-Silberwaren erwähnenswert.

Die Exponate sind auf Tschechisch beschriftet, doch in allen Räumen sind detaillierte Erklärungen auf Englisch und Französisch vorhanden. Man bekommt immer nur einen Bruchteil der Sammlung zu Gesicht – weitere Stücke gibt es dann und wann bei Sonderausstellungen zu sehen. Donnerstags von 17 bis 19 Uhr ist der Eintritt frei.

## JÜDISCHES MUSEUM PRAG

**Židovské muzeum Praha; ☎ 222 317 191; www.jewishmuseum.cz; Ticketschalter, U Starého Hřbitova 3a; einfaches Ticket Erw./Kind 300/200 Kč, Kombiticket 480/320 Kč; ⏲ April–Okt. So–Fr 9–18 Uhr,**

**Nov.–März So–Fr bis 16.30 Uhr, an jüdischen Feiertagen geschl.; Ⓜ Staroměstská**

Das Jüdische Museum Prag hat seine Anfänge im Jahr 1906. Damals wurde es errichtet, um Artefakte aus Synagogen zu erhalten, die während der „Aufräumarbeiten" in den Josefstädter Ghettos um 1900 zerstört worden sind. Eine besonders zynisch Fratze zeigte dann das deutsche Naziregime, als es die Verwaltung des Jüdischen Museums mit der Absicht übernahm, ein Museum über „eine ausgestorbene Rasse" zu errichten. Sie verfrachteten Besitztümer ermordeter jüdischer Gemeinden aus ganz Böhmen und Mähren hierher. Ungewollt trugen sie damit zur Anhäufung der wahrscheinlich weltgrößten Sammlung von heiligen jüdischen Artefakten bei, die heute zu einer bewegenden Dokumentation von sieben Jahrhunderten Unterdrückung der tschechischen Juden gehört.

Das Museum umfasst sechs jüdische Stätten, die sich alle dicht gedrängt in Josefstadt befinden: die Maiselsynagoge, die Pinkassynagoge, die Spanische Synagoge, die Klausensynagoge, das Zeremonienhaus und der Alte Jüdische Friedhof.

Nicht dem Museum unterstellt ist die Altneusynagoge, in der immer noch Gottesdienste abgehalten werden. Dennoch gibt es ein Kombiticket, mit der auch die Altneusynagoge besichtigt werden kann. Wer nur wenig Zeit hat, sollte sich auf diese und den Alten Jüdischen Friedhof beschränken.

Das normale Ticket berechtigt zum Eintritt zu den sechs Stätten des Museums. Mit einem extra Kombiticket kann zusätzlich auch die Altneusynagoge besichtigt werden. Der Eintritt nur für die Altneusynagoge kostet 200/140 Kč. Tickets können am Ticketschalter (s. Adresse gegenüber), an der Pinkassynagoge, der Spanischen Synagoge und im Laden gegenüber vom Eingang zur Altneusynagoge gekauft werden. Die Warteschlange an der Spanischen Synagoge ist erfahrungsgemäß die kürzeste.

Die von 1270 stammende **Altneusynagoge** (Staronová synagóga; Karte S. 96 f.; Červená 2;) ist Europas älteste Synagoge, die noch als Gotteshaus dient und zugleich eines von Prags ersten gotischen Bauwerken. Sie liegt unter dem heutigen Straßenniveau, da sie in mittelalterlichen Zeiten vor der Aufschüttung der Altstadt (zum Hochwasserschutz) errichtet wurde – man muss also Treppen hinuntersteigen. Männliche Besucher müssen außerdem eine Kopfbedeckung tragen (Hut oder Kopftuch gehen in Ordnung, Papier-Kippas gibt's am Eingang). Rund um den zentralen Andachtsraum verteilen sich eine Eingangshalle, ein Gebetssaal für den Winter und die Frauengalerien – im Hauptraum dürfen nur Männer beten. Die Inneneinrichtung wurde in den letzten 500 Jahren kaum verändert. Um die Kanzel verläuft ein schmiedeeisernes Gitter aus dem 15. Jh. Und bei einer späteren „Restaurierung" kamen an den Wänden Inschriften aus dem 17. Jh. zum Vorschein. An der Ostmauer befindet sich die Heilige Lade mit den Torarollen. In einem Glaskasten im hinteren Bereich beleuchten kleine Glühbirnen die Namen prominenter Verstorbener an ihren jeweiligen Todestagen.

Mit ihrem steil aufragenden Dach und den gotischen Giebeln wirkt die Synagoge sehr geheimnisvoll. So endet hier auch zumindest eine Version der Golem-Legende: An einem heiligen Sabbat vergisst es Rabbi Löw, der von ihm geschaffenen Kreatur das Pergamentröllchen mit dem unaussprechlichen Namen Gottes, das den Golem mit Leben füllt, aus dem Mund zu nehmen. Als Löw ihn hier alleine zurücklässt, um einen Gottesdienst zu feiern, beginnt der Golem zu rasen – hin- und hergerissen zwischen seiner Bestimmung, arbeiten zu müssen, und dem Ruhegebot am Sabbat. Der Rabbi stürmt daraufhin mitten aus einem Gottesdienst und entreißt ihm das Pergamentröllchen. Anschließend schleppt er den leblosen Körper auf den Dachboden der Synagoge, wo er angeblich heute noch liegt.

Auf der anderen Seite der schmalen Straße steht die elegante **Hohe Synagoge** (Vysoká synagóga; Karte S. 96 f.) aus dem 16. Jh. Der Name leitet sich von dem nicht öffentlich zugänglichen Gebetssaal im Obergeschoss ab. Mordechaj Maisel erbaute 1586 das **Jüdische Rathaus** (Židovská radnice; Karte S. 96 f.), das der Öffentlichkeit ebenfalls nicht zugänglich ist und sich an die Hohe Synagoge anschließend gegenüber der Altneusynagoge findet. Im 18. Jh. erhielt es seine Rokokofassade. Übrigens, genau hingeschaut: Auf dem hebräischen Ziffernblatt des Uhrenturms laufen die Zeiger in Anlehnung an die jüdische Heilige Schrift rückwärts.

In der hübschen 1535 fertiggestellten **Pinkassynagoge** (Pinkasova synagóga; Karte S. 96 f.; Široká 3) fanden bis 1941 Gottesdienste statt. Nach dem Zweiten Weltkrieg wurde sie zu einer Gedenkstätte umgewandelt: Die Wände tragen die Namen und Geburtsdaten aller 77 297 Juden aus Böhmen und Mähren, die

## MENDELSSOHN AUF DEM DACH

Das Dach des Rudolfinum (s. unten) zieren Statuen berühmter Komponisten. Im Zweiten Weltkrieg befand sich hier die deutsche Hauptverwaltung, die anordnete, die Statue des Juden Felix Mendelssohn zu entfernen.

*Mendelssohn auf dem Dach* ist eine düster-komische Erzählung über das Leben in Prag während des Zweiten Weltkriegs. Der jüdische Autor Jiří Weil strickt seine ironische, amüsante Geschichte rund um eine wahre Begebenheit: Zwei tschechische Arbeiter werden mit der Entfernung der Statue beauftragt; sie können Mendelssohn jedoch nicht unter den rund zwei Dutzend Figuren identifizieren – in ihren Augen sehen sie alle gleich aus. Ihr tschechischer Boss erinnert sich an seine Lektion in „Rassenkunde" und erzählt ihnen, dass alle Juden große Nasen haben: „Der mit dem größten Zinken ist der Jude."

So halten die Arbeiter nach der Statue mit dem größten Riechorgan Ausschau: „Aha! Der da drüben mit der Baskenmütze. Kein anderer hat so eine Nase." Sie legen eine Schlinge um den Hals des Standbilds und beginnen es umzukippen. Als ihr Chef den Fortschritt der Arbeiten kontrolliert, trifft ihn fast der Schlag. Seine Untergebenen stürzen gerade die Figur des einzigen Komponisten auf dem Dach, der ihm überhaupt etwas sagt: Richard Wagner.

während des nationalsozialistischen Regimes ermordet wurden. Außerdem ist eine Sammlung an Bildern und Zeichnungen von Kindern ausgestellt, die während des Zweiten Weltkriegs im KZ Theresienstadt (s. S. 249) inhaftiert waren.

Von der Pinkassynagoge geht es zum Anfang des 15. Jhs. gegründeten **Alten Jüdischen Friedhof** (Starý židovský hřbitov; Karte S. 96 f.; Eingang an der Široká), dem ältestem erhaltenem jüdischen Friedhof Europas. Auch zwei Jahrhunderte nach der letzten Bestattung 1787 ist die Atmosphäre der Trauer immer noch deutlich zu spüren. Jedoch darf man eines dabei nicht vergessen: Der Friedhof ist eine der beliebtesten Attraktionen Prags – wer sich Momente der Ruhe und Besinnlichkeit erhofft, wird wahrscheinlich enttäuscht werden. Etwa 12 000 vor sich hin bröckelnde Grabsteine – einige wurden von anderen, längst nicht mehr existierenden Friedhöfen hierher gebracht – bilden ein Meer aus grauen Steinen. Unter diesen verbergen sich allerdings über 100 000 Gräber in mehreren Schichten: Da nach jüdischem Gesetz Gräber nicht aufgelöst werden dürfen und der Platz knapp wurde, häufte man neues Erdreich an.

Zwei Marmortafeln mit einem „Dach" dazwischen kennzeichnen die berühmtesten Gräber in der Nähe des Haupteingangs. Hier liegen u. a. die sterblichen Überreste von Mordechaj Maisel und Rabbi Löw. Der älteste Stein – mittlerweile durch eine Kopie ersetzt – gehört zum Grab von Avigdor Karo. Der Oberrabiner und Hofdichter Wenzels IV. starb 1439. Die meisten Steine tragen den Namen des Verstorbenen und dessen Vaters, den Todestag (manchmal auch Beerdigungsdatum) und poetische Texte. Basreliefs und Skulpturen zieren kunstvolle Grabmale aus dem 17. und 18. Jh., die mitunter den Beruf der Toten versinnbildlichen. Zwei Hände z. B. deuten auf das Grab eines Pianisten hin.

Nach der Schließung des Friedhofs fanden jüdische Beerdigungen auf dem **Jüdischen Friedhof** (S. 142) in Žižkov statt. Am Fuße des Fernsehturms in Žižkov (s. S. 142) befinden sich noch Überreste einer weiteren alten jüdischen Grabstätte.

Man verlässt den Friedhof durch ein Tor zwischen der **Klausensynagoge** (Klausová Synagóga; Karte S. 96 f.) und dem **Zeremonienhaus** (Obřadní síň; Karte S. 96 f.). In beiden Gebäuden beleuchten Ausstellungen die Zeremonien bei jüdischen Gottesdiensten, Familienfesten, Geburten, Hochzeiten und an Bar Mitzwah.

Einen Block weiter südöstlich steht die neugotische **Maiselsynagoge** (Maiselova synagóga; Karte S. 96 f.; Maiselova 10), die einen Vorgängerbau aus der Renaissance ersetzt. Dieser wurde von Mordechaj Maisel, dem Bürgermeister der jüdischen Gemeinde, 1592 als Familienbethaus errichtet. Die Synagoge beherbergt eine Ausstellung über die Geschichte der Juden in Böhmen und Mähren vom 10. bis zum 18. Jh. Gezeigt werden u. a. Tafelsilber, Stoffe, Drucke und Bücher.

Zwei Blocks weiter östlich der Maiselsynagoge steht schließlich die 1868 fertiggestellte **Spanische Synagoge** (Španělská synagóga; Karte S. 96 f.; Vězeňská 1). Sie ist nach ihrem atemberaubenden maurischen Innendekor benannt. Eine interessante Ausstellung widmet sich der Geschichte der tschechischen Juden von der Aufklärung bis heute.

### RUDOLFINUM Karte S. 96 f.

**☎ 227 059 270; www.rudolfinum.cz; Alšovo nábřeží 12; 🚊 17, 18**

Das Rudolfinum besteht aus einem im späten 19. Jh. erbauten Komplex aus Konzertsälen und Büros, die im Stil der Neorenaissance errichtet wurden. Heute ist es die Heimat des Tschechischen Philharmonieorchesters. Der eindrucksvolle **Dvořáksaal**, auf dessen Bühne eine riesige Orgel steht, ist einer der Hauptveranstaltungsorte der Konzerte, die während des Musikfestivals Prager Frühling (s. Kasten S. 216) stattfinden. Zwischen 1918 und 1938 diente das Rudolfinum als Sitz des tschechoslowakischen Parlaments.

Im nördlichen Teil der Anlage (Eingang zum Fluss hin) ist die **Rudolfinum-Galerie** (☎ 227 059 205; www.galerierudolfinum.cz; Erw./Kind 120/60 Kč, Kombiticket mit dem Kunstgewerbemuseum 180/100 Kč; ⌚ Di–So 10–18 Uhr, Do bis 20 Uhr) untergebracht. Diese Galerie hat sich auf wechselnde Ausstellungen zeitgenössischer Kunstwerke spezialisiert. Inmitten der Pracht der herrlichen **Säulenhalle** sind die Tische eines teuren Cafés angeordnet.

## DER KRÖNUNGSWEG

Der Krönungsweg (Královská cesta) war die rituelle Route, auf der die böhmischen Könige einst zur Krönung im St.-Veits-Dom durch die Stadt zogen. Er beginnt am Pulverturm (Prašná brána; S. 110) und führt entlang der Celetná zum Altstädter Ring und weiter zum Kleinen Ring (Malé náměstí). Danach geht's über Karlova und Karlsbrücke hinüber zum Kleinseitner Ring (Malostranské náměstí). Das letzte Teilstück hinauf zur Burg bildet die steile Nerudova. Die einzige Prozession, die sich heute noch täglich ihren Weg durch diese Straßen bahnt, ist die der Touristen. Sie drängen sich durch die Gassen mit bunten Souvenirshops und gelangweilt dreinblickenden Flyerverteilern. Eine weniger belebte Strecke beschreibt der Stadtspaziergang auf S. 112.

Die für Fahrzeuge gesperrte **Celetná** vom Pulverturm zum Altstädter Ring ist ein einziges Freiluftmuseum: Pastellfarbene Barockfassaden verhüllen die gotische Bausubstanz. Das Ganze steht auf romanischen Fundamenten, die absichtlich zugeschüttet wurden – die Erhöhung diente zum Schutz der Altstadt vor dem Moldauhochwasser. Das vielleicht interessanteste Gebäude ist allerdings Josef Gočárs reizendes, 1912 fertiggestelltes **Haus zur Schwarzen Mutter Gottes** (dům U černé Matky Boží), in dem heute das Museum des Tschechischen Kubismus (S. 109) untergebracht ist.

Der Kleine Ring (Malé náměstí; Karte S. 96 f.) erweitert im Südwesten den Altstädter Ring. Neben einem Renaissance-Springbrunnen und einem schmiedeeisernen Gitter aus dem 16. Jh. sind hier herrliche Barock- und Neorenaissancefassaden zu sehen, die zu einigen der ältesten Bauwerken der Altstadt gehören. Das farbenprächtigste ist das **Gebäude V. J. Rott** von 1890 – dafür sind u. a. die Wandbilder von Mikulaš Aleš verantwortlich. In diesem Haus ist die neue Prager Version des Hard Rock Cafés untergebracht.

An der Südwestecke des Platzes führt ein scharfer Knick zur schmalen gepflasterten **Karlova** (Karlsstraße; Karte S. 96 f.), die den Kleinen Ring mit der Karlsbrücke verbindet. Diese Ecke der Altstadt wird normalerweise von riesigen Touristenscharen heimgesucht. Trotzdem sollte man aber an der Ecke Karlova/Liliová ein Blick auf das **Haus zur Goldenen Schlange** (U zlatého hada) werfen: In Prags ältestem Kaffeehaus schenkte 1708 ein Armenier namens Deomatus Damajan erstmals das schmackhafte koffeinhaltige Gebräu aus.

Die Karlova schlängelt sich an der gewaltigen Südmauer des Clementinums (S. 108) entlang und trifft am Křižovnické náměstí (Kreuzherrenplatz) auf die Moldau. An der Nordseite des Platzes ragt die **Kreuzherrenkirche** (auch St. Franziskus Seraphikus; kostel sv. Františka Serafinského) aus dem 17. Jh. in den Himmel. In ihrem Inneren ziert ein Fresko mit einer Darstellung des Jüngsten Gerichts die Kuppel. Das Gotteshaus gehört den Kreuzherren mit dem Roten Stern, Böhmens einzigem heute noch aktiven Ritterorden.

Wo sich früher die Altstädter Mühle befand, erstreckt sich nun die Novotného lávka (Karte S. 96 f.) gleich südlich der Karlsbrücke. Die sonnige Uferterrasse voller überteuerter *vinárny* (Weinbars) offenbart tolle Ausblicke auf Brücke und Burg. Ihr anderes Ende wird von einer Statue des Komponisten Bedřich Smetana beherrscht.

### KARLSBRÜCKENMUSEUM Karte S. 96 f.

**Muzeum Karlova mostu; ☎ 776 776 779; www.charlesbridgemuseum.com; Křižovnické náměstí 3; Erw./erm. 150/70 Kč; ⌚ Mai–Sept. 10–20 Uhr, Okt.–April bis 18 Uhr; Ⓜ Staroměstská**

Die Ritter des Ordens der Kreuzherren mit dem roten Stern aus dem 13. Jh. waren die Wächter der Judithbrücke (und deren Nachfolgerin, der Karlsbrücke). Ihr Mutterhaus war die Kirche St. Franziskus Seraphikus an dem nach dem Orden benannten Křižovnické náměstí. Das Museum im Hauptquartier des Ordens beleuchtet die Geschichte von Prags bekanntestem Wahrzeichen mit Schaukästen über frühere Brückenbautechniken, Maurer- und Tischlerarbeiten und Modellen sowohl der Judith- als auch der Karlsbrücke. In Saal

16 können die Besucher zu den Grundmauern des Bauwerks vordringen und einige steinerne Überreste der Judithbrücke aus dem Jahre 1172 bestaunen. Das Imposanteste an der Ausstellung sind aber wahrscheinlich die alten Fotos der Hochwasserschäden von 1890 an der Karlsbrücke. Damals stürzten drei Brückenbögen ein und wurden von den Fluten davongespült.

## ALTSTÄDTER BRÜCKENTURM

Karte S. 96 f.

**Staroměstská mostecká věž; Karlsbrücke; Erw./Kind 70/50 Kč; ⌚ April–Sept. 10–23 Uhr, März & Okt. bis 22 Uhr, Nov.–Feb. bis 20 Uhr; Ⓜ Staroměstská**

Der elegante Turm aus dem späten 14. Jh. steht am Ostende der Karlsbrücke und wurde nicht nur als Teil der Befestigungsanlage errichtet, sondern auch als ein triumphaler Bogen, der den Eingang zur Altstadt markiert. Wie die Brücke selbst stammt er von Peter Parler, der er ihn mit vielen symbolischen Elementen versah. Am Ende des Dreißigjährigen Krieges schlug hier eine Gruppe von Studenten und jüdischer Ghettobewohner die einmarschierende schwedische Armee erfolgreich in die Flucht.

Im 1. Stock befindet sich eine kleine Ausstellung, in der auch ein Film gezeigt wird, der die astronomische und astrologische Symbolik der Karlsbrücke und des Brückenturms erklärt. Die Ausstellung über Karl IV. im 2. Stock ist eher langweilig. Wer noch eine letzte Rechtfertigung für das Berappen des Eintrittsgelds benötigt, sollte sich an die atemberaubende Aussicht von der Turmspitze halten.

## TSCHECHISCHES MUSEUM DER SCHÖNEN KÜNSTE Karte S. 96 f.

**České muzeum výtvarných umění; ☎ 222 220 218; www.cmvu.cz; Husova 19-21; Erw./Kind 50/20 Kč; ⌚ Di–So 10–18 Uhr; Ⓜ Staroměstská**

Diese kleine Galerie ist in drei wunderschön restaurierten romanischen und gotischen Gebäuden zu finden und wird oft übersehen. Die Ausstellungen widmen sich zeitgenössischer Kunst aus dem 20. und 21. Jh., doch schon allein die tolle Architektur der Gebäude macht das Eintrittsgeld wett.

## CLEMENTINUM Karte S. 96 f.

**☎ 222 220 879; www.klementinum.cz; Eingänge zu den Höfen an den Straßen Křížovnická, Karlova & Mariánské náměstí; Ⓜ Staroměstská**

1556 lud der Habsburger Kaiser Ferdinand I. die Jesuiten nach Prag ein, um die Macht der römisch-katholischen Kirche in Böhmen zu festigen. Der Orden wählte eines der begehrtesten Grundstücke der Stadt und begann 1587 mit dem Bau der Kirche **St. Salvator** (kostel Nejsvětějšího Spasitele), Prags Flaggschiff der Gegenreformation. Von der Westfassade gegenüber der Karlsbrücke blicken Heiligenfiguren aus verrußtem Stein auf das Wirrwarr aus Straßenbahnen und Touristenströmen auf dem Kreuzherrenplatz (Křížovnické náměstí).

Nach und nach kauften die Jesuiten den Großteil des angrenzenden Viertels auf und machten sich 1653 an die Errichtung ihre Kollegs, des Clementinums. Bei seiner Fertigstellung ein Jahrhundert später war es nach der Prager Burg das größte Gebäude der Stadt. Als sich die Jesuiten 1773 mit dem Papst überwarfen, wurde das Clementinum Teil der Karlsuniversität.

Der gigantische Komplex mit Barock- und Rokokosälen beherbergt heute die Tschechische Nationalbibliothek. Die meisten Gebäude sind nicht für die Öffentlichkeit zugänglich, der barocke **Bibliothekssaal**, die **Sternwarte** und die **Spiegelkapelle** (Erw./Kind 220/140 Kč; ⌚ tägl. 10–19 Uhr, Mo–Do stündlich, Fr–So alle 30 Min.) können aber im Rahmen einer 50-minütigen geführten Tour besichtigt werden.

Die Kapelle aus den 1720er-Jahren ist ein Sammelsurium aus vergoldetem Stuck, Marmorsäulen, originellen Fresken und Deckenspiegeln – mehr Barock geht wirklich nicht. Jeden Tag werden hier klassische Konzerte gegeben (Karten dafür gibt es in fast allen Vorverkaufsstellen). Bei Redaktionsschluss für diese Auflage waren Bibliothekssaal, Kapelle und Turm allerdings wegen Renovierungsarbeiten geschlossen; die Wiedereröffnung war aber für 2011 in Aussicht gestellt.

Schließlich gehören zwei weitere sehenswerte Gotteshäuser zum Clementinum: **St. Clemens** (kostel sv. Klimenta; ⌚ Gottesdienst So 8.30 & 10 Uhr) – heute eine griechisch-orthodoxe Kirche – erfuhr zwischen 1711 und 1715 unter der Federführung von Kilian Dientzenhofer eine aufwendige Überarbeitung im Barockstil. Wer an Gottesdiensten teilnehmen will, sollte nicht in Shorts oder Trägertop erscheinen. Südwestlich vorgelagert findet sich die ellipsenförmige, italienische **Wälsche Kapelle** (Vlašská kaple Nanebevzetí Panny Marie) von 1600. Sie diente als Andachtsort für die vielen italienischen Kunsthandwerker, die am Bau des Clementinums mitwirkten (theoretisch gehört sie noch heute der italienischen Regierung).

## MARIONETTENMUSEUM Karte S. 96 f.

**Muzeum loutek; ☎ 222 228 511; www.puppetart.com; Karlova 12; Erw./Kind 100/50 Kč; ⏱ 12–20 Uhr; 🚋 17, 18**
Zahlreiche kunterbunte Originalmarionetten bevölkern die Ausstellungsräume. Sie beleuchten die Geschichte dieser wunderbaren tschechischen Kunstform, die vom Ende des 17. bis zum Anfang des 19. Jhs. äußerst populär war. Absolutes Highlight: „Spejbl" und „Hurvínek", die Lieblinge aller tschechischen Kinder – die tschechische Version des Kasperletheaters im Spejbl- & Hurvínek-Theater (S. 218) ist ein Riesenspaß für Jung und Alt.

## REPRÄSENTATIONSHAUS DER HAUPTSTADT PRAG Karte S. 96 f.

**Obecní dùm; ☎ 222 002 100; www.obecni-dum.cz; náměstí Republiky 5; geführte Touren Erw./Kind 270/220 Kč; ⏱ öffentlicher Bereich 7.30–23 Uhr, Informationszentrum 10–19 Uhr; Ⓜ Náměstí Republiky**
Prags überschwänglichstes und sinnlichstes Bauwerk steht an der Stelle des ehemaligen Prager Königshofs. In diesem residierten von 1383 bis 1483 die böhmischen Könige, bis sich Vladislav II. für den Umzug in die Prager Burg entschied. Ende des 19. Jhs. wurde der Hof dann abgerissen. Er machte dem Repräsentationshaus Platz, das zwischen 1906 und 1912 in die Höhe wuchs. In einer aufwendigen Gemeinschaftsleistung erschufen rund 30 führende Künstler der damaligen Zeit ein Kulturzentrum, das als architektonische Krönung der Nationalen Wiedergeburt der Tschechen gilt. Nach jahrzehntelanger Vernachlässigung des Gebäudes durch die Kommunisten erfolgte in den 1990er-Jahren seine Restaurierung. Design und Dekor wurden dabei mit viel Herzblut bis ins kleinste Detail durchdacht. Tatsächlich strotzen alle Gemälde und Skulpturen nur so vor Symbolik.

*Die Huldigung Prags,* das Mosaik über dem Eingang, wird von zwei Skulpturen flankiert, die für die Unterdrückung und Wiedergeburt des tschechischen Volkes stehen. Weitere Skulpturen an der Fassade versinnbildlichen Geschichte, Literatur, Malerei, Musik und Architektur. Durch einen Baldachin, der gusseiserne Konstruktionen mit Glasmalerei kunstvoll verbindet, führt der Weg hinein in das Gebäudeinnere – inklusive der Türgriffe ist alles Jugendstil pur. Die Eingangshalle und die eine Etage tiefer gelegene Bar können kostenlos besichtigt werden. Auch das Restaurant und das *kavárna* (Café; s. Kavárna Obecní dům, Kasten S. 199) neben dem Eingang wirken wie begehbare Jugendstilmuseen.

Um auch das halbe Dutzend üppig dekorierter Hallen und Versammlungsräume im Obergeschoss bestaunen zu können, muss man sich einer geführten Tour (90 Min., 3- oder 4-mal tgl.) anschließen. Buchungen dafür nimmt das Informationszentrum entgegen; dieses befindet sich nach dem Haupteingang links der Treppen.

Erste Station ist der Smetanasaal (S. 215). Eine Jugendstil-Glaskuppel krönt Prags größten Konzertsaal mit 1200 Plätzen. Die Skulpturen neben der Bühne repräsentieren die Vyšehrad-Legende (rechts) und die böhmischen Tänze (links).

Danach folgen ein paar Beamtenwohnungen, bevor es zum Highlight der Tour geht, dem achteckigen Primatorensaal (Primatorský sál), durch dessen Fenster man auf den Haupteingang blickt. Alfons Mucha entwarf das gesamte Dekor. Von ihm stammen auch die herrlich düsteren Wand- und Deckengemälde. Über den Köpfen der Besucher bilden ineinander verflochtene Figuren eine Allegorie, die die Eintracht der Slawen verkörpert: Unter dem wachsamen Auge des tschechischen Adlers geben sich darin die verschiedenen slawischen Völker ein Stelldichein. Figuren in den Freiflächen zwischen den acht Bögen aus der tschechischen Geschichte und Mythologie repräsentieren Bürgertugenden, u. a. Jan Hus die *Spravedlnost* (Gerechtigkeit), Jan Žižka die *Bojovnost* (Wehrhaftigkeit) oder die *Chodové* (böhmische Grenzwächter im Mittelalter) die scharfäugige *Ostražitost* (Wachsamkeit).

Am 28. Oktober 1918 erklärte die Tschechoslawakische Republik im Smetanasaal erstmals ihre Unabhängigkeit. Im November 1989 trafen sich hier Vertreter von Bürgerforum und Jakeš-Regime zu Gesprächen. Und jedes Jahr am 12. Mai – Smetanas Todestag – eröffnet eine Prozession vom Vyšehrad zum Repräsentationshaus den musikalischen Prager Frühling (Pražské jaro; s. Kasten S. 216). Dann folgt eine Galavorstellung mit Smetanas Symphoniezyklus *Má Vlast* (Mein Vaterland) in dem nach ihn benannten Saal.

## MUSEUM DES TSCHECHISCHEN KUBISMUS Karte S. 96 f.

**Muzeum Českého kubismu; ☎ 224 211 746; Ovocný trh 19; Erw./Kind 100/50 Kč 50/30 Kč nach 16 Uhr; ⏱ Di–So 10–18 Uhr; Ⓜ Náměstí Republiky**
Obwohl von 1912, wirkt Josef Gočárs Haus zur Schwarzen Mutter Gottes (dům U černé Matky

Boží) immer noch modern und dynamisch. Prags ältestes Musterbeispiel für kubistische Architektur zeigt heute auf drei Stockwerken tschechische Gemälde und Skulpturen dieser Kunstströmung. Zu sehen gibt's außerdem bemerkenswerte Möbel, Keramik und Glaswaren im kubistischen Design.

### PULVERTURM Karte S. 96 f.

**Prašná brána; ☎ 724 063 723; Na Příkopě; Erw./Kind 70/50 Kč; ⌚ April–Sept. 10–22 Uhr, Okt. & März bis 20 Uhr, Nov.– Feb. bis 18 Uhr; Ⓜ Náměstí Republiky**
1475 begannen die Arbeiten am 65 m hohen Pulvertor. Bis dahin hatte sich an dessen Stelle eines der 13 ursprünglichen Altstadttore befunden. Unter König Vladislav II. Jagiello sollte nun ein repräsentativer Eingang zur Stadt entstehen. Doch nach dem Umzug des Herrschers vom Königshof zur Prager Burg (1483) blieb der Bau unvollendet, dessen Name vom Gebrauch des Turms als Schießpulver-Magazin im 18. Jh. herrührt. Zwischen 1875 und 1886 nahm Josef Mocker den Wiederaufbau in die Hand. Er verpasste dem Tor neben einer Turmspitze auch sein neogotisches Aussehen. Der Turm beherbergt Ausstellungen über die Geschichte des Königshofs (s. Repräsentationshaus, S. 109) und über die Türme, die einst auf den Stadtmauern von Prag thronten. Die größte Attraktion ist die Aussicht von der Turmspitze.

### SMETANAMUSEUM Karte S. 96 f.

**Muzeum Bedřicha Smetany; ☎ 222 220 082; Novotného lávka 1; Erw./Kind 50/25 Kč; ⌚ Mi–Mo 10–12 & 12.30–17 Uhr; Ⓜ Staroměstská**
Das kleine Museum gleicht einem riesigen Schrein für Bedřich Smetana, den Lieblingskomponisten Böhmens. Eigentlich nur etwas für eingefleischte Smetana-Fans – auch die englischen Erklärungen lassen zu wünschen übrig. Eine prima Ausstellung beleuchtet aber die überschwängliche Resonanz des Publikums auf Smetanas Oper *Die verkaufte Braut* – anscheinend war der Komponist der Andrew Lloyd Webber seiner Zeit.

## GALLUSMARKT & UMGEBUNG (HAVELSKÉ MĚSTO)

Der irische Mönch Gallus war ein bedeutender christlicher Missionar des 6. und 7. Jh. Nach ihm ist der Marktbezirk Havelské Město (Gallusstadt) benannt. Er entstand um ca. 1230 für die deutschen Kaufleute, die Wenzel I. nach Prag geholt hatte.

Die heutige Rytířská und die Havelská bildeten damals zusammen einen Platz; drum herum standen die Kaufmannshäuser mit ihren Arkaden. Zu den Märkten gehörten einer für Kohle (Uhelný trh) am Westende des Platzes und einer für Obst (Ovocný trh) an dessen Ostrand. Im 15. Jh. bildete sich in der Mitte des Platzes eine Insel aus Verkaufsständen.

An den ursprünglichen Gallusmarkt erinnern heute allenfalls der touristisch angehauchte Freiluftmarkt an der Havelská und die fliegenden Kleiderhändler an der angrenzenden V kotcích. Obwohl kein Vergleich zum Vorläufer, ist dies immer noch Prags zentralster Markt unter freiem Himmel.

Am Ostende der Havelská steht die Kirche St. Gallus (kostel sv. Havla; Karte S. 96 f.), die zeitgleich mit der eigentlichen Gallusstadt entstand. Hier predigten einst Jan Hus und seine Vorgänger. 1627 ging das Gotteshaus in den Besitz der Karmeliter über, die ihm im Jahr 1723 eine schmucke Barockfassade verpassten. In einer Seitenkapelle der Kirche liegt der bekannte tschechische Barockmaler Karel Škréta (1610–1674) begraben.

In der Nähe des ehemaligen Uhelný trh (Kohlenmarkt) steht die schlichte Kirche St. Martin in der Mauer (kostel sv. Martin ve zdi; Karte S. 96 f.) aus dem 12. Jh. Die frühere Gemeindekirche wurde im 14. Jh. vergrößert und im gotischen Stil umgebaut. Der Name leitet sich von der Mauer ab, mit der das Bauwerk in die Stadtbefestigung der Altstadt integriert wurde. 1414 fand in dem Gotteshaus der allererste hussitische Kommunionsgottesdienst *sub utraque specie* (wörtlich etwa: in beiderlei Gestalt, d. h. mit Brot und Wein) statt. Hiervon leitet sich der Name der „Utraquisten", einer Partei der Hussiten, ab.

### STÄNDETHEATER Karte S.96

**Stavovské divadlo; ☎ 224 215 001; www.narodni-divadlo.cz; Ovocný trh 1; Ⓜ Náměstí Republiky**
Das Ständetheater neben dem Carolinum ist das älteste Schauspielhaus und schönste klassizistische Gebäude Prags. Am 29. Oktober 1787 feierte hier Mozarts *Don Giovanni* Premiere – der Maestro schwang dabei höchstpersönlich den Taktstock. Die ursprünglich nach ihrem Gründer Graf Anton von Nostitz-Rieneck benannte Bühne öffnete erstmals 1783 als Nostitz-Theater ihre Pforten. Aufgrund der Förderung durch deutsche Bürger der Oberschicht etablierte sich jedoch im Lauf der Zeit die Bezeichnung „Stände-

theater" – das Wort Stände leitet sich also vom Adel ab.

Zu Ehren des tschechischen Theaterautors Josef Kajetán Tyl aus dem 19. Jh. wurde nach dem Zweiten Weltkrieg daraus das Tyl-Theater (Tylovo divadlo). Eins der berühmtesten Werke Tyls ist die tschechische Nationalhymne *Kde domov můj?* (Wo ist meine Heimat?), deren Text aus einem seiner Stücke stammt. Seit den frühen 1990er-Jahren firmiert das Haus wieder als „Ständetheater". Um die Ecke liegt das Kolowrat-Theater (Divadlo Kolowrat; Ovocný trh 6) aus dem 17. Jh., heute ebenfalls eine Zweigstelle des Nationaltheaters (weitere Infos zu Veranstaltungsorten mit klassischer Musik s. auch S. 214).

## KARLSUNIVERSITÄT (CAROLINUM)

Karte S. 96 f.

**Univerzita Karlova; ☎ 224 491 250; www.cuni.cz/ukeng-4.html; Ovocný trh 3; Ⓜ Můstek**

1348 gründete Karl IV. die älteste Universität Mitteleuropas. Als Keimzelle des Kollegiums diente das sogenannte Rotlev'sche Haus. Im Zeitalter des aufkeimenden Prostestantismus und tschechischen Nationalbewusstseins bekleidete der Reformator Jan Hus ab 1402 das Rektorat.

Bald darauf überzeugte er Wenzel IV. davon, die Stimmrechte der deutschen Universitätsstudenten zu beschneiden. Nach der Verkündung des Erlasses kehrten Tausende von ihnen Böhmen den Rücken.

Ab 1611 konzentrierten sich hier die Fakultäten der stetig wachsenden Universität. Bis ins 18. Jh. hatte sich um das alte Bürgerhaus ein stattlicher Komplex entwickelt, das Karolinum. Nach der Schlacht am Weißen Berg fiel dieses an die Jesuiten, die eine Barockisierung vornahmen.

Als der Papst den Orden 1773 kaltstellte, holte sich die Karlsuniversität das Gebäude zurück. Heute verteilen sich deren Fakultäten über das ganze Stadtgebiet von Prag – das Karolinum selbst beherbergt lediglich noch ein paar Fakultätsbüros, den Universitätsclub und eine Zeremonienhalle. Besuchen kann man es nur an Tagen der offenen Tür (die Touristeninformationen wissen Termine und Näheres dazu).

Zu den gotischen Überbleibseln aus der Zeit vor der Universitätsgründung zählt die Kapelle St. Kosmas & Damian (kaple sv. Kosmas a Damian) von ca. 1370, deren außergewöhnlicher Prunkerker auch von außen bewundert werden kann. 1881 renovierte Josef Mocker die Kapelle.

# SÜDWESTLICHE ALTSTADT

Wer einfach mal in Prags Altstadt ziellos umherschlendern möchte, sollte den Irrgarten aus Gassen und Durchgängen zwischen Karlova und Národní třída ansteuern. Wenn sich die Menschenmassen abends allmählich Richtung Restaurants und Hotels verziehen, verbreitet das Viertel einen ganz besonderen Zauber: Gegen seine friedvollen Nebenstraßen wirkt die Hektik des 21. Jhs. wie ein Kulturschock.

Entlang der Bartolomějská hält sich der Charme jedoch in Grenzen – und zwar nicht nur aufgrund der dort angesiedelten Polizei: Bis November 1989 war in diesem Block die StB (Státní bezpečnost, Staatssicherheit) stationiert – verständlich, dass viele ältere Tschechen durch ihre Erfahrungen mit der verhassten Geheimpolizei beim Anblick eines Polizisten auch heute noch zusammenzucken. Hartnäckig hält sich das Verdacht, dass ein paar ehemalige StB-Schergen immer noch Dienst schieben – allerdings in den Uniformen von heute.

An der Bartolomějská steht neben einem alten Kloster auch die einst schmucke Kirche St. Bartholomäus (kostel sv. Bartoloměje; Karte S. 96) aus dem 18. Jh., die zeitweise Teil des StB-Komplexes war, mittlerweile jedoch wieder den Franziskanern gehört. Die Gegend prahlt außerdem mit noch weiteren historischen Kirchen: der Bethlehemskapelle und der Heiligkreuzrotunde.

## BETHLEHEMSKAPELLE Karte S. 96 f.

**Betlémská kaple; ☎ 224 248 595; Betlémské náměstí 3; Erw./Kind 50/30 Kč; 🕙 April–Okt. Di–So 10–18.30 Uhr, Nov.–März Di–So bis 17.30 Uhr; 🚊 6, 9, 18, 21, 22**

Die Bethlehemskapelle ist eine der geschichtsträchtigsten Kirchen Prags und die wahre Keimzelle der Hussiten: 1391 erhielten reformistisch eingestellte Prager die Erlaubnis, eine Kirche zu bauen, in der die Gottesdienste nicht mehr auf Lateinisch, sondern auf Tschechisch gehalten werden sollten. So entstand allmählich die größte Kapelle, die Böhmen bis dato gesehen hatte – mit Platz für 3000 Gläubige. In architektonischer Hinsicht stellte das Gotteshaus einen radikalen Bruch dar. In der einfachen viereckigen Andachtshalle stand eher die Kanzel und weniger der Altar im Mittelpunkt. Als Rektor der Universität predigte Jan Hus 1402–1412 in der Kapelle, von der aus damit die Reformationsbewegung ins Rollen kam.

Im 18. Jh. wurde die Kapelle abgerissen. Ihre Überreste kamen ca. 1920 wieder zum Vorschein. Von 1948 bis 1954 erfolgte der akribische Wiederaufbau des Gebäudes in seiner ursprünglichen Form – das Hussitentum galt zu dieser Zeit noch offiziell als ein „Vorläufer" des Kommunismus. Als Basis dienten alte Zeichnungen, Beschreibungen und Überreste des Originals. Heute ist die Kapelle ein nationales Kulturdenkmal.

Nur die Südmauer ist komplett neu errichtet worden. An der Ostmauer können sich Besucher ein paar der originalen Gebäudeteile ansehen, z. B. die Tür zur Kanzel, diverse Fenster und den Zugang zu den Priesterquartieren. Einige Räume wurden von Hus und anderen Prager Persönlichkeiten genutzt. Sie sind im Originalzustand erhalten und dienen mittlerweile als Ausstellungsfläche. Die modernen Wandgemälde basieren auf alten Abhandlungen der Hussiten. Die Zisterne im Inneren ist älter als die eigentliche Kapelle.

Am Eingang sind Infobroschüren erhältlich. Jährlich findet hier am Abend des 5. Juli ein Gedenkgottesdienst für Jan Hus statt: Ansprachen und Glockengeläut erinnern an den bedeutenden Reformator, der am folgenden Tag des Jahres 1415 auf dem Scheiterhaufen verbrannt wurde.

### ST. ÄGIDIUS Karte S. 96 f.

**Kostel sv. Jiljí; Ecke Zlatá & Husova; 🚊 6, 9, 18, 21, 22**

Am Beispiel von St. Ägidius (1371 gegründet) lässt sich die architektonische Entwicklung der Prager Sakralbauten wunderbar nachvollziehen. Stämmige romanische Säulen, hohe gotische Fenster und die üppige barocke Inneneinrichtung gehen eine interessante Symbiose ein. Bevor die Bethlehemskapelle errichtet wurde, sprach hier der Reformist Jan Milíč von Kroměříž, einer der Vorbereiter des hussitischen Gedankenguts, zu den Gläubigen. Während der Gegenreformation rissen sich die Dominikaner das Gebäude unter den Nagel und barockisierten es in den 1730er-Jahren. Nebenan entstand ein Kloster. Die Kirche beherbergt das Grab Václav Reiners; von dem tschechischen Maler stammen die Deckenfresken.

### NÁPRSTEK-MUSEUM Karte S. 118 f.

**Náprstkovo muzeum; ☎ 224 497 500; www.nm.cz; Betlémské náměstí 1; Erw./Kind 80/50 Kč; 🕑 Di–So 10–18 Uhr; 🚊 6, 9, 18, 21, 22**

Das kleine Náprstek-Museum zeigt eine sehenswerte Völkerkunde-Ausstellung zu den Kulturen Asiens, Afrikas und Amerikas. Der Industrielle Vojta Náprstek gründete es im 19. Jh. und kam damit seiner großen Leidenschaft für Anthropologie und moderne Technik nach. Seine technische Sammlung befindet sich heute im Technischen Nationalmuseum in Holešovice (S. 147).

### HEILIGKREUZROTUNDE Karte S. 118 f.

**Kaple sv. kříže; Konviktská; 🕑 Gottesdienst So & Di 17 Uhr, auf Englisch am 1. Mo des Monats 17.30 Uhr; 🚊 6, 9, 18, 21, 22**

Die winzige romanische Rotunde zählt zu Prags ältesten Bauwerken. Ihre Geschichte begann um ca. 1100 als Gemeindekirche. Eine tschechische Künstlergruppe bewahrte sie in den 1860er-Jahren vor dem Abriss und ließ sie restaurieren. Zu sehen gibt's immer noch die Überreste von rund 600 Jahre alten Wandfresken (eventuell jedoch nur während der Messe).

## (FAST) DER KRÖNUNGSWEG
## Stadtspaziergang

### 1 Platz der Republik

Am Platz der Republik (náměstí Republiky) treffen drei Epochen Prager Architektur aufeinander: Das verrußte, gotische Maßwerk des Pulverturms (S. 110), das elegante Repräsentationshaus (S. 109) im Jugendstil und die strikt funktionellen Fassaden der Tschechischen Nationalbank (Česká národní banka) und der Komerční banka befinden sich einträchtig an der Kreuzung Příkopě und Celetná.

Blickt man dann die Celetná weiter entlang in westliche Richtung, erspäht man am Ende der Straße wie durch ein Zielfernrohr den markanten Turm des Altstädter Rathauses. In diese Richtung macht man sich dann auch auf den weiteren Weg.

### 2 Haus zur Schwarzen Mutter Gottes

Die Celetná ist nicht nur von vielen Souvenirshops gesäumt, sondern hat auch viele interessante Bauten zu bieten. Auf dem offenen Platz Ovocný trh angekommen, sieht man zur Linken eine ungewöhnliche, origamiartige Fassade. Sie gehört zum Haus zur Schwarzen Mutter Gottes (dům U černé Matky Boží), einem von Prags schönsten Beispielen kubistischer Architektur und Heimat des Museum des Tschechischen Kubismus (S. 109). Wem der Sinn eher nach Kaffee und Kuchen oder auch nach einem kühlen Bier steht, begibt sich einfach ins Grand Café Orient (S. 199) im 1. Stock.

## (FAST) DER KRÖNUNGSWEG

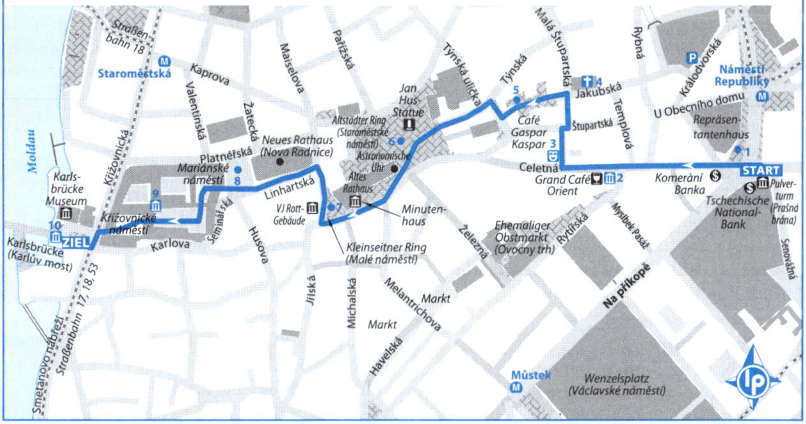


## ROUTENINFOS

**Start** Platz der Republik (Metro Náměstí Republiky)
**Ziel** Karlsbrücke (Straßenbahn 17, 18)
**Länge** 1,5 km
**Dauer** 45 Min.
**Schwierigkeitsgrad** Einfach
**Snack unterwegs** Grand Café Orient

### 3 Celetná-Theater

Geht man die Celetná noch etwas weiter entlang, führt bei Haus Nr. 17 eine Gasse nach rechts zu einem kleinen, friedlichen Hof neben dem Celetná-Theater (S. 217).

### 4 St. Jakob

Die Gasse am anderen Ende des Hofs führt zur Štupartská. Vis-á-vis führt die Malá Štupartská schnurgerade zur Kirche St. Jakob (S. 99), deren Fassade mit barocken Skulpturen verziert ist. Wenn die Kirche offen ist, sollte man einen Blick auf ihr glanzvolles, vergoldetes Innendekor und die grausige Darstellung neben der Tür werfen.

### 5 Teynhof

Hat man die Kirche verlassen, geht man wieder ein paar Meter zurück und biegt rechts in eine Kopfsteinpflastergasse hinter dem Big Ben Bookshop ein, die auf den Teynhof (S. 103) führt. Dieser entzückende Platz ist gesäumt von hippen Läden, guten Restaurants und einer Renaissanceloggia. Von hier aus bietet sich ein schöner Ausblick auf die Zwillingstürme der Teynkirche (S. 98). Auf der anderen Seite verlässt man den Hof wieder und folgt einer engen Gasse rechts der Kirche. Hier hält man kurz an und blickt auf das halbkreisförmige Tympanum (Giebelfeld) über dem Nordeingang. Dieses ist mit einem außergewöhnlichen gotischen Relief des Jüngsten Gerichts verziert.

### 6 Altstädter Ring

Die Gasse spuckt die Touristen mitten im Gewühl des Altstädter Rings (S. 95) aus. Das grübelnde Jan-Hus-Denkmal und der gotische Turm des Altstädter Rathauses (S. 102) sind nicht zu übersehen. Wer zum richtigen Zeitpunkt hier ist, kann sich am Fuße des Turms unter die Menge mischen und den Apostelzug über der Astronomischen Uhr (s. Kasten S. 102) an der Turmwand bewundern.

### 7 Kleiner Ring

Hinter der Uhr geht es vorbei am Haus zur Minute (dům U minuty) mit seiner Sgraffitofassade zum Kleinen Ring (Malé náměstí). Auf der rechten Seite befindet sich ein schöner, barocker Laden, der den Namen U zlaté koruny (Zur Goldenen Krone) trägt. Früher ging hier eine Apotheke ihren Geschäften nach – man kann immer noch die ursprüngliche Einrichtung erkennen –, heute dient der Laden jedoch einem Schmuckgeschäft als Zuhause. Den Blick geradeaus gerichtet, sieht man die Neorenaissancefassade des V.-J.-Rott-Gebäudes, verziert mit bunten Wandmalereien von Mikuláš Ales (und heute Sitz des Hard Rock Cafés). Anders als die meisten Touristen, die links in die Karlova einbiegen, geht man nun rechts ein Stück in die U Radnice hinein zum anderen Ende des Platzes und biegt links in die Linhartská ein.

### 8 Marienplatz

So gelangt man zum ruhigeren Marienplatz (Mariánské náměstí), der vom Neuen Rathaus (Nova radnice), dem Sitz des Prager Stadtrats, dominiert wird. Die Rathausfassade schmücken nachdenklich wirkende Jugendstilstatuen von Ladislav Šaloun, der auch das Jan-Hus-Denkmal auf dem Altstädter Ring errichtete. Rote und gelbe Fahnen repräsentieren die Stadtfarben Prags.

### 9 Clementinum

Gegenüber dem Rathaus befindet sich auf der anderen Seite des Platzes der Haupteingang des Clementinums (S. 108). Man geht durch das Tor in den Innenhof und biegt dann links ab. Auf der rechten Seite liegt die Spiegelkapelle (Zrcadlová kaple), in der jeden Tag klassische Konzerte stattfinden. Hinter der Kapelle geht es durch einen dreifachen Bogen hindurch, dann nach rechts und weiter über die ruhigen Innenhöfe. Auf der rechten Seite sieht man eine moderne Skulptur: ein auf einem Vorsprung sitzendes Kind mit einem Papierflugzeug in der Hand.

### 10 Altstädter Brückenturm

Auf der anderen Seite der Clementinum-Innenhöfe findet man sich auf dem Kreuzherrenplatz erneut im scheinbar nicht enden wollenden Touristenstrom wieder.

Der Stadtspaziergang endet mit dem lohnenden Aufstieg auf den Altstädter Brückenturm (S. 108), von dem aus sich ein schöner Ausblick auf Prags berühmteste Brücke bietet. Wer mehr über diese erfahren will, kann im nahe gelegenen Karlsbrückenmuseum (S. 107) vorbeischauen.

# NEUSTADT (NOVÉ MĚSTO) & VYŠEHRAD

Essen S. 178; Ausgehen S. 196; Shoppen S. 162; Schlafen S. 232

Halbmondförmig umgibt die Neustadt (Nové Město) die Altstadt im Osten und Süden. Neu war sie allerdings wirklich nur bei ihrer Gründung durch Karl IV. 1348. Sie erstreckt sich von der Revoluční und der Na Příkopě Richtung Osten nach Wilsonova und zur Haupteisenbahnstrecke und in südliche Richtung von der Národní třída zum Vyšehrad.

Ein Großteil des äußeren Befestigungsrings um die Neustadt wurde 1875 abgerissen. Nur im Süden hat vis-à-vis vom Vyšehrad ein Stückchen überlebt. Das ursprüngliche Straßenraster des Gebiets blieb dagegen weitestgehend erhalten. Auf drei großen Marktplätzen wickelten früher Händler im Viertel ihre Geschäfte ab: auf dem Senovážné náměstí (Heumarkt), dem Wenzelsplatz (Václavské náměstí; ursprünglich Koňský trh oder Pferdemarkt) und dem Karlsplatz (Karlovo náměstí; ursprünglich Dobytčí trh oder Viehmarkt).

Während das Viertel ursprünglich im Mittelalter entstand, stammen die meisten noch erhaltenen Gebäude aus dem 19. und 20. Jh. Viele von ihnen zählen zu den schönsten Beispielen, was die Stadt in puncto Jugendstil, Neorenaissance, Nationale Wiedergeburt der Tschechen und funktionalistische Architektur hervorgebracht hat. Und etliche Fußgängerzonen – Prags berühmte *pasáži* (Passagen) – werden von Läden, Cafés, Kinos und Theatern gesäumt.

Im Süden thront hoch über der Moldau die alte Festung des Vyšehrad. Seit den 1920er-Jahren beherbergt die Anlage einen ruhigen Park mit einer tollen Aussicht über das Moldautal. Die Tschechen lieben diesen Platz, der am Wochenende ein stark frequentierter Familientreffpunkt ist. Auch Reisende sollten sich ein Picknick einpacken und sich ein ruhiges Plätzchen unter den Bäumen oder auf der Festungsmauer mit Blick auf den Fluss suchen.

## NÖRDLICHE NEUSTADT

Die nördliche Neustadt erstreckt sich von der Moldau hinunter zum Wenzelsplatz. Das recht eintönige Viertel überrascht hinter faden Fassaden mit ein paar verborgenen Juwelen.

### JINDŘIŠSKÁ-TURM Karte S. 118 f.

**Jindřišská věž; ☎ 224 232 429; www.jindrisskavez.cz; Jindřišská 1; Erw./Kind 80/35 Kč; ⌚ 10–18 Uhr; 🚋 3, 9, 14, 24**

Das Ende der Jindřišská dominiert der Glockenturm aus dem 15. Jh., der in den 1870er-Jahren neugotisch wiederaufgebaut wurde. Die belebte Straße zweigt vom Wenzelsplatz in Richtung Nordosten ab. Nach jahrzehntelanger Vernachlässigung erfolgte die Renovierung – 2002 gelangte der Turm dann als Touristenattraktion zu neuen Ehren. U. a. gibt's eine Ausstellungsfläche, einen Laden, ein Café, ein Restaurant und im 10. Stock eine Aussichtsplattform.

### JUBILÄUMSSYNAGOGE Karte S. 118 f.

**Jubilejní synagóga; ☎ 222 319 002; Jeruzalémská 7; Erw./Kind 80/50 Kč; ⌚ April–Okt. So–Fr 11–17 Uhr, an jüdischen Feiertagen geschl.; Ⓜ Hlavní nádraží**

Die farbenfrohe maurische Fassade der Jubiläumssynagoge – auch Velká synagóga (Große Synagoge) genannt – stammt von 1906. Die Namen der Spender zieren die Glasmalereien und die riesige Orgel über dem Eingang.

### MUCHAMUSEUM Karte S. 118 f.

**Muchovo muzeum; ☎ 221 451 333; www.mucha.cz; Panská 7; Erw./Kind 160/80 Kč; ⌚ 10–18 Uhr; Ⓜ Mùstek**

Das faszinierende und äußerst gefragte Museum begeistert Besucher mit sinnlichen Jugendstilplaketen, Gemälden und schmucken Bildtafeln Alfons Muchas (1860–1939). Ausgestellt sind auch viele Skizzen, Fotos und sonstige Erinnerungsstücke. Unzählige Werke weisen Muchas Markenzeichen auf: Slawische Mädchen mit fließendem Haar und himmelblauen Augen, die symbolisch Girlanden und Lindenzweige in den Händen halten. Ein Foto aus dem Pariser Studio des Künstlers zeigt Gaugin, wie er ohne Hose auf einem Harmonium musiziert. Neben dem kraftvol-

### ANFAHRT – NEUSTADT

**Metro** Alle drei Metrolinien der Stadt durchqueren die Neustadt: Die Stationen Muzeum und Můstek liegen am östlichen bzw. westlichen Ende des Wenzelsplatzes, die Station Florenc im Norden der Neustadt in der Nähe des Museums der Hauptstadt Prag. Die Linie B steuert dagegen die Station Karlovo náměstí im Südteil der Neustadt an.

**Straßenbahn** Die Linien 3, 9, 14 und 24 fahren mitten über den Wenzelsplatz und die Vodičkova und Jindřišská entlang. Die Linien 17 und 21 sind am westlichen Flussufer unterwegs.

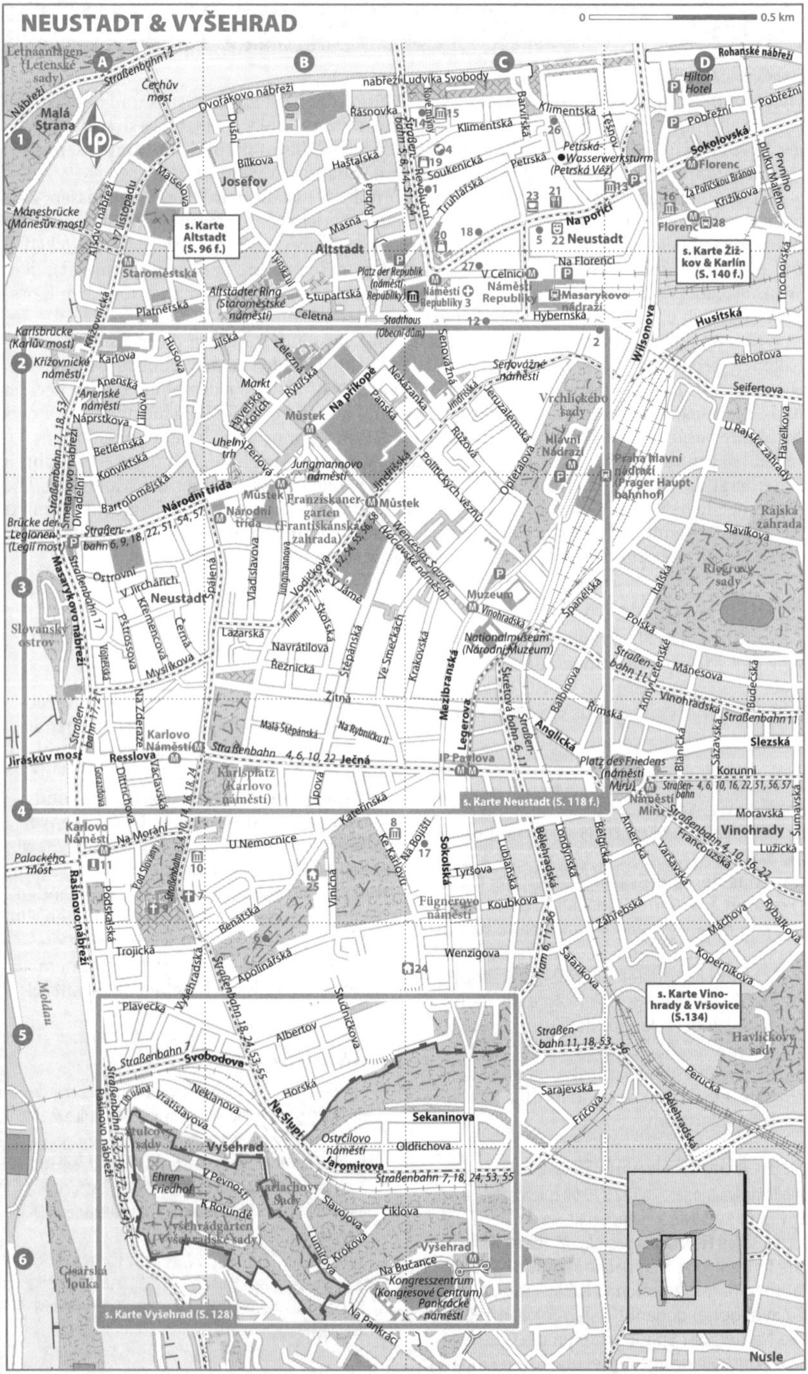
NEUSTADT & VYŠEHRAD
0 0.5 km
A
B
C
D
1
2
3
4
5
6
Malá Strana
Josefov
Altstadt
Neustadt
Vyšehrad
Vinohrady
Nusle
s. Karte Altstadt (S. 96 f.)
s. Karte Žižkov & Karlín (S. 140 f.)
s. Karte Neustadt (S. 118 f.)
s. Karte Vinohrady & Vršovice (S.134)
s. Karte Vyšehrad (S. 128)
Čechův most
Mánesbrücke (Mánesův most)
Karlsbrücke (Karlův most)
Brücke der Legionen (Legií most)
Jiráskův most
Palackého most
Dvořákovo nábřeží
nábřeží Ludvíka Svobody
Rohanské nábřeží
Hilton Hotel
Pobřežní
Sokolovská
Florenc
Na poříčí
Petrská
Klimentská
Wasserwerksturm (Petrská Věž)
Altstädter Ring (Staroměstské náměstí)
Platz der Republik (náměstí Republiky)
Náměstí Republiky
Masarykovo nádraží
Stadthaus (Obecní dům)
Na Florenci
Hybernská
Wilsonova
Husitská
Na příkopě
Můstek
Jungmannovo náměstí
Franziskanergarten (Františkánská zahrada)
Národní třída
Wenceslas Square (Václavské náměstí)
Muzeum
Nationalmuseum (Národní Muzeum)
Senovážné náměstí
Vrchlického sady
Hlavní Nádraží
Praha hlavní nádraží (Prager Hauptbahnhof)
Rajská zahrada
Riegrovy sady
Karlovo Náměstí
Karlsplatz (Karlovo náměstí)
Resslova
Ječná
IP Pavlova
Legerova
Sokolská
Mezibranská
Anglická
Platz des Friedens (náměstí Míru)
Náměstí Míru
Fügnerovo náměstí
Slovanský ostrov
Masarykovo nábřeží
Rašínovo nábřeží
Moldau
Svobodova
Na Slupi
Vyšehradská
Ehren-Friedhof
Vyšehradgärten (Vyšehradské sady)
Karlachovy Sady
Kongresszentrum (Kongresové Centrum)
Pankrácké náměstí
Havlíčkovy sady
Císařská louka
Straßenbahn 4, 6, 10, 16, 22, 51, 56, 57
Straßenbahn 7, 18, 24, 53, 55

## NEUSTADT & VYŠEHRAD

**PRAKTISCHES**
1to1Czech ........ 1 C1
Alfa Tourist Service ........ 2 C2
American Dental Associates ........ 3 C2
Australisches Konsulat ........ 4 C1

**SEHENSWERTES** (S. 115)
Bank der tschechoslowakischen Legionen (Legionárská banka) ........ 5 C1
Botanischer Garten der Karlsuniversität (Botanická Zahrada Univerzity Karlovy) ........ 6 B5
St. Johannes von Nepomuk am Felsen (Kostel sv Jana Nepomuckého na Skalce) ........ 7 A4
Dvořák-Museum (Muzeum Antonina Dvořáka) ........ 8 B4
Emmaus-Kloster (Klášter Emauzy) ........ 9 A4
Fausthaus (Faustův Dům) ........ 10 A4
František Palacký-Denkmal ........ 11 A4
Hotel Central ........ 12 C2
Jiří Švestka ........ 13 D1
Petrská-Wasserwerksturm (Petrská Vodárenská Věž) ........ 14 C1
Postmuseum (Poštovní Muzeum) ........ 15 C1
Museum der Hauptstadt Prag (Muzeum Hlavního Města Prahy) ........ 16 D1
U Kalicha ........ 17 C4
Vila Amerika ........ (siehe 8)
Arbeiter-Unfall-Versicherungsanstalt (Kafkas Arbeitstätte 1908–1922) ........ 18 C1

**SHOPPEN** (S. 157)
Galerie České Plastiky ........ 19 C1
Palladium Praha Shopping Centre ........ 20 C1

**ESSEN** (S. 167)
Albert Supermarkt ........ (siehe 20)
Centrum Delikates ........ (siehe 20)
Siam Orchid ........ 21 C1

**UNTERHALTUNG** (S. 207)
Archa-Theater ........ 22 C1

**AUSGEHEN** (S. 189)
Café Imperial ........ 23 C1

**SCHLAFEN** (S. 225)
Hostel U Melounu ........ 24 C5
Hotel 16 U Sv Kateřiny ........ 25 B4

**TRANSPORT** (S. 259)
Avis ........ 26 C1
Cedaz Minibus Haltestelle ........ (siehe 27)
Czech Airlines (ČSA) ........ 27 C2
Eurolines ........ (siehe 28)
Busbahnhof Florenc ........ 28 D1
Student Agency ........ (siehe 28)

len Wandteppich *Alte Frau im Winter* zählt das Orginalplakat der Schauspielerin Sarah Bernhardt als *Giselda* (1894), dem Mucha seinen internationalen Durchbruch verdankte, zu den Hauptattraktionen der Ausstellung. Die faszinierende 30-minütige Videodokumentation zu Muchas Leben verdient ebenfalls das Prädikat äußerst sehenswert. Sie rückt seine Erfolge ins rechte Licht (weitere Infos zu Mucha finden sich im Kasten auf S. 43).

### POSTMUSEUM Karte S. 116

**Poštovní muzeum; ☎ 222 312 006; Nové Mlýny 2; Erw./Kind 25/10 Kč; ⌚ Di–So 9–12 & 13–17 Uhr; 🚊 5, 18, 14**
Das winzige Museum ist ein Paradies für Philatelisten. Die finden hier Briefkästen, eine Postkutsche und Schubkästen voller alter Briefmarken, darunter auch eine seltene „Penny Black". Die tschechischen Künstler Josef Navrátil und Alfons Mucha lieferten im frühen 20. Jh. die Entwürfe für ein paar der bezaubernden Kleinode.

Gegenüber steht der Petrská-Wasserwerksturm (Petrská vodárenská věž); er wurde 1660 an der Stelle einer älteren Anlage aus Holz gebaut. Von hier aus wurde früher Flusswasser durch Holzröhren in die Häuser der Neustadt gepumpt.

### MUSEUM DER HAUPTSTADT PRAG
Karte S. 116

**Muzeum hlavního města Prahy; ☎ 224 816 773; www.muzeumprahy.cz; Na poříčí 52; Erw./Kind 100/40 Kč, am 1. Do im Monat 1 Kč; ⌚ Di–So 9 bis 18 Uhr, am 1. Do im Monat bis 20 Uhr; Ⓜ Florenc**
Das hervorragende Museum wurde 1898 eröffnet. Es widmet sich der Geschichte Prags von der Steinzeit bis ins 20. Jh. Unter den vielen interessanten Ausstellungsstücken sind z. B. die Kappe und die Holzpantoffeln, die der Astronom Tycho Brahe 1601 bei seiner Beisetzung in der Teynkirche trug.

Im Jahr 1901 wurden die Kleidungsstücke von seinem Leichnam entfernt. Zu sehen gibt's auch das originale Kalenderblatt der Astronomischen Uhr von 1865 – wunderbare Darstellungen von Josef Mánes versinnblidlichen die Monate: Der Januar ganz oben wärmt seine Füße am Feuer, während der August am unteren Ende mit einer Sichel Getreide erntet.

Absolutes Highlight ist jedoch Antonín Langweils verblüffendes Modell Prags, das im Maßstab 1 : 480 dem Stadtbild zwischen 1826 und 1834 entspricht. So richtig erschließt es sich einem jedoch erst, wenn man sich bereits etwas in der tschechischen Hauptstadt auskennt. Dann lassen sich die wichtigsten Veränderungen kinderleicht nachvollziehen – so ist beispielsweise der Veitsdom erst halb fertig.

Die meisten Erklärungen sind zweisprachig, also meist in tschechischer und englischer Sprache verfasst. Für den Saal 1 (Steinzeit bis Mittelalter) wird eine englischsprachige Infobroschüre separat ausgegeben (gibt's am Ticketschalter).

# NEUSTADT

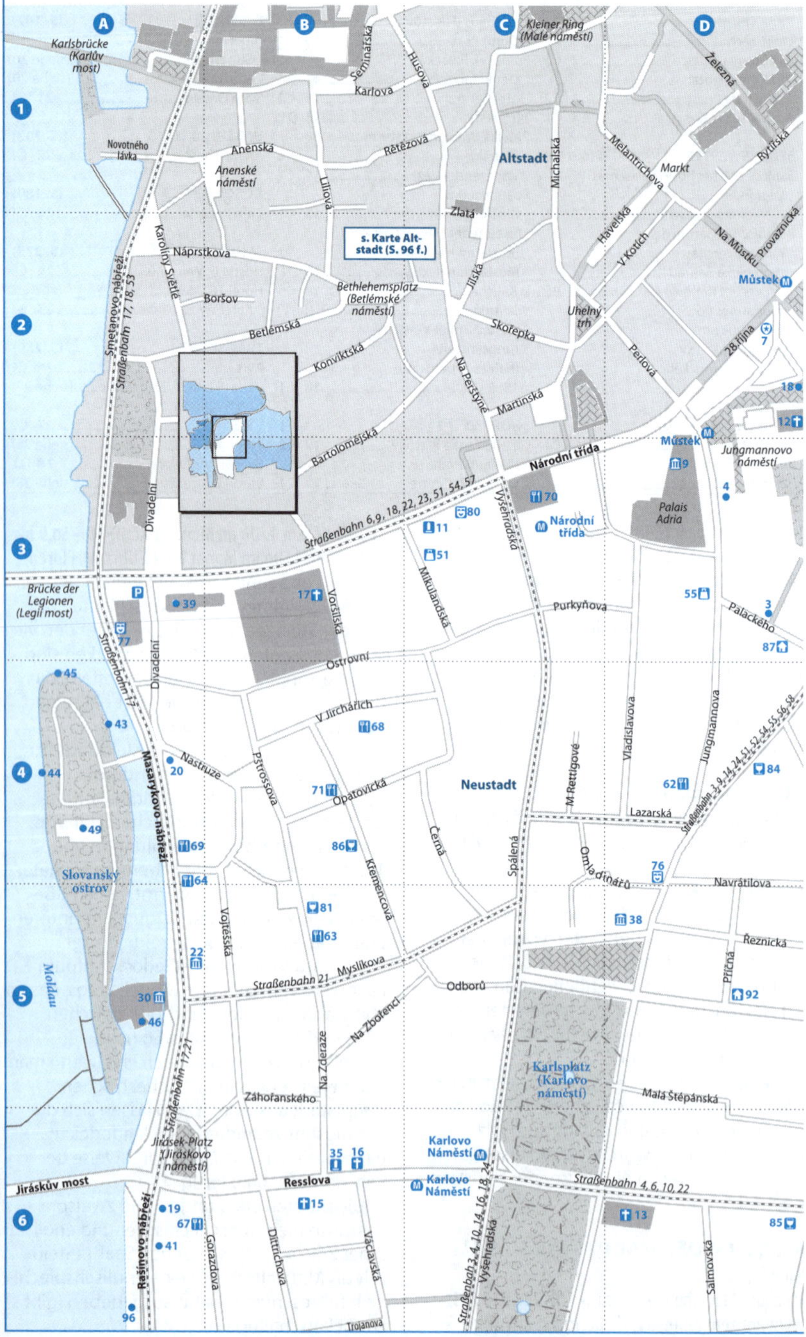

A
B
C
D
1
2
3
4
5
6
Karlsbrücke (Karlův most)
Kleiner Ring (Malé náměstí)
Seminářská
Husova
Karlova
Železná
Novotného lávka
Anenská
Anenské náměstí
Řetězová
Liliová
Altstadt
Michalská
Melantrichova
Markt
Rytířská
Zlatá
Havelská
V Kotcích
Na Můstku
Provaznická
Karoliny Světlé
Náprstkova
s. Karte Altstadt (S. 96 f.)
Můstek
Smetanovo nábřeží
Straßenbahn 17, 18, 53
Boršov
Bethlehemsplatz (Betlémské náměstí)
Jilská
Uhelný trh
Skořepka
28. října
7
Betlémská
Konviktská
Na Perštýně
Perlová
Martinská
18
12
Bartolomějská
Národní třída
Můstek
9
Jungmannovo náměstí
Divadelní
Straßenbahn 6, 9, 18, 22, 23, 51, 54, 57
70
Vyšehradská
80
Národní třída
4
Palais Adria
11
51
Brücke der Legionen (Legií most)
P
39
17
Voršilská
Mikulandská
Purkyňova
55
3
Palackého
77
Straßenbahn 17
Divadelní
Ostrovní
87
45
V Jirchářích
68
43
Vladislavova
Jungmannova
M. Rettigové
Straßenbahn 3, 9, 14, 24, 51, 52, 54, 55, 56, 58
84
4
44
20
Nastruze
Masarykovo nábřeží
Pštrossova
71
Opatovická
Neustadt
62
Lazarská
49
69
86
Černá
Spálená
Omladinářů
76
Navrátilova
Slovanský ostrov
64
Křemencova
81
38
Řeznická
Vojtěšská
63
22
Moldau
Příčná
Straßenbahn 21
Myslíkova
Odborů
92
30
46
Na Zbořenci
Straßenbahn 17, 21
Na Zderaze
Karlsplatz (Karlovo náměstí)
Malá Štěpánská
Záhořanského
Jirásek-Platz (Jiráskovo náměstí)
Karlovo Náměstí
35
16
Jiráskův most
Resslova
Karlovo Náměstí
Straßenbahn 4, 6, 10, 22
Straßenbahn 3, 4, 10, 14, 16, 18, 24
19
15
13
85
67
41
Rašínovo nábřeží
Gorazdova
Dittrichova
Václavská
Vyšehradská
Salmovská
96
Trojanova

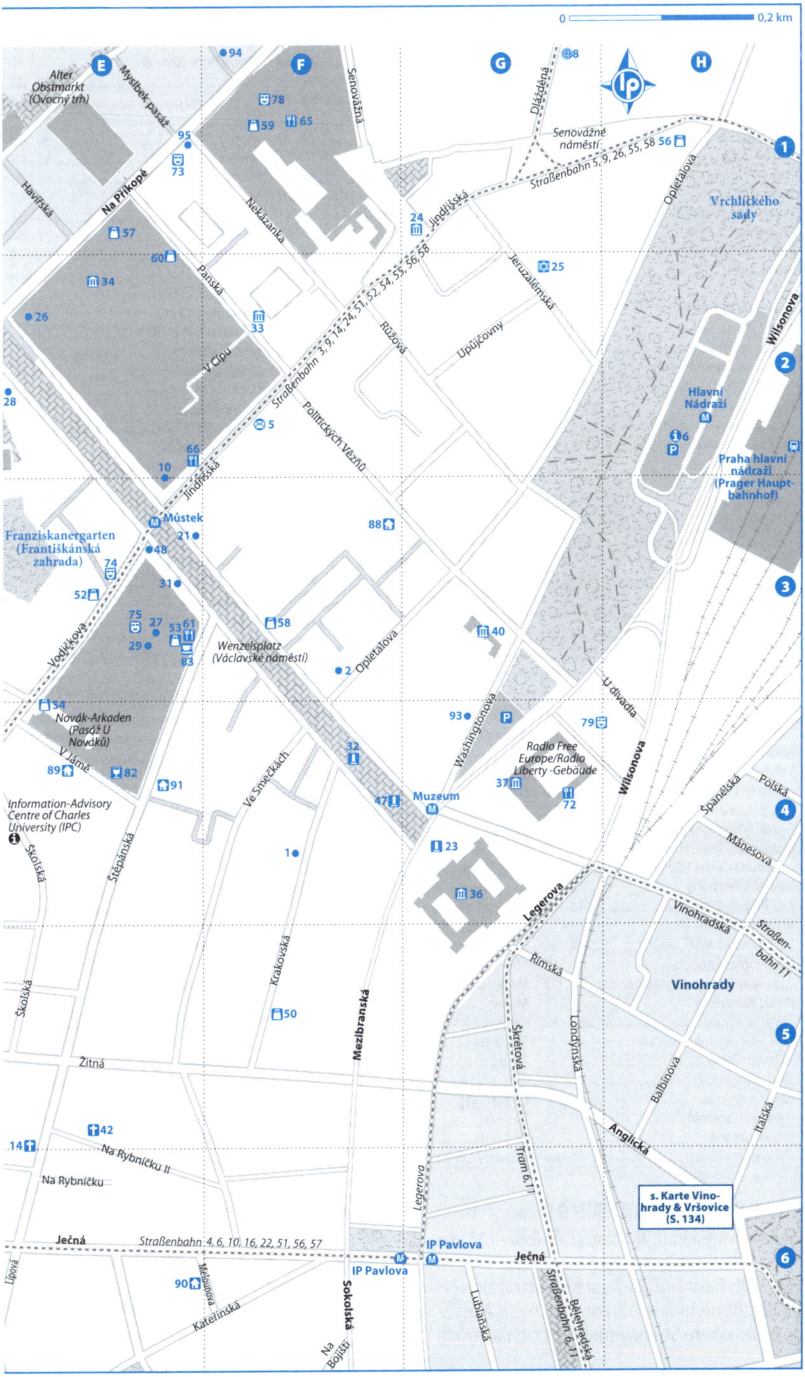
0
0,2 km
E
F
G
H
1
2
3
4
5
6
Alter Obstmarkt (Ovocný trh)
Mysibek pasáž
Na Příkopě
Havířská
Senovážná
Senovážné náměstí
Dlážděná
Straßenbahn 5, 9, 26, 55, 58
Opletalova
Vrchlického sady
Nekázanka
Jindřišská
Panská
Jeruzalémská
Straßenbahn 3, 9, 14, 24, 51, 52, 54, 55, 56, 58
Růžová
Úpůjčovny
V Cípu
Politických Vězňů
Wilsonova
Hlavní Nádraží
Praha hlavní nádraží (Prager Hauptbahnhof)
Můstek
Franziskanergarten (Františkánská zahrada)
Wenzelsplatz (Václavské náměstí)
Vodičkova
Novák-Arkaden (Pasáž U Nováků)
V Jámě
U divadla
Washingtonova
Radio Free Europe/Radio Liberty -Gebäude
Muzeum
Ve Smečkách
Information-Advisory Centre of Charles University (IPC)
Školská
Štěpánská
Legerova
Španělská
Polská
Mánesova
Vinohradská
Straßenbahn 11
Římská
Krakovská
Vinohrady
Škrétová
Londýnská
Mezibranská
Žitná
Balbínova
Italská
Anglická
Tram 6, 11
Na Rybníčku II
Na Rybníčku
s. Karte Vinohrady & Vršovice (S. 134)
Ječná
Straßenbahn 4, 6, 10, 16, 22, 51, 56, 57
IP Pavlova
Lípová
Melounova
Kateřinská
Sokolská
Lublaňská
Straßenbahn 6, 11
Bělehradská
Na Bojišti

## NEUSTADT

### PRAKTISCHES

| | | |
|---|---|---|
| Czech Blind United | 1 | F4 |
| DHL | 2 | F3 |
| Bezirksklinik (24-Std. Apotheke) | 3 | D3 |
| Globe Bookshop & Café | (siehe 63) | |
| Happy House Rentals | 4 | D3 |
| Hauptpost | 5 | F2 |
| Prager Informations-service | 6 | H2 |
| Polizeistation Praha 1 | 7 | D2 |
| Spika | 8 | G1 |

### SEHENSWERTES (S. 115)

| | | |
|---|---|---|
| Palais Adria | 9 | D3 |
| Assicurazioni Generali (Kafkas Arbeitsstätte 1907/08) | 10 | E2 |
| Bat'a (Schuhladen) | (siehe 28) | |
| Gedenktafel für Studenten des 17. November 1989 | 11 | C3 |
| St. Maria Schnee (Kostel Panny Marie Sněžné) | 12 | D2 |
| St. Ignatius (Kostel sv. Ignáce) | 13 | D6 |
| St. Stephan (Kostel sv. Štépána) | 14 | E5 |
| St. Wenzel am Zderaz (Kostel sv. Václava na Zderaza) | 15 | B6 |
| St. Cyril & Method (Kostel sv. Cyril a Metoděj) | 16 | B6 |
| Kloster St. Ursula (Klášter sv. Voršila) | 17 | B3 |
| Kubistischer Laternenmast | 18 | D2 |
| Tanzendes Haus (Tančící Dům) | 19 | A6 |
| Goethe-Institut | 20 | A4 |
| Grand Hotel Evropa | 21 | E3 |
| Hous zur schwarzen Rose (Dům U Černé Růže) | (siehe 57) | |
| Hlahol-Chorhaus | 22 | A5 |
| Jan-Palach-Denkmal | 23 | G4 |
| Jindřišská-Turm (Jindžišská Věž) | 24 | G1 |
| Jubileumsyynagoge (Jubilejní Synagóga) | 25 | G2 |
| Palais Koruna (Palác Koruna) | 26 | E2 |
| Kun (Horse)–Skulptur von David Černý | 27 | E3 |
| Lindt-Gebäude | 28 | E2 |
| Palais Lucerna (Palác Lucerna) | 29 | E3 |
| Mánesgalerie (Galerie Mánes) | 30 | A5 |
| Melantrich-Gebäude | 31 | E3 |
| Denkmal für die Opfer des Kommunismus | 32 | F4 |
| Muchamuseum (Muchovo Muzeum) | 33 | F2 |
| Kommunismusmuseum (Muzeum Komunismu) | 34 | E2 |
| Nationale Gedekstätte in St. Kyrill & method (Národní Pámátník Hrdinů Heydrichiády) | 35 | B6 |
| Nationalmuseum (Národní Muzeum) | 36 | G4 |
| Nationalmuseum Neues Gebäude | 37 | G4 |
| Nationaltheater (Národni Divadlo) | (siehe 77) | |
| Neustädter Rathaus (Novoměstská Radnice) | 38 | D5 |
| Nová Scéna | 39 | A3 |
| Palais Peček (Pačkův Palác) | 40 | G3 |
| Rašínovo Nábřeží 78 (Václav Havels ehemalige Wohnung) | 41 | A6 |
| St.-Longinus-Rotunde (Rotunda sv. Longina) | 42 | E5 |
| Ruderbootsverleih | 43 | A4 |
| Ruderbootsverleih | 44 | A4 |
| Ruderbootsverleih | 45 | A4 |
| Šitovská Věž | 46 | A5 |
| Reiterstandbild des hl. Wenzel (sv. Václav) | 47 | F4 |
| Wiehl-Haus (Wiehlův Dům) | 48 | E3 |
| Žofín | 49 | A4 |

### SHOPPEN (S. 157)

| | | |
|---|---|---|
| Bat'a | (siehe 28) | |
| Bazar | 50 | F5 |
| Belda | 51 | C3 |
| Bontonland | (siehe 26) | |
| Foto Škoda | 52 | E3 |
| Globe Bookstore & Café | (siehe 63) | |
| Helena Fejková Gallery | 53 | E3 |
| Jan Pazdera | 54 | E4 |
| Kanzelsberger | (siehe 28) | |
| Kiwi | 55 | D3 |
| Manufactura Abram Kelly | 56 | H1 |
| Moser | 57 | E1 |
| Palác Knih Neo Luxor | 58 | F3 |
| Slovanský Dům | 59 | F1 |
| Zerba | 60 | E2 |

### ESSEN (S. 167)

| | | |
|---|---|---|
| Céleste | (siehe 19) | |
| Cellarius | 61 | E3 |
| Country Life | 62 | D4 |
| Globe Bookstore & Café | 63 | B5 |
| Karavanseráj | 64 | A4 |
| Kogo | 65 | F1 |
| Modrý Zub | 66 | E2 |
| Na Rybařně | 67 | A6 |
| Pizzeria Kmotra | 68 | B4 |
| Suterén | 69 | A4 |
| Tesco | 70 | C3 |
| U Matěje Kotrby | 71 | B4 |
| Zahrada v Opeře | 72 | G4 |

### UNTERHALTUNG (S. 207)

| | | |
|---|---|---|
| Bohemia Ticket International (BTI) | 73 | E1 |
| Kino Světozor | 74 | E3 |
| Laterna Magika | (siehe 39) | |
| Lucerna Music Bar | 75 | E3 |
| Minor-Theater (Divadlo Minor) | 76 | D4 |
| Nationaltheater (Národni Divadlo) | 77 | A3 |
| Palace Cinemas | 78 | F1 |
| Prager Staatsoper (Státní Opera Praha) | 79 | G4 |
| Reduta Jazz Club | 80 | C3 |
| Reduta-Theater | (siehe 80) | |
| Rock Café | (siehe 80) | |
| Ticketpro | (siehe 75) | |

### AUSGEHEN (S. 189)

| | | |
|---|---|---|
| Bokovka | 81 | B5 |
| Jáma | 82 | E4 |
| Kavárna Evropa | (siehe 27) | |
| Kavárna Lucerna | (siehe 27) | |
| Kávovarna | 83 | E3 |
| Novoméstský Pivovar | 84 | D4 |
| Pivovarský Dům | 85 | D6 |
| U Fleků | 86 | B4 |

### SCHLAFEN (S. 225)

| | | |
|---|---|---|
| Hotel U Šuterů | 87 | D3 |
| Hotel Yasmin | 88 | F3 |
| Icon Hotel | 89 | E4 |
| Miss Sophie's | 90 | E6 |
| Radisson Blu Alcron Hotel | 91 | E4 |
| Suitehome Residence | 92 | D5 |

### TRANSPORT (S. 259)

| | | |
|---|---|---|
| A-Rent Car/Thrifty | 93 | G4 |
| ČD Travel | 94 | F1 |
| Čedok | 95 | E1 |
| Prague Passenger Shipping (PPS) | 96 | A6 |

## PRAGER HAUPTBAHNHOF Karte S. 118 f.

**Praha hlavní nádraží; Wilsonova; ⏲ 0.40–3.15 Uhr geschl.; Ⓜ Hlavní Nádraží**

Was? Ein Bahnhof als Touristenattraktion? Vielleicht nicht alles davon, doch ein Abstecher ins obere Stockwerk lohnt sich allemal: Von hier aus kann man einen Blick auf die ganze schmutzig-verrußte Pracht des Jugendstilklassikers werfen. Nach einem Entwurf Josef Fantas wurde das Gebäude zwischen 1901 und 1909 errichtet. Über dem Türbogen im Inneren sind zwei „Grazien", die

Worte *Praga mater urbium* („Prag, Mutter aller Städte") und das Datum „28.října r:1918" (28. Oktober 1918; Unabhängigkeitstag der Tschechoslowakei) zu sehen.

## WENZELSPLATZ & UMGEBUNG

Der Wenzelsplatz (Václavské náměstí oder Václavák) – er diente im Mittelalter als Pferdemarkt – ist eher ein breiter, abschüssiger Boulevard als ein typischer Stadtplatz. Seinen heutigen Namen erhielt er Mitte des 19. Jhs zur Zeit der Nationalen Wiedergeburt der Tschechen. Seit damals hat der Wenzelsplatz große Momente der tschechischen Geschichte erlebt: Während des revolutionären Aufruhrs von 1848 wurde er Zeuge einer gigantischen Messe, 1918 der Geburtsfeierlichkeiten der neuen Tschechoslowakische Republik und 1989 des Abgesangs der kommunistischen Ära.

Nachdem die Polizei am 17. November 1989 eine Studentendemonstration niedergeknüppelt hatte (s. Kasten S. 31), versammelten sich auf dem Wenzelsplatz Nacht für Nacht die aufgebrachten Bürger. 1948 hatte Klement Gottwald die kommunistische Herrschaft auf dem Altstädter Ring ausgerufen – mit verblüffender Ähnlichkeit traten später Alexander Dubček und Václav Havel auf den Balkon des Melantrich-Gebäudes. Unter donnernden und tränenreichen Beifallsstürmen erklärten sie das Ende des sozialistischen Regimes in der Tschechoslowakei.

Am Südostende des Platzes steht das von Josef Myslbek 1913 fertiggestellte, muskulös wirkende **Reiterstandbild des hl. Wenzel** (sv. Václav; Karte S. 118 f.) – böhmischer Friedensfürst des 10. Jhs. und der „Gute König Wenzel" aus der bekannten Weihnachtsgeschichte. Der war zwar nie König, sondern nur ein Prinz, aber überall als guter Mensch angesehen. Mit Prokop, Adalbert, Agnes und Ludmila umringen ihn die anderen böhmischen Schutzheiligen. Im Lauf der Zeit musste Wenzel mehrmals miterleben, wie man ihn mit Plakaten zuklebte und sich zu seinen Füßen historische Momente ereigneten. In der Nähe der Statue erinnert das kleine **Denkmal für die Opfer des Kommunismus** mit Fotos und handgeschriebenen Nachrufen an Jan Palach und weitere antikommunistische Rebellen.

Im krassen Gegensatz zu diesem feierlichen Schrein steht der Rest des Wenzelsplatzes, der sich größtenteils als Mischmasch aus Kapitalismus-Monument und pompöser Galerie entpuppt – und das mit allem, was dazugehört: Cafés, Fastfood-Ketten und teure Läden. Dazwischen tummeln sich nachts betrunkene britische Junggesellenabschiede, Prostituierte und die Abzocker der Stripclubs.

### ST. MARIA SCHNEE Karte S. 118 f.

**Kostel Panny Marie Sněžné; Jungmannovo náměstí 18; Ⓜ Mùstek**

Das gotische Gotteshaus am Nordende des Wenzelsplatzes zaubert Erhabenheit in dieses Viertel. Karl IV. gab den Bau im 14. Jh. in Auftrag, der jedoch mit Ausnahme des Chores unvollendet blieb. Dies lag wohl an den Ausmaßen des Gebäudes – es scheint eher hoch als lang zu sein. Nach dem Willen Karls sollte St. Maria Schnee die prächtigste Kirche Prags werden: Das Hauptschiff ist höher als das des Veitsdoms, der Altar der größte in der Stadt. In der Hochburg der Hussiten predigte einst Jan Želivský. Er war Anführer des Ersten Prager Fenstersturzes, der 1419 die Hussitenkriege auslöste.

Der Zugang zur Kirche erfolgt durch einen Bogen beim Österreichischen Kulturforum am Jungmannovo náměstí; einen hübschen Blick auf das Äußere bekommt man vom benachbarten **Franziskanergarten** (s. S. 132). Neben St. Maria Schnee steht die **Kapelle der Jungfrau von Pasov** – sie ist mittlerweile ein Veranstaltungsort für moderne Kunstausstellungen.

### PALAIS LUCERNA Karte S. 118 f.

**Palác Lucerna; Vodičkova 36; 🚋 3, 9, 14, 24**

Die eleganteste der zahlreichen Shopping-Arkaden in der Neustadt findet sich in dem Jugendstilpalais Lucerna zwischen der Štěpánská und Vodičkova. Der Komplex wurde von Václav Havel – nicht dem Expräsidenten, sondern dessen Großvater! – entworfen und gehört teilweise immer noch seiner Familie. Besucher erwartet ein Theater, ein Kino, Läden, ein Rockclub sowie diverse Cafés und Restaurants. Im marmornen Atrium hängt die Skulptur **Pferd** (s. Kasten S. 151) des Künstlers David Černý. Sie ist das ironische Pendant zum Wenzelsdenkmal auf dem gleichnamigen Platz – doch in diesem Fall sitzt der hl. Wenzel im Sattel eines Pferdes, das keinen allzu lebendigen Eindruck erweckt. Černý gibt nie Kommentare zur Intention seiner Werke ab. Es drängt sich jedoch der starke Verdacht auf, dass dieser Wenzel – Václav auf Tschechisch – als Seitenhieb auf Václav Klaus zu verstehen ist, den ehemaligen Ministerpräsidenten und derzeitigen Präsidenten der Tschechischen Republik.

Die benachbarten **Novák-Arkaden** – sie sind mit dem Palais Lucerna verbunden – geben mit einem Labyrinth an Passagen Rätsel auf. An der Vodičkova erkennt man sie an einer von Prags schönsten Jugendstilfassaden; darauf porträtieren Mosaiken das alltägliche Leben auf dem Land.

## KOMMUNISMUSMUSEUM Karte S. 118 f.

**Muzeum komunismu; ☎ 224 212 966; www.muzeumkomunismu.cz; Na Příkopě 10; Erw./erm./Kind unter 10 Jahren 180/140 Kč/frei; 9–21 Uhr; Ⓜ Můstek**

Für ein Kommunismusmuseum gibt's wohl kaum einen zynischeren Ort: Zwischen einem Casino auf der einen und einem McDonald's auf der anderen Seite nimmt es Teile eines Adelspalasts aus dem 18. Jh. in Beschlag. Ein amerikanischer Einwanderer und ein Tscheche trugen die Sammlung zusammen. Sie erzählt die Geschichte der Tschechoslowakei hinter dem Eisernen Vorhang anhand von Fotos, Texten und einer faszinierenden Vielfalt von … hmm … eben Krimskrams. Glaubhaft vermittelt wird auch ein Eindruck von den leeren Läden, der Korruption, der Angst und dem Doppelleben vieler Menschen in der sozialistischen Tschechoslowakei. Und dann gibt's da noch seltene Fotos vom Stalin-Denkmal zu sehen, das früher auf den Letnáanlagen thronte, und wie es auf spektakuläre Weise zerstört wurde. Besucher sollten sich auf jeden Fall auch die Videodokumentation zu den Protesten anschauen, die schließlich zur Samtenen Revolution führten. Danach steht fest: Zu diesen Demonstrationen gehörte eine ordentliche Portion Mut.

## AM GRABEN (NA PŘÍKOPĚ) Karte S. 118 f.

Zusammen mit der Revoluční (Straße der Revolution), der 28. října (28. Oktober 1918; tschechoslowakischer Unabhängigkeitstag) und der Národní třída (Nationalavenue) folgt die Na Příkopě (Am Graben) dem ehemaligen Stadtgraben. Dieser verlief früher am Fuß der Altstädter Mauer, bis er am Ende des 18. Jhs. zugeschüttet wurde.

Bei **Na Můstku** (An der Kleinen Brücke; Karte S. 118) trifft die Na příkopě auf den Wenzelsplatz. Hier überspannte früher eine kleine Steinbrücke den Burggraben. Am unterirdischen Eingang zur Metrostation Můstek ist auch heut immer noch einer der alten Bogen zu erkennen (gleich links hinter dem Ticketautomaten).

Im 19. Jh. war die schicke Straße Spielwiese der deutschen Caféhausszene in Prag. Heute zählt sie zusammen mit dem Wenzelsplatz und der Pařížská zu den nobelsten Shoppingmeilen der Stadt, auf der zahlreiche Banken, Einkaufszentren und Touristencafés ihren Geschäften nachgehen.

## NÁRODNÍ TŘÍDA Karte S. 118 f.

Die Národní třída (Nationale Avenue) ist die „Prachtstraße" im Herzen Prags. Sie wird von zahlreichen mittelteuren Läden und großartigen öffentlichen Gebäuden wie ganz besonders dem Staatstheater (Národni divadlo) an der Moldau flankiert.

Am Ostende findet sich gegenüber vom Jungmannplatz (Jungmannovo náměstí) das **Palais Adria,** ein Nachbau eines venezianischen Palasts. Der auffallend kompakte Architekturstil aus den 1920er-Jahren nennt sich „Rondokubismus". Beachtenswert sind die abwechselnd eckigen und runden Fenstergiebel, die ähnliche Elemente anderer klassizistischer Barockbauten wie des **Palais Černín** (S. 76) reflektieren.

Das **Adria-Theater** im unteren Geschoss ist der Geburtsort der Laterna Magica. In den turbulenten Tagen der Samtenen Revolution trat hier das Bürgerforum zusammen.Vom Theater marschierten Dubček und Havel zum Palais Lucerna und zum Melantrich-Gebäude, wo sie am 24. November 1989 zusammen auf den Balkon traten. Ein Spaziergang durch die Arkaden offenbart eine reizende Dekoration aus Marmor, Glas und Messing. Im Hauptatrium ist eine 24-Stunden-Uhr aus den 1920er-Jahren zu sehen. Die Skulpturen, die sie umgeben, stellen den Tierkreis dar. Früher gelangte man durch die Arkaden zu den Büros der Adriatica-Versicherungsgesellschaft (daher der Name des Gebäudes).

Weiter die Straße runter hängt an der Innenmauer einer Arkade beim Haus Nr. 16 eine **Bronzetafel**. Diverse Hände bilden darauf ein Friedenszeichen, darunter steht das Datum „17. 11. 89". Sie gedenkt der Studenten, die an diesem Tag auf der Straße brutal von der Polizei zusammengeschlagen wurden (s. Kasten S. 31).

Westlich der Voršilská umgeben die zitronengelben Mauern des Klosters **St. Ursula** (klášter sv. Voršila) die gleichnamige rosafarbene Kirche. Zu ihrer üppigen Barockeinrichtung gehört auch ein ganzes Bataillon an Apostelstatuen. Vor dem Bauwerk findet sich ein Standbild des hl. Johannes von Nepomuk. Und in der rechten unteren Ecke der

Fassade hält die Statue der hl. Agatha die ihr abgeschnittenen Brüste in den Händen – sie versinnbildlicht eine der grausigeren Szenen aus der katholischen Märtyrergeschichte.

Auf der anderen Straßenseite steht das **Viola-Gebäude** (Karte S. 96 f.), der frühere Sitz einer Prager Versicherungsgesellschaft. Osvald Polívka verpasste ihm eine Jugendstilfassade, an der die riesigen Lettern des Wortes „PRAHA" eine Anordnung von fünf Rundfenstern umranken. Mosaike verbreiten die Botschaften *život, kapitál, důchod, věno* und *pojišťuje* (Leben, Kapital, Einkommen, Aussteuer und Versicherung). Das ehemalige Verlagshaus nebenan ist ebenfalls ein Polívka-Entwurf. Die **Nová Scéna** (1983) auf der Südseite von Haus Nr. 4 scheint aus alten Fernsehbildschirmen zu bestehen; das Gebäude des „Neuen Nationaltheaters" ist heute Sitz der Laterna Magica (s. S. 217).

Zu guter Letzt erhebt sich an der Kreuzung Národní třída/Smetanovo nábřeží direkt an der Moldau das **Nationaltheater** (Národní divadlo). Das „Neorenaissance-Flaggschiff" der Nationalen Wiedergeburt Tschechiens reiht sich in die Liste der beeindruckendsten Gebäude Prags ein. Seine Errichtung wurde ausschließlich durch Spendengelder finanziert. Ein Großteil der tschechischen Künstlerelite gab sich bei der Gestaltung von Innen- und Außendekoration die Klinke in die Hand. Nur wenige Wochen nach seiner Eröffnung brannte das Meisterwerk des Architekten Josef Zitek 1881 bis auf die Grundmauern nieder. Doch wie durch ein Wunder fanden sich erneut mehrere Spender, sodass Josef Schulz den Wiederaufbau in weniger als zwei Jahren bewerkstelligen konnte. Heute finden hier hauptsächlich Ballett- und Opernaufführungen statt (s. S. 215).

Die **Kavárna Slavia** (s. Kasten S. 199) gegenüber vom Theater wartet mit einer Art-déco-Einrichtung und einer tollen Aussicht auf die Moldau auf. Sie war einst *die* Location zum Sehen-und-Gesehen-Werden oder für einen Imbiss nach einer Theatervorstellung. In dem mittlerweile renovierten Gebäude kann man sich auch heute noch durchaus blickenlassen – wenn auch hauptsächlich in Gesellschaft anderer Touristen.

## NATIONALMUSEUM Karte S. 118 f.

**Národní muzeum; ☎ 224 497 111; www.nm.cz; Václavské náměstí 68; Erw./Kind 150/100 Kč, am 1. Mo im Monat Eintritt frei; ⏲ 10–18 Uhr, Okt.–April 9–17 Uhr, am 1. Mi im Monat bis 20 Uhr, am 1. Di im Monat geschl.; Ⓜ Muzeum**

# top picks

## ARCHITEKTUR

Trotz der vielen grellen Werbetafeln und der internationalen Markenlabels hat sich der Wenzelsplatz einen Teil seiner architektonischen Würde bewahrt. Hier stößt man auf ein paar der schönsten Stadthäuser aus dem frühen 20. Jh. Die folgende Beschreibung beginnt am südlichen (oberen) Platzende und setzt sich bergabwärts fort (gerade Hausnummern sind auf der Westseite, also links).

- Nr. 25 – **Grand Hotel Evropa** (1906): Wahrscheinlich das attraktivste Gebäude vor Ort – 100 % Jugendstil. Besonders sehenswert: Das französische Restaurant im hinteren Bereich des Untergeschosses und das Atrium im 2. Stock.
- Nr. 36 – **Melantrich-Gebäude** (1914): Heute ein *Marks & Spencer*. Auf dem Balkon, der über das Tramvaj Café blickt, proklamierten Havel und Dubček im November 1989 das Ende der sozialistischen Ära.
- Nr. 34 – **Wiehl-Haus** (Wiehlův dům; 1896): Auf der großartigen Fassade haben sich der tschechische Topkünstler Mikuláš Aleš und Kollegen mit Wandbildern im Stil der Neorenaissance verewigt. Das Gebäude ist nach seinem Architekten Antonín Wiehl benannt.
- Nr. 6 – **Baťa-Schuhhaus** (1929): Das funktionalistische Meisterwerk entwarf Ludvík Kysela im Auftrag Tomáš Baťas – Kunstmäzen, fortschrittlicher Industrieller und Gründer des internationalen Schuhimperiums.
- Nr. 4 – **Lindt-Gebäude** (1927): Wurde ebenfalls von Ludvík Kysela entworfen und ist eines der ältesten funktionalistischen Gebäude Tschechiens.
- Nr. 1 – **Palais Koruna** (Palác Koruna;1914): Eine Perlkrone ziert den Turm des Jugendstilbaus von Antonín Pfeiffer. Besonders charmant ist die Minifassade um die Ecke an der Na Příkopě.

Am Wenzelsplatz erhebt sich im Stil der Neorenaissance das Hauptgebäude des Nationalmuseums. Josef Schulz entwarf es in den 1880er-Jahren als architektonisches Symbol der Nationalen Wiedergeburt der Tschechen.

Die Hauptausstellung mit Gesteinen, Fossilien und ausgestopften Tieren macht einen etwas angestaubten Eindruck. Auf den knarzenden Parkettböden stehen dicht an dicht die Glaskästen mit den Exponaten. Wer nicht unbedingt auf Trilobiten und Tierpräparate steht, kommt zumindest dank der marmornen Pracht der Inneneinrichtung auf seine Kosten. Auch die Aussicht auf den Wenzelsplatz lässt sich sehen. Und das herrliche

## top picks

### FÜR KINDER

- Bootsfahrten (S. 268)
- Kinderinsel (S. 87)
- Spiegellabyrinth (S. 90)
- Technisches Nationalmuseum (S. 147)
- Prager Zoo (S. 154)

Haupttreppenhaus erstrahlt in poliertem Kalkstein und Serpentin. Dekoriert ist es mit Gemälden von böhmischen Burgen und den Medaillons von Königen und Kaisern. Die gewölbte Ruhmeshalle zieren vier riesige Lünettegemälde, die seltsamerweise ohne Frauen auskommen: Darauf haben sich František Ženíšek und Václav Brožík mit Szenen aus der tschechischen Mythologie und Geschichte verewigt. Die Halle beherbergt Bronzebüsten und Statuen von allen, die in der tschechischen Kunst und Wissenschaft Rang und Namen haben.

Bei den helleren Bereichen an der Museumsfassade handelt es sich um zugespachtelte Einschusslöcher. 1968 hielten die Truppen des Warschauer Paktes das Museum irrtümlich für die ehemalige Nationalversammlung (oder den Radiosender) und nahmen es unter Feuer. Vor dem Museum ist links des Springbrunnens ein kreuzförmiges **Denkmal** in den Bürgersteig eingelassen. Es markiert die Stelle, an der Jan Palach sein Leben ließ (s. Kasten S. 31).

Das Hauptgebäude des Museums ist mittlerweile arg renovierungsbedürftig, und im Jahr 2011 soll es – so die Auskunft bei Redaktionsschluss – für vier Jahre geschlossen und grundlegend saniert werden. Damit sind aber nicht gleich alle Exponate aus der Öffentlichkeit verschwunden, denn das Museum hatte sich ohnehin schon ausgedehnt und die Räumlichkeiten des benachbarten Senders von Radio Free Europe/Radio Liberty bezogen. Dieser sogenannte **Neubau** (Erw./Kind 100/70 Kč, Kombiticket mit Hauptgebäude 200/150 Kč) enthält eine Ausstellung zur Tschechoslowakei unter kommunistischer Herrschaft; man erfährt darin durchaus Faszinierendes über diese finstere Epoche der jüngeren Vergangenheit. Oder wer weiß schon, dass zwischen 1948 und 1989 mindestens 280 Zivilisten beim Versuch ums Leben kamen, die tschechoslowakische Grenze Richtung Westen zu überqueren? Und dass im gleichen Zeitraum sogar 584 Angehörige der 19 000 Mann starken Grenztruppen starben – 185 durch Selbstmord, 39 durch Kugeln und 243 durch Unfälle und Verletzungen (nur elf wurden tatsächlich von Flüchtlingen getötet)? Im Neubau gelten die gleichen Öffnungszeiten wie im Nationalmuseum (s. S. 123).

### PALAIS PEČEK Karte S. 118 f.

**Pečkův palác; Politických Vězňů 20; ⌚ nicht öffentlich zugänglich; Ⓜ Muzeum**

Das düstere Palais im Stil der Neorenaissance diente während des Zweiten Weltkriegs als Prager Hauptquartier der Gestapo. Eine Gedenktafel an einer Ecke des Gebäudes erinnert an die vielen Tschechen, die in den Kerkern im Keller dieses Hauses gefoltert und ermordet wurden. Auf der Tafel steht: „In den Tagen der nationalsozialistischen Besatzung befanden sich in diesem Bau die Folterkeller der Gestapo. Freiheitskämpfer unseres Landes haben hier gekämpft, gelitten und ihr Leben gelassen. Wir werden sie nie vergessen und ihr Erbe in Ehren halten. Volk, bleibe wachsam!" Heute hat das Wirtschaftsministerium dieses Palais bezogen.

## AN DER MOLDAU

Das Neustädter Ufer erstreckt sich vom Nationaltheater Richtung Süden zum Vyšehrad. Zwischen dem 19. und frühen 20. Jh. entstanden hier entlang der Moldau ein paar der großartigsten Bauwerke Prags – ein idealer Ort für einen Abendspaziergang, wenn die untergehende Sonne die Fassaden in ein wunderschön goldenes Licht taucht.

Das Masarykovo nábřeží (Masaryk-Ufer; Karte S. 118 f.) schmücken mehrere sehr hübsche Jugendstilschätzchen. Das enteneigrüne Haus Nr. 32 beherbergt das **Goethe-Institut;** früher residierte hier die Botschaft der DDR. Rund um den Eingang des reizenden Wohnhauses Nr. 26 verstecken sich Eulen im steinernen Laub, Hunde spähen von den Balkonen im 5. Stockwerk und auf dem Geländer tummeln sich Vögel.

Das **Hlahol-Chorhaus** (Nr. 16) baute Josef Fanta 1906 für eine patriotische Chorgemeinschaft, die sich der Nationalen Wiedergeburt der Tschechen verpflichtet fühlte. Das Riesenmosaik *Musik* krönt die aufwendige Dekoration aus musikalischen Motiven. Der Wahlspruch darunter besagt sinngemäß in etwa: „Das Lied erreiche das Herz; das Herz erreiche das Vaterland."

Der **Jiráskekplatz** (Jiráskovo náměstí) an der nächsten Brücke ist Alois Jirásek (1851–1930) gewidmet. Sein Werk *Alte böhmische Sagen* ist fester Bestandteil des tschechischen Schulunterrichts. Der Schriftsteller selbst spielte eine gewichtige Rolle beim Erlangen der tschechoslowakischen Unabhängigkeit. Seine Statue steht im Schatten des berühmten „Tanzenden Hauses".

Etwas weiter am Fluss entlang stößt man auf die Adresse **Rašínovo nábřeží 78**. Der Entwurf für dieses Wohnhaus stammt vom Großvater Václav Havels. Dieser zog das Haus nach seiner Wahl ins höchste Staatsamt im Dezember 1989 der Prager Burg als Wohnort vor – und machte es so zur wohl schlichtesten Präsidentenresidenz auf dem ganzen Globus.

Zwei Blocks weiter südlich steht am Palackého náměstí Stanislav Suchardas außergewöhnliches, im Jugendstil errichtetes **František-Palacký-Denkmal** (Karte S. 116). Rund um die bullige Statue des Schriftstellers und Historikers aus dem 19. Jh. – Galionsfigur der Nationalen Wiedergeburt der Tschechen – treibt eine Horde von bronzenen Spukgestalten als Sinnbild der Fantasie Palackýs ihr Unwesen.

## TANZENDES HAUS Karte S. 118 f.

**Tančící dùm; Rašínovo nábřeží 80; 🚋 17, 21**

Am Rašínovo nábřeží trifft die Resslova auf die Moldau. Die Kreuzung wird vom Tanzenden Haus dominiert. Es entstand 1996 nach einem Entwurf der Architekten Vlado Milunič und Frank Gehry. Die geschwungenen Linien eines schlanken Glasturms schmiegen sich perfekt an ein geradliniges, „formelleres" Pendant. In Anlehnung an die Tanzikonen Fred Astaire und Ginger Rogers wird der moderne Bau auch „Ginger & Fred" genannt. Verblüffend, wie gut er zu seinen betagteren Nachbarn passt.

## MÁNESGALERIE Karte S. 118 f.

**Galerie Mánes; ☎ 224 932 938; www.galeriemanes.cz; Masarykovo nábřeží 1; Erw./Kind 60/30 Kč; 🕒 Di–So 10–18 Uhr; 🚋 17, 21**

Das Mánesgebäude (1927–1930) überspannt einen Nebenarm der Moldau, daneben erhebt sich ein Wasserturm aus dem 15. Jh. Es ist das Zuhause einer Kunstgalerie, die in den 1920er-Jahren von einer Gruppe von Künstlern, angeführt von dem Maler Josef Mánes, gegründet wurde. Sie stellt eine Alternative zur Tschechischen Kunstakademie dar. Hier kann man im Rahmen eines lebhaften, wechselnden Ausstellungsprogramms immer noch sehr gut zeitgenössische Kunst bestaunen. Das Gebäude selbst wurde von Ottakar Novotný entworfen und gilt als Meisterwerk der funktionalistischen Architektur.

## SOPHIENINSEL Karte S. 118 f.

**Žofín; Masarykovo nábřeží; 🚋 17, 21**

Die Insel ist eine ruhige, tropfenförmige Sandbank mit angenehmen Gärten und toller Aussicht auf den Fluss. Diverse Anbieter verleihen **Ruderboote**. 1784 wurde das Ufer mit Steinen befestigt. Zu Beginn des folgenden Jahrhunderts entstanden hier ein Kurbad und eine Färberei. 1841 „preschte" Böhmens erste Eisenbahn bei einer Demonstration mitsagenhaften scheppernden 11 km/h über das Eiland. Und ab 1848 tagte auf der Insel der Slawenkongress – daher auch ihr ebenso gebräuchliche Name „Slaweninsel" (Slovanský ostrov; ab 1925).

In der Inselmitte steht das Palais **Žofín**, ein Kulturzentrum aus dem 19. Jh., das restauriert und als Restaurant und gesellschaftlicher Treffpunkt wiedereröffnet wurde. Am Südende steht der **Šitovská věž**: Der Wasserturm aus dem 15. Jh. gehörte früher zu einer Mühle; sein „Zwiebeldach" bekam er dann im 18. Jh. aufgesetzt.

# KARLSPLATZ & UMGEBUNG

Mit über 7 ha Fläche ist der Karlsplatz (Karlovo náměstí; Karte S. 118 f.), Prags größter Platz, eigentlich schon ein kleiner Park. An seinem Rand ragt die Kirche **St. Ignatius** (kostel sv. Ignáce; Karte S. 118 f.) aus den 1660er-Jahren in den Himmel. Carlo Lurago entwarf das barocke Meisterstück einst im Auftrag der Jesuiten.

Das Barockpalais am Ende des Karlsplatzes ist Teil der Karlsuniversität. Es wird auch **Fausthaus** (Faustův dům; Karte S. 116) genannt: Der Sage nach geleitete Mephisto in diesem Haus den Doktor Faust durch ein Loch in der Labordecke in die Hölle. Außerdem ging hier Edward Kelley seinen Studien nach: Der englische Hofalchimist Rudolfs II. versuchte im 16. Jh., Blei in Gold zu verwandeln – nun ja, es blieb beim Versuch.

Vom Karlovo náměstí aus erstreckt sich die Resslova in Richtung Westen bis zum Fluss. Auf halber Strecke stößt man auf die Barockkirche **St. Kyrill & Method** (Kostel sv. Cyril a Metoděj; Karte S. 118 f.)aus den 1730er-Jahren. Sie geht auf das Konto Kilian Dientzenhofers und Paul Bayers. In der Krypta ist heute die bewegende **Nationale Gedenkstätte** für die Opfer untergebracht, die für das Attentat auf Heydrich büßen mussten (Nárdní památník obĕti Heydrichiády; Karte S. 118 f.).

Die gotische Kirche St. Wenzel am Zderaz (Kostel sv. Václava na Zderaza; Karte S. 118 f.) auf der anderen Straßenseite war seit dem 14. Jh. die Pfarrkirche der Siedlung Zderaz, die noch vor der Neustadt entstand. Auf der Westseite sind Mauerteile und Fenster zu besichtigen, die vom romanischen Vorgänger des Gotteshauses aus dem 12. Jh. stammen.

Die medizinische Fakultät der Karlsuniversität nimmt das Gebiet östlich des Karlovo náměstí in Beschlag. Erwartungsgemäß findet sich hier an fast jeder Ecke ein Krankenhaus oder ein Arztpraxis. Zwischen der Žitná und der Ječná steht an der Štěpánská St. Stephan (kostel sv. Štěpána; Karte S. 118 f.) aus dem 14. Jh. Dahinter hat an der Na Rybníčku II mit der St.-Longinus-Rotunde (rotunda sv. Longina) aus dem frühen 12. Jh. eine der drei romanischen Rotunden Prags die Jahrhunderte überdauert.

## BOTANISCHER GARTEN DER KARLSUNIVERSITÄT Karte S. 116

**Botanická zahrada Univerzity Karlovy; 221 951 879; www.bz-uk.cz; Viničná 7; Eintritt zum Garten frei, zu den Gewächshäusern Erw./Kind 50/25 Kč; April–Aug. 10–19.30 Uhr, Aug. & Sept. bis 18 Uhr, Feb. & März bis 17 Uhr, Nov.–Jan. bis 16 Uhr; 18, 24**

Gleich südlich vom Karlsplatz erstreckt sich der Botanische Garten der Karlsuniversität (Haupteingang an der Na Slupi). Das älteste Pflanzenparadies des Landes blühte erstmals 1775 in Smíchov; 1898 wurde es dann an den jetzigen Ort verlegt. Die Landschaftsgärtner haben sich auf dem steilen Hügelgelände der Flora Mitteleuropas verschrieben. Besonders im Frühling zeigt sich der Garten von seiner besten Seite.

## MARIÄ HIMMELFAHRT & KARL DER GROSSE Karte S. 128

**Kostel Nanebevzetí Panny Marie a Karla Velikého; Ke Karlovu; Mo–Sa 10–17 Uhr; 6, 11 nach Bělehradská oder M IP Pavlova**

Die kleine Kirche am Südende der Ke Karlovu trägt einen imposanten Namen. Karl IV. gab sie 1358 nach dem Vorbild der Pfalzkapelle Karls des Großen in Aachen in Auftrag. Im 16. Jh. kam das wunderbare Sternrippengewölbe hinzu. Die damals revolutionäre Konstruktion benötigte keinerlei stützende Säulen – für manche Zeitgenossen roch dies freilich nach Hexerei.

Von der Terrasse hinter der Kirche blickt man auf einen Teil der ursprünglichen Neustädter Festungsanlagen. Der uralte Vyšehrad und die moderne Nusle-Brücke (Nuselský most) sind ebenfalls zu erkennen. Mit sechs Fahrspuren auf der Oberseite und der Metro in ihrem Bauch überspannt die gigantische Brücke das Tal des Baches Botič.

## DVOŘÁKMUSEUM Karte S. 116

**Muzeum Antonína Dvořáka; 224 923 363; www.nm.cz; Ke Karlovu 20; Erw./Kind 50/25 Kč; April–Sept. Di, Mi & Fr 10–13.30 & 14–17, So 11–15.30 & 16–19 Uhr, Okt.–März Di–So 9.30–13.30 & 14–17 Uhr; M IP Pavlova**

Die konsequent barocke Villa Amerika aus den 1720er-Jahren ist das architektonische Highlight des sonst recht eintönigen Viertels südlich der Ječna. Als eines der schönsten Barockgebäude Prags stammt das französisch angehauchte Sommerhaus – wie könnte es anders sein – von Kilian Dientzenhofer. Das hier beheimatete Museum ist Antonín Dvořák gewidmet; es veranstaltet von Mai bis Oktober auch Sonderkonzerte mit der Musik des Komponisten.

## EMMAUSKLOSTER Karte S. 116

**Klášter Emauzy; Vyšehradská 49; Mo–Fr 8–18 Uhr, Gottesdienst Mo–Fr 12, So 10 Uhr; 18, 24**

Das Emmauskloster (ursprünglich „Na Slovanech") wurde 1372 auf Anregung Karls IV. für einen slawischen Benediktinerorden gegründet. Im Zweiten Weltkrieg wütete hier die Gestapo, die die Mönche ins KZ Dachau verschleppen ließ. Im Februar 1945 machte eine verirrte Brandbombe der Alliierten dem Komplex beinahe den Garaus. Ein paar Brüder kehrten zwar nach dem Krieg zurück, doch war ihr Glück nur von kurzer Dauer: 1950 lösten die Kommunisten das Kloster auf und folterten den Prior zu Tode. Seit 1990 gehört es wieder den Benediktinern. Der Wiederaufbau der Anlage ist noch immer in vollem Gange.

Die gotische Marienkirche (kostel Panny Marie) wurde bei dem Bombenangriff von 1945 schwer getroffen und zerstört. Erst 2003 öffnete sie wieder ihre Pforten. Die spitzen Zwillingstürme stammen aus den 1960er-Jahren. Die tollen – aber verblassten – Originalfresken aus dem 14. Jh. in den atmosphärischen Kreuzgängen sind mit einem Schuss heidnischer Symbolik gewürzt.

Auf der anderen Straßenseite der Vyšehradská steht die barocke Kirche St. Johannes von Nepomuk am Felsen (kostel sv. Jana Nepomuckého na Skalce) von 1739, eine der schönsten Dientzenhofer-Kirchen der Stadt.

## DAS HEYDRICH-ATTENTAT

Als Antwort auf eine Reihe lähmender Streiks und Sabotageakte der tschechischen Widerstandsbewegung ernannte das deutsche Regime 1941 den SS-General Reinhard Heydrich, einen „Spezialisten" im Kampf gegen Umstürzler, zum Reichsprotektor von Böhmen und Mähren. Heydrich schmetterte sofort mit aller Macht jegliche Widerstandsaktivitäten nieder.

In geheimer Operation zur Unterstützung des Widerstands und zur Förderung der tschechischen Kampfmoral bildeten Engländer heimlich eine Gruppe tschechoslowakischer Fallschirmjäger aus, die ein Attentat auf Heydrich ausüben sollten – überraschenderweise gelang die Operation. Am 27. Mai 1942 griffen die zwei Fallschirmjäger Jan Kubiš und Jozef Gabčík Heydrich an, als er in seinem Dienstwagen durch das Stadtviertel Libeň (s. V. Holešovičkách, S. 156) fuhr. Er erlag später seinen Verletzungen. Die Attentäter und fünf Mitverschwörer flohen, wurden aber in ihrem Versteck, der Kirche St. Kyrill & St. Method (s. unten), verraten. Alle sieben starben während der darauffolgenden Belagerung.

Die Nazis reagierten mit einer rasenden Welle des Terrors, der auch zwei komplette tschechische Dörfer – Lidice und Ležáky (weitere Details zum schlimmen Schicksal von Lidice s. S. 249) – zum Opfer fielen. Zudem zerschlugen sie die Untergrundbewegung.

### NATIONALE GEDENKSTÄTTE IN ST. KYRILL & METHOD Karte S. 118 f.

**Národní památník obětí Heydrichiády; ☎ 224 916 100; Resslova 9; Erw./erm. 75/35 Kč; ⌚ März–Okt. Di–So 9–17 Uhr, Nov.–Feb. Di–Sa 9–17 Uhr; Ⓜ Karlovo Náměstí**

Sieben tschechische Fallschirmjäger waren 1942 am Attentat auf „Reichsprotektor" Reinhard Heydrich beteiligt (s. Kasten oben). Nach dem Anschlag versteckten sie sich drei Wochen lang in der Krypta der Kirche St. Kyrill & Method, bis schließlich der tschechische Kollaborateur Karel Čurda den Unterschlupf an die deutschen Besatzer verriet. Diese belagerten das Gotteshaus, erste Versuche, die Fallschirmjäger auszuräuchern, scheiterten jedoch. Daraufhin flutete die Wehrmacht das Gewölbe mit Hilfe von Feuerwehrschläuchen. Drei Fallschirmjäger fielen während des folgenden Kampfes, die restlichen vier zogen den Selbstmord der Gefangennahme vor.

Heute erinnert eine bewegende Gedenkstätte in der Krypta an diese Männer, zudem informieren eine Ausstellung und ein Video über den Naziterror in Tschechien. An den Wänden der Krypta sind immer noch Einschusslöcher, Granateinschläge und Spuren eines letzten verzweifelten Akts der Fallschirmjäger zu sehen: Vergeblich planten sie, sich einen Fluchttunnel zu einem Abwasserkanal unter der Straße zu graben. Auch außen zeugen am schmalen Spalt in der Mauer der Krypta (in der Resslova), wo die Deutschen die Feuerwehrschläuche einführten, deutliche Kampfspuren von der Belagerung.

### NEUSTÄDTER RATHAUS Karte S. 118 f.

**Novoměstská radnice; ☎ 224 948 229; www.novomestskaradnice.cz; Karlovo náměstí 23; Erw./Kind 50/30 Kč; ⌚ Mai–Sept. Di–So 10–18 Uhr; Ⓜ Karlovo Náměstí**

Das Neustädter Rathaus ist der historische Mittelpunkt des Karlsplatzes. Als es gebaut wurde, war auch die Neustadt noch ein „Frischling". 1419 stürzten Anhänger des Hussitenpredigers Jan Želivský zwei katholische Berater Wenzels IV. aus einem der Turmfenster in den Tod. Der Erste Prager Fenstersturz löste letztlich die Hussitenkriege aus – zu einer Art Wiederholung des Ereignisses kam es 1618 auf der Prager Burg. 35 Jahre nach der Errichtung erhielt das Rathaus seinen Turm. Wer genug Puste hat, kann die 221 Stufen zur Spitze hinaufkeuchen und den gotischen Gerichtssaal, den Schauplatz des Fenstersturzes, aus der Nähe betrachten.

### U KALICHA Karte S. 116

**☎ 224 912 557; www.ukalicha.cz; Na Bojišti 12; ⌚ 11–23 Uhr; Ⓜ IP Pavlova**

Ein paar Blocks östlich vom Karlsplatz findet sich die Kneipe „U kalicha". Hier wird zu Beginn von Jaroslav Hašeks satirischem Weltkriegsroman *Der brave Soldat Schwejk* der gleichnamige Antiheld verhaftet. Der Laden schlachtet dies natürlich gnadenlos aus – eine wichtige Anlaufstelle für Schwejk-Fans, aber Bier und Knödel gibt's anderswo wesentlich billiger.

## VYŠEHRAD

Der Legende nach ist der Vyšehrad (Hochburg) die Wiege Prags. Im 7. Jh. soll der weise Stammesführer Krok hier eine Burg errichtet haben. Libussa (Libuše), die schlauste seiner drei Töchter, sagte die Entstehung einer mächtigen Stadt voraus. Mit Přemysl dem Pflüger (Přemysl Oráč) als König an ihrer Seite gründete sie sowohl die Stadt Prag als auch die Přemysliden-Dynastie.

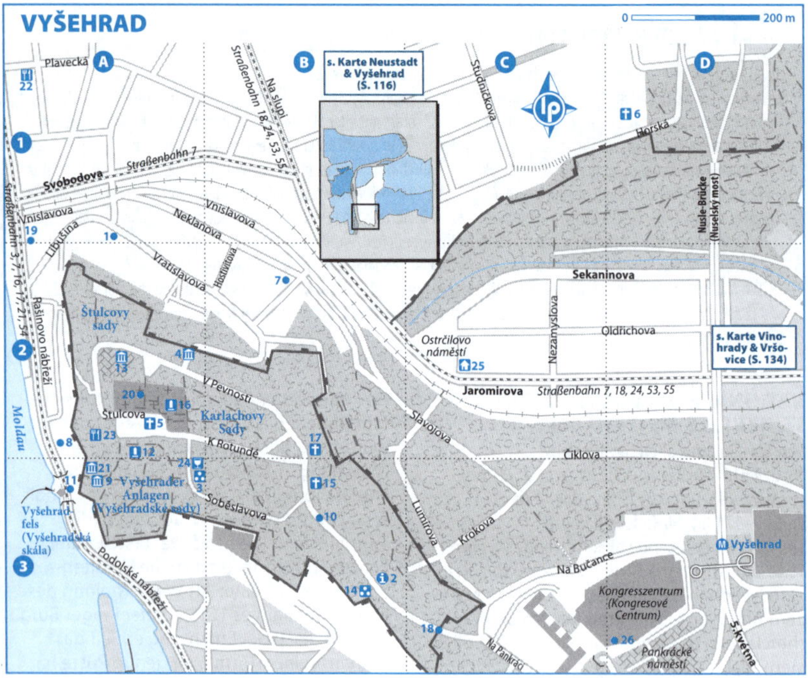


Archäologen haben festgestellt, dass bereits verschiedene frühe slawische Stämme ihr Lager auf dem Vyšehradfelsen aufschlugen, der sich südlich des Nusle-Tals hoch über der Moldau erhebt. Tatsächlich dürfte der Vyšehrad bereits seit dem 9. Jh. dauerhaft besiedelt gewesen sein und für einige Zeit als Wohnstätte Boleslavs II. (reg. 972–999) gedient haben. Die Festungsanlage reicht bis zur Mitte des 11. Jhs. zurück, als Vratislav II. (reg. 1061–1092) seinen Hof vom Hradschin hierher verlegte, die Mauern verstärkte und eine Burg errichtete. Er ist auch verantwortlich für die Basilika St. Laurentius, St. Peter & Paul und die St.-Martins-Rotunde. Seine Nachfolger hielten dem Vyšherad bis 1140 die Treue, dann kehrte Vladislav II. jedoch auf den Hradschin zurück.

Der Vyšehrad geriet daraufhin lange Zeit in Vergessenheit, bis sich Karl IV. auf dessen symbolische Bedeutung besann. Er ließ die Mauern reparieren und integrierte sie in die von ihm gegründete Neustadt (Nové Město). Er ließ einen kleinen Palast errichten und verordnete, dass die Krönungszeremonien der böhmischen Könige fortan mit einer Prozession von hier bis zum Hradschin beginnen sollten.

Die Hussitenkriege vernichteten fast alles auf dem Hügel. Die Festung blieb mit Ausnahme einer Siedlung von Kunsthandwerkern und Händlern eine Ruine, bis Leopold I. sie nach dem Dreißigjährigen Krieg wieder befestigen ließ.

Die Nationale Wiedergeburt der Tschechen rief neues Interesse am Vyšehrad als bedeutendes Symbol der tschechischen Geschichte hervor. Maler zeichneten den Felsen, Dichter sangen über die gute alte Zeit und Smetana ließ seine Oper *Libuše* hier spielen. 1866 riss man den Großteil der alten Festungsanlagen ab, begann mit der Restaurierung mehrerer

## ANFAHRT – VYŠEHRAD

**Metro** Die Metrostation Vyšehrad (an der Linie C) ist nur fünf Minuten von der Festungsanlage entfernt; unterwegs kommt man am Kongresszentrum (Kongresové centrum) vorbei.

**Straßenbahn** Die Linien 17 und 21 führen unterhalb der Festung am Ufer entlang; die Linien 7, 18 und 24 führen durchs Nusle-Tal in östliche Richtung. Von allen Straßenbahnhaltestellen aus hat man noch einen steilen Aufstieg zur Festung zu bewältigen.

## VYŠEHRAD

**PRAKTISCHES**

- Institute for Language & Preparatory Studies ... 1 A1
- Vyšehrad-Informationsbüro ... 2 B3

**SEHENSWERTES** (S. 127)

- St.-Laurentius-Basilika (Bazilika sv. Vavřince) ... 3 A3
- Chotektor (Cihelná Brána) ... 4 A2
- Kassematten (Kasematy) ... (siehe 4)
- St. Peter & Paul (Kostel sv. Petra a Pavla) ... 5 A2
- Mariä Himmelfahrt & Karl der Große (Kostel Nanebevzetí Panny Marie a Karla Velikého) ... 6 D1
- St. Johanni Enthauptung (Kostelík Stêtí sv Jana Křtitele) ... (siehe 17)
- Kubistischer Wohnhausblock ... 7 B2
- Kubistische Häuser ... 8 A2
- Gotischer Keller (Gotický Sklep) ... 9 A3
- Leopoldstor (Leopoldova Brána) ... 10 B3
- Libussas Bad ... 11 A3
- Myslbek-Statuen ... 12 A2
- Neue Probstei (Nové Proboštství) ... 13 A2
- Spitzes Tor (Špička Brána) ... 14 B3
- St. Martins-Rotunde ... 15 B3
- Königlicher Palast ... (siehe 21)
- Slavín ... 16 A2
- St. Maria an den Schanzen (Kaple Panny Marie v Hradbách) ... 17 B2
- Tábortor (Táborská Brána) ... 18 C3
- Villa Libušina (Kubistisches Haus) ... 19 A1
- Ehrenfriedhof ... 20 A2
- Vyšehradgalerie (Galerie Vyšehrad) ... 21 A3

**ESSEN** (S. 167)

- Oliva ... 22 A1
- Rio's Vyšehrad ... 23 A2
- U Neklana ... (siehe 7)

**AUSGEHEN** (S. 189)

- Obåerstvení U Okénka ... 24 A3

**SCHLAFEN** (S. 225)

- Hotel Union ... 25 C2

**TRANSPORT** (S. 259)

- CS-Czechocar ... 26 D3

Gebäude und wandelte den Gemeindefriedhof in einen nationalen Ehrenfriedhof um. Heute befindet sich auf dem Vyšehrad ein friedlicher, grüner Park, in dem Tagesausflügler die tolle Aussicht auf die Moldau bewundern, alte Damen mit ihren Hunden Gassi gehen, Mütter mit ihren Kindern auf den Wiesen spielen und junge Pärchen auf Parkbänken schmusen.

### CHOTEKTOR & KASEMATTEN Karte S. 128

**Vratislavova; April–Okt. 9.30–18 Uhr, Nov.–März bis 17 Uhr; M Vyšehrad**

Bei dem aus dem 19. Jh. stammenden Chotektor (Cihelná brána; Eintritt 20 Kč) an der Nordseite der Festung erklärt eine Ausstellung die Geschichte des Vyšehrad und der anderen Festungsanlagen Prags. Hier befindet sich auch der Eingang zu den Kasematten (Erw./Kind 50/30 Kč), einer Anordnung gewölbter Backsteintunnel unter den Wällen. Das größte Tonnengewölbe des Gorlicesaals diente während dem Zweiten Weltkrieg als Luftschutzbunker und Kartoffelkeller. Heute sind hier sechs der originalen Barockstatuen der Karlsbrücke untergebracht, darunter auch die *Hl. Ludmilla mit Wenzel* von Matthias Braun (die anderen Originale befinden sich im Lapidárium; s. S. 146). Im Sommer finden auch zeitgenössische Kunstausstellungen statt. Das Ticket für die Kasematten berechtigt auch zum Eintritt in den Gotischen Keller (s. rechte Spalte).

### ST. PETER & PAUL Karte S. 128

**Kostel sv. Petra a Pavla; ☎ 249 113 353; K Rotundé 10; Erw./Kind 10/5 Kč; Mi–Mo 9–12 & 13–17 Uhr; M Vyšehrad**

Die Kirche St. Peter & Paul geht auf Vratislav II. zurück und wurde im Lauf der Jahrhunderte immer wieder umgebaut. Krönung des Ganzen ist Josef Mockers neogotische Überarbeitung aus den 1880er-Jahren. Die spitzen Zwillingstürme – Wahrzeichen des Vyšehrad – kamen 1903 hinzu. Die Inneneinrichtung aus kunterbunten Jugendstilfresken, die verschiedene tschechische Künstler in den 1920er-Jahren schufen, wirkt auf Betrachter fast schon wie ein wirrer LSD-Trip.

### GOTISCHER KELLER Karte S. 128

**Gotický sklep; Vyšehradský sady; Erw./Kind 50/30 Kč; April–Okt. 9.30–18 Uhr, Nov.–März bis 17 Uhr; M Vyšehrad**

Die restaurierten gotischen Gewölbe unter dem früheren Palast Karls IV. (dieser existiert nicht mehr) beherbergen eine neue Ausstellung zur Geschichte und Legende des Vyšehrad. Zu sehen sind zahlreiche archäologische Fundstücke und religiöse Reliquien; sie dokumentieren das Leben in der Festung von 3800 v. Chr. bis heute.

### ST.-MARTINS-ROTUNDE Karte S. 128

**Rotunda sv. Martina; V Pevnosti; nicht öffentlich zugänglich; M Vyšehrad**

Die St.-Martins-Rotunde aus dem 11. Jh. ist Prags ältestes erhaltenes Bauwerk. Die kleine Kapelle wurde von Vratislav II. errichtet, im 18. Jh. diente sie als Pulvermagazin. Tür und Fresken sind das Ergebnis einer Renovierung um 1880.

In der Nähe stehen eine Pestsäule aus dem Jahr 1714 und die barocke Kapelle Maria an den Schanzen (kaple Panny Marie v hradbách), die um 1750 entstand. Dahinter finden sich die Überreste der Kirche St. Johanni Enthauptung (kostelík Stětí sv. Jana Křtitele) aus dem 14. Jh.

## EHRENFRIEDHOF Karte S. 128

**Vyšehradský hřbitov; ☎ 249 198 815; K rotundé 10; Eintritt frei; ⌚ Mai–Sept. 8–19 Uhr, März, April & Okt. bis 18 Uhr, Nov.–Feb. bis 17 Uhr; Ⓜ Vyšehrad**

Für Tschechen ist der Ehrenfriedhof das absolute Vyšehrad-Highlight. Im 19. Jh. wurde die ehemalige letzte Ruhestätte der Gemeinde in einen Ehrenfriedhof für berühmte tschechische Kulturschaffende umgewandelt. Eine würdevolle Neorenaissance-Arkade grenzt den Friedhof nach Norden und Osten hin ab. Für die echten Helden gibt's die aufwendige Ehrengruft Slavín. Nach einem Entwurf Antonín Wiehls entstand sie 1894 am Ostende des Friedhofs. Zu ihren rund 50 „Bewohnern" zählen u. a. der Maler Alfons Mucha, der Bildhauer Josef Mýslbek und der Architekt Josef Gočár. Das Motto darüber lautet: *Ač Zemeřeli Ještě Mluví* („Sie sind zwar tot, sprechen aber immer noch").

Auf dem restlichen Friedhof ruhen in rund 600 Gräbern u. a. die Komponisten Smetana und Dvořák oder die Schriftsteller Karel Čapek, Jan Neruda und Božena Němcová. Am Eingang finden Besucher ein Verzeichnis mit allen berühmten Persönlichkeiten. Übrigens: Das allgegenwärtige Wort auf den Grabsteinen, *rodina*, bedeutet übersetzt Familie.

Viele Gräber und Grabsteine sind wahre Kunstwerke – so schmückt beispielsweise das Grab Dvořáks eine Skulptur Ladislav Šalouns (der Jugendstilbildhauer erschuf auch das Jan-Hus-Denkmal auf dem Altstädter Ring). Um das Grab zu finden, muss man zunächst vom Tor neben der Kirche geradeaus zur Kolonnade am äußeren Ende marschieren und dann links abbiegen: Dvořák liegt im fünften Grab auf der rechten Seite. Auch Smetanas letzte Ruhestätte ist leicht ausfindig zu machen: Dazu stellt man sich vor den Slavin und richtet den Blick auf den hellgrauen Obelisken zur Rechten.

Jedes Jahr am 12. Mai, dem Todestag Smetanas, beginnt der musikalische Prager Frühling (s. Kasten S. 216) mit einer Prozession, die vom Grab des Komponisten auf dem Vyšehrad zum Repräsentationshaus (S. 109) führt.

## FESTUNGSANLAGE/ZITADELLE Karte S. 120

**☎ 241 410 348; www.praha-Vyšehrad.cz; V Pevnosti 5; Eintritt frei; ⌚ Gelände 24 Std., Informationsbüro April–Okt. 9.30–18 Uhr, Nov.–März bis 17 Uhr; Ⓜ Vyšehrad**

Haupteingang zur Zitadelle ist das Tábortor (Táborská brána) am südöstlichen Ende. Einige Meter weiter kann man sich auf der anderen Seite der Backsteinwälle und des Grabens die spärlichen Reste des Spitzen Tores (Špička brána) ansehen: Ein gotisches Bogenfragment gehört heute zum Informationsbüro – mehr ist von den Wehranlagen Karls IV. aus dem 14. Jh. nicht mehr vorhanden. Dahinter findet sich mit dem herrlichen Leopoldstor (Leopoldova brána) aus dem 17. Jh. der eleganteste Festungseingang vor Ort.

Besucher können auf den meisten Wehrgängen herumlaufen und dabei die tolle Aussicht auf Fluss und Stadt auf sich wirken lassen. Neben dem südwestlichen Eckturm stößt man auf die Fundamente des kleinen Burggrafenhauses, das auf Karl IV. zurückgeht, 1655 aber abgerissen wurde. Die eigentliche Festung ist Sitz der Vyšehradgalerie (galérie Vyšehrad; Eintritt 20 Kč; ⌚ s. Informationsbüro), in der es moderne Kunstausstellungen zu sehen gibt. Geöffnet ist die Galerie zu den gleichen Zeiten wie das Informatinszentrum, außer im Januar und Februar; dann bleibt die Galerie geschlossen. Die Ruinen der Wachtürme unterhalb der Festung tragen den klangvollen Namen Libussas Bad. Besucher können auch einen Blick auf die Fundamente der romanischen St.-Laurentius-Basilika (bazilika sv. Vavřince; Eintritt 10 Kč; ⌚ Mo–Fr 11–17, Sa & So 11.30–16 Uhr) werfen – vorausgesetzt, sie fragen bei der Snackbar nebenan nach dem Schlüssel.

Südlich der Kirche St. Peter & Paul erstrecken sich die Vyšehrader Anlagen (Vyšehradské sady). Einen bombastischen Eindruck hinterlassen hier die vier Statuen Josef Myslbeks, die Motive der tschechischen Mythologie verkörpern. Die legendären Gründer Prags, Libussa und Přemysl, stehen in der nordwestlichen Ecke, Šárka und Ctirad (s. S. 143) im Südosten. Im Mai, Juni und September finden in den Gärten jeweils sonntags um 14.30 Uhr Open-Air-Konzerte statt; das Programm deckt ein breites Spektrum von Polka bis Kammermusik ab.

Am nordwestlichen Rand der Anlage findet sich die ehemalige Neue Probstei (Nové proboštství) von 1874. Im angrenzenden Park, dem Štulcovy sady, gibt's ein Freiluft-Sommertheater (Letní scéna). Donnerstags hat man ganz gute Chancen, ein Konzert oder eine andere kulturelle Veranstaltungen (jeweils ab 18 Uhr) mitzunehmen; die Kindervorstellungen dienstagnachmittags (meistens um ca. 14 Uhr) finden seltener statt.

Das Informationszentrum verkauft deutschsprachige Karten und Führer zu den Gebäuden auf dem Vyšehrad.

# RUND UM DEN WENZELSPLATZ

## Stadtspaziergang

### 1 Nationalmuseum

Los geht's an den Stufen vor dem im Neorenaissancestil errichteten **Nationalmuseum** (Národní muzeum; S. 123), welches das obere Ende des Wenzelsplatzes (Václavské náměstí) beherrscht. Von den Stufen bietet sich ein großartiger Ausblick auf den Platz zu seinen Füßen, der seit dem 19. Jh. Mittelpunkt der tschechischen Geschichte ist. Am unteren Ende der Treppen befindet sich im Boden eine Gedenktafel für den Studenten Jan Palach (s. Kasten S. 31).

#### ROUTENINFOS

**Start** Nationalmuseum (Metro Muzeum)
**Ziel** Na Můstku (Metro Můstek)
**Länge** 1,5 km
**Dauer** 45 Min.
**Schwierigkeitsgrad** Leicht
**Snack unterwegs** Diverse Cafés in der Neustadt

### 2 Wenzelsstatue

Überquert man die belebte Hauptverkehrsader Mezibranská, steht man direkt vor einem berühmten Wahrzeichen Prags, der **Reiterstatue des Hl. Wenzel** (sv. Václav). Der „Gute König Wenzel" aus dem 10. Jh. ist so bekannt wie der Weihnachtsmann.

### 3 Denkmal für die Opfer des Kommunismus

Ein paar Schritte weiter unten steht in einem runden Beet das bescheidene **Denkmal**, das derer gedenkt, die sich gegen das KPČ-Unrechtsregime zur Wehr gesetzt haben (s. auch S. 90). Rund um den Todestag von Jan Palach (19. Jan.) ist das Denkmal von Kerzen, Blumen und Bildern umgeben.

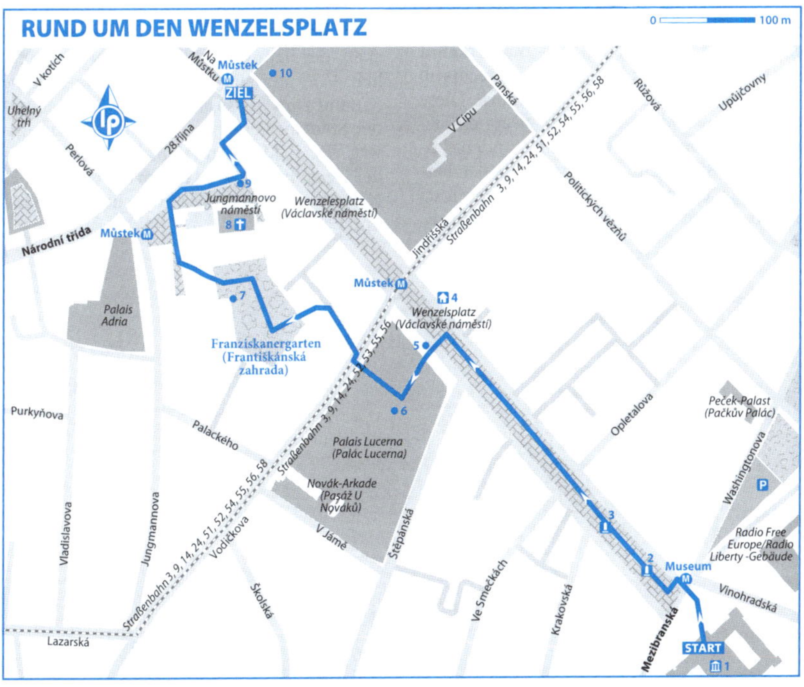

### 4 Grand Hotel Evropa
Spaziert man mitten über den Platz, kann man auf der anderen Seite großartige Gebäude bewundern. Das wohl schönste (Nr. 25) steht auf halbem Weg auf der rechten Seite: das 1906 errichtete Grand Hotel Evropa (s. Kasten S. 132) im Jugendstil.

### 5 Melantrich-Gebäude
Auf der anderen Straßenseite befindet sich das Melantrich-Gebäude (Nr. 36). Hier verkündeten am 24. November 1989 Alexander Dubček und Václav Havel vom Balkon aus den Untergang des tschechischen Kommunismus (heute ist hier ein *Marks & Spencer*-Laden untergebracht).

### 6 Palais Lucerna
Dann geht's links in die Pasáž Rokoko, eine glitzernde, von Spiegeln gesäumte Art-déco-Shoppingmeile auf der anderen Straßenseite des Grand Hotel Evropa. Sie führt in den Innenhof des Palais Lucerna (palác Lucerna; S. 121), der dominiert wird von David Černýs Statue Pferd, einer Parodie auf die Wenzelsstatue auf dem Platz draußen. (Versteckt sich dahinter etwa ein kleiner Seitenhieb auf den ersten Premierminister der Tschechischen Republik, der ebenfalls Václav heißt?) Mehr über David Černý erfährt man in den Kästen auf S. 41 und S. 151. Unter dem toten Gaul – man erkennt ihn, wenn man dort ist – biegt man rechts ab und folgt der Passage zur Vodičkova. Diese überqueren und in die Světozor-Arkade einbiegen. Weiter vorne sieht man ein wunderschönes Buntglasfenster aus den späten 1940er-Jahren. Es ist eigentlich eine Werbung für Tesla Radio, eine alte tschechische Elektronikfirma.

### 7 Franziskanergarten
Am hinteren Ende der Světozor-Arkade geht es links in den schönen Franziskanergarten (Františkánská zahrada), eine versteckte Ruheoase im Grünen, über der das hohe Mittelschiff der Kirche St. Maria Schnee aufragt. Geht man zur hinteren nördlichen Ecke des Gartens, diagonal gegenüber vom Eingang, führt ein Ausgang auf den Jungmannplatz (Jungmannovo náměstí).

### 8 Kirche St. Maria Schnee
Dann durchschreitet man den Bogen, der zur Kirche St. Maria Schnee (S. 121) führt, und biegt rechts ab. Die alte gotische Kirche war einst eine Hochburg der Hussiten.

### 9 Kubistischer Laternenmast
Hält man sich am *Lancôme*-Shop rechts, gelangt man zum wahrscheinlich einzigen Kubistischen Laternenmast der Welt; er wurde im 1915 aufgestellt. Hier geht es nach links und dann rechts durch die kurze Lindt-Arkade, die einen zum Ende des Wenzelsplatzes bringt.

### 10 Palais Koruna
Auf der anderen Straßenseite an der Ecke Na Příkopě liegt das im Jugendstil errichtete Palais Koruna (Kronenpalast). Wer nach oben blickt, wird den Eckturm mit Perlenkrone entdecken, der dem Gebäude seinen Namen verlieh. Von hier aus geht's an der Na Příkopě entlang zum Repräsentationshaus. Hier beginnt der Stadtspaziergang „(Fast) der Krönungsweg" (S. 107). Man kann sich aber auch in einer der vielen Bars oder in einem der Cafés in der Nähe niederlassen, das Gesehene verarbeiten und pausieren.

# VINOHRADY & VRŠOVICE

Essen S. 181; Ausgehen S. 197; Shoppen S. 164; Schlafen S. 234

Das gehobene Viertel Vinohrady ist einer der wenigen Flecken in Prag mit einer durch und durch einheitlichen Persönlichkeit, nämlich die der Bourgeoisie. Wer in einem Stadthaus aus dem frühen 20. Jh. in einer der grünen Straßen von Vinohrady lebt, zeigt damit, dass er im Aufzug nach oben steht, das gute Leben zu genießen weiß und vielleicht eines Tages einen Umzug in eine Villa in Střešovice oder in den Gebieten unterhalb von Dejvice in Erwägung ziehen wird (im Prager Verständnis ist dies das Zeichen, dass jemand wirklich am Ziel angekommen ist).

Der Name Vinohrady bedeutet „Weinberge" – er bezieht sich auf die Weinreben, die hier jahrhundertelang kultiviert wurden. Noch vor 200 Jahren war das Gebiet sehr ländlich. Auch heute noch wird Wein angebaut; es gibt sogar einen entzückenden, restaurierten Holzpavillon, wo man einige der einheimischen Sorten kosten kann (s. Viniční Altán, S. 200).

Vinohradys geografisches und kommerzielles Herz ist der Platz des Friedens (náměstí Míru), der von der neugotischen Kirche St. Ludmilla (kostel sv Ludmily) beherrscht wird. Gleich dahinter steht das im Stil der Neorenaissance errichtete Volkshaus (Národní dům), in dem Ausstellungs- und Konzertsäle untergebracht sind. Auf der Nordseite des Platzes steht das Vinohrady-Theater (divadlo na Vinohradech) von 1909, ein beliebtes Schauspielhaus.

Besucher werden nicht viele typische Sehenswürdigkeiten vorfinden, dafür aber eignet sich das Viertel gut zum Bummeln. Die Straßen rechts und links von der Hauptstraße Vinohradská sind voll mit kleinen Cafés und Restaurants. Zudem gibt es jede Menge Parks und wenigstens einen hervorragenden Biergarten (s. Riegrovy sady, S. 133). Inoffiziell gilt das Viertel auch als Zentrum der Prager Schwulenszene. Kleine Bars verstecken sich hier praktisch überall (S. 197). Vršovice ist nicht annähernd so ausgefallen, die Hoffnung besteht aber, dass ein bisschen vom Glanz Vinohradys abfärben könnte. Die Gebiete entlang der Francouzská, an deren Kreuzung mit der Moskevká und rund um die Voroněžská und Krymská entwickeln sich schnell und ist sicherlich einen Abstecher wert.

## KIRCHE DES ALLERHEILIGSTEN HERZENS UNSERES HERRN Karte S. 134

**Kostel Nejsvětějšího Srdce Páně; náměstí Jiřího z Poděbrad 19, Vinohrady; Gottesdienste Mo–Sa 8 & 18, So 7, 9, 11 & 18 Uhr; M Jiřího z Poděbrad**

Diese Kirche von 1932 ist eines der authentischsten und außergewöhnlichsten Beispiele für die Architektur des 20. Jhs. in Prag. Sie ist das Werk von Jože Plečnik, einem slowenischen Architekten, der schon zuvor mit den Umbauten der Prager Burg Aufsehen erregt hatte. Er ließ sich beim Bau der Kirche von ägyptischen Tempeln und frühchristlichen Basiliken inspirieren. Der gewaltige Glockenturm des Gebäudes aus Glasurstein ähnelt einem Grabstein, ein rundes Uhrenfenster aus Glas durchbricht seine Außenmauer. Leider ist die Kirche äußerst selten geöffnet; fast nur zu den Gottesdienstzeiten kann man einen Blick hinein werfen.

### ANFAHRT – VINOHRADY & VRŠOVICE

**Metro** Die Linie A fährt von Náměstí Míru aus durch Vinohrady

**Straßenbahn** Die Linie 11 fährt auf der Vinohradská Richtung Osten und südlich die Bělehradská hinunter; die Linien 10 und 16 verlaufen östlich entlang der Korunní; mit den Linien 4 und 22 gelangt man auf der Francouzská nach Osten, dann biegt die Strecke nach Süden ab und trifft auf die Linien 6, 7 und 24, die der Vršovická nach Osten folgen.

## RIEGROVY SADY (RIEGERPARK)

Karte S. 134

**Parkeingang an der Chopinova, gegenüber von Na Švíhance, Vinohrady; M Jiřího z Poděbrad**

Vinohradys größter und schönster Park wurde im 19. Jh. nach klassischem englischem Muster angelegt. Heutzutage wirkt er ein wenig mitgenommen und übermäßig strapaziert. Trotzdem kann man hier an einem sonnigen Tag in reizvoller Umgebung spazierengehen oder einfach eine Decke auf dem Rasen ausbreiten und sich in die Sonne legen. Im hinteren Teil des Geländes sind wunderbare Fotos möglich: Man blickt dort hinunter auf den Hauptbahnhof und die Altstadt und sieht die Prager Burg in der Ferne. An lauen Sommerabenden ist der Biergarten (S. 197) einer der beliebtesten Treffpunkte in Prag.

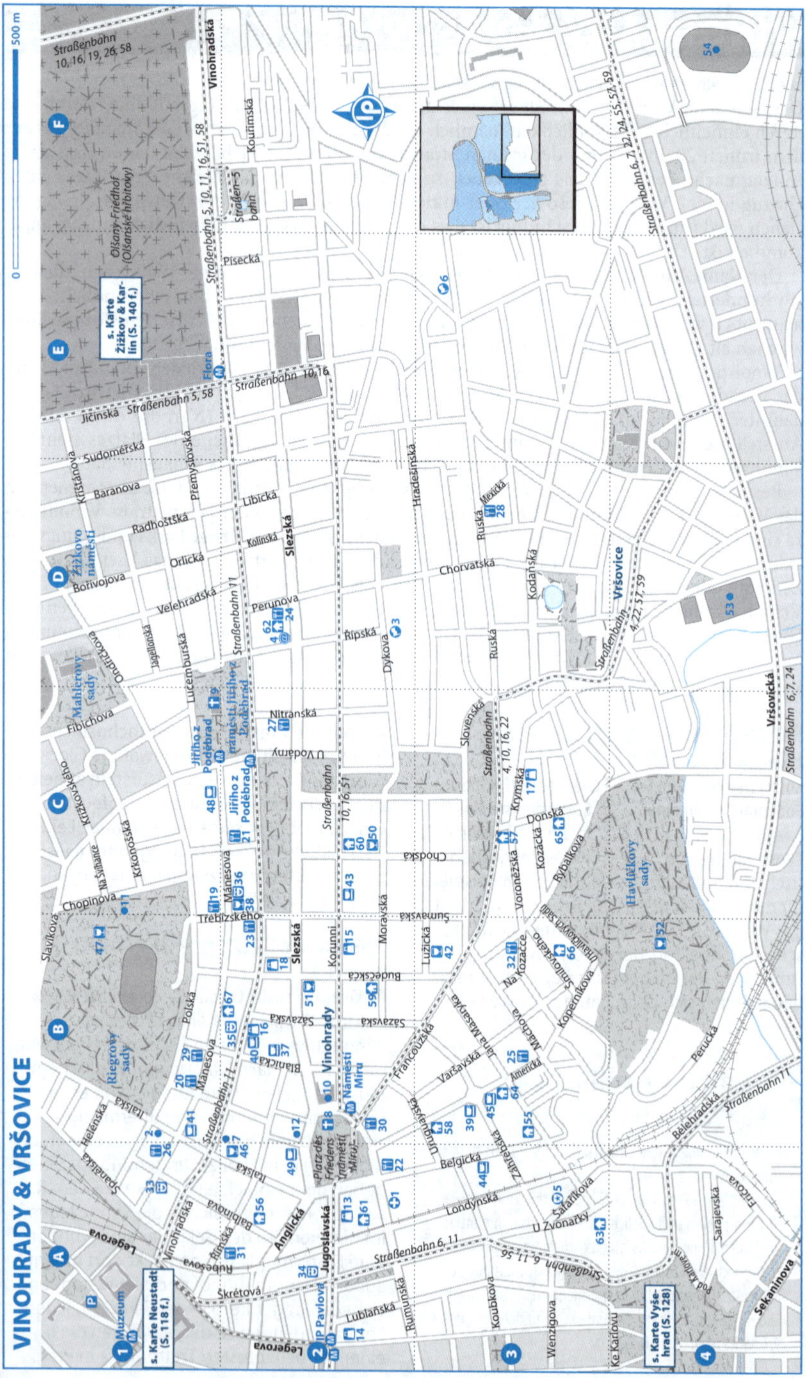
VINOHRADY & VRŠOVICE
0
500 m
s. Karte Neustadt (S. 118 f.)
s. Karte Žižkov & Karlín (S. 140 f.)
s. Karte Vyšehrad (S. 128)
Muzeum
IP Pavlova
Náměstí Míru
Jiřího z Poděbrad
Flora
Riegrovy sady
Mahlerovy sady
Havlíčkovy sady
Olšany-Friedhof (Olšanské hřbitovy)
Platz des Friedens (náměstí Míru)
náměstí Jiřího z Poděbrad
Žižkovo náměstí
Vinohrady
Vršovice
Legerova
Vinohradská
Jugoslávská
Anglická
Slezská
Korunní
Moravská
Lužická
Francouzská
Ruská
Chorvatská
Hradešínská
Řipská
Dykova
Nitranská
Perunova
Libická
Kolínská
Písecká
Kouřimská
Slavíkova
Chopinova
Polská
Mánesova
Třebízského
Italská
Helénská
Španělská
Rubešova
Balbínova
Římská
Škrétova
Lublaňská
Rumunská
Koubkova
Wenzigova
Ke Karlovu
Sekaninova
Sarajevská
Fričova
Bělehradská
Londýnská
Belgická
Uruguayská
Varšavská
Jana Masaryka
Machova
Kodaňská
Krymská
Donská
Kozácká
Voroněžská
Slovenská
Rybalkova
Kopernikova
Šafaříkova
U Zvonařky
Vršovická
Peruckà
Americká
Záhřebská
Chodská
Šumavská
Budečská
Sázavská
Blanická
U Vodárny
Krkonošská
Na Šafrance
Křižkovského
Fibichova
Ondříčkova
Jagellonská
Lucemburská
Velehradská
Bořivojova
Orlická
Radhošťská
Baranova
Přemyslovská
Sudoměřská
Křišťanova
Jičínská
Mexická
Na Kozačce
Straßenbahn 5, 10, 11, 16, 51, 58
Straßenbahn 10, 16, 19, 26, 58
Straßenbahn 5, 58
Straßenbahn 10, 16
Straßenbahn 11
Straßenbahn 10, 16, 51
Straßenbahn 4, 10, 16, 22
Straßenbahn 4, 22, 57, 59
Straßenbahn 6, 7, 22, 24, 55, 57, 59
Straßenbahn 6, 7, 24
Straßenbahn 6, 11
Straßenbahn 6, 11, 56
Straßen-bahn
A
B
C
D
E
F
1
2
3
4

## VINOHRADY & VRŠOVICE

**PRAKTISCHES**
- Lékárna U sv Ludmily ... 1 A2
- Mary's Travel & Tourist Service ... 2 B1
- Neuseeländisches Konsulat ... 3 D2
- Pl@neta ... 4 D2
- Polizei ... 5 A3
- Südafrikanische Botschaft ... 6 E3
- Stop City Accommodation ... 7 B2

**SEHENSWERTES** (S. 133)
- St. Ludmilla (Kostel sv. Ludmily) ... 8 B2
- Kirche des allerheiligsten Herzen unseres Herrn (Kostel Nejsvětějšího Srdce Páně) ... 9 C1
- Nationalhaus (Národní Dům) ... 10 B2
- Riegrovy Sady ... 11 C1
- Vinohrady-Theater (Divadlo na Vinohradech) ... 12 B2

**SHOPPEN** (S. 159)
- Dům Porcelánu ... 13 A2
- Karel Vávra ... 14 A2
- Obchod s Uměním ... 15 B2
- Orientální Koberce Palácka ... 16 B2
- Shakespeare & Sons ... 17 C3
- Vinohradský Pavilón ... 18 B2

**ESSEN** (S. 167)
- Ambiente ... 19 C1
- Amigos ... 20 B1
- Aromi ... 21 C2
- Café FX ... (siehe 34)
- Cheers ... 22 A2
- Chudoba ... 23 B2
- Ha Noi ... 24 D2
- Kavárna Pavilón ... (siehe 18)
- Las Adelitas ... 25 B3
- Masala ... 26 A1
- Mozaika ... 27 C2
- Osteria Da Clara ... 28 D3
- Pastička ... 29 B1
- Pizzeria Grosseto ... 30 B2
- U Bilé Krávy ... 31 A2
- U Dědka ... 32 B3

**UNTERHALTUNG** (S. 207)
- Le Clan ... 33 A1
- Radost FX ... 34 A2
- Techtle Mechtle (Bomba Bar) ... 35 B2
- Termix ... 36 C2

**AUSGEHEN** (S. 189)
- Al Cafetero ... 37 B2
- Bar & Books Mánesova ... 38 C2
- Blatouch ... 39 B3
- Café Celebrity ... 40 B2
- Caffé Kaaba ... 41 B1
- Club Stella ... 42 B3
- Dobrá Trafika ... 43 C2
- Kavárna Medúza ... 44 A3
- Kavárna Zanzibar ... 45 B3
- Popo/Café Petl ... 46 A2
- Biergarten im Riegrovy Sady ... 47 B1
- Ryba na Ruby ... 48 C1
- Sahara Café ... 49 A2
- Scheisse Katze ... 50 C2
- Sokolovna ... 51 B2
- Viniční Altán ... 52 B4

**SPORT & AKTIVITÄTEN** (S. 219)
- Stadion des FC Bohemians ... 53 D4
- Synot Tip Aréna (Stadion Eden) ... 54 F4

**SCHLAFEN** (S. 225)
- Ametyst ... 55 B3
- Arkada ... 56 A2
- Czech Inn ... 57 C3
- Holiday Home ... 58 B3
- Hotel Anna ... 59 B2
- Hotel Chodská ... 60 C2
- Hotel Luník ... 61 A2
- Hotel Sieber ... 62 D2
- Le Palais Hotel ... 63 A3
- Orion ... 64 B3
- Pension Arco ... 65 C3
- Pension Beetle ... 66 B3
- Penzion Mánes ... 67 B2

# VINOHRADY & VRŠOVICE

## Stadtspaziergang

Dieser Stadtspaziergang ist zwar verhältnismäßig lang, beinhaltet aber glücklicherweise nur wenige Höhenmeter, die bewältigt werden müssen. Er schlängelt sich durch einige von Prags schönsten Wohnstraßen, in denen man schon mal versucht ist, das Handy zu zücken und einen örtlichen Immobilienmakler anzurufen. Dumm nur: Während der ersten Jahre nach der Revolution von 1989 waren Wohnungen in Vinohrady zu einem Spottpreis zu haben. Heute sind die Immobilienpreise vergleichbar mit denen von weltstätten wie Paris oder London – trotz der Wirtschaftskrise. Vielleicht lässt man das Handy also doch besser stecken. Wer sich am Vormittag auf den Weg macht, der kann im Viniční Altán einen leichten Lunch oder im Mozaika eine deftigere Mahlzeit zu sich nehmen.

Oder man startet am frühen Nachmittag und beginnt mit einem Bier im Biergarten Riegrovy sady.

### 1 Platz des Friedens (náměstí Míru)

Der grüne Platz ist das pulsierende Herz von Vinohrady. Von den Tschechen wird er liebevoll „Mirák" genannt – eine Verniedlichung von „Míru". Der Name erinnert noch vage an die Zeiten des Kommunismus, als alles „Frieden-dies" oder „Frieden-das" hieß. Nach 1989 wurde darüber geredet, den Namen zu ändern, doch letztendlich arrangierten sich die Prager mit dem sozialistischen Relikt und verwarfen die Pläne.

### 2 Americká

Den Platz verlässt man über die **Americká**, eine ruhige Wohnstraße, die Richtung Süden führt. Man mag es heute kaum glauben, aber zu Zeiten der Samtenen Revolution war die Straße ziemlich heruntergekommen. Mehrere Apartmenthäuser standen sogar leer. In der sozialistischer Ära wurden ältere Gebäude wie diese sehr schlecht gepflegt, während es dem Zeitgeist entsprach, in neue Wohnungen in einem Neubaugebiet mit Hochhäusern – einem *panelák* – am Stadtrand zu ziehen. Heute geht der Trend in die genau entgegengesetzte Richtung.

Der Straße über einen kleinen Kreisverkehr folgen, den ein moderner Brunnen kennzeichnet. Dieser Brunnen wurde vor einigen Jahren hauptsächlich zu dem Zweck errichtet, die Leute davon abzuhalten, hier zu parken. An dieser Stelle wird die Americká zur Koperníkova, die beim Park Havlíčkovy sady endet.

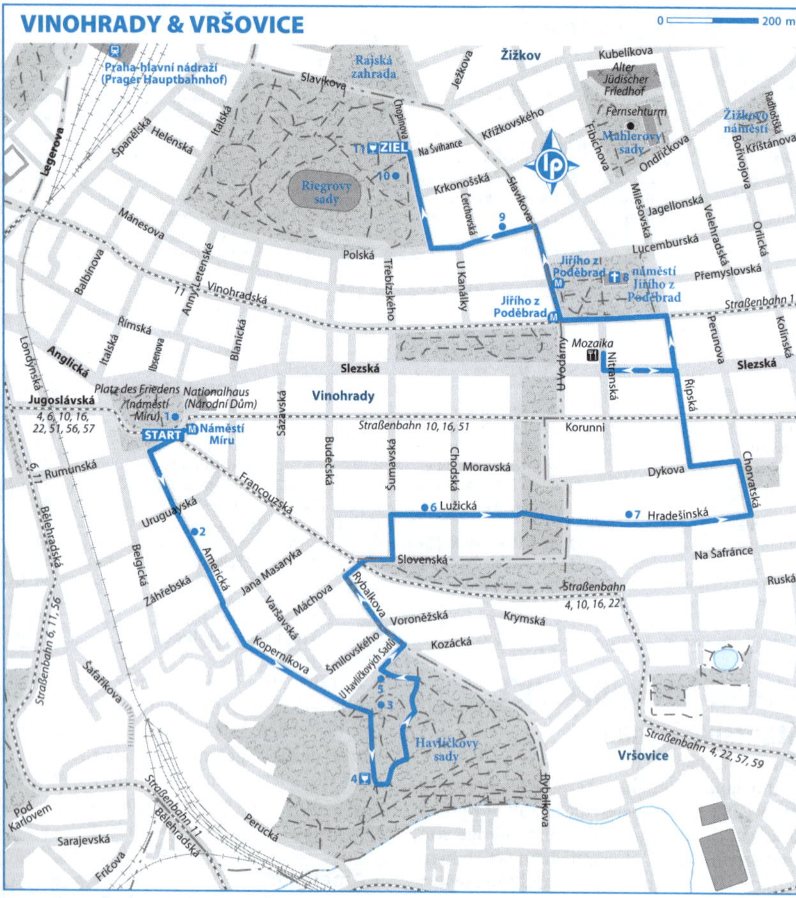


## ROUTENINFOS

**Start** Platz des Friedens (Metro Náměstí Míru oder Straßenbahn 4, 10, 16, 22)
**Ziel** Riegrovy sady-Biergarten (Metro Jiřího z Poděbrad oder Straßenbahn 11)
**Länge** 4–5 km
**Dauer** 2–3 Std.
**Schwierigkeitsgrad** Mittel
**Snack unterwegs** Viniční Altán, Mozaika, Riegrovy-sady-Biergarten

### 3 Havlíčkovy sady

Der felsige Park entlang eines Hügels markiert die Grenze zwischen Vinohrady und Vršovice. Besonders beliebt ist er bei Liebespärchen (er liegt ziemlich abgeschieden) und Müttern mit Kinderwagen (eine Konsequenz, die sich aus den Frühlingsgefühlen ergeben kann). Es gibt keinen bestimmten Weg, auf dem man den Park erkunden sollte. Man sucht sich einfach den einladendsten Pfad, der sanft den Berg hinab führt. Ausschau sollte man halten nach Schildern zum Weingarten und zum Pavillon Viniční Altán.

### 4 Viniční Altán

An diesem Punkt angelangt, hat man höchstwahrscheinlich eines dieser Aha-Erlebnisse, wenn einem plötzlich alles klar wird: So kam Vinohrady (Weinberg) also zu seinem Namen. Weinlokale mit Außenbereich sind in Prag eine Seltenheit – und keines ist so schön wie dieser (S. 200). Der Holzpavillon überblickt einen terrassenförmigen mit Weinreben bewachsenen Hang. Auf der Weinkarte stehen Sorten aus aller Welt, man sollte aber schon einen einheimischen Tropfen probieren. In puncto Essen ist die Auswahl auf Salate und Würstchen beschränkt – ist aber auch nur als Beilage zu den Getränken zu verstehen.

### 5 U Havlíčkových Sadů

Dann sollte man seine Spuren so gut es geht durch den Park zurückverfolgen und auf die Straße gelangen, die den Park eingrenzt: die U Havlíčkových Sadù. Ihr folgt man nach rechts, dann geht es am Ende der Straße links auf die Rybalkova. Die Route kreuzt nun die Voroněžská, die hinunter nach Vršovice führt. An der Máchova rechts abbiegen und die belebte Straße Francouzská überqueren, links in die Šumavská und dann rechts in die Lužická abbiegen.

### 6 Lužická

Eine weitere typische, von Bäumen gesäumte Straße in Vinohrady. Hier stehen etliche hübsche Wohnhäuser, deren Wert sprunghaft nach oben klettert – genau so wie der soziale Status der Menschen, die in ihnen leben. Die Lužická endet in einem kleinen Park. Durchquert man diesen schnurgerade, gelangt man auf die Hradešínská.

### 7 Hradešínská

In der Straße – und in der rechten Parallelstraße, der Na Šafránce – stehen einige der schönsten Privatvillen dieses Stadtteils. Die bekannteste, Hradešínská Nr. 6, ist das Einfamilienhaus (1908) des frühmodernen Architekten Jan Kotěra. An der Chorvatská biegt man links ab, und dann gleich nochmals links in die Dykova. Auf der rechten Seite folgt die Řípská mit freiem Blick auf den Fernsehturm (S. 142) in Žižkov im Hintergrund. Ist gerade Essenszeit, kann man einen Block weiter in die Nitranská links einbiegen und im Mozaika (S. 181) eines der beliebtesten neueren Restaurants der Stadt ausprobieren. Mittags muss man nicht zwingend reservieren, abends allerdings kann es recht voll sein.

### 8 Kirche des allerheiligsten Herzens unseres Herrn

Die Řípská führt einen schließlich zur Vinohradská und zum Náměstí Jiřího z Poděbrad. Hier steht eine der umstrittensten Kirchen der Stadt (S. 133), zu erkennen an ihrem beeindruckendem dunkelroten Mauerwerk und der gewaltigen Uhr. Sie ist das Werk des modernen slowenischen Architekten Jože Plečnik. Wird nicht gerade der Sonntagsgottesdienst gefeiert, kann man kaum einen Blick ins Innere erhaschen. Man sollte dennoch kurz zum Haupteingang gehen und überprüfen, ob die Tür vielleicht doch offen ist. Die Route folgt dann weiter der Slavíkova, die hinter dem Haupteingang der Kirche vorbeiführt. Die Straße nach rechts entlanggehen und links in die Polská abbiegen.

### 9 Polská

In dieser Straße kann man eine Reihe weiterer hübscher Stadthäuser in verschiedenen Stadien des Verfalls und der Renovierung besichtigen. Nach etwa 200 m kommt man rechts zur kleinen Straße Chopinova. Dieser folgt man bergauf, vorbei an den Straßen Krkonošská (mit einer weiteren tollen Aussicht auf den Žižkover Fernsehturm) und Na Švíhance.

### 10 Riegrovy sady

Auf der linken Seite, direkt gegenüber der Na Švíhance, sieht man schon den Eingang zu Vinohradys größtem Park, dem Riegrovy sady (S. 133). Bevor man in den Park eintaucht, kann man noch die Krkonošská oder Na Švíhance entlangmarschieren. Beide werden von wunderschön restaurierten Stadthäuser gesäumt, von denen viele mit herlichen Jugendstilfassaden aufwarten.

### 11 Biergarten im Riegrovy sady

Der Eingang zum Biergarten (S. 197) liegt etwa 50 m vom Parkeingang entfernt. Man sieht ihn rechter Hand, wenn man dem Fußweg in den Park hinein folgt. Man kann den Stadtspaziergang jetzt entweder hier beenden oder noch weitere 100 m den Pfad entlanglaufen, um ein atemberaubendes Panorama auf Prag samt Burg im Hintergrund zu genießen. Um wieder ins Zentrum zu gelangen, geht man einfach zurück zur Metrostation Jiřího z Poděbrad. Man kann auch dem Pfad im Park den Hügel hinunter zum Anfang der Vinohradská folgen, von wo aus man ins Zentrum laufen oder die Straßenbahn 11 nehmen kann.

# ŽIŽKOV & KARLÍN

Essen S. 183; Ausgehen S. 200; Schlafen S. 237

Žižkov ist nach dem einäugigen Hussitenhelden Jan Žižka benannt, der 1420 hier einen Sieg über Sigismund, den Kaiser des Heiligen Römischen Reichs, errang. Es war eines der ersten Industrieviertel von Prag, das schon immer den Ruf als rauflustiges Arbeiterviertel weg hatte. Schon lange bevor die Kommunisten 1948 an die Macht kamen, machte revolutionäres Gedankengut die Runde. Von 1881 bis 1922 war Žižkov eine unabhängige Gemeinde und weithin bekannt als „Republik des Volkes Žižkov".

Heute ist es eines der lebhaftesten Viertel Prags mit mehr Bars pro Kopf als in jedem anderen Teil der Stadt - oder gar Europas, wie behauptet wird. Es ist immer noch ein ziemlich raues Viertel, von dem der Großteil noch düster und heruntergekommen wirkt, obwohl die Straßen in der Nähe des Zentrums langsam, aber sicher saniert werden. Und zwar nicht zuletzt deswegen, weil eine gehobenere Bevölkerungsschicht Einzug hält - in Wohnungsanzeigen wird der obere Teil des Viertel sogar schon als „Unteres Vinohrady" bezeichnet.

Das Viertel liegt im Schatten zweier berühmter Wahrzeichen: des Fernsehturms aus der Zeit des Kommunismus und der Nationalen Gedenkstätte. Letztere befindet sich auf dem Veitsberg (Vítkov), auch Žižkovhügel genannt. Dieser erlangte schon im Juli 1420 Berühmtheit, als die Schlacht am Veitsberg auf dem langen, schmalen Bergrücken tobte, der Žižkov von Karlín trennt. 1950 errichtete man eine riesige Statue von Jan Žižka (Karte S. 140 f.), dem siegreichen Hussitengeneral, der heute den Besuchern nur noch den Befehl erteilt, die tolle Aussicht über die Altstadt und hinüber zur Prager Burg zu genießen.

Karlín ist hauptsächlich ein Wohnviertel. Es quetscht sich nördlich von Žižkov zwischen Veitsberg und Moldau. Das Viertel wurde 2002 vom Hochwasser heimgesucht und muss sich seitdem einer Rundumerneuerung unterziehen. Am Flussufer entstehen neue Bürokomplexe aus Glas und Stahl. Der ältere Teil des Viertels an der Křižíkova ist ein weiteres aufstrebendes urbanes Gebiet mit vielen reizenden Jugendstilgebäuden - der Lýčkovo namesti ist wohl einer der hübschesten Plätze der Stadt.

## MILITÄRHISTORISCHES MUSEUM

Karte S. 140 f. f.

**Armádní muzeum; ☎ 973 204 924; www.vhu.cz; U Památníku 2, Žižkov; Eintritt frei; Di–So 9.30–16 Uhr; Ⓜ Florenc**

Beim Fußmarsch auf den Veitsberg hinauf stößt man auf das etwas abweisend wirkende kasernenartige Museum. Draußen rostet ein T34-Panzer vor sich hin. In den Räumlichkeiten erfährt man dann einiges über die Geschichte der tschechoslowakischen Armee und die Widerstandsbewegung zwischen 1918 und 1945. Auch die Zeit nach der kommunistischen Machtergreifung von 1948 wird nicht ausgespart.

## JÜDISCHER FRIEDHOF Karte S. 140 f.

**Židovské hřbitovy; Izraelská, Žižkov; Eintritt frei; April–Okt. So–Do 9–17 & Fr 9–14 Uhr, Nov.–März So–Do 9–16 & Fr 9–14 Uhr, an jüdischen Feiertagen geschl.; Ⓜ Želivského**

Auf diesem Friedhof befindet sich die letzte Ruhestätte Franz Kafkas. Nachdem der ältere jüdische Friedhof (heute am Fuß des Fernsehturms, S. 142) geschlossen wurde, hat man im jahr 1890 diesen hier angelegt. Um zu Kafkas Grab zu kommen, erst dem ausgeschilderten Hauptweg in Richtung Osten folgen, dann bei Reihe 21 rechts abbiegen und an der Mauer links halten: Der Schriftsteller liegt am Ende des „Blocks". Jedes Jahr an Kafkas Todestag (3. Juni) pilgern Fans des Literaten hierher.

Der Friedhofseingang liegt neben der Metrostation Želivského. Männer müssen eine Kopfbedeckung tragen (Kippa gibt's am Eingang). 30 Minuten vor Torschluss ist letzter Einlass.

### ANFAHRT – ŽIŽKOV & KARLÍN

**Bus** Die Busse der Linien 133 und 175 fahren von der Metrostation Florenc aus entlang der Husitská direkt bis zum Žižkovhügel, dem Veitsberg; von hier aus kommt man gut zur Nationalen Gedenkstätte und zum Militärhistorischen Museum.

**Metro** In Žižkov selbst hält die Metro gar nicht; die nächstgelegene Station ist Jiřího z Poděbrad an der Linie A, vom Fernsehturm aus zu Fuß in fünf Minuten erreichbar. Die Linie B fährt durch Karlín.

**Straßenbahn** Die Linien 5, 9 und 26 folgen der Seifertova ins Zentrum von Žižkov; Linie 8 und 24 führen auf der Sokolovská durch Karlín.

## KARLÍN-STUDIOS Karte S. 140 f.

**☎ 251 511 804; www.karlinstudios.cz; Křižíkova 34, Karlín; Eintritt frei; ⌚ Di–So 12–18 Uhr; Ⓜ Křižíkova**

Dieser Komplex mit Künstlerstudios ist in einem umgewandelten Fabrikgebäude untergebracht. Er beherbergt zudem eine öffentliche Kunstgalerie mit Ausstellungen, die so ziemlich das Beste zeigen, was die zeitgenössische tschechische Kunst zu bieten hat. Auch zwei kleine Einkaufsgalerien finden sich hier. Genau der richtige Ort, um zu erkunden, was die innovative Kunstszene der Stadt so zu bieten hat.

## NATIONALE GEDENKSTÄTTE AUF DEM VEITSBERG Karte S. 140 f.

**Národní památník; ☎ 222 781 676; www.nm.cz; U Památníku 1900, Žižkov; Ausstellung Erw./Kind 60/30 Kč, Dachterrasse 80/40 Kč, Kombiticket 110/60 Kč; ⌚ Do, Sa & So 10–18, Fr bis 20 Uhr, Mo–Mi geschl.; Ⓜ Florenc**

Das riesige Monument auf dem Veitsberg ist streng genommen kein Erbstück der kommunistischen Ära, da es schon in den 1930er-Jahren fertiggestellt wurde. Dennoch ist es für die meisten älteren Prager untrennbar mit der Kommunistischen Partei der Tschechoslowakei verbunden – und speziell mit Klement Gottwald, dem ersten Arbeiterpräsidenten des Landes.

Der Entwurf aus den 1920er-Jahren war ursprünglich als Denkmal für den Hussitenkommandanten Jan Žižka aus dem 15. Jh. geplant. Außerdem sollte der Soldaten gedacht werden, denen die Tschechoslowakei ihre Unabhängigkeit verdankte. In den späten 1930er-Jahren war man immer noch am Bauen – und nachdem Nazideutschland die Tschechoslowakei 1939 besetzt hatte, wurde die Bezeichnung „Denkmal der Nationalen Befreiung" zur Farce.

Nach 1948 spannten die Kommunisten Jan Žižka und die Hussiten als leuchtende Beispiele für tschechische Bauernpower vor ihren Propagandakarren. Die Partei erweiterte die Nationale Gedenkstätte noch um das Grab des Unbekannten Soldaten und Bohumil Kafkas gigantische Žižka-Statue. Und das war längst nicht alles. Das Mausoleum der Gedenkstätte war ursprünglich dafür vorgesehen, die sterblichen Überreste von Tomáš Garrigue Masaryk, dem Gründungsvater der Tschechoslowakei, aufzunehmen. Stattdessen aber wurde ab 1953 der erst kurz zuvor verstorbene Klement Gottwald in einem gläsernen „Kühlschrank" öffentlich zur Schau gestellt – ganz wie der berühmte Genosse Lenin auf dem Roten Platz in Moskau. Für viele Schulklassen und ganze Busladungen von Sowjetblocktouristen gehörte ein Besuch des Mausoleums also schon bald zum unverzichtbaren Pflichtprogramm.

Aber Gottwalds ehemalige Bestatter hatten wohl etwas schlampiger gearbeitet als ihre russischen Kollegen: 1962 war der Körper so stark verwest, dass er eingeäschert werden musste.

Nach 1989 wurden die sterblichen Überreste Gottwalds und anderer kommunistischer Spitzenfunktionäre entfernt, und das Gebäude blieb 20 Jahre lang geschlossen. Nach zweijähriger Renovierung wurde es aber schließlich wieder der Öffentlichkeit übergeben – als ein Museum für die tschechoslowakische Geschichte im 20. Jh. Das funktionalistische Äußere mag zwar eher an eine Industrieanlage oder ein Atomkraftwerk erinnern, die Innenausstattung mit poliertem Marmor, Gold und Mosaiken ist aber durchaus beeindruckend.

Die zentrale Halle – hier standen einst ein Dutzend Marmorsarkophage mit den Leichnamen kommunistischer Würdenträger – erinnert mit einer bewegenden Ausstellung an die Kriegszeiten. Zu sehen sind Skulpturen von Jan Sturša sowie Exponate, die an die Gründung der Tschechoslowakischen Republik 1918, an den Zweiten Weltkrieg und an die Machtübernahme der Kommunisten erinnern. Natürlich fehlt auch die sowjetische Invasion zur Beendigung des Prager Frühlings von 1968 nicht. Stufen führen hinab zu einem Columbarium, in dem früher die Urnen mit der Asche prominenter Tschechen aufbewahrt wurden.

Der schauerlichste Teil der Anlage ist allerdings das Frankenstein-Labor unterhalb der Befreiungshalle. Dort bemühten Wissenschaftler sich darum, den Leichnam Klement Gottwalds vor der einsetzenden Verwesung zu schützen. Tagsüber wurde dieser Leichnam damals in einem gläsernen Sarkophag zur Schau gestellt, allnächtlich aber ließ man den Sarkophag in die weiß gekachelte Krypta hinab, wo die Reparatur- und Erhaltungsmaßnahmen durchgeführt wurden (es riecht dort immer noch ein wenig nach den Konservierungsmitteln!). In der Ecke sieht man die Gefrierkammer, in der Gottwald seine Nächte verbringen musste; jetzt liegen darin die Überreste seines Sarkophags. Im Nebenraum befindet sich eine Zentrale mit Schalttafeln und Überwachungstechnik aus den 1950er-

# ŽIŽKOV & KARLÍN

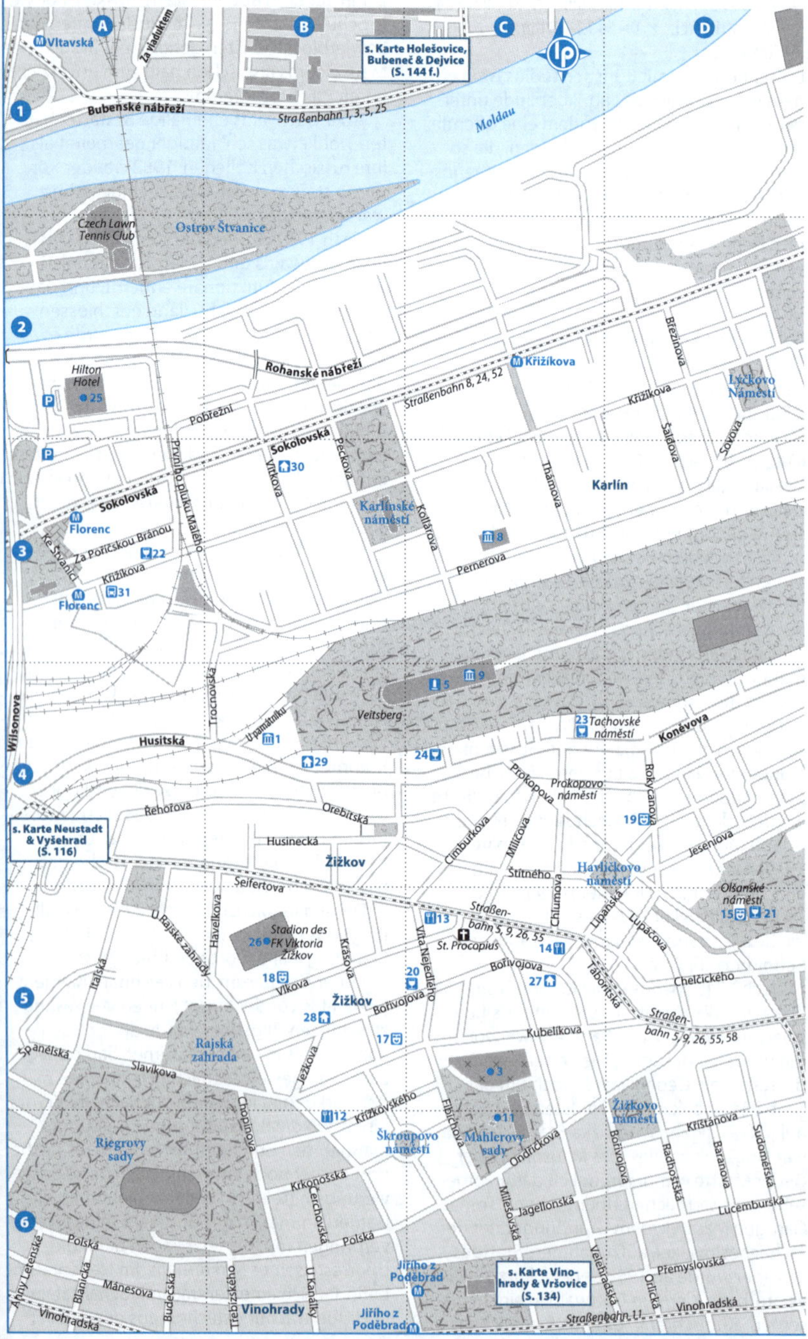

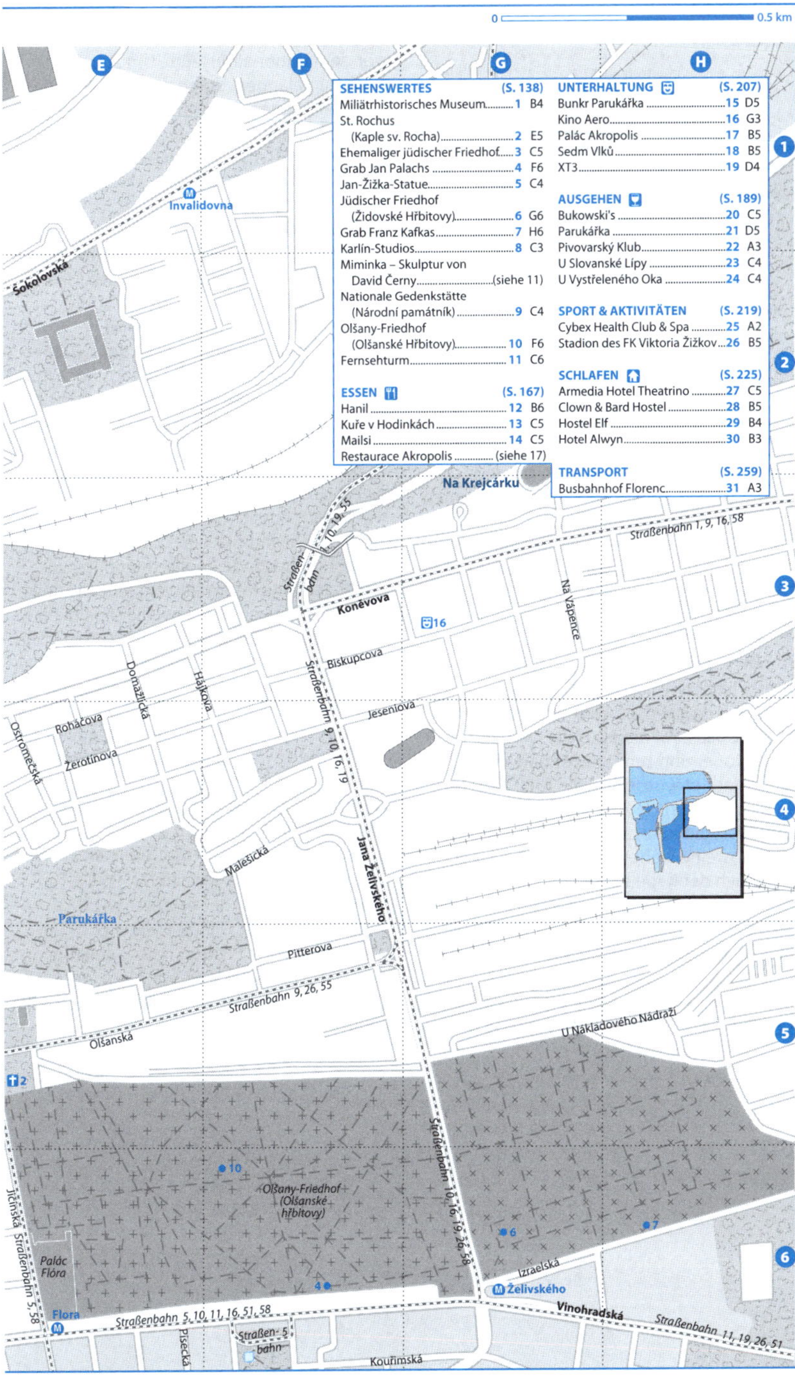


**SEHENSWERTES (S. 138)**
Miliätrhistorisches Museum ... 1 B4
St. Rochus (Kaple sv. Rocha) ... 2 E5
Ehemaliger jüdischer Friedhof ... 3 C5
Grab Jan Palachs ... 4 F6
Jan-Žižka-Statue ... 5 C4
Jüdischer Friedhof (Židovské Hřbitovy) ... 6 G6
Grab Franz Kafkas ... 7 H6
Karlín-Studios ... 8 C3
Miminka – Skulptur von David Černy ... (siehe 11)
Nationale Gedenkstätte (Národní památník) ... 9 C4
Olšany-Friedhof (Olšanské Hřbitovy) ... 10 F6
Fernsehturm ... 11 C6

**ESSEN (S. 167)**
Hanil ... 12 B6
Kuře v Hodinkách ... 13 C5
Mailsi ... 14 C5
Restaurace Akropolis ... (siehe 17)

**UNTERHALTUNG (S. 207)**
Bunkr Parukářka ... 15 D5
Kino Aero ... 16 G3
Palác Akropolis ... 17 B5
Sedm Vlků ... 18 B5
XT3 ... 19 D4

**AUSGEHEN (S. 189)**
Bukowski's ... 20 C5
Parukářka ... 21 D5
Pivovarský Klub ... 22 A3
U Slovanské Lípy ... 23 C4
U Vystřeleného Oka ... 24 C4

**SPORT & AKTIVITÄTEN (S. 219)**
Cybex Health Club & Spa ... 25 A2
Stadion des FK Viktoria Žižkov ... 26 B5

**SCHLAFEN (S. 225)**
Armedia Hotel Theatrino ... 27 C5
Clown & Bard Hostel ... 28 B5
Hostel Elf ... 29 B4
Hotel Alwyn ... 30 B3

**TRANSPORT (S. 259)**
Busbahnhof Florenc ... 31 A3

## JAROSLAV SEIFERT

Der aus einer Arbeiterfamilie in Žižkov stammende Dichter und Journalist Jaroslav Seifert (1901–1986) ist der (bislang) einzige Tscheche, der mit dem Nobelpreis für Literatur geehrt wurde. Seifert war ursprünglich Mitglied der Kommunistischen Partei, er wurde dann aber aus deren Reihen ausgeschlossen, als er gegen zunehmend „bolschewistische Tendenzen" in der Partei protestierte. Zusammen mit Václav Havel gehörte Seifert zu den Unterzeichnern der Charta 77. Die Tschechen schätzten ihn, weil er dem Volk eine Stimme gab – und weil er auch in den Zeiten der Unterdrückung für Freiheit und Meinungsfreiheit kämpfte und Kritik an der Regierung wagte. Seifert sagte einmal: „Wenn ein Schriftsteller schweigt, lügt er."

Jahren, mit deren Hilfe Temperatur und Feuchtigkeit im Körper des Staatspräsidenten kontrolliert wurden.

Von der Dachterrasse der Gedenkstätte hat man einen wunderbaren Blick über die Stadt; im 1. Stock gibt es ein hübsches Café mit Sitzplätzen im Freien.

### OLŠANY-FRIEDHOF Karte S. 140 f..

**Olšanské hřbitovy; Vinohradská 153, Žižkov; Eintritt frei; ⌚ Mai–Sept. 8–19 Uhr; März, April & Okt. bis 18 Uhr; Nov.–Feb. bis 17 Uhr; Ⓜ Flora**

Prags großer und sehr atmosphärischer Hauptfriedhof wurde im Jahr 1680 angelegt, um die ansteigende Zahl von Toten während einer Pestepidemie zu bewältigen. Die ältesten Grabsteine stehen in der Nordwestecke im Bereich der Kapelle St. Rochus (kaple sv. Rocha) aus dem 17. Jh. Eingänge zum Friedhof gibt es entlang der Vinohradská, östlich der Metrostation Flora, und neben der Kapelle an der Olšanská.

Auf diesem Friedhof liegt auch Jan Palach begraben – der Student verbrannte sich im Januar 1969 aus Protest gegen den Einmarsch der Ostblocktruppen (s. Kasten S. 31) vor dem Nationalmuseum. Um zu seinem Grab zu gelangen, durch das Haupttor (das mit den Blumenläden) an der Vinohradská gehen und dann gleich rechts abbiegen. Nach etwa 50 m liegt Palach an der linken Seite des Wegs bestattet.

### FERNSEHTURM Karte S. 140 f..

**Televizní vysílač; ☎ 242 418 784; www.tower.cz; Mahlerovy sady 1, Žižkov; Erw./Kind unter 6 Jahren/ Kind 6–14 Jahre/Stud. 150 Kč /frei/60/120 Kč; ⌚ 10–23.30 Uhr; Ⓜ Jiřího z Poděbrad**

Der 216 m hohe Fernsehturm, der zwischen 1985 und 1992 entstand, ist Prags höchstes Wahrzeichen – und je nach Geschmack entweder das hässlichste oder das futuristischste. Er dominiert die Skyline von den meisten Ecken der Stadt aus und ist bei Nacht in den Nationalfarben rot, weiß und blau beleuchtet.

Auf den Aussichtsplattformen, die man mit Hochgeschwindigkeitsaufzügen erreicht, gibt es umfassende englisch- und französischsprachige Informationstafeln, die erklären, was man von dem jeweiligen Punkt aus in der Umgebung sehen kann. In 66 m Höhe befindet sich auch ein Restaurant (bei Redaktionsschluss wegen Renovierung geschlossen, aber wohl im Jahr 2011 wieder offen). Das Absurdeste hier sind die die zehn Riesenbabys, die an der Außenseite des Turms hinaufzukrabbeln scheinen – ein Werk des Künstlers David Černý (s. Kästen S. 41 & S. 151) mit dem Namen *Miminka* („Babys").

Der Turm wurde an der Stelle eines früheren jüdischen Friedhofs (Eintritt 20 Kč; ⌚ Di & Do 9–13 Uhr) errichtet, der eröffnet wurde, nachdem der Alte Jüdische Friedhof (S. 103) in Josefstadt seine Pforten hatte schließen müssen. 1890 wurde er von dem wesentlichen größeren Jüdischen Friedhof (S. 138) an der Vinohradská abgelöst.

# HOLEŠOVICE, BUBENEČ & DEJVICE

Essen S. 184; Ausgehen S. 201; Shoppen S. 165; Schlafen S. 237

Holešovice, Bubeneč und Dejvice sind drei aneinander angrenzende Viertel, die sich von Osten nach Westen im Norden der Altstadt jenseits der Moldau erstrecken. Holešovice, das am weitesten im Osten liegt, schmiegt sich im Westen in einen großen Moldauknick. Das Viertel wird bedauerlicherweise von einer Eisenbahnlinie und der Autobahn in eine Ost- und eine Westhälfte geteilt. Bubeneč, das mittlere der drei Viertel, nimmt das Gebiet direkt nördlich der Altstadt auf der anderen Seite des Letnáparks in Beschlag. Bekannt ist es für die großen Parks Letná (Letenské sady; S. 147) und Stromovka (S. 148). Das überwiegend grüne Viertel Dejvice erstreckt sich nördlich der Kleinseite und des Hradschin.

Jahrzehntelang wurde Holešovice schlimm vernachlässigt. Lange galt der Bezirk als „Deutsches Viertel der Stadt". In den Jahrzehnten nach dem Zweiten Weltkrieg verfiel es zunehmend, da viele der einstigen Bewohner wegzogen oder gewaltsam vertrieben wurden. Und es war auch nicht gerade förderlich, dass Holešovice durch Eisenbahn- und Straßenkonstruktionen ohne Rücksicht auf Verluste in zwei Hälften gerissen wurde. So ähnelte der Osten des Viertels rund um den Containerhafen als einziger Teil Prags jahrzehntelang einem Slum.

Doch all das änderte sich 2002, als das Moldauhochwasser die niedrig gelegenen Gegenden am Fluss überschwemmte, darunter einen beträchtlichen Teil von Holešovice. Die Nachwehen der Flut ließen die Entwicklungsgelder , die in das Viertel flossen, sprunghaft in die Höhe schnellen. Eine ehemalige Brauerei im Viertel wird gerade in Luxusapartments und Bürokomplexe umgewandelt. Teure Eigentumswohnungen und Bürotürme säumen jetzt das Westufer der Moldau, Clubs, Restaurants, Galerien und Hotels ziehen nach. Die Zukunft sieht also hoffentlich recht rosig aus.

In Holešovice befindet sich das weiträumige Messegelände Výstaviště (Karte S. 144 f.). Viele der dortigen Gebäude wurden für die Jubiläumsausstellung von 1891 errichtet; der Glanz ist zwar schon halb verblichen, aber dadurch wirken sie nicht weniger eindrucksvoll. Erwähnenswert sind der Prager Pavillon und der großartige Jugendstil-Industriepalast. Leider hat man das Gelände von Výstaviště lange Zeit arg vernachlässigt, sodass es mittlerweile ein wenig schäbig wirkt. Und zu allem Überfluss brach im November 2008 auch noch ein Feuer aus, dem ein Teil des Industriepalastes zum Opfer fiel (er wurde allerdings später originalgetreu wiederhergestellt). Immerhin gibt es hier noch ein paar Attraktionen, darunter ein Vergnügungspark, eine „singende" Fontäne und die Tesla Aréna, ein beliebter Austragungsort für Konzerte und Eishockeyspiele; besonders lange hält man sich als Besucher dort allerdings eher selten auf.

Bubeneč, westlich von Holešovice gelegen, war schon immer ein mittelständisch geprägtes Wohnviertel, und daran hat sich auch bis auf den heutigen Tag nichts geändert. Die Stadthäuser aus dem 19. Jh. zu beiden Seiten der zentralen Prachtstraße Milady Horákové und im Norden rund um den Stromovka-Park sind sehr gefragt. Kein Wunder, dass sich hier auch viele Botschaften und Villen finden, darunter der spektakuläre Wohnsitz des US-Botschafters.

Dejvice weiter im Westen ist in seinem westlichen Teil eine Mischung aus Unigelände und Wohngebiet. Der östliche wird dagegen von den grünen Seitenstraßen des Prager Botschaftenviertels geprägt. Für eine Sightseeingtour wird man wenig Interessantes finden, dafür haben sich aber einige gute Restaurants und Unterkünfte in dem Viertel angesiedelt.

Direkt nördlich von Dejvice schließlich erstreckt sich der ungewöhnliche Villenbezirk Baba aus den 1930er-Jahren. Er entstand im Rahmen eines funktionalistischen Projekts einer Gruppe Künstler und Designer, deren Ziel es war, günstige, attraktive Einfamilienhäuser zu bauen. Der Vorort Hanspaulka südwestlich davon entstand durch ein ähnliches Projekt zwischen 1925 und 1930. Beide Gegenden gehören heute zu den besten Adressen Prags.

## DIVOKÁ ŠÁRKA Karte S. 60

**Evropská, Dejvice; 🚊 20, 26**

Das Tal des Šárecký potok (Šárka-Bach) ist einer von Prags bekanntesten und beliebtesten Naturparks. Es ist nach der Kriegerin Šárka benannt, die Gegenstand etlicher Legenden ist: So besagt eine, dass sie sich hier nach dem Tod ihres Feindes, dem gut aussehenden Ctirad, von einem Felsen in den Tod stürzte. Einer Version zufolge verführte und ermordete sie ihn und begang danach Selbstmord, um einer Gefangennahme zu entgehen. In einer anderen Geschichte verliebte sie sich auf tragische Weise in Ctirad,

## HOLEŠOVICE, BUBENEČ & DEJVICE

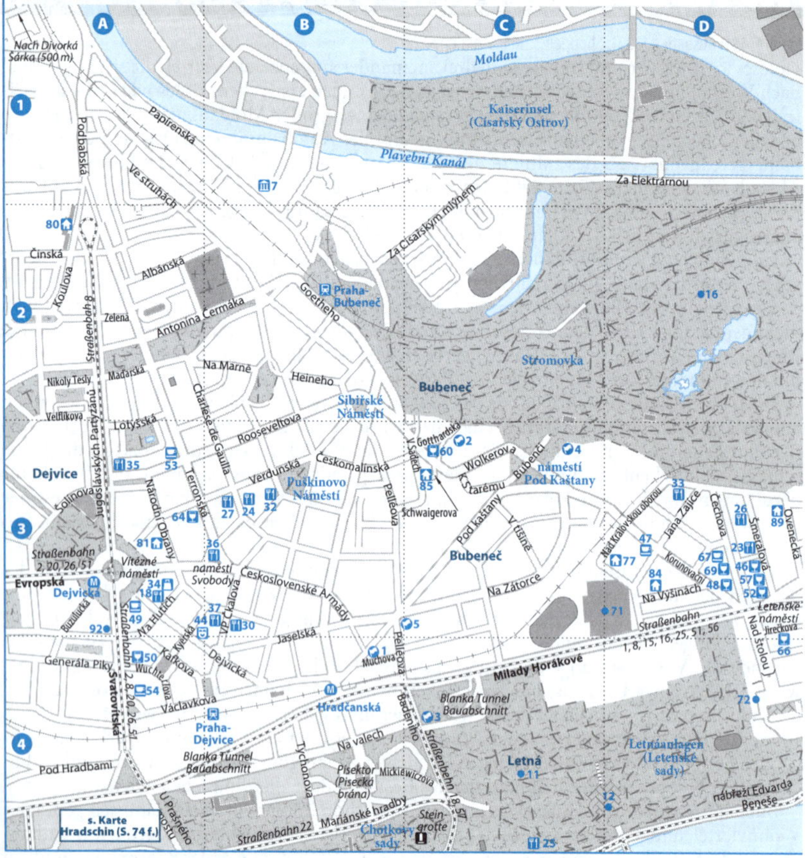


schaffte es aber nicht, ihn zu beschützen; von Trauer und Schuldgefühlen gepeinigt, brachte sie sich hierauf um. Eine gänzlich unromantische Version will wissen, dass Ctirad den Amazonen Šárkas entkam und Šárka bei lebendigem Leibe begrub.

Die schönste Gegend des Parks findet man ganz in der Nähe zwischen den zerklüfteten Felsen rund um das Džbán-Reservoir, das zum Baden einlädt. Hier tummeln sich zahlreiche Sonnenanbeter auf den Felsen. Ein 7 km langer, rot markierter Wanderweg führt in nordöstlicher Richtung durch das Tal hinunter bis zum Vorort Podbaba. Dort mündet der Bach in die Moldau; zurück ins Zentrum kommt man mit einem Bus, der hier hält. Alternativ kann man auch etwa 1,5 km die Podbabská entlang Richtung Süden marschieren, bis zum Nordende der Straßenbahnlinie 8 gegenüber vom Hotel Crowne Plaza (S. 145) in Dejvice.

### ZENTRUM FÜR ZEITGENÖSSISCHE KUNST DOX Karte S. 144 f. St. Veits

**☎ 774 145 434; www.doxprague.org; Osadní 34, Holešovice; Erw./Fam. 180/300 Kč; Mi–Mo 10–18 Uhr; 5, 12, Ⓜ Ortenovo náměstí**

Diese ausgefallene nichtkommerzielle Kunstgalerie mit Ausstellungsräumen hat ihren Anteil daran, dass Holešovice mittlerweile als eines der Trend-Viertel von Prag gilt. Bei den Ausstellungen kommen Medien aller Art zum Einsatz, neben Skulpturen auch Videoinstallationen, Fotografie und Malerei. Mit Events wie Andy Warhols *Chelsea Hotel* und Robert Mapplethorpes Fotografien ist man manchmal bis an die Grenzen dessen gegangen, was das eher konservative Prager Publikum

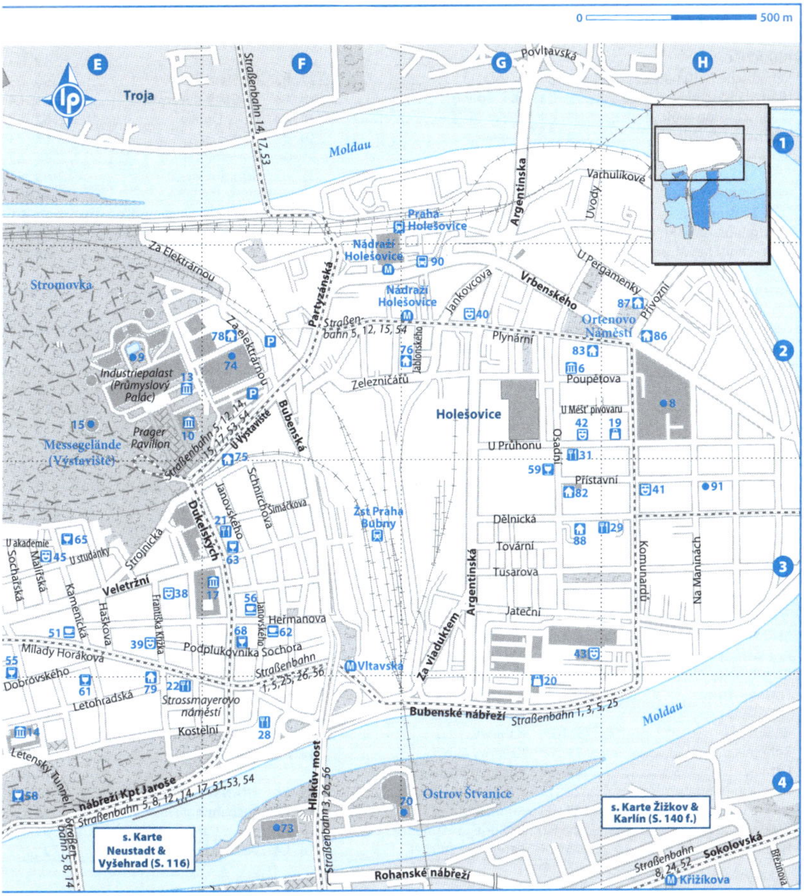


verträgt. Im Obergeschoss befinden sich ein Café und eine hevorragende Buchhandlung, die viel Lesestoff zum Thema Kunst und Architektur bereithält. 2009 und 2010 war David Černýs sehr umstrittene Installation *Entropa* (s. S. 41), ein ironischer Kommentar zur Europäischen Union, im DOX zu sehen; bei Redaktionsschluss war allerdings noch offen, ob die Arbeit dauerhaft hier bleiben würde.

## ÖKOTECHNISCHES MUSEUM Karte S. 144 f.

**Ekotechnické muzeum; ☎ 777 170 636; www.ekotechnickemuseum.cz; Papírenská 6, Bubeneč; Erw./Fam. 120/250 Kč; Mai–Okt. Di–So 10.30 bis 16 Uhr; 131 ab Ⓜ Hradčanská**

Zwischen 1895 und 1906 wurde Prags ehemalige Kläranlage nach einem Entwurf des englischen Architekten W. H. Lindley erbaut. Ursprünglich für eine Stadt mit 500 000 Einwohnern ausgelegt, blieb sie überraschenderweise bis 1967 in Betrieb. Zu dieser Zeit lebten in Prag bereits über 1 Mio. Menschen! Besucher können sich mehrere Dampfmaschinen ansehen, weitere werden derzeit repariert. Im Rahmen geführter Touren (im Eintritt enthalten) geht es durch das Labyrinth der Kanalisation unter dem Gebäude.

## HOTEL CROWNE PLAZA Karte S. 144 f.

**☎ 296 537 111; www.austria-hotels.at; Koulova 15, Dejvice; 8 (Haltestelle: Podbaba)**

Die Silhouette des gigantischen Baus im nördlichen Dejvice stammt aus der Stalin-Ära. Er wird allen bekannt vorkommen, die schon mal Moskau besucht haben. Das ehemalige Hotel International aus den 1950er-Jahren weist deutliche Parallelen zum Turm der dortigen Universität auf – bis hin zum So-

## HOLEŠOVICE, BUBENEČ & DEJVICE

**PRAKTISCHES**
Kanadische Botschaft 1 B4
Niederländische Botschaft 2 C3
Israelische Botschaft 3 C4
Russische Botschaft 4 C3
Slovakische Botschaft 5 C3

**SEHENSWERTES** (S. 143)
DOX Zentrum für zeitgenössische Kunst 6 G2
Ökotechnisches Museum (Ekotechnické Muzeum) 7 B1
ehemalige Brauerei Holešovice 8 H2
Hotel Crowne Plaza (siehe 80)
Křižík's-Brunne (Křižíkova Fontána) 9 E2
Lapidárium 10 E2
Letná 11 C4
Letná Terása 12 D4
Mořský Svět 13 E2
Technisches Nationalmuseum (Národní Technické Muzeum) 14 E4
Prager Planetarium (Planetárium Praha) 15 E2
Stromovka 16 D2
Palais Veletržní (Veletržní Palác) 17 F3

**SHOPPEN** (S. 157)
Antikvita 18 A3
Pivní Galerie 19 H2
Pražká Tržnice 20 G4

**ESSEN** (S. 167)
Bohemia Bagel 21 F3
Capua 22 E4
Čínská Zahrada 23 D3
Da Emanuel 24 B3
Fraktal (siehe 52)
Hanavský Pavilón 25 C4
Il Gattopardo 26 D3
Kavala 27 B3
La Crêperie 28 F4
Lucky Luciano 29 H3
Mirellie 30 B3
Molo 22 31 G2
Na Urale 32 B3
Nad Královskou Oborou 33 D3
Perpetuum 34 A3
Pizzeria Grosseto 35 A3
Sakura 36 B3
SaSaZu (siehe 43)
Staročeská Krčma 37 B3

**UNTERHALTUNG** (S. 207)
Alfred ve Dvoře 38 E3
Bio Oko 39 E3
Cross Club 40 G2
La Fabrika 41 H3
Mecca 42 G2
SaSaZu 43 G3
Spejbl & Hurvínek Theatre 44 A3
Wakata 45 E3

**AUSGEHEN** (S. 189)
Akádemie 46 D3
Alchymista 47 D3
Andaluský Pes 48 D3
Artesa 49 A3
Bio Oko (siehe 39)
Budvarká 50 A4
Erhartova Cukrárna 51 E3
Fraktal 52 D3
Kabinet 53 A3
Kavárna Alibi 54 A4
Klášterní Pivnice (Šumavan) 55 E3
Kumbal 56 F3
La Bodega Flamenca 57 D3
Letenský Zameček 58 E4
Long Tail Café 59 G3
Na Slamníku 60 C3
Na Staré Kovárně 61 E4
Ouky Douky 62 F3
Postel 63 F3
Potrefená Husa 64 A3
Stromoffka 65 E3
Svijanský Rytíř 66 D4
Těsně Vedle Burundi 67 D3
U sv Antoníčka 68 F3
Ztracený Ráj 69 D3

**SPORT & AKTIVITÄTEN** (S. 219)
Czech Lawn Tennis Klub 70 G4
Generali Aréna (Sparta-Stadion) 71 D3
Půjčovna Bruslí Miami 72 D4
Štvanice-Stadion 73 F4
Tesla-Aréna 74 F2

**SCHLAFEN** (S. 225)
A&O Hostel 75 F2
Absolutum Hotel 76 G2
Art Hotel 77 D3
Expo Prague 78 F2
Hotel Belvedere 79 E4
Hotel Crowne Plaza 80 A2
Hotel Denisa 81 A3
Hotel Extol Inn 82 G3
Hotel Leon 83 G2
Hotel Letná 84 D3
Hotel Villa Schwaiger 85 C3
Plaza Alta Hotel 86 H2
Plus Prague Hostel 87 H2
Sir Toby's Hostel 88 G3
Splendid 89 D3

**TRANSPORT** (S. 259)
Busbahnhof Holešovice 90 G2
Secco Car 91 H3
Vecar 92 A3

wjetstern auf der Turmspitze (hier allerdings grün statt rot).

Ein Blick in die restaurierte Marmorpracht der Lobbybar lohnt sich. In der äußersten linken Ecke hängt ein gigantischer Gobelin an der Wand: Cyril Boudas *Praga Regina Musicae* (Prag, Königin der Musik; um 1956) wirkt wie ein übertriebenes Luftbild des Prager Stadtzentrums. Blickfang in der Mitte ist die weggesprengte Stalinstatue auf der Letná terása, am unteren Rand ist das inzwischen beseitigte sowjetische Panzerdenkmal zu erkennen (s. Kasten S. 101). Eine Hotelkritik findet sich auf S. 240 im Kapitel Schlafen.

### KŘIŽÍK-BRUNNEN Karte S. 144 f.

**Křižíkova fontána; ☎ 723 665 694; www.krizikovafontana.cz; U Výstaviště 1, Holešovice; Eintritt bei Programm ca. 200 Kč; Aufführungen März–Okt. stündlich 7–23 Uhr; 5, 12, 14, 15, 17**

Jedes Jahr von Frühling bis Herbst gibt der musikalische Křižík-Brunnen allabendlich einen computergesteuerten Tanz aus Wasser und Licht zum Besten. Das Musikprogramm reicht von klassischen Stücken wie der Dvořák-Symphonie *Aus der neuen Welt* über moderne Werke von Andrea Bocelli, Vangelis und Queen bis hin zu bekannten Filmsoundtracks. Programminfos gibt's telefonisch oder online. Nach Sonnenuntergang ist die Lightshow besonders schön – von Mai bis Juli also zur Spätvorstellung gehen.

### LAPIDÁRIUM Karte S. 144 f.

**☎ 233 375 636; U Výstaviště 1, Holešovice; Erw./Kind 40/20 Kč; Di–Fr-12–18, Sa & So 10–18 Uhr; 5, 12, 14, 15, 17**

Das Juwel, ein Ableger des Nationalmuseums, wird wegen seiner ungünstigen Lage gern übersehen. Es stellt rund 400 teils

## ANFAHRT – HOLEŠOVICE & BUBENEČ

**Metro** Von den Metrostationen Vltavská und Nádraží Holešovice an der Linie C gelangt man in den Süden bzw. Norden von Holešovice.
**Straßenbahn** Die Linien 5, 12, 14, 15 und 17 folgen der Dukelských Hrdinů, der wichtigsten Nord-Süd-Verbindung in Holešovice. Die Linien 1, 8, 15, 25 und 26 fahren auf der Milady Horákové von Ost nach West (bzw. umgekehrt); damit gelangt man sowohl nach Holešovice als auch nach Bubeneč.

## ANFAHRT – DEJVICE

**Metro** Die Station Dejvická ist der nordwestlichste Punkt der Linie A; von Hradčanská, der vorletzten Station, gelangt man in den südlichen Teil des Viertels.
**Straßenbahn** Die Linien 2, 8, 20 und 26 fahren allesamt durch Vítězné náměstí im Zentrum von Dejvice.

prächtige Skulpturen aus dem 11. bis 19. Jh. aus, u. a. die Löwen von Kouřim (Böhmens älteste erhaltene Steinfigur) und Teile des Krocín-Renaissancebrunnens, der einst auf dem Altstädter Ring stand. Zudem sind zehn Originalstatuen der Karlsbrücke zu sehen.

Allerdings wurde das Lapidarium im Januar 2010 aus bautechnischen Gründen geschlossen; wann es seine Pforten wieder öffnen wurde, war bei Redaktionsschluss noch nicht abzusehen.

### LETNÁHÖHE Karte S. 144 f.

Die riesige Freifläche zwischen der Straße Milady Horáková und der Moldau wird im Norden von einem Paradeplatz und im Süden von den **Letnáanlagen** (Letenské sady), einem friedvollen Park mit malerischer Aussicht auf die Stadt und ihre Brücken, in Beschlag genommen. Im Sommer kann man hier in einem beschaulichen Biergarten sitzen (s. Letenský zámček, S. 202). Der Přemyslide Ottakar II. feierte 1261 auf der Letnáhöhe seine Krönung, rund sieben Jahrhunderte später veranstaltete das sozialistische Regime am 1. Mai dann Militärparaden nach Moskauer Art. 1989 versammelten sich 750 000 Anhänger der Samtenen Revolution. 2008 wurde das Erdreich in der hinteren nordwestliche Ecke des Parks für den Bau des riesigen Blankatunnels aufgerissen, einem Teil des zukünftigen Rings um Prag. Der Tunnel wird eines Tages unter den beiden Parks Letná und Stromovka verlaufen.

In der südwestlichen Ecke versprüht der neobarocke **Hanavský Pavilón** (S. 184) seinen Charme. Otto Prieser baute ihn für die Jubiläumsausstellung 1891.

Infos zum Spaziergang durch den Park gibt's auf S. 148.

### LETNÁ TERÁSA Karte S. 144 f.

Von der gigantischen Stufenterrasse am Südrand der Letnáanlagen hat man eine gigantische Aussicht auf den Fluss. Die Terrasse wurde Mitte der 1950er-Jahre errichtet – die Kommunistische Partei der Tschechoslowakei ließ hier die größte Stalin-Statue der Welt aufstellen. Als der „Stählerne" aus Georgien in der Sowjetunion nicht mehr en vogue war, jagten die moskauhörigen Kriecher das Denkmal 1962 in die Luft (s. Kasten S. 101). Als Symbol für den unaufhaltsamen Lauf der Zeit steht hier ein riesiges **Metronom**.

### MOŘSKÝ SVĚT Karte S. 144 f.

**☎ 220 103 275; U Výstaviště 1, Holešovice; Erw./Kind 240/145Kč; 🕑 10–19 Uhr; 🚊 5, 12, 14, 15, 17**
Das „Tschechische Seaworld" verfügt über das größte Wasserbecken des Landes; es fasst rund 100 000 l. In dem Aquarium gibt's ca. 4500 Fische und Meereslebewesen zu bewundern, darunter auch einige recht furchteinflößende Haie. Wer schon größere Seaworlds auf der Welt gesehen hat, wird von dieser engen und überfüllten Ausgabe wenig begeistert sein. Dennoch bietet es vor allem Familien die Möglichkeit, einen Regentag auf unterhaltsame Weise zu verbringen.

### TECHNISCHES NATIONALMUSEUM Karte S. 144 f.

**Národní technické muzeum; ☎ 220 399 111; www.ntm.cz; Kostelní 42, Holešovice; Erw./Kind 100/50 Kč; 🕑 Di–Fr 9–17, Sa & So 10–18 Uhr; 🚊 1, 8, 15, 25**
2008 wurde das Museum zwecks einer gründlichen Sanierung geschlossen; wann es seine Pforten definitiv wieder öffnet, war aber bei Redaktionsschluss noch nicht zu erfahren. Bevor man hinfährt, sollte man also sicherheitshalber einen Blick auf die Website werfen. Vor der Schließung besaß das Museum eine riesige Haupthalle, rappelvoll mit alten Zügen, Flugzeugen und Automobilen (u. a. Škodas, Tatras und ein paar Bugattis aus den 1920er- und 1930er-Jahren). Ein buntes Programm mit weiteren Technikausstellungen begeisterte vor allem Maschinenliebhaber und Autofreaks.

### PRAGER PLANETARIUM Karte S. 144 f.

**Planetárium Praha; ☎ 220 999 001; www.planetarium.cz; Královská Obora 233, Holešovice; Ausstellung Erw./Kind 25/15 Kč, Vorführungen in Tschechisch/Englisch 80/160 Kč; ⌚ Mo–Do 8.30–12 & 13–20, Sa & So 9.30–12 & 13–20 Uhr; 🚊 5, 12, 14, 15, 17**

Im Planetarium im Stromovka-Park gleich westlich des Messegeländes werden die üblichen Astroshows, aber auch diverse Dia- und Videopräsentationen veranstaltet. Die Veranstaltungen sind auf Tschechisch, zu ein, zwei der beliebtesten Events gibt es jedoch auch englischsprachige Kurzinfos (nähere Details auf der Website des ). In der Haupthalle ist zudem eine astronomische Ausstellung untergebracht.

### STROMOVKA Karte S. 144 f.

**🚊 5, 12, 14, 15, 17**

Der Stromovka westlich des Messegeländes ist Prags größter Park. Im Mittelalter diente er als königliches Jagdrevier – daher auch die Bezeichnung „Královská obora" („Königlicher Hirschpark"). Rudolf II. ließ seltene Bäume pflanzen und mehrere künstliche Seen anlegen. Gespeist wurden diese über einen immer noch funktionstüchtigen Kanal mit Wasser aus der Moldau. Heute ist der Park das Revier von Spaziergängern, Joggern, Radfahrern und Inlineskatern. Ein hübscher Spaziergang durch den Park wird auf der rechten Spalte vorgestellt.

### MESSEPALAST (PALAIS VELETRŽNÍ Karte S. 144 f.

**Veletržní palác; ☎ 224 301 122; www.ngprague.cz; Dukelských Hrdinů 47, Holešovice; Erw./Kind 200/100 Kč, nach 16 Uhr 100/50 Kč, am 1. Mi im Monat ab 15 Uhr frei; ⌚ Do–So 10–18 Uhr; 🚊 12, 14, 17**

Der riesige funktionalistische Messepalast (Veletržní palác) wurde 1928 errichtet. Inzwischen beherbergt er keine Handelsmessen mehr, sondern eine tolle sehenswerte Sammlung der Nationalgalerie, die tschechische und europäische Kunstwerke aus dem 20. und 21. Jh. umfasst.

Kunstfreaks können hier locker einen ganzen Tag verbringen. Die Ausstellung verteilt sich auf drei Stockwerke des weitläufigen, einem Kreuzfahrtschiff ähnelnden Gebäudes. Wer nur ein Stündchen oder zwei erübrigen kann, sollte sich am besten schnurstracks in den 3. Stock (tschechische Kunst 1900 bis 1930 und französische Kunst 19.–20. Jh.) begeben. Hier gibt es Gemälde von František Kupka, einem Pionier der abstrakten Malerei, und die Kunstwerke, Möbel und Keramiken der tschechischen Kubisten zu sehen. Die französische Abteilung umfasst einige Skulpturen von Rodin und ein paar impressionistische Werke. Auch Gaugins *Flucht* und Van Goghs *Grüner Weizen* sind ausgestellt.

Der 1. Stock (ausländische Kunst des 20. Jhs.) widmet sich Werken von Klimt, Schiele und Picasso, während im 2. Stock (tschechische Kunst von 1930 bis heute) frühe Beispiele für kinetische Kunst, einige Werke des Sozialistischen Realismus der kommunistischen Ära und verschiedene amüsante Werke zeitgenössischer Künstler gezeigt werden.

## LETNÁHÖHE & STROMOVKA

## Stadtspaziergang

### 1 Steingrotte

Der Spaziergang beginnt am Belvedere (Letohrádek) am östlichen Ende des Königsgartens (S. 68), nördlich der Prager Burg. Ein Fußweg am südlichen Ende des Belvederes führt in den benachbarten Park Chotkovy sady. In dessen Mitte findet sich eine kleine **Steingrotte**, die dem Romancier Josef Zeyer gewidmet ist. Ganz in der Nähe steht eine Parkbank, von der aus man eine herrliche Aussicht über die Moldau und die Altstadt genießen kann. Da der Königsgarten im Winter geschlossen ist, kann man diesem Teil der Route nur zwischen April und Oktober folgen. Im Winterhalbjahr fährt man stattdessen mit der Straßenbahn 18 zur Station Chotkova und folgt der Gogolova in östliche Richtung zu den Letnáanlagen (Letenské sady). Um zum Chotkovy sady zu gelangen, geht man am östlichen Ende der Gärten über die Brücke zurück.

### 2 Hanavský Pavilón

Eine Fußgängerbrücke am östlichen Ende der Gärten führt über die Chotkova hinein in die riesigen Letnáanlagen. Dabei überquert man einen breiten, mit Gras bewachsenen Graben mit Mauern aus rotem Ziegel, die einst einen Teil der Befestigungsanlagen von Prag darstellten. Man folgt erst dem Hauptpfad, der vom Parkeingang rechts abgeht, macht dann aber einen Abstecher nach rechts zum **Hanavský Pavilón** (S. 181). Der großartigen Aussicht hier kann man vielleicht mit einem kleinen Lunch die Krone aufsetzten.

### 3 Metronom

Der Pfad verläuft nun auf einem Steilufer direkt über der Moldau entlang – entsprechend

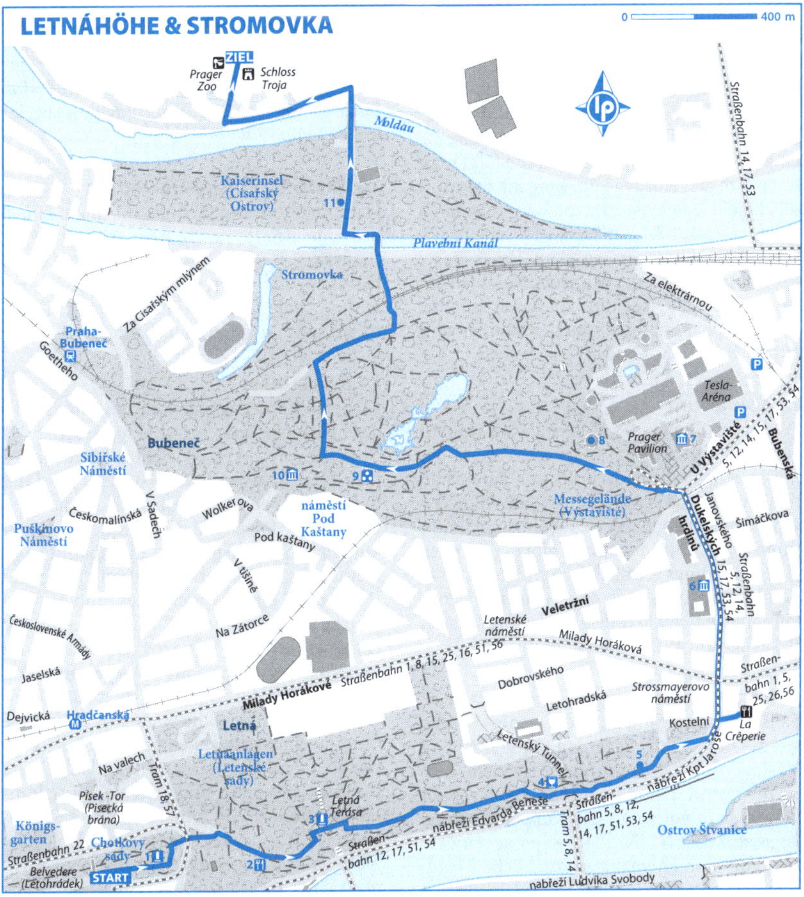


## ROUTENINFOS

**Start** Sommerpalais (Straßenbahnlinie 22 bis Letohrádek)
**Ziel** Troja (Bus 112 bis Metrostation Nádraží Holešovice)
**Länge** 6 km
**Dauer** 3 Std.
**Schwierigkeitsgrad** Mittel
**Snack unterwegs** Hanavský Pavilón, Letná-Biergarten, La Crêperie

herrlich sind die Ausblicke auf den Fluss und den Osten und Süden Prags. Nach ca. 300 m gelangt man zu einer imposanten, gestuften Terrasse, auf deren Spitze ein riesiges, quietschendes Metronom steht. Das Objekt steht an der Stelle, an der einst eine riesige Stalin-Statue stand (s. Kasten S.101).

### 4 Biergarten auf der Letnáhöhe

Auf Höhe des Metronoms führt der Pfad in östliche Richtung schließlich zum beliebten Biergarten Letenský zameček (S. 202). Es ist fast schon Pflicht, hier ein kühles Bier zu trinken.

### 5 Expo 58-Restaurant

Hinter dem Biergarten schlängelt sich die Route bergab an hübschen Blumenbeeten vorbei und verläuft über eine Allee mit Platanengewächsen. Unterwegs gelangt man zum futuristischen Expo 58-Restaurant. Es wurde für die Expo von 1958 gebaut und später hier wieder errichtet. Allerdings dient es nicht mehr als Restaurant, sondern wurde hübsch renoviert und beherbergt heute einige glückliche Büroangestellte.

Wer am Hanavský Pavilón noch nichts zu sich genommen hat, möchte dies vielleicht in dem gemütlichen Lokal La Crêperie (S. 187) in der nahe gelegenen Janovského nachholen?

**6 Messepalast (Palais Veletržní)**

Verlässt man den Park, geht es auf der Skalecká bergab, dann nach links in die belebte Dukelských Hrdinů. Dieser Straße folgt man für 400 m gen Norden zum Eingang des Messegeländes Výstaviště. Zuvor kann man noch beim Messepalast (Palais Veletržní; S. 148) einen Zwischenstopp einlegen, in dem Prags beste Sammlung moderner Kunstwerke zu sehen ist. Wer diesen Abschnitt auslassen möchte, kann ein paar Stationen mit der Straßenbahn fahren (Linien 5, 12 od. 17).

**7 Lapidárium**

Wenn der Besuch des Messepalastes Appetit auf mehr gemacht hat (oder auch wenn der Himmel seine Schleusen öffnet), kann man den Umweg ins Lapidárium (S. 146) ins Auge fassen. Hier stehen einige der schönsten Skulpturen Prags. Darüber hinaus gibt es hier noch einen allerdings ziemlich heruntergekommenen Vergnügungspark, eine „singende" Fontäne und etliche Stände zur Versorgung der Besucher mit Würstchen und *pivo* (Bier).

**8 Prager Planetarium**

Falls einem der Sinn nach ein wenig Bildung steht, hält man sich am Eingang von Výstaviště links. Dann folgt man dem Weg rechts von der Endhaltestelle der Straßenbahnlinie 5, vorbei an der Kuppel des Prager Planetariums (S. 148). Es steht rechts neben dem Eingang zum ehemaligen königlichen Jagdrevier von Stromovka (S. 148).

**9 Altes Restaurant**

Wenn der Weg eine leichte Linkskurve beschreibt, einfach immer der Nase nach, vorbei an einem Kiesstreifen für Boules und dann nach rechts in Richtung Teich. Am breiten Hauptweg links abbiegen (auf ein Schild „Dejvice & Bubeneč" achten). Dieser verläuft zwischen einigen künstlich angelegten Seen (rechts) und dem ehemals prachtvollen, inzwischen aber zu einer Ruine verfallenen Alten Restaurant und einem Konzertpavillon auf der linken Seite.

**10 Mistodržitelský-Belvedere**

Dahinter erblickt man links auf einem Hügel das im 15. Jh. errichtete Mistodržitelský-Lustschlösschen. Es gewährte einst böhmischen Königen auf ihren Jagdausflügen Unterschlupf. Anfang des 19. Jhs. wurde der Palast im neogotischen Stil umgebaut.

**11 Kaiserinsel**

An der T-Kreuzung unterhalb des Palasts wird der Spaziergang nach rechts fortgesetzt. Die Baumallee macht einen leichten Rechtsknick. Danach nimmt man den ersten Weg auf der linken Seite (den Schildern nach „Troja" und zum „Zoo" folgen) und unterquert in einer kurzen Unterführung die Eisenbahngleise. Geradeaus weitergehen und am Ende des Wegs die Treppen hochgehen und auf der Brücke den Plavební kanál überqueren. Auf der Kaiserinsel (Císařský ostrov) angelangt, links und gleich wieder rechts abbiegen und den Schildern zum „Zoo" folgen (hier legen auch die Boote zurück in die Stadt ab). Die Straße führt zu einer schwankenden Fußgängerbrücke über dem Hauptarm der Moldau. Weiter flussaufwärts kann man einen Kanuslalomkurs erkennen. Am anderen Ende der Fußgängerbrücke geht es links in einen Uferpfad. Nach ca. 300 m gelangt man zu einem Parkplatz. Hier biegt man rechts ab – die Straße bringt einen direkt zur Endstation der Buslinie 112. Auf der einen Seite der Bushaltestelle thront das Schloss Troja (S. 154), in dessen Keller ein Museum die Weinherstellung erläutert. Auf der anderen Seite liegt der Eingang zum Prager Zoo (S. 154). Tja, nun muss man sich wohl entscheiden …

# SMÍCHOV

Essen S. 187; Ausgehen S. 206; Shoppen S. 165; Schlafen S. 241

Smíchov kann zweifellos für sich beanspruchen, das sozial gegensätzlichste und womöglich verrückteste Viertel Prags zu sein. Jahrelang dümpelte die Gegend als industrielle Provinz vor sich hin, in der – gerüchteweise – die größte Roma-Gemeinde Prags lebte. Gleichzeitig standen auf den Hügeln südwestlich der Metrostation Anděl, nicht weit weg von den Barrandov-Filmstudios, einige der protzigsten Villen der Stadt. Auch heute noch zeigen sich diese Gegensätze: In der Gegend rund um Anděl wachsen glitzernde Bürotürme in den Himmel, gleich nebenan locken ein riesiger Konsumtempel – das Einkaufszentrum Nový Smíchov (S. 166) –, die Staropramen-Brauerei (s. Kasten S. 201) und einige der heißesten Nobelhotels der Stadt zahlungskräftige Kundschaft an. Doch ein Stück Straße die Straße hinunter in der Nähe der Zughaltestelle Smíchovské Nádraží schwingen Armut und Elend das Zepter.

Wie die anderen Stadtviertel am Flussufer litt und profitierte Smíchov zugleich vom Hochwasser 2002. Niedrig liegende Gegenden wurden erst von den Fluten der Moldau und dann von Sanierungsgeldern überschwemmt. Wie auch Holešovice und Karlín hofft Smíchov darauf, nicht mehr nur auf sein industrielles Dasein reduziert zu werden. Die Hoffnung bekam neue Nahrung, als sich der Künstler David Černý (s. Kasten S. 41 und unten) 2007 entschloss, sein Veranstaltungs- und Kunstzentrum, die Meet Factory, inmitten der Mietshäuser und verlassenen Fabriken südlich von Smíchovské Nádraží neu zu errichten.

## FUTURA-GALERIE Karte S. 152

**☎ 251 511 804; www.futuraprojekt.cz; Holečkova 49; Eintritt frei; Mi–So 11–18 Uhr; 4, 7, 9, 10**

Die Futura-Galerie widmet sich sämtlichen Aspekten der Moderne, ob nun Gemälden, Fotografien, Skulpturen oder Video-, Installations- und Performance-Kunst. Auf zwei Stockwerken gibt es Säle, die aussehen wie weiße Würfel, einen etwas gemütlicheren Gewölbekeller und einen Garten. In den wechselnden Ausstellungen werden Werke tschechischer und internationaler Künstler präsentiert. Berühmt-berüchtigt ist David Černýs Dauerinstallation im Garten (s. Kästen S. 41 & unten): Zwei riesige nackte Menschenfiguren stehen nach vorne gebeugt an einer Wand. Oberhalb des Bauchs verschwinden ihre Körper in der kahlen Wand. Besucher können auf Leitern nach oben klettern und ihre Köpfe – sic! – in die Hintern der Figuren stecken. Hier sieht man dann ein Video der besonderen Art: Der tschechische Präsident Václav Klaus und der Direktor der Prager Nationalgalerie schieben sich gegenseitig Löffel

## BIZARRE KUNST

David Černýs Skulpturen sind oft umstritten, gelegentlich skandalös und immer irgendwie amüsant. Hier sind sechs seiner bekanntesten Werke, die dauerhaft in Prag zu sehen sind (s. auch Kasten S. 41).

- *Quo Vadis* (Wohin gehst du; 1991) – Im Garten der deutschen Botschaft auf der Kleinseite (Karte S.82). Ein Trabant auf vier menschlichen Beinen erinnert an die Tausenden von Ostdeutschen, die 1989 vor dem Fall der Berliner Mauer dem sozialistischen Regime entflohen sind. Sie baten um politisches Asyl und schlugen ihre Zelte im Garten der Botschaft auf (s. Stadtspaziergang durch die Kleinseite, S. 92).
- *Viselec* (Abhängen; 1997) – Über der Husova in der Altstadt (Karte S. 96 f.). Der bärtige Bursche mit Brille weist eine leichte Ähnlichkeit mit Freud auf. Er baumelt ganz locker einhändig an einer Stange über der Straße.
- *Kůň* (Pferde; 1999) – Im Einkaufszentrum Palais Lucerna in der Neustadt (Karte S. 118 f. f.). Amüsante Alternativversion der Wenzelsstatue auf dem Wenzelsplatz – nur mit totem Pferd.
- *Miminka* (Babys; 2000) – Am Fernsehturm in Žižkov (Karte S. 140 f..). Gruselige Riesenbabys krabbeln den Turm hoch. Hat wohl etwas mit Konsumdenken und Medien zu tun.
- *Instalace (Installation)* (2003) – In der Futura-Galerie in Smíchov (Karte S. 152). Man steckt seinen Kopf in den Hintern einer Statue und schaut sich folgendes Video an: Der tschechische Präsident und der Direktor der Nationalgalerie füttern sich gegenseitig mit Babybrei.
- *Proudy* (Pinkeln; 2004) – Im Hof der Hergetova Cíhelná auf der Kleinseite (Karte S. 82 f.). Zwei Männer pinkeln in eine Pfütze, deren Umrisse unschwer als Grenzen der Republik Tschechien zu erkennen sind. Mit ihrem Strahl buchstabieren die Jungs berühmte Zitate aus der tschechischen Literatur. (Ganz recht, die Skulpturen bewegen sich – Computersteuerung macht's möglich.)

# SMÍCHOV

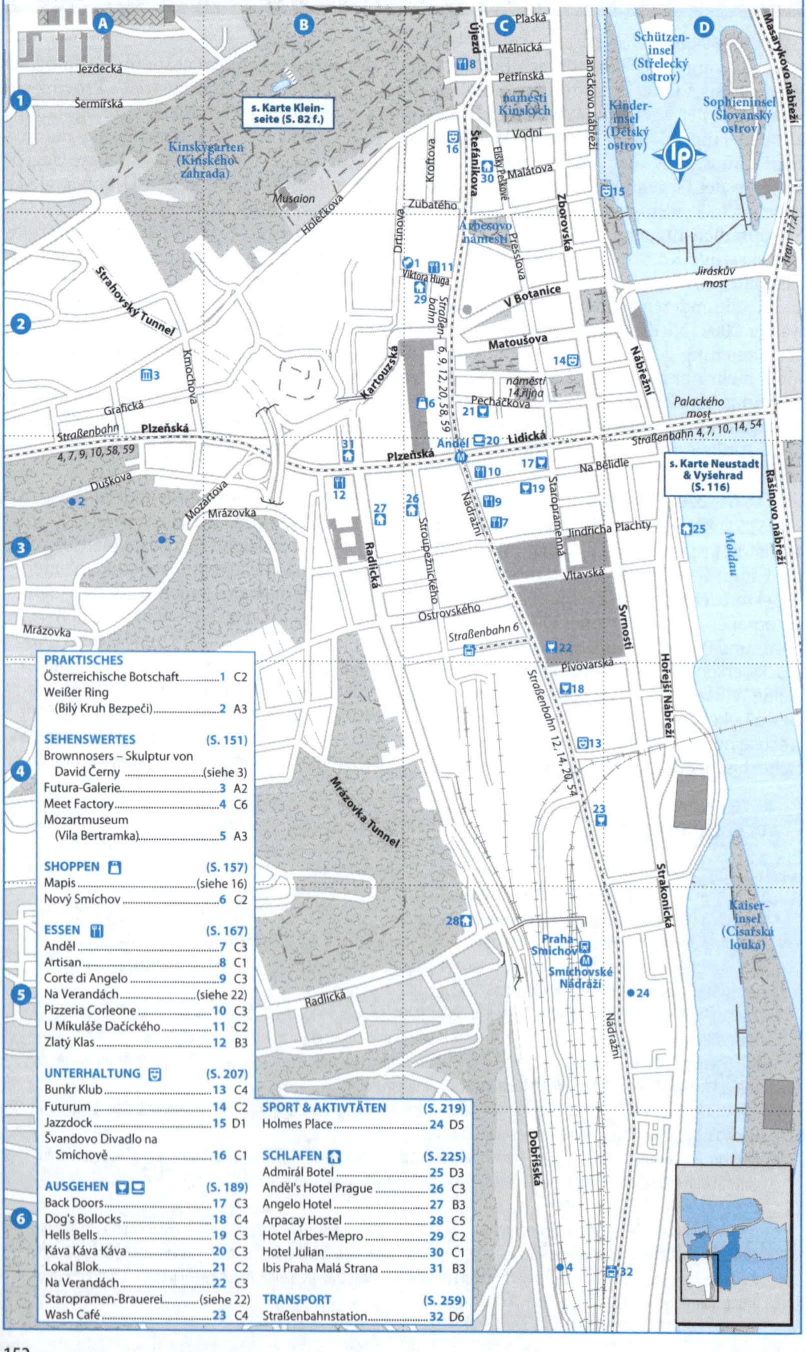

0 250 m
A
B
C
D
1
2
3
4
5
6
Jezdecká
Šermířská
s. Karte Kleinseite (S. 82 f.)
Kinskýgarten (Kinského zahrada)
Musaion
Holečkova
Strahovský Tunnel
Kmochova
Grafická
Straßenbahn 4, 7, 9, 10, 58, 59
Plzeňská
Duškova
Mozartova
Mrázovka
Mrázovka Tunnel
Radlická
Kartouzská
Újezd
Plaská
Mělnická
Petřínská
náměstí Kinských
Vodní
Štefánikova
Kroftova
Elišky Peškové
Malátova
Zubatého
Dittrichova
Viktora Huga
Straßenbahn 6, 9, 12, 20, 58, 59
Arbesovo náměstí
Pressla
Zborovská
Janáčkovo nábřeží
V Botanice
Matoušova
náměstí 14.října
Pecháčkova
Anděl
Lidická
Na Bělidle
Stroupežnického
Nádražní
Staropramenná
Jindřicha Plachty
Vltavská
Ostrovského
Straßenbahn 6
Pivovarská
Svornosti
Straßenbahn 12, 14, 20, 54
Praha-Smíchov
Smíchovské Nádraží
Dobříšská
Strakonická
Hořejší Nábřeží
Nábřeží
Schützeninsel (Střelecký ostrov)
Kinderinsel (Dětský ostrov)
Sophieninsel (Slovanský ostrov)
Masarykovo nábřeží
Tram 17, 21
Jiráskův most
Palackého most
Straßenbahn 4, 7, 10, 14, 54
s. Karte Neustadt & Vyšehrad (S. 116)
Rašínovo nábřeží
Moldau
Kaiserinsel (Císařská louka)

## ANFAHRT – SMÍCHOV

**Metro** Die Linie B hält an der Station Anděl im Zentrum von Smíchov und in Smíchovské Nádražíin im Süden.
**Straßenbahn** Die Linien 4, 7, 10 und 14 rumpeln vom Karlsplatz (Karlovo náměstí) durch Palackého nach Smíchov; von der Kleinseite nimmt man die Linien 12 oder 20 südlich von Malostranské náměstí oder Újezd.

mit Babybrei in den Mund. Gelinde gesagt … sehr metaphorisch.

### MEET FACTORY Karte S. 152

**☎ 251 551 796; http://meetfactory.cz; Ke Sklárně 15; Eintritt frei; ⌚ je nach Event; 🚊 12, 14, 20 Haltestelle nach Lihovar**

Wer David Černýs Meet Factory besucht, darf noch kein geschliffenes Kunsterlebnis erwarten. Momentan gleicht sie eher einer unfertigen Arbeit, einem *work in progress* im buchstäblichen Sinne. Die Idee, die dahintersteckt, ist es, Künstler aus aller Welt einzuladen, in dieser riesigen, verlassenen Fabrik südlich von Smíchovské Nádraží zu leben und zu arbeiten. In der Meet Factory finden auch visuelle und darstellende Kunstveranstaltungen, Filmvorführungen und Konzerte statt. Das Problem ist, dass die Gruppe, die – angeführt von prominenten, einheimischen Künstlern –, dieses Projekt betreibt, immer noch damit beschäftigt ist, das Geld zusammenzukratzen, um Wände auszubessern. Bevor man den weiten Weg auf sich nimmt, sollte man sich also auf der Website informieren.

Denn die Anreise ist nicht gerade unkompliziert. Am besten nimmt man die Straßenbahn 12, 14 oder 20 von der Station Smíchovské Nádraží und fährt zwei Haltestellen bis Lihovar. Auf der linken Straßenseite steht ein enges Tor, durch das man läuft, dann überquert man fünf oder sechs Gleise (nach links und rechts sehen!), und schon steht man vor einer maroden grünlichen Fabrik mit zwei roten Autos aus Glasfaser, die außen an Haken hängen – von David Černý höchstpersönlich zur Verfügung gestellt.

### MOZARTMUSEUM Karte S. 152

**Vila Bertramka; ☎ 257 318 461; www.bertramka.com; Mozartova 169; Museumseintritt Erw./Kind 110/30 Kč, Konzerte ca. 500 Kč; ⌚ geschl.; 🚊 4, 7, 9, 10**

Viele Jahre lang galt diese Villa aus dem 17. Jh. als Hauptmagnet für alle, die in Prag auf den Spuren des großen Komponisten wandelten. Als Gast des Komponisten František Dušek wohnte Mozart während seiner Pragbesuche 1787 und 1791 nämlich in genau dieser Villa – und hier vollendete er auch seinen *Don Giovanni*. Leider musste das Haus wegen Streitigkeiten zwischen der Kulturbehörde und der Mozart-Gesellschaft, der die Villa gehört, im November 2009 geschlossen werden. Bei Redaktionsschluss war völlig offen, wie es mit dem Haus nun weitergehen soll und ob wenigstens von Zeit zu Zeit Konzerte dort stattfinden können. Bevor man sich dorthin auf den Weg macht, sollte man also unbedingt einen Blick auf die Website werfen.

# WEITERE STADTVIERTEL

Um den historischen Kern der Stadt herum gruppieren sich die überwiegend im 20. Jh. entstandenen Vorstädte Troja, Kobylisy, Kbely, Barrandov, Střešovice und Břevnov. Von den Besuchern des Prager Zoos und des Schlosses Troja einmal abgesehen, verirren sich Touristen eher selten in diese Bezirke am Rande der Stadt. Wer trotzdem hierherkommt, hat die Attraktionen also oft ganz für sich allein.

## PRAGER ZOO Karte S. 60

**Zoo Praha; ☎ 296 112 111; www.zoopraha.cz; U Trojského Zámku 120, Troja; Erw./Kind/Fam. 150/100/450 Kč; Juni–Aug. 9–19 Uhr, April, Mai, Sept. & Okt. bis 18 Uhr, März bis 17 Uhr, Nov.–Feb. bis 16 Uhr; 112 ab M Nádraží Holešovice**

Prags hübscher Zoo erstreckt sich auf einer 60 ha großen bewaldeten Fläche am Moldau-Ufer. Ganzer Stolz des Tierparks ist die Herde Przewalskipferde. Das Zuchtprogramm des Zoos spielte eine wichtige Rolle bei der Rettung der vom Aussterben bedrohten Tierart (das Logo des Zoos ist daher auch ein Przewalskipferd). Weitere Attraktionen sind die Komodowarane, die sich 2006 zum ersten Mal in Gefangenschaft fortgepflanzt haben, eine Ministraßenbahn und eine weitläufige Kinderecke mit Abenteuerspielplatz und Planschbecken.

## SCHLOSS TROJA Karte S. 60

**Trojský zámek; ☎ 283 851 614; U Trojského Zámku 1, Troja; Erw./Kind 120/60 Kč; April–Okt. Di–So 10–18 Uhr, Nov.–März geschl.; 112 ab M Nádraží Holešovice**

Das Barockschloss wurde im 17. Jh. für die Familie Šternberk gebaut. Der Architekt wurde von den römischen Landvillen inspiriert, die er bei einem Italienbesuch gesehen hatte. Das aufwendig verzierte Schloss beherbergt heute eine Nebenausstellung der Galerie der Hauptstadt Prag, die tschechische Kunstwerke aus dem 19. Jh. zeigt: u. a. auch Gemälde von Hunden und Pferden, die sich im Besitz der böhmischen Adligen befanden. Weitere Exponate widmen sich den Skulpturen und Fresken, mit denen das Schloss selbst verziert ist.

Der Eintritt in die Schlossanlagen ist umsonst. Besucher können in dem wunderschönen Französischen Garten spazieren gehen, der von einer Gruppe barocker Steinriesen am Geländer außerhalb des Südeingangs bewacht wird.

### ANFAHRT – TROJA

**Schiff** Mit dem Schiff (s. S. 268) erreicht man den Anleger in Troja von der Innenstadt aus.

**Bus** Die Linie 112 fährt von der Metrostation Nádraží Holešovice bis zur Endstation. Von April bis September verkehrt an Wochenenden ein Gratis-Shuttle (Linka Zoo) auf dieser Strecke.

**Zu Fuß** Von Výstaviště spaziert man durch Stromovka nach Troja (3 km).

## DENKMAL DES ANTIFASCHISTISCHEN WIDERSTANDS IN KOBYLISY

außerhalb der Karte S. 60

**Památník protifašistického odboje v Kobylisích; Žernosecká; Eintritt frei; 24 Std.; 10, 17, 24**

Das grasbewachsene Viereck war früher der Schießplatz von Kobylisy. Im Zweiten Weltkrieg haben Exekutionskommandos zwischen den Erdwällen über 100 Tschechen erschossen – heute ist die Stätte ein nationales Mahnmal. Die Namen der Ermordeten stehen auf einer riesigen Bronzetafel; dank der peniblen Nazibürokratie konnten sogar Datum und Zeitpunkt der Hinrichtungen hinzugefügt werden.

Zunächst eine der Straßenbahnlinien 10, 17 oder 24 bis zum Ďáblická-Terminal nehmen, dann zu Fuß 800 m (ca. 10 Min.) in Richtung Westen der Žernosecká folgen.

## KBELY-FLUGZEUGMUSEUM

außerhalb der Karte S. 60

**Letecké muzeum Kbely; ☎ 973 207 500; Mladoboleslavská; Eintritt frei; Mai–Okt. Di–So 10–18 Uhr; 185 oder 259 ab M Českomoravská**

Auf dem Flugplatz Kbely im Nordosten Prags gibt's ein Flugzeugmuseum, in dem man aus nächster Nähe russische MIG-Kampfjets studieren kann. Zudem findet man hier diverse Exponate zur Luft- und Raumfahrt. Die imposante Sammlung umfasst stolze 275 Flugzeuge, u. a. auch einige britische und amerikanische Maschinen wie eine De Havilland Tiger Moth (1931), einen Gloster-Meteor-Kampfjet (1950) und eine McDonnell Douglas F4 Phantom (1954).

## BARRANDOV Karte S. 60

**246, 247, 248 ab M Smíchovské Nádraží**

Václav Havel, der Vater des gleichnamigen Ex-Präsidenten, zeichnete sich in den 1930er-Jahren für die Entwicklung des südlichen Vororts Barrandov am Westufer der Moldau verantwortlich. 1931 gründete Miloš Havel (Bruder bzw. Onkel der beiden Václavs) hier die berühmten Barrandov-Filmstudios – sie werden bei Hollywoodproduzenten immer beliebter: u. a. *Mission Impossible* (1996), *Die Liga der außergewöhnlichen Gentlemen* (2003), *Casino Royale* (2006) und die ersten beiden Teile der *Chroniken von Narnia* (2005 & 2008) wurden allesamt hier gedreht.

Das Viertel wurde ganz bewusst als eine Hommage an das Hollywood der 1920er-Jahre entwickelt. Der Jazz-Age-Architekt Max Urban wurde mit der Errichtung der Barrandov-Terrassen beauftragt: Die gehobene Anlage mit Art-déco-Herrenhäusern, -Villen und -Apartments an einem Hang hoch über der Moldau soll an die Hollywood Hills erinnern. Leider wurde das Viertel in der sozialistischen Ära verstaatlicht und dem Verfall preisgegeben. Den besten Blick auf den maroden Glanz hat man von der anderen Seite des Flusses aus.

Der Vorort ist nach dem französischen Geologen Joachim Barrande benannt. Im 19. Jh. erforschte er die Fossilien im Kalkgestein der Barrandov-Felsen (Barrandovské skály; Karte S. 60) – Hunderte von Exemplaren sind im Nationalmuseum ausgestellt.

## MUSEUM DES ÖFFENTLICHEN PERSONENNAHVERKEHRS Karte S. 74 f.

**Muzeum MHD; ☎ 296 124 900; www.dpp.cz; Patočkova 4, Střešovice; Erw./Kind 35/20 Kč; April–Okt. Sa, So & Feiertage 9–17 Uhr; 1, 2, 15, 18, 25**

Das Museum im Straßenbahndepot von Střešovice zeigt zahlreiche Straßenbahnen und Busse – von einer Pferdbahn aus dem Jahr 1886 bis hin zu modernen Transportmitteln. Kinder werden ihren Spaß haben, wenn sie zwischen und in den Fahrzeugen herumturnen. Auch die Stadtrundfahrt in einer alten Straßenbahn (s. S. 267) ist sehr unterhaltsam.

## VILLA MÜLLER Karte S. 60

**Müllerova vila; ☎ 224 312 012; www.mullerovavila.cz; Nad Hradním Vodojemem 14, Střešovice; deutschsprachige Tour Erw./Kind 400/300 Kč; April–Okt. Di, Do, Sa & So 9–18 Uhr, Nov.–März Di, Do, Sa & So 10–17 Uhr; 1, 2, 18 nach Ořechovka**

Das 1930 fertiggestellte Meisterstück der Wohnkultur ist ein Fest für Liebhaber funktionalistischer Architektur. Der Wiener Adolf Loos entwarf es für den Bauunternehmer František Müller. Die klare äußere Linienführung des ultramodernistischen Baus steht im krassen Gegensatz zur klassischen Inneneinrichtung aus poliertem Holz, Leder und Orientteppichen. Die Villa kann nur im Rahmen einer geführten Tour besichtigt werden, die im Voraus gebucht werden muss; die Touren starten April bis Oktober ab 9 Uhr und November bis März ab 10 Uhr alle zwei Stunden.

## KLOSTER BŘEVNOV Karte S. 60

**Břevnovský klášter; ☎ 220 406 111; Patočková 72, Břevnov; Gärten Eintritt frei, Tour durch Kirche, Krypta & Kloster 50 Kč; Gärten Mo–Fr 5.30–8 & 17–20.30, Sa & So 5.30–20.30 Uhr, Tour Sa & So 10 & 14 Uhr, Mai–Sept. zusätzl. 16 Uhr; 15, 22, 25**

993 gründeten Boleslav II. und Bischof Vojtěch Slavníkovec, der spätere hl. Adalbert, das Kloster Břevnov, heute das älteste Benediktinerkloster Tschechiens. Einer Legende zufolge trafen sich die Männer – beide aus mächtigen Familien, die um die Vorherrschaft in Böhmen rangen – an der Vojtěška-Quelle, nachdem sie geträumt hatten, dass hier ein Kloster entstehen solle. Der Name leitet sich von dem *břevno* (Balken) ab, der die Quelle am Treffpunkt überspannte.

1720 vollendete Kristof Dientzenhofer das heutige barocke Klostergebäude und die benachbarte Basilika St. Margareta (bazilika sv. Markéty). Das kommunistische Regime brachte im Kloster ein Archiv der Geheimpolizei unter. Jan Patočka (1907–1977), ein führendes Mitglied der Charta 77, liegt auf dem Friedhof hinter dem Kloster begraben; er kam nach einem brutalen Verhör durch die Staatssicherheit ums Leben. Anlässlich des 1000. Jahrestags der Klostergründung wurden das restaurierte Obergeschoss und die romanische Krypta 1993 erstmals für die Öffentlichkeit zugänglich gemacht. Im Obergeschoss gibt es wunderbare Deckenfresken zu sehen, in der Gruft die Orginalfundamente und ein paar Skelette.

Für die Besichtigung von Kirche, Krypta und Kloster sind Besucher auf geführte Touren (mind. 20 Pers. für deutschsprachige Touren) angewiesen. An den Wochenenden kann man allerdings nach Belieben in den Gärten umherwandeln. Für das leibliche

## ANFAHRT – STŘEŠOVICE

**Straßenbahn** Die Linien 1, 2 und 18 folgen der Hauptstraße Střešovická.

Wohl sorgt ein gutes Restaurant, Klášterní Šenk (☎ 220 406 294; Hauptgerichte 125–350 Kč; ⌚ 11.30 bis 23 Uhr). Auf den Tisch kommt dort tschechische Hausmannskost.

## SCHLOSS STERN außerhalb der Karte S. 60

**Letohrádek hvězda; ☎ 235 357 938; Obora Hvězda, Eingänge an Libocká & Bělohorská, Liboc; Erw./Kind 30/15 Kč; ⌚ Mai–Sept. Di–So 10–18 Uhr, April & Okt. Di–So bis 17 Uhr, Nov.–März geschl.; 🚋 15, 22, 25**

Das Letohrádek hvězda ist ein Renaissancesommerpalast mit einem Grundriss in Form eines sechszackigen Sterns. Erzherzog Ferdinand von Tirol ließ ihn 1556 errichten. Das Schlösschen steht am Ende einer langen Prachtstraße, die durch den reizenden Waldpark Obora hvězda führt, 1530 das Jagdrevier Ferdinands I.

Im Inneren des Schlosses beleuchtet ein kleines Museum seine Geschichte und zeigt außerdem eine Ausstellung zur Schlacht am Weißen Berg.

Von der Straßenbahnhaltestelle Vypich läuft man nach rechts über die Grünfläche; hinter dem weißen Torbogen in der Mauer beginnt die Allee zum Palast (1,5 km von der Haltestelle entfernt).

## WEISSER BERG außerhalb der Karte S. 60

**Bílá Hora; Zugang über die Karlovarská; 🚋 22, 25**

Der 381 m hohe Weiße Berg ist eigentlich ein recht harmloses Hügelchen am Westrand von Prag, aber bedeutender Schauplatz der nach ihm benannten Schlacht: 1620 verloren die böhmischen protestantischen Stände gegen die katholischen Liga – für fast 300 Jahre war es vorbei mit der Unabhängigkeit Böhmens. Heute erinnert nur noch ein kleiner Erdhügel mit Gedenkstein an das Gemetzel. Links davon lugt das Dach des Schlosses Stern über die Wälder im Nordosten.

Um hierher zu kommen, nimmt man erst die Straßenbahn 22 oder 25 bis zur Endhaltestelle. Dann geht's in Richtung Westen an der Kirche der siegreichen Jungfrau Maria (kostel Panny Marie Vítězná) vorbei – die Habsburger ließen sie zu Beginn des 18. Jhs. erbauen, um ihren Sieg am Weißen Berg zu feiern. Biegt man nach der Kirche rechts ab, läuft man direkt auf das Schlachtfeld zu.

### ANFAHRT – BŘEVNOV

Straßenbahn Die Linien 15, 22 und 25 folgen den beiden wichtigsten Straßen Patočkova und Bělohorská. Linie 15 endet in Vypich; 22 und 25 fahren bis Bílá Hora.

## V HOLEŠOVIČKÁCH Karte S. 60

**🚋 10, 24, 25**

Im Vorort Libeň fand das Attentat auf den SS-Obergruppenführer und Reichsprotektor Reinhard Heydrich (s. Kasten S. 127) statt. Die Stelle, an der das Attentat verübt wurde, hat sich seit 1942 deutlich verändert: Die Straßenbahnschienen gibt es nicht mehr, dafür wurde eine moderne Straßenkreuzung angelegt. Der genaue Ort liegt in der Nähe einer Ausfahrt, die von der V Holešovičkách nach Norden abzweigt und auf die Zenklova führt. Erst 2009, also immerhin 67 Jahre nach diesem Akt des Widerstandes, wurde am Ort der Tat ein Denkmal enthüllt (das drei Figuren mit erhobenen Armen zeigt). Weil die tschechischen Fallschirmjäger, die das Attentat verübt hatten, ihre Ausbildung in Großbritannien erhalten hatten, konnte das kommunistische Regime sich nicht zu einer solchen Geste durchringen.

Um dorthin zu gelangen, fährt man mit einer Straßenbahn der Linie 10, 24 oder 25 bis zur Haltestelle Vychovatelna (Karte S. 60). Vom unteren Ende der Haltestelle hält man nach dem markanten gelben Gebäude mit grünem Turm Ausschau; das Denkmal erblickt man dann direkt unterhalb davon, man muss lediglich ein kurzes Stückchen durch einen Park gehen. Tafeln (nur in Tschechisch) erläutern, was hier geschah. Die angrenzenden Straßen, Gabčíkova und Kubišova, wurden nach den Fallschirmjägern benannt, die den Angriff ausführten.

# SHOPPEN

## top picks



Tipps von Travellern für Traveller – www.lonelyplanet.com/prague

# SHOPPEN

Nach den Wandlungen des letzten Jahrzehnts ist die Prager Einkaufsszene nicht mehr wiederzuerkennen. Internationale Label haben sich etabliert, und überall sind elegante neue Einkaufszentren entstanden: angefüllt mit Designer-Outlets, schicken Cafés und den üblichen Filialen westlicher Handelsmarken. Die großen Prager Einkaufsstraßen unterscheiden sich daher mittlerweile kaum noch von denen in anderen europäischen Hauptstädten.

Für Importwaren zahlt man auch in Prag die in Westeuropa üblichen Preise. Anders sieht es mit tschechischen Produkten aus: Die sind auch für Tschechen erschwinglich und damit für Besucher aus den westlichen Nachbarländern teilweise sogar ziemlich günstig. Die Touristenläden außerhalb Prags – etwa in Karlštejn (S. 244) oder Mělník (S. 248) – bieten zwar keine so große Auswahl an wie die Läden in Prag, die Preise liegen dafür aber auch deutlich niedriger als in der Hauptstadt. Schnäppchenjäger sollten nach Schildern mit der Aufschrift *sleva* Ausschau halten: Das Wort bedeutet „Rabatt".

## EINKAUFSMEILEN

Der größte – und strapaziöseste – Shoppingbereich der Stadt liegt rund um den **Wenzelsplatz** (Václavské náměstí): Hier sind die Bürgersteige voller flanierender Touristen und Prager, die zu ihren Lieblingsläden pilgern. Es gibt hier eigentlich alles, von Haute Couture und Musikmegastores bis zu den üblichen Kaufhäusern und riesigen Buchläden. Viele der interessanteren Geschäfte verstecken sich in Arkaden und Passagen, etwa im **Palais Lucerna** (Karte S. 118 f.).

Die zweitwichtigste Einkaufsmeile der Stadt streift den unteren Bereich des Wenzelsplatzes und umfasst **Na Příkopě, 28.října** und **Národní třída** (Karte S. 96 f. und Karte S. 118 f.). Die meisten der großen Kaufhäuser und Einkaufszentren in Prag sind an Na Příkopě versammelt, der allergrößte Laden – das **Einkaufszentrum Palladium Praha** (Karte S. 116; náměstí Republiky, Neustadt; Ⓜ Náměstí Republiky) – befindet sich am nordöstlichen Ende der Straße, gegenüber dem Repräsentationshaus.

An der eleganten **Pařížská** (Karte S. 96 f.) in der Altstadt liegen die Filialen internationaler Modehäuser aufgereiht. Dort findet man Marken wie Dior, Boss, Armani und Louis Vuitton. In den Seitenstraßen östlich davon verkaufen Boutiquen tschechische Mode. Einen Kontrast dazu bilden die gewundenen Gassen zwischen Altstädter Ring und Karlsbrücke mit ihren unzähligen Souvenirläden, die angefüllt sind mit Kitsch: T-Shirts, Puppen, Russenpuppen etc. In anderen Teilen der Altstadt – vor allem Dlouhá, Dušní und Karoliny Světlé – haben sich dagegen kleine Mode-Boutiquen, Kunstgalerien und diverse Kuriositätenläden niedergelassen.

Vinohrady gilt als das schickste Wohnviertel der Hauptstadt, und so überrascht es nicht, dass sich Möbelgeschäfte und Läden für Innenausstattung gerade dort konzentrieren. Wer sich für Design oder hübsche Deko interessiert, sollte also einmal an der Vinohradská entlangspazieren – von der Metrostation Muzeum bis Jiřího z Poděbrad. Dort bekommt man wirklich alles zu sehen, von den aktuellsten Trends bei Sitzmöbeln bis zur Küchenausstattung oder Teppichen. Besonders lohnend sind Haestens und KA International (beide an der Vinohradská 33): Hier findet man erstklassige Bettwäsche und Stoffe; schöne Möbel entdeckt man eher bei Huelsta (Vinohradská 30).

## ÖFFNUNGSZEITEN

Die Geschäfte in Prag öffnen montags bis freitags für gewöhnlich zwischen 8 und 10 Uhr und schließen zwischen 17 und 19 Uhr, samstags sind sie in der Regel von 8.30 Uhr bis 12 oder 13 Uhr geöffnet. Große Läden, Kaufhäuser und Touristenshops sind auch am Wochenende offen. Geschäfte, die eher von Pragern besucht werden, bleiben möglicherweise am Samstagnachmittag und Sonntag geschlossen.

## MEHRWERTSTEUERN

Bei Nahrungsmitteln (inklusive Restaurantessen), Büchern und Zeitschriften wird ein ermäßigter Mehrwertsteuersatz von 10 % fällig, bei fast allen anderen Gütern und Dienstleistungen beträgt die Mehrwertsteuer (auf Tschechisch DPH) 20 %. Diese Steuer ist wie in Deutschland, Österreich und der Schweiz schon im Verkaufspreis enthalten und wird nicht erst an der Kasse bzw. bei der Abrechnung aufgeschlagen.

Schweizer Staatsbürger, die in Läden mit „Tax Free Shopping"-Aufkleber für über 2000 Kč einkaufen, können sich die Mehrwertsteuer von bis zu 14 % des Kaufpreises zurückerstatten lassen. Dazu bekommt man einen Tax-free-Einkaufsbeleg, den man bei der Ausreise aus Tschechien (innerhalb von drei Monaten nach Einkaufsdatum) am Zoll vorzeigt. Dann fordert man die Rückerstattung in einem Duty-free-Shop am Flughafen (nach der Passkontrolle) oder bei einer entsprechenden Stelle zu Hause (innerhalb von sechs Wochen nach dem Kauf) ein. Mehr Informationen findet man auf der Website www.globalrefund.com. EU-Bürger können im EU-Neuling Tschechien leider nicht mehr steuerfrei einkaufen.

# HRADSCHIN (HRADČANY)

### ANTIQUE MUSIC INSTRUMENTS
Karte S. 74 f. f. Aniquitäten

**☎ 220 514 287; www.antiques.cz; Pohořelec 9; 🕑 9–18 Uhr; 🚋 22**

Dieser Laden hat vielleicht nicht den einfallsreichsten Namen, aber er ist eine wahre Fundgrube für alte Streichinstrumente: alte Violinen, Bratschen und Cellos aus dem 18. bis späten 20. Jh., außerdem Bögen, Kästen und anderes musikalisches Zubehör werden angeboten. Unter der gleichen Adressen findet man außerdem die Icons Gallery mit einem prachtvollen Sortiment russischer und osteuropäischer Ikonen; man bekommt dort aber auch weltliche Kunstwerke, Uhren, Glasarbeiten und Jugenstil-Glas.

### HOUPACÍ KŮŇ Karte S. 74 f. Spielzeug

**☎ 603 515 745; Loretánské náměstí 3; 🕑 9.30–18.30 Uhr; 🚋 22,**

Der Spielzeugladen „Schaukelpferd" hat eine Sammlung holzgeschnitzter Volkspuppen, alte Aufziehtraktoren aus den 1950er-Jahren, Spielzeugautos und – welch Überraschung! – sogar ein paar Schaukelpferde. Hier gibt es Qualitätsspielzeug und Kunstgegenstände, die man nirgendwo anders in Prag findet. Ein wirklich tschechisches Souvenir aber ist der bekannte und allgegenwärtige Kleine Maulwurf, den es hier in verschiedenen Variationen gibt.

# KLEINSEITE (MALÁ STRANA)

### VETEŠNICTVI Karte S. 82 f. Antiquitäten

**☎ 257 530 624; Vítezná 16; 🕑 Mo–Fr 10–17, Sa 10–12 Uhr; 🚋 6, 9, 12, 20, 22**

Eine Schatztruhe für Secondhandwaren, allen möglichen Schnickschnack, ziemlichen Ramsch und wahrscheinlich auch einige echte Antiquitäten – natürlich nur für den, der auch wirklich weiß, wonach er sucht. Hier kann sich jeder etwas leisten – wie wär's mit kommunistischen Anstecknadeln, Medaillen, Postkarten, alten Bierkrügen oder Spielzeug? Oder lieber Kristallwaren, Schnapsgläser und Porzellan? Und über allem wacht eine Büste von Lenin.

### SHAKESPEARE & SONS Karte S. 82 f. Bücher

**☎ 257 531 894; www.shakes.cz; U Lužického Semináře 10; 🕑 11–19 Uhr; 🚋 12, 20, 22, 23**

Eine neuere und kleinere Filiale des bekannten Second-Hand-Ladens mit englischsprachigen Büchern in Vinohrady (s. S. 164).

### PAVLA & OLGA Karte S. 82 f. Mode

**☎ 728 939 872; Vlašská 13; 🕑 Mo–Fr 14–18 Uhr; 🚋 12, 20, 22**

Die Schwestern Pavla und Olga Michalková haben in der Film- und Fernsehindustrie gearbeitet, bevor sie ihr eigenes Modelabel gründeten. Sie stellen eine einzigartige Kollektion mit schrägen und süßen Hüten, Klamotten und Accessoires her. Zu den Kunden zählten auch schon das tschechische Supermodel Tereza Maxová, die Britpop-Band Blur und der Fotograf Helmut Newton.

# ALTSTADT (STARÉ MĚSTO)

### ART DECO GALERIE Karte S. 96 f. Antiquitäten

**☎ 224 223 076; www.artdecogalerie-mili.com; Michalská 21; 🕑 Mo–Fr 14–19 Uhr; Ⓜ Můstek**

Dieser Laden ist auf Produkte aus dem frühen 20. Jh. und vor allem auf die 1920er- und 1930er-Jahre spezialisiert. Das Angebot ist sehr vielfältig, verkauft werden unter anderem Kleidung, Handtaschen, Schmuck, Glaswaren und Keramiken, aber auch allerlei Krimskrams wie die Art Zigarettenetui, die man sich sehr gut in Marlene Dietrichs Handtasche hätte vorstellen können.

**BRIC A BRAC** Karte S. 96 f. Antiquitäten
☎ 224 815 763; Týnská 7; ⏲ 10–18 Uhr; Ⓜ Náměstí Republiky
Versteckt in einer engen Gasse hinter der Teynkirche lockt dieser wunderbar chaotische Keller mit allerlei alten Haushaltswaren, Glaswaren, Spielzeug und Apothekergefäßen, mit Lederjacken aus den 1940er-Jahren, Zigarrenkisten und Schreibmaschinen und Saiteninstrumenten und, und, und. Das Ambiente ist zwar etwas ramschig, der Krimskrams dafür erstaunlich teuer. Es gibt zwei Ausstellungsräume – einen in der Týnská und einen größeren in einem Innenhof in der Nähe (den Schildern folgen). Der leutselige serbische Besitzer hat sogar zu jedem Stück seiner umfangreichen Sammlung etwas zu erzählen.

**ART DÉCORATIF** Karte S. 96 f. Kunstgewerbe
☎ 222 002 350; U Obecního Domu 2; ⏲ 10–20 Uhr; Ⓜ Náměstí Republiky
In diesem schönen Laden gibt es tschechische Nachbildungen von hübschen Jugendstil- und Art-déco-Glaswaren, Schmuck und Stoffen, darunter auch einige erstaunliche Vasen und Schüsseln. Hier werden auch die traumhaft filigranen Kreationen von Jarmila Plockova, der Enkelin von Alfons Mucha, verkauft, die in ihre Arbeit Elemente aus seinen Gemälden einfließen lässt.

**KERAMIKA V UNGELTU**
Karte S. 96 f. Kunstgewerbe
Týn 7; ⏲ 10–20 Uhr; Ⓜ Náměstí Republiky
Dieser kleine Laden in einer Ecke des Teynhofs ist genau der richtige Ort, um sowohl nach traditionellen böhmischen Töpferwaren als auch nach modernem blau-weißen Design Ausschau zu halten. Hier gibt es auch sehr schönes Holzspielzeug und wunderbare Marionetten, die sogar bis zu 25 % weniger kosten als in vielen anderen Geschäften in der Altstadt.

**KUBISTA** Karte S. 96 f. Kunstgewerbe
☎ 224 236 378; www.kubista.cz; Ovocný trh 19; ⏲ Di–So 10–18 Uhr; Ⓜ Náměstí Republiky
Passend im Museum des tschechischen Kubismus (S. 109) in Prags schönstem kubistischem Gebäude untergebracht. Der Laden ist auf limitierte Reproduktionen von kubistischen Möbeln und Keramiken spezialisiert, außerdem auf Designs von Meistern der Form wie Josef Gočár und Pavel Janák. Er besitzt auch einige Originale – für echte Sammler, die richtig viel Geld haben.

**QUBUS** Karte S. 96 f. Kunstgewerbe
☎ 222 313 151; www.qubus.cz; Rámová 3; ⏲ Mo–Fr 10–18 Uhr; Ⓜ Staroměstská
Dieser kleine Designerladen sieht im Internet beeindruckender aus als in Wirklichkeit. Aber wer sich für innovative Haushaltsaccessoires wie „flüssige Lichter" (Lampen in Form von Tränen) und Weingläser aus Kristall gestaltet wie Einwegplastikbecher interessiert, für den ist das Qubus genau der richtige Laden. Das Geschäft wird von den tschechischen Designern Maxim Velčoský und Jakon Berdych betrieben. Hier gibt es alles, was das Avantgarde-Herz begehrt.

**ANAGRAM** Karte S. 96 f. Bücher
☎ 224 895 737; www.anagram.cz; Týn 4; ⏲ Mo–Sa 10–20, So 10–19 Uhr; Ⓜ Náměstí Republiky
Das Anagram ist ein ausgezeichneter Buchladen mit einem breiten Angebot englischsprachiger Bücher von Belletristik bis Sachliteratur. Der Laden besitzt eine besonders gute Abteilung über europäische Geschichte, Philosophie, Religion, Kunst und Reisen. Auch übersetzte tschechische Werke und Kinderbücher sind hier zu finden. In der Restpostenabteilung gibtes neue Bücher im Sonderangebot und preisattraktive Second-Hand-Bücher über verschiedene Themen.

**BIG BEN** Karte S. 96 f. Bücher
☎ 224 826 565; www.bigbenbookshop.com; Malá Štupartská 5; ⏲ Mo–Fr 9–19, Sa 10–18, So 12–17 Uhr; Ⓜ Náměstí Republiky
Big Ben ist ein kleiner, aber gut bestückter Buchladen mit englischsprachiger Literatur. Einige Regale sind der tschechischen und europäischen Geschichte gewidmet, in anderen stehen Bücher über Prag, Reiseführer (auch Lonely Planet), Science Fiction, Kinderbücher, Gedichte und die neuesten Bestseller. Am Ladentisch gibt es auch englischsprachige Zeitungen und Magazine.

**BOTANICUS** Karte S. 96 f. Kosmetik
☎ 234 767 446; www.botanicus.cz; Týn 3; ⏲ 10–20 Uhr; Ⓜ Náměstí Republiky
In diesem immer gut besuchten Laden für Gesundheits- und Schönheitsprodukte müssen sich die Besucher auf eine volle Überdosis an Gerüchen gefasst machen. Die hier angebotenen Duftseifen, Kräuterbadeöle und -shampoos, Stärkungsmittel aus Früchten und handgemachten Papierprodukte werden alle aus Kräutern und Pflanzen her-

gestellt, die auf einer Biofarm bei Ostrá, östlich von Prag, angebaut werden.

## BOHÈME Karte S. 96 f. Mode

**☎ 224 813 840; www.boheme.cz; Dušní 8; Ⓛ Mo–Fr 11–19, Sa 11–17 Uhr; Ⓜ Staroměstská**

In diesem angesagten Modeladen sind die Entwürfe von Hana Stocklassa und ihren Mitarbeitern ausgestellt, darunter auch Strick-, Leder- und Velourswaren für Damen. Das Sortiment besteht größtenteils aus Strickjacken, Rollkragenpullovern, Wildlederröcken, Leinenblusen, Strickkleidern und Stretch-Jeansanzügen, aber es gibt auch eine große Auswahl an Schmuck.

## KLARA NADEMLÝNSKÁ Karte S. 96 f. Mode

**☎ 224 818 769; www.klaranademlynska.cz; Dlouhá 3; Ⓛ Mo–Fr 10–19, Sa 10–18 Uhr; Ⓜ Staroměstská**

Klara Nademlýnská ist eine der Top-Modedesignerinnen der Tschechischen Republik. Ihre Ausbildung absolvierte sie in Prag, und fast ein Jahrzehnt arbeitete sie in Paris. Charakteristisch für ihre Kleidung sind klare Linien und Qualitätsmaterial, was zu einer absolut tragbaren Bandbreite an Klamotten führt – von Bademoden über Jeans, Trägertops, farbenfrohe Blusen und scharfe Kostüme bis hin zur Abendgarderobe.

## TEG Karte S. 96 f. Mode

**☎ 222 327 358; www.timoure.cz; V Kolkovně 6; Ⓛ Mo–Fr 10–19, Sa 10–17 Uhr; Ⓜ Staroměstská**

TEG (Die Abkürzung steht für Timoure et Group) ist das Designerteam von Alexandra Pavalová und Ivana Šafránková, zwei der angesehensten Modedesigner Prags. Diese Boutique stellt ihre Saisonkollektionen aus, die mit einem scharfen, einfallsreichen Look sowohl Würze als auch Raffinesse in tragbare Alltagsklamotten bringen.

## MODERNISTA Karte S. 96 f. Möbel

**☎ 224 241 300; www.modernista.cz; Celetná 12; Ⓛ 11–19 Uhr; Ⓜ Náměstí Republiky**

Modernista ist eine elegante Möbelgalerie, die sich auf Nachbildungen aus dem 20. Jh. im klassischen Stil spezialisiert hat. Es gibt hier Möbel im Art-déco-, kubistischen, funktionalistischen und Bauhaus-Stil. Zu der Sammlung gehören auch die sinnlich kurvigen Stühle von Jindřich Halabala, die so charakteristisch für das **Icon Hotel** (S. 233) sind, und eine ungewöhnliche Chaiselongue von Adolf Loos – eine Kopie des Möbelstücks, das im Salon der **Villa Müller** (S. 155) zu sehen ist. Der Laden befindet sich in den Arkaden und trägt die Hausnummer Celetná 12; von der Straße aus ist er nicht zu sehen.

## top picks

### DESIGNER-BOUTIQUEN

- **Bohème** (gegenüber)
- **Helena Fejková Gallery** (S. 162)
- **Pavla & Olga** (S.159)
- **Klara Nademlýnská** (links)
- **TEG** (links)

## ARZENAL Karte S. 96 f. Glaswaren

**☎ 224 814 099; Valentinská 11; Ⓛ Mo-Fr 10-18, So 11-17 Uhr; Ⓜ Staroměstská**

Bei Arzenal werden die farbenprächtigen Glasarbeiten von Bořek Šípek (www.borek sipek.cz) präsentiert; der Künstler gilt als einer der führenden Architekten und Designer des Landes. Seine Kreationen sind vielleicht nicht immer nach Jedermanns Geschmack, aber sie sind auf jeden Fall einen Blick wert.

## LE PATIO LIFESTYLE
Karte S. 96 f. Haushaltswaren

**☎ 222 310 310; www.lepatio.cz; Dušní 8; Ⓛ Mo–Sa 10–19, So 11–19 Uhr; Ⓜ Staroměstská**

Hier gibt es jede Menge qualitativ hochwertige Haushaltswaren: von schmiedeeisernen Stühlen und Lampen, die von böhmischen Schmieden gefertigt wurden, bis hin zu parfümierten Holztruhen von indischen Schreinern. Außerdem findet man hier noch verrückte Blumentöpfe aus Stein, klobige Weingläser aus Kristall in zeitgenössischem Design und viele weitere verlockende Gegenstände, die einfach in den eh schon vollgepackten Koffer passen müssen.

## FREY WILLE Karte S. 96 f. Schmuck

**☎ 272 142 228; www.frey-wille.com; Havířská 3; Ⓛ Mo–Sa 10–19, So 12–18 Uhr; Ⓜ Můstek**

Der österreichische Schmuckhersteller Frey Wille hat sich einen Namen mit seine Emaillearbeiten gemachten und produziert eine weite Bandbreite an höchst dekorativen Stücken. Die traditionellen Paisley- und ägyptischen Designs werden durch Jugendstilentwürfe ergänzt, die auf den Werken von Alfons Mucha basieren.

### GRANÁT TURNOV Karte S. 96 f. Schmuck

**☎ 222 315 612; www.granat.eu; Dlouhá 28-30; ⏰ Mo–Fr 10–18, Sa 10–13 Uhr; Ⓜ Náměstí Republiky**

Dieses Geschäft gehört zur größten Schmuckkette des Landes und hat sich auf böhmischen Granat spezialisiert. Verkauft werden auch viele Gold- und Silberringe, Broschen, Manschettenknöpfe und Halsketten mit den kleinen dunkelroten Steinen, außerdem gibt es diversen Perlen- und Diamantschmuck und auch weniger teure Stücke mit dem dunkelgrünen Halbedelstein, der in Tschechien als *vltavín* (Moldavit) bekannt ist.

### MAXIMUM UNDERGROUND

Karte S. 96 f. Musik

**☎ 724 307 198; www.maximum.cz; Jílská 22; ⏰ Mo–Sa 11–19 Uhr; Ⓜ Můstek**

Im 1. Stock einer Arkade an der Jílská. Der Laden führt CDs und LPs mit Indie, Punk, Hip-Hop, Techno und anderen aktuellen Musikrichtungen. Für alle, die hinter dem lässigen mitteleuropäischen Grungelook her sind, gibt's hier auch eine Auswahl an neuen und Secondhandklamotten für den Alltag und fürs Clubbing.

### TALACKO Karte S. 96 f. Musik

**☎ 224 813 039; www.talacko.cz; Rybná 29; ⏰ Mo-Fr 10-18, Sa 10-16 Uhr; Ⓜ Náměstí Republiky**

Wer Noten für Mozarts *Don Giovanni* oder Dvořáks *Symphonie aus der Neuen Welt* sucht, ist in diesem Laden genau richtig. Natürlich fehlt hier auch Popmusik nicht; wer nach Noten der Beatles fragt, wird ebenfalls fündig.

## NEUSTADT (NOVÉ MĚSTO)

### GALERIE ČESKÉ PLASTIKY

Karte S. 116 Kunstgewerbe

**Tschechische Skulpturengalerie; ☎ 222 310 684; www.art-pro.cz; Revoluční 20; ⏰ Mo–Sa 10–18 Uhr; 🚊 5, 8, 14**

Diese Einkaufsgalerie ist eine Schatzkiste voll mit tschechischen Skulpturen, Gemälden, Drucken und Fotografien aus dem 20. Jh. sowie der Moderne. Es finden regelmäßig themenbezogene Ausstellungen statt, und alle Objekte können zu Preisen zwischen 2000 und 2 Mio. Kč gekauft werden.

### GLOBE BOOKSTORE & CAFÉ

Karte S. 118 f. Bücher

**☎ 224 934 203; www.globebookstore.cz; Pštrossova 6; ⏰ So–Mi 9.30–24, Do–Sa 9.30–1 Uhr; Ⓜ Karlovo Náměstí**

Ausländische Bücherliebhaber treffen sich gern in diesem gemütlichen Laden für englische Bücher, zu dem eine hervorragende Café-Bar (s. Kasten S. 173) gehört. Im Café kann man ganz entspannt sitzen und in Ruhe in den Büchern blättern, die man soeben erstanden hat. Viele Besucher kommen auch am Morgern, um im Globe-Caféausgiebig zu frühstücken. Es gibt eine ganz passable Auswahl an Belletristik und Sachbüchern, außerdem antiquarische Bücher, Zeitungen und Zeitschriften in Englisch, Französisch, Deutsch, Spanisch, Italienisch und Russisch. Reizvoll sind auch die Kunstausstellungen und Filmvorführungen.

### PALÁC KNIH NEO LUXOR

Karte S. 118 f. Bücher

**☎ 296 110 372; www.neoluxor.cz; Václavské náměstí 41; ⏰ Mo–Fr 8–20, Sa 9–19, So 10–19 Uhr; Ⓜ Muzeum**

Palác Knih Neo Luxor ist Prags größter Buchladen. Im Untergeschoss gibt's eine große Auswahl an Belletristik und Sachliteratur auf Englisch, Deutsch, Französisch und Russisch, darunter auch einige Übersetzungen von tschechischen Autoren. Außerdem kann man hier ins Internet (1 Kč/Min.) und es gibt ein Café (kurz hinter dem Haupteingang) und eine große Auswahl an internationalen Zeitungen und Magazinen.

### KANZELSBERGER

Karte S. 118 f. Bücher & Karten

**☎ 224 219 214; www.dumknihy.cz; Václavské náměstí 4; ⏰ 9–20 Uhr; Ⓜ Můstek**

Im großen Lindt-Gebäude mit der Glasfassade am Fuße des Wenzelsplatzes ist das Geschäft Kanzelsberger untergebracht, das auf fünf Etagen Bücher verkauft. Im 1. Stock befindet sich ein Café mit Blick über den Wenzelsplatz. Im obersten Geschoss gibt es eine große Auswahl an englischer, deutscher und französischer Literatur sowie Wanderkarten und Stadtpläne von Reisezielen in Tschechien.

### KIWI Karte S. 118 f. Bücher & Karten

**☎ 224 948 455; www.kiwick.cz; Jungmannova 23; ⏰ Mo–Fr 9–18.30, Sa 9–14 Uhr; Ⓜ Národní Třída**

In dem kleinen Reisebuchladen gibt es viele Karten – nicht nur von Tschechien, sondern auch von anderen Ländern. Und man kriegt auch Lonely Planet Reiseführer.

### HELENA FEJKOVÁ-GALERIE

Karte S. 118 f. Mode

**☎ 724 125 262; www.helenafejkova.cz; Lucerna Pasáž, Štěpánská 61; Mo–Fr 10–19, Sa 10–15 Uhr; M Muzeum**

In dieser superschicken Boutique mit Ausstellungsraum kann man sich mit den neuesten tschechischen Modetrends eindecken. Zeitgenössische Herren- und Damenmode sowie Accessoires der Prager Designerin Helena Fejková und von vielen anderen sind hier ausgestellt und locken zum Kauf. Auch private Modeschauen können auf Wunsch von den Boutique-Betreibern organisiert werden.

### MANUFACTURA ABRAM KELLY

Karte S. 118 f. Geschenkartikel

**☎ 224 233 282; www.manufactura.cz; Senovážné náměstí 16; Mo–Fr 9–18 Uhr; 3, 9, 14, 24**

Die kleine Handwerkkstatt mit Atelier stellt mit traditionellen Techniken handgeschöpftes Papier her und verkauft es in Form von Grußkarten, Visitenkarten, Briefpapier, Kalligrafien und alt anmutende Karten- und Fotodrucke.

### MOSER Karte S. 118 f. Glaswaren

**☎ 224 211 293; www.moser-glass.com; Na Příkopě 12; Mo–Fr 10–20 Uhr; M Můstek**

Moser ist einer der exklusivsten und angesehensten böhmischen Glashersteller und wurde 1857 in Karlovy Vary gegründet. Das Unternehmen ist bekannt für seine mächtigen und auffälligen Designs. Es lohnt sich nicht nur wegen der angebotenen Waren, dem Laden in der Na Příkopě einen Besuch abzustatten, sondern auch wegen des Dekors: Das Geschäft liegt in einem wunderschön verzierten, ursprünglich gotischen Gebäude mit dem Namen Haus zur Schwarzen Rose (dům U černé růže).

### BELDA JEWELLERY Karte S. 118 Schmuck

**☎ 224 931 052; www.belda.cz; Mikulandská 10; Mo–Do 10–18, Fr 10–17 Uhr; M Národní Třída**

Belda & Co. ist eine etablierte tschechische Firma, die 1922 gegründet wurde. Nach der Nationalisierung 1948 wurde sie vom Sohn und Enkel des Gründers neu belebt und stellt heute immer noch Gold- und Silberschmuck von hoher Qualität her. Hier werden eigene geometrische, zeitgenössische Designs verkauft, aber auch Reproduktionen nach Entwürfen von Alfons Mucha.

## top picks

**BUCHHANDLUNGEN**

- Anagram (S. 160)
- Big Ben (S. 160)
- Globe Bookstore & Café (gegenüber)
- Palác Knih Neo Luxor (gegenüber)
- Shakespeare & Sons (S. 164)

### BAZAR Karte S. 118 Musik

**☎ 602 313 730; www.cdkrakovska.cz; Krakovská 4; Mo–Fr 9–19, Sa 10–15 Uhr; M Muzeum**

Hier im Bazar kann man eine Riesenauswahl an gebrauchten CDs, LPs und Videos sämtlicher Genres durchstöbern. Tschechische und westliche Popmusik vermischt sich hier mit Jazz, Blues, Heavy Metal, Country und Weltmusik. Mit LP-Preisen zwischen 300 und 450 Kč ist das Geschäft allerdings nicht gerade ein Schnäppchenmarkt.

### BONTONLAND Karte S. 118 f. Musik

**☎ 224 473 080; www.bontonland.cz; Václavské náměstí 1-3; Mo–Sa 9–20, So 10–19 Uhr; M Můstek**

Der wahrscheinlich größte Musikladen Tschechiens führt in seinem üppigen Angebot eigentlich alles: Musik aus den westlichen Charts, Klassik, Jazz, Dance und Heavy Metal und eine große Auswahl an tschechischem Pop. Über die Ladentheke gehen auch Videos, DVDs, iPods und notwendiges Zubehör. Ein großer Playstation-„Spielplatz" und ein Internetcafé laden zudem zu einem längeren Aufenthalt ein.

### FOTO ŠKODA Karte S. 118 f. Fotografie

**☎ 222 929 029; www.fotoskoda.cz; Vodičkova 37; Mo–Fr 9–20, Sa 10–18 Uhr; M Můstek**

Foto Škoda ist eines der größten Fotogeschäfte Prags mit einer breiten Auswahl an Digitalkameras und Camcordern, Film- und Fotozubehör (für Profis und Amateure). Hier werden auch gebrauchte Apparate verkauft und Kameras repariert.

### JAN PAZDERA Karte S. 118 f. Fotografie

**☎ 224 216 197; Vodičkova 28; Mo–Fr 10–18, Sa 10–13 Uhr; 3, 9, 14, 24**

Die freundlichen und fachkundigen Mitarbeiter des traditionsreichen Geschäfts freuen sich, wenn sie ihren eindrucksvollen Vorrat an Second-Hand-Kameras, Dunkelkammerzubehör, Linsen, Ferngläsern und Teleskopen herzeigen können. Von der einfachen, aber unkaputtbaren russischen Zenit bis zur teuren Leica gibt's hier alles.

### BAŤA Karte S. 118 f. Schuhe

**☎ 221 088 478; www.bata.cz; Václavské náměstí 6; ⌚ Mo–Fr 9–21, Sa 9–20, So 10–20 Uhr; Ⓜ Můstek**

Das Baťa-Schuhimperium wurde 1894 von Tomáš Baťa gegründet und befindet sich immer noch im Familienbesitz. Das Unternehmen ist eines der erfolgreichsten in ganz Tschechien. Der Schuhhersteller zählt ui den weltweit größten. Der Flagship-Store am Wenzelsplatz stammt aus den 1920er-Jahren und gilt als Meisterwerk der modernen Architektur. Auf sechs Stockwerken werden Schuhe (internationale Marken wie Nike, Salomon und Cat, aber natürlich auch Baťas), Handtaschen, Koffer und Lederwaren verkauft.

### ZERBA Karte S. 118 f. Spielzeug

**☎ 221 014 616; www.zerba.cz; 1. Stock, Černa Růže -Einkaufszentrum, Na Pøíkopì 12; ⌚ Mo–Fr 9–19, Sa bis 18, So bis 17 Uhr; Ⓜ Mústek**

Ein Paradies für Modelleisenbahnfreaks aller Altersklassen. Hier gibt es ein riesiges Angebot an Gleis- und Bahnzubehör in N und 00, außerdem eine gute Auswahl an Scalextric-Rennbahnen und Matchbox-Autos.

## VINOHRADY & VRŠOVICE

### OBCHOD S UMĚNÍM Karte S. 134 Bücher

**☎ 224 252 779; Korunní 34, Vinohrady; ⌚ Mo–Fr 11–17 Uhr; Ⓜ Náměstí Míru, 🚊 10, 16**

Prag steckt voller Antiquitäten- und Secondhand-Buchläden. Viele dieser Geschäfte haben sich auf alte Gemälde oder Drucke spezialisiert. Leider ist es für Laien nicht immer ganz einfach, die Spreu vom Weizen bei diesem Angebot zu trennen. Dieser Kunstladen ist jedenfalls ein wirklich guter Tipp, denn er handelt mit Originalbildern, Drucken und Skulpturen aus der Zeit zwischen 1900 und 1940, als tschechische Künstler zu den führenden Vertretern von Strömungen wie Konstruktivismus, Surrealismus und Kubismus zählten. Natürlich sind diese Originale beinahe unerschwinglich, aber es macht trotzdem Spaß, einfach einmal vorbeizuschauen und zu stöbern.

### SHAKESPEARE & SONS Karte S. 134 Bücher

**☎ 271 740 839; www.shakes.cz; Krymská 12, Vršovice; ⌚ 16–24 Uhr; 🚊 4, 22**

Obwohl sich die Regale hier unter der Last einer ausgezeichneten Auswahl an neuer und gebrauchter englischsprachiger Literatur biegen, ist das Shakes mehr als nur ein Buchladen. Es ist ein angenehmer, literarischer Treffpunkt mit einem gemütlichen Café, in dem regelmäßig Dichterlesungen, Autorenveranstaltungen und Livejazz stattfinden. Hier kann man Zeitschriften wie *New York Review of Books, Harper's* und *Atlantic Monthly* kaufen und bei Kaffee und Kuchen darin schmökern. Gelegentlich öffnet der Laden am Wochenende schon früher, etwa zum Brunch; Genaueres sowie Termine erfährt man auf der Website.

### ORIENTÁLNÍ KOBERCE PALÁCKA

Karte S. 134 Teppiche

**☎ 222 518 354; www.orientalni-koberce.cz; Vinohradská 42, Vinohrady; ⌚ Mo–Fr 10–19, Sa bis 14 Uhr; Ⓜ Náměstí Míru**

Der „Palast der Orientteppiche" ist ein aufwendiger Ausstellungsraum voller handgemachter Teppiche, Vorleger und Wandbehänge aus dem Iran und anderen zentralasiatischen Ländern. Die farbenfrohen Prachtstücke gibt es hier in allen Größen, zu allen Preisen und in aufwendig traditionellem Design. Das fachkundige Personal berät die Kunden gerne beim Einkauf.

### DŮM PORCELÁNU

Karte S. 134 Musikinstrumente

**☎ 221 505 320; www.dumporcelanu.cz; Jugoslávská 16, Vinohrady; ⌚ Mo–Fr 9–19, Sa 9–17, So 14–17 Uhr; Ⓜ IP Pavlova**

Das „Porzellanhaus" ist eine Art Fabrikverkauf für die besten tschechischen Porzellanhersteller, darunter die bekannte Marken Haas & Czjzek und Thun; beide haben ihren Sitz im Westen des Landes. Die traditionellen Zwiebelmusterstücke und die vielen anderen Objekte richten sich vom Preis her eher an einheimische Kunden und nicht an Touristen. Hier bezahlt man deshalb auch nur einen Bruchteil dessen, was die gleichen Artikel in der Innenstadt kosten.

### KAREL VÁVRA Karte S. 134 Musikinstrumente

**☎ 222 518 114; Lublaňská 65, Vinohrady; ⌚ Mo–Fr 9–17 Uhr; Ⓜ IP Pavlova**

Handgefertigte Fiedeln schmücken die altmodische Geigenwerkstatt, in der Karel und seine Gehilfen mit Feuereifer auf althergebrachte Weise Instrumente bauen und reparieren. Auch wer nicht auf der Suche nach einer maßgearbeiteten Violine ist, wird die altertümlichen Atmosphäre genießen.

### PALÁC FLÓRA Karte S. 140 f. Einkaufszentrum

**☎ 255 741 712; www.palacflora.cz; Vinohradská 151, Vinohrady; Mo–Sa 9–21, So 10–21 Uhr; Ⓜ Flóra**

Der gleißende und glitzernde Konsumtempel könnte auch überall in der kapitalistischen Welt stehen. Zahlreiche Hochglanzcafés teilen sich die Stockwerke mit Girlie-Läden, die winzige T-Shirts, Glitzer-Make-up und internationale Marken verkaufen (darunter Hilfiger, Sergio Tacchini, Nokia, Puma, Lacoste, Guess, Diesel, Apple). Ein großer Gastronomiebereich im Obergeschoss des Komplexes, ein Kinocenter mit acht Leinwänden und ein IMAX-Kino locken die Massen auch am Abend her. Eingang ganz bequem direkt von der Metrostation Flóra aus.

### VINOHRADSKÝ PAVILON
Karte S. 134 Einkaufszentrum

**☎ 222 097 100; www.pavilon.cz; Vinohradská 50, Vinohrady; Mo–Sa 9.30–21, So 12–20 Uhr; Ⓜ Jiřího z Poděbrad**

Das Einkaufszentrum von Vinohrady lohnt den Besuch, und sei es nur, weil man einen Blick in das liebevoll restaurierte Innere dieses Marktpavillons aus dem Jahr 1902 werfen kann. Hineinschauen tun viele; den Managern des Einkaufszentrums ist es aber bisher nicht gelungen, genügend ernsthafte und kaufwütige Kunden anzulocken, auch wenn es dort durchaus auch nich eine Handvoll Nobel-Boutiquen gibt. Das Café im Erdgeschloss (betrieben wird es von der Restaurantgruppe Ambiente) ist ebenfalls empfehlenswert; man bekommt hier hervorragenden Kaffee und kleine Gerichte. Falls man seinen Proviant ein wenig aufstocken möchte: Im Kellergeschoss gibt es einen großen Albert-Supermarkt.

## HOLEŠOVICE, BUBENEČ & DEJVICE

### ANTIKVITA Karte S. 144 f. Antiquitäten

**☎ 233 336 601; www.antikvita.cz; Na Hutích 9, Bubeneč; Mo–Fr 10–17 Uhr; Ⓜ Dejvická**

Toller Antiquitätenladen für Sammler, vollgestopft mit Kästen und Schränken, die überquellen vor altem Spielzeug, Modellzügen, Puppen, Münzen, Medaillen, Schmuck, Uhren, Armbanduhren, Militaria, Postkarten, Porzellanfiguren, Glaswaren und vielem, vielem mehr. Wer etwas anzubieten hat: Antikvita kauft mittwochs und donnerstags (10 bis 12 & 14–17 Uhr) Antiquitäten an.

### PIVNÍ GALERIE Karte S. 144 f. Essen & Trinken

**☎ 220 870 613; www.pivnigalerie.cz; U Průhonu 9, Holešovice; Di–Fr 12–19 Uhr; 1, 3, 5, 25**

Wer denkt, dass das tschechische Bier bei Pilsner Urquell anfängt und aufhört, dem wird ein Besuch in der Probierstube der Pivní Galerie (die Biergalerie) schnell die Augen öffnen. Hier kann man eine große Auswahl an böhmischen und mährischen Bieren kosten und kaufen – fast 150 Sorten aus 30 verschiedenen Brauereien sind im Angebot. Die Besitzer stehen mit Rat und Tat zur Seite.

### PRAŽSKÁ TRŽNICE Karte S. 144 f. Markt

**Prager Markthalle; ☎ 220 800 945; Bubenské nábřeží 306, Holešovice; Mo–Fr 7–16, Sa bis 14 Uhr; 1, 3, 5, 25**

Prags weitläufiger, etwas bedrückender Stadtmarkt ist fast ein Stadtteil für sich selbst und besteht aus einer großen Freiluftfläche, wo frisches Obst, Salat, Gemüse und Blumen verkauft werden. Außerdem gibt es in riesigen überdachten Hallen Supermärkte, Elektronik- und Autoartikel sowie Dutzende Stände, die alles von billigen Klamotten bis hin zu Gartenzwergen verkaufen. Im östlichen Teil des Markts befinden sich verschiedene Antiquitätenläden, von denen einige so aussehen, als hätten sie ein oder zwei Barockpaläste geplündert. Am Markt befindet sich übrigens auch das Sasazu (S. 185), Prags angesagtester Club mit asiatischem Restaurant.

## SMÍCHOV

### MAPIS Karte S. 152 Karten

**☎ 257 315 459; Štefánikova 63; Mo–Fr 9–18.30 Uhr; 6, 9, 12, 20**

Mapis ist ein spezieller Kartenladen mit einer großen Auswahl von lokalen, nationalen und internationalen Karten. Im Sortiment des Ladens gibt es auch Wanderkarten und Stadtpläne, nicht nur von Prag, sondern von ganz Tschechien.

**NOVÝ SMÍCHOV** Karte S. 152 Einkaufszentrum

**☎ 251 511 151; www.novysmichov.eu; Plzeňská 8; 🕘 9–21 Uhr; Ⓜ Anděl**

Nový Smíchov ist ein riesiges Einkaufszentrum, das sich über eine Fläche von mehreren Straßenblöcken erstreckt. Dieser luftige und schön entworfene Platz bietet jede Menge Modeboutiquen und Nischengeschäfte wie Profimed: ein Laden, in dem es sämtliche Zahnpflegeprodukte gibt, von denen man bisher noch nicht gewusst hat, dass man sie braucht. Neben den ganzen großen Markenläden gibt es auch einen Computerstore, einen Food Court, einen Computerspieleraum, eine Bowlingbahn, ein Multiplexkino mit zwölf Sälen und einen riesigen, gut sortierten Tesco-Großmarkt.

# ESSEN

## top picks


- **Allegro** (S. 175)
- **Céleste** (S. 178)
- **Da Emanuel** (S. 184)
- **Lokál** (S. 177)
- **Maitrea** (S. 177)
- **Mozaika** (S. 181)
- **Oliva** (S. 178)
- **Noi** (S. 174)
- **SaSaZu** (S. 185)
- **Zahrada v opeře** (S. 178)

Die traditionelle tschechische Küche ist der Albtraum jedes Kardiologen: der cholesterinreiche Speiseplan besteht aus Fleisch, Fett, Salz und noch mehr Fleisch mit hochkalorischen Knödeln und viel Bier. Die ultimative tschechische Nörgelei an einem Essens lautet *neslány* oder *nemaslý* („nicht salzig" oder „nicht fettig").

Wer für ein paar Tage seine Vorstellungen von gesundem Essen vergisst (man ist immerhin im Urlaub und will ja ein bisschen leben), wird das traditionelle tschechische Essen ganz lecker finden. Das Land produziert erstklassige frische Lebensmittel, von Wild über Fisch und geräuchertes Fleisch bis zu Waldpilzen, und die besten Prager Küchenchefs erfinden die tschechische Küche mit einem leichteren, innovativen Touch neu.

Seit die Tschechische Republik 2004 der EU beitrat, ist in die Prager Restaurantszene noch mehr Schwung gekommen – und zwar sowohl in puncto Quantität als auch was Qualität und Vielfalt angeht. Heute kann man eine große Bandbreite internationaler Küchen genießen, von Afghanisch bis Argentinisch, von Koreanisch bis Kantonesisch. Und man kann sogar das enorme Wunder bestaunen, dass die Bedienung in vielen Lokalen lächelt.

Das Kaleidoskop von Küchen sollte einen allerdings nicht zu sehr von den guten, alten tschechischen Speisen ablenken. Die vielen Prager Kneipen fahren leckeren Schweinebraten mit Knödeln auf, oft zu sehr niedrigen Preisen. Und viele der teuren Restaurants servieren Gourmetversionen klassischer böhmischer Gerichte wie Schweinshaxe und Entenbraten.

## FESTESSEN

Weihnachten ist das wichtigste Fest des tschechischen Familienkalenders. Essen und Trinken spielen eine bedeutende Rolle dabei. Am 24. Dezember (*Štědrý den;* „großzügiger Tag") isst man tagsüber kein Fleisch und spart sich den Hunger für den Abend auf. Dann gibt es traditionell *smažený kapr* (knusprig gebratenen Karpfen) mit *bramborový salát* (Kartoffelsalat). Die Karpfen werden in seit dem Mittelalter existierenden *rybníky* (Fischteichen) auf dem Land gezüchtet, vor allem in Südböhmen. Im Dezember werden die Fische auf die städtischen Märkte gebracht und lebendig aus Wasserfässern und Bottichen verkauft. Bei vielen Leuten schwimmt der Weihnachtskarpfen in der Badewanne, bis es Zeit für die Bratpfanne ist.

Es gibt keine nationale Tradition für das Essen am 25. 12. (*vánoce*), aber Fleisch kehrt immer auf die Speisekarte zurück. Besonders beliebt ist *pečená kachna* (Entenbraten) mit Soße und Knödeln. Es gibt auch Weihnachtsplätzchen *(vánoční cukrovi)*, die nach traditionellen Familienrezepten gebacken werden, und *vánočka*, Böhmens Weihnachtszopf aus Hefeteig mit Zucker, Zitrone, Muskat, Rosinen und Mandeln. Meist wird er an Heiligabend zum Nachtisch serviert.

Auch Silvester *(Silvestr)* ist ein wichtiger Festtag. Heutzutage bereiten nur noch wenige Tschechen das traditionelle Festessen aus *vepřový ovar* (gekochtem Schweinekopf) mit Meerrettich und Apfel zu, aber Silvester ist immer noch ein großer Partytag. Zu Mitternacht gibt es Teller mit *chlebičký* (belegten Broten), *bramborky* (Kartoffelpuffern) und andere Kleinigkeiten. Um 0 Uhr stößt man mit *šampaňské* oder anderen Sektarten an.

### RAUCHEN VERBOTEN

Seit 2010 sind die tschechischen Kneipen und Restaurants verpflichtet, eines von drei Zeichen an der Eingangstür aufzuhängen: Rauchen erlaubt, Rauchen verboten oder eine Kombination aus beidem. Darunter versteht man dann ein Lokal, das für Raucher und Nichtraucher räumlich klar voneinander getrennte Bereiche ausweist.

## ETIKETTE

Auch wenn in den meisten Touristenrestaurants seit langem internationale Benimmregeln gelten, sollte man bei einem Essen in einem tschechischen Privathaushalt oder in traditionellen Restaurants auch die traditionelle tschechische Etikette befolgen.

Für einen Tschechen beginnen nur Barbaren mit dem Essen, ohne vorher *dobrou chuť* (*Guten Appetit* – man antwortet darauf mit demselben Ausdruck) zu sagen. Auch die Bedienung in einem Touristenrestaurant murmelt beim Servieren *dobrou chuť*. Das erste

## SPANISCHE VÖGEL & MÄHRISCHE SPATZEN

Viele tschechische Gerichte haben Namen, die einem nicht verraten wollen, was sich dahinter verbirgt. Bestimmte Wörter können jedoch als Anhaltspunkte dienen: *šavle* (Säbel; etwas am Spieß); *tajemství* (Geheimnis; Käse eingerollt in Fleisch); *překvapení* (Überraschung; Fleisch, Peperoni und Tomatenmark eingerollt in einen Kartoffelpuffer); *kapsa* (Tasche; eine Füllung für eine Fleischroulade) und *bašta* (Bollwerk; Fleisch in würziger Soße mit Kartoffelpuffer).

Zwei Gerichte, die seltsame Bezeichnungen tragen und die dennoch alle Tschechen kennen, sind *Španělský ptáčky* (Spanische Vögel; Wurst und Gewürzgurken in eine Scheibe Kalbfleisch gehüllt, dazu Reis und Soße) und *Moravský vrabec* (Mährischer Spatz; ein faustgroßes Stück Schweinebraten). Aber sogar Tschechen müssen hin und wieder fragen, worum es sich bei *Meč krále Jiřího* handelt (das Schwert König Georgs; Rind- und Schweinefleisch am Spieß gebraten), das gleiche gilt für *Tajemství Petra Voka* (Peter Vokas Geheimnis; Karpfen mit Soße), *Šíp Malínských lovců* (der Pfeil des Jägers Malín; Rindfleisch, Wurst, Fisch und Gemüse am Spieß) und *Dech kopáče Ondřeje* (der Atem des Totengräbers Andreas; Schweinefilet gefüllt mit extrem riechendem Käse, dem Olmützer Quargel).

Getränk des Abends wird immer von einem Trinkspruch begleitet – normalerweise *na zdraví* (na-sdrah*win;* wörtlich „Auf die Gesundheit!"). Dazu stößt man erst die Ränder, dann die Füße der Gläser aneinander und berührt vor dem Trinken noch einmal den Tisch mit dem Glas.

Es gilt als unhöflich, während des Essens zu sprechen und vor allem einen Gast zu stören, wenn er sein Essen genießt. Daher beschränkt sich die Konversation während des Essens auf ein Minimum. Gesprochen wird zwischen den Gängen und nach der Mahlzeit.

## SPEZIALITÄTEN

Der erste Gang einer Mahlzeit besteht normalerweise aus einer herzhaften *polévka* (Suppe) – oft *bramboračka* (Kartoffelsuppe), *houbová polévka* (Pilzsuppe) oder *hovězí vývar* (Rinderbrühe). Besonders zu empfehlen sind *cibulačka* (Zwiebelsuppe), eine leckere, cremige Kombination aus karamellisierten Zwiebeln und Kräutern, und *česnečka* (Knoblauchsuppe), eine intensiv riechende und schmeckende Suppe, die süchtig macht.

Eine weitere beliebte Vorspeise ist *Pražská šunka* (Prager Schinken), für den die Hauptstadt berühmt ist. Er wird gepökelt und geräuchert. Am besten ist *šunka od kosti* (Knochenschinken).

Das tschechische Nationalgericht überhaupt ist *vepřová pečeně s knedlíky a kyselé zelí* (Schweinebraten mit Knödeln und Sauerkraut). Die Speise ist so allgegenwärtig, dass sie meist nur *vepřo-knedlo-zelo* genannt wird. Üblicherweise wird das Fleisch mit Salz und Kümmel eingerieben und dann bei niedriger Temperatur lange gegart. Ein guter Schweinebraten sollte schmelzend zart sein und bei einer leichten Berührung mit Messer und Gabel auseinanderfallen.

Tschechische Knödel müssen leicht und flaumig sein. *Houskové knedlíky* (Semmelknödel) werden mit Mehl, Hefe, Eigelb, Milch und altbackenen Brötchen zubereitet. Anders als bei uns formt man keine kleinen Knödel, sondern gart einen großen Teigkloß in kochendem Wasser. Vor dem Servieren wird er in Scheiben geschnitten. Die besten *knedlíky* sind selbst gemacht, aber in den meisten Kneipen und Restaurants kommen sie aus der Fabrik. Manchmal kriegt man *bramborové knedlíky* (Kartoffelknödel). Wer findet, dass Semmelknödel pappsatt machen, hat diese Geschosse noch nicht probiert.

In tschechischen Restaurants sind auch *svíčková na smetaně* (eingelegter Rinderbraten in Scheiben mit Sauerrahmsoße, Zitrone und Preiselbeeren), *guláš* (Gulasch) und *vepřový řízek* (Wiener Schnitzel mit Kartoffelsalat oder *hranolky;* Pommes frites) weit verbreitet.

Eine weitere beliebte Hauptspeise ist Geflügel, entweder gegrillt oder als *kuře na paprice* (Huhn in Paprika-Sahne-Soße). *Kachna* (Ente), *husa* (Gans) und *krůta* (Pute) werden meist gebraten mit Soße, Knödeln und Sauerkraut serviert. Ein paar Restaurants sind auf Wild spezialisiert. Besonders verbreitet sind *jelení* (Hirsch), *bažant* (Fasan), *zajíc* (Hase) und *kanec* (Wildschwein) – gebraten oder gegrillt und mit Pilzsoße oder zerkleinert als *guláš* serviert.

Meeresfrüchte gibt es nur in ein paar teuren Restaurants, aber Süßwasserfisch aus Zuchten– meist *kapr* (Karpfen) oder *pstruh* (Forelle) – bekommt man häufig. *Štika* (Hecht) und *úhoř* (Aal) servieren nur Spezialitätenrestaurants. Preise für Fisch gelten auf manchen Speisekarten nicht für den ganzen Fisch, sondern für 100 g. Man sollte vor dem Bestellen fragen, wie viel eine Forelle wiegt!

Die klassische tschechische Nachspeise ist *ovocné knedlíky* (Knödel mit Fruchtfüllung), aber auch sie schmeckt bei Essen im Familienkreis meist besser als im Restaurant. Die großen, runden Knödel werden aus süßem Mehlteig gemacht und mit Beeren, Pflaumen oder Aprikosen gefüllt. Man serviert sie mit zerlassener Butter und etwas Zucker.

In traditionellen Restaurants und Kneipen gibt es zum Nachtisch *kompot* (Kompott), entweder allein oder *pohár* – in einer Schale mit *zmrzlina* (Eis) und Sahne. *Palačinky* oder *lívance* (Pfannkuchen) sind ebenfalls weit verbreitet. Außerdem gibt es *jablkový závin* (Apfelstrudel), *makový koláč* (Mohnkuchen) und *ovocné koláče* (Obst in Scheiben). Kuchen und Gebäck sollte man im *kavárna* (Café) oder in einer *cukrárna* (Bäckerei) konsumieren.

Ein tschechisches Frühstück (*snídaně*) ist normalerweise leicht und besteht wie bei uns aus *chléb* (Brot) oder *rohlík* (Brötchen) mit Butter, Käse, Marmelade oder Joghurt und dazu wird Tee oder Kaffee getrunken. Am Frühstücksbuffet im Hotel gibt es normalerweise auch Müsli, Eier, Schinken und Wurst. Einige Tschechen frühstücken zwischen 6 und 8 Uhr in einem Selbstbedienungs-*bufety*, in dem es Suppen und Hotdogs sowie Kaffee und sogar Bier gibt. Ein paar Lokale mit amerikanisch-britischem Frühstück sind im Kasten auf S. 173 aufgelistet.

Man kann morgens auch in einer *pekárna* oder *pekařství* (Bäckerei) oder in einem französischen oder Wiener Café *loupáčky* (Kipferl; Hörnchen) essen. Und die tschechischen Brote, besonders die aus Roggen, sind hervorragend und vielfältig.

*Oběd* (Mittagessen) ist traditionell die Hauptmahlzeit und läuft außer an Sonntagen oft hektisch ab. Tschechen stehen meistens früh auf, sodass sie teilweise schon um 11.30 Uhr zu Mittag essen, aber Nachzügler bekommen in vielen Restaurants noch bis 15 Uhr ein Mittagessen.

Nachdem sie sich mittags den Magen gefüllt haben, nehmen viele Tschechen zum *večeře* (Abendessen) etwas Leichtes zu sich, beispielsweise ein klassisches Vesper mit Brot, Wurst, Käse und Gewürzgurken.

### PREISSPANNEN

Die angegebenen Preise beziehen sich auf die Durchschnittspreise für eine abendliche Hauptmahlzeit:

| | |
|---|---|
| €€€ | über 600 Kč (über 24 €) |
| €€ | 250–599 Kč (10–24 €) |
| € | unter 250 Kč (unter 10 €) |

## PRAKTISCH & KONKRET

### Öffnungszeiten

In der Regel wird Mittagessen von 12 bis 15 Uhr serviert, Abendessen von 18 bis 21 Uhr. Die meisten Prager Restaurants haben aber den ganzen Tag über offen (von 10 oder 12 bis 22 oder 23 Uhr) – man ist nicht an feste Zeiten gebunden und kann stressfrei essen gehen. Cafés machen für gewöhnlich um 8 Uhr auf; Frühstücksempfehlungen siehe Kasten S. 173.

### Preise

Im Durchschnitt muss man für eine Mahlzeit in einem Mittelklasserestaurant mit 300 bis 600 Kč pro Person rechnen, dazu kommen noch die Getränke. In gehobeneren Lokalen kosten Gerichte etwa das Doppelte, in den Toprestaurants wird sich die Rechnung auf 1500 Kč pro Kopf belaufen (wiederum ohne Getränke).

Auf jeden Fall kann man in Prag auch zu sehr günstigen Preisen gut essen. In einer Bierstube oder einem Café beispielsweise kann man sich für weniger als 200 Kč pro Person den Bauch vollschlagen – und da ist dann das Pils auch schon mit drin.

Wenn nicht anders vermerkt, beziehen sich die Preisspannen bei den folgenden Restauranttipps auf Hauptgerichte am Abend. Mittags bekommt der Gast oft auch günstigere Mahlzeiten.

### Reservieren

Grundsätzlich ist es keine schlechte Idee, in einem gehobenen Restaurant einen Tisch vorzubestellen, vor allem in der Hauptsaison. Fast immer spricht das Personal am anderen Ende der Leitung Englisch oder sogar Deutsch. Allerdings haben wir in Prag Monate mit der Recherche zugebracht und sind meistens gut damit gefahren, überhaupt nicht zu reservieren.

### Trinkgeld

Traditionell berechnen Prager Restaurants keine Servicegebühr, das sollte man aber im Einzelfall immer prüfen, denn immer mehr Lokale scheinen eine Gebühr in Höhe von 10 % des Rechnungsbetrags aufzuschlagen. Bei den meisten touristischen Restaurants steht aber inzwischen auf der Rechnung der hilfreiche Hinweis „Tips not included“ (Trinkgeld nicht inbegriffen) – gedruckt oder

### KOMISCH, DAS HATTE ICH GAR NICHT BESTELLT!

In Prager Restaurants ist nichts umsonst – wer die vom Kellner als Beilage angebotenen Pommes frites bestellt, muss sie auch bezahlen. Brot, Mayonnaise, Senf, Gemüse: Fast alles hat seinen Preis. Viele Restaurants berechnen auch das Gedeck; jeder Gast muss dafür zahlen, egal was er isst und sogar, wenn er gar nichts isst. Das ist keine Abzocke, es ist eben so. Wenn auf der Speisekarte keine Preise stehen, unbedingt danach fragen. Und keine Angst vor der Sprachbarriere haben – jeder Gast sollte schon genau wissen, was er da bestellt. Wenn etwas ausgegangen ist und der Ober eine Alternative vorschlägt, fragt man nach dem Preis. Man sollte alles, was man nicht bestellt hat, wie Brot, Butter oder Beilagen, sofort zurückgehen lassen; wer es einfach beiseite stellt, wird es wahrscheinlich auf der Rechnung wiederfinden. Am wichtigsten ist aber: Man sollte sich von der eigenen Paranoia nicht den Appetit verderben lassen. Der meiste Wucher wird in den Touristenlokalen im Zentrum getrieben. Wer nicht am Altstädter Ring oder am Wenzelsplatz isst oder wer in ein neu eröffnetes Lokal junger Tschechen geht, wird voraussichtlich keine Probleme haben.

handschriftlich ergänzt. Als Trinkgeld sollte man rund 10 % des Rechnungsbetrags geben.

Gängige Praxis in Bierstuben, Cafés und Mittelklasserestaurants ist es, die Rechnung auf die nächsten 10 Kč – oder die nächsten 20 Kč, wenn sie 200 Kč übersteigt – aufzurunden. Üblicherweise funktioniert das Bezahlen wie in Deutschland: Die Bedienung bringt die Rechnung, der Gast gibt ihr das Geld und sagt, auf wie viel insgesamt – Trinkgeld eingerechnet – sie herausgeben soll.

Oder: Wechselgeld wird für gewöhnlich von den großen Scheinen abwärts ausgehändigt. Wenn man währenddessen *děkuji* (Danke) sagt, hört der Ober auf und behält den Rest als Trinkgeld.

## Selbstversorger

Prag bietet viele Möglichkeiten für Selbversorger – angefangen von den allgegenwärtigen *potraviny* (Lebensmittelläden) bis hin zu Supermärkten. Die am besten sortierten und teuersten Lebensmittelabteilungen findet man in den edlen Kaufhäusern in der Nähe des Stadtzentrums. Achtung: Verderbliche Lebensmittel in Supermärkten tragen zwei Daten: einmal das Herstellungsdatum *(datum výroby)*, zum anderen das Verfallsdatum (Verbrauchen bis ...: *spotřebujte do ...)*. Daneben gibt es Lebensmittel (wie etwa speziell behandelte Milch), auf denen das Mindeshaltbarkeitsdatum *(minimální trvanlivost)* genannt wird. Ist dieses abgelaufen, wird nicht mehr für die Frische des Produktes garantiert, und es wird billiger angeboten.

Im Tiefgeschoss des Einkaufszentrums Palladium befindet sich der **Supermarkt Albert** (Karte S. 116 ; Náměstí Republiky, Staré Město; ⌚ So–Mi 9–21, Do–Sa 9–22 Uhr; Ⓜ Náměstí Republiky), ein weiterer Supermarkt – **Tesco** (Karte S. 118 f.; Národní třída 26, Nové Město; ⌚ Mo–Sa 8–21, So 9–20 Uhr; Ⓜ Národní Třída) – liegt im Untergeschoss des Einkaufszentrums MY Národní.

In Malá Strana (auf deutsch Kleinseite) findet man den bequem erreichbaren **Biomarkt Vacek** (Karte S. 82 f.; Mostecká 3, Malá Strana; ⌚ Mo–Sa 7–22, So 10–22 Uhr), einen sehr gut sortierten Mini-Supermarkt.

In der Stadt gibt es gleich eine ganze Reihe an Freiluftmärkten. Der größte in der Innenstadt ist der etwas touristisch angehauchte **Freiluftmarkt** (Karte S. 96 f.; Havelská, Staré Město; ⌚ 8 bis 18 Uhr) südlich des Altstädter Rings. Zu den authentischeren Stadtteilmärkten – die meisten haben nur Montag bis Samstag am Vormittag geöffnet – zählt der **Markt auf der Dejvická** (außerhalb der Karte S. 144 f.) in der Nähe der Metrostation Hradčanská in Dejvice.

In der Altstadt (Staré Město) verkauft die fantastische Bäckerei **Bakeshop Praha** (Karte S. 96 f.; Kozí 1, Staré Město; ⌚ 7–19 Uhr) das vielleicht beste Brot der Stadt, außerdem Gebäck, Kuchen und Sandwiches, Salate und Quiches zum Mitnehmen.

Zu den Feinkostläden, in denen man seinen Picknickkorb mit edlen Lebensmitteln bestücken kann, zählt **Centrum Delikates** (Karte S. 116 ; Einkaufszentrum Palladium Praha, Náměstí Republiky, Nové Město; ⌚ So–Mi 9–21, Do–Sa 9–22 Uhr; Ⓜ Náměstí Republiky). Dort bekommt man Geräuchertes, Käse, Pasteten und anderen Leckereien. **Culinaria** (Karte S. 96 f. ; Skořepká 9, Staré Město; ⌚ Mo–Fr 8.30–20, Sa 10–19, So 12–17 Uhr; Ⓜ Národní třída) verkauft selbst gebackenes Brot und Gebäck, französische und italienische Spezialitäten und frisch zubereitete Sandwiches.

**Cellarius** (Karte S. 118 f. ; Lucerna pasáž, Václavské Náměstí 36, Nové Město; ⌚ Mo–Sa 9.30–21, So 15–21 Uhr; Ⓜ Můstek) ist eine gute Adresse für Weinliebhaber, die sich für tschechische Weine interessieren. Selbstverständlich werden dort aber auch Importweine angeboten.

# PRAGER BURG & HRADSCHIN (HRADČANY)

Die meisten Restaurants um die Burg herum sind voll und ganz auf die Bedürfnisse der Touristen eingestellt – abends nach Schließung der Burg wird es dann schlagartig ruhiger in den Straßen.

Die folgenden Lokale, die hinsichtlich Flair und Kochkunst eine Stufe über den üblichen touristischen Lokalen stehen, lohnen auf jeden Fall einen Abstecher: Vikárka und U zlaté hrušky wegen ihrer tschechischen Küche und der schönen Atmosphäre, Malý Buddha wegen der authentischen asiatischen Küche und die Villa Richter wegen ihres unglaublichen Ausblicks.

### U ZLATÉ HRUŠKY Karte S.74 f. Tschechisch €€

**☎ 220 514 778; Nový Svět 3, Hradschin; Hauptgerichte 400–700 Kč; ⌚ 11.30–15 & 18.30–24 Uhr; 🚋 22**

Das Restaurant „Zur goldenen Birne" ist ein gemütliches Gourmetlokal mit Holzvertäfelung. Auf der Karte finden sich hervorragend zubereitete böhmische Fisch-, Geflügel- und Wildgerichte; eine Spezialität des Hauses ist das Kuttel-Frikassee. Vor allem Einheimische, aber auch ausländische Besucher und Prominente kehren hier ein – das Außenministerium liegt nur ein paar Schritte entfernt. Im Sommer sollte man versuchen, im angegliederten Gartenrestaurant *(zahradní restaurace)* auf der gegenüberliegenden Straßenseite einen Tisch zu reservieren.

### VIKÁRKA Karte S.66 International €€

**☎ 233 311 962; Vikářská 39, Prager Burg; Hauptgerichte 200–400 Kč; ⌚ 11–20 Uhr; 🚋 22**

Das beste Restaurant im Areal der Prager Burg! Hinter der Fassade des Vikárka verbergen sich einige wunderschön restaurierte mittelalterliche Räume – die schlichten romanischen und gotischen Strukturen harmonieren wundervoll mit den kräftigen Farben und den Stilmöbeln. Auf der Speisekarte finden sich Klassiker der tschechischen Küche, aber auch Steaks und Geflügelgerichte. Empfehlenswert sind das Gulasch, der Entenbraten und die Schweinshaxe. Für die Kinder gibt es eine Kinderkarte – mit Fischstäbchen, Spaghetti und „chicken and chips".

### VILLA RICHTER

Karte S.74 f. Tschechisch, Französisch €€

**☎ 257 219 079; Staré zamecké schody 6, Hradschin; Hauptgerichte 150–300 Kč; ⌚ 10–23 Uhr; Ⓜ Malostranská**

Das Restaurant in einer restaurierten Villa aus dem 18. Jh. liegt inmitten eines wiederbepflanzten mittelalterlichen Weinbergs und ist ein beliebtes Ziel der unzähligen Touristen, die die alten Burgstufen hoch- und runterklettern. Dank seiner einmaligen Lage – von den Tischen auf der Terrasse genießen die Gäste eines der schönsten Stadtpanoramen – und der Speisekarte mit landestypischen Klassikern ist es etwas ganz Besonderes. Für Liebhaber empfiehlt sich das Restaurant Piano Nobile in derselben Villa; es hat eine exquisite französische Speisekarte (Drei-Gänge-Abendessen 990 Kč.

### MALÝ BUDDHA Karte S.74 f. Asiatisch €

**☎ 220 513 894; Úvoz 46, Hradschin; Hauptgerichte 100–250 Kè; ⌚ Di–So 12–22.30 Uhr; 🚋 22; Ⓥ**

Kerzenlicht, Räucherstäbchen und ein buddhistischer Schrein sind die Markenzeichen des schnuckeligen Gewölberestaurants, das die Atmosphäre einer orientalischen Teestube einzufangen versucht. Die Speisekarte ist voller asiatischer Einflüsse mit authentischen chinesischen, vietnamesischen und Thai-Gerichten – viele davon vegetarisch –, unter den Getränken findet sich auch Exotisches wie Ginsengwein, chinesischer Rosenlikör und alle erdenklichen Teesorten. Kreditkarten werden nicht akzeptiert.

# KLEINSEITE (MALÁ STRANA)

Wer sich auf der Kleinseite nach Essgelegenheiten umsieht, wird schier erschlagen vom Angebot. Die Touristenmassen bekommen Verstärkung von hungrigen Büroangestellten aus den vielen Botschaften und Regierungsstellen im Viertel. Diese betuchte Klientel sorgt dafür, dass hier auch viele bessere Lokale anzutreffen sind, die eine breite Auswahl an Landesküchen anbieten. Viele der besten Restaurants nutzen die Lage am Fluss oder bieten vom Hang aus Blick über die Stadt.

### TERASA U ZLATÉ STUDNĚ

Karte S. 82 f. International €€€

**☎ 257 533 322; U Zlaté Studně 4; Hauptgerichte 720–1150 Kč; ⌚ 12–23 Uhr; Ⓜ Malostranská**

Auf dem Dach eines Renaissancegebäudes liegt das Restaurant „Zum goldenen Brunnen" – von dort genießt man einen der spektakulärsten Ausblicke auf die Stadt! Je nach Wetter sitzen die Gäste im gemütlichen, in Rot und Gold gehaltenen Speisesaal oder alternativ auf der Dachterrasse. Innen wie außen ist das Panorama der roten Ziegeldächer von Malá Strana einfach ein Traum. Gekocht wird mit französischem, mediterranem oder asiatischem Einschlag – das Ergebnis sind Gerichte wie Carpaccio mit Kohlrabi und Gurke. Aber auch die traditionelle südfranzösische Fischsuppe Bouillabaisse und das argentinisches Rindersteak mit Gänseleberpastete und Trüffeln werden angeboten.

### KAMPA PARK Karte S. 82 f. International €€€

**☎ 296 826 112; Na Kampě 8b; Hauptgerichte 500–900 Kč; 🕑 11.30–1 Uhr; 🚋 12, 20, 22**

1994 eröffnet, galt das Kampa Park als Pionier der gehobenen Gastronomieszene der Stadt und zog daher unzählige Prominente aus Politik und Showbiz an, so auch Mick Jagger, Johnny Depp, Lauren Bacall, Robbie Williams sowie Bill und Hillary Clinton. Die Küche ist nach wie vor herausragend – auf der Karte finden sich überbackene Jakobsmuscheln mit Rosinen und Kapern *beurre blanc*, aber auch Rehrücken mit Süßkartoffelpüree und Kardamomsoße. Kritiker merken allerdings an, dass sich die Besitzer und Köche in den letzten Jahren etwas zu sehr auf ihren Lorbeeren ausgeruht haben. Zumindest hinsichtlich der romantischen Stimmung am Abend ist das Lokal aber nach wie vor unschlagbar. Also einen der mit Kerzen beleuchteten Tische auf der gepflasterten Terrasse am Wasser reservieren und bei märchenhafter Beleuchtung zuschauen, wie sich die Lichter der Karlsbrücke nach Sonnenuntergang im Wasser spiegeln.

### HERGETOVA CIHELNÁ

Karte S. 82 f. International €€

**☎ 296 826 103; Cihelná 2b; Hauptgerichte 150–600 Kč; 🕑 11.30–1 Uhr; Ⓜ Malostranská**

In einem umgebauten *cihelná* (Backsteinhaus) aus dem 18. Jh. genießt das Restaurant eine der besten Lagen der Stadt. Von der Terrasse an der Moldau blickt man über die Karlsbrücke auf das Altstadtufer. Genau so weitläufig wie der Blick ist auch die Speisekarte: Es gibt tschechische Spezialitäten, Burger, Pasta- sowie Biogerichte wie etwa der Krabbensalat mit Kaviar und Dill oder der Zander mit Linsenpüree und Gnocchi. Zwei

## top picks

### DAS BESTE FRÜHSTÜCK

- **Red Hot & Blues** (Karte S. 96 f.; ☎ 222 314 639; Jakubská 12, Staré Město; Hauptgerichte 200–400 Kč; 🕑 9–23 Uhr; Ⓜ Náměstí Republiky) Hier kann man in allen Varianten frühstücken: Es gibt ein britisches Frühstück, Pfannkuchen mit Ahornsirup usw. Das „Home Run Special" für die ganz Hungrigen ist eine gute Grundlage für spätere Zechgelage. Frühstücken kann man an allen Wochentagen bis 11.30 Uhr, an den Wochenenden sogar bis 16 Uhr.
- **Kavárna Pavilón** (Karte S. 134; ☎ 222 097 201; Vinohrady Pavilón, Vinohradská 50, Vinohrady; Hauptgerichte 115–200 Kč; 🕑 Mo–Fr 8–21, So 9–21 Uhr; Ⓜ Náměstí Míru; 📶 Ⓥ) Das helle und luftige Café liegt in einem teuren Einkaufszentrum und bietet neben einem hervorragenden Kaffee auch Eier in allen Variationen – und die besten Mandelhörnchen der Stadt.
- **Globe Bookstore & Café** (Karte S. 118 f.; ☎ 224 934 203; Pštrossova 6, Nové Město; Hauptgerichte 110–210 Kč; 🕑 9.30–24 Uhr; Ⓜ Karlovo Náměstí; 📶) Ein hervorragender Brunch wird am Wochenende von 9.30–15 Uhr serviert – mit gebratenem Speck, Eiern und Bratkartoffeln, Blaubeerpfannkuchen und frisch gepressten Säften. Unter der Woche werden von 9.30–11.30 Uhr etwas leichtere und daher bekömmlichere Frühstücke serviert.
- **Káva Káva Káva** (Karte S. 96 f.; ☎ 224 228 862; Platýz Pasáž, Národní Třída 37, Staré Město; Snacks 30–70 Kč; 🕑 Mo–Fr 7–22, Sa & So 9–22 Uhr; Ⓜ Národní Třída; 📶) Hier wird einer der besten Kaffees der Stadt gebrüht, dazu bestellt man sich am besten Bagels, Croissants, Kuchen oder süße Teilchen. Frühstück wird den ganzen Tag über serviert.
- **Fraktal** (Karte S. 144 f.; ☎ 777 794 094; Šmeralova 1, Holešovice; Hauptgerichte 100–300 Kč; 🕑 1 bis 24 Uhr; 🚋 6, 9, 22; 📶) Die bei Prager Ausländern beliebte Bar (s. S. 201) lädt am Samstag und Sonntag zum Brunch ein. Zur Auswahl stehen neben Omeletts (z.B. mit Lachs, Knoblauch und Dill) auch Steaks und huevos rancheros (Eier auf mexikanische Art).

Weinkarten werden gereicht: eine mit normalen, die andere mit aberwitzigen Preisen.

### U MALTÉZSKÝCH RYTÍŘŮ

Karte S. 82 f. Tschechisch, International €€

**☎ 257 530 075; Prokopská 10; Hauptgerichte 180–400 Kč; 🕑 13–23 Uhr; 🚋 12, 20, 22**

Das Lokal „Zu den Malteser-Rittern" ist ein gemütliches, romantisches und altertümli-

# top picks

## VEGETARISCHE RESTAURANTS

- Beas Vegetarian Dhaba (S. 177)
- Café FX (S. 183)
- Country Life (S. 177)
- Lehká Hlava (S. 177)
- Maitrea (S. 177)

ches Restaurant. Die mit Kerzen geschmückten Tische ducken sich in die Nischen des aus Stein und Ziegeln gebauten Kellergewölbes (im Erdgeschoss ist es längst nicht so stimmungsvoll). Auf der Karte finden sich böhmische Klassiker wie Wildschwein mit Hagebuttensoße und Bio-Karpfen gefüllt mit Tomaten, Pilzen und Kapern, daneben aber auch international bekannte Gerichte wie Filet Chateaubriand. Auch einige vegetarische Gerichte stehen zur Auswahl, u.a. gefüllte Auberginen sowie Fettucine mit Spinat, Schafskäse und gerösteten Walnüssen.

### U MALÉ VELRYBY Karte S. 82 f. International €€

**☎ 257 214 703; Valdštejnská 14; Hauptgerichte 280–380 Kč; 🕑 12–15 & 18–23 Uhr; Ⓜ Malostranská**

In Prags Gastronomieszene tauchen immer wieder neue Restaurants auf, während andere genau so schnell wieder verschwinden. Entsprechend freut man sich über Restaurants wie dieses, das die ersten schwierigen Jahre erfolgreich überstanden hat. Das winzige Lokal – es gibt nur acht Tische – wird von einem Iren aus Cork geführt. Er kauft seine Meeresfrüchte täglich frisch auf den französischen Märkten ein und lässt sie nach Prag einfliegen. Die geschmorten Calamari mit Chili, Limetten und Ingwer sind unglaublich zart, die Meeresfrüchtepastete (Fisch und Muscheln bedeckt mit knusprigen Kartoffeln) und die Krabbennudeln mit Limette und schwarzem Pfeffer sind delikat zubereitet. Ab und zu spielen einheimische Gitarrenspieler live im Lokal.

### CANTINA Karte S. 82 f. Mexikanisch €€

**☎ 257 317 173; Újezd 38; Hauptgerichte 230 bis 340 Kč; 🕑 Mo–Sa 11.30–24 Uhr; 🚋 6, 9, 12, 20, 22**

Die gemütliche, mit Kiefernholz und brasilianischen Kaffeesäcken dekorierte „Hacienda" mixt die besten, sprich originalgetreuesten Margaritas der Stadt – vielleicht mit einen Hauch zu wenig Tequila, aber schön kalt und mit einem ordentlichen Schuss frischem Limettensaft. Das Essen ist so gut, wie Tex-Mex in dieser Stadt nur sein kann: große Portionen Burritos, Chimichangas, Quesadillas und Fajitas mit Fleisch oder wahlweise vegetarischer Füllung kommen auf den Tisch. Wem die Salsa nicht scharf genug ist, für den stehen die Flaschen mit Chilisoße schon auf dem Tisch bereit. Um einen Platz zu bekommen, muss man entweder sehr früh da sein, einen Tisch reservieren oder sich auf längere Wartezeiten gefasst machen.

### NOI Karte S. 82 f. Asiatisch €€

**☎ 257 311 411; Újezd 19; Hauptgerichte 200–300 Kč; 🕑 11–1 Uhr; 🚋 12, 20, 22**

Das Lokal erinnert etwas an einen Club, was auch daran liegen mag, dass das Noi superstylish ist und eine entspannte fernöstliche Atmosphäre verströmt. Die Einrichtung ist so, wie man sie erwartet – Buddha-Statuen, Lotosblumen, Laternen, gedämpfte Beleuchtung und Vorhänge aus Perlmuttscheiben. Die Speisekartekarte bietet gut zubereitete Thaigerichte wie Huhn in roter Currysoße und Pad-Thai-Nudeln, die – eher ungewöhnlich für Prager Verhältnisse – ganz schön scharf serviert werden.

### CAFÉ DE PARIS Karte S. 82 f. Französisch €€

**☎ 603 160 718; www.cafedeparis.cz; Maltézské náměstí 4; Hauptgerichte 190–290 Kč; 🕑 12–24 Uhr; 🚋 6, 9, 12, 20, 22**

Das Café de Paris ist ein Stückchen Frankreich an einem ruhigen Platz. Es ist klein und einfach, das gilt auch für die Speisekarte. Sie bietet nur eine geringe Auswahl, etwa Zwiebelsuppe und Gänseleberterrine als Vorspeise und als Hauptspeise ein Entrecôtesteak mit Pommes, Salat und einer Auswahl an Soßen (besonders stolz ist man auf die Café-de-Paris-Soße, die nach einem 75 Jahre alten Rezept aus 35 Zutaten gemacht wird und wirklich gut ist). Täglich gibt es ein oder zwei aktuelle Angebote, darunter auch vegetarische. Die Weinkarte bietet eine gute Auswahl an französischen Weinen, beispielsweise einen Muscadet, der mit 399 Kč pro Flasche nicht überteuert ist.

### CAFÉ SAVOY Karte S. 82 f. International €

**☎ 257 311 562; Vítězná 5, Malá Strana; Hauptgerichte 120–250 Kč; 🕑 Mo–Fr 8–22.30, Sa & So 9–20.30 Uhr; 🚋 6, 9, 22; 📶**

Das Savoy ist ein wunderschön restauriertes Jugendstilcafé mit etwas arroganten, in schwarz und weiß gekleideten Kellnern und einer Wiener Speisekarte mit herzhaften Suppen, Salaten und Braten. Hier kann man außerdem herrlich frühstücken – in vielen gesunden Varianten. Aber ein „englisches Frühstück" mit Würstchen, Apfelscheiben, Speck und Eiern? Das kann nur ein Irrtum sein!

### CUKRKÁVALIMONÁDA

Karte S. 82 f. International €

**☎ 257 530 628; Lázeòská 7; Hauptgerichte 100–200 Kè; ⏲ 9–21 Uhr; 🚊 12, 20, 22; Ⓥ**

Das nette kleine Café-Restaurant kombiniert minimalistische moderne Einrichtung mit bemalten Deckenbalken aus der Renaissance. Das CKL serviert frische hausgemachte Pasta, Frittata, Ciabatta, Salate und Pfannkuchen (süß und salzig) am Tag und etwas anspruchsvollere Bistrospeisen am frühen Abend. Der Kaffee ist wirklich hervorragend, die heiße Schokolade ein Gedicht und die Spezialität des Hauses, Holunderblütensaft (mit Minze und Zitrone), ist frisch und erfrischend. Der komplizierte Name bedeutet übrigens „Zucker, Kaffee, Limonade", und diese Kombination ist einfach das tschechische Äquivalent von „ene-mene-miste".

## ALTSTADT (STARÉ MĚSTO)

Vorsicht! Die Altstadt ist mit Touristenfallen gespickt – vor allem rund um den Altstädter Ring heißt es genau hinschauen. Und dennoch: Es gibt auch eine Vielzahl an hervorragenden Restaurants zu entdecken. Das Labyrinth der Straßen, die vom Altstädter Ring abgehen, birgt manches verborgene Juwel, während die mondäne Pařížská mit einer augenfälligeren Aneinanderreihung von stilvollen, gehobenen Lokalen protzt. Das klassische Altstadt-Restaurant liegt in einem Backsteinkeller – schnell lernt man so einige unterirdische Gewölbe kennen.

### ALLEGRO Karte S. 96 f. Italienisch €€€

**☎ 221 427 000; Veleslavínova 2a; 4/5-Gänge-Abendessen 2550/2950 Kč; ⏲ 11.30–22.30 Uhr; Ⓜ Staroměstská**

Voilà: das erste (und bisher einzige) tschechische Restaurant mit einem Michelin-Stern! Als Teil des Four Seasons Hotels strahlt es mit viel poliertem Holz und Glas im Jugendstil zurückhaltende Eleganz aus. Von der Terrasse bietet sich abends ein atemberaubender Blick auf die angestrahlte Burg. Ein erlesenes Ambiente für eine erlesene Küche: Der italienische Küchenchef zaubert innovative Gerichte – sei es die Roulade mit marinierter Brasse und Jasmintee oder der gegrillte Snapper mit in Ingwer mariniertem Oktopus und geräucherter Karottensoße.

### CASA ARGENTINA

Karte S. 96 f. Südamerikanisch €€€

**☎ 222 311 512; Dlouhá 35; Hauptgerichte 250–1600 Kè; ⏲ 9–2 Uhr; Ⓜ Nàmìstí Republiky**

Prag hat mittlerweile ein halbes Dutzend südamerikanischer Steakhäuser, die sich auf argentinisches oder brasilianisches Rindfleisch vom Holzkohlegrill spezialisiert haben. Aber die südamerikanischen Einwanderer sind sich einig, dass es in der Casa Argentina das beste Steak der Stadt gibt. Der Service ist ein bisschen zu entspannt und die Atmosphäre, gelinde gesagt, eigenartig – es gibt kitschige lateinamerikanische Decken, eine Eidechse im Käfig, einen lebenden Tukan und ein paar Profitänzer, die zwischen den Tischen Tango tanzen. Wie dem auch sei, man kommt ja nur des Rindfleischs wegen.

### V ZÁTIŠÍ

Karte S. 96 f. International, Moderne Tschechische Küche €€€

**☎ 222 221 155; Liliová 1; 2-/3-Gänge-Menü 890/990 Kč; ⏲ 12–15 & 17.30–23 Uhr; 🚊 17, 18**

Das „Stillleben" zählt zu Prags Top-Restaurants – die Köche genießen einen ausgezeichneten Ruf. Die Einrichtung ist modern und kühl – ins Auge fallen die modernen, aber etwas merkwürdigen Glasgegenstände, die kühn gemusterten Tapeten und die cappuccino-farbenen, mit Knautschsamt bezogenen Stühlen. Von den rund zehn Hauptgerichten werden vier mit Meeresfrüchten und die restlichen mit Fleisch zubereitet – Vegetarier gehen leider leer aus. Auch Gourmetvarianten traditioneller tschechischer Gerichte finden sich auf der Karte: Wie wäre es mit knusprigem Entenbraten mit Rotkohl und Kräuternocken? Wem das Drei-Gänge-Menü nicht reicht, der kann auch das Fünf-Gänge-Degustationsmenü bestellen (1170 Kč); plus 770 Kč extra für den zu jedem Gericht passend servierten Wein).

### LA PROVENCE Karte S. 96 f. Französisch €€

**☎ 296 826 155; Štupartská 9; Hauptgerichte 300–700 Kč; ⏲ 11–23 Uhr; Ⓜ Náměstí Republiky**

Mit den dunklen Holzbalken, den mit Kissen beladenen Bänken, der gedämpften Beleuchtung und den Regalen voller Küchengeräte kommt das Souterrain-Restaurant einer französischen Landküche schon sehr nahe. Die Speisekarte wurde passend zur Einrichtung zusammengestellt – es gibt Weinbergschnecken mit Petersilie und Knoblauchbutter, aber auch Hase auf provenzalische Art in einer cremigen Estragonsoße. Abends steigern Kerzenlicht und leise Pianomusik nochmals die schöne Stimmung – und machen das La Provence zum idealen Ort für ein romantisches Tête-à-tête.

**KHAJURAHO** Karte S. 96 f. Indisch €€

**☎ 224 242 860; Richtrův dům, Michalská 25; Hauptgerichte 400–650 Kč; 🕓 11–23 Uhr; Ⓜ Můstek; Ⓥ**
Das Khajuraho erstreckt sich gleich über mehrere mittelalterliche Gewölbesäle. Persische Teppiche auf dem Boden, indische Statuen in den Nischen und mit Metallfäden durchwobene Textilien unter gläsernen Tischplatten sorgen für die entsprechende orientalische Atmosphäre. Die Bedienung ist freundlich und aufmerksam, das Essen schmeckt sehr authentisch – wofür Kumin, Koriander, Ingwer, Knoblauch und Chili sorgen. Die Karte reicht von Gerichten aus Kaschmir über *handi* (Currygerichte, die in einem tiefen Metalltopf gekocht werden) bis hin zu einer großen Auswahl an vegetarischen Gerichten. Auch eine Reihe günstiger *thalis* (Indische Platten mit mehreren Gerichten) und Festpreismenüs (ab 300 Kč pro Pers.) werden angeboten.

**LES MOULES** Karte S. 96 f. Belgisch €€

**☎ 222 315 022; Pařížská 19; Hauptgerichte 300–600 Kč; 🕓 11–24 Uhr; 🚋 17**
Die beeindruckende Brasserie im belgischen Stil mit Holztäfelung fährt dampfende Muscheltöpfe (295 Kč/kg) mit verschiedenen Soßen auf, von der traditionellen *marinière* (Weißwein, Sahne und Knoblauch) bis zu Thai (Zitronengras, Limone und Kokosmilch), außerdem Steaks, Koteletts, *bœuf bourgignon* und Hummer direkt aus dem *vivier* (Wasserbecken; Preis rund 990 Kč). Die Bar bietet eine Auswahl belgischer Biere, darunter Stella Artois, Leffe und Hoegaarden vom Fass und Chimay, Achel und La Trappe aus der Flasche.

**AMBIENTE PASTA FRESCA**
Karte S. 96 f. Italienisch €€

**☎ 224 230 244; Celetná 11; Hauptgerichte 175–430 Kč; 🕓 11 Uhr–24 Uhr; Ⓜ Námìstí Republiky; Ⓥ**
Glattes Styling und lächelnder Service ergänzen die umfangreiche Speisekarte in diesem geschäftigen italienischen Restaurant. Man hat die Qual der Wahl: im Mund schmelzendes Carpaccio vom Rind, pikante Spaghetti Aglio Olio mit Chili und knusprigem Pancetta oder doch lieber ein cremiges Risotto mit *porcini* (Steinpilzen)? Jedenfalls gibt's eine breite Palette an italienischen und tschechischen Weinen dazu. Auf Straßenhöhe liegt das lange, schmale Café. Das förmlichere, intimere Kellerrestaurant befindet sich darunter.

**KOLKOVNA** Karte S. 96 f. Tschechisch €€

**☎ 224 819 701; V Kolkovnì 8; Hauptgerichte 155–400 Kè; 🕓 11–24 Uhr; Ⓜ Staromìstská**
Das Kolkovna im Besitz der Pilsner-Urquell-Brauerei ist die stilvolle, moderne Version einer traditionellen Prager Bierstube. Die Einrichtung stammt von den besten tschechischen Designern. Dazu gibt es schicke (aber herzhafte) Versionen klassischer tschechischer Gerichte wie Gulasch, Entenbraten und Mährischer Spatz (s. Kasten S. 169) sowie den tschechischen Dauerbrenner Schweinebraten mit Knödeln (das Tagesessen kostet nur 95 Kč). Das Ganze spült man natürlich mit exquisitem Urquell herunter.

**AMBIENTE PIZZA NUOVA**
Karte S. 96 f. Italienisch €€

**☎ 221 803 308; Revoluèní 1; Hauptgerichte 165 bis 370 Kè; 🕓 11.30–23.30 Uhr; Ⓜ Námìstí Republiky**
Eine weitere gute Einrichtung des Ambiente-Teams ist dieses coole Lokal neben dem Einkaufszentrum Kotya. Eingerichtet ist es mit großen Tischen und Bänken, durch riesige Fenster blickt man über den Náměstí Republiky. Zu einem festen Preis (vor 18 Uhr 298 Kč/Pers., danach 398 Kč) kann man so viel essen, wie man will – entweder bedient man sich an dem Salat- und Antipasti-Buffet selbst oder sucht sich bei den herumgehenden Bedienungen eine heiße Pasta oder Pizza aus (Büfett und Pasta/Pizza kombiniert kosten 475/528 Kč). Für ein Glas Wein bezahlt man etwa 75 Kč.

**KABUL** Karte S. 96 f. Afghanisch €

**☎ 224 235 452; Karolíny Světlé 14; Hauptgerichte 145–270 Kč; 🕓 12–23 Uhr; 🚋 6, 9, 18, 22; Ⓥ**
Gemütlich und nicht überfüllt, bietet das Kabul eine einladende, altertümliche Atmosphäre mit alten Holzmöbeln und orientalischen Wandteppichen. Auf der Karte finden sich eher untypische afghanische Gerichte, z. B. *ashak* (mit Lauch und Minze gefüllte Maultaschen, zu denen eine Soße aus gehacktem Rindfleisch und Tomaten serviert wird), Kebabvariationen mit Lamm- oder Hühner-

fleisch sowie leckere vegetarische Spezialitäten (gebratene Aubergine, Okra mit Tomate, Knoblauch und Gewürzen). Zu allen Gerichten wird warmes, köstliches Fladenbrot gereicht. Wem die unbekannten afghanischen Gerichte ein zu großes Experiment sind, der kann auch eine Pizza aus dem Brotofen bestellen.

### LOKÁL Karte S. 96 f. Tschechisch €

**☎ 222 316 265; Dlouhá 33; Hauptgerichte 120–220 Kč; ⌚ Mo–Fr 11–1, Sa 12–1, So 12–22 Uhr; 🚊 5, 8, 14**

Das kann es nicht geben? Doch, hier schon: Eine klassische tschechische Bierhalle (wenn auch mit moderner Einrichtung), ein hervorragend schmeckendes *tankové pivo* (Pilsner Urquell aus Tanks), eine täglich wechselnde Speisekarte mit traditionellen böhmischen Gerichten und lächelnden, effizient arbeitenden und freundlichen Mitarbeitern! Die Prager Top-Restaurantkette Ambiente hat großen Einfluss auf die tschechische Küche genommen – so erfolgreich, dass es hier immer voll ist, vor allem mit Einheimischen. Wohl auch deshalb gibt es nur eine Karte auf Tschechisch. Die freundlichen Angestellten helfen aber gerne bei der Übersetzung. Die Bierhalle hat zwei Eingänge – zur Dlouhá und zur Rybna hin.

### LEHKÁ HLAVA Karte S. 96 f. Vegetarisch €

**☎ 222 220 665; Boršov 2; Hauptgerichte 120–210 Kè; ⌚ Mo–Fr 11.30–23.30, Sa & So 12–23.30 Uhr; 🚊 17, 18; V**

Das in einer Sackgasse versteckte Lehká Hlava (der Name bedeutet „klarer Kopf") ist eine eigene Welt. Von einem ruhigen Atrium gelangt man in zwei ungewöhnlich gestaltete Speisesäle, die etwas Psychedelisches haben – im einen gibt es eine Lampe in Raketenform, die farbige Bilder an die Wand wirft, der andere hat eine blaue Gewölbedecke mit blinkenden Sternen. In beiden stehen Tische, die von innen beleuchtet werden, entweder mit leuchtenden Glaskugeln oder mit der Holzmaserung ähnlichen Lichteffekten. Die Küche macht vor allem gesunde, frisch zubereitete vegetarische und vegane Gerichte, die von Hummus und gebratenem Gemüse über thailändisches Tofu-Curry bis zu einer scharfen orientalischen Pfanne reichen, von der mittags zwei Leute problemlos satt werden.

### MAITREA Karte S. 96 f. Vegetarisch €

**☎ 221 711 631; Týnská ulička 6; Hauptgerichte 120–160 Kč; ⌚ Mo–Fr 11.30–23.30, Sa & So 12–23.30 Uhr; M Staroměstská; V**

Das neue Schwesterrestaurant des Lehká Hlava ist ein wunderschön eingerichtetes Lokal mit vielen fließenden Linien und organischen Formen. Maitrea ist der buddhistische Begriff für „der zukünftige Buddha", dessen Ankunft erwartet wird. Die Einrichtung besticht mit schön poliertem Eichenholz, blumenförmigen Lampenschirmen, Buddha-Statuen und tibetischen Mantras. Die Gerichte sind innovativ und ausschließlich vegetarisch. Wie wäre es mit Tortillas mit roten Chilibohnen, Rotebeete-Kuchen mit Sauerkraut und Polenta oder Pastagerichten mit geräuchertem Tofu, Spinat, Sahne und Parmesan? Das an Wochentagen servierte Mittagsmenü besteht aus einer Suppe, einem Hauptgericht und einem Glas Mineralwasser (108 Kč), gut dazu schmeckt auch das Bernard *švestkové pivo* (alkoholfreies Pflaumenbier).

### COUNTRY LIFE Karte S. 96 f. Vegetarisch €

**☎ 224 213 366; Melantrichova 15; Hauptgerichte 90–180 Kč); ⌚ Mo–Do 10.30–20, Fr 10.30–15, So 12–18 Uhr, Sa geschl.; M Můstek; V**

Prags erster Bioladen öffnete 1991 seine Türen, heute ist es eine veganische Cafeteria mit Sandwich-Bar, in der man günstige Salate, Sandwiches, Pizzas, vegetarisches Gulasch, Burger mit Sonnenblumenkernen und Sojagetränke bestellen kann. Die Gerichte werden korrekt nach Gewicht abgerechnet– für 100 g zahlt man rund 30 Kč). Hinten im Hof gibt es viele Sitzmöglichkeiten, über Mittag wird es allerdings sehr voll. Wer also nur ein Sandwich im Vorbeigeb bestellen will, sollte vor dem Mittagsansturm kommen.

### BEAS VEGETARIAN DHABA

Karte S. 96 f. Vegetarisch, Indisch €

**☎ 608 035 727; Týnská 19; Hauptgerichte 90–130 Kč; ⌚ Mo–Sa 11–20, So 11–18 Uhr; M Náměstí Republiky; V**

Etwas versteckt in einem Hof bei der Týnská stößt man auf dieses freundliche, zwanglose kleine Restaurant, das (vom nordindischen Chef zubereitete) vegetarische Currys mit Reis, Chutneys und Raita serviert. Ebenfalls köstlich schmecken die Samosas, vor allem mit einem Klecks Feigen-Chutney. Unüblich für Prag, gibt es hier einige wirklich chili-scharfe Gerichte. Alle sind lecker und noch relativ günstig zu bekommen – und auch hier wird nach Gewicht abgerechnet: Für 100 g werden etwa 16 Kč verlangt. Für ausländische Besucher zusätzlich interessant: Das Lokal ist ein Treffpunkt alternativer Tschechen.

# NEUSTADT (NOVÉ MĚSTO) & VYŠEHRAD

In der Neustadt findet man eine große Auswahl an Cafés, traditionellen tschechischen Bierstuben und internationalen Restaurants. Die „Fressmeilen" sind der Wenzelsplatz und Na Příkopě (Am Graben): Dort befinden sich Restaurants, die sich auf Länderküchen spezialisiert haben, neben mehr oder weniger reizvollen Lokalen in den Seitenstraßen zwischen dem Wenzelsplatz und der Moldau.

### CÉLESTE Karte S. 118 f. Französisch €€€

**☎ 221 984 160; Rašínovo nábřeží 80, Nové Město; Hauptgerichte 550–700 Kč; ⏲ Mo–Sa 12–14.30 & 18.30–22.30 Uhr; Ⓜ Karlovo Náměstí**

Im 7. Stock des spektakulären Tanzenden Hauses (S. 125) befindet sich das Céleste, von dessen Speisesaal und Außenterrasse sich herrliche Blicke über die Moldau nach Malá Strana und der Prager Burg bieten. Gekocht wird französisch, ein Schwerpunkt sind Meeresfrüchte und Fleischgerichte (und lediglich ein vegetarisches Menü). Das Ambiente ist ziemlich nüchtern. Der bretonische Küchenchef erfindet immer neue, einfallsreiche Gerichte, etwa den Salat mit purpurfarbenen Artischocken, gedünstetem Tintenfisch und Puffbohnen oder den gebratenen Rochen mit Herzmuscheln, provenzalischen Kräutern und einer Rosésoße. (Relativ) günstig sind das Zwei- bzw. Drei-Gänge-Mittagsmenü (450/550 Kč).

### ZAHRADA V OPEŘE

Karte S. 118 f. Italienisch, International €€

**☎ 224 239 685; Legerová 75, Vinohrady; Hauptgerichte 280–500 Kč; ⏲ 11.30–1 Uhr; Ⓜ Muzeum oder 🚋 11**

Hier isst man wahrscheinlich zum besten Preis-Leistungs-Verhältnis – auf der Karte finden sich hervorragend zubereitete tschechische Gerichte wie *svíčková*, aber auch italienisch inspirierte Steak- und Meeresfrüchtegerichte. Die erlesene, moderne Einrichtung ist zugleich peppig und elegant. Jahrelang befand sich das Restaurant hinter der Sicherheitsabsperrung des nebenan liegenden amerikanischen Radiosenders Radio Free Europe/Radio Liberty, sodass es nur schwer zu finden war. 2009 zog der Sender dann an einen abgelegeneren Ort um, sodass man nun relativ leicht zum Restaurant gelangt. Dank seiner Lage gleich neben der Prager Staatsoper wird es von den Opernbesuchern gerne vor oder nach der Aufführung besucht. Bis Mitternacht hat die Küche geöffnet.

### KOGO Karte S. 118 f. Italienisch €€

**☎ 221 451 259; Slovanský dům, Na Příkopì 22, Nové Mìsto; Pizzas 200–300 Kè, Hauptgerichte 250–680 Kč; ⏲ 11–23 Uhr; Ⓜ Námìstí Republiky; 📶**

Schick und geschäftig, aber auch entspannt und kinderfreundlich (Hochstühle vorhanden) präsentiert sich das Kogo als stilvolles Restaurant, das erstklassige Pizzas, Pasta, Steaks und Fischgerichte serviert. Die reichhaltige tomatige *zuppa di pesce* (Fischsuppe) ist köstlich, genau wie das *risotto alla pescatora* (mit Thunfisch, Muscheln, Shrimps und Tintenfisch). Viele Weine sind im Glas erhältlich. An Sommerabenden quellen Tische, Gespräche und Kerzenlicht bis auf den grünen Hof hinaus.

### RIO'S VYŠEHRAD Karte S. 140 f. Mediterran €€

**☎ 224 922 156; Štulcova 2, Vyšehrad; Hauptgerichte 250–600 Kč; ⏲ 10–24 Uhr; Ⓜ Vyšehrad**

Das moderne, attraktive Lokal liegt in einem alten Gebäude gleich gegenüber der Peter- & Paul-Kirche in den Vyšehrad-Anlagen. Neben einem eleganten Speisesaal gibt es eine eher nüchterne Terrasse. Die Hauptattraktion ist aber der Garten – ein hübscher Ort für eine Sommermahlzeit oder ein Glas Bier unter freiem Himmel. Auf der international ausgerichteten Karte finden sich Gourmetgerichte wie der Salat mit gegrilltem Tintenfisch, Saltimbocca und argentinisches Rindfleisch auf Holzkohle gegart – und natürlich österreichisch-ungarische Klassiker wie Entenbraten und feuriges Gulasch.

### OLIVA Karte S. 140 f. Mediterran €€

**☎ 222 520 288; Plavecká 4, Vyšehrad; Hauptgerichte 400–485 Kč; ⏲ Mo–Fr 11.30–15 & 18–24, Sa 18–24 Uhr; 🚋 3, 7, 16, 17, 21**

Das kleine, freundliche und von einer Familie geführte Restaurant hat den Scherpunkt auf frische mediterrane Küche gelegt – und wurde ein Opfer seiner eigenen Popularität. Die Karte mit sorgfältig zubereiteten Gerichten wie Rucolasalat mit Avocado, Gorgonzola, Parmaschinken und Sesamdressing, eine Suppe mit Muscheln, Garnelen und Fenchel und das Kalbfleisch mit Rotebeete-Gratin und gebuttertem Rosenkohl zieht so viele Gäste an, dass die Bedienung an manchen Abenden schlichtweg überrannt wird. Aber das Essen ist immer noch so hervorragend, dass es sich lohnt, dafür etwas längere Wartezeiten am Tisch auf sich zu nehmen.

## EIN GESPRÄCH ÜBERS ESSEN MIT „BREWSTA" VON CZECH PLEASE

Noch gibt es nur wenige Restaurant-Blogs im Land, erst recht auf Englisch. Czech Please (http://Zcechoutchannel.blogspot.com) begann im Februar 2007 und war der erste Blog seiner Art in der Prager Szene. Hinter dem Blog steht ein unbekannter amerikanischer Expat, der unter dem Pseudonym „Brewsta" schreibt. Czech Please behandelt alles vom einfachen Burger und Pizzas bis hin zu den italienisch, thailändisch oder tschechisch kochenden Top-Restaurants. Die leichte Zugänglichkeit und die Fotos haben dem Blog zu einer großen Fangemeinde verholfen. Brewstas Berichte werden inzwischen regelmäßig auf den wichtigsten Prager Expat-Webseiten (www.expats.cz) veröffentlicht, der Blog bringt monatlich bis zu 8000 Einzelseiten heraus. Gelesen wird er von Prag-Besuchern aus Großbritannien, den USA und Tschechien. Lonely Planet nahm mit Brewsta Kontakt auf in der Hoffnung, von ihm ein paar Tipps für Restaurantbesuche in der Hauptstadt zu erhalten und um ihn zu fragen, wohin er selbst gerne essen geht.

**Rückblickend auf Ihr Leben in Prag und das Schreiben Ihres Blogs über die letzten Jahre – welche Trends in der lokalen Restaurantszene lassen sich festhalten? Hat sich alles zum Besseren oder zum Schlechteren entwickelt?** Die Qualität und die Vielfalt der Prager Restaurantszene haben sich in den letzten zehn Jahren extrem verbessert. Es gibt heute viel mehr Top-Lokale, sogar eines mit Michelin-Stern, das Allegro (S. 175). Trotzdem hat es die Stadt noch nicht geschafft, an die Tiefe und Vielfältigkeit der Restaurantszene der anderen europäischen Hauptstädte wie London oder Paris anzuknüpfen.

**Auf welche speziellen Tricks müssen Besucher achten? Gibt es ein paar klassische Methoden, mit denen die Bedienung versucht, die Rechnung aufzubauschen?** Eine gängige Methode ist das Dazuaddieren der „service charge" (Servicegebühr), über die der Gast nicht vorab informiert wurde. Ein anderer Trick ist, nicht bestelltes Brot oder Brezeln auf dem Tisch zu verrechnen oder einen sehr teuren Wein im Glas auszuschenken – oder sogar etwas auf die Rechnung zu setzen, was gar nicht bestellt wurde – in der Hoffnung, dass keiner die Rechnung so genau studiert.

**Die Innenstadt ist voller Touristen und sehr aufgemotzten Lokalen, hinter denen sich meist Touristenfallen verbergen. Gibt es in der Nähe der Altstadt überhaupt ein ordentliches Lokal, in dem man zu einem fairen Preis authentische tschechische Gerichte serviert bekommt?** Im Stadtzentrum kann ich das Lokál (S. 177) oder eines der Original Pilsner-Urquell-Franchise-Restaurants empfehlen, z. B. das Kolkovna (S. 176).

**Können Sie uns ein paar Brewsta-Favoriten nennen? Wenn Sie nur die Gelegenheit zu ein paar Mahlzeiten in Prag hätten – wohin würden Sie gehen?** Ein tolles Restaurant mit einer guten Küche, das sowohl morgens als auch zum Mittag- und Abendessen empfehlenswert ist, ist das Café Savoy (S. 174). Zu meinen persönlichen Lieblingslokalen zählen das Aromi (S. 181), das Céleste (S. 178), das Perpetuum (S. 185), die Osteria Da Clara (S. 181), das Noi (S. 174), das Bohemia Bagel (S. 186) und die Potrefená-Husa-Restaurants.

*Das Interview mit dem Czech-Please-Blogger „Brewsta" führte Mark Baker.*

### SUTERÉN
Karte S. 118 f. — International €€

**☎ 224 933 657; Masarykovo nábřeží 26, Nové Město; Hauptgerichte 275–400 Kč; Mo–Sa 11.30–24 Uhr; 17, 21**

„Das Souterrain" ist ein wunderschöner Keller, in dem moderne Möbel hervorragend mit den alten roten Backsteinen und den Holzbalken harmonieren. Cremefarbene Leinenstühle an glänzend-schwarzen Tischen mit einer einzigen tieflila Rose in der Mitte gruppieren sich um eine runde Glasbar mit einem farbenfrohen Aquarium entlang der Wand. Der Schwerpunkt der Karte liegt auf Meeresfrüchten, Rindfleisch und Wild, bietet aber auch Ausgefallenes wie gegrillten Lachs, gefüllt mit einer Safrancreme, zu dem ein Erbsen-Minz-Pfannkuchen serviert wird. Eher traditionell ist da die Lammkeule mit Rosmarinsoße und Kartoffelpüree.

### U MATĚJE KOTRBY
Karte S. 118 f. — Tschechisch €€

**☎ 224 930 768; Křemencova 17, Nové Město; Hauptgerichte 130–390 Kè; 12–23 Uhr; 6, 9, 18, 21, 22**

Dieses echt tschechische Lokal ist nur 50 m entfernt von der Touristenfalle U Fleků entfernt – eine stimmungsvolle Kneipe mit mehr Objekten, Musikinstrumenten und alten Fotos, als es in einem durchschnittlichen Antiquitätenladen gibt, und vor allem mit einer Speisekarte mit klassischen tschechischen

Gerichten von Gulasch mit Pilsner Urquell bis zur Schweinshaxe mit Schwarzbier, Senf und Meerrettich. Darüber hinaus gibt es eine Auswahl an traditionellen Brotzeiten wie *utopenci* (in Essig eingelegte Wurst), tschechischen Käse mit Walnüssen und Oliven oder *libová tlačenka* (Schweinesülze), die auf der Speisekarte lustigerweise mit „home-made headcheese", also „Hausmacher Kopfkäse" übersetzt ist.

**NA RYBÁRNĚ** Karte S. 118 f. Meeresfrüchte €€

**☎ 224 918 885; Gorazdova 17, Nové Město; Hauptgerichte 100–300 Kč; Mo–Fr 10–23, Sa & So 11–23 Uhr; 17, 21**

Das bescheidene kleine Fischrestaurant gibt es schon fast ein Jahrhundert lang. Hier wurden in dieser Zeit schon viele Berühmtheiten bewirtet – der Schrifsteller Karel Čapek ebenso wie Ex-Präsident Václav Havel, Rolling-Stones-Sänger Mick Jagger und die ehemalige Außenministerin Madeleine Albright. Auf der Karte finden sich Lachs, Thunfisch, Tintenfisch und Langusten, die besten Gerichte sind aber die einfachsten und traditionellsten: Forelle in Kräuterbutter und Tagesspezialitäten wie gebackener Karpfen oder gegrillter Aal mit Zitronenbutter.

**MODRÝ ZUB** Karte S. 118 f. Asiatisch €

**☎ 222 212 622; Jindrvíšská 5, Nové Město; Hauptgerichte 165–275 Kč; Mo–Fr 11–22.30, Sa & So 12–22 Uhr; 3, 9, 14, 24; V**

Die glatte, stylische und verdientermaßen beliebte Nudelbar eignet sich bestens für eine schnelle Dosis Chili und Ingwer. Sie liegt nur ein paar Schritte entfernt von den viel besuchten, aber auch überteuerten Lokalen am Wenzelsplatz. Die Gäste sitzen auf hohen Bänken entlang der Wand oder erwischen mit Glück einen der kleinen quadratischen Tische in Fensternähe und genießen daran eine Auswahl asiatischer Köstlichkeiten wie Dim Sum, warme Thaisalate, rote, grüne oder gelbe Thai-Currys sowie Frittiertes mit asiatischen Gewürzen. Nudeln lassen sich in allen Variationen bestellen – z. B. leckere Pad Thai mit Huhn oder Garnelen.

**U NEKLANA** Karte S. 140 f. Tschechisch €

**☎ 224 916 051; Neklanova 30, Vyšehrad; Hauptgerichte 140–290 Kč; 11–24 Uhr; 7, 18, 24**

U Neklana ist eine einladende Bierstube, die sich in einen Winkel eines der coolsten Apartmenthäuser Prags – eines kubistischen Klassikers von 1915 – schmiegt. In der fröhlichen roten Farbe der Budvar-Brauerei gehalten, tischt sie herzhafte tschechische Kost wie eine Kartoffelsuppe mit Pilzen in einem ausgehöhlten Roggenbrotlaib auf (die Karte ist auf Tschechisch, Englisch und Deutsch abgefasst). Hits der 80er-Jahre trällern aus einer Jukebox und schaffen einen angemessenen Retro-Soundtrack.

**KARAVANSERÁJ** Karte S. 118 f. Libanesisch €

**☎ 224 930 390; Masarykovo Nábřeží 22, Nové Město; Hauptgerichte 90–260 Kč; Mo–Do 11–23, Fr 11–24, Sa 12–24, So 12–22 Uhr; 17, 21; V**

Das Karavanseráj ist die Heimat eines Travellerclubs, eines Restaurants und eines Teesalons. Tische mit Körbstühlen und Batikdecken, orientalischer Schnickschnack und eine Bibliothek mit Reiseführern sorgen für eine entspannte, einladende Atmosphäre. Die Gerichte auf der Karte sind meist libanesisch: Baba Ganoush, Falafel, Hummus und Lamm-Kebab, dazu ein paar indische Gerichte. Die Auswahl an Teesorten ist beeindruckend. Familien mit Nachwuchs werden sich wohlfühlen: Die Angestellten sind kinderfreundlich, es gibt Hochstühle, halbe Portionen, Spielzeug und Malgerät.

**SIAM ORCHID** Karte S. 116f. Thailändisch €€

**☎ 222 319 410; Na Poříčí 21, Nové Město; Hauptgerichte 150–210 Kč; 10–22 Uhr; 3, 8, 24, 26**

Die Einrichtung ist nicht gerade vielversprechend – ein Haufen Plastiktische und -stühle auf einem Balkon im 1. Stock einer Einkaufspassage neben einem Kaufhaus. Aber das kleine Restaurant neben einem Thai-Massagestudio bietet eine der besten Thaiküchen der Stadt. Egal, ob man knusprige, fettfreie *po-pia thot* (Frühlingsrollen mit Schweinefleisch und schwarzen Pilzen) oder saftige *kai sa-te* (Hünchen-Saté) oder das feurige *kaeng khiao wan kai* (Huhn in grünem Curry mit Basilikum) bestellt: Alles schmeckt köstlich.

**COUNTRY LIFE** Karte S. 118 f. Vegetarisch €

**☎ 224 247 280; Jungmannova 1, Nové Město; Hauptgerichte 60–180 Kč; Mo–Fr 8.30–18 Uhr; 3, 9, 14, 24; V**

Country Life ist ein Bio-Restaurant im Cafeteria-Stil mit ausschließlich veganen Gerichten. Die Gäste bedienen sich am Büffet und zahlen an der Kasse nach Gewicht. Die Filiale hat nur vier Tische, die meisten nehmen hier ihr Essen mit. Wer gerne in Ruhe am Tisch essen will, sollte lieber den Laden in der Altstadt (S. 177) besuchen.

### PIZZERIA KMOTRA Karte S. 118 f. Pizza €

**☎ 224 934 100; V Jirchářích 12, Nové Město; pizza 100–160 Kč; 🕓 11–24 Uhr; Ⓜ Národní Třída; v**

„Die Patin" ist eine der ältesten und besten Pizzerien von Prag. Sie fährt mehr als zwei Dutzend Pizzavariationen auf, von der Margherita bis zur Marinara, die in einem echten Holzofen gebacken werden. Man kann oben neben dem Tresen oder unten im Keller sitzen, wo der Koch den Pizzateig in der offenen Küche knetet. Rauchen ist überall verboten. Da nach 20 Uhr viel los ist, sollte man sich vorher einen Tisch sichern.

## VINOHRADY & VRŠOVICE

Außerhalb des Zentrums findet man in Vinohrady die größte Dichte an guten Restaurants – die Auswahl steigt, je teurer und begehrter das Viertel wird. Viele Lokale liegen um den Náměstí Míru sowie an der langen Wohnstraße Mánesova, die parallel zur Vinohradská zwischen den Metrostationen Muzeum und Jiřího z Poděbrad verläuft. Vršovice, ein Arbeiterviertel, beginnt am Südostende von Vinohrady. Hier findet man ein paar angenehme Überraschungen, darunter eines der besten toskanischen Lokale der Stadt.

### AROMI Karte S. 134 Italienisch €€€

**☎ 222 713 222; Mánesova 78, Vinohrady; Hauptgerichte 450–600 Kč; 🕓 Mo–Sa 12–23, So 12–22 Uhr; Ⓜ Jiřího z Poděbrad oder 🚋 11**

Rote Ziegel, poliertes Holz, Landhausmöbel sowie Rosmarin- und Tyhmianzweige auf jedem Tisch sorgen in diesem italienischen Gourmetrestaurant für eine rustikale Atmosphäre. Lebhaft und geschäftsmäßig geht es in der Mittagszeit zu, abends wird es romantisch. Aromi hat einen hervorragenden Ruf wegen seiner original-italienischen Gerichte wie die *zuppa di cannellini* (Cannellinibohnensuppe) oder der *branzino al guazzetto* –den in Salzkruste gebackenen Wildbarsch. Meeresfrüchte sind die Spezialität des Hauses. Beim Service wird ein wenig übertrieben: Der eine Ober bringt die Spezialkarte, der nächste schenkt Wasser ein, ein dritter bringt den Brotkorb ..., aber darüber sollte man hinwegsehen und sich einfach verwöhnen lassen.

### AMBIENTE Karte S. 134 International €€

**☎ 222 727 851; Mánesova 59, Vinohrady; Hauptgerichte 200–450 Kč; 🕓 Mo–Fr 11–24, Sa & So 12–24 Uhr; Ⓜ Jiřího z Poděbrad oder 🚋 11**

„Ambiente" bedeutet auch Atmosphäre. Und die warmen gelben Wände, Bänke, Bambus-Korbstühle und Arbeiten aus Mahagoniholz schaffen im Flaggschiff der gut geführten Ambiente-Kette eine entspannte solche. Auf der amerikanisch angehauchten Speisekarte stehen Salate (darunter Caesar, Ziegenkäse, gebratenes Gemüse, Avocado), leckere Nudelgerichte, gegrillte Rippchen, Fajitas, Steaks und Hühnerflügel. Dazu gibt es super Hausweine für rund 90 Kč pro Glas.

### MOZAIKA Karte S. 134 International €€

**☎ 224 253 011; Nitranská 13, Vinohrady; Hauptgerichte 220–400 Kč; 🕓 11.30–23 Uhr; Ⓜ Jiřího z Poděbrad**

Heute ist das Mozaika nicht mehr der Geheimtipp, der es noch vor wenigen Jahren war, doch noch immer zählt es zu den besten Restaurants der Gegend. Im Stil eines französischen Bistros eingerichtet, gibt es hier *tournedos* und *bœuf bourguignon* neben internationalen Vorspeisen wie gegrillten Schweinerippchen und Lachs in Seetang (mit Wasabi-Kartoffelpüree). Der Service ist sehr gut, dazu kommt die in Prag eher seltene gute Auswahl an offenen Weinen. Bei schönem Wetter sollte man sich einen Platz auf der kleinen Terrasse am Bürgersteig reservieren.

### AMIGOS Karte S. 134 Mexikanisch €€

**☎ 222 250 594; Anny Letenské 16 (Ecke Mánesova), Vinohrady; Hauptgerichte 200–400 Kè; 🕓 11.30–24 Uhr; Ⓜ Muzeum oder 🚋 11**

Bei Amigos, von der Metrostation Muzeum ein paar Schritte die Mánesova hoch gelegen, gibt es ordentliche mexikanische und südamerikanische Gerichte, beispielsweise leckere Burritos, Tacos, Enchiladas und Quesadillas sowie Steaks, Hamburger, frittierte Gerichte und große Salate. Die Atmosphäre erinnert eher an eine Kneipe als ein Restaurant und kann rau werden. Sehr amüsant.

### OSTERIA DA CLARA Karte S. 134 Italienisch €€

**☎ 271 726 548; Mexická 7, Vršovice; Hauptgerichte 200–400 Kč; 🕓 Mo–Fr 11–15 & 18–23, Sa 12 bis 15.30 & 18–23 Uhr; Ⓜ Náměstí Míru & 🚋 4, 22**

Die winzige Trattoria im toskanischen Stil bietet eine der authentischsten und preisgünstigsten italienischen Küchen der Stadt – allerdings braucht man einen guten Stadtplan oder ein Taxi, um dorthin zu finden. Die Karte wechselt monatlich, immer sind aber eine Handvoll kreativer Pastagerichte und verschiedenste Hauptgerichte mit Ente, Rind, Schwein oder Meeresfrüchten enthalten. Der

Chef wirbt damit, immer die besten Zutaten einzukaufen, die er finden kann, darunter frische Meeresfrüchte aus Italien, die jeden Mittwoch und Freitag angeliefert werden. Auch deshalb sollte man im Vorfeld reservieren – und weil es nur acht Tische gibt.

**PASTIČKA** Karte S. 134 Tschechisch €€

**☎ 222 253 228; Blanická 25 (Ecke Mánesova), Vinohrady; Hauptgerichte 200–400 Kč; ⏲ Mo–Fr 11–20, Sa & So 17–23 Uhr; Ⓜ Jiřího z Poděbrad oder 🚊 11**

Die einladende Kneipe mit einem kleinen Hinterhofgarten ist eine nette Adresse für ein Bier oder ein Essen. Die Einrichtung entspricht in Teilen noch dem Stil des Prag der 1920er-Jahre, zum anderen Teil der eines irischen Pubs. Abends füllen sich die Tische entlang der Theke mit Studenten. Viele kommen auf ein Bier, aber auch die Mischung aus internationalen und tschechischen Speisen ist sehr gut. Mittags wird bei gutem Wetter der Garten mit einheimischen Angestellten bevölkert.

**U BILÉ KRÁVY**
Karte S. 134 Französisch, Steakhouse €€

**☎ 224 239 570; Rubešova 10, Vinohrady; Hauptgerichte 150–300 Kč; ⏲ Mo–Fr 11.30–23, Sa 17–23 Uhr; Ⓜ Náměstí Míru oder Muzeum**

Eine gute Adresse für Freunde eines saftigen Steaks. Das unter französischer Leitung stehende Bistro im Lyonnaiser Stil brät Steaks, die zu den besten und günstigsten der Stadt zählen. Der Name „Weiße Kuh" ist eine Referenz an die weißen Charolais-Kühe aus dem Burgund, die das Fleisch für die Steaks – das Aushängeschild des Lokals – liefern. Der Küchenchef schwört, dass das Fleisch nie tiefgefroren wurde und dass es 21 Tage abhängt: Nur so erreicht es seine unglaubliche Zartheit und den Geschmack. Ebenfalls hervorragend sind das authentische Bistro-Ambiente, der aufmerksame Service und die exzellente Weinauswahl. Die Weine werden sowohl im Glas als auch in der Flasche ausgeschenkt. Das Lokal ist etwas schwer zu finden, denn es liegt in einer abgelegenen Straße gleich hinter dem Nationalmuseum (Národní Muzeum) – von der Metrostation Muzeum lässt es sich aber leicht erreichen.

**CHEERS** Karte S. 134 International €

**☎ 222 513 108; Ecke Náměstí Míru & Belgická, Vinohrady; Hauptgerichte 150–340 Kč; ⏲ 11–23 Uhr; Ⓜ Náměstí Míru**

Das Cheers könnte man als moderene Ausgabe einer traditionellen tschechischen Kneipe bezeichnen: Die Besitzer haben helle und leuchtende Farben gewählt, es wurde viel Edelstahl verarbeitet und das Ganze mit zeitgenössischer Kunst verschönert. Die Karte bietet viele tschechiche Gerichte wie Gulasch, gebratenes Huhn und Schwein und *smaz/vený sýr* (gebratener Käse). Über Mittag wird es ziemlich voll, denn das Lokal gehört zu den Favoriten der in der Umgebung arbeitenden Angestellten. Wen überrascht das: Die ausgesprochen preiswerten Mittagsangebote schonen den Geldbeutel.

**CHUDOBA** Karte S. 134 Tschechisch €

**☎ 222 250 624; Vinohradská 67, Vinohrady; Hauptgerichte 130–260 Kč; ⏲ Mo–Sa 11–1, So 11–24 Uhr; 🚊 11**

Das relativ schicke tschechische Restaurant liegt exquisit in einem grünen Teil von Vinohradská. Die Gäste sind überwiegend Yuppies und Paare, die sich nach der Arbeit einen Drink und eine sehr gute, preiswerte Mahlzeit genehmigen. Die Einrichtung macht einen auf „Alt-Vinohrady", an den Wänden hängen vergilbte Fotos und die Fußböden sind aus poliertem Holz. Die Küche ist tschechisch und europäisch. Neben Standardgerichten wie Entenbraten und Gulasch stehen Schweinekoteletts und ein sehr herzhaftes Fleischfondue auf der Speisekarte. Bei gutem Wetter kann man draußen sitzen.

**MASALA** Karte S. 134 Indisch €

**☎ 222 251 601; Mánesova 13, Vinohrady; Hauptgerichte 150–250 Kč; ⏲ Mo–Fr 12–23, Sa & So 17–23 Uhr; Ⓜ Muzeum oder 🚊 11**

Das hat Prag noch gefehlt: ein hervorragendes, einfaches indisches Restaurant mit der guten Küche und ohne die erdrückende Atmosphäre der meisten indischen Restaurants von Prag. Das indische Ehepaar, von dem das Masala geführt wird, bemüht sich um einen Service wie zu Hause, der eine entspannte Atmosphäre mit guter Hausmannskost verbindet. Zu kritisieren ist nur, dass die Gerichte etwas mehr Schärfe vertragen könnten. Bei unserem letzten Besuch war im Lamm *rogan josh* etwas Ketchup, aber das Fleisch war zart und das Naan-Brot genau richtig: knusprig am Rand und weich in der Mitte.

**U DĚDKA** Karte S. 134 International €

**☎ 222 522 784; Na Kozaèce 12, Vinohrady; Hauptgerichte 150–250 Kč; ⏲ Mo–Fr 10–23, Sa 14–1 Uhr; Ⓜ Námìstí Míru, 🚊 4, 22**

Das angenehm elegante Restaurant mit einer ruhigen, baumbestandenen Vorderterrasse liegt am Ende von Voroněžská an der Grenze zwischen Vinohrady und Vršovice. Die moderne Einrichtung zieht tschechische Angestellte, Studenten und Touristen aus der nahe gelegenen Pension an. Die Speisekarte bietet eine Mischung tschechischer Spezialitäten und Kneipengerichte wie Hühnerquesadillas und Cheeseburger. Letztere sind in dieser Gegend zweifellos die besten.

### CAFÉ FX Karte S. 134 — Vegetarisch €

**☎ 224 254 776; Bělehradská 120, Vinohrady; Hauptgerichte 120–240 Kč; 🕑 11–24 Uhr; Ⓜ IP Pavlova; Ⓥ**

Fast zwei Jahrzehnte lang war das Café FX das einzige vegetarische Lokal in den Straßen rund um die Metrostation IP Pavlova. Die Gerichte – meist Salate, Pfannengerichte und vegetarische Burger – sind immer noch gleichbleibend gut. Seit der Eröffnung hat sich an der Karte nur wenig geändert, sodass einen das Gefühl beschleicht, bei dem Lokal handele es sich um ein Auslaufmodell. Diese Meinung scheinen die Gäste nicht zu teilen: Fast immer ist das Café gut mit Studenten, dem einen oder anderen Geschäftsmann und Clubbesuchern gefüllt. Das Café ist Teil des Nachtclubs Radost FX (S. 210), was der Lokalität etwas Glanz und Glitter verleiht (was leider weniger für die Toiletten gilt, neben denen die öffentlichen Toiletten der Metrostationen noch gut aussehen).

### LAS ADELITAS Karte S. 134 — Mexikanisch €

**☎ 222 542 031; Americká 8, Vinohrady; Hauptgerichte 150–200 Kč; 🕑 Mo–Fr 11–23, Sa & So 14–23 Uhr; Ⓜ Náměstí Míru**

Der kleine, nüchterne Mexikaner wird von einer Gruppe mexikanischer Freunde geführt – ihre Gerichte kommen schon sehr nah an die Originalgerichte heran. Köstliche Tacos, Burritos und Enchiladas werden hier mit viel Liebe aus selbst gebackenen Tortillas zubereitet. Das Ambiente wirkt ein bischen steril, aber wer geht auch schon auf der Suche nach einem Candle-Light-Dinner zu einem Mexikaner? Las Adelitas ist einfach nur sehr gut und dazu auch noch recht günstig.

### PIZZERIA GROSSETO
Karte S. 134 — Italienisch, Pizza €

**☎ 224 252 778; Francouzská 2, Vinohrady; Hauptgerichte 120–180 Kč; 🕑 11.30–23 Uhr; Ⓜ Námìstí Míru; Ⓥ**

Die geschäftige Pizzeria in Vinohrady, nahe Náměstí Míru, serviert sehr gute Pizzas mit innovativem Belag wie Spargel und Ricotta sowie hausgemachte Nudeln und originelle Nachspeisen. Meistens bekommt man in Prag nur die Standardpizzas, beispielsweise mit Schinken oder Salamischeiben und Pilzen – aber nicht hier. Die Gartenterrasse hinten ist ein verstecktes Juwel und eine Art Geheimtipp. Um sie zu finden, muss man am Vordereingang der Pizzeria vorbei Richtung Francouzská und dann rechts durch einen kleinen Durchgang gehen.

### HA NOI Karte S. 134 — Vietnamesisch €

**☎ 222 514 448; Slezská 57, Vinohrady; Hauptgerichte 80–100 Kč; 🕑 Mo–Fr 10–20, Sa 14–23 Uhr; Ⓜ Jiřího z Poděbrad oder Flora**

Obwohl in Prag Tausende vietnamesische Immigranten leben und arbeiten, ist es nahezu unmöglich, in Prag, abgesehen von einer Privateinladung, gut vietnamesisch essen zu gehen. Ha Noi ist unter der Handvoll mittelmäßiger vietnamesischer Lokale sicher das Beste. Gute Frühlingsrollen (frisch und knusprig) und zwei jahreszeitlich wechselnde *pho* (Rindfleisch- oder Hühnerbrühe mit Nudeln) stehen zur Auswahl. Die unspektakuläre Einrichtung – lediglich ein paar Holztische und der typische südostasiatische Kitsch – spricht dafür, hier eher mittags als für ein schönes Abendessen einzukehren.

## ŽIŽKOV & KARLÍN

Žižkov ist eher für seine Kneipen als für seine Restaurants berühmt, aber auch hier eröffnen jedes Jahr ein paar neue Lokale – eine willkommene Ergänzung zu den inzwischen in die Jahre gekommenen Häusern. In Karlín kann man nicht wirklich ein Restaurant empfehlen, aber wer in der Gegend ist, sollte dem Pivovarský Klub (S. 200) einen Besuch abstatten: Die Kneipe serviert gutes, traditionelles Kneipenessen.

### HANIL Karte S. 140 — Japanisch, Koreanisch €€

**☎ 222 715 867; Slavíkova 24, Žižkov; Hauptgerichte 350–500 Kč; 🕑 Mo–Sa 11–14.30 & 17.30–23, So 17.30–23 Uhr; Ⓜ Jiří z Podìbrad**

Weiße Wände, Trennwände aus hellen Holzgittern, Papierlampions und polierte Tische aus Granit sorgen für eine entspannte, ungezwungene Atmosphäre. Geschäftsleute, Einheimische und Ausländer genießen hier die authentische japanische und koreanische Küche ohne das Trara und die Förmlichkeit der teuren asiatischen Restaurants. Probieren sollte man unbedingt eine Schale leckeren *bibimbap* (Reis mit Fleisch, eingelegtem Gemüse und scharfer Pfefferpaste) oder einen Sashimi-Teller – das Sushi ist wahrscheinlich das preiswerteste in der ganzen Stadt (70–150 Kč pro Stück).

### MAILSI Karte S. 140 Pakistanisch €€

**☎ 222 717 783; Lipanská 1, Žižkov; Hauptgerichte 200–400 Kč; 🕑 12–15 & 18–23.30 Uhr; 🚊 5, 9, 26; Ⓥ**

Mailsi war das erste pakistanische Restaurant von Prag und ist mit seiner authentischen, hausgemachten Curryküche immer noch eines der besten. Das Äußere ist unscheinbar. Nur die Qawwali-Musik leitet einen in den attraktiv gestalteten, grün-dunkelroten Speisesaal mit einem tropischen Aquarium. Der Service ist höflich und das Essen lecker, auch wenn die Preise in den letzten Jahren stark angezogen haben. Das *bhaji* ist etwas einfach (nur dünn geschnittene Zwiebeln und Kartoffeln, die in würzigen Teig getaucht und frittiert werden), aber leicht und kross. Das *murgh dal* besteht aus zartem Huhn mit Kumin-Linsen-Soße.

### KUŘE V HODINKÁCH

Karte S. 140 Tschechisch, International €

**☎ 222 734 212; Seifertova 26, Žižkov; Hauptgerichte 85–220 Kč; 🕑 Mo–Fr 11–1, Fr 12–1, So 18–1 Uhr; 🚊 5, 9, 26**

Die Rockkneipe wurde nach dem 1972 erschienen Album der tschechischen Jazz-Rockband Flamengo benannt, die von den kommunistischen Behörden verboten wurde (der Name bedeutet „Hühner auf der Hut" – es waren schließlich die 70er-Jahre, psychedelische Drogen und all das Zeug …). Überall sieht man Erinnerungsstücke an die Rockmusik. Die Kneipe besteht aus einer gut besuchten Straßenbar und einem eher intimen Gewölbekeller. Alles ist etwas teurer als in den meisten anderen Kneipen in Žižkov und die Gerichte entsprechend gut. Auf der Karte finden sich u. a. ein Pilzragout mit Gnocchi und Sauerrahm, ein Caesar Salad, mit Ingwer, Honig und Chili marinierte und gegrillte Hühnerflügel sowie ein schweres, dunkles und sehr leckeres Gulasch mit Speckknödeln.

### RESTAURACE AKROPOLIS

Karte S. 140 International €

**☎ 296 330 913; Kubelíkova 27, Žižkov; Hauptgerichte 80–230 Kč; 🕑 Mo–Do 11–0.30, Fr 11–1.30, Sa & So 15–0.30 Uhr; 🚊 5, 9, 26; Ⓥ**

Das Café im berühmten Club Palác Akropolis (S. 213) ist eine Institution in Žižkov. Die etwas exzentrische Einrichtung ist ein Mix aus Marmortafeln, merkwürdigen Metallleuchten und komischen Aquarieninstallationen des lokalen Künstlers František Skála. Die Karte präsentiert eine gute Auswahl an vegetarischen Gerichten – Nachos, Gnocchi, eine köstliche Knoblauchsuppe, irre scharfe Hühnerflügel und ein Steak Tartare. Kinder sind willkommen (müssen aber mit der verrauchten Luft leben) – für sie gibt es Spielzeug und Malbücher. Gleiches gilt für Hunde – auf einer eigenen Karte können Herrchen oder Frauchen Hundekuchen und Kauknochen aussuchen.

## HOLEŠOVICE, BUBENEČ & DEJVICE

Die Viertel nördlich und westlich der Innenstadt haben endlich gute Restaurants zu bieten. Die meisten besseren Lokale konzentrieren sich in den Wohnstraßen um die Metrostation Dejvická. Einige weitere befinden sich einen kurzen Fußweg vom Strossmayerovo náměstí entfernt. Im äußersten Osten von Holešovice gab es einen Bauboom, ohne dass viele gute Lokale entstanden wären, aber ein paar neue Adressen gibt es sogar hier.

### DA EMANUEL Karte S. 144 f. Italienisch €€€

**☎ 224 312 934; Charlese De Gaulla 4, Dejvice; Hauptgerichte 500–700 Kč; 🕑 12–23 Uhr; Ⓜ Dejvická oder 🚊 8**

Das kleine, elegante Restaurant in einer ruhigen Wohnstraße ist in italienischem Besitz und eines der guten Restaurants von Dejvice. Der Hauptspeisesaal befindet sich romantisch unter einer Bogendecke aus Backstein. Drin stehen rund ein Dutzend Tische mit weißer Tischdecke, auf der Vasen mit frischen Blumen stehen. Zu empfehlen sind die *tagliata con rucola* (zarte Scheiben Filet mignon mit Rucola) und die Muscheln mit salziger Tomatensoße. Da das Lokal so klein ist, muss man im Voraus reservieren.

### HANAVSKÝ PAVILÓN

Karte S. 144 f. Tschechisch, International €€€

**☎ 233 323 641; Letenské sady 173, Bubeneč; Hauptgerichte 345–490 Kč; 🕑 11–1 Uhr, Terrasse 11–23 Uhr; 🚊 18**

Der hoch über der Moldau auf einer Terrasse stehende neobarocke und reich ausgeschmückte Pavillon wurde 1891 errichtet. Das darin liegende hübsche Restaurant bietet einen traumhaften Postkartenblick auf die Moldaubrücken – von April bis September kann man auf der Terrasse speisen. Ein dreigängiges Festpreismenü (ab 375 Kč) umfasst tschechische Klassiker.

**MIRELLIE** Karte S. 144 f. Italienisch €€

**☎ 222 959 999; VP Čkalova 14, Dejvice; Hauptgerichte 180–410 Kč; 🕑 11–23 Uhr; Ⓜ Dejvická oder Hradčanská**

Angesichts der Preise im Da Emanuel, die jede Reisekasse sprengen, schrie die Stadt förmlich nach einem bezahlbaren italienischen Restaurant: Die Geburtsstunde von Mirellie. Wie viele „italienische" Lokale der Stadt wird Mirellie von ex-jugoslawischen Besitzern geführt, die in den 1990er-Jahren in Scharen nach Prag kamen. Das sollte aber keinen davon abhalten, das hervorragende Rindfleisch-Carpaccio (zu dem ein scharfes „Pizzabrot" serviert wird) zu probieren und anschließend ein Pastagericht aus selbst gemachten Nudeln und scharfem Lammragout zu bestellen. Die Meeresfrüchte sind frisch, die Pizzas ebenfalls sehr gut, relativ günstig und sättigend.

**KAVALA** Karte S. 144 f. Griechisch €€

**☎ 224 325 181; Charlese De Gaulla 5, Dejvice; Hauptgerichte 290–350 Kč; 🕑 11.30–23.30 Uhr; Ⓜ Dejvická oder 🚋 8**

Wenn Da Emanuel (S. 184) ausgebucht ist, kann man diese griechische *taverna* auf der anderen Straßenseite probieren. Im Angebot sind die üblichen Klassiker wie Souvlaki und Moussaka, außerdem leckere *mezze* (320 Kč) mit Meeresfrüchten, die für eine ganze Mahlzeit ausreichen. Der Speisesaal mit in Tupftechnik gestalteten Wänden und hellem Holz ist ein bisschen zu adrett – besser ist es im Garten vorne. Die Greek Society unterhält nebenan einen Lebensmittelladen, in dem man frische Oliven, griechischen Wein, echten griechischen Joghurt und frischen Feta bekommt.

**ČÍNSKÁ ZAHRADA** Karte S. 144 f. Chinesisch €€

**☎ 233 379 656; Šmeralová 11, Bubeneč; Hauptgerichte 150–300 Kč; 🕑 11–23 Uhr; 🚋 1, 8, 15, 25, 26**

Čínská Zahrada (Chinesischer Garten) ist ein Nachbarschaftslokal, das so authentisch kocht, dass die Leute aus der ganzen Stadt dorthin fahren. So kann es durchaus sein, dass man zur Mittagszeit ganze Schlangen von asiatischen Pragbesuchern in Richtung Lokal strömen sieht. Die ziemlich scharfen „dry fried chicken" (Hühnerstücke, die mit Knochen in roten Pfefferflocken gekocht werden) zählen zu den beliebtesten Gerichten und werden vom Personal besonders gerne empfohlen. Bei schönem Wetter isst man auf der Terrasse.

**IL GATTOPARDO** Karte S. 144 f. Italienisch €€

**☎ 774 999 027; Šmeralová 15, Bubeneč; Hauptgerichte 140–300 Kč; 🕑 11–23 Uhr; 🚋 1, 8, 15, 25, 26**

Das von einer Familie geführte italienische Restaurant mit Lebensmitteladen liegt in der Nähe des Letenské Náměstí, ist aber nicht ganz leicht zu finden (die Räumlichkeiten liegen im Erd- und Untergeschoss eines Stadthauses). Aber die Suche lohnt sich: Fast alle Zutaten werden aus Sizilien importiert, sodass alles sehr authentisch schmeckt (was von vielen sogenannten Italienern der Stadt nicht behauptet werden kann). Das gilt für die Pastagerichte genau so wie für die Salate und die Tagesgerichte (unter 200 Kč). Die Weinauswahl (die Mehrzahl der Weine stammt aus Sizilien) ist beeindruckend und dennoch bezahlbar. Der Besitzer und Chefkoch Salvatore macht auch seine Eiscreme se

**SASAZU** Karte S. 144 f. Asiatisch €€

**☎ 284 097 455; Bubenské Nábřeží 306 (im Holešovice-Markt), Holešovice; Hauptgerichte 240–480 Kč; 🕑 So–Do 12–24, Fr & Sa 12–1 Uhr; Ⓜ Vltavská & 🚋 1, 3, 5, 25**

Das gehobene asiatische Restaurant gehört zum gleichnamigen Club (S. 210) und war die heißeste Neuerscheinung 2009. So etwas hatte die arbeitende Klasse in Holešovice noch nicht gesehen! Der Chefkoch Shahaf Shabtay hat fünf südostasiatische Kochstile importiert und mixt nun die Kochtraditionen Indiens, Malaysias, Indonesiens, Thailands und Singapur. Die Preise der Vorspeisen sind angesichts dessen, was angeboten wird (ein vietnamesisches Ga-Curry kostet z.B. 180 Kč), nicht überzogen. Allerdings sollte man keine all zu großen Portionen erwarten. Und 100 Kč für eine Flasche Wasser bzw. 50 Kč für ein Bier (ein kleines wohlgemerkt) lassen die Rechnung doch ziemlich flott in die Höhe schnellen. Andererseits bekommt man hier wirklich asiatische Küche von Weltformat serviert. Donnerstags, freitags und samstags geht abends nichts ohne eine Reservierung – einfach vorbeischauen in der Hoffnung auf einen freien Tisch ist aussichtslos.

**PERPETUUM** Karte S. 144 f. Tschechisch €€

**☎ 233 323 429; Na Hutích 9, Dejvice; Hauptgerichte 230–380 Kč; 🕑 Mo–Sa 11.30–23 Uhr; Ⓜ Dejvická**

Die hervorragend zubereitete Ente zählt sicher zu den kulinarischen Höhepunkten eines Besuchs in Tschechien – schließlich zählt sie ja auch zu den Nationalgerichten. Im Perpetuum beherrscht die Ente die Speisekarte – die Jungs in der Küche wissen, wie sie perfekt zubereitet werden muss. Zu empfehlen ist der tschechische Klassiker Entenbraten mit Knödeln und Rotkraut. Wildente oder die süßlich schmeckende Barbarieente sind verlockende Alternativen. Genau genommen ist aber alles lecker ... Und der ruhige Speisesaal ist romantisch genug für ein erinnerungswürdiges Abendessen. Während der Essenszeiten besteht ein Rauchverbot.

### SAKURA Karte S. 144 f. Japanisch €€

**☎ 774 785 077; Náměstí Svobody 1, Dejvice; Hauptgerichte 180–320 Kč; 🕒 11–22 Uhr; Ⓜ Dejvická**
Das Sakura ist sicher eines der besten Sushi-Lokale der Stadt! Die Räume liegen in einem eleganten, funktionalistischen Gebäude aus den 1930er-Jahren, die offenen Innenräume sind eine angenehme Mischung aus zeitgenösssischer japanischer und tschechischer Moderne. Selbst an einen kleinen Spielbereich für Kinder wurde gedacht. Die Sushis werden hervorragend zubereitet, am besten sind allerdings die Rollen. Die „Vulkan"-Rollen sind mit scharfem Thunfisch gefüllt; andere werden leicht frittiert und mit kurz gekochtem Lachs gefüllt.

### MOLO 22 Karte S. 144 f. International €€

**☎ 220 563 348; U Průhonu 22, Holešovice; Hauptgerichte 160–280 Kč; 🕒 Mo–Fr 8–24, Sa & So 9–24 Uhr; Ⓜ Vltavská & 🚊 5, 12, 15**
Das schicke Restaurant – die Einrichtung besteht aus dunklen Holzpaneelen und limettengrünen Akkzenten – liegt gleich gegenüber des Tanzclubs Mecca (S. 210) – ein optimistisch stimmendes Highlight in einer ansonsten eher heruntergekommenen Straße am Ostende von Holešovice. Die ehrgeizige Karte bietet neben italienischen Risottogerichten auch thailändische Currys und beliebte tschechische Klassiker wie *Svíčková na smetaně* und Entenbraten. Allerdings könnte der Koch etwas sparsamer mit dem Salz umgehen. Hervorragend ist der Käsekuchen zum Nachtisch.

### BOHEMIA BAGEL Karte S. 144 f. International €

**☎ 220 806 541; Dukelských Hrdinů 48,Holešovice; Hauptgerichte 120–240 Kč; 🕒 9–23 Uhr; 🚊 5, 14, 15, 17**
Als diese Filiale von Bohemia Bagel 2007 eröffnet wurde, bejubelte man das Ereignis als die bevorstehende Wiedergeburt von Holešovice. Das hat nicht ganz funktioniert, aber das Lokal ist nach wie vor die beste Adresse in der Gegend für Sandwiches und gute, leichte Mahlzeiten. Hier bekommt man die übliche Auswahl an Bagels, Frühstücksvariationen und Burger, außerdem geschmorten Thunfisch und Filet Mignon für den großen Hunger. Das Lokal liegt nur zwei Straßenbahnhaltestellen vom Bahnhof Nádraží Holešovice entfernt (Linie 15) – eine gute Gelegenheit, beim Warten auf den Bahnanschluss noch schnell etwas zu essen.

### STAROČESKÁ KRČMA

Karte S. 144 f. Tschechisch, International €

**☎ 224 321 505; V.P. Èkalova 15, Dejvice; Hauptgerichte 150–230 Kč; 🕒 11–24 Uhr; Ⓜ Hradèanská oder Dejvická**
Die tolle, traditionelle tschechische Taverne Staročeská Krčma hat sich auf riesige Portionen Gegrilltes wie Steaks, Schwein und Huhn spezialisiert. Die Einrichtung soll an einen *koliba* (Landgasthof) erinnern, zum Ambiente gehören große Holztische, ein offener Kamin und aufgestapeltes Holz. Das Schweinefleisch ist super, die Steaks sind nur gut. Man sollte im Voraus reservieren, das gilt vor allem an Wochenenden.

### CAPUA Karte S. 144 f. Pizza €

**☎ 233 382 659; Milady Horákové 9, Holešovice; Hauptgerichte 100–150 Kč; 🕒 11–1 Uhr, Terrasse 11–23 Uhr; 🚊 1, 8, 15, 25, 26**
Das Ecklokal oberhalb des Strossmayerovo náměstí gilt allgemein als die beste Pizzeria in der Gegend – sogar die Restaurantkritiker der *Prague Post* haben es in den letzten Jahre regelmäßig zu den besten Adressen der Stadt gekürt. Die Wahrheit ist, dass das Capua zwar gut, nicht aber sehr gut ist. Innen erwarten den Gast zwei einladende Speiseräume; der größere und hübschere auf der rechten Seite ist für Nichtraucher reserviert. Die Pizzas haben einen dünnen Boden und können mit den üblichen italienischen Belägen geordert werden. So wird die Pizza Capricciosa mit einer sättigenden Mischung aus Schinken und frischen Pilzen serviert. Bei schönem Wetter gibt es alternativ vor dem Lokal eine schattige Terrasse.

### NAD KRÁLOVSKOU OBOROU

Karte S. 144 f. Tschechisch €

**☎ 220 912 319; Nad Královskou Oborou 31, Bubeneč; Hauptgerichte 140–250 Kč; 🕒 11.30–23 Uhr; 🚊 1, 8, 15, 25, 26**
Tatsache ist, dass bei vielen Kneipenrenovierungen all das, was bis dahin den Charme der

Kneipe ausmachte, verloren geht. Ganz anders bei diesem Lokal: Hier wurde aus einer großartigen alten eine noch bessere neue Kneipe. Klar, ein paar alte schillernde Figuren wurden herausgewischt, auch die Nikotinspuren verschwanden von den Wänden, aber die Besitzer haben es geschafft, die alte, entspannte Atmosphäre zu bewahren. Und die Karte mit tschechischen Gerichten wurde um ein paar sonst nur schwer zu findende Wildgerichte ergänzt: unbedingt das Hirschgulasch probieren! Dank seiner Lage am Park ist das Lokal auch eine schöne Einkehradresse zum Mittagessen oder auf ein Bier nach dem Spaziergang durch den Stromovka-Park.

### NA URALE Karte S. 144 f.. Tschechisch €

**☎ 224 326 820; Uralská 9, Dejvice; Hauptgerichte 100–200 Kč; ⌚ 11–24 Uhr; Ⓜ Dejvická oder 🚊 8**
Die früher abgetakelte tschechische Kneipe hat sich in den letzten Jahrengut entwickelt. Es gibt jetzt schöne rote Wände und solide Steinfliesenböden. Auch die Küche ist viel besser geworden, obwohl die Preise für gute tschechische Gerichte wie *guláš* und Schweinebraten kaum höher liegen als in einer Arbeiterkneipe. Na Urale liegt mitten zwischen einer interessanten Ansammlung von Läden am schönen Puškinovo náměstí (Pushkinplatz), darunter sind auch ein italienischer und ein russischer Lebensmittelladen.

### PIZZERIA GROSSETO

Karte S. 144 f. Italienisch, Pizza €

**☎ 233 342 694; Jugoslávských Partyzánů 8, Dejvice; Hauptgerichte 120–180 Kč; ⌚ 11.30–23 Uhr; Ⓜ Dejvická oder 🚊 8; Ⓥ**
Eine freundliche Pizzeria, die mit ihrem Steinofen Horden von Studenten aus der nahen Universität anzieht. Neben der gewaltigen Auswahl an Pizzas bietet die Karte Salate, Pasta, Risotto, gebratenes Hühnchen, Steak und gegrillten Lachs. Im Hauptspeiseraum kann man den Pizzabäckern zuschauen, wie sie den Teig in der Luft umherwirbeln. Hinten schließt sich ein hübscher Wintergarten an. Tischreservierungen sind zwingend erforderlich; wer einfach unangemeldet auftaucht, wird sofort mit dem Hinweis abgewiesen, es sei kein Tisch mehr frei.

### LUCKY LUCIANO Karte S. 144 f. Pizza €

**☎ 220 875 900; Dìlnická 28, Holešovice; Hauptgerichte 100–150 Kč; ⌚ 11.30–23 Uhr; Ⓜ Vltavská & 🚊 1, 5, 12, 14, 15, 25; Ⓥ**
Wer bei Sir Toby's Hostel (S. 240) übernachtet, hat Glück – diese kleine Pizzeria nebenan serviert eine sehr gute Pizza und traditionelle italienische Vorspeisen wie Rinder-*carpaccio* und *insalata caprese*. Der Service ist freundlich, aber das beste ist die große Terrasse unter Bäumen – ein schöner, kühler Ort für einen heißen Sommertag.

### LA CRÊPERIE Karte S. 144 f. Französisch €

**☎ 220 878 040; Janovského 4, Holešovice; Hauptgerichte 60–140 Kč; ⌚ Mo–Sa 9–23, So bis 22 Uhr; Ⓜ Vltavská oder 🚊 1, 5, 8, 12, 14, 15, 17, 25, 26**
Die abgelegene Ecke von Holešovice neben dem riesigen Bürokomplex der Bezirksverwaltung ist ein merkwürdiger Ort für eine authentische französische Crêperie. Wer zufällig in der Gegend ist, sollte hier die exzellenten süßen oder salzigen Crêpes probieren, sie heißen *galettes*. Alles wird frisch zubereitet, deshalb muss man manchmal warten. Das ist aber kein Problem, weil die Atmosphäre, die an einen Landgasthof in der Bretagne erinnert, gemütlich ist und meistens mitreißende französische Musik gespielt wird. Die *galette complet* (Schinken und Käse mit einem Ei obenauf) ist ein hervorragendes, sättigendes Frühstück.

## SMÍCHOV

Seit dem Bau des Einkaufszentrums Nový Smíchov und der umliegen Bürogebäude sind die Restaurants rund um die Metrostation Anděl wie Pilze aus dem Boden geschossen. Viele von ihnen, etwa das TGI Friday's und Potrefená husa, sind gehobene Kettenlokale und richten sich vor allem an die mittags einkehrenden Geschäftsleute. Wirklich authentisch kochende und schöne Lokale sind nach wie vor eher schwer zu finden, immerhin gibt es inzwischen ein paar davon. Wen keines der genannten Lokale anspricht, der kann die Fressmeile im obersten Stock des Einkaufszentrums besuchen – dort findet man mindestens ein Dutzend weiterer Einkehrmöglichkeiten.

### ARTISAN Karte S. 152 International €€

**☎ 257 218 277; Rošickýh 4; Hauptgerichte 240–400 Kč; ⌚ Mo–Do 11–24, Fr & Sa 11–1, So 11–23 Uhr; 🚊 6, 9, 12, 20 (bis Švandovo Divadlo)**
Der Besitzer dieses gehobenen Restaurant, das versteckt in der Nähe des Náměstí Kinských an der Ecke von Smíchov und Malá Strana liegt, hat ein echtes Lotteriespiel gewagt: Er hat mit seinem Restaurant darauf gesetzt, dass die Bewohner dieses ganz normalen Prager Stadtteils bereit sind, für qualitativ hochwertige Gastronomie auch entsprechende Preise zu zahlen. Noch hat die Jury

nicht entschieden. An manchen Abenden ist der geschmackvoll und modern eingerichtete Speisesaal nur zur Hälfte gefüllt. Eine Schande, denn in Smíchov kocht keiner so gut wie die Köche des Artisan! Probieren sollte man die selbst gemachten Ravioli, die mit scharfem Entenragout gefüllt sind, das Kürbisrisotto oder eines der hervorragend abgehangenen Steaks. Im Speisesaal darf nicht geraucht werden. Schön ist auch die Terrasse hinter dem Haus.

### NA VERANDÁCH Karte S. 152 International €€

**☎ 257 191 200; Nádražní 84; Hauptgerichte 150–300 Kč; ⌚ Mo–Do 11–24, Fr & Sa bis 1, So bis 23 Uhr; Ⓜ Anděl**

Na Verandách, eine Kneipe und ein Restaurant in der Brauerei Staropramen (s. Kasten S. 201), ist nicht mehr in Privatbesitz, sondern gehört der Restaurantkette Potrefená husa, die wiederum in Besitz von Staropramen ist. Das Lokal ist mittags und abends trotzdem sehr beliebt bei *Czuppies*, den lokalen Yuppies. Es gibt reichlich hochwertige Biere (acht Sorten vom Fass), mit denen man die sehr guten Rippchen, Burger, Hühner- und Schweinefleischgerichte herunterspülen kann. Bei schönem Wetter sollte man sich auf jeden Fall einen Tisch auf der rückwärtigen Veranda sichern.

### PIZZERIA CORLEONE Karte S. 152 Pizza €€

**☎ 251 511 244; Na Bìlidle 42; Hauptgerichte 120–340 Kč; ⌚ 11.30–23 Uhr; Ⓜ Andìl; Ⓥ**

Das geschäftige Lokal ist vermutlich die beste Pizzeria in Smíchov. Aus dem Holzofen kommen die ganzen Klassiker, von der Margherita bis zur *moscardina,* aber man kann sich den Belag auch selbst zusammenstellen. Der Speisesaal wird von Werken des britischen Malers Jack Vettriano beherrscht, dessen Gemälde hier als große Wandmalereien reproduziert sind. Im Keller gibt's einen Nichtraucherbereich.

### U MÍKULÁŠE DAČÍCKÉHO

Karte S. 152 Tschechisch €€

**☎ 257 322 334; ul Victora Huga; Hauptgerichte 200–300 Kč; ⌚ 11–24 Uhr; Ⓜ Anděl**

Eine wirklich altmodische *vinárna* (Weinbar). Die etwas teureren Gegenstücke zu den bierlastigen *hospody* (Kneipen) haben eine schöne, traditionsreiche Atmosphäre und eine hervorragende tschechische Küche – sind aber leider vom Aussterben bedroht. Die Besitzer dieses Lokals bemühen sich um einen Mittelalter-Look: Man sieht viel dunkles Holz, rote Tischdecken und Gemälde, auf denen Adlige ihren Wein genießen. Unbedingt vorab reservieren.

### ANDĚL Karte S. 152 Tschechisch €

**☎ 257 323 234; Nádražní 114; Hauptgerichte 90–220 Kč; ⌚ 11–23 Uhr; Ⓜ Anděl**

Wer in einem der glänzenden neuen Boutiquehotels der Gegend übernachtet, braucht nur ein paar Meter zu gehen, um in einer der besseren Kneipen der Stadt, die Pilsner Urquell nach dem Rezept des bayerischen Braumeisters Groll ausschenken, einzukehren. Das Anděl ist zwar relativ neu, wirkt aber trotzdem wie eine alte tschechische Kneipe, denn es fehlen weder die mürrischen Stammkunden noch die sehr guten tradionellen tschechischen Vorspeisen wie *svíčková na smetaně* (Lendenbraten mit Sahnesoße) oder *guláš*. Und das Tankbier *(tankové pivo)* ist superfrisch. Mittags und abends sollte man reservieren.

### ZLATÝ KLAS Karte S. 152 Tschechisch €

**☎ 251 562 539; Plzeňská 9; Hauptgerichte 120–200 Kč; ⌚ So–Do 11–23, Fr & Sa 11–1 Uhr; Ⓜ Anděl**

Das Zlatý Klas ist die beste und touristenfreundlichste traditionelle Kneipe der Gegend – kitschig, aber gemütlich. Hier wird das superfrische *tankové pivo* aus Pilsen/Plzeň ausgeschenkt: Damit wird Bier bezeichnet, das in großen Tankbehältern gelagert wird und ohne das normalerweise zum Pumpen verwendete Kohlendioxid gezapft wird. Auf der Speisekarte finden sich landestypische Gerichte wie Entenbraten, Gulasch und gebratene Hühnerbrust. Die Bedienung ist schnell und freundlich. Bei der Einkehr am Abend muss ein Tisch reserviert werden, da es meist ziemlich voll wird.

### CORTE DI ANGELO Karte S. 152 Pizza €

**☎ 257 326 167; Nádražní 116; Hauptgerichte 120–180 Kč; ⌚ 11–23 Uhr; Ⓜ Anděl; Ⓥ**

Eine weitere Pizzeria in der Gegend um die Metrostation Anděl – diesmal im Wildwest-Look. Die meisten Gäste kommen wegen der Pizza mit dünnem, knusprigenTeigboden, die im Holzofen gebacken wird, lecker ist aber auch die Vorspeise Rindercarpaccio. In einem kleinen Hof abseits der Straße werden bei gutem Wetter ebenfalls Tische eingedeckt. Das ans Lokal angeschlossene Straßencafé brüht einen hervorragenden Illy-Espresso; von den Tischen aus lassen sich herrlich die Vorbeiflanierenden beobachten.

# AUSGEHEN

## top picks



Tipps von Travellern für Traveller - www.lonelyplanet.com/prague

# AUSGEHEN



Bars kommen in Prag wie in jeder Weltstadt mit atemberaubendem Tempo in Mode und geraten ebenso schnell wieder in Vergessenheit. Trendsetter treffen sich an den jeweils neuesten „In"-Lokalen, die aber schon bald wieder „out" sind, weil das breite Publikum sie entdeckt hat. Zu den besten Vierteln mit schönen Kneipen zählen Vinohrady, Žižkov, Smíchov, Holešovice, der Bereich südlich der Metrostation Národní třída in der Neustadt und die Straßen um den Altstädter Ring.

Die meisten Kneipen servieren kleine Gerichte; zu den beliebtesten zählen *utopenci* (eine Art Wurstsalat), *topinky* (geröstetes Brot mit verschiedenen Belägen) und natürlich der berühmte *Pražská šunka* (Prager Schinken) mit Essiggurken. Viele der in diesem Kapitel aufgeführten Lokale führen aber auch größere Gerichte auf ihrer Speisekarte.

Die Welle von Junggesellenpartys, die einmal über Prag hinwegschwappte, ist offenbar weiter nach Osten in billigere Gegenden geschwappt, wer aber sicher sein möchte, auf keine solche Party zu treffen, sollte den Wenzelsplatz, irische und englische Pubs im Zentrums sowie Sportbars in der Umgebung von Ve Smečkách (Neustadt) meiden.

## SPEZIALITÄTEN

### Bier

Das Gebiet des heutigen Tschechien ist schon seit Jahrhunderten dafür bekannt, mit den besten bernsteinfarbenen Nektar der Welt zu produzieren. Die Bierherstellung und das Anpflanzen von Hopfen wurden erstmals 1088 im Gründerbrief des Opatovice-Klosters in Ostböhmen erwähnt. Der Geschmack bezüglich Bier war damals offensichtlich noch ein ganz anderer: Nach heutigem Standard würde es als untrinkbar gelten. Erst 1842 legten Brauer aus Pilsen ihre Erfahrungen zusammen, installierten „moderne" Technologie und gründeten eine Gemeindebrauerei, mit spektakulärem Ergebnis. Ihr goldenes Lagerbier namens Plzeňský Prazdroj (*prazdroj* ist Alttschechisch für „Urquell") oder auf Deutsch Pilsner Urquell ist gegenwärtig eines der besten und am häufigsten nachgeahmten Biere der Welt.

Selbst heute in Zeiten der übergreifenden Kaffeekultur ist und bleibt *pivo* (Bier) das Lebenselixier Prags. In Tschechien wird pro Kopf mehr Bier getrunken als überall sonst auf der Welt (um die 157 l pro Kopf und Jahr, das ist einiges mehr als in Deutschland mit

## KNEIPENETIKETTE

Wer die Atmosphäre in einem traditionellen *hospoda* (Pub) einfangen möchte, ohne missbilligende Blicke und abfällige Bemerkungen von den Stammgästen auf sich zu ziehen, muss eine gewisse Etikette einhalten. Zuallererst gilt es, nicht einfach hineinzuplatzen und Stühle und Tische umzustellen. Wer sich an einen Tisch dazusetzen möchte, fragt erst mal: *„Je tu volno?"* (Ist hier noch frei?). In tschechischen Kneipen ist es nach dieser Frage aber ganz normal, mit Fremden an einem Tisch zu sitzen. Man nimmt sich einen Bierdeckel aus der Ablage und legt ihn vor sich hin. Dann wartet man, bis der Kellner kommt. Wer nach dem Personal winkt, wird mit Sicherheit ignoriert.

Man kann bestellen, ohne auch nur ein Wort zu sagen. Es wird automatisch angenommen, dass man hier ist, um ein Bier zu trinken. Wenn sich der Kellner nähert, hebt man einfach den Daumen für ein Bier, Daumen und Zeigefinger für zwei, etc. – vorausgesetzt natürlich, man will ein Halbliterglas der üblichen Biersorte der Kneipe. Sogar ein Nicken reicht auch schon. Der Kellner nimmt die Bestellung entgegen, indem er ein Stück Papier auf den Tisch legt. Was auch passiert, man darf das Papier nicht verlieren oder etwas draufschreiben (sonst muss man eine Strafe zahlen). Sobald nur noch wenige Zentimeter Bier im Glas sind, macht sich der aufmerksame Kellner (oder die Kellnerin) schon mit einem neuen auf den Weg. Man sollte aber nie die Reste aus dem alten Glas ins neue gießen – das wird als zutiefst unzivilisiertes Verhalten angesehen. Nur Engländer machen das …

Wer kein neues Bier mehr möchte, legt einfach den Bierdeckel auf sein Glas. Um zu zahlen, macht man den Kellner auf sich aufmerksam und sagt: *„Zaplatím"* (Zahlen, bitte). Er zählt dann die Striche auf dem Stück Papier zusammen und man bezahlt am Tisch (es ist ratsam, Kleingeld bei sich zu haben; alles größer als ein 2000-Kč-Schein wird einen dramatischen Auftritt des Kellners nach sich ziehen). Trinkgeld ist üblich (s. S. 193).

115 l und in Österreich mit 108 l), und die *hospoda* oder *pivnice* (Kneipen oder kleine Bierstuben) bleiben der gesellschaftliche Mittelpunkt jedes Viertels. Viele Menschen trinken mindestens ein Glas Bier täglich – zu den einheimischen Spitznamen für Bier gehören *tekutý chleb* (flüssiges Brot) und *živá voda* (lebensspendendes Wasser) –, und es kann auch immer noch vorkommen, dass jemand am Morgen auf dem Weg zur Arbeit kurz irgendwo ein Bier trinkt.

Die meisten tschechischen Biere sind untergärige Lagerbiere, natürlich gebraut unter Verwendung von mährischem Malz und handgepflücktem Hopfen aus Žatec im Nordwesten Böhmens. Beim gesamten Brau- und Gärungsprozess werden nur natürliche Zutaten verwendet – Wasser, Hopfen, Hefe und Gerste. Genau wie in Deutschland verhindern strenge Regeln den Gebrauch von Chemikalien im Bierherstellungsprozess.

Es gibt zwei Hauptsorten von Bier – *světlé* (hell) und *tmavy* oder *černé* (dunkel). Das *světlé* ist ein helles, obergäriges Bier im Stil eines Lagers mit erfrischendem Hopfengeschmack. Dunkles Bier ist süßer und vollmundiger mit einem reichhaltigen malzigen oder fruchtigen Geschmack.

Fassbiere tragen oft den Namen *dvanáctka* (12 °) oder *desítka* (10 °). Dieser Indikator der spezifischen Dichte wurde im 19. Jh. von dem tschechischen Chemiker Karl Joseph Balling erfunden. Die Maßeinheit Balling, die vor der Gärung der Braufl üssigkeit gemessen wird, zeigt sowohl die Dichte als auch den wahrscheinlichen Alkoholgehalt im fertigen Bier an. 12 °-Bier ist reicher im Geschmack und hat einen stärkeren Alkoholgehalt als das 10 °-Bier mit seiner leicht malzigen Süße, die die Bitterkeit des Hopfens überdeckt.

1997 führte der tschechische Gesetzgeber ein neues System zur Bestimmung des Alkoholgehaltes von Bier ein: Alkohol nach Volumen. Dabei werden drei Kategorien unterschieden: *výcepni pivo* (weniger als 4,5 % vol.), *ležák* (4,5 % bis 5,5 % vol.) und *special* (über 5,5 % vol.). Da man die Tradition aber nur schwer verändern kann, benutzen viele Brauereien und Kneipen immer noch die Bezeichnungen *dvanáctka* und *desítka*.

Die Tschechen trinken ihr Bier am liebsten bei Kellertemperatur (etwa 6 °C bis 10 °C) mit einer großen Schaumkrone (*pěna* bedeutet „Schaum"). Das mag zwar ein bisschen warm erscheinen, verbessert aber den Geschmack. Das meiste Fassbier wird in *půl-litr*-Gläsern (0,5 l) verkauft. Wer lieber ein kleineres Bier hätte, der bestellt ein *malé pivo* (0,3 l). In manchen Bars werden auch 0,4 l-Gläser verkauft, und um es den Deutschen nachzumachen, gibt es auch 1 l-Maßkrüge, genannt *tuplák*.

Die weltbekannten Biere Pilsner Urquell und Budvar (Budweiser) werden in den Provinzstädten Pilsen (Westböhmen) bzw. České Budějovice (Südböhmen) gebraut, aber auch Prag hat seine eigenen einheimischen Biere. Der größte Konzern heißt Prager Brauereien und umfasst die Brauereien Staropramen und Braník in Prag und die Ostravar-Brauerei in Ostrava (Nordmähren). Zu ihren Biersorten gehören das traditionelle Staropramen-Lager, das neuere dunkle Bier Kelt und das bittere Velvet bitter. Diese Sorten machen über 15 % des inländischen Biermarkts aus.

Der Konzern Prager Brauereien befindet sich mittlerweile im Besitz des multinationalen Unternehmens StarBev, der größten Brauereigruppe der Welt. Und Pilsner Urquell ist heute eine Tochterfirma von SABMiller. Tatsächlich ist die Budweiser Budvar-Brauerei in Ceské Budějovice, die immer noch teilweise dem Staat gehört, die einzige große Brauerei des Landes, die sich noch zu 100 % in tschechischem Besitz befindet.

Die Übernahme der tschechischen Brauereien durch internationale Unternehmen hat das Interesse an der traditionellen Bierherstellung wieder auferstehen lassen. Das hat dazu geführt, dass überall im Land Brauhäuser (Bierstuben, die ihr eigenes Bier im Haus brauen) entstanden sind. In Prag gibt es zahlreiche dieser Brauereien (Details dazu im Kasten S. 192).

## Wein

Das tschechische Bier ist natürlich weltbekannt, und Biertrinker aus aller Welt kommen nach Prag, um die Hauptschlagader aller Lagerbiere anzuzapfen. Weniger bekannt ist die Tatsache, dass tschechische Weine in den letzten Jahren sehr viel besser geworden und es wert sind, sie kennenzulernen.

Seit dem 14. Jh., als Karl IV. Weinreben aus Burgund importierte, wird auf tschechischem Gebiet Wein angebaut. Die Nachfahren dieser Weinreben wachsen immer noch an den Hängen unter dem **Schloss Mělnik** (S. 248).

Der Standard der tschechischen Weine ist nach dem Zusammenbruch des Kommunismus höher geworden, als sich kleine Hersteller auf die Qualität konzentriert haben. Die Gesamtfläche an Land, das dem Weinbau zur Verfügung gestellt wird, ist von 120 km²

## KLEIN, ABER FEIN

Während große internationale Brauereikonzerne eifrig traditionelle tschechische Brauerein übernahmen, gründeten Bierliebhaber eine Reihe von Mikrobrauerein, die den Ursprüngen des böhmischen Biers treu bleiben und ein geschmacklich intensives, nicht pasteurisiertes Bier in stimmungsvollen Brauereigaststätten zapfen. Die folgenden sechs befinden sich in der Hauptstadt:

**Klášterní pivovar Strahov** (Klosterbrauerei Strahov; Karte S. 74; ☎ 233 353 155; Strahovské nádvoří 301, Hradschin; 🕑 10–22 Uhr; 🚊 22) In dieser geselligen kleinen Kneipe dominieren zwei polierte Kupferkessel: Es gibt zwei Sorten St.-Norbert-Bier: *tmavý* (Dunkel), ein schweres Bier mit schöner Schaumkrone, und *polotmavý* (Bernstein), ein würziges stark hopfenhaltiges Lager. Ein Glas Bier (0,4 l) kostet jeweils 59 Kč.

**Novoměstský pivovar** (Neustädter Brauerei; Karte S. 118 f.; ☎ 224 232 448; Vodičkova 20, Neustadt; 🕑 Mo–Fr 8–23.30, Sa 11.30–23.30, So–12–22 Uhr; 🚊 3, 9, 14, 24) Wie im U Fleků fallen auch in der Neustädter Brauerei regelmäßig Busladungen ein – entsprechend hoch sind die Preise (65 Kč für 0,5 l; es gibt sowohl helle als auch dunkle Sorten). Das Essen ist hier allerdings wirklich gut, eine Reservierung ist unbedingt notwendig.

**Pivovar U Bulovky** (Bulovka-Brauerei; Karte S. 62 f.; ☎ 284 840 650; Bulovka 17, Libeň; 🕑 Mo–Do 11–23, Fr 11–24, Sa 12–24 Uhr; 🚊 10, 15, 24, 25) Das 2004 eröffnete Lokal ist ein beliebter Treffpunkt der Anlieger – ein gemütlicher, holzverkleideter Raum mit ungewöhnlichen Metallarbeiten des Besitzers. Die hervorragend schmeckende Haussorte *ležák* (Lager; 29 Kč für 0,5 l) ist ein trübes Hefebier mit zitronigem, erfrischendem Geschmack. Die Straßenbahnfahrt dorthin lohnt sich, allerdings sollte keiner vom Personal Fremdsprachenkenntnisse erwarten.

**Pivovarský dům** (Brauereihaus; Karte S. 118 f.; ☎ 296 216 666; Ecke Ječná & Lipová, Neustadt; 🕑 11–23.30 Uhr; 🚊 4, 6, 10, 16, 22) Während die Touristen ins U Fleků strömen, treffen sich die Einheimischen im Pivovarský, um ein klassisches tschechisches Lager (hell, dunkel, Mix, 38 Kč je 0,5 l) zu genießen, das auf dem Gelände gebraut wird. Auf der Getränkekarte finden sich aber auch Weizenbier und eine Reihe aromatisierter Biersorten (darunter die Geschmacksrichtungen Kaffee, Banane und Kirsch, 38 Kč je 0,3 l). Die Kneipe mit ihren polierten Kupferkesseln und Brauereigeräten ist nett zum Abhängen, über allem liegt ein leichter Duft nach Hopfen und Malz (Nichtraucherkneipe).

**U Fleků** (Karte S. 118 f.; ☎ 224 934 019; Křemencová 11, Neustadt; 🕑 9–23 Uhr; Ⓜ Karlovo Náměstí) Das U Fleků mit seinen vielen Räumen ist eine Prager Institution, in die tagtäglich ganze Busladungen einfallen. Sie lassen es sich bei Blasmusik und dem hausgebrauten dunklen Bier der Kneipe (59 Kč für 0,4 l) – dem Flek – gutgehen. Vielen Einheimischen gefällt das ganz und gar nicht, die Touristenpreise und der Rummel haben sie vertrieben. Wenn der Kellner fragt, wer einen Becherovka (tschechischen Likör) will, empfiehlt es sich, nein zu sagen – Becherovka passt nicht gut zum Bier, schlägt aber mit 80 Kč gehörig auf der Rechnung zu Buche.

**U Medvídků** (Zum kleinen Bären; Karte S. 96 f.; ☎ 224 211 916; Na Perštýně 7, Altstadt; 🕑 Gastwirtschaft 11.30–23 Uhr, Museum 12–22 Uhr; Ⓜ Národní Třída) Die kleinste Brauerei unter Prags Mikrobrauereien kann nur 250 l brauen – die Produktion eines eigenen Biers begann erst 2005, obwohl es die Gaststätte schon seit vielen Jahren gibt. Was an Menge fehlt, macht die Stärke wett: Das hier produzierte dunkle Lager, das als X-Bier vermarktet wird, ist das stärkste Bier des Landes mit einem Alkoholgehalt von 11,8 % (und damit etwa ebenso stark wie viele Weine). Das bittersüße, malzige Gebräu wird nur in Flaschen (50 Kč für 0,33 l) verkauft. Achtung, seine Wirkung ist gewaltig! Als Alternative gibt es auch frisch gezapftes Budvar (35 Kč für 0,5 l).

im Jahr 1989 auf 193 km² im Jahr 2006 gestiegen. Das Hauptweinanbaugebiet des Landes ist Südmähren, wo 96 % der Weinberge liegen. Die restlichen 4 % verteilen sich auf Nordböhmen.

Die meisten tschechischen Rotweine – etwa die südmährische Spezialität Svatovavřinecké (St. Laurent) – sind eher durchschnittlich, aber tschechische Weißweine können sehr gut sein. Die Sorten, nach denen man Ausschau halten sollte, sind Veltinské zelené (Grüner Veltliner), Rýnský ryzlink (Riesling) und Müller-Thurgau. Tanzberg und Sonberk sind zwei ausgezeichnete Weinhersteller.

Auch wenn Wein in Tschechien nur die zweite Geige hinter dem Bier spielt, wird *víno* doch in vielen *vinárny* (Weinstuben), Restaurants und Pubs ausgeschenkt – eher seltener logischerweise in den Bierlokalen. *Suché víno* ist ein trockener Wein, *sladké* ein süßer; ein Schild, das für *sudové vino* wirbt, bedeutet, dass der Wein direkt aus dem Fass kommt. Wer mehrere tschechische Weine verkosten möchte, sollte Weinlokale wie **Bokovka** (S. 197), **Monarch Vinný Sklep** (S.196) oder **Viniční Altán** (S. 200) besuchen oder bei **Cellarius** (S. 171) einkaufen gehen.

Ungefähr drei Wochen im Jahr von Ende September bis Mitte Oktober verkaufen Läden und Straßenstände *burčak* (Federweißer bzw. Sturm). Der Neue Wein ist der frisch gepresste Traubensaft im Anfangsstadium der Gärung. Er ist süß und erfrischend und erinnert eher an Traubensaft als an Wein. Aber Vorsicht: Das hinterhältige Getränk hat auch einen Alkoholgehalt von 3 bis 5 %.

Wenn sich der Winter langsam ankündigt und es draußen kälter wird, tauchen in den Straßen die *svařák*-Stände auf. *Svařák* ist die Abkürzung für *svařené vino* und bedeutet Glühwein.

## Spirituosen

Der wahrscheinlich unverwechselbarste der tschechischen *lihoviny* (Spirituosen) ist der Becherovka. Er wird in dem westböhmischen Kurort Karlovy Vary hergestellt, der bekannt ist für seine zwölf Schwefelquellen. Deshalb nennt man den Kräuterschnaps auch die 13. Quelle. Nach ein paar Stamperln fühlt man sich munterer als nach einer Woche Kur. Der Schnaps wird oft als Aperitif angeboten und wird immer häufiger als eine Zutat in Cocktails verwendet.

Der feurige und kräftige *slivovice* (Zwetschgenschnaps) hat angeblich seinen Ursprung in Mähren, wo auch heute noch die besten tschechischen Sorten herkommen. Der beste kommerziell hergestellte *slivovice* ist der R. Jelínek aus Vizovice. Zu weiteren regionalen Spirituosen gehören der *meruňkovice* (Marillenschnaps) und der nach Wacholder schmeckende *borovička*.

Der heftigste der hier produzierten Schnäpse ist der Hill's-Liquere-Absinth aus Jindřichův Hradec. Während er in vielen Ländern wegen seines hohen Thujongehalts verboten ist (Thujon ist in der Wermutpflanze enthalten und soll schnell abhängig machen), ist der Absinth in Tschechien zugelassen. Allerdings befinden Absinthkenner den Hill's für nicht viel besser als hochprozentiges Mundwasser.

Spirituosen werden traditionell pur und üblicherweise gekühlt getrunken. Eine Ausnahme ist der *Grog*, ein ganzjährig beliebtes heißes Getränk: halb Rum, halb heißes Wasser oder Tee und ein Stück Zitrone.

# PRAKTISCH & KONKRET

## Preise

Die Tage des billigen Biers sind gezählt. Die allgemein steigenden Touristenpreise und eine strenge tschechische Regierung haben bewirkt, dass die Preise in den Bars und Gaststätten sich denen in Deutschland und sogar England angleichen.

Die Preise für einen halben Liter Fassbier variieren sehr stark: zwischen 25 und 40 Kč in Kneipen mit überwiegend einheimischen Gästen bis zu 90 Kč oder mehr in Straßencafés des von Touristen bevölkerten Altstädter Rings. Die meisten auf Touristen ausgerichteten Bars im Stadtzentrum verlangen zwischen 40 und 80 Kč.

Cocktails kosten im Stadtzentrum zwischen 150 und 300 Kč, je nach Qualität der Zutaten und Eleganz der Umgebung. Gute tschechische Weine kosten in einer speziellen Weinstube 300–400 Kč pro Flasche.

## Trinkgeld

In der tschechischen Hauptstadt ist üblich, den Kellnern in den Kneipen, Bars und Cafés Trinkgeld zu geben. Normalerweise wird der Betrag auf der Rechnung auf die nächsten 10 Kč aufgerundet (bei über 200 Kč auf die nächsten 20 Kč).

Beim Wechselgeld werden erst die großen Scheine und dann die kleinen Münzen herausgegeben. Wenn man während dieses Vorgangs *děkuji* (danke) sagt, hört der Kellner mit dem Herausgeben auf und geht davon aus, dass der Rest für ihn ist.

# PRAGER BURG & HRADSCHIN (HRADČANY)

Hier geht es, was das Ausgehen betrifft, ziemlich ruhig zu, die Einkehrmöglichkeiten beschränken sich auf ein paar Cafés mit entspannter Atmosphäre sowie einige traditionelle Kneipen.

### U ZAVĚŠENÝHO KAFE Karte S. 74 f. Bar

**☎ 605 294 595; Úvoz 6, Hradschin; 11–24 Uhr; 🚋 12, 20, 22**

Die großartige Bar liegt nur fünf Gehminuten von der Burg entfernt. Besonders schön ist das gemütliche, holzverkleidete Hinterzimmer, das mit ungewöhnlichen Kunstwerken und mechanischen Kuriositäten des lokalen Künstlers Kuba Krejci dekoriert ist (alle können auch gekauft werden). Eine alte Jukebox spielt Hits der Beatles, Rolling Stones und tschechischen Rock. Das gute Pilsner Urquell mit einer ordentlichen Schaumkrone kostet 35 Kč (0,5 l) – wer es lieber alkoholfrei mag, sollte den sehr guten Kaffee probieren (Cappuccino 42 Kč).

**LOBKOWICZ PALACE CAFÉ** Karte S. 66 Café

☎ **233 312 925; Jiřská 3, Prager Burg;** ⏰ **10–18 Uhr;** 🚋 **22**

Das Café im Palais Lobkowicz (16. Jh.) ist das Beste im gesamten Burgbereich. Die Plätze auf den Balkonen an der Rückseite bieten einen großartigen Blick auf die Kleinseite (Malá Strana); die Schokoladenplätzchen mit einem Klecks Mangosoße und frischen Erdbeeren sind eine himmlische Versuchung. Auch der Kaffee schmeckt gut (95 Kč für einen Cappuccino sind allerdings ein bisschen teuer), die Bedienung ist schnell und freundlich.

**PIVNICE U ČERNÉHO VOLA**
Karte S. 66 Kneipe

☎ **220 513 481; Loretánské náměstí 1, Hradschin;** ⏰ **10–22 Uhr;** 🚋 **22**

Viele Gläubige pilgern zum Loretoheiligtum – aber direkt gegenüber gibt's mit dem „Schwarzen Ochsen" einen Wallfahrtsort der anderen Art. In der überraschend authentischen und günstigen Bierstube tummeln sich Fans der traditionellen Braukunst. Sie lieben die urige Atmosphäre und das supersüffige Velkopopovický Kozel (29 Kč/0,5 l) vom Fass. Es wird in einer kleinen Stadt südöstlich von Prag gebraut.

# KLEINSEITE (MALÁ STRANA)

Die Kleinseite (Malá Strana) ist ein Viertel für Fußgänger. Wer Lust hat, in Straßencafés zu sitzen und Leute zu beobachten, sollte sich hier umschauen: es gibt viele Cafés und Kneipen, die bei entsprechenden Temperaturen Tische nach draußen stellen, vor allem auf dem Hauptplatz Malostranské náměstí und auf der Nerudova, die zur Burg hinaufführt. Die Auswahl reicht von hübschen Teesalons und Cafés bis zu traditionellen Kellerkneipen und flippigen Bars.

**KLUB ÚJEZD** Karte S. 82 f. Bar

☎ **257 316 537; Újezd 18;** ⏰ **14–4 Uhr;** 🚋 **6, 9, 12, 20, 22**

Der Klub Újezd ist eine von Prags vielen alternativ angehauchten Bars. Er belegt drei Stockwerke (DJs im Keller, Café im OG) und fasziniert mit handgefertigten Möbeln und Einrichtungsgegenständen. Originalkunstwerke und verrückte Skulpturen aus Schmiedeeisen setzen weitere interessante Akzente. In der angenehm schäbigen Erdgeschoss-Bar schlürft man sein Bierchen auf 2 t schweren Barhockern. Dazu breiten sich dicke Schwaden von kräutergeschwängertem Rauch unter der Decke aus. Dort speit auch ein schuppiges Seeungeheuer Feuer über den Köpfen der Gäste. Wirklich abgefahren.

**KAFÍČKO** Karte S. 82 f. Café

☎ **724 151 795; Míšenská 10;** ⏰ **10–22 Uhr;** 🚋 **12, 20, 22, 23**

Dieses rauchfreie, familienfreundliche kleine Café mit seinen cremefarbenen Wänden, Biegeholzstühlen, frischen Blumen und kunstvollen Fotografien ist eine unvermutete Kulisse für eines der besten Tee- und Kaffeehäuser in Prag. Die Gäste haben die Wahl zwischen vielen hochwertigen Kaffeebohnen aus aller Welt, die dann frisch zu Espresso, Cappuccino oder Latte (40–55 Kč) vermahlen werden. Der Espresso wird, wie es sich gehört, mit einem Glas Wasser serviert.

**U ZELENÉHO ČAJE** Karte S. 82 f. Café

☎ **257 530 027; Nerudova 19;** ⏰ **11–22 Uhr;** 🚋 **12, 20, 22**

„Zum Grünen Tee" ist ein charmantes kleines Teehaus im Stil der Alten Welt und liegt auf dem Weg hinauf zur Burg. Auf der Karte stehen um die hundert verschiedene Teesorten (45–80 Kč pro Tasse) aus aller Welt, vom klassischen grünen und schwarzen Tee aus China und Indien bis hin zu Früchtetees und Kräuteraufgüssen. Auch verführerische Kuchen und fantasievoll belegte Sandwiches werden hier angeboten.

**BLUE LIGHT** Karte S. 82 f. Cocktailbar

☎ **257 533 126; Josefská 1;** ⏰ **18–3 Uhr;** 🚋 **12, 20, 22**

Das Blue Light ist eine angemessen dunkle und stimmungsvolle Jazzhöhle, die bei Einheimischen und Touristen gleichermaßen beliebt ist. Hier können die Gäste an einer Caipirinha oder einer Cranberry-Colada schlürfen, während sie die uralten Jazzposter und Platten, die alten Fotografien und die jahrzehntealten eingeritzten Graffitis an den Wänden bewundern können. Die Jazzmusik, die im Hintergrund läuft, ist zwar nicht live, aber dafür kommt sie von einer guten Soundanlage, die niemals die Unterhaltungen übertönt. Besonders viel los ist am Wochenende.

**HOSTINEC U KOCOURA**
Karte S. 82 f. Kneipe

☎ **257 530 107; Nerudova 2;** ⏰ **11–23 Uhr;** 🚋 **12, 20, 22**

Der „Kater“ ist eine alteingesessene, traditionelle Kneipe, die immer noch den Ruf genießt, die ehemalige Lieblingskneipe des Ex-Präsidenten Havel zu sein. Obwohl sie im Herzen des Touristenviertels liegt, kommen immer noch überwiegend tschechische Gäste hierher (vielleicht ist es der allgegenwärtige Zigarettenrauch). Für diesen Teil der Stadt ist das Bier relativ günstig – 33 Kč für 0,5 l Budvar, Pilsner Urquell oder Bernard-Hefeweizen vom Fass.

# ALTSTADT (STARÉ MĚSTO)

Die Altstadt bildet das touristische Zentrum von Prag, die Lokale sind dementsprechend teuer und oft hoffnungslos überfüllt. Doch im Gewirr der Gassen, die vom Altstädter Ring abgehen, liegen verborgene Kleinode wie die Čili Bar, das Duende und die Literární Kavárna Řetězová.

### DUENDE Karte S. 96 f. — Bar

**☎ 775 186 077; Karoliny Světlé 30; ⌚ Mo–Fr 13–24, Sa 15–24, So 16–24 Uhr; Ⓜ Národní Třída**
Die niedliche kleine Bar liegt nicht einmal fünf Minuten von der Karlsbrücke entfernt, hat aber doch eine ganz andere Atmosphäre – ganz und gar nicht touristisch, sondern sehr böhmisch. Zu Gast sind künstlerisch angehauchte Einheimische jeden Alters. Hier kann man seinen Drink genießen, während der Blick über die faszinierenden Fotos und die schrullige Kunst an den Wänden schweift. Oder man lauscht einfach der Live-Gitarre oder -Geige. Die Bar serviert nicht nur Weine und Cocktails, sondern auch das ausgezeichnete Bernard-Bier für 29 Kč pro 0,5 l.

### FRIENDS Karte S. 96 f. — Bar

**☎ 226 211 920; Bartolomějská 11; ⌚ 18–4 Uhr; Ⓜ Národní Třída**
Friends ist eine freundliche Schwulenbar mit Musik und Video, in der sowohl der Kaffee als auch die Cocktails und Weine ausgezeichnet sind. Bei einem Drink kann man hier herrlich die Leute beobachten oder bei einem der Themenabende kräftig mitfeiern – die Bandbreite reicht von tschechischer Popmusik und Filmen bis zu Cowboy-Partys (Näheres unter www.friendsprague.cz). An den Freitagen und Samstagen sorgen ab 21 Uhr DJs für die gute Stimmung bei den Gästen.

### KOZIČKA Karte S. 96 f. — Bar

**☎ 224 818 308; Kozí 1; ⌚ Mo–Fr 12–4, Sa 18–4, So 19–3 Uhr; Ⓜ Staroměstská**
Die „Kleine Ziege“ ist eine belebte Kellerbar mit roten Ziegelsteinen und geschmückt mit süßen Stahlskulpturen von Ziegen. Hier gibt's Krušovice vom Fass für 45 Kč pro 0,5 l (Vorsicht: Die Barkeeper schenken gerne mal einen 1 l-*tuplák* ein, wenn sie einen für einen Touristen halten). Später am Abend füllt sich die Bar mit überwiegend tschechischen Gästen – ein zivilisiertes Umfeld für einen spätabendlichen Drink.

### KÁVA KÁVA KÁVA Karte S. 96 f. — Café

**☎ 224 228 862; Platýz pasáž, Národní Třída 37; ⌚ Mo–Fr 7–22, Sa & So 9–22 Uhr; Ⓜ Národní Třída; WLAN**
Das Café, das einem Amerikaner gehört, liegt versteckt im friedlichen Platýz-Hof. Hier bekommen die Gäste einen der besten Kaffees der Stadt serviert: Der *grande cappuccino* ist riesig, dazu gibt es eine Auswahl an Bagels, Croissants, Schokoladenplätzchen, Karottenkuchen und anderen Leckereien. Eine Filiale des Cafés findet man in Smíchov (s. S. 206).

### KRÁSNÝ ZTRÁTY Karte S. 96 f. — Café

**☎ 775 755 143; Náprstkova 10; ⌚ Mo–Fr 9–1, Sa & So 12–1 Uhr; Ⓜ Národní Třída oder 🚋 17, 18; WLAN**
Das coole Café – sein Name lässt sich in etwa mit "schöne Zerstörung" übersetzen – ist gleichzeitig eine Kunstgalerie und Musikbühne und vor allem bei den Studenten der nahe gelegenen Karlsuniversität sehr beliebt. Zeitungen und Bücher warten auf Leser, im Hintergrund läuft leise Musik und auf der Speisekarte findet sich eine Auswahl an Tee- und Kaffeespezialitäten.

### LITERÁRNÍ KAVÁRNA ŘETĚZOVÁ Karte S. 96 f. — Café

**☎ 222 221 244; ⌚ Mo–Fr 12–23, Sa & So 17–23 Uhr; 🚋 17, 21**
Dies ist der Ort, an dem man sich vorstellen kann, an seinem Laptop den „Großen Prager Roman“ zu vollenden mit einer halbvollen Tasse Kaffee neben sich auf dem Tisch. Der Raum ist einfach und gewölbt und hat abgenutzte Holzmöbel, kleine Teppiche auf dem Fußboden, alte Schwarz-Weiß-Fotos an den Wänden und die Art ruhige, relaxte Atmosphäre, in der man ein Buch lesen kann, ohne verlegen zu werden. Wem nach etwas Stärkerem als Kaffee zumute ist, der sollte das

## BIERGÄRTEN

Was könnte an einem heißen Sommertag schöner sein, als bei einem kühlen Glas mit Böhmens bestem Bier im Freien zu sitzen und die Aussicht auf den Fluss oder die Stadt zu genießen? Viele Kneipen in Prag haben einen kleinen Biergarten oder Innenhof, aber die hier aufgelisteten Tipps sind wirklich im Freien und nur im Sommer geöffnet. Die Öffnungszeiten hängen vom Wetter ab, aber normalerweise liegen sie von April bis September von Mittag bis Mitternacht. Für einen halben Liter Bier zahlt man zwischen 25 und 35 Kč.

**Letenský zámeček** (Karte S. 144 f.; Letenské sady, Bubeneč) Eine Reihe klappriger Bänke und Tische auf einem staubigen Abhang unter den Bäumen am östlichen Ende der Letnáanlagen bietet eine der schönsten Aussichten der Stadt über den Fluss bis hin zu den Kirchtürmen der Altstadt und in südwestliche Richtung bis zur Kleinseite. Gambrinus vom Fass. Siehe S. 202.

**Letní bar** (Karte S. 82 f.; Střelecký ostrov, Kleinseite) Im Grunde genommen nur eine Hütte, die Budvar in Plastikbechern verkauft, aber der ideale Ort, um sich ein Bier zu holen, bevor es zum kleinen Strand am nördlichen Ende der Insel geht.

**Občerstvení U okénka** (Karte S. 128 f.; Soběslavova, Vyšehrad) Nicht wirklich ein richtiger Biergarten, sondern eher eine Ansammlung von Tischen im Freien mit Blick über die Gärten von Vyšehrad. Ein schöner Zwischenstopp für ein Bier an einem Sommertag mit in Flaschen abgefülltem Braník für nur 16 Kč pro 0,5 l.

**Riegrovy sady** (Karte S. 134; Riegrovy sady, Vinohrady) Dieser lebhafte Biergarten an der Spitze des steilen Riegrovy-Parks bietet am Abend traumhafte Ausblicke über die Burg, eine große Leinwand zum Sportschauen und die Möglichkeit, mit halb Prag Tischfußball und -hockey zu spielen. Pilsner Urquell und Gambrinus. (genaue Beschreibung s. S. 197).

**Parukářka** (Karte S. 140; Olšanská, Žižkov) Hölzerne Bruchbude in einem Park mit Blick auf Žižkov, jeder Menge Tische im Freien und süßlich riechenden Rauchschwaden am Abend. Gambrinus vom Fass.

**Petřínské terasy** (Karte S. 82 f.; Petřín, Kleinseite) Traditionelle Kneipe im Country-Stil mit einer großen Holzterrasse im Freien und einer tollen Aussicht über die Stadt. Pilsner Urquell vom Fass.

fruchtige, geschmackvolle *kvasnicové* (Hefebier) von Bernard probieren.

### ČILI BAR Karte S. 96 f. — Cocktailbar

**☎ 777 945 848; Kožná 8; 🕒 17–2 Uhr; Ⓜ Mùstek**
Die winzige Cocktailbar versteckt sich in der Biegung einer engen Altstadtgasse und liegt nur wenige Schritte vom Altstädter Ring entfernt. Die Atmosphäre ist komplett anders als in den typischen Kneipen der Altstadt. Sie ist freundlich, entspannt und lebhaft. In dem engen und verrauchten Raum – es gibt kubanische Zigarren zu kaufen – kämpfen ein paar abgenutzte Ledersessel mit einer Handvoll Tische und den Gästen an der Bar um Platz. Die Spezialität des Hauses ist ein Schuss Rum mit fein gehackten roten Chilischoten.

### U ZLATÉHO TYGRA Karte S. 96 f. — Kneipe

**☎ 222 221 111; Husova 17; 🕒 15–23 Uhr; Ⓜ Staroměstská**
Der „Goldene Tiger" ist eine der wenigen Kneipen in der Altstadt, die sich trotz ihrer Lage treu geblieben sind – und ihre Preise niedrig halten (36 Kč für 0,5 l Pilsner Urquell). Das U Zlatého Tygra war die Lieblingsgaststätte des Autors Bohumil Hrabal – das erklärt auch die Fotos von ihm an der Wand. Václav Havel wählte das Lokal 1994, um seinem Staatsgast Bill Clinton eine echte tschechische Kneipe zu zeigen.

### MONARCH VINNÝ SKLEP Karte S. 96 f. — Weinstube

**☎ 224 239 602; Na Perštýně 15; 🕒 Mo–Sa 15–24 Uhr; Ⓜ Národní Třída**
Der Weinkeller mit einer großen Weinauswahl eignet sich wunderbar, um tschechische Weine kennenzulernen. Das fachkundige Personal behandelt jeden gleich freundlich – ob Weinkenner oder Laie. Als Grundlage für eine Weinprobe gibt es eine verlockende Auswahl an kleinen Gerichten – Käse, Oliven, Prosciutto, Salami und geräucherte Entenbrust – zu moderaten Preisen. Einige mährische Weine werden glasweise schon ab 39 Kč ausgeschenkt.

# NEUSTADT (NOVÉ MĚSTO)

Die Neustadt, vor allem die Gegend um den Wenzelsplatz, ist noch immer ein Anziehungspunkt für Junggesellenpartys und Gruppen von Teenies, die sich volllaufen lassen wollen – wer also in Ruhe einen Drink nehmen will, sollte die Gegend eher meiden.

Doch es gibt auch viele gute Kneipen: Vor allem im Bereich südlich des Národní třída am Fluss finden sich viele Studentencafés und gut besuchte Weinstuben.

### JÁMA Karte S. 118 f. Bar

**☎ 224 222 383; V Jámě 7; 🕑 11–1 Uhr; Ⓜ Muzeum**

Jáma – die Höhle – liegt südöstlich der Vodičkova. Die Bar mit einer Gewölbedecke und alten Rockpostern von Led Zeppelin, REM, Kiss und Shania Twain ist vor allem bei in Prag lebenden Amerikanern beliebt. Hinter dem Haus liegt im Schatten von Linden und Walnussbäumen ein kleiner, grüner Biergarten. Das Personal ist freundlich, die Bierauswahl umfasst ein sehr gutes Sortiment an regionalen Bieren und frisch gezapften Bieren aus Mikrobrauereien; auf der Speisekarte stehen u. a. Burger, Steaks, Schälrippchen und Chicken Wings.

### KÁVOVARNA Karte S. 118 f. Café

**☎ 296 236 233; Pasáž Lucerna, Svtěpánská 61; 🕑 8–24 Uhr; Ⓜ Mùstek**

Dieses Café im Retro-Stil ist eines der wenigen anständigen rund um den Wenzelsplatz. Im verrauchten, schummrig beleuchteten Vorderraum (hinter der Bar gibt es einen Nichtraucherbereich) stehen Biegeholzstühle und runde Holzbänke. An den Wänden hängen kunstvolle Schwarz-Weiß-Fotografien, der Kaffee ist gut und nicht zu teuer, und auf der umfangreichen Speisekarte stehen Eiskaffee, Kaffee mit verschiedenen Flavours, heiße Schokolade, Soda und sizilianische Granita, halbgefroren und zuckersüß.

### BOKOVKA Karte S. 118 f. Weinstube

**☎ 721 262 503; Pštrossova 8; 🕑 So–Do 16–1, Fr & Sa 16–3 Uhr; Ⓜ Karlovo Náměstí**

Das urige kleine Lokal gehört einer Gruppe von Weinliebhabern, zu denen die Filmregisseure Jan Hřebejk und David Ondříček zählen. Der Name bezieht sich auf den Film *Sideways* (*Bokovka* im Tschechischen), der in den Weingärten Kaliforniens spielt. Die Weinstube kommt auch in Jan Hřebejks Film *Medvídek (2007)* vor. Abgesehen von der Chance, dass ein berühmter Filmregisseur die Gäste höchstpersönlich bedient (man trifft sie immer mal wieder, aber meit lümmeln sie an der Theke), ist die Karte mit einer umfangreichen Auswahl an ausgezeichneten mährischen Weinen der Hauptgrund, hier einmal reinzuschauen. Zu empfehlen ist beispielsweise der Sonberk Rýnský Ryzlink, ein Riesling von 2006 (Flasche 590 Kč).

## VINOHRADY & VRŠOVICE

Vinohrady besitzt vielleicht nicht die Authentizität von Žižkov, aber die Gegend eignet sich gut fürs Bar- und Café-Hopping. Viele Kneipen liegen in den Straßen rund um den Friedensplatz (Náměstí Míru), vor allem an der Americká, außerdem an der Mánesova und rund um den großen Park Riegrovy sady, wo sich Prags bester (oder zweitbester) Biergarten befindet – je nachdem, wen man fragt. Mit seinem Großbildfernseher ist er ein beliebter Treff bei internationalen Sportereignissen.

### CLUB STELLA Karte S. 134 Bar

**☎ 224 257 869; Lužická 10, Vinohrady; 🕑 20–5 Uhr; 🚋 4, 22**

Club Stella ist eine intime, von Kerzen erleuchtete Café-Bar, die fast immer als Erstes empfohlen wird, wenn die Frage nach Schwulen- und Lesbenbars in Prag auftaucht. Es gibt eine lange, schmale Bar mit dicht an dicht stehenden Barhockern, eine mit Sesseln vollgestellte Lounge, die ans heimische Wohnzimmer erinnert, und viele nette einheimische Gäste. Für den Einlass einfach an der Türe läuten.

### POPO CAFÉ PETL Karte S. 134 Bar

**☎ 777 944 672; Italská 18, Vinohrady; 🕑 Mo–Fr 10–1, Sa/So 16–1 Uhr; 🚋 11**

Eine beliebte Studentenkneipe, die bis oben voll gestopft und rettungslos verräuchert ist, aber jede Menge Spaß garantiert. Das Staropramen wird hier frisch gezapft. Wer kein Bier mag, findet auf der Karte jede Menge billigen Wein und betrunkene Angehörige des anderen Geschlechts.

### RIEGROVY SADY Karte S. 134 Biergarten

**☎ 222 717 247; Riegrovy sady, Vinohrady; 🕑 12–1 Uhr (nur im Sommer); 🚋 11 oder Ⓜ Jiřího z Poděbrad (plus Fußweg)**

Zwischen diesem Biergarten und dem am anderen Ufer in den Letnáanlagen herrscht ein gesunder Konkurrenzkampf um die Frage, welcher der beste ist. Die Antwort hängt ganz davon ab, wo man wohnt. An Sommerabenden kommen jedenfalls die Einwohner von Vinohrady hierher, um ihren Anspruch auf den ersten Platz geltend zu machen. Die Getränke bestellt man wie in deutschen Biergärten an der Theke und bringt sie dann selbst zu einem der Dutzend Picknicktische. Die Großbildleinwand nimmt zwar ein bisschen von der Atmosphäre, doch das wird bei Fußballspielen der Europa- oder Weltmeisterschaft gern in Kauf genommen. Dann nämlich sitzen hier Zuschauer wie die Hühner auf der Stange. Der einfachste Weg, hierher zu kommen, führt über die Polská, dann auf die Chopínova und dann von der Na Švíhance in den Park hinein. Der Biergarten liegt 30 m den Pfad hinauf.

### AL CAFÉTERO Karte S. 134 Café

**☎ 777 061 161; Blanická 24, Vinohrady; ⌚ 8.30 bis 21.30 Uhr; Ⓜ Náměstí Míru oder Muzeum, 🚊 11**
Für das skurrile kleine Café mit Weinstube zwischen der Vinohradská und dem Náměstí Míru spricht Einiges, darunter die wohl besten Kaffeevariationen der Stadt, eine gute Weinauswahl und eine rigorose Nichtraucherpolitik. Hier kann man herrlich die Zeitung lesen! Für den kleinen Hunger gibt es Süßes und pikante kleine Gerichte wie Salate und Sandwiches.

### BLATOUCH Karte S. 134 Café

**☎ 222 328 643; Americká 17, Vinohrady; ⌚ 10–23 Uhr; Ⓜ Náměstí Míru; 📶**
Als das legendäre Studentencafé Blatouch vor einigen Jahren in der Altstadt zumachte, wurde das nur als ein weiteres Opfer des Fortschritts gesehen. Aber Gott sei Dank hat das Blatouch mit demselben Schild an der Tür und derselben Mischung aus entspanntem Service und freundlicher Studentenklientel in Vinohrady wiedereröffnet. In einer sehr gelösten Atmosphäre werden neben ausgezeichnetem Kaffee auch leckere leichte Gerichte wie Salate und Sandwiches serviert. Das ist genau das, was diesem Viertel gefehlt hat.

### CAFÉ CELEBRITY Karte S. 134 Café

**☎ 222 511 343; Vinohradská 40, Vinohrady; ⌚ 10–23 Uhr; Ⓜ Náměstí Míru**
Dieses schwulenfreundliche Café gehört zu den Schwulenkneipen im alten Radio-Palác-Gebäude an der Vinohradská. Das unspektakuläre Café bietet eine freundliche Atmosphäre, gute Gelegenheit zum Leutebeobachten und vor allem ordentlichen Kaffee, Bier und Wein.

### CAFFÉ KAABA Karte S. 134 Café

**☎ 222 254 021; Mánesova 20, Vinohrady; ⌚ 8–22 Uhr; 🚊 11; 📶**
Das kleine Caffé Kaaba erstrahlt in stylishem Architekturdesign. Die Retromöbel und das Pastelldekor der Cafébar stammen von der Heimausstellung 1959. Serviert u. a. super Kaffee aus frisch gemahlenen Importbohnen, hinzu kommt eine lange Weinkarte mit tschechischen und ausländischen Tröpfchen (der Hauswein kostet nur 30 Kč/Glas). Zeitungen, Zigaretten und Tabak gibt's am hauseigenen Schalter.

### DOBRÁ TRAFIKA Karte S. 134 Café

**☎ 222 510 261; Korunní 42, Vinohrady; ⌚ 7–23 Uhr; Ⓜ Náměstí Míru oder 🚊 10, 16**
Von außen würde man nie vermuten, dass sich hinter diesem Tabakladen in der belebten Korunní ein süßes, kleines Kaffeehaus verbirgt. Der Tabakladen ist auf seine Weise interessant: Es gibt nicht nur Pfeifen, offenen Tabak, Zigarren und Zigaretten, sondern auch ausgezeichnete Teesorten, Süßigkeiten und Geschenke. Es fühlt sich ein bisschen so an, als wäre man hier in die Vergangenheit gereist. Im hinteren Teil gibt es einen kleinen Raum zum Kaffeetrinken (für Nichtraucher) und einen größeren Garten zum Abhängen (dort ist Rauchen gestattet). Sehr beliebt bei Studenten.

### KAVÁRNA MEDÚZA Karte S. 134 Café

**☎ 222 515 107; Belgická 17, Vinohrady; ⌚ Mo–Fr 10–1, Sa & So 12–1 Uhr; Ⓜ Náměstí Míru**
Das Medúza ist das perfekte Prager Kaffeehaus: Eine Oase aus alten, abgenutzten Möbeln, dunklem Holz und tschechischen Kunstwerken und mit einer antiken Zuckerdose auf jedem Tisch. Die Atmosphäre lädt dazu ein, allein in einem Buch zu versinken oder zu zweit ein Gespräch über die Natur des eigenen Daseins zu führen. Auf der Speisekarte stehen Kaffee, Tee, heiße Schokolade, Bier, Wein, sogar nichtalkoholische Getränke, Pfannkuchen, Nachos und Bananensplit.

### KAVÁRNA ZANZIBAR Karte S. 134 Café

**☎ 222 520 315; Americká 15, Vinohrady; ⌚ Mo–Fr 8–23, Sa & So 10–23 Uhr; Ⓜ Náměstí Míru**
Das Zanzibar hat vor Jahren als *trafika* begonnen, ein Laden, in dem es Zeitungen und Tabakwaren gibt. Über die Jahre hinweg hat es sich zu einem gemütlichen Ort entwickelt, der jeglicher Beschreibung trotzt. Es ist nicht wirklich ein Café (obwohl hier Kaffee das vielleicht beliebteste Getränk ist), nicht wirklich eine Bar (obwohl es hier Bier vom Fass und einen Platz an der Theke gibt) und auch nicht wirklich ein Restaurant (obwohl das Essen, das hier serviert wird, ziemlich gut ist). Man sollte es einfach als den idealen Ort betrachten für das, wonach einem gerade zumute

## WUNDERSCHÖNE KAFFEEHÄUSER

Prags Kaffeehausgesellschaft hatte ihre Blütezeit vom späten 19. Jh. bis in die 1930er-Jahre hinein: Damals waren die Kaffeehäuser der Stadt Treffpunkte der Künstler, Schriftsteller, Journalisten, Aktivisten und politisch Andersdenkenden. Viele Kaffeehäuser verfielen nach dem Zweiten Weltkrieg, doch etwa ein halbes Dutzend haben überlebt oder wurden wieder zu altem Glanz hergerichtet.

Das **Café Imperial** (Karte S. 116; ☎ 246 011 440; Na Poříčí 15, Neustadt; ⏲ 7–23 Uhr; Ⓜ Náměstí Republiky) wurde 1914 eröffnet und 2007 gründlich renoviert. Wunderschön sind die Jugendstilkacheln – Wände und die Decke sind mit originalen Keramikkacheln, Mosaiken, Stuck und Halbreliefs geschmückt. Die Lampen stammen ebenfalls aus der Zeit, Bronzefiguren stehen über den Raum verteilt. Der Kaffee ist gut, abends gibt es Cocktails. Spätaufsteher können hier den ganzen Tag über verschiedene Frühstücksvarianten bestellen.

**Café Savoy** (Karte S. 82 f.; ☎ 257 311 562; Vítězná 5, Kleinseite; ⏲ Mo–Fr 8–22.30, Sa & So 9–22.30 Uhr; 🚋 6, 9, 22; 📶) 1893 gegründet und 2004 restauriert, spürt man im Savoy den Glanz der Belle Epoque: Die Decke mit ihren vielen gewaltigen Kristallleuchtern (vom Zwischenstock aus lassen sie sich am besten betrachten) ist farbenfroh verziert; passend dazu trägt das Servicepersonal rote Westen und Krawatten. Kaffee und heiße Schokolade schmecken hervorragend, auch die Weinkarte lässt nichts zu wünschen übrig.

**Grand Café Orient** (Karte S. 96 f.; ☎ 224 224 240; Ovocný trh 19, Neustadt; ⏲ Mo–Fr 9–22, Sa & So 10–22 Uhr; Ⓜ Náměstí Republiky) Prags einziges kubistisches Café wurde von Josef Gočár entworfen und ist bis heute bis ins kleinste Detail (einschließlich Lampenschirmen und Kleiderhaken) vom Kubismus bestimmt. Ab 1920 war das Kaffee geschlossen ge-wesen, 2005 wurde alles renoviert und die Wiedereröffnung gefeiert. Die Kaffees sind ganz ordentlich, die verschiedenen Cocktails preiswert.

**Kavárna Lucerna** (Karte S. 118 f.; ☎ 224 215 495; Palác Lucerna, Štěpánská 61, Neustadt; ⏲ Mo–Sa 10–1, So 10 bis 23 Uhr; 🚋 3, 9, 14, 24; 📶) Das von Touristen am wenigsten beachtete unter den hier aufgeführten Kaffeehäusern liegt in einer Jugendstil-Einkaufspassage, die vom Großvater des Ex-Präsidenten Václav Havel entworfen wurde. Auffallend sind der viele (falsche) Marmor, das fein verarbeitete Schmiedeeisen und die glitzernden Kristalllaternen (*lucerna* ist das tschechische Wort für Laterne). Das Schmuckstück aus den 1920er-Jahren hat große Bogenfenster, von denen aus man die berühmte Pferdeskulptur von David Cerný sieht, die unter der Glaskuppel des Atriums hängt.

**Kavárna Obecní dùm** (Karte S. 96 f.; ☎ 222 002 763; Náměstí Republiky 5, Neustadt; ⏲ 7.30–23 Uhr; Ⓜ Náměstí Republiky) Das spektakuläre Café in Prags prunkvollem Repräsentationshaus (Obecní dům) bietet die Gelegenheit, inmitten einer traumhaften Jugendstileinrichtung einen Cappuccino zu genießen. Auch die kleine American Bar im Untergeschoss ist einen Besuch wert: Hier dominieren poliertes Holz, Buntglas und glänzend poliertes Kupfer.

**Kavárna Evropa** (Karte S. 118 f.; ☎ 224 228 117; Václavské náměstí 25, Neustadt; ⏲ 9.30–23 Uhr; Ⓜ Můstek) Im Grand Hotel Evropa liegt das stimmungsvollste Kaffeehaus am Wenzelsplatz – ein Jugendstil-Schmuckstück. Leider ist es eine Touristenfalle, mit zweitklassigem Kuchen und Kaffee und Abzockerpreisen. Wegen der Schönheit der Räumlichkeiten sollte man aber zumindest einmal kurz hineinschauen.

**Kavárna Slavia** (Karte S. 96 f.; ☎ 224 220 957; Národní třída 1, Neustadt; ⏲ Mo–Fr 8–24, Sa & So 9–24 Uhr; Ⓜ Národní Třída) Das Slavia ist das berühmteste unter den alten Prager Cafés: Art-déco-Eleganz vom Feinsten mit Kirschbaumholz und Onyx, polierten Steintischen und großen Fenstern auf den Fluss. Anfang des 20. Jhs. war es ein bekannter Literatentreff – Rainer Maria Rilke und Franz Kafka hielten sich hier auf; in den 1970er-und 1980er-Jahren trafen sich hier Václav Havel und andere Dissidenten.

ist. Bei schönem Wetter ist die Terrasse im Freien sehr grandios.

### RYBA NA RUBY Karte S. 134 — Café

**☎ 731 570 704; Mánesova 87, Vinohrady; ⏲ Mo–Sa 10–23 Uhr; Ⓜ Ⓜ Náměstí Jiřího z Poděbrad**

Ryba na Ruby ist für das gehobene Vinohrady mal etwas anderes: ein umweltfreundlicher Tee- und Souvenirladen im Erdgeschoss mit einer lockeren Club-Bar im Untergeschoss. Hier bekommt man Dinge wie Fair-Trade-Tee und -Kaffee sowie biologische Nahrungsmittel wie Nüsse, Gewürze, Kakao, Marmelade und Öl. In dem Club im Untergeschoss können sich die Gäste entspannt ein Bier oder einen Kaffee gönnen.

### SAHARA CAFÉ Karte S. 134 — Café

**☎ 222 514 987; náměstí Míru 6, Vinohrady; ⏲ 9–23 Uhr; Ⓜ Náměstí Míru**

Die wunderschön minimalistische, marokkanisch inspirierte Inneneinrichtung setzt einen Designstandard, dem nur wenige Läden gerecht werden können. Leider kann das Essen mit dem Dekor nicht immer mithalten. Wem aber nur nach einer Tasse Kaffee oder einem Glas Wein zumute ist, der kann es in diesem Viertel nicht besser treffen. Durch die praktische Lage ist dieses Café ein guter Treffpunkt für einen Drink, bevor es woanders hin geht.

### BAR & BOOKS MÁNESOVA
Karte S. 134 Cocktailbar

**☎ 222 724 581; Mánesova 64, Vinohrady; 🕒 17–3 Uhr; 🚊 11**

Diese gehobene Cocktail- und Zigarren-Bar im New Yorker Stil ersetzt die einstigen Rugby-Pubs und könnte von der Atmosphäre her nicht unterschiedlicher sein. Wegen ihrer Cocktail-Preise hatte sie teilweise eine schlechte Presse, aber die Klassiker sind hier nicht viel teurer als anderswo. Ein Cosmo etwa kostet 145 Kč, ähnlich wie im Stadtzentrum. Für den Hunger gibt es einige kleinere Gerichte wie Sandwiches, Käseplatten und Fondues. Im Hintergrund steht ein Billardtisch, mittwochs wird ab 21 Uhr Livemusik gespielt.

### SCHEISSE KATZE Karte S. 134 Cocktailbar

**☎ 737 111 097; Chodská 18, Vinohrady; 🕒 17–2 Uhr; Ⓜ Jiřího z Poděbrad**

Die beliebte Cocktailbar mitten im Wohnviertel Vinohrady zieht vorwiegend junge Leute aus der Nachbarschaft an, die wegen der gekonnt gemixten Cocktails und der Superatmosphäre kommen. Dank der langen Öffnungszeit ist es der perfekte Platz für einen Schlummertrunk auf dem Weg zum Hotel.

### SOKOLOVNA Karte S. 134 Kneipe

**☎ 222 524 525; Slezská 22, Vinohrady; 🕒 11–23 Uhr; Ⓜ Náměstí Míru**

Es ist vielleicht ein bisschen unfair, das Sokolovna in die Kategorie „Kneipe" einzuordnen – schließlich ist es auch ein recht gutes Restaurant, in dem leckeres traditionelles tschechisches Essen serviert wird (darunter ein Tagesgericht, das in der Regel unter 100 Kč bleibt). Aber es ist auch eine tolle Bierkneipe mit *tankové pivo* (unpasteurisiertes Pilsner Urquell) vom Fass. Der in den 1930er-Jahren eingerichtete Innenraum wirkt wesentlich gediegener als die durchschnittlichen Franchise-Kneipen von Pilsner Urquell, die überall in der Stadt aus dem Boden schießen.

### VINIČNÍ ALTÁN Karte S. 134 Weinstube

**☎ 224 262 861; Havlíčkovy sady 1369, Vršovice; 🕒 11–23 Uhr; 🚊 6, 7, 24 (Haltestelle Otakarova, dann ein Spaziergang bergauf), 4, 22 (Haltestelle Jana Masaryka plus Fußweg)**

Prags schönster Weingarten unter freiem Himmel ist auch gleichzeitig der älteste der Stadt und wurde angeblich von Kaiser Karl IV. höchstpersönlich gegründet. In einer aufgemöbelten hölzernen Gartenlaube mit Blick auf die Weinberge und das Nusle-Tal kann man ein Glas des selbst gemachten Weiß- oder Rotweins genießen. Der Weg hierher ist nicht ganz einfach: Am besten geht man durch Vinohrady, folgt der Americká und geht dann weiter durch den Havlíčkovy sady. Hier gibt es nur sehr wenig, aber dafür anständiges Essen, darunter Salate und Würstchen.

## ŽIŽKOV & KARLÍN

Žižkov ist bekannt dafür, dass es hier mehr Kneipen pro Einwohner gibt, als in jedem anderen Stadtteil Europas. Außerdem kann man hier – je nach Geschmack – die authentischsten oder schrecklichsten Kneipenerfahrungen in Prag machen. Man sollte gefasst sein auf Rauch, klebrige Fußböden, schrecklichen Lärm und einige heldenhaft betrunkene Gesellen.

### BUKOWSKI'S Karte S. 140 f. Cocktailbar

**☎ 222 212 676; Bořivojova 86; 🕒 18–2 Uhr; 🚊 5, 9, 26**

Wie die meisten Lokale, die bei englischsprachigen Expats beliebt sind, ist auch das Bukowski's eher eine Cocktailkneipe als eine Cocktailbar. Benannt nach dem trinkfesten amerikanischen Autor Charles Bukowski, pflegt es eine dunkle und etwas heruntergekommene Atmosphäre – die Ausstattung ist bewusst "interessant" gehalten (wenn man sie beim verräucherten Kerzenlicht überhaupt sieht). Es gibt sehr gute Cocktails und Zigarren, freundliche Barkeeper und coole Musik.

### PIVOVARSKÝ KLUB Karte S. 140 f. Kneipe

**☎ 222 315 777; Křižíkova 17; 🕒 11–23.30 Uhr; Ⓜ Florenc**

Die Regale der Kneipe sind mit unzähligen Sorten an Flaschenbier aus aller Welt gefüllt; sechs Fassbiere stehen zur Auswahl (ganz ausgezeichnet sind das frische, hopfige Štěpán *ležák* und das Primátor-Hefebier mit einem Hauch von Zitrone). Die Gäste sitzen an der Bar oder im gemütlichen Keller (in der ganzen Kneipe gilt ein Rauchverbot) und bestellen zum Bier leckere Gerichte wie das *guláš* mit Speckknödeln (185 Kč).

### U SLOVANSKÉ LÍPY Karte S. 140 f. Kneipe

**☎ 222 780 563; Tachovské náměstí 6; 🕒 16–23 Uhr; 🚌 133, 207**

## BRAUEREIBESICHTIGUNGEN

Die Staropramen-Brauerei in Prag im Viertel Smíchov bietet Besichtigungen an, das Gleiche gilt für einige Brauereien im Umland von Prag:

**Budweiser Budvar Brauerei** (außerhalb von Karte S. 62 f.; ☎ 387 705 341; www.budvar.cz; Ecke Pražská & K Světlé, České Budějovice; Besichtigung 100 Kč; 9–17 Uhr, Jan. & Feb. So & Mo geschl.) Die einstündige Führung für mindestens acht Personen muss im Voraus gebucht werden. České Budějovice liegt 160 km südlich von Prag.

**Pilsner Urquell Brauerei** (außerhalb von Karte S. 62 f.; ☎ 377 062 888; www.beerworld.cz; U Prazdroje 7, Plzeň; Besichtigung 150 Kč; April–Sept. 8.30–18 Uhr, Okt.–März 8.30–17 Uhr) Eineinhalbstündige Führung mit Bierverkostung. Führungen auf Deutsch beginnen um 12.30, 14 und 16 Uhr, eine Voranmeldung ist nicht erforderlich. Plzeň (Pilsen) liegt 80 km westlich von Prag.

**Staropramen Brauerei** (Karte S. 152; ☎ 257 191 300; www.staropramen.com; Nádražní 84, Smíchov; Besichtigung 100 Kč; 9–17 Uhr) Einstündige Führung nach Vereinbarung. Die Bar und das Restaurant Na Verandách (S. 188) sind sehr empfehlenswert.

**Velké Popovice Brauerei** (außerhalb von Karte S. 62 f.; ☎ 323 683 425; www.kozel.cz; Ringhofferova 1, Velké Popovice; Besichtigung 100 Kč; April–Sept. 10–18 Uhr, Okt. –März 10–16 Uhr) Eineinhalbstündige Führungen in Englisch um 12 & 14 Uhr(Sommer), nur 12 Uhr im Winter. Velké Popovice liegt 20 km südöstlich von Prag.

Die klassische Kneipe in Žižkov wirkt außen wie innen schlicht und unaufdringlich „Zu den Lindenbäumen" (die Linde ist der tschechische und slowakische Nationalbaum) ist zu einer Art Wallfahrtsort für Biertrinker geworden, seit Pivní Filosof (s. Kasten S. 204) in seinem Blog darüber berichtet hat. Der Grund dafür ist die Auswahl an Bieren der Brauerei Kout na Šumavě, darunter ein ausgezeichnetes *světlý ležák* (26 Kč für 0,5 l) und das dunkle, kräftige *tmavý speciál* mit 18 % Stammwürze.

### U VYSTŘELENÉHO OKA Karte S. 140 f. Kneipe

**☎ 222 540 465; U Božích Bojovníků 3; Mo–Sa 6.30–1 Uhr; 133, 207**

Eine Kneipe, die Vinylpolster über den Urinalbecken zum Kopfanlehnen hat, muss man lieben. Das „Ausgeschossene Auge" – der Name ehrt den einäugigen Hussitenhelden auf dem Hügel hinter dem Pub (s. Nationale Gedenkstätte S. 139) – ist ein unkonventionelles Wirtshaus mit einer lärmenden Freitagabendstimmung, wenn das billige Pilsner Urquell (29 Kč/0,5 l) eine typisch bunt gemixte Klientel aus Žižkov anzieht. Hier muss man sich keine Gedanken über die Sprachbarriere machen – jeder spricht die internationale Sprache des Alkohols.

# HOLEŠOVICE, BUBENEČ & DEJVICE

Wie jedes Arbeiterviertel besaß auch der Industrievorort Holešovice schon immer einige (durchschnittliche) Kneipen. In jüngster Zeit schossen aber eine ganze Reihe interessanter Lokale, darunter auch einige Cafés, wie Pilze aus dem Boden. In Bubeneč konzentrieren sich die meisten besseren Kneipen um den Letenské náměstí. Auch ein Bummel durch die Šmeralová lohnt sich. Wer dort nichts nach seinem Geschmack findet, geht zur Ecke mit der Keramícká und wechselt dann in die Čechova. Dort gibt es mindestens ein halbes Dutzend Bars und sonstige Kneipen, die alle so ziemlich die gleiche Mischung aus billigem Bier und Tischen voller Studenten und Leuten aus der Nachbarschaft bieten.

### FRAKTAL Karte S. 144 f. Bar

**☎ 777 794 094; Šmeralová 1, Bubeneč; 11–24 Uhr; 1, 8, 15, 25, 26**

Das Lokal in Kellerlage unter einem Eckhaus beim Letenské náměstí ist die netteste Bar an diesem Ufer der Moldau. Hier treffen sich viele in Prag lebende Engländer und Amerikaner. Ausgeschenkt werden alle Biere von Pilsner Urquell, darunter auch das beliebte Gambrinus mit 10 % Stammwürze. Es gibt ein paar gute Snacks und erstaunlich ordentliche Steaks als Grundlage für einen ausgedehnten Bierabend. Schade nur, dass die Bar so früh schließt: Die letzte Bestellung wird um 23.30 Uhr entgegengenommen. Es scheint fast so, als ob das Fraktal jedes Jahr eine halbe Stunde früher schließen würde.

### LA BODEGA FLAMENCA Karte S. 144 f. Bar

**☎ 233 374 075; Šmeralová 5, Bubeneč; So–Do 16–1, Fr & Sa bis 3 Uhr; 1, 8, 15, 25, 26**

La Bodega ist ein stimmungsvoller Keller aus roten Backsteinen, der so angemalt und verputzt wurde, dass er wie eine Lehmziegelhütte aussieht. Bei leiser lateinamerikanischer Musik, dem Gemurmel der anderen Gäste und flackerndem Kerzenlicht erscheint die Klientel hier etwas besinnlicher (zumindest verglichen mit den Gästen des Fraktal nebenan). Die meisten kommen wegen der Sangria oder des Biers hierher, aber es gibt auch eine nette Auswahl an Tapas, darunter *Tortilla Español, Chorizo al vino tinto* (Chorizo eingelegt in Rotwein) und *Gambas pil-pil* (Garnelen in Knoblauch und Chili). An einigen Abenden gibt's Livemusik und Tanz.

### STROMOFFKA Karte S. 144 f. Bar

**☎ 777 564 918; Kamenická 54, Holešovice; ⌚ Mo–Sa 17–2 Uhr; 🚋 1, 8, 15, 25, 26**

Die Gäste der beliebten Studentenkneipe, in der gelegentlich DJs zum Tanzen im Untergeschoss animieren, sind meist Anfang 20 und kommen aus der Umgebung, was aber nicht heißt, dass nicht auch auswärtige Besucher willkommen sind. Freitags und samstags wird es am späten Abend voll, dann ertrinken die Leute an der Bar im Untergeschoss in Bestellungen und kommen kaum mehr mit dem Austeilen der Drinks nach.

### ZTRACENÝ RÁJ Karte S. 144 f. Bar

**☎ 774 350 400; Čechova 9, Bubeneč; ⌚ 10–1 Uhr; 🚋 1, 8, 15, 25, 26**

Das Ztracený ist eines von mehreren vorwiegend auf Studenten ausgerichteten Lokalen (Cafés und Bars) um den begrünten Letenské náměstí. Ausgeschenkt wird ein ordentliches Pilsner Urquell zu normalen Preisen. Hier geht es gesellig zu, und wenn es die Temperaturen am Abend erlauben, werden einige klapprige Picknicktische vor die Tür gestellt.

### LETENSKÝ ZÁMEČEK Karte S. 144 f. Biergarten

**☎ 233 378 208; Letenský sady 341, Bubeneč; ⌚ 11–23 Uhr (nur im Sommer); 🚋 1, 8, 15, 25, 26**

Keine Liste mit Trinkgelegenheiten rund um Holešovice wäre komplett, ohne den besten Biergarten der Stadt zu erwähnen, der am östlichen Ende der Letnáanlagen liegt. Wer Bier trinken möchte, der hat hier zwei Möglichkeiten. Erstens die Business-Class-Variante: Man nimmt sich einen Stuhl im Grill-Gartenrestaurant auf der linken Seite, wo man einen halben Liter Pilsner Urquell für etwa 30 Kč bekommt plus gute Pizzas und Burritos. Zweitens die Reisebus-Variante: Hier stellt man sich an der Bierschenke an und bekommt einen halben Liter in einem Plastikbecher für 28 Kč, den man dann an einem der Picknicktische am Hang trinkt – mit großartigem Blick über die Altstadt. Der Biergarten hat zwar nur bei schönem Wetter geöffnet, dafür ist er an einem lauen Sommerabend die beste Wahl in der Stadt.

### ALCHYMISTA Karte S. 144 f. Café

**☎ 233 370 359; Jana Zajívce 7, Bubeneč; ⌚ 10.30–19.30 Uhr (im Sommer länger); 🚋 1, 8, 15, 25, 26 (Haltestelle: Sparta)**

Das altmodische Kaffeehaus (nur für Nichtraucher) bildet mit der benachbarten Kunstgalerie eine Oase in der "Kulturwüste" hinter dem Sparta-Stadion. Frisch gemahlener Kaffee, eine gute Auswahl an Tees und frisch gebackene Kuchen und Strudel locken die ganze Nachbarschaft an. Bei schönem Wetter besteht die Möglichkeit, den Kaffee im Garten hinter dem Haus zu trinken.

### ARTESA Karte S. 144 f. Café

**☎ 224 318 625; Dejvická 33, Dejvice; ⌚ Mo–Fr 8.30–21, Sa & So 12–19 Uhr; Ⓜ Dejvická oder 🚋 2, 8, 20, 26**

Retro ist zurzeit angesagt, und dieses winzige Café gleich beim Vítězné náměstí lässt den futuristischen Stil der 1950er- und 1960er-Jahre wieder lebendig werden: Die Wände sind rosafarben, von den Decken hängen zylinderförmige Hängelampen. Unter den Gästen findet sich alles von den alten Damen aus dem Viertel bis zu schicken Supermodels – sie kommen vor allem wegen des ausgezeichneten Kaffees, Kuchen, süßen Teilchen und Brötchen. Der vordere Raum ist für Nichtraucher reserviert, der rückwärtige für Raucher.

### BIO OKO Karte S. 144 f. Café

**☎ 233 382 606; Františka Křížka 15, Holešovice; ⌚ 15–2 Uhr; 🚋 1, 8, 15, 25, 26**

Das Café mit Bar im Programmkino Bio Oko (S. 215) ist ein Schmuckstück: Passend zu einem Kino, das regelmäßig Filme aus den 1950er- und 1960er-Jahren zeigt, ist es im Retrostil eingerichtet. Die Espressovarianten sind ebenso zu empfehlen wie das Bier oder die Cocktails. Eine gute Wahl vor oder nach der Vorstellung.

### ERHARTOVA CUKRÁRNA Karte S. 144 f. Café

**☎ 233 312 148; Milady Horákové 56, Holešovice; ⌚ 10–19 Uhr; 🚋 1, 8, 15, 25, 26**

Das elegante Nichtrauchercafé im Stil der 1930er-Jahre mit angeschlossenem Süßwarenladen befindet sich in einem funktionalistischen Gebäude neben der Stadtbücherei des Viertels. Hierher trifft sich eine Mischung aus Müttern mit Kinderwagen, Studenten und Senioren, angelockt werden sie durch die Plätzchen, Doughnuts und Zimtschnecken und Eis bei heißem Wetter.

### KABINET Karte S. 144 f. Café

**☎ 233 326 668; Terronská 25, Dejvice; Mo–Fr 11–23, Sa & So 15–23 Uhr; M Dejvická oder 8**

Das Kabinet, ein Kaffeehaus im Stil der 1920er-Jahre, liegt in einem sehenswerten rondokubistischen Gebäude in einer hübschen Wohnstraße von Dejvice. Alte Kameras, Poster und Fotografien verstärken das Retrogefühl. Tschechen fühlen sich durch den Namen des Cafés an ihre Schulzeit erinnert – ein *kabinet* ist das Büro des Lehrers –, auch das lässt ein wenig Nostalgie aufkommen. Der ideale Platz für eine ruhige Unterhaltung oder für eine Tasse Kaffee und ein gutes Buch.

### KAVÁRNA ALIBI Karte S. 144 f. Café

**☎ Kein Telefon; Svatovítská 6, Dejvice; Mo–Fr 12–24, Sa & So 16–24 Uhr; M Dejvická oder 2, 8, 20, 26**

Ein belebtes, verräuchertes Kaffeehaus, in dem sich vorwiegend Studenten treffen ( es gibt eine kostenlose WLAN-Verbindung). Hier können Reisende perfekt bei einem Kaffee oder einem Bier Ansichtskarten schreiben, in ihrem Reiseführer blättern oder ein ruhiges Gespräch mit ihren Reisebegleitern führen. Zum Café läuft man etwa 10 Minuten zu Fuß von der Metrostation.

### KUMBAL Karte S. 144 f. Café

**☎ 777 559 842; Heřmanová 12, Holešovice; 9–20 Uhr; 1, 5, 8, 12, 14, 15, 17, 25, 26**

Eine weitere elegante Kaffeebar in einem funktionalistischen Gebäude aus den 1930er-Jahren, die es schafft, sowohl angesagt als auch gemütlich zu sein. Es gibt gute Kaffee- und Teespezialitäten, aber auf der Speisekarte steht nicht viel mehr als ein paar einfache Sandwiches und die Tagessuppe (meistens vegetarisch). Das Kumbal ist ein Nichtrauchercafé, was vor allem die Spaziergänger am Nachmittag anlockt und es zu einem angenehmen Plätzchen zum Relaxen macht (vielleicht gibt es deshalb immer nur wenige freie Tische). Kostenloses WLAN.

### LONG TALE CAFÉ Karte S. 144 f. Café

**☎ 266 310 701; Osadní 25, Holešovice; 9–19 Uhr; 1, 3, 12, 14, 25**

Einladendes rauchfreies Café, das eine angenehme Mischung aus Büroangestellten, Müttern mit Kinderwagen und gelegentlich einem freiberuflich arbeitenden Schriftsteller anzieht. Sie alle kommen wegen des ausgezeichneten Kaffees, der entspannten Atmosphäre und der leckeren und preiswerten Salate und Sandwiches. Kostenloses, zuverlässig funktionierendes WLAN.

### OUKY DOUKY Karte S. 144 f. Café

**☎ 266 711 531; Janovského 14, Holešovice; 8–24 Uhr; 1, 5, 8, 12, 14, 15, 17, 25, 26**

Hier befand sich in den 1990er-Jahren ursprünglich das Globe Bookstore & Café (früher Coffeehouse), in dem eine Art bunte, schrille San-Francisco-Atmosphäre herrschte. Heute gibt's hier einen abgenutzten Buchladen mit einer verschlissenen Abteilung für tschechischsprachige Bücher und ein einladendes Café mit Studenten, Hausfrauen aus der Nachbarschaft, einigen unkonventionellen Typen und ein oder zwei Weltenbummlern. Auf der Speisekarte stehen hauptsächlich leichte Gerichte wie Toast, Sandwiches und Salate. Kostenloser WLAN-Zugang.

### TĚSNĚ VEDLE BURUNDI Karte S. 144 f. Café

**☎ 777 170 803; Sládkova 4, Bubeneč; 10–22 Uhr; 1, 8, 15, 25, 26**

Eine sonderbare Mischung aus Café und Kneipe, die wiederum eine Mischung aus Intellektuellen, Studenten, alternden Rockern und gewöhnlichen Trinkern anlockt. Ein leicht regimekritischer Oldschool-Hauch liegt über dem Café und macht es so zu einem besseren Platz zum Entspannen als die ganzen Schickimicki-Bars im Zentrum. Zu dem wenigen Essen, das hier angeboten wird, gehören ein paar Salate und Toastvarianten.

### ANDALUSKÝ PES Karte S. 144 f. Cocktailbar

**☎ 773 026 584; Korunovační 4, Bubeneč; 19–3 Uhr; 1, 8, 15, 25, 26**

„Der andalusische Hund" , benannt nach dem Film Buñuel, ist eine After-Hour-Cocktailbar mit bewusst altmodischem Flair. Das einladende Vorzimmer mit roten Samtbarhockern und lilafarbenen Glitzerwänden zieht „Edward-Hopper-Nachtschwärmer" an, nachdem das Fraktal geschlossen hat und die Menschen hierher kommen. In den Hinterzimmern herrscht eine schlüpfrigere Stimmung – an manchen Abenden dunkel und überfüllt –, in der man die Gesichter nur anhand des Glimmens der Zigaretten ausmachen kann. An ruhigen Abenden macht die

## WITTGENSTEIN WAR EINMAL – HIER KOMMT DER „BIER-PHILOSOPH"

In einem Land, das einst mit Václav Havel einen Philosophen als Präsidenten hatte, passt es nur zu gut, dass es jetzt einen selbst ernannten *pivní filosof* – einen Bierphilosophen – gibt. Der Argentinier Max Bahnson kam vor acht Jahren für einen Zwischenstopp auf der Ferienreise nach Ägypten nach Prag und blieb. Heute ist er einer der führenden Bierliebhaber des Landes, sein beliebter Bier-Blog (www.pivni-filosof.com) ist eine ergiebige Quelle für alle, die sich für die regionalen und Mikrobrauereien interessieren. Wir trafen Max an einem Winternachmittag, um mit ihm über Biertrends zu sprechen und um ihn zu fragen, wo das beste Bier der Republik ausgeschenkt wird.

**Das Bier in Prag schmeckt toll, doch nicht in jeder Kneipe ist es von derselben Qualität. Woran erkennt man, dass ein Lokal gutes Bier ausschenkt?** Das stimmt. Es heißt, dass 50 % der Qualität eines Bieres von dem abhängen, der es braut und 50 % von dem, der es zapft. Die Zapfhähne in einer Kneipe müssen sauber und der Absatz groß genug sein, denn wenn ein Fass erst mal angestochen ist, beginnt das Rennen gegen die Zeit. Wenn Sie in eine Kneipe kommen, in der 40 Leute sitzen und Bier trinken, können Sie ziemlich sicher sein, dass es gut ist, weil dann fast stündlich ein neues Fass anzapft wird.

**Den tschechischen Biermarkt beherrschen große Brauereien wie Pilsner Urquell und Staropramen, die oft von großen internationalen Firmen gestützt werden. In den meisten Prager Kneipen wird aber anderes Bier ausgeschenkt. Welches Bier der namhaften Großbrauerein ist zu empfehlen?** Das klassische Lager von Pilsner Urquell (SABMiller) mit 12 % Stammwürze ist noch immer ein ausgezeichnetes Bier, vor allem die nicht pasteurisierte Variante (die in denjenigen Kneipen in Prag angeboten wird, an denen *„tankové pivo"* steht). Das Bier wird aus versiegelten Beuteln gezapft, die in riesigen Tanks aus der Brauerei angeliefert werden. Das Bier kommt nicht mit irgendwelchen Gasen in Kontakt und besitzt dadurch einen volleren Geschmack. Die Übernahme von ausländischen Konzernen muss nicht immer schlecht sein: Seit Heineken Krušovice übernommen hat, verbesserte sich dessen Bierqualität immer mehr.

**Eine gute Neuigkeit ist es, dass es inzwischen leichter ist, in Prager Kneipen regionale Biere zu finden. Was ist Ihr Favorit unter den Bieren kleinerer Brauerein?** Das Svijany. Die nordböhmische Brauerei hält an den traditionellen Braumethoden fest, ihr pasteurisiertes Bier ist in Prag relativ leicht zu finden, Sie bekommen es sogar als Flaschenbier in einigen Supermärkten. Tschechen bleiben ihrer Marke treu, wovon traditionell die großen Brauereien profitieren, weil ihre Qualität gleich bleibt. Doch die kleinen Brauereien ziehen nach.

**Okay. Hier kommt die große Frage. Ohne daran zu denken, wo es zu bekommen ist: Wenn Sie nur ein Bier aus der tschechischen Republik wählen dürften ... das Beste, das gebraut wird ... welches wäre das?** Das wäre Kout na Šumavě. Es ist zweifellos das beste Lager am Markt. Die Brauerei liegt in der Nähe von Šumava (im Südwesten des Landes), aber Sie bekommen das Bier auch an zwei Orten in Prag. Der eine ist die schmutzige und verräucherte Kneipe U Slovanské lípy (S. 200) in Žižkov und der andere eines der elegantesten Restaurants der Stadt: Céleste (S. 178) im Tanzenden Haus in der Neustadt.

*Das Gespräch mit Max Bahnson führte Mark Baker.*

Bar schon früher zu, man sollte also die offiziellen Öffnungszeiten nicht wörtlich nehmen.

### POSTEL Karte S. 144 f. — Cocktailbar

**☎ 220 874 797; Veletržní 14, Holešovice; Mo–Sa 17–2 Uhr; 🚊 1, 5, 8, 12, 14, 15, 17, 25, 26**

Der Name bedeutet „Bett", und das ist anscheinend auch das Ziel in dieser luxuriösen Cocktailbar zur Fleischbeschau in der Nähe des Strossmayerovo náměstí. Fans des Films *Cocktail* werden sich an den Jonglierkünsten der Barkeeper erfreuen, andere werden das attraktive Publikum bewundern. Alles in allem kein schlechter Ort, um einige Stunden abzuhängen, bevor es, nun ja, ins Bett geht.

### AKÁDEMIE Karte S. 144 f. — Kneipe

**☎ 233 375 236; Šmeralová 5, Bubeneč; 16–4 Uhr; 🚊 1, 8, 15, 25, 26**

In dieser höhlenartigen Kneipe gibt es einige Billardtische und Dartscheiben, an denen die Gäste sich die Zeit vertreiben können, falls sie gelangweilt sind vom Rumsitzen und Fettkauen (ziemlich wörtlich zu nehmen, wenn man die Speisekarte anschaut). Gespielt wird hier meistens 8-Ball, und die Tische sind groß und in gutem Zustand. Die Kellner bringen das Bier an die Tische, und alles wird am Schluss zusammengerechnet – einschließlich Billard. Durch die langen Öffnungszeiten kann man hier gut Zeit verbringen.

**BUDVARKÁ** Karte S. 144 f. Kneipe

☎ 222 960 820; Wuchterlova 22, Dejvice; ⌚ 11–23 Uhr; Ⓜ Dejvická oder 🚊 2, 8, 20, 26

Schöne tschechische Kneipe, die von der Brauerei Budvar betrieben wird. Sie schenkt das komplette Angebot an Budweiser-Bieren aus, darunter auch seltener zu findende Dunkelbiere sowie Hefebiere. Das Lokal, das einem Schankraum aus dem 19. Jh. nachgebildet zu sein scheint, kocht auch gut. Vorne liegt der Raucherraum, hinten ein großer, heller Nichtraucherbereich.

**KLÁŠTERNÍ PIVNICE (ŠUMAVAN)** Karte S. 144 f. Kneipe

☎ 233 376 150; Ovenecká 15, Bubeneč; ⌚ 9.30–22 Uhr; 🚊 1, 8, 15, 25, 26

Eigentlich ist es schade, den geheimen Lieblingsplatz von Prags Bierfans zu verraten, aber Bierliebhaber sollten schon von diesem kleinen, schlichten Lokal unweit des Letná-Hügels wissen. Das Hausbier ist ein Lager mit 11 % Stammwürze aus der sehr renommierten Klášter-Brauerei, doch von Zeit zu Zeit werden auch Spezialitäten aus anderen Teilen des Landes gezapft. Es gibt nur etwa ein Dutzend Tische, daher eignet sich die Kneipe am besten für kleine Gruppen stiller Trinker.

**NA SLAMNÍKU** Karte S. 144 f. Kneipe

☎ 233 322 594; Wolkerova 12, Bubeneč; ⌚ 11–23 Uhr; 🚊 1, 8, 15, 25, 26 (plus Fußmarsch)

Das Na Slamníku ist eine großartige traditionelle tschechische Kneipe aus dem 19. Jh. mit Biergarten und versteckt sich in einer kleinen Mulde in Bubeneč direkt hinter der weitläufigen russischen Botschaft. Es besteht aus drei verschiedenen Teilen: Auf der linken Seite befindet sich eine altmodische Taverne mit billigen und anständigen tschechischen Gerichten, die eine solide Grundlage bilden. Rechts liegt eine eher lärmende Kneipe, und im Sommer können die Gäste draußen unter den Bäumen essen und trinken. Der Laden ist schwer zu finden, also die Karte nicht vergessen oder ein Taxi nehmen.

**NA STARÉ KOVÁRNĚ** Karte S. 144 f. Kneipe

☎ 233 371 099; Kamenická 17, Holešovice; ⌚ 11–1 Uhr; 🚊 1, 8, 15, 25, 26

Das Motorrad, das von der Decke hängt, sorgt für eine ungewöhnliche Atmosphäre in dieser beliebtesten Kneipe des Viertels. Das Essen liegt mindestens zwei Stufen über dem, was sonst in einer durchschnittlichen *hospoda* angeboten wird – und hat sogar schon Lob von den örtlichen Kritikern erhalten. Aber nur die wenigsten Gäste kommen wegen des Essens: Das Na Staré Kovárně ist vor allem eine Kneipe, in die man für ein Bier und einen Kurzen geht.

**POTREFENÁ HUSA** Karte S. 144 f. Kneipe

☎ 233 341 022; Verdunská 23, Dejvice; ⌚ Mo–Fr 11–1, Sa & So 12–1 Uhr; Ⓜ Dejvická oder 🚊 2, 8, 20, 26

Die Filiale der Restaurantkette Potrefená husa im Stadtteil Dejvice ist eine angenehme Alternative zu den meist sehr schäbigen Kneipen, die das Bild dieses Viertels noch immer bestimmen. Es gibt eine gute Auswahl an kleinen Gerichten, Fernseher an den Wänden und eine gut betuchte Klientel, die dennoch ihr Geldbeutel schonen möchte.

**SVIJANSKÝ RYTÍŘ** Karte S. 144 f. Kneipe

☎ 233 378 342; Jirečkova 13, Bubeneč; ⌚ Mo–Fr 11–23 Uhr; 🚊 1, 8, 15, 25, 26

Gastliches tschechisches Lokal, das authentische und ausgezeichnete tschechische Küche serviert – Highlights sind die Schweine- und Hähnchenschnitzel. Die Gäste kommen aber vor allem ,weil hier fast alle renommierten Svijany-Biere (hell und dunkel) ausgeschenkt werden, auch das berühmte Rytíř mit 12 % Stammwürze und das noch stärkere und noch berühmtere Kníže mit 13 % Stammwürze. Wer kann, sollte verschiedene Sorten probieren. Leider werden keine Gläser zum Verkosten angeboten. Die Bedienung ist aufmerksam und freundlich, nur die wenigsten sprechen aber eine Fremdsprache. Am Wochenende hat die Kneipe geschlossen.

**U SV ANTONÍČKA** Karte S. 144 f.. Kneipe

☎ 220 879 428; Podplukovníka Sochora 20, Holešovice; ⌚ 11–23 Uhr; 🚊 1, 5, 8, 12, 14, 15, 17, 25, 26

Eine relative Seltenheit heutzutage in der Nähe des Stadtzentrums: eine vollkommen unverbesserliche tschechische Kneipe mit allem, was dazu gehört: streitsüchtige Einheimische, ein gelegentliches Hygieneproblem mit den Gläsern, Schwaden von Rauch und Toiletten, die eines Tages in einer Atommülldeponie begraben werden müssen. Trotzdem versprüht sie auch einen speziellen Charme. Wer neugierig ist, wie es früher einmal war, oder wer einfach nur einen Drink abseits der Touristengruppen genießen möchte, der ist hier genau richtig. Nichts für zaghafte Persönchen und Leute die glaubten, eine Kneipe sei ein Sanatorium.

# SMÍCHOV

Smíchov überrascht immer wieder. Jedes Jahr eröffnen wenigstens ein oder zwei neue Bars und Cafés. Am meisten los ist rund um die Metrostation Anděl und im riesigen Einkaufszentrum Nový Smíchov. Die Staropramen-Brauerei liegt nicht weit entfernt, doch die einst sehr beliebte Bar in der Brauerei wurde durch ein durchschnittliches Lokal der Restaurantkette Potrefená husa ersetzt, die Staropramen gehört. Immerhin ist das Bier noch immer frisch und wird vor Ort gebraut.

## BACK DOORS Karte S. 152 — Bar

**☎ 257 315 827; Na Bělidle 30; 11–1 Uhr; M Anděl oder 4, 6, 7, 9, 10, 14, 20**

Die Besitzer sagen, dass die Vorbilder dieser exklusiven Kellerbar (plus Restaurant und Club) in New York und Amsterdam liegen – doch das stimmt nur bedingt: Einen solchen gotischen Keller kann es einfach nur in Prag geben! An den meisten Abenden legen tschechische DJs auf, es herrscht eine entspannte Atmosphäre. Das ändert sich an den Wochenende; wenn es oft überfüllt und stickig ist. Hungrige finden eine Auswahl an gut gekochten internationalen Gerichten.

## DOG'S BOLLOCKS Karte S. 152 — Bar

**☎ 775 736 030; Nádražní 82; Mo 17–24, Di–Sa 17–3 Uhr; M Anděl**

Die Allerweltsbar liegt neben der Staropramen-Brauerei und ist eine gute Wahl für alle jene, deren Hotel in der Gegend liegt und die nicht weit gehen wollen, um etwas Spaß zu haben. Trotz des englischen Namens sind die Gäste vorwiegend tschechische Studenten und junge Berufstätige. Die Bar hat an fast allen Tagen lange geöffnet.

## HELLS BELLS Karte S. 152 — Bar

**☎ 723 184 760; Na Bělidle 30; 15–3 Uhr; M Anděl**

Trotz all der neuen eleganten Bürotürme ist Smíchov immer noch ein etwas heruntergekommenes Viertel – und das Hells Bells die klassische Kneipe der Einheimischen: Laut, überfüllt und voller Spaß – und dank langer Öffnungszeit ideal für einen letzten Drink. Das Hells Bells liegt in einem kleinen Hof, genau gegenüber vom Back Doors.

## KÁVA KÁVA KÁVA Karte S. 152 — Café

**☎ 257 314 277; Lidická 42; Hauptgerichte 70–120 Kč; 7–22 Uhr; M Anděl**

Die Smíchover Filiale des beliebten Internetcafés in der Altstadt (s. Kasten S. 173) ist größer und freundlicher als das Original – mit orangefarbenen Wänden, Terrakottafliesen und moderner Kunst. Auch die Speisekarte ist umfangreicher: Es gibt Snacks wie Salate, Sandwiches, Quiches und Nachos, aber auch Gehaltvolleres wie Hähnchen-Gyros, mexikanisches Chili oder die wechselnde hausgemachte Tagessuppe.

## WASH CAFÉ Karte S. 152 — Café

**☎ 608 703 805; Nádražní 66; 9–24 Uhr; 12, 14, 20**

In dieser verrückten Kombination aus Waschsalon und Café dominieren Secondhandmöbel aus den 1970er-Jahren (z. B. samtbezogene Clubsessel), es herrscht eine lockere Atmosphäre. Es lohnt sich nicht, deswegen einen Umweg zu machen, aber wenn man gerade in der Nähe weilt, ist das Wash Café sicher der coolste Platz für einen Kaffee. Wem der Sinn nach etwas anderem steht: Es gibt auch Bier, Wein, Mixgetränke und Snacks.

## LOKAL BLOK Karte S. 152 — Kneipe

**☎ 251 511 490; Náměstí 14.října 10; Mo–Fr 12–1, Sa &So 16–1 Uhr; M Anděl**

Die perfekte Prager Mischung: eine lärmende Kneipe und eine hochmoderne Kletterwand (man sollte allerdings erst klettern und dann trinken und nicht umgekehrt). An den meisten Abenden tummelt sich hier eine lebhafte Menge, abgefüllt mit Pilsner Urquell vom Fass und einigen guten mexikanischen Gerichten wie Nachos und Quesadillas. Sehr zu empfehlen.

## NA VERANDÁCH Karte S. 152 — Kneipe

**☎ 257 191 200; Nádražní 84; Mo–Do 11–24, Fr & Sa 11–1, So 11–23 Uhr; M Anděl**

Diese Kneipe mit Restaurant, die von der einheimischen Restaurantkette Potrefená husa betrieben wird, liegt in der Staropramen-Brauerei. Auch wenn viele Leute zum Essen hierher kommen, ist es genau so in Ordnung, nur auf ein Bier vorbeizuschauen (es gibt sieben Sorten frisch vom Fass). Die Speisekarte entspricht in etwa der anderer Gaststätten von Potrefená husa: gutes Fastfood wie etwa Spare Ribs, Burger, Hähnchenbrust. Bei schönem Wetter sollte man versuchen, einen der Tische auf der Veranda an der Rückseite zu ergattern, in einer kalten Nacht sind die Plätze an der Bar empfehlenswert.

# UNTERHALTUNG

## top picks


- **Archa**-Theater (S. 217)
- **Cross Club** (S. 209)
- **Mecca** (S. 210)
- **Palác Akropolis** (S. 213)
- **Prager Staatsoper** (S. 215)
- **Roxy** (S. 210)
- **Smetanasaal** (S. 215)
- **U malého Glena** (S. 212)
- **Vagon** (S. 213)

# UNTERHALTUNG

Das Unterhaltungsangebot ist abwechslungsreich und geradezu verwirrend. Ballett oder Blues, Jazz oder Rock, Theater oder Film – bei allem hat man eine große Auswahl. Heute ist Prag gleichermaßen ein wichtiger Ort für die Jazz-, Rock- und Hip-Hop-Szene in Europa wie für die klassische Musik. Der wichtigste Publikumsmagnet ist aber immer noch das Festival „Prager Frühling", bei dem der Schwerpunkt auf klassischer Musik und Opern liegt.

Kritiken, Veranstaltungsprogramme und Veranstaltungsorte findet man in der Beilage „Night & Day" der *Prague Post* (www.praguepost.com) und im deutschsprachigen Wochenblatt *Prager Zeitung*. Zu den monatlich erscheinenden Programmheften zählen *Culture in Prague* und *Přehled* (nur Tschechisch), das in den PIS-Büros ausliegt (Adressen s. S. 275).

Versuchen kann man es auch im Internetmagazin *Provokátor* (www.provokator.org), das sich mit Kunst, Musik, Kultur und Politik beschäftigt und auf kulturelle Veranstaltungen hinweist. *Metropolis* ist ein kostenloses Wochenheft mit Informationen zu Filmen, Theater- und Musikveranstaltungen, das in Kinos, Kneipen und Bars ausliegt (nur Tschechisch, aber die Namen sind meist auch gut zu verstehen).

Im Internet findet man Veranstaltungshinweise unter www.prag-cityguide.de (auf Deutsch), www.prague.tv/events, www.heartofeurope.cz und www.pis.cz/en/prague/events (auf Englisch).



## NACHTLEBEN

Für Nachteulen, denen es zu langweilig ist, bei einem Kaffee über Kafka zu diskutieren oder bei einem Glas Pilsner das Hockeyspiel von gestern Abend zu analysieren, bietet Prag jede Menge Möglichkeiten, bis in die frühen Morgenstunden zu feiern. Von traditionellen Jazzkneipen in verrauchten Kellern über coole Cocktailbars bis hin zu einem unterirdischen Atomschutzbunker – hier findet jeder den richtigen Ort, um sich die Nacht um die Ohren zu schlagen.

### CLUBBING

Die Prager Clubszene ist nichts, worüber man ins Schwärmen geraten könnte. Mit wenigen Ausnahmen sind die Clubs der Stadt nur was für feiernde Teenager und mit MTV groß gewordene Touristen. Wer zu etwas anderem als zu Hits aus den 1980ern oder Happy House abtanzen will, der muss lange und angestrengt suchen. Prags Stärke sind die alternativen Musikclubs, die DJ-Bars, „experimentelle" Locations wie das Palác Akropolis oder das Roxy und Clubs, die einfach total verrückt sind, z. B. das Bunkr Parukářka.

Glücklicherweise haben Dresscodes Prag noch nicht erreicht, und wenn man nicht gerade splitterfasernackt ist, dürfte es sehr unwahrscheinlich sein, dass man irgendwo nicht reinkommt. Und manche Etablissements hätten wahrscheinlich nicht einmal damit ein Problem …

Unter www.prague.tv, www.techno.cz/party oder www.hip-hop.cz sind die Clubs aufgelistet (die beiden letzten Websites sind auf Tschechisch, aber man kann sich zusammenreimen, was in der Stadt los ist).

**top picks**

**PRAG FÜR SCHWULE & LESBEN**

- Castle Steps (S. 230)
- Club Stella (S. 197)
- Friends (S. 195)
- Pension Arco (S. 236)
- Termix (S. 211)
- Café Celebrity (S. 198)

**BUNKR PARUKÁŘKA** Karte S. 140 f.

**☎ 603 423 140; www.parukarka.eu; Na Křiže, Olšanské náměstí, Žižkov; Eintritt frei oder bis zu 50 Kč; variiert, siehe Website; 5, 9, 26**

Das gibt es tatsächlich nur in Prag: Eine mit Graffiti besprühte Stahltür in einem Hügel am Westende des Parukářka-Parks öffnet sich völlig unerwartet zu einer langen Wendeltreppe, die 15 m unter die Erde führt. Dort befindet sich ein Atomschutzbunker aus den 1950er-Jahren, in dem an einer provisorischen Bar billiges Bier in Plastikbechern ausgeschenkt wird. Dies ist die außergewöhnli-

## KARTENKAUF

Die größten Ticketagenturen sind Bohemia Ticket International (BTI), FOK und Ticketpro. Wahrscheinlich kriegen die kleineren Verkaufstellen ihre Karten von ihnen.

**Bohemia Ticket International** (BTI; Karte S. 96 f.; ☎ 224 227 832; www.ticketsbti.cz; Malé náměstí 13, Altstadt; ⏲ Mo–Fr 9–17, Sa 9–13 Uhr) BTI verkauft Karten für jede Art von Veranstaltung. Bohemia betreibt auch eine Filiale (Karte S. 118 f.; ☎ 224 215 031; Na Příkopě 16, Neustadt; ⏲ Mo–Fr 10–19, Sa 10–17, So 10–15 Uhr) in der Nähe des Repräsentationshauses.

**FOK-Hauptkasse** (Karte S. 96 f.; ☎ 222 002 336; www.fok.cz; U Obecního Domu 2, Altstadt; ⏲ Mo–Fr 10–18 Uhr) Kasse des bkannten Prager Symphonieorchesters, verkauft Karten für klassische Konzerte; auch eine Stunde vor Vorstellungsbeginn geöffnet.

**Ticketcentrum** (Karte S. 96 f.; ☎ 296 333 333; Rytířská 31, Altstadt; ⏲ Mo–Fr 9–12.30 & 13–17 Uhr) Vorverkauf für alle möglichen Karten; Filiale von Ticketpro.

**Ticketpro** (Karte S. 118 f.; ☎ 296 333 333; www.ticketpro.cz; Pasáž Lucerna, Vodičkova 36, Neustadt; ⏲ Mo–Fr 9–16 & 16.30–21.30 Uhr) Hier sind Karten für die verschiedensten Veranstaltungen zu haben. Ticketpro-Schalter gibt es in PIS-Büros (s. S. 275) und an vielen anderen Stellen.

**Ticketstream** (www.ticketstream.cz) Internetagentur, die Veranstaltungen in Prag und ganz Tschechien abdeckt.

che Location für einen der außergewöhnlichsten Clubs in Prag: ein Klaustrophobie auslösender Schrein, in dem Electropunk, Industrial, Psytrance-Electro-Acid und alle verrückten und wunderbar avantgardistischen Musikrichtungen gespielt werden, die es sonst so gibt (die Gewinner des Wettbewerbs um die ausgefallenste Musikrichtung sind bisher die Suppe Vložte Kočku, deren Musik als „Psycountryemotriphoprap" beschrieben wird). Auf der Website kann man sich ansehen, was im Club gerade los ist.

### CROSS CLUB Karte S. 144 f.

**☎ 736 535 053; http://crossclub.cz; Plynární 23, Holešovice; Eintritt frei oder bis zu 120 Kč; ⏲ Café 12–2, Club 18–4 Uhr; Ⓜ Nádraží Holešovice**

Bei diesem Club geht es in jeder Hinsicht um Industrielles. Da ist zum einen die Lage in einem Gewerbegebiet in Holešovice, zum anderen die hämmernden Bässe (mit DJs und Live-Auftritten) und die Inneneinrichtung. Das Gewirr an Rohren, Geräten, Wellen und Kurbeln, die sich im Rhythmus der Musik bewegen und leuchten, muss man einfach mal gesehen haben. Das Programm bietet Kabarettabende, Theateraufführungen und Kunstevents. Auf zwei Etagen werden Getränke ausgeschenkt, dazu kommen noch ein Café und ein paar Tische im Freien. Der Club ist trotz seiner Lage leicht zu finden: Von der Metrostation Nádraží Holešovice aus geht man die Plynární 100 m in östliche Richtung entlang und sieht schon bald die riesige Industrieplastik vor sich.

### FUTURUM Karte S. 152

**☎ 257 328 571; www.musicbar.cz; Zborovská 7, Smíchov; Eintritt 90–120 Kč; ⏲ 19–2 Uhr; 🚊 7, 9, 12, 14**

Im Futurum werden alternative Musik und Mainstream miteinander kombiniert. Die Inneneinrichtung ist eine kuriose Mischung aus einem Jugendstil-Tanzsaal und einem Flash-Gordon-Raumschiff. Unter der Woche gibt es gelegentlich Jazz- oder Soulabende oder Auftritte von Indie-Bands. Was die Leute aber so in Scharen anlockt, sind die Partys an den Freitag- und Samstagabenden mit Videos aus den 1980er- und 1990er-Jahren. Die DJs legen dann alles von R.E.M, Nirvana und Bon Jovi bis zu den Village People auf.

### KLUB 007 STRAHOV Karte S. 82 f.

**☎ 257 211 439; www.klub007strahov.cz; Block 7, Chaloupeckého 7; Eintritt 50–250 Kč; ⏲ So–Do 19–24, Fr & Sa 19–1 Uhr; 🚌 143, 176, 217**

Klub 007 ist einer von mehreren lässigen Clubs im Keller eines großen Studentenwohnheims in Strahov. Das legendäre 007 gibt es schon seit 1987, damals war es ein Szenetreffpunkt der Untergrundmusik. Heute ist es bekannt für Hardcore-Musik, Punk, Ska, Ragga, Jungle, Ambient und andere alternative Musikstile.

### LE CLAN Karte S. 134

**www.leclan.cz; Balbínova 23, Vinohrady; Eintritt 50–160 Kč; ⏲ Mi–So 2–10 Uhr; Ⓜ Muzeum**

Beliebter Club mit französischem Touch für die Party nach der Party. Es gibt Disko auf zwei Etagen, viele Theken, gemütliche Sessel und jede Menge Räume voller Leute, die bis morgens feiern wollen. Meist herrscht eine gute Stimmung, im Lauf der Nacht wird es zunehmend voller.

## MECCA Karte S. 144 f.

**☎ 602 711 225; www.mecca.cz; U Průhonu 3, Holešovice; Eintritt 39–200 Kč (bis 24 Uhr meist freier Eintritt für Frauen); Mi–Sa 22–6 Uhr; 5, 12, 15**

Der Tanzclub in einem ehemaligen Lagerhaus in Holešovice läuft seit mehr als einem Jahrzehnt ganz gut. Noch immer zählt er zu den besten supermodernen Clubs der Stadt. Die abschreckende Wirkung der roten, nüchternen Ziegelsteinmauern wird durch runde Formen, fließende Vorhänge und futuristisch geschwungene Sofas abgemildert. Das Mecca ist ein Treffpunkt der Models, Filmstars und Modefreaks – und jeder Menge Clubber, die einfach auf der riesigen Tanzfläche zur dröhnenden Musik der DJs mal so richtig abtanzen wollen.

## RADOST FX Karte S. 134

**☎ 224 254 776; www.radostfx.cz; Bělehradská 120, Vinohrady; Eintritt 100–250 Kč; 22–6 Uhr; M IP Pavlova**

Das Radost ist nicht ganz so angesagt, wie es mal war, aber der schicke Club zieht immer noch Scharen von Leuten an, vor allem donnerstags am Hip-Hop-Abend FX-bounce (www.fxbounce.com, für Frauen ist an diesem Abend der Eintritt frei). Es herrscht eine entspannte, lässige Atmosphäre. Die Lounge und das vegetarische Restaurant, in dem bis spät in die Nacht hinein Essen serviert wird (s. Café FX, S. 183), sind ausgezeichnet. Schwule sind hier gut aufgehoben, das Publikum ist gemischt.

## ROXY Karte S. 96 f.

**☎ 224 826 296; www.roxy.cz; Dlouhá 33, Altstadt; Mo–Do frei, Fr & Sa 250 Kč; Mo–Do 19–24, Fr & Sa 19–6 Uhr; 5, 8, 14**

Das legendäre Roxy in einem etwas klapprigen Jugendstilkino zählt seit 1987 zum unabhängigen, innovativen Teil der Prager Clubszene: Hier legen deshalb auch die besten DJs des Landes auf. Das NoD auf der 1. Etage ist ein experimenteller Raum, in dem Theater, Tanz, Performancevorführungen, Kino und Livemusik geboten werden. Die Veranstaltungen finden am früheren Abend statt, während der Nachtclub erst um Mitternacht loslegt. Der beste Ort für Nachtschwärmer in der Prager Altstadt.

## SASAZU Karte S. 144 f.

**☎ 284 097 455; www.sasazu.cz; Bubenské nábřeží 306 (im Markt von Holešovice), Holešovice; Eintritt 100–1000 Kč; 21–5 Uhr; M Vltavská und 1, 3, 5, 25**

Das SaSaZu ist derzeit der angesagteste Tanzclub der Prager Schickeria. Wer gut gestylte Leute, große Tanzflächen und lange Schlangen am Eingang (Tipp: früh hingehen) mag, ist hier richtig. Im Internet oder auf Plakaten in der Stadt werden Auftritte von bekannten Künstlern (z. B. Kool & the Gang, Fun Lovin' Criminals oder Nina Hagen) angekündigt. Die Eintrittspreise dafür gehen allerdings oft steil nach oben. Im SaSaZu befindet sich das beste Restaurant von Holešovice: Es lohnt sich deshalb auch, ausschließlich zum Essen zu kommen, denn hier wird hervorragend asiatisch gekocht (S. 185).

## SEDM VLKŮ Karte S. 140 f.

**☎ 222 711 725; www.sedmvlku.cz; Vlkova 7, Žižkov; Eintritt frei; Mo–Sa 17–3 Uhr; 5, 9, 26**

„Sieben Wölfe" ist eine Mischung aus Café, Bar und Club, das vor allem Kunststudenten gefällt. Im Erdgeschoss findet man Kerzenlicht, jederzeit freundliche Angestellte, viel Schmiedeeisen und ausgefallene Wandmalereien. Die Lautstärke der Musik ist so dezent eingestellt, dass man sich gut unterhalten kann. Im Keller darunter, wo die DJs freitags und samstags ab 21 Uhr Techno, Breakbeat, Drum ‚n' Bass, Jungle und Reggae auflegen, geht's richtig zur Sache.

## TECHTLE MECHTLE (BOMBA BAR) Karte S. 134

**☎ 222 250 143; www.techtle-mechtle.cz; Vinohradská 47, Vinohrady; Mo–Sa 17–4 Uhr; M Muzeum oder M Jiřího z Poděbrad, 11**

Die Tanzbar im Keller ist ein beliebter und wichtiger Treffpunkt direkt an der Hauptstraße von Vinohrady – hier kann man richtig ins Schwitzen kommen. Das Wort Techtelmechtel wird im Deutschen nicht mehr so oft gebraucht, aber es ist klar, warum die meisten der schicken, gut aussehenden Leute hierher kommen. Ergänzt wird das Angebot durch eine gute Cocktailbar, ein ganz passables Restaurant, eine Tanzfläche und gelegentlich auch Sonderveranstaltungen wie beispielsweise „Joghurtkämpfe", bei denen sich hübsche Frauen in T-Shirts in Fässern voller Joghurt gegenseitig zu Boden ringen. Um einen guten Tisch zu bekommen, muss man frühzeitig da sein, das gilt vor allem für das Wochenende.

### TERMIX Karte S. 134

**☎ 222 710 462; www.club-termix.cz; Tøebízckého 4a, Vinohrady; Eintritt frei; ⏲ Mi–So 20–5 Uhr; Ⓜ Jiřího z Poděbrad**

Das Termix ist einer der beliebtesten Schwulen- und Lesbenclubs Prags. Die Location verströmt einen Industrial-Hightech-Vibe (jede Menge glänzender Stahl, Glas und vornehme Sofas), und das junge Publikum besteht zu gleichen Teilen aus Touristen und Einheimischen. Zur „Best of '80s- & '90s-Party" am Donnerstag füllt sich die kleine Tanzfläche sehr schnell, und es kann schon mal sein, dass man am Eingang Schlange stehen muss.

### WAKATA Karte S. 144 f.

**☎ 233 370 518; www.wakata.cz; Malířská 14, Holešovice; Eintritt frei; ⏲ Mo–Do 17–3, Fr & Sa bis 5, So 18–3 Uhr; 🚋 1, 8, 15, 25, 26**

In der kleinen, lässigen, entspannten DJ-Lounge gibt es weder Designer-Schick noch Style. In der House-freien Zone können Gäste günstiges Bier und Cocktails schlürfen und zwischen abgenutzten, zusammengewürfelten Möbeln zu Funk, Latin, Dub, Ambient, Jungle, Reggae und Hip-Hop tanzen.

### XT3 Karte S. 140 f.

**☎ 222 783 463; www.xt3.cz; Rokycanova 29, Žižkov; Eintritt frei; ⏲ Bar Mo–Fr 11–3, Sa & So 14–3 Uhr, Club So–Do 18–3, Fr & Sa 18–5 Uhr; 🚋 5, 9, 26**

Das XT3 ist *der* unverzichtbare Club in Žižkov: leicht gammelig, relaxt, vielseitig und witzig. Im Erdgeschoss gibt's eine gut besuchte Bar mit Bögen aus roten Backsteinen und Sitzgelegenheiten aus Holz und Leder. Außerdem gibt es noch einen höhlenartigen Club, in dem einheimische DJs auflegen und Livebands auftreten (von Hardcore-Rockbands bis zum Liedermacher).

## JAZZCLUBS

Prag hat viele gute Jazzclubs, von denen nicht wenige schon seit Jahrzehnten existieren. In den meisten zahlt man 100–300 Kč Eintritt.

### AGHARTA JAZZ CENTRUM Karte S.. 96 f.

**☎ 222 211 275; www.agharta.cz; Železná 16, Altstadt; Eintritt 250 Kč; ⏲ 19–1 Uhr, Musik 21–24 Uhr; Ⓜ Můstek**

Im Agharta wird seit 1991 erstklassiger, moderner tschechischer Jazz, Blues, Funk und Fusion gespielt. 2004 ist der Club in die Altstadt umgezogen. Es ist ein typischer Jazzkeller mit Ziegelgewölbe und einer gemütlichen Café-Bar. Zusätzlich gibt es einen Musikladen (von 19–24 Uhr), in dem CDs, T-Shirts und Kaffeebecher verkauft werden. Hier spielen überwiegend einheimische Musiker und manchmal auch international bekannte Künstler. Eintrittskarten kann man sich über die Website besorgen.

### BLUES SKLEP Karte S. 96 f.

**☎ 221 466 138; www.bluessklep.cz; Liliová 10, Altstadt; Eintritt 100–120 Kč; ⏲ Bar 19–2.30 Uhr, Musik 21–24 Uhr; Ⓜ Staroměstská**

Das Blues Sklep (*Sklep* bedeutet „Keller") ist einer der neueren Prager Jazzclubs und ein typischer Altstadtkeller mit dunklem Gewölbe – die passende Atmosphäre für die regelmäßigen Jazzabende. Die Bands spielen alles vom traditionellen New Orleans Jazz bis hin zu Bebop, Blues, Funk und Soul.

### JAZZDOCK Karte S. 152

**☎ 774 058 838; www.jazzdock.cz; Janáčkovo nábřeží 2, Smíchov; Eintritt 90–150 Kč; ⏲ 15–4 Uhr; Ⓜ Anděl, 🚋 7, 9, 12, 14**

Die meisten der Prager Jazzclubs sind verrauchte Keller. Der relativ neue Club (2009 eröffnet) ist definitiv ein Fortschritt mit seiner sauberen, modernen Einrichtung und der tollen Lage am Fluss (mit sehr romantischem Blick auf die Moldau). Hier treten einige der besten einheimischen Talente und manchmal auch international bekannte Künstler auf. Das Essen ist so gut wie die Musik, obwohl (wie in vielen Prager Jazzclubs) die Seiten der Bühne teilweise nicht einsehbar sind. Man sollte früh da sein, um einen guten Tisch zu bekommen. Die Auftritte beginnen meist um 22 Uhr (wenn zwei Auftritte stattfinden, sind die Anfangszeiten um 19 und 22 Uhr). Das Lokal ist nicht so ganz leicht finden, ein guter Stadtplan oder alternativ eine Anfahrt per Taxi helfen.

### REDUTA JAZZCLUB Karte S. 118 f.

**☎ 224 933 487; www.redutajazzclub.cz; Národní třída 20, Neustadt; Eintritt 300 Kč; ⏲ 21–3 Uhr; Ⓜ Národní Třída**

Das Reduta ist Prags ältester Jazzclub und wurde 1958 während des Kommunismus gegründet. 1994 legte der damalige US-Präsident Bill Clinton hier sein berühmtes Solo auf dem neuen Saxophon hin, das ihm Václav Havel geschenkt hatte. In behaglichem Ambiente zwängen sich fesch gekleidete Gäste auf die in Stufen angeordneten Sitze und Sofas und saugen die Big Band-, Swing- und Dixieland-Atmosphäre in sich auf. Eintrittskarten am besten einige Stunden im Voraus beim Kartenvorverkauf (geöffnet Mo–Fr ab 17, Sa & So ab 19 Uhr) oder über Ticketpro kaufen.

### U MALÉHO GLENA Karte S. 82 f.

**☎ 257 531 717; www.malyglen.cz; Karmelitská 23, Kleinseite; Eintritt 200 Kč; ⏲ 10–2 Uhr, So–Do Musik ab 21.30, Fr & Sa ab 22 Uhr; 🚋 12, 20, 22**

Das „kleine Tal" ist ein von Amerikanern geleitetes Restaurant mit Bar, in dem jeden Abend superschwungvolle einheimische Jazz- oder Blues-Bands im überfüllten, stickigen, steinernen Gewölbekeller aufspielen. Regelmäßig werden Jamsessions veranstaltet, zu denen auch Amateure herzlich willkommen sind (allerdings nur solange sie gut spielen). Da der Club sehr klein ist, sollte man früh hier sein, wenn man die Band sehen und hören möchte.

### USP JAZZ LOUNCE Karte S. 96 f.

**☎ 734 335 233; www.jazzlounge.cz; Michalská 9, Altstadt; Eintritt 200–250 Kč; ⏲ 19–2 Uhr, Musik 21–24 Uhr; Ⓜ Můstek**

Dieser alteingesessene Jazzclub im Keller des Hotel U Staré Paní hat für jeden Musikgeschmack etwas zu bieten. Das vielseitige Programm besteht aus Modern Jazz, Soul, Blues und lateinamerikanischen Rhythmen, und nach Mitternacht legt ein DJ auf.

## LIVEMUSIK

Prag kann sich einer energiegeladenen Livemusikszene rühmen. DJs und Livebands spielen an verschiedenen Orten Rock, Metal, Punk, Electro, Industrial, Hip-Hop und auch neuere Sounds. Meist kostet der Eintritt zwischen 50 und 200 Kč. An den hier aufgelisteten Orten und in Clubs wie dem Futurum, Klub 007 Strahov, Palác Akropolis und dem Roxy (s. unter „Clubbing", S. 208) spielen Rockbands live.

Aktuelle Programme und Kritiken finden sich in den Medien, die am Anfang dieses Kapitels genannt sind, und auf Flyern, die in der Stadt verteilt werden.

### BATALION Karte S. 96 f.

**☎ 220 108 147; www.batalion.cz; 28. října 3, Altstadt; ⏲ Bar 24 Std., Musik ab 21 Uhr; Ⓜ Můstek; 📶**

Das Batalion ist eine herrlich verratzte Bar mit einem Club im Untergeschoss, in dem aufstrebende tschechische Bands alles Mögliche an Livemusik von Rock über Jazz und Punk bis hin zu Death Metal spielen (freitags und samstags gibt's zusätzlich Partys mit DJs). Trotz der Lage inmitten des Touristengebiets kommt eine meist einheimische, junge Kundschaft hierher.

### BUNKR KLUB Karte S. 152

**☎ 722 657 632; www.bunkr-club.net; Nádražní 76, Smíchov; Eintritt 100–200 Kč; ⏲ 18–3 Uhr; Ⓜ Anděl, 🚋 12, 14, 20**

Die jüngste Neubelebung des legendären Bunkr Klub der 90er-Jahre lässt die Power und das Ambiente des Originals wieder lebendig werden. Der neue Standort in einem Industriegebiet von Smíchov passt bestens zu Punk und Hardrock. Der Club befindet sich in zwei Kellerräumen mit Ziegelwänden. Im hinteren Raum ist ziemlich wenig Platz für die Bands, schnell steht die Luft durch Rauch, Schweiß und Lärm. Der vordere Raum mit einer Bar und ein paar Tischen ist größer und weniger laut.

### LA FABRIKA Karte S. 144 f.

**☎ kein Telefon; www.lafabrika.cz; Komunardů 30, Holešovice; Eintritt frei oder bis 100 Kč; ⏲ variiert je nach Veranstaltung; Ⓜ Nádraží Holešovice und 🚋 5, 12 oder Ⓜ Vltavská und 🚋 1, 3, 5, 25**

Der Name „Fabrik" stimmt nicht ganz, denn ursprünglich waren die Räume eine Lagerhalle für Farben, um dann in einen Raum für experimentelle Aufführungen verwandelt zu werden. Es gibt Abende mit Livemusik (Jazz oder Kabarett), Theater, Tanz oder Filme. Im Sommer ist weniger los, ab dem Herbst umso mehr (das aktuelle Programm findet man auf der Website). Etwa eine Stunde vor Beginn einer Veranstaltung öffnet die Bar und auch die Kasse.

### LUCERNA MUSIC BAR Karte S. 118 f.

**☎ 224 217 108; http://musicbar.iquest.cz; Vodičkova 36, Neustadt; ⏲ 20–4 Uhr; Ⓜ Můstek**

In diesem stimmungsvollen alten Theater, das mittlerweile schon etwas heruntergekommen aussieht, herrscht Nostalgie pur. An Werktagen treten Beatles-Coverbands und hauptsächlich tschechische Künstler auf, die Jazz, Blues, Pop, Rock und Ähnliches spielen. Aber am beliebtesten sind die 1980er- und 1990er-Videopartys, die jeden Freitag und Samstag stattfinden und ein großes Publikum aus jungen Einheimischen anziehen, die zu Duran Duran und Gary Numan tanzen.

### MALOSTRANSKÁ BESEDA Karte S. 82 f.

**☎ Restaurant 257 409 112; www.malostranska-beseda.cz; Malostranské náměstí 21, Kleinseite; Shows**

**150–250 Kč; ⏲ Kasse Mo–Sa 15–22, So 15–20 Uhr, Restaurant 11–23, Café 8–22 Uhr; 🚊 12, 20, 22**
Das Malostranská hat 2010 nach einer Umbauphase von fünf Jahren wieder seine Pforten eröffnet, Unterhaltung wird auf insgesamt vier Etagen geboten. Den hervorragenden Musikclub mit einem abwechslungsreichen Programm aus Kabarett, Jazz und altem tschechischem Rock findet man wieder in der 2. Etage. Im obersten Stock hat jetzt eine Kunstgalerie ihre Räumlichkeiten, ganz unten eine große Bierkneipe. Im Erdgeschoss findet man ein einladendes, allerdings etwas zu kleines Café auf der einen und ein passables Restaurant im Stil einer modernen Kneipe auf der anderen Seite.

### PALÁC AKROPOLIS Karte S. 140 f.

**☎ 296 330 911; www.palacakropolis.cz; Kubelíkova 27, Žižkov; Eintritt frei bis max. 50 Kč; ⏲ Club 19–5 Uhr; 🚊 5, 9, 26**
Das Akropolis ist eine Institution in Prag – ein labyrinthartiger Schrein der alternativen Musik und Theaters – und bietet eine breite Palette ganz unterschiedlicher musikalischer und kultureller Veranstaltungen. Von DJs bis zu Streichquartetten, von Roma-Musik, einheimischen Rockgrößen bis hin zu jungen Talenten treten hier verschiedenste Künstler auf. Marianne Faithfull, die Flaming Lips und die Strokes sind hier alle schon mal aufgetreten. Die DJs legen in der Theaterbar (Divadelní Bar und dem Kleinen Saal Mala Scéna alles Mögliche auf – von Club-Step und Hip-Hop bis hin zu Reggae und Nu Jazz.

### ROCK CAFÉ Karte S. 118 f.

**☎ 224 933 947; http://rockcafe.cz; Národní třída 20, Neustadt; Eintritt frei bis zu 150 Kč; ⏲ Mo–Fr 10–3, Sa 17–3, So 17–1 Uhr, Musik ab 19.30 Uhr; Ⓜ Národní Třída**
Der Club (nicht zu verwechseln mit dem Hard Rock Café) neben dem Reduta Jazz Club wird multifunktional genutzt. Hervorgegangen ist er aus der einflussreichen Kunstbewegung Nový Horizont der 1990er-Jahre. Heute bietet Rock Café eine Bühne für DJs und (einheimische) Live-Rockbands, ein flippig eingerichtetes Café, ein Kino, ein Theater, eine Kunstgalerie und einen CD-Laden. Das Kunstprogramm ist avantgardistisch ausgerichtet, für manche auch nur einfach merkwürdig. Es gibt Probleme mit den Anwohnern wegen des Lärms, sodass Livebands schon um 22 Uhr aufhören müssen – vielleicht erledigt sich das Problem aber nach den geplanten Renovierungsarbeiten.

### VAGON Karte S. 96 f.

**☎ 733 737 301; www.vagon.cz; Palác Metro, Národní třída 25; Auftritte 100 Kč, nach 23 Uhr Eintritt frei; ⏲ 19–5, Auftritte 21–24 Uhr; Ⓜ Národní oder 🚊 6, 9, 18, 22**
Der Eingang liegt versteckt in einer Einkaufspassage, auf den ersten Blick wirkt das Vagon eher wie ein Studententreffpunkt als wie ein richtiger Club. Die Atmosphäre ist freundlich und entspannt, fast jeden Abend gibt es Livemusik: einheimische Bluessänger, Pink-Floyd- und Led-Zeppelin-Tribute-Bands oder klassischen tschechischen Rock. Regelmäßig tritt z.B. die tschechische Undergroundband Plastic People of the Universe auf. Ab Mitternacht bis in die frühen Morgenstunden herrscht in der „Rockothčque" Diskobetrieb.

## KUNST & KULTUR

Für klassische Musik, Opern, Ballette, Theateraufführungen und einige Rockkonzerte – sogar für die absolut „ausverkauften" Events – bekommt man oft noch eine halbe Stunde vor Beginn an der Kasse eine oder zwei Karten.

Wer auf Nummer sicher gehen möchte: Prag hat unendlich viele Vorverkaufsstellen (s. Kasten S. 209). Und hier ist der Kunde wirklich König: Die meisten Ticketagenturen sind mit Computern ausgestattet, arbeiten schnell und akzeptieren Kreditkarten. Sie nehmen etwa 8 bis 15 % Vorverkaufsgebühr.

Für viele Veranstaltungen gibt es Studenten- und manchmal auch Behindertenrabatte. Bei den meisten Events ist eine bestimmte Anzahl Karten für Ausländer reserviert. In Rock- und Jazzclubs kann man direkt vor Beginn aufkreuzen, aber wenn große Namen spielen, empfiehlt sich auch hier eine rechtzeitige Reservierung.

## KLASSISCHE MUSIK, OPER & BALLETT

Im Sommer steht fast jeden Tag ein halbes Dutzend Konzerte zur Auswahl und liefert die Hintergrundmusik zu den optischen Highlights Prags. Viele der Veranstaltungen sind Kammerkonzerte, die aufstrebende Musiker in den Kirchen der Stadt geben – wunderbar, aber ziemlich frisch (auch im Sommer unbedingt eine Extraschicht anziehen) und nicht immer mit der besten Akustik. Eine ganze Reihe der Konzerte – vor allem diejenigen, die per Flyer auf der Straße beworben werden – sind jedoch zweitklassig, obwohl

## ANDERE VERANSTALTUNGSORTE

Viele Kirchen und Barockschlösser werden für Konzerte genutzt. Die Palette an Veranstaltungen umfasst Orgelkonzerte, Aufführungen von Chören, Streichquartetten, Bläserensembles und manchmal auch von ganzen Orchestern. Umfassende Informationen dazu gibt es in den Büros des Prager Informationsdienstes (s. S. 268). Nachfolgend eine Liste der beliebtesten Veranstaltungsorte.

### Hradschin & Kleinseite

**St.-Georgs-Basilika** (Bazilika sv Jiří; Karte S. 66; Jiřské náměstí, Prager Burg) Die am besten erhaltene romanische Kirche in Tschechien (s. auch S. 71.).

**Palais Liechtenstein** (Lichtenštejnský palác; Karte S. 82 f.; Malostranské náměstí, Kleinseite; 🚋 12, 20, 22) Hier hat heute die musikalische Fakultät der Akademie der Künste ihre Räumlichkeiten (Hudební fakulta AMU; www.hamu.cz).

**St.-Niklas** (Kostel sv Mikuláše; Karte S. 82 f.; Malostranská náměstí 38, Kleinseite; Ⓜ Malostranská oder 🚋 12, 20, 22) Mozart höchstpersönlich brillierte 1787 auf den elfenbeinfarbenen Tasten und brachte die 2500 Pfeifen der Orgel zum Erklingen (s. auch S. 85).

**St.-Veits-Dom** (Katedrála sv Víta; Karte S. 66; Pražský hrad, III. nádvoří; Prager Burg, Hradschin; Ⓜ Malostranská) Das Hauptschiff des Prager Doms erstrahlt im Licht der wunderschönen Glasfenster, die Akustik steht dem in nichts nach (s. auch S. 69).

**Kloster Strahov** (Strahovský klášter; Karte S. 74 f.; Strahovské I.nádvoří, Hradschin; 🚋 22) Auch hier hat angeblich schon Mozart auf der Orgel gespielt (s. auch S. 77).

### Altstadt (Staré Město)

**Bethlehemskapelle** (Betlémská kaple; Karte S. 96 f.; Betlémské náměstí 3; 🚋 6, 9, 18, 21, 22) Die Kapelle aus dem 14. Jh. wurde im 18. Jh. abgerissen und zwischen 1948 und 1954 originalgetreu wieder errichtet (s. auch S. 111).

**Spiegelkapelle** (Zrcadlová kaple; Karte S. 96 f.; Klementinum, Mariánské náměstí; 🚋 17, 18, 53) Wunderschön ausgestattete Kapelle, die um 1720 erbaut wurde (s. auch S. 108).

**Franziskuskirche** (Kostel sv Františka; Karte S. 96 f.; Křížovnické náměstí; 🚋 5, 8, 14) Gehört zum Gesamtkomplex des St.-Agnes-Klosters (S. 104).

**St.Niklas** (Kostel sv Mikuláše; Karte S. 94 f.; Staroměstské náměstí; Ⓜ Staromětská) Wurde um 1730 von Kilian Dientzenhofer erbaut (s. auch S. 100).

**Agnes-Kloster** (Klášter sv Anežky; Karte S. 96 f.; U Milosrdných 17; 🚋 5, 8, 14) Das älteste noch erhaltene gotische Gebäude in Prag (s. auch S. 104).

### Neustadt (Nové Město)

**Nationalmuseum** (Národní muzeum; Karte S. 118 f.; Václavské náměstí 68; Ⓜ Muzeum) Auf der großen Treppe in der Haupthalle des Museums finden regelmäßig um 18 Uhr Kammer- oder Gesangskonzerte statt (s. auch S. 123).

Vorsicht ist geboten, wenn Leute auf der Straße Flyer austeilen und Karten verkaufen. Manche der Konzerte sind in Ordnung, aber andere sind eher enttäuschend. Wichtig ist auch immer, darauf zu achten, wo die Konzerte stattfinden. Manchmal heißt es z. B. „im Repräsentationshaus": Dann ist aber nicht der prächtige Smetanasaal gemeint, sondern eine der kleineren Konzerthallen.

Touristen erstklassige Preise dafür abgeknöpft werden. Wer in Sachen Qualität sichergehen will, sollte sich eines der Profiorchester der Stadt anhören.

Zusätzlich zu den Zeiten, die hier angegeben sind, öffnen die Kassen auch zwischen 60 und 30 Minuten vor Beginn der Vorstellung.

Das Programm für klassische Musik, Oper und Ballett gibt's unter www.heartofeurope.cz und www.czechopera.cz.

### DVOŘÁK-SAAL Karte S. 96 f.

**Dvořákova síň; ☎ 227 059 227; www.ceskafilharmonie.cz; Náměstí Jana Palacha 1, Altstadt; Karten**

**200–600 Kč; Kasse Mo–Fr 10–12.30 & 13.30 bis 18 Uhr; M Staroměstská**
Der Dvořáksaal im Neo-Renaissancegebäude Rudolfinum ist die Heimatbühne der berühmten tschechischen Philharmonie (Česká filharmonie). Es ist ein beeindruckendes Erlebnis, hier einige der besten Prager Musiker zu hören.

## DVOŘÁK-MUSEUM Karte S. 116

**Muzeum Antonína Dvořáka; ☎ 224 918 013; Ke Karlovu 20, Neustadt; Karten 700 Kč; Konzerte April–Okt. Di & Fr 20 Uhr; M IP Pavlova**
Die hübsche kleine „Villa Amerika" wurde 1717 als nicht gerade bescheidenes Sommerhaus eines Grafen erbaut und beherbergt heute das Dvořákmuseum (S. 126). Das Original Prager Musiktheater (www.musictheatre.cz) führt hier Dvořáks Kompositionen in zeitgenössischen Kostümen auf; die Karten sind über BTI (s. Kasten S. 209) erhältlich.

## STÄNDETHEATER Karte S. 96 f.

**Stavovské divadlo; ☎ 224 902 322; www.narodni-divadlo.cz; Ovocný trh 1, Altstadt; Karten 30–1200 Kč; Kasse 10–18 Uhr; M Můstek; ♿**
Das Ständetheater (S. 110) ist das älteste Theater in Prag und berühmt als der Ort, an dem Mozart die Premiere des *Don Giovanni* am 29.Oktober 1787 dirigierte. Mozartissimo ist eine Zusammenstellung von Highlights aus mehreren Mozartopern (u. a. Don Giovanni), die mehrmals pro Woche im Sommer aufgeführt wird (s. www.bmart.cz). In den restlichen Monaten werden verschiedene Opern-, Ballett- und Theateraufführungen gezeigt. Das Theater ist für Hörgeschädigte geeignet und für Schwerbehinderte zugänglich (Buchungen für Rollstuhlfahrer sind bis zu fünf Tage im Voraus möglich); die Karten werden an den Schaltern des Nationaltheaters verkauft.

## NATIONALTHEATER Karte S. 118 f.

**Národní divadlo; ☎ 224 901 377; www.narodni-divadlo.cz; Národní třída 2, Neustadt; Karten 30–1000 Kč; Kassen 10–18 Uhr; M Národní Třída**
Das Prunkstück der tschechischen Wiedergeburt, das viel bewunderte Nationaltheater mit dem goldenen Dach, wurde zur Bühne für das Wiederaufleben der tschechischen Kultur im späten 19. und frühen 20. Jh. Heute werden hier traditionelle Opern, Theater und Ballett aufgeführt – das Spektrum reicht von Klassikern von Smetana, Shakespeare und Tschaikowski bis hin zu modernen Kompositionen und Stücken von Philip Glass oder John Osborne. Die Kassen befinden sich im Nový-Síň-Gebäude nebenan bzw. im Palais Kolowrat (gegenüber vom Ständetheater).

## PRAGER STAATSOPER Karte S. 118 f.

**Státní opera Praha; ☎ 224 227 266; www.opera.cz; Wilsonova 4, Neustadt; Opernkarten 100–1500 Kč, Ballettkarten 100–800 Kč; Ticketschalter Mo–Fr 10–17.30, Sa & So 10–12 & 13–17.30 Uhr; M Muzeum**
Die eindrucksvolle Heimat der Prager Staatsoper im Gewand des Neurokoko ist eine prächtige Kulisse für Opern- und Ballettaufführungen. Jährlich findet hier im August und September das Verdi-Festival statt, und auch weniger übliche Produktionen, etwa Leoncavallos Bühnenfassung von *La Bohčme*, werden gespielt.

## SMETANASAAL Karte S. 96 f.

**Smetanova síò; ☎ 220 002 101; www.obecnidum.cz; náměstí Republiky 5, Altstadt; Karten 250–600 Kč; Ticketschalter 10–18 Uhr; M Náměstí Republiky**
Der Smetanasaal, das Herzstück des überwältigenden Repräsentationshauses (Obecní dům; S. 109), ist mit 1200 Plätzen der größte Konzertsaal der Stadt. Hier ist das Prager Symphonieorchester (Symfonický orchestr hlavního města Prahy) zu Hause, und auch diverse Volkstanz- und Volksmusikdarbietungen finden statt.

# KINOS

In Prag gibt es über 30 Kinos. In einigen laufen aktuelle Western, in anderen tschechische Filme, und manche davon sind erstklassige Kunstfilmkinos. Das Kinoprogramm ist in der „Night & Day"-Sparte der *Prague Post* oder unter www.prague.tv zu finden.

Die meisten Filme laufen im Originalton mit tschechischem Untertitel *(české titulky)*, aber Hollywood-Blockbuster werden auch oft auf Tschechisch synchronisiert *(dabing)*. Im Kinoprogramm stehen dafür die Bezeichnungen „tit" oder „dab". Tschechischsprachige Filme mit englischen Untertiteln tragen die Bezeichnung *anglický titulky*.

Die Filme werden normalerweise zweimal pro Abend vorgeführt, um etwa 19 und 21 Uhr. Multiplex-Kinos zeigen allerdings den ganzen Tag über Filme. Am Wochenende gibt es meist auch Matinee-Vorführungen.

## BIO OKO Karte S. 144 f.

**Oko-Kino; ☎ Kartenreservierung 608 330 088; www.biooko.net; Františka Křížka 15, Holešovice; Karten 100 Kč; 1, 5, 8, 12, 14, 15, 17, 25, 26**

Das Programmkino zeigt eine Mischung aus Underground- und Dokumentarfilmen, die auf Festivals gezeigt wurden, teuren Kinofilmen und Filmklassikern aus der ganzen Welt. Meist werden die Filme in der Originalsprache (nicht unbedingt Englisch) mit tschechischen Untertiteln gezeigt. Im Internet findet man das aktuelle Programm.

### KINO AERO Karte S. 140 f.

**☎ 271 771 349; www.kinoaero.cz; Biskupcova 31, Žižkov; Karten 60–100 Kč; 🚊 5, 9, 10, 16, 19**

Das Aero ist Prags beliebtestes Kunstkino mit Themenschwerpunkten, Retrospektiven und ausgefallenen Filmen, die häufig in Englisch oder zumindest mit englischen Untertiteln gezeigt werden. Hier werden auch immer wieder Klassiker wie *Smrt Benátkách* (Tod in Venedig) oder *Život Briana* (Das Leben des Brian) gezeigt. Die gleichen Manager betreiben ein ähnliches Kino im Stadtzentrum – **Kino Světozor** – und haben kürzlich auch das **Bio Oko** übernommen.

### KINO SVĚTOZOR Karte S. 118 f.

**☎ 224 946 824; www.kinosvetozor.cz; Vodičkova 41, Neustadt; Karten 60–120 Kč; Ⓜ Můstek**

Das Světozor wird von den gleichen Leuten gemanagt wie das Aero-Kino, ist allerdings zentraler gelegen. Auch hier werden Klassiker und Kunstfilme in Originalsprache gezeigt – alles von *Panzerkreuzer Potemkin* bis zu *Casablanca*, *Stadtneurotiker* und den *Motorcycle Diaries*.

### PALACE CINEMAS Karte S. 118 f.

**☎ 257 181 212; www.palacecinemas.cz; Slovanský dům, Na Příkopě 22, Neustadt; Karten 169 Kč; Ⓜ Náměstí Republiky**

Der meist besuchte Popkorn-Palast in Prag befindet sich im Einkaufszentrum Slovanský dům. In dem modernen Multiplex-Kino werden gerade angelaufene Hollywoodfilme auf 10 m großen Leinwänden (meist in Englisch) gezeigt. Ein weiteres Multiplex-Kino mit 12 m großen Leinwänden befindet sich auf der obersten Etage des riesigen Einkaufszentrums **Nový Smíchov** (S. 166).

## THEATER

Es ist klar, dass die meisten Theaterstücke in Tschechisch aufgeführt werden, für Nicht-Tschechen ist das eher selten interessant. Es gibt aber auch hin und wieder ein paar englischsprachige Aufführungen und viele visuelle Darbietungen, für die man die tschechische Sprache nicht unbedingt verstehen muss. Auch beim „Fringe Festival" (S. 17) werden viele englische Stücke gezeigt.

Prag ist berühmt für sein Schwarzlichttheater, das auch „Schwarzes Theater" genannt wird. Darunter versteht man eine Mischung aus Pantomime, Theater, Tanz und speziellen Effekten. Schauspieler agieren in fluoreszierenden Kostümen vor einem schwarzen Hintergrund, der lediglich von ultraviolettem Licht angestrahlt wird. Das Theaterangebot wächst – inzwischen gibt es mindestens ein halbes Dutzend solcher Veranstaltungsorte. Noch älter ist die Tradition des Marionettenspiels, auch hier stehen mehrere Bühnen zu Auswahl.

### ALFRED VE DVOŘE Karte S. 144 f.

**☎ 257 318 666; www.alfredvedvore.cz; Františka Křížka 36, Holešovice; Karten 100–150 Kč; 🕑 Kasse Mo–Fr 17.30–23, Sa & So 13.30–23 Uhr im nahe gelegenen Bio Oko (S. 212); 🚊 1, 5, 8, 12, 14, 15, 17, 25, 26**

Das Theater ist ein Kleinod, das sich überraschenderweise im Stadtteil Holešovice befin-

## PRAGER FRÜHLING

Das internationale Musikfestival „Prager Frühling" wurde erstmals 1946 veranstaltet und ist die bekannteste Kulturveranstaltung des Landes. Das Festival beginnt am 12. Mai, dem Todestag des Komponisten Bedřich Smetana, mit einer Prozession von seinem Grab auf dem Friedhof Vyšehrad (S. 130) zum Repräsentationshaus (S. 109). Dort wird sein patriotischer symphonischer Zyklus *Má vlast* – Mein Vaterland – aufgeführt. Die Veranstaltungsorte des Festivals, das bis zum 3. Juni dauert, sind mindestens ebenso spektakulär wie die Musik.

Karten verkauft die offizielle **Festivalkasse „Prager Frühling"** im Rudolfinum (Karte S. 96 f.; ☎ 227 059 234; www.prague-spring.net; Náměstí Jana Palacha, Altstadt; 🕑 Mo–Fr 10–18 Uhr; 🚊 17, 18), außerdem jede Ticketpro-Filiale (s. Kasten S. 209).

Wer sichergehen will, dass er einen Sitzplatz beim „Prager Frühling" erhält, sollte bis Mitte März Karten bestellen; mit etwas Glück sind aber auch Ende Mai noch letzte Karten zu bekommen.

det. Das Theater bietet regelmäßig anspruchsvolle englische Inszenierungen von Schauspielstücken, Tanz, Kabarett und Bewegungstheater. Weitere Informationen finden sich auf der Website.

## ARCHA-THEATER Karte S. 116

**Divadlo Archa; ☎ 221 716 333; www.archatheatre.cz; Na poříčí, Neustadt; Karten 200–700 Kč; ⏲ Kasse Mo–Fr 10–18 Uhr; 🚋 5, 8, 14**

Das Archa-Theater (Arche) wird als das alternative Nationaltheater Prags bezeichnet. Auf der multifunktionalen Bühne finden avantgardistische und experimentelle Aufführungen statt. Neben modernen Stücken (gelegentlich in Englisch) – Václav Havels *Abgang* wurde hier z.B. aufgeführt – werden auch Tanz und Performance-Acts gezeigt. Bei der Livemusik reicht das Spektrum von klassischer indischer Musik bis zu „Industrielärm".

## INDUSTRIECELETNÁ-THEATER Karte S. 96 f.

**Divadlo v Celetné; ☎ 222 326 843; www.divadlovceletne.cz; Celetná 17, Altstadt; Karten 120–450 Kč; ⏲ Kasse Mo–Fr 10–19.30, Sa & So 14–19.30 Uhr; Ⓜ Náměstí Republiky**

Das Divadlo v Celetné in einem Innenhof zwischen Celetná und Štupartská bietet überwiegend tschechisches klassisches und modernes Schauspiel, aber auch ausländische Stücke (u. a. von Shakespeare und Tom Stoppard) in tschechischer Übersetzung und hin und wieder eine Opernaufführung von Studenten des Prager Konservatoriums.

## IMAGE-THEATER Karte S. 96 f.

**Divadlo Image; ☎ 222 314 448; www.imagetheatre.cz; Pařížská 4, Altstadt; Karten 480 Kč; ⏲ Kasse 9–20 Uhr; Ⓜ Staroměstská**

Das Ensemble des 1989 gegründeten Theaters spielt kreatives Schwarzlichttheater mit Pantomime, modernem Tanz und Video. Die Geschichten werden mit viel Slapstick erzählt. Die Inszenierungen können sehr gut sein, viel hängt aber von der Reaktion des Publikums während der Aufführung ab.

## LATERNA MAGIKA Karte S. 118 f.

**☎ 224 931 482; www.laterna.cz; Nova Scéna, Národní třída 4, Neustadt; Karten 250–650 Kč; ⏲ Kasse 10–18 Uhr; Ⓜ Národní Třída**

Das Theater Laterna Magika ist beim tschechischen und ausländischen Publikum sehr beliebt, seitdem die allererste ausdrucksvolle Multimedia-Show 1958 bei der Weltausstellung in Brüssel Aufsehen erregte. Die fantasievolle Mischung aus Tanz, Oper, Musik und projizierten Bildern zieht auch heute noch die Massen an. Nová Scena, der große, futuristische Glaswürfel neben dem Nationaltheater, ist die neue Heimatbühne des berühmten Ensembles, das Mitte der 1970er-Jahre aus dem Untergeschoss des Adria-Palasts dorthin gezogen ist.

## MINOR-THEATER Karte S. 118 f.

**Divadlo Minor; ☎ 222 231 351; www.minor.cz; Vodičkova 6, Neustadt; Karten 80–150 Kč; ⏲ Kasse Mo–Fr 10–13.30 & 14.30–20, Sa & So 11–18 Uhr; Ⓜ Karlovo Náměstí; ♿**

Das Divadlo Minor ist ein Kindertheater, in dem fröhliche Stücke mit Marionetten, Clowns und Pantomimen gezeigt werden. Samstag- und Sonntagnachmittag finden die Aufführungen (in Tschechisch) um 15 Uhr statt, dienstags bis donnerstags um 18 oder 19.30 Uhr. In der Regel bekommt man zu Vorstellungsbeginn am Theatereingang noch problemlos Karten.

## NATIONALES MARIONETTEN-THEATER Karte S. 96 f.

**Národní divadlo marionet; ☎ 224 819 323; www.mozart.cz; Žatecká 1, Altstadt; Karten Erw./Kind 590/490Kč; ⏲ Kasse 10–20 Uhr; Ⓜ Staroměstská**

In der Werbung des Theaters wird gerne betont, dass kein klassisches Prager Marionettenspiel so lange läuft wie dieses: Hier tanzen die Puppen seit 1991 fast ununterbrochen. Bei *Don Giovanni* handelt es sich um eine Aufführung der bekannten Mozartoper mit lebensgroßen Puppen. Sie ist so erfolgreich, dass sie inzwischen in der Stadt mehrere Nachahmer gefunden hat. Für kleinere Kinder dauert die Vorstellung mit zwei Stunden aber fast zu lang.

## REDUTA-THEATER Karte S. 118 f.

**Divadlo Reduta; ☎ 257 921 835; www.blacktheatresrnec.cz; Národní třída 20, Neustadt; Karten Erw./Kind 590/490 Kč; ⏲ Kasse Mo–Fr 15–19 Uhr; Ⓜ Národní Třída**

Das Reduta ist die Bühne des Schwarzen Theaters von Jiří Srnec, der Anfang der 1960er-Jahre Mitbegründer des ursprünglichen Schwarzlichttheaters in Prag war. Zu den Stücken, die hier aufgeführt werden, zählen *Alice im Wunderland* und *Peter Pan* sowie einige der besten Stücke aus der Anfangsphase des Schwarzlichttheaters.

## SPEJBL & HURVÍNEK-THEATER

Karte S. 144 f.

**Divadlo Spejbla a Hurvínka; ☎ 224 316 784; www.spejbl-hurvinek.cz; Dejvická 38, Dejvice; Karten 80–120 Kč; Kasse Di–Fr 10–14 & 15–18, Sa & So 13–17 Uhr; M Dejvická**

Die Figuren Spejbl und Hurvínek wurden 1930 vom Puppenspieler Josef Skupa erfunden. Sie sind vergleichbar mit den deutschen Geschichten um Vater und Sohn. Die Vorstellungen finden auf Tschechisch statt, meist kann man den Geschichten auch dann folgen, wenn man die Sprache nicht versteht.

## ŠVANDOVO DIVADLONA NA SMÍCHOVE

Karte S. 152

**Svandovo-Theater in Smíchov; ☎ 257 318 666; www.svandovodivadlo.cz; Stefaníkova 57; Karten 150–300 Kč; Kasse Mo–Fr 11–19 (um 14 Uhr eine halbe Std. Mittagspause) Sa & So 17–19 Uhr; 6, 9, 12, 20**

Eine experimentelle Bühne, auf der tschechische und ausländische Schauspiele aufgeführt werden. Oft wird sie für ihr „anglophiles Engagement" gelobt – gemeint sind damit englischsprachige Theaterstücke bzw. Vorstellungen mit englischen Untertiteln. Gelegentlich wird auch Livemusik mit Tanz geboten, regelmäßig finden „Bühnengespräche" mit bekannten Persönlichkeiten statt. Vor einigen Jahren gehörte dazu auch ein bemerkenswertes Gespräch mit Václav Havel und Lou Reed.

## TA FANTASTIKA

Karte S. 96 f.

**☎ 222 221 366; www.tafantastika.cz; Karlova 8, Altstadt; Karten 680 Kč; Kasse Mo–Fr 11–21.30 Uhr; M Staroměstská**

Das Theater wurde 1981 in New York vom tschechischen Emigranten Petr Kratochvil gegründet, 1989 erfolgte dann der Umzug nach Prag. Das Schwarzlichttheater zeigt klassische Stoffe wie *Excalibur*, *Das Bildnis des Dorian Gray* oder *Die Heilige Johanna*. Das beliebteste Stück ist allerdings *Aspects of Alice*, das auf Motive aus *Alice im Wunderland* zurückgreift.

## THEATER AM GELÄNDER

Karte S. 96 f.

**Divadlo Na Zábradlí; ☎ 222 868 868; www.nazabradli.cz; Anenské náměstí 5, Altstadt; Karten 100–325 Kč; Kasse Mo–Fr 14–20 Uhr, Sa & So 2 Std. vor Beginn der Vorstellung; 17, 18**

Das Theater, in dem Václav Havel vor vier Jahrzehnten seine Fähigkeiten als Bühnenautor unter Beweis stellte, ist heute v. a. eine Bühne für ernste tschechische Stücke, darunter auch Übersetzungen ins Tschechische. Regelmäßig gibt es auch englische Vorstellungen mit tschechischen Untertiteln.

# SPORT & AKTIVITÄTEN

## top picks


- **Radfahren entlang der Moldau** (S. 221)
- **Wandern in Stromovka** (S. 220)
- **Generali Aréna** (S. 223)
- **O2 Arena** (S. 224)
- **Tschechischer Tennisclub** (S. 224)
- **Divoká Šárka** (S. 223)
- **Cybex Health Club & Spa** (S. 220)

# SPORT & AKTIVITÄTEN

Die Tschechen waren schon immer große Sportler und gerne an der frischen Luft aktiv. Prags ausgedehnte Grünflächen – von den Jagdgründen in Stromovka bis hin zu den ufernahen Parks und Moldauinseln – bieten hervorragende Möglichkeiten für sportliche Betätigungen. Die traditionellen Lieblingssportarten der Tschechen sind Wandern, Schwimmen und Eishockey. In den letzten Jahren hat die Zahl der Radfahrer in der Stadt aber parallel zur Ausweisung neuer Radwege und spezieller Fahrradstrecken stark zugenommen.

Golf hatte zu Zeiten des Kommunismus keinen großen Stellenwert. Die steigende Zahl junger Berufstätiger mit hohem Einkommen hat aber die Nachfrage nach passenden Sportarten speziell für diese Schicht geweckt. Inzwischen wurde sogar ein schöner Championship-Golfplatz im rund 30 km entfernten Karlštejn gebaut.

## GESUNDHEIT & FITNESS

Kleine, gemütliche Fitness-Center und Räume für Kraftsportler, wie sie in der Vergangenheit gang und gäbe waren, wurden inzwischen von neuartigen Wellness-Clubs abgelöst, in denen die Fitness nicht so wichtig ist wie das allgemeine persönliche Wohlbefinden. Viele dieser Wellness-Einrichtungen befinden sich in Spitzenklassehotels; einen guten Überblick bietet die Website http://prague.tv/prague/health/spas.

### FITNESSSTUDIOS & WELLNESS-CENTER

#### CYBEX HEALTH CLUB & SPA Karte S. 140 f.

**☎ 224 842 375; www.cybex-fitness.cz; Pobřežní 1, Nové Město; ⏲ Mo–Fr 6–22, Sa & So 7–22 Uhr; Ⓜ Florenc**

Das luxuriöse Center im Hilton Hotel verlangt 900 Kč für eine Tageskarte, die den Eintritt ins Fitnessstudio, zu den Squashplätzen, aber auch Pool, Sauna, Jacuzzi und Dampfraum einschließt. Eine halbstündige Massage kostet 1200 Kč.

#### HOLMES PLACE Karte S. 152

**☎ 221 420 800; Nádražní 32, Smíchov; Fitnessstudio 150 Kč (140 Kč zu den Nebenzeiten Mo–Fr 9–16 Uhr und komplett am Sa & So); ⏲ 6–22 Uhr; Ⓜ Smíchovské Nádraží**

Eines der größten und am besten ausgestatteten Fitnessstudios des Landes – mit einem riesigen Cardio- und Workout-Raum und der Möglichkeit, Pool, Sauna, Spa-Bereich und Massagen zu nutzen. Der einzige Wermutstropfen ist die Lage – eine abgelegene Ecke in Smíchov. Dank der Nähe zur Metrostation ist der Ort aber auch von anderen Stadtteilen gut zu erreichen.

## AKTIVITÄTEN

Ob im Sommer oder Winter, ob bei Regen oder Sonnenschein – Prag bietet etliche Gelegenheiten, um seine Bier- und Knödelkalorien wieder abzutrainieren: von Wander- und Radwegen bis zu Schwimmbädern, Skateparks und Eislaufbahnen.

### WANDERN

In der Tschechischen Republik gibt es ein ganzes Netzwerk an ausgewiesenen Wanderwegen, die farblich gekennzeichnet und in einer großen Auswahl von ausgezeichneten Wanderkarten *(turistické mapy)* mit Maßstäben von 1:50 000 und 1:25 000 verzeichnet sind. Auch in Prag selbst gibt es einige Wege: Auf der Kartenseite 36 der Wanderkarte *Okolí Prahy-západ* (Prag & Umgebung, Westen) im Maßstab 1:50 000 des Klub Českých Turistů (Tschechischer Wanderverein) sind die besten Wanderwege in und um die Stadt herum beschrieben, auch die nach Beraun (Beroun) und Karlstein.

In den großen Parks und Naturschutzgebieten – Stromovka im Norden (s. Stadtspaziergang S. 148), Prokopské udolí im Südwesten und Michelský les und Kunratický les im Südosten – kann man einfache Wanderungen von ein oder zwei Stunden unternehmen, oder man folgt den Uferwegen vom Prager Zoo zu der kleinen Fähre bei Roztoky und fährt dann mit dem Zug in die Stadt zurück.

Eine anspruchsvollere Wanderung, die einen Besuch der **Burg Karlstein** (S. 244) mit einschließt, beginnt in Beraun südwestlich von

Prag. Vom Bahnhof in Beraun folgt man einem rot markierten Weg 6 km lang in östliche Richtung bis zum Kloster St. Johann unter dem Felsen (Klášter sv Jan pod Skálou), das in einer spektakulären Kalksteinschlucht liegt. Von hier aus geht es weitere 8 km auf dem rot markierten Pfad durch bewaldete Hügel bis nach Karlstein, von wo aus man mit dem Zug zurück ins Stadtzentrum fahren kann. Für die Strecke von Beraun nach Karlstein müssen fünf Stunden eingeplant werden.

## RADFAHREN

Prag hat noch einen langen Weg vor sich, bevor es eine Radfahrerstadt wird, die sich mit vielen Großstädten in Deutschland oder gar mit Wien messen können. Trotzdem gibt es schon viele begeisterte Radfahrer, die dafür werben, dass mehr Leute mit dem Drahtesel zur Arbeit zu fahren, dass breitere Radwege eingerichtet werden und dass die Autofahrer besser auf Radler aufpassen. Ihre Bemühungen tragen langsam Früchte: In Prag gibt es mittlerweile ein komplettes, wenn auch unzusammenhängendes Netzwerk an Radwegen – gelb markiert –, die quer durch die Stadt führen und sich in alle Richtungen ausbreiten. Hobbyradlern genügt es vielleicht schon, an einer der Touren, die von den Radverleihern (S. 221) angeboten werden, teilzunehmen. Ambitioniertere Radfahrer sollten sich überlegen, eine gute Karte zu kaufen, ein Rad zu leihen und für einen oder zwei Tage die außerhalb gelegenen Pfade zu erkunden.

Die zweifellos besten Radwege führen nach Norden an der Moldau entlang in Richtung Deutschland. Eines Tages wird die Strecke Prag–Dresden den Stoff für Radfahrerlegenden bieten, aber bis dahin gibt es noch große Löcher auf der Route. Von Prag bis zum Ort Kralupy nad Vltavou (20 km von Prag entfernt; man kann mit dem Zug zurückfahren) ist die Strecke jedenfalls schon komplett. Von hier aus kann man auf Seitenstraßen weiter bis nach **Mělník** (S. 248) fahren.

Es gibt jede Menge Brücken und Fähren, die einen über den Fluss bringen, und unterwegs führen immer wieder wirklich gute Pfade ins Landesinnere. Vom Prager Zentrum geht es an der Čechův most (der Moldaubrücke am Intercontinental Hotel) los, über die Brücke drüber und dann bergauf in die Letná-Anlagen. Von dort folgt man den Schildern zum Stromovka-Park und weiter zum Prager Zoo. Vom Zoo aus führt der schöne Uferweg weiter in nördliche Richtung.

Die meisten großen Buchläden haben Radwanderkarten *(cycloturisticka mapa)* auf Lager. Eine der besten ist die 2008er-Auflage von Freytag & Berndt *Praha a Okoli* (Prag & Umgebung; 1 : 75 000), die ca. 150 Kč kostet. Eine weitere gute Wahl für den nordwestlichen Bereich der Stadt ist *Z prahy na kole, Severozapad* (Rund um Prag mit dem Fahrrad, Nordwesten; 1:65 000) für etwa 75 Kč. In der Stadt selbst bietet der Falk-Cityplan Prag eine gute Orientierungshilfe. Man darf auf keinen Fall Wasser und Sonnencreme vergessen und sollte auf die Autos achten. Die tschechischen Autofahrer sind unerklärlicherweise auf Radfahrer nicht gut zu sprechen.

Es gibt einige nützliche Websites:

**Cyklojizdy** (www.cyklojizdy.cz) Hauptsächlich auf Tschechisch, aber mit englischer Zusammenfassung. Das Portal organisiert zweimal im Jahr (Frühling & Herbst) die Critical Mass Rides (Protestfahrten), um die Aufmerksamkeit der Autofahrer zu schärfen.

**Grant's Prague Bike Blog** (http://praguebikeblog.blogspot.com) Hier stellt ein amerikanischer Auswanderer seine Radfahrerlebnisse ins Netz; es werden tolle Routenideen, Karten und Fotos geboten.

**Greenways** (www.pragueviennagreenways.org) Details einer 400 km langen Radstrecke von Prag bis Wien.

**Prager Rathaus** (http://doprava.praha-mesto.cz) Das Stadtportal des öffentlichen Personennahverkehrs verfügt über einen guten Bereich auf Englisch über Radwege und Regeln für Radfahrer.

### Fahrradverleih

**City Bike** (Karte S. 96 f.; ☎ 776 180 284; www.citybike-prague.com; Králodvorská 5, Staré Město; 4/8 Std. 400/500 Kč; 🕑 April–Okt. 9–19 Uhr; Ⓜ Náměstí Republiky) Verliehen werden Helme, Schlösser und Karten, die guten Trekking-Räder sind schon für 700 Kč pro 24 Std. zu haben. Geführte Radtouren kosten ab 540 Kč.

**Praha Bike** (Karte S. 96 f.; ☎ 732 388 880; www.prahabike.cz; Dlouhá 24, Staré Město; 4/8 Std. 360/500 Kč; 🕑 9 bis 20 Uhr; 🚊 5, 8, 14) Verleiht gute, neue Räder mit Schloss, Helm und Karte, außerdem bietet der Laden die Möglichkeit, Gepäck aufzubewahren. Studentenermäßigungen und Radtouren für Gruppen (s. auch S. 268).

## GOLF

Tschechien ist eines der unentdeckten Juwele des europäischen Golfsports. Überall entstehen neue, ausgezeichneten Plätze. Das Land hat sich von drei 18-Loch-Plätzen im Jahr 1990 auf nicht weniger als 70 im Jahr 2008 hochgearbeitet. Innerhalb der Stadtgrenzen von Prag gibt es ein paar 9-Loch-Golfplätze, aber der nächste Championship-Platz liegt bei Karlstein. Weitere Informationen gibt es unter www.czechgolfguide.com.

### GOLFCLUB PRAHA Karte S. 62 f.

**☎ 257 216 584; www.gcp.cz; Plzeòská 401/2, Motol; Platzgebühr (9 Löcher) Mo–Fr 490–600 Kč, Sa, So & Feiertag 750 Kč; 🕑 7 Uhr–Sonnenuntergang; 🚊 7, 9, 10**

Golffans werden sich darüber freuen, dass Prag über einen 9-Loch-Golfplatz mit Driving Range und Chipping und Putting Greens hinter dem Hotel Golf am westlichen Stadtrand verfügt. Die Leihgebühr für ein Schläger-Set beträgt 500 Kč. Um herzukommen, nimmt man die Straßenbahn 7, 9 oder 10 in westliche Richtung bis zur Haltestelle Hotel Golf und folgt dann dem Weg über den Platz bis zum Clubhaus.

### GOLF- & COUNTRYCLUB
Außerhalb der Karte S. 62 f.

**☎ 244 460 435; www.hodkovicky.cz; Vltavanù 982, Hodkovičky; Platzgebühr (9 Löcher) Mo–Fr 600 Kč, Sa & So 800 Kč, Driving Range 100 Kč für 50 Bälle; 🕑 Golfplatz 8–19 Uhr, Driving Range 7–21 Uhr; 🚊 3, 17, 21**

Weit weg am südlichen Rand der Stadt liegt dieser 9-Loch-Golfplatz mit Driving Range und Chipping und Putting Greens. Man fährt mit der Straßenbahn 3, 17 oder 21 in südliche Richtung bis zur Haltestelle Černý kůň und läuft dann nach Westen in Richtung Fluss 100 m die V Náklích entlang (den Schildern zum Hostel Boathouse folgen). Gleich nach der Bahnunterführung rechts in die erste Straße einbiegen.

### GOLFPLATZ KARLŠTEJN

**☎ 311 604 999; www.karlstejn-golf.cz; Běleč 272, Líteň; Green Fee Mo–Fr 2000 Kč, Sa, So & Feiertage 3000 Kč; 🕑 Mai–Aug. 7–19 Uhr, Sept. 8–19 Uhr, April–Okt. 8–18 Uhr**

Der von Prag aus nächstgelegene 18-Loch-Golfplatz ist der berühmte Turnierplatz mit Blick auf Burg Karlštejn (S. 244) im Südwesten der Stadt. Der Platz liegt 4 km südlich von Karlštejn am Südufer des Flusses Berounka.

## LAUFEN

Den Prague International Marathon (Pražský mezinárodní maraton; ☎ 224 919 209; www.praguemarathon.com; Záhořanského 3, 120 00 Praha 2) gibt es seit 1989 – er findet alljährlich im Zeitraum zwischen Mitte bis Ende Mai statt. Das Sportereignis zählt mittlerweile zu den zehn weltbesten Städtemarathons und zog 2009 4919 Enthusiasten an den Start. Ende März findet außerdem ein Halbmarathon statt. Teilnehmer können sich online das Anmeldeformular herunteladen; die Teilnehmergebühr beträgt 1330 bis 2465 Kč – der Preis richtet sich nach dem Zeitpunkt der Anmeldung.

## EISLAUFEN & INLINESKATEN

Da Eishockey der wahrscheinlich beliebteste Zuschauersport in Tschechien ist, überrascht es nicht, dass die Tschechen ganz wild aufs Eislaufen sind. Wenn im Winter die Temperaturen auf unter Null sinken, werden Teile der Parks mit Wasser bespritzt und somit relativ wenig Aufwand in provisorische Eisbahnen umgewandelt. Im Sommer werden die Schlittschuhe durch Inlineskates ersetzt und das Straßenhockey gewinnt die Oberhand. Auf den Wegen in den Parks und am Flussufer tummeln sich dann ganze Familien mit Rollerblades.

### PŮJČOVNA BRUSLÍ MIAMI Karte S. 144 f.

**Miami Skate Rental; ☎ 731 281 571; Nad Štolou 1, Holešovice; Skate-Leihgebühr Std. 80 Kč plus Kaution; 🕑 Mai–Sept. 9–21 Uhr, Okt. 12–21 Uhr, April 14–20 Uhr; 🚊 1, 8, 15, 25, 26**

Eine tolle Art, einen schönen Sommertag aktiv zu verbringen: Unter dieser Adresse in der Nähe des Staatlichen Technikmuseums kann man Inline-Skates ausleihen (die Mitarbeiter sprechen sogar etwas Englisch). Anschließend erkundet man die vielen Skatingstrecken in den Letnáanlagen, und zum krönenden Abschluss des Tages rollt man dann zum pausieren und zur wohlverdienten Einkahr in einen der Biergärten des Parks (s. Letenský zámeček; S. 202).

### ŠTVANICE-STADION Karte S. 144 f.

**Zimní stadion Štvanice; ☎ 233 378 327; Ostrov Štvanice 1125, Holešovice; Erw./Kind unter 7 Jahren 80/20 Kč; 🕑 Öffentliches Eislaufen Mo–Fr 10–12 & 15–17.30 Uhr (zusätzlich an einigen Abenden), Sa & So 9–12 & 14–17 Uhr; 🚊 3, 26**

Štvanice ist das älteste Eishockeystadion in Mitteleuropa – das erste Eishockeyspiel der Tschechoslowakei fand hier 1931 statt. Im Stadion kann man je nach Saison selbst auf dem Eis laufen oder Eishockeyspiele anschauen. Schlittschuhe kosten im Verleih 160 Kč pro Paar plus eine Kaution. Das Stadion liegt auf der Insel Štvanice (Eingang von der Neustadt aus).

# SCHWIMMEN

## DIVOKÁ ŠÁRKA Karte S. 62 f.

**Evropská; 🚊 20, 26**

Die Prager Sommer können heiß sein, und an den Wochenenden fliehen viele Einheimische vor der Hitze zum Schwimmen nach Divoká Šárka (s. auch S. 143). Hier gibt es einen großen See mit einem Sandstrand und einer Wiese zum Sonnenbaden. Außerdem kann man Volleyball und Tischtennis spielen (Eintritt 70 Kč). Tiefer drinnen im Tal liegt an einem Bach ein Freiluft-Swimmingpool (Eintritt 50 Kč). Sowohl der See als auch der Pool können ein bisschen kühl sein – sogar im Hochsommer.

## SCHWIMMBAD PODOLÍ Karte S. 62 f.

**Plavecký stadión Podolí; ☎ 241 433 952; Podolská 74, Podolí; Eintritt pro 1½/3 Std. 80/125 Kč, Kind unter 13 Jahren ½ Preis; 🕑 6–21.45 Uhr; 🚊 3, 16, 17, 21**

In diesem riesigen Schwimmbadkomplex mit 50-m-Becken gibt's noch mehr Möglichkeiten zum Schwimmen und Sonnenbaden. Pools sind sowohl drinnen als auch im Freien, und es gibt jede Menge Platz auf den Liegewiesen (für die schäbigen Duschen sollte man allerdings Badeschlappen mitnehmen). Um herzukommen, mit der Straßenbahn zur Haltestelle Kublov fahren. Von hier aus ist es nur noch ein fünfminütiger Fußmarsch in Richtung Süden.

# ZUSCHAUERSPORT

All die Breitbildfernseher, die allgegenwärtig an den Kneipenwänden hängen, und die Zeitungsstände, die sich unter der Last von Sportmagazinen biegen, vermitteln das gleiche Bild: Die Tschechen sind begeisterte Sportfans. Von Fußball bis Eishockey – es vergeht kaum ein Wochenende ohne ein Sportevent, das fruchtbaren Boden für eine gründliche Analyse nach dem Spiel bietet – in der Kneipe natürlich.

# FUSSBALL

Fußball ist in Tschechien eine nationale Leidenschaft. Die Nationalmannschaft schlägt sich in internationalen Wettbewerben traditionell gut und hat 1976 (als Tschechoslowakei) sogar die Europameisterschaft gewonnen. 1996 kam sie ins Finale und 2004 ins Halbfinale. Bei der WM 2006 in Deutschland schied Tschechien leider genau wie bei der Europameisterschaft 2008 in Österreich und der Schweiz in der Vorrunde aus, und die Qualifikation für die Weltmeisterschaft 2010 in Südafrika misslang dem Team. Die internationalen Heimspiele werden in Slavia Prags Stadion Eden im Prager Osten ausgetragen, das im Mai 2008 eingeweiht wurde. Die sogenannte Synot Tip Aréna hat 21 000 Plätze.

Prags zwei große Fußballvereine, SK Slavia Prag und AC Sparta Prag, sind beide in der tschechischen *fotbal*-Liga oben mit dabei. Zwei weitere Prager Vereine – der FC Bohemians (Karte S. 62 f.; ☎ 271 721 459; www.bohemians1905.cz; Vršovická 31, Vinohrady; 🚊 4, 22) und der FK Viktoria Žižkov (Karte S. 140 f.; ☎ 221 423 427; www.fkvz.cz; Seifertova, Žižkov; 🚊 5, 9, 26) – haben aber auch viele Fans. Die Saison geht von August bis Dezember und von Februar bis Juni. Die Spiele finden meistens an Mittwoch-, Samstag- und Sonntagnachmittagen statt.

## GENERALI ARÉNA(SPARTA-STADION) Karte S. 144 f.

**☎ 296 111 400; www.sparta.cz; Milady Horákové 98, Bubeneč; Karten für Spiele 100–360 Kč; Kartenschalter 🕑 Mo–Fr 9–12 & Mo–Do 13–17.30, Fr 13–16 Uhr; 🚊 1, 8, 15, 25, 26**

Die Generali Aréna, ausschließlich mit Sitzplätzen ausgestattet, fasst über 20°000 Zuschauer und ist das Heimatstadion von Prags Fußballverein Sparta Praha. Der Verein war 2001, 2003, 2005 und 2007 Sieger der tschechischen Meisterschaft und 2004, 2006 und 2007 Gewinner des tschechischen Nationalcups. Der Verein wurde 1893 gegründet. Eintrittskarten bekommt man unter der Woche oder unmittelbar vor dem Spiel am Kartenschalter (Eingang 1). Die Fußballsaison beginnt im Hochsommer und dauert bis zum folgenden Frühjahr. Der Sponsor des Stadions (und damit der Stadionname) ändert sich von Jahr zu Jahr, am einfachsten tut man sich, wenn man nach wie vor vom „Sparta-Stadion" spricht.

## SYNOT TIP ARÉNA (SK SLAVIA ODER EDEN-STADION) Karte S. 134

**☎ 731 126 104; www.slavia.cz; www.synottiparena.cz; Vladivostocká, Vršovice; Eintrittskarten für Spiele 150–400 Kč; 🚊 6, 7, 22, 24**

Das Stadion ist Sitz des Fußballclubs SK Slavia Praha, der schon 1892 gegründet wurde. Er zählt mit diesem Gründungsdatum zu den ältesten Sportvereinen auf dem europäischen Kontinent und ist Ehrenmitglied der England's Football Association. Der Tschechische Nationen-Cup-Gewinner von 1997, 1999 und

2002 hält noch einen weiteren ungewöhnlichen Rekord: Das Design seiner unverwechselbaren rot-weißen Streifen hat sich seit 1896 nicht mehr geändert. Eintrittskarten für Spiele sind online oder am Kartenschalter unmittelbar vor den Spielen erhältlich.

## EISHOCKEY

Eishockey begeistert die Herzen der Prager Sportfans wahrscheinlich noch mehr als Fußball. Die tschechische Nationalmannschaft gewann die Weltmeisterschaft in drei aufeinanderfolgenden Jahren (1999–2001) und nochmals 2005 und 2010; 2006 erreichte das tschechische Team das Finale, verlor aber gegen Schweden. Auch olympisches Gold gewannen die tschechischen Eishockeyspieler 1998 – indem sie die mächtigen Russen im Finale schlugen.

Prags große Eishockeyteams sind der HC Sparta Praha und der HC Slavia Praha; beide spielen mit weiteren zwölf Teams in der Nationalliga. Vielversprechende junge Spieler werden oft mit der Aussicht auf das große Geld in die North America's National Hockey League gelockt. Eine ganze Reihe tschechischer Spieler spielt inzwischen in der NHL.

Sparta spielt in der großen, aber etwas heruntergekommenen Tesla Aréna (ehemals T-Mobile Aréna oder Sportovní hala) auf dem Messegelände Výstaviště in Holešovice; Slavia Praha tritt in der O2 Arena (früher Sazka Aréna) an. Die Spiele sind schnell und furios, die Atmosphäre knistert vor Spannung– es ist also auf jeden Fall lohnend, sich einmal ein solches Spiel anzuschauen. Die Saison dauert von September bis Anfang April.

### O2 ARENA (SAZKA ARÉNA) Karte S. 62 f.

**☎ 266 212 111; www.sazkaarena.com, www.hc-slavia.cz; Ocelařská 2, Vysočany; Online-Ticketkauf über www.sazkaticket.cz; Karten für Spiele 220–300 Kč; Ⓜ Českomoravská**

Die O2 Arena ist Prags größte Veranstaltungshalle und Heimstadion des HC Slavia Praha, der 2008 tschechischer Meister in der Extraliga wurde. Die Arena fasst bis zu 18 000 Zuschauer und wird für unterschiedliche Sportveranstaltungen, Rockkonzerte, Ausstellungen, sonstige Großveranstaltungen sowie Eishockeyspiele genutzt.

### TESLA ARÉNA (SPORTOVNÍ HALA)

Karte S. 144 f.

**☎ 266 727 443; www.hcsparta.cz; Za Elektrámou 419, Výstaviště, Holešovice; Online-Kartenkauf über www.sazkaticket.cz oder über www.ticketportal.cz; 🚋 5, 12, 14, 15, 17**

13 000 Zuschauer fasst das Stadion, in dem der HC Sparta Praha – Tschechischer Meister von 2006 und 2007 – regelmäßig spielt . Die Aréna liegt neben dem Ausstellungsgelände in Holešovice. Tickets sind online oder direkt vor den Spielen an der Kasse zu bekommen.

## TENNIS

Tennis ist eine weitere Sportart, die viele tschechische Weltklassespieler hervorgebracht hat, darunter Jan Kodeš, Ivan Lendl, Petr Korda, Hana Mandlikova, Jana Novotna, Cyril Suk und den neuen Star am Tennishimmel: Tomáš Berdych. Und natürlich auch die beste weibliche Tennisspielerin aller Zeiten, Martina Navratilova.

Im Sommer findet im 8000 Plätze fassenden Centre Court des Czech Lawn Tennis Club auf der Insel Štvanice die **Prague Open** (www.pragueopen.cz) statt. Das WTA-Turnier wurde in den 1990er-Jahren mit der Absicht gegründet, internationale Tennistalente in die tschechische Hauptstadt zu locken. Das Turnier findet allerdings nicht jedes Jahr statt.

### TSCHECHISCHER LAWN TENNIS CLUB

Karte S. 144 f.

**Český Lawn-Tennis Klub; ☎ 222 316 317; www.cltk.cz; Ostrov Štvanice 38, Holešovice; Karten für Spiele 100–150 Kč; 🚋 3, 26**

Der 1893 gegründete Tennisclub ist der älteste und berühmteste Tennisclub des Landes. (Anders als es der Name vermuten lassen würde, gibt es aber nur Sandplätze!) Hier lernten Ivan Lendl und Martina Navratilova ihr sportliches Handwerk.

## PFERDERENNEN

### RENNBAHN PRAG-VELKA CHUCHLE

Außerhalb der Karte S. 62 f.

**Velká Chuchle závodiště Praha; ☎ 242 447 032; www.velka-chuchle.cz; Radotínská 69, Velká Chuchle; Erw./Kind unter 18 Jahren 120 Kč/frei; 🚌 129, 172, 243, 244, 255**

Wer Pferde liebt, sollte nach *dostihy* (Pferderennen) auf der Rennstrecke am Südende der Stadt Ausschau halten. Rennen finden jeden Sonntag in den Monaten April bis Oktober statt – weitere Details finden sich auf der Website und im Rennkalender. Zur Rennbahn nimmt man den Bus von der Metrostation Smíchovské Nádraží.

Wer noch mehr Tipps zu Unterkünften sucht, als wir in diesem schmalen Band unterbringen können, kann sich auf **http://hotels.lonelyplanet.com** umschauen. Dort gibt's auch ausführlichere Beschreibungen und Fotos. Und jeder Traveller hat die Möglichkeit, eigene Erfahrungen weiterzugeben. Also einfach die Listen unabhängiger Empfehlungen checken und das gewünschte Zimmer sicher buchen.

# SCHLAFEN

## top picks

- **Absolutum Hotel** (S. 238)
- **Angelo Hotel** (S. 241)
- **Castle Steps** (S. 230)
- **Czech Inn** (S. 236)
- **Hotel Aria** (S. 228)
- **Hotel Josef** (S. 231)
- **Golden Well Hotel** (S. 229)
- **Icon Hotel** (S. 233)
- **Mandarin Oriental** (S. 229)

# SCHLAFEN

Eine Überschrift in der Zeitung *Mlada Fronta Dnes* brachte es 2007 auf den Punkt: Prag hat „mehr Hotels als Straßen". Dem Artikel zufolge gab es im Bezirk Prag 1 (Stadtzentrum, Altstadt und Kleinseite) 286 Straßen mit eigenem Namen – und insgesamt 320 Hotels! Ende 2009 war die Zahl der Hotels im Stadtzentrum auf über 600 angewachsen. Die Stadt bietet heute eine große Auswahl an Unterkünften – von gemütlichen, romantischen Hotels in historischen Stadthäusern bis hin zu luxuriösen Häusern internationaler Hotelketten, von günstigen Hostels und Pensionen bis hin zu einer neuen Generation schicker Boutiquehotels.

Im Zeitraum von 2000 bis 2009 herrschte ein Boom an Hotelneubauten, vor allem in der 4- und 5-Sterne-Kategorie. Mit dem Hotel Josef wurde 2002 das erste Boutiquehotel der Stadt eröffnet – es dauerte allerdings Jahre, bevor sich das Konzept der Designhotels wirklich durchsetzte. Seit 2005 haben eine ganze Reihe entsprechender Hotels eröffnet, darunter auch das Yasmin und das Icon.

5-Sterne-Hotels schießen überall wie Pilze aus dem Boden. So kamen 2009 zum altbekannten Four Seasons in der Altstadt und dem neueren Mandarin Oriental auf der Kleinseite 2009 über zehn weitere Luxushotels hinzu, darunter Häuser voninternational agierenden Hotelketten wie Kempinksi, Rocco Forte und Le Méridien.

Die Weltwirtschaftskrise traf den Prager Hotelsektor empfindlich und das Überangebot an Hotelzimmern im Luxussektor führte zu fallenden Belegungsraten. Viele Häuser versuchten dieser Tendenz mit Preissenkungen entgegenzusteuern, in der Hoffnung, damit zumindestens Geschäftsleute anzulocken. Inzwischen ist die Stadt wieder bekannt als Schnäppchenparadies für günstige Zimmer: Die Preise fielen 2009 im Durchschnitt um über 38 %. Also lohnt es sich bei der Unterkunftssuche, zu vergleichen und nach Rabatten und Spezialangeboten auf den Hotel-Webseiten Ausschau zu halten.

Immer mehr Prager Hotels haben heute auch speziell für Rollstuhlfahrer ausgestattete Zimmer und Einrichtungen – ein Service, der bei der jeweiligen Unterkunft angegeben wird. Rauchen ist auf öffentlichen Plätzen verboten, Hotels fallen allerdings nicht unter dieses Gesetz, sodass in vielen Häusern nach wie vor geraucht wird. Weisen Hotels dezidiert Nichtraucherzimmer aus, ist dies durch ein Icon kenntlich gemacht. Eine Klimaanlage gehört in den Mittel- und Spitzenklassehotels inzwischen zum Standard, bei den günstigen Unterkünften muss danach gefragt werden.

Die Liste der Unterkünfte gliedert sich zunächst nach Stadtvierteln, dann nach Preisgruppen (in der Abfolge von teuer nach günstig).



## APARTMENTS

Da immer mehr Pragbesucher ein Apartment einem Hotelzimmer vorziehen , haben die Hoteliers auf diese Nachfrage mit „Aparthotels" reagiert. Hinter diesem Begriff verstecken sich mehrere Apartments unter einem Dach mit einer hotelähnlichen Rezeption und vielen Dienstleistungen. Die Kosten für einen Kurzaufenthalt in einem solchen Aparthotel sind vergleichbar mit den Zimmertarifen eines Mittelklassehotels. Für diese Unterkunftsvariante sprechen die geringen Ausgaben für Verkehrsmittel, die Möglichkeit, günstig zu essen und die Freiheit, kommen und gehen zu können, wann man will.

Viele Prager Agenturen helfen bei der Wohnungsvermittlung (s. Kasten S. 228). Eine moderne Wohnung für zwei Personen mit Wohn- und Schlafzimmer, Bad, Fernsehen und Kochnische kostet im Durchschnitt zwischen 1800 Kč pro Nacht für ein Apartment in einem der Vororte und etwa 3000–4000 Kč für eine Wohnung in Altstadtnähe. Wer beispielsweise in Žižkov eine Zwei-Personen-Wohnung für ganzen einen Monat anmietet, kann den Preis auf 20 000 Kč drücken. Alle

### PREISE

Die Kategorien beziehen sich auf den Preis eines Standarddoppelzimmers pro Nacht in der Hauptsaison.

| | |
|---|---|
| €€€ | über 4000 Kč (160 €) |
| €€ | 2000–4000 Kč (80–160 €) |
| € | unter 2000 Kč (80 €) |

kurzzeitig mietbaren Wohnungen sind in der Regel komplett möbliert und ausgestattet, im Preis enthalten sind außerdem die Kosten für Gas, Wasser und Strom sowie Bettwäsche. Mindestens einmal pro Woche kommt ein Reinigungsdienst und wechselt dabei auch die Bettbezüge.

Im Immobilienteil der wöchentlich erscheinenden Zeitung **Prague Post** (www.praguepost.com) finden sich eine Liste der entsprechenden Agenturen sowie Wohnungen, die monatsweise von Privatpersonen vermietet werden.

## RESERVIERUNGEN

Für Prag empfiehlt sich eine Buchung im Voraus wärmstens, vor allem im oder in der Nähe des Stadtzentrums. Dutzende von Agenturen helfen bei der Unterkunftssuche. Die Anbieter im Kasten (S. 228) sind wirklich gut – sie treiben auch dann noch Schlafplätze auf, wenn man in der Hauptsaison ohne Reservierung sein Glück versucht.

Bei den meisten Hotels müssen Gäste offiziell am Abreisetag zwischen 10 und 12 Uhr auschecken. Wie beim Check-in gibt es dafür aber keine verbindlichen Regeln. Wer erst spät am Abend ankommt, sollte das bei der Reservierung erwähnen.

## ZIMMERPREISE

Ein Doppelzimmer der mittleren Kategorie im Zentrum von Prag kostet während der Hauptsaison rund 4000 Kč (160 €); wer außerhalb des Zentrums eincheckt, zahlt eventuell nur 3000 Kč – und wer ein günstiges Angebot erwischt, kommt sogar mit 2500 Kč oder noch weniger aus. Spitzenklassehotels kosten mindestens 4000 Kč, die besten Luxushotels verlangen 6000 Kč und mehr. Die hier aufgelisteten Budgetunterkünfte bieten Doppelzimmer für weniger als 2000 Kč an. Einige der Mittel- und Spitzenklassehotels berechnen ihre Preise in Euro, manche auch in Dollar. In diesen Hotels kann man auch mit tschechischen Kronen bezahlen, der Preis richtet sich aber nach dem Wechselkurs des Tages.

Die genannten Preise gelten für die Hauptsaison, die grob die Zeitabschnitte April bis Jun, September und Oktober sowie die Weihnachtsferien umfasst. Die Monate Juli und August sind Zwischensaison, das restliche Jahr gilt als Nebensaison – dann können die Preise 30 bis 40 % niedriger ausfallen.

Sogar die Hauptsaisonpreise können an manchen Tagen noch einmal um 15 % steigen, so z. B. zu Silvester, Ostern, zum Prager Frühling und an Wochenenden (Do–So) im Mai, Juni und September. Dafür sind zwischen Januar und März die Preise oft weit günstiger; und im Internet gibt es oft gute Angebote für die Zeit zwischen Juni und August. Während der Recherche für dieses Buch waren beispielsweise gute Doppelzimmer für 1800 bis 2600 Kč zu haben.

In den Preisen von Hostels, Pensionen und Budgetunterkünften ist jedoch im Gegensatz zu denen der meisten Mittel- und Spitzenklassehotels das Frühstück normalerweise nicht inbegriffen.

# HRADSCHIN (HRADČANY)

Der Hradschin ist die richtige Gegend für alle, die Ruhe und Frieden suchen. In nur wenigen Minuten ist die Burg erreicht; abends, wenn die Menschenmassen verschwunden sind, hat man die Straßen quasi für sich alleine.

**DOMUS HENRICI** Karte S. 74 f. Hotel €€€

**☎ 220 511 369; www.domus-henrici.cz; Loretánská 11; EZ/DZ ab 3985/4370 Kč; 22;**

Historisches Gebäude in einer ruhigen Ecke des Hradschin. Von außen ist es absichtlich unscheinbar – Ruhe und Privatsphäre werden hier großgeschrieben. Es gibt acht geräumige, stilvolle Zimmer, vier davon mit eigenem Fax, Scanner/Kopierer und Internetzugang (via Ethernet). Alle Zimmer haben polierte Holzböden, riesige Bäder, bequeme Betten und flauschige Bademäntel. Weitere Pluspunkte: der Service, die hübsche Gäste-Lounge und die sonnige Terrasse mit Aussicht auf die Stadt. Gratis-Internet und -WLAN in der Lobby.

**HOTEL U KRÁLE KARLA** Karte S. 74 f. Hotel €€

**☎ 257 531 211; www.romantichotels.cz; Úvoz 4; EZ/DZ 3500/4000 Kč; 12, 20, 22; P**

Das „König Karl" ist ein gemütliches, romantisches Hotel in einem schönen, barockifizierten gotischen Bauwerk. Die Zimmer liegen um ein beeindruckendes Atrium mit einer Buntglasdecke herum. Die Atmosphäre hier erinnert an ein mittelalterliches Märchen. Die antiken Möbel sind aus Holz und Leder, die Holzdecken bemalt, und es gibt Wandmalereien, Buntglasfenster und Statuen tschechischer Könige und Königinnen. Die Zimmer

## ZIMMERVERMIETUNGEN

- **Alfa Tourist Service** (Karte S. 116; ☎ 224 230 037; www.alfatourist.cz; Opletalova 38, Nové Město; ⏰ Mo–Fr 9–17 Uhr) hilft bei der Vermittlung von Zimmern in Studentenwohnheimen, Pensionen, Hotels und Privathäusern.
- **AVE Travel** (☎ 251 551 011; www.praguehotellocator.com) Das rund um die Uhr besetzte Callcenter mit Online-Zimmervermittlung hat viele Hotels und Wohnungen zur Auswahl.
- **Happy House Rentals** (Karte S. 118 f.; ☎ 224 946 890; www.happyhouserentals.com; Jungmannova 30, Nové Město; ⏰ Mo–Fr 9–17 Uhr) ist spezialisiert auf kurz- und langfristige Vermietungen von Apartments.
- **Hostel.cz** (☎ 415 658 580; www.hostel.cz) Datenbank, die Hostels und günstige Hotels führt, mit einem sicheren Online-Buchungssystem.
- **Mary's Travel & Tourist Service** (Karte S. 134; ☎ 222 253 510; www.marys.cz; Italská 31, Vinohrady; ⏰ 9–21 Uhr) Freundliche, effizient arbeitende Agentur, die Privatzimmer, Hostels, Pensionen, Apartments und Hotels in allen Preiskategorien in Prag und Umgebung vermittelt.
- **Prague Apartments** (☎ 604 168 756; www.prague-apartment.com) Internet-Service, der komfortable, mit IKEA-Möbeln eingerichtete Wohnungen vermittelt. Die Verfügbarkeit der Apartments ist online einsehbar.
- **Stop City** (Karte S. 134; ☎ 222 521 233; www.stopcity.com; Vinohradská 24, Vinohrady; ⏰ 10–20 Uhr) ist spezialisiert auf Wohnungen, Privatzimmer und Pensionen im Stadtzentrum, Vinohrady und Žižkov.
- **Travel.cz** (Karte S. 96 f.; ☎ 224 990 990; www.travel.cz; Divadelní 24, Staré Město; ⏰ 8–20 Uhr) Alteingesessene Agentur für Apartments in Citynähe.

sind mit dunklen, polierten Holzmöbeln, Perserteppichen, Samtvorhängen und prunkvollen Kaminen ausgestattet – wirklich nett, wenn man auf so etwas steht. Die Bäder hingegen sind zwar groß, aber beige und nichts Besonderes. Angeschlossen sind ein Restaurant mit Zimmerservice und eine Gästesauna. Das U Krále Karla und das Hotel Neruda (S. 229) konkurrieren um den Titel des der Burg am nächsten gelegenen Hotels. Man läuft nur wenige Minuten bis zum Haupteingang.

### ROMANTIK HOTEL U RAKA

Karte S. 74 f. Hotel €€

**☎ 220 511 100; www.romantikhotel-uraka.cz; Černínská 10; EZ/DZ ab 2500/3750 Kč; 🚊 22**

In einer ruhigen Ecke des Hradschin liegt versteckt in einem gepflegten Steingarten das alte Hotel U Raka. Das stimmungsvolle Holz-Cottage mit lediglich sechs eleganten Doppelzimmern mit niedrigen Holzbalkendecken, Holzboden und Backsteinkaminen wurde Ende des 18. Jhs. erbaut. Mit seinen gemütlichen Schlafzimmern, dem recht aufmerksamen Personal, der kunstbefliesenen Einrichtung und dem Frühstücksraum im Landhausstil bietet sich hier eine romantische Unterkunft wie aus dem Buch. Die Burg ist nur zehn Minuten zu Fuß entfernt. Angesichts der wenigen Zimmer sollten Gäste mindestens sechs Monate im Voraus buchen.

### HOTEL MONASTERY KarteS. 74 f. Hotel €€

**☎ 233 090 200; www.hotelmonastery.cz; Strahovské nádvoří 13; EZ/DZ 2475/2900 Kč; 🚊 22; P 💻 📶 ♿**

In diesem kleinen Hotel im friedlichen Hof des Strahov-Klosters trifft die Geschichte auf die Moderne. Der einzige „Lärm", der hier zu hören ist, stammt vom gelegentlichen Läuten der Kirchenglocken. Die zwölf ungewöhnlich geschnittenen Räume in einem Gebäude aus dem 17. Jh. haben ein helles, modernes Facelifting bekommen mit polierten Holzböden, weißen Wänden(an denen Pragfotos hängen) sowie farbenfrohen Bettdecken und Sofas. Zwei Gästezimmer sind rollstuhlgerecht eingerichtet. Gäste erreichen zu Fuß in fünf Minuten die Burg.

# KLEINSEITE (MALÁ STRANA)

Viele der schmucken alten Renaissance- und Barockgebäude wurden in Hotels und Apartmenthäuser umgebaut – ein Paradies für alle, die eine romantische Atmosphäre lieben! Von hier aus lässt sich die Karlsbrücke gut zu Fuß erreichen, in den umliegenden Straßen finden sich viele gute Restaurants und Bars.

### HOTEL ARIA Karte S. 82 f. Boutiquehotel €€€

**☎ 225 334 111; www.ariahotel.net; Tržiště 9;DZ ab 8100 Kč; 🚊 12, 20, 22; P 💻 📶**

Im Aria finden Gäste Fünf-Sterne-Luxus in musikalischem Look: Jedes der vier Stockwerke ist einer bestimmten Musikrichtung gewidmet (Jazz, Oper, Klassik und moderne Klänge). Die Zimmer repräsentieren jeweils bestimmte Künstler oder Musiker – eine Auswahl ihrer Werke kann man sich über eine Stereoanlage anhören. Der kompetente Service ist auf Zack. In den Zimmern finden Gäste schicke Bettwäsche, dicke Federbetten und Hygieneartikel von Molton Brown vor. Naschkatzen freuen sich über die kostenlose Schokolade. Neben einer Musik- und Filmbibliothek gibt es auch ein Videozimmer; ein Fitnesszentrum und ein Dampfbad bringen den Körper in Schwung. Das Hotel liegt sehr zentral nur ein paar Gehminuten von der Karlsbrücke entfernt. Gleich um die Ecke ist eine Straßenbahnhaltestelle.

## MANDARIN ORIENTAL

Karte S. 82 f. Boutiquehotel €€€

**☎ 233 088 888; www.mandarinoriental.com/prague; Nebovidská 1; Zi. ab 7000 Kč, Suite ab 16 850 Kč; 12, 20, 22;**

Das Mandarin, das unbestritten zu Prags bekanntesten Hotels zählt, ist in einem umgebauten Dominikanerkloster aus dem 17. Jh. zu Hause. Neben den berühmten Gästen – darunter Madonna und der Dalai Lama – ist vor allem das prachtvolle Hotelspa in aller Munde: Es befindet sich in einer Renaissancekapelle, Reste der Kirche aus dem 14. Jh. sind noch unter dem Glasboden zu sehen. Auch die Gästezimmer sind etwas Besonderes – sie wurden von denselben Innenarchitekten geplant, die auch das Burj Al Arab in Dubai eingerichtet haben. Einige Zimmer bieten alte Parkettböden und Gewölbedecken, andere sind dagegen sehr modern gestaltet worden. Besonders hübsch wirken die Gartenzimmer, die sich um den alten Klostergarten gruppieren.

## GOLDEN WELL HOTEL

Karte S. 82 f. Hotel €€€

**☎ 257 011 213; www.goldenwell.cz; U Zlaté Studně 4; DZ ab 6800 Kč, Suiten ab 18 000 Kč; M Malostranská;**

Das „Hotel an der goldenen Quelle" ist eines der Geheimnisse der Kleinseite. Es liegt versteckt am Ende einer Sackgasse. Das Haus aus der Renaissance gehörte Kaiser Rudolf II. (u. a. wohnte der Astronom Tycho Brahe hier). Es liegt unschlagbar toll am Südhang des Burgbergs. Die Zimmer (17 Doppelzimmer und drei Luxussuiten) sind ruhig und geräumig, haben polierte Holzfußböden, Imitate alter Möbel und blau-weiße Bäder mit Fußbodenheizung und Whirlpool. Von vielen Zimmern blickt man hinunter auf die Palastgärten. Das Hotel hat ein hervorragendes Restaurant (s. Terasa U Zlaté Studně, S. 172) und eine Terrasse mit großartigem Blick über die Stadt.

## HOTEL NERUDA

Karte S. 82 f. Boutiquehotel €€

**☎ 257 535 557; www.hotelneruda.cz; Nerudova 44; Zi. ab 2950 Kč; 12, 20, 22;**

Das Neruda befindet sich in einem geschmackvoll renovierten gotischen Haus von 1348 und belegt zusätzlich noch das Nachbargebäude. Hier finden Gäste eine erfrischend moderne und elegante Alternative zum Kitsch der sogenannten „historischen" Hotels, die auf der Kleinseite so häufig zu finden sind. Die Einrichtung ist schick und minimalistisch, einzelne Farbtupfer beleben die ansonsten in neutralen Tönen gehaltenen Räume. In dem hübschen Atrium mit Glasdach befindet sich das Hotelcafé, außerdem lädt auch die sonnige Dachterrasse zu einem Besuch ein. Die komfortablen Schlafzimmer sind modern-minimalistisch eingerichtet und größtenteils gut geschnitten. Einige der Dachzimmer sind deutlich beengter – wer die Auswahl hat, sollte sich für eines der Zimmer im 1. oder 2. Stock entscheiden. Die Hotelangestellten sind lieber sehr freundlich und hilfsbereit, das leckere Frühstück wird bis 11 Uhr serviert.

## HUNGER WALL RESIDENCE

Karte S. 82 f. Apartments €€

**☎ 257 404 040; www.hungerwall.eu; Plaská 8; Apt. ab 2650 Kč; 6, 9, 12, 20;**

Eine willkommene Ergänzung in der Touristenszene auf der Kleinseite! Hunger Wall bietet helle, elegante und moderne Apartments zu einem guten Preis. Die Atmosphäre entspricht dem „neuen Prag" – egal, ob es sich um die lächelnde Begrüßung an der Rezeption oder die tadellos sauberen Räume handelt. Dazu kommen Annehmlichkeiten wie ein Café, ein Konferenzzimmer und ein kleines Fitnessstudio. Das Gebäude liegt im ruhigen südlichen Teil der Kleinseite, nur zwei Straßenbahnhaltestelle südlich des Malostranské náměstí und der Karlsbrücke.

## PENSION DIENTZENHOFER

Karte S. 82 f. Pension €€

**☎ 257 311 319; www.dientzenhofer.cz; Nosticova 2; EZ/DZ 1900/2600 Kč; 12, 20, 22**

Wer in dieser heimeligen Pension eincheckt, gesellt sich zu einer Reihe illustrer Menschen – in dem schönen Haus aus dem 16. Jh. lebte die Familie Dientzenhofer, aus der die Architekten hervorgingen, die viele der berühmten Barockbauten Prags entwarfen (s. S. 52). Das Haus liegt in einem friedlichen Park, ist aber nur fünf Gehminuten von der Karlsbrücke entfernt. Es besitzt sieben einfache, aber komfortable Zimmer und ein paar Suiten, die ein gutes Preis-Leistungs-Verhältnis haben und fünf Leuten Platz bieten (3900 Kč). Der Besitzer ist freundlich und hilfsbereit und holt Gäste sogar am Flughafen ab.

**CASTLE STEPS** Karte S. 82 f. Apartments €€

**☎ 257 216 337; www.castlesteps.com; Nerudova 7; DZ 1430–2260 Kč, 2-Pers.-Apt. 2830–4500 Kč; 12, 20, 22;**

Hinter dem Namen verbirgt sich gleich eine ganze Reihe von Privatzimmern und -apartments, die sich über mehrere Gebäude in der Nerudova und weiter bergauf in der Úvoz verteilen. Das Management ist entspannt, hilfsbereit, schwulenfreundlich und total unkompliziert – wer hier Kofferträger und Zimmermädchen erwartet, wird enttäuscht! (Ganz nebenbei: Es gibt keine Aufzüge.) Die verschiedenen Gebäude aus dem 16. und 17. Jh. wurden in Häuser mit Wohnungen und Suiten umgestaltet, in denen zwei bis acht Personen unterkommen können. Angesichts der tollen Lage bieten sie ein hervorragendes Preis-Leistungsverhältnis. Alle wurden wunderschön renoviert und in gehobenem Stil mit Antiquitäten, Ölgemälden und Topfpflanzen eingerichtet. An der Rezeption in der Nerudova 7 gibt es einen kostenlosen Internetzugang (die Klingel mit der Aufschrift „Castle Steps" drücken). Während der Recherche zu diesem Buch stand das Castle Steps zum Verkauf an, soll aber in bisheriger Form weitergeführt werden.

**CHARLES BRIDGE B&B** Karte S. 82 f. Pension €€

**☎ 257 218 103; www.charlesbridgebb.com; Dražického náměstí; EZ/DZ 2200/2400 Kč, Apt. 3200–3500 Kč; 12, 20, 22;**

Die Lage, die Lage und nochmals die Lage – diese drei Dinge machen bei einer Unterkunft eine Menge aus. Die Lage dieser malerischen, kleinen Pension ist kaum zu übertreffen – noch näher an der Karlsbrücke und man stände auf ihr. Die Zimmer sind nicht der Knüller: billige Betten und schmucklose Einrichtungen, die durch bunte Gardinen, vertrocknete Pflanzen und ein, zwei Bilder an Farbe gewinnen. Für Familien stehen zwei Apartments mit Küche zur Verfügung. An der Rezeption gibt's kostenlosen Internetzugang und in den Zimmern WLAN. Die Parkplätze vorne müssen im Voraus reserviert werden.

**DESIGN HOTEL SAX** Karte S. 82 f. Hotel €€

**☎ 257 531 268; www.hotelsax.cz; Jánský vršek 3; Zi. ab 2500 Kč; 12, 20, 22;**

In einer ruhigen Ecke der Kleinseite hebt sich das zwischen Botschaften und Klostergärten gelegene Sax erfreulich von den sonstigen Unterkünften ab. Das Gebäude zeigt nach außen seine Fassade aus dem 18. Jh., innen wurde alles mit klassischen Möbeln und Design der 1950er-, 1960er- und 1970er-Jahre eingerichtet. Eindrucksvoll ist das Atrium, dessen Glasdach den einstigen Hof überspannt, aber auch die in kräftigen bunten Farben gehaltene Retroeinrichtung, die eleganten, ordentlichen Zimmer und der tadellose Service. Auch die Zimmerpreise sind angemessen – bedenkt man die ruhige und zentrale Lage. Bis zum Haupttor der Burg sind es zu Fuß nur zehn Minuten.

## ALTSTADT (STARÉ MĚSTO)

Die Altstadt bietet ein breites Spektrum an Unterkünften – vom Backpacker-Hostel bis zu einigen der luxuriösesten Hotels der Stadt ist alles im Angebot. Viele Pensionen und Mittelklassehotels liegen in historischen Gebäuden mit sehr engen Treppenhäusern und fehlendem Lift – wer hier wohnt, braucht teilweise schon Kondition für den Aufstieg in die Zimmer.

**RESIDENCE KAROLINA**
Karte S. 96 f. Apartments €€€

**☎ 224 990 990; www.residence-karolina.com; Karoliny Světlé 4; 2-/4-Pers.-Apt. 4050/6250 Kč; 6, 9, 19, 21, 22;**

Das Haus hier fällt in eine neue Kategorie Unterkünfte – die sogenannten Boutiqueapartments – anders lassen sich diese wunderschön eingerichteten Wohnungen nicht kategorisieren. Zur Auswahl stehen Wohnungen mit einem oder zwei Schlafzimmern, alle haben geräumige Wohnbereiche mit gemütlichen Sofas und Flachbildfernsehern, hypermodernen Küchen und Essecken. Auch die Lage ist gut: Die Wohnungen liegen an einer ruhigen Straße, sind aber dennoch in der Nähe einer großen Straßenbahnhaltestelle gegenüber vom Nationaltheater und liegen nur zwei Blocks vom Tesco-Supermarkt entfernt. Es gibt einen täglichen Zimmerservice, einen Aufzug und Kabel- oder Breitbandinternetanschlüsse in allen Zimmern.

**SAVIC HOTEL** Karte S.96 f. Hotel €€

**☎ 224 248 555; www.savic.eu; Jilská 7; EZ/DZ 3875/4395 Kč; M Národní Třída;**

Im Savic weiß man den Gast zu erfreuen – z. B. durch ein kostenloses Glas Wein zur Begrüßung oder durch bequeme, riesige Betten. Das im früheren Kloster St. Ägidius untergebrachte Hotel ist voller Charakter und netter altmodischer Details wie Steinkaminen, schönen bemalten Holzdecken und Fresken. Die Zimmer sind mit Parkettböden, dunklen Möbeln, Ohrensesseln und edlen Sofas ausgestattet und die Bäder mit poliertem Marmor gefliest. Außerdem liegt das Hotel nur zwei Gehminuten von der astronomischen Uhr am Altstädter Ring entfernt.

## GRAND HOTEL PRAHA

Karte S. 96 f. Apartments €€

**☎ 221 632 556; www.grandhotelpraha.cz; Staroměstské náměstí 22–25; EZ/DZ ab 3350/3650 Kč, Apt. ab 8800 Kč; Ⓜ Staroměstská;**

Drei wunderschöne Barockgebäude am Altstädter Ring wurden zu einem Luxushotel mit großen, gut geschnittenen Zimmern mit schweren antiken Möbeln und Teppichen, Gemälden, Holzböden und Kronleuchtern umgebaut. Einige haben sogar bemalte Holzdecken. Am luxuriösesten ist die Apostolische Residence (Nr. 25), die eine wunderschöne Dachwohnung (für vier Pers.), Wendeltreppe und massive Holzbalken hat. Einzigartig ist die Lage: Wer aus dem Fenster schaut, blickt auf die Astronomische Uhr. Wer mit Blick auf den Altstädter Ring nächtigen will, zahlt einen Preisaufschlag. Verglichen mit vielen anderen Spitzenklassehotels der Stadt ist das Preisniveau angesichts der gebotenen Qualität angemessen.

## HOTEL U MEDVÍDKŮ

Karte S. 96 f. Pension €€

**☎ 224 211 916; www.umedvidku.cz; Na Perštýně 7; EZ/DZ/3BZ 2300/3500/4500 Kč; Ⓜ Národní Třída;**

Die gemütliche und zentral gelegene traditionelle Bierstube „Zum kleinen Bären" (s. Kasten S. 192) liegt an der Südseite der Altstadt – rund zehn Minuten zu Fuß vom Altstädter Ring entfernt. Die Zimmer haben polierte Holzböden, dunkle Holzmöbel, gut geschnittene Bäder (mit ordentlichem Wasserdruck) und einige im 1. Stock sogar Deckengemälde aus der Renaissancezeit. Die wenigen historischen Räume sind so groß, dass sie auch als Suiten bezeichnet werden könnten. Sie kosten rund 10 % mehr als die anderen Zimmer, die zwar von der Größe her vergleichbar sind, aber weniger Charme besitzen. Romantiker sollten sich für eines der Dachzimmer entscheiden – Nr. 33 ist das schönste des Hauses: großzügig geschnitten und sehr stimmungsvoll, mit einem Riesenbett aus Kiefernholz und mächtigen, freigelegten Holzbalken an der Decke.

## HOTEL JOSEF

Karte S. 96 f. Boutiquehotel €€

**☎ 221 700 111; www.hoteljosef.com; Rybná 20; Zi. ab 3350 Kč; Ⓜ Náměstí Republiky;**

Das Hotel Josef wurde von der tschechischen Architektin Eva Jiřičná entworfen, die in London lebt. Es ist eines von Prags modernsten und schicksten Hotels. Direkt hinter dem Eingang beeindruckt es Neuankömmlinge mit seiner minimalistischen Lobby in schlichtem Weiß. Auch die gläserne Wendeltreppe ist ein Zeichen für maximale Coolness und Trendbewusstsein – bei wirklich geschmackvoller Gestaltung. Das Personal ist sehr hilfsbereit. Die klare, minimalistische Linienführung setzt sich in den Zimmern fort, selbst bei der Bettwäsche und den Möbeln trifft jede Menge Weiß auf dezent-neutrale Farbtöne. Besonders schön sind die Zimmer mit den Glaswänden um das eigene Bad – sie haben übergroße Regenduschen und schicke Waschbecken aus Glas. Das Hotel vermietet auch zwei rollstuhlgerechte Zimmer, zudem gibt es eine stylische Bar und eine Business-Lounge.

## HOTEL ANTIK

Karte S. 96 f. Hotel €€

**☎ 222 322 288; www.hotelantik.cz; Dlouhá 22; EZ/DZ 2590/2990 Kč; Ⓜ Náměstí Republiky;**

Anders als der Name vermuten lässt, präsentiert sich das Hotel nach einer Generalsanierung sauber und modern, auch wenn hier und da die Holzbalken an den Decken und andere bauhistorische Details erhalten blieben. Die Lage ist traumhaft: im Zentrum der Altstadt und mit vielen guten Restaurants und Bars in fußläufiger Entfernung. Die gemütlichen Zimmer wurden allesamt modernisiert und bieten nun den perfekten Komfort ohne an Charakter verloren zu haben. Zu empfehlen sind die Zimmer mit Blick in den Hof: Hier lässt es sich ungestört vom Lärm der durch die Straßen laufenden Nachtschwärmer schlafen. Das Frühstück wird in einem hübschen, atriumähnlichen Hof auf der Rückseite serviert.

## PERLA HOTEL

Karte S. 96 f. Boutiquehotel €€

**☎ 221 667 707; www.perlahotel.cz; Perlová 1; EZ/DZ ab 2350/2950 Kč; Ⓜ Můstek;**

Die „Perle" in der „Perlenstraße" ist ein typischer Vertreter der schicken, attraktiven Desingerhotels, die überall im Zentrum der

Stadt aus dem Boden geschossen sind. Hier hat sich der Inneneinrichter – welch Überraschung – vom Perlenmotiv inspirieren lassen, diese tauchen überall auf: Von den Riesenperlen, die den Tresen der Rezeption bilden, bis hin zur verführerischen Seidenbettwäsche und den riesigen Siebdrucken an den Zimmerwänden. Die Räume sind eher klein, aber schick und modern eingerichtet. Einen netten Kontrast zu den gedeckten Farben bilden die hellroten Lackstühle und die glänzenden, schwarz gefliesten Bäder. Das Hotel ist für Rollstuhlfahrer geeignet, ein Zimmer ist speziell für ihre Bedürfnisse eingerichtet.

### U ZELENÉHO VĚNCE Karte S. 96 f. Pension €€

**☎ 222 220 178; www.uzv.cz; Řetězová 10; EZ/DZ/3BZ 1700/2200/2800 Kč; Ⓜ Staroměstká;**
Der in einer ruhigen Seitenstraße gelegene „Grüne Kranz" ist nur wenige Gehminuten vom Altstädter Ring entfernt. Die Pension ist trotz ihrer zentralen Lage ein erstaunlich friedliches und fast schon dörfliches Plätzchen. Die in einem sanierten Gebäude untergebrachte Pension hat ihren Namen vom Hausschild über der Eingangstür. Die Zimmer sind unterschiedlich groß – einige winzig, andere relativ geräumig. Alle sind makellos sauber und einfach, aber hübsch eingerichtet. In den Dachzimmern wurden die Dachbalken freigelegt. Der Besitzer spricht Englisch, ist immer höflich und hilft stets bereitwillig.

### OLD PRAGUE HOSTEL Karte S. 96 f. Hostel €

**☎ 224 829 058; www.oldpraguehostel.com; Benediktská 2; B ab 375 Kč, EZ/DZ 1000/1200 Kč; Ⓜ Náměstí Republiky;**
Die fröhliche, einladende Unterkunft ist eines der attraktivsten und geselligsten Hostels von Prag und spricht eine große Bandbreite von Leuten an, von Backpackern bis hin zu Familien. Farbenfrohe Wandgemälde sorgen für ein freundliches Ambiente. Die Ausstattung ist gut, es gibt Schließfächer in den Zimmern, kostenloses Frühstück und Nichtraucherzimmer, auch wenn die Matratzen der Stockbetten etwas dünn sind. Die Belegschaft ist sehr hilfsbereit (die Rezeption ist rund um die Uhr besetzt). Die Lage – das Hostel ist fünf Gehminuten östlich vom Altstädter Ring und zwei Minuten von Straßenbahn- und Metrohaltestelle entfernt – könnte nicht zentraler sein. Es gibt zwei PCs mit kostenlosem Internetzugang (die oft besetzt sind) und WLAN im ganzen Hostel (das Funksignal ist allerdings nicht besonders stark).

## NEUSTADT (NOVÉ MĚSTO) & VYŠEHRAD

Auch in der Neustadt gibt's ein oder zwei prächtige historische Luxushotels – im Wesentlichen besteht das Angebot hier aber aus modernen Kettenhotels und renovierten Unterkünften aus den 1930er-Jahren. Die Größe der Zimmer und die Annehmlichkeiten machen den Mangel an historischem Ambiente und Romantik für die Gäste etwas wett. Rund um die Quartiere am Wenzelsplatz herrscht erwartungsgemäß starker Betrieb, in der Neustadt gibt's aber auch ruhige Ecken, vor allem im Südteil (z. B. am Karlsplatz und drum herum).

### HOTEL YASMIN Karte S. 118 f. Boutiquehotel €€€

**☎ 234 100 100; www.hotel-yasmin.cz; Politických Vězňů 12, Nové Město; Zi. ab 6500 Kč; Ⓜ Můstek;**
Das Designhotel einen Block östlich des Wenzelsplatzes ist sehr ungewöhnlich – irgendwie wie eine Mischung aus Raumschiff und Ökoladen. Die öffentlichen Bereiche sind mit Jasminblütenmotiven überzogen (von kleinen weißen Blüten auf dem schwarzen Granitboden bis hin zu Riesenblumenbildern an den Wänden) und mit Birkenzweigen und Chromkugeln geschmückt. Die geräumigen Schlafzimmer sind in neutralen Farben (weiß, beige und braun) gehalten, die klaren Linien werden durch Pflanzen, Blumen und Bögen aufgebrochen. Die Bäder beeindrucken durch schwarze Kacheln und viel Edelstahl. Im gesamten Hotel ist das Rauchen verboten.

### RADISSON BLU ALCRON HOTEL Karte S. 118 f. Hotel €€€

**☎ 222 820 000; www.radissonblu.com/hotel-prague; Štěpánská 40, Nové Město; Zi. ab 3600 Kč; Ⓜ Můstek;**
Das Fünf-Sterne-Hotel der Radisson-Kette liegt nur wenige Gehminuten vom Wenzelsplatz entfernt und ist die moderne Reinkarnation des Alcron-Hotels aus den 1930er-Jahren, in dem einst Prominente und Diplomaten abstiegen. Viele der Jugendstil-Armaturen aus Marmor und Glas blieben erhalten, auch im schönen Restaurant La Rotonde. Die 206 Gästezimmer wurden sehr viel geschmackvoller renoviert als in vielen anderen

sanierten Hotels der Stadt. Alle Zimmer sind mit Polstermöbeln, Retrodrucken und schicken Marmorbädern ausgestattet, Annehmlichkeiten wie kostenloses WLAN, Videospiele und Minibars sorgen für zusätzliche Bequemlichkeit und Komfort der Gäste. Einige Zimmer sind auch für Rollstuhlfahrer geeignet.

## SUITEHOME RESIDENCE

Karte S. 118 f. Hotel, Apartments €€

**☎ 222 230 833; www.suitehome.cz; Příčná 2, Nové Město; 2-Personen-Suite ab 3640 Kč; Ⓜ Karlovo Náměstí;**

Die Unterkunft schafft den Spagat zwischen Apartmentanlage und Hotel, denn sie bietet den Platz und die Bequemlichkeit einer Suite mit Bad und Küche, aber auch Hotelannehmlichkeiten wie eine rund um die Uhr besetzte Rezeption, einen täglichen Zimmerservice und ein Frühstückszimmer. Das Hotel eignet sich gut für Familien oder Kleingruppen, denn jede „Suite" kann bis zu sechs Personen beherbergen. Die Zimmer sind herrlich altmodisch, einige in den höheren Etagen haben einen schönen Blick Richtung Burg. Es gibt einen Aufzug, der zwar nicht gerade durch seine Größe besticht, aber angesichts von fünf Etagen doch sehr willkommen ist. Auf der Website finden sich Spezialangebote.

## ICON HOTEL Karte S. 118 f. Boutiquehotel €€

**☎ 221 634 100; www.iconhotel.eu; V Jámě 6, Nové Město; Zi. ab 3380 Kč; 3, 9, 14, 24;**

Die Hotelangestellten tragen Diesel, gearbeitet wird mit Computern von Apple, geschlafen in Betten von Hästens – fast alles in diesem großartigen Boutiquehotel trägt ein Desingerlabel. So überrascht es nicht, dass das Icon zu den führenden europäischen Trendhotels zählt. Die eleganten, minimalistisch ausgestatteten Zimmer bekommen durch die Seidenbettwäsche einen königlichen Touch, während die Reproduktionen von Art-déco-Armsesseln Anlehnung an den spanischen Modernisme (S. 161) nehmen. Hightech sind die iPod-Ladestationen, die Möglichkeit, via Skype zu telefonieren und die mit elektronischer Fingersignatur zu öffnenden Safes. Wer etwas für seine Muskeln nach einem anstrengenden Sightseeing-Tag tun will, kann sich in eines der besten Thai-Massagestudios der Stadt im Haus begeben.

## HOTEL UNION Karte S. 128 Hotel €€

**☎ 261 214 812; www.hotelunion.cz; Ostrčilovo náměstí 4, Vyšehrad; EZ/DZ 2900/3300 Kč; 7, 18, 24;**

Das Union ist eines der großen Grandhotels, das 1906 erbaut und 1958 von den Kommunisten verstaatlicht wurde. 1991 wurde es dem Enkel des ursprünglichen Eigentümers zurückgegeben. Seitdem wird es wieder von der Eigentümerfamilie betrieben. Die Belegschaft kümmert sich mit viel Stolz um das Wohlergehen der Gäste. Das Hotel am Fuß der Festung Vyšehrad wurde komfortabel renoviert, einige historische Details blieben unangetastet. Die schmucklosen, aber angenehmen Zimmer sind dank der doppelt verglasten Fenster einigermaßen gut gegen den Lärm der vorbeifahrenden Straßenbahnen und Züge abgeschirmt. Es lohnt sich, nach den Luxus-Eckzimmern (DZ 4800 Kč) zu fragen: Sie sind groß und haben Panoramafenster mit Blick auf die Festung Vyšehrad oder die Prager Burg in der Ferne. Zur Karlsbrücke fährt die Straßenbahnlinie 18 in nur rund zehn Minuten.

## HOTEL 16 U SV KATEŘINY

Karte S. 116 Hotel €€

**☎ 224 920 636; www.hotel16.cz; Kateřinská 16, Nové Město; EZ/DZ/3BZ 2300/2600/3500 Kč; Ⓜ Karlovo Náměstí; Ⓟ**

In der Nähe des Botanischen Gartens und nur fünf Minuten von der Metrostation Karlovo Náměstí entfernt präsentiert sich das Hotel 16 als eine kleine, freundliche, familiengeführte Unterkunft mit lediglich 14 Zimmern. Es liegt versteckt in einer ruhigen Ecke der Stadt, in der noch das Vogelgezwitscher zu hören ist. Die Zimmer variieren in der Größe und sind einfach, aber nett möbliert. Die besten auf der Rückseite bieten schöne Blicke auf den friedlichen Terrassengarten. Ein Frühstücksbüffet ist im Preis enthalten, auch ein Aufzug ist vorhanden.

## HOTEL U ŠUTERŮ Karte S. 118 f. Hotel €€

**☎ 224 948 235; www.accomprague.com; Palackého 4, Nové Město; s/d 1590/2390Kč; 3, 9, 14, 24 oder Ⓜ Mùstek;**

Die kleine Pension (zehn Zimmer) liegt sehr zentral, einen Block westlich vom Wenzelsplatz in einer kleinen Seitenstraße, aber abseits vom heftigsten Innenstadtlärm. Polierte Holzböden und schmucklose Holzmöbel verleihen den Zimmern einen rustikalen Charme. Es lohnt sich, für die Luxusdoppelzimmer etwas mehr auszugeben (2590 Kč); für sein Geld bekommt man einfach mehr Atmosphäre. Das Frühstück wird im gotischen Untergeschoss serviert, das abends ein normales Restaurant ist.

### MISS SOPHIE'S Karte S. 118 f. Hostel €

**☎ 296 303 530; www.miss-sophies.com; Melounova 3, Neustadt; B 510 Kč, EZ/DZ 1790/2090 Kč, Apt. 2390 Kč; Ⓜ IP Pavlova;**

Hostel am Südrand der Neustadt. Das umgebaute Wohnhaus ist eine angenehme Alternative zu den herkömmlichen gesichtslosen Backpacker-Unterkünften. Fußböden mit Eichenfurnieren und schlichte, minimalistische Deko verbreiten einen Hauch von Moderne. Viel Sichtbeton geht mit neutralen Farben eine gelungene Symbiose ein. Die Betten haben schwarze Metallrahmen. In die Glasscheiben der berühmten „Designerduschen" ist das Hauslogo eingraviert, dahinter spenden übergroße „Regenköpfe" erfrischendes Nass. Unter dem roten Backsteingewölbe der supercoolen Kellerlounge stehen schwarze Ledersofas. Das junge Personal an der rund um die Uhr geöffneten Rezeption spricht mehrere Sprachen und hat für Gäste immer ein offenes Ohr.

### HOSTEL U MELOUNU
Karte S. 116 Hostel €

**☎ 224 918 322; www.hostelumelounu.cz; Ke Karlovu 7, Neustadt; B 350 Kč, EZ/DZ 990/1100 Kč; Ⓜ IP Pavlova; Ⓟ**

Das „Hostel zur Wassermelone" gehört zu den netteren der Stadt. Es befindet sich in einem historischen Gebäude an einer ruhigen Straße, wenige Gehminuten von den Restaurants und Kneipen in Vinohrady entfernt (und zehn Gehminuten südlich der Metrostation IP Pavlova). Alle Unterkünfte liegen im Erdgeschoss. Es gibt sie in vielen Varianten, von einfachen Schlafsälen bis zu Apartments für Selbstversorger. Die Quartiere gruppieren sich sternförmig um einen großen Garten, wodurch das Hostel eine friedliche, heimelige Atmosphäre erhält. Die mit Stockbetten ausgestatten Schlafsäle bieten sechs bis zehn Leuten Platz. Sie sind typische, einfache, funktionale Räume, dafür aber tadellos sauber und mit Schließfächern versehen. Pluspunkte sind der friedliche, sonnige Garten mit Grillplatz sowie kostenloses WLAN.

## VINOHRADY & VRŠOVICE

Vinohrady ist eine großartige Gegend zum Übernachten: Es liegt relativ zentrumsnah, hat gute Metroverbindungen vom Náměstí Míru und Jiřího z Poděbrad und viele nette Orte, an denen Besucher ein Bier trinken und etwas essen können. Weniger erfreulich ist allerdings die Parksituation. Vinohrady hat inzwischen drakonische Parkbeschränkungen eingeführt, sodass auswärtigen Autofahrern nichts anderes übrigbleibt, als eine der ziemlich weit entfernt liegenden Autogaragen aufzusuchen. Vršovice liegt noch ein Stück weiter außerhalb und hat keine vergleichbar gute Verkehrsanbindung ans Zentrum. Dafür liegen die Preise etwas niedriger, in den letzten Jahren haben zudem einige schöne Unterkünfte eröffnet. Für Vršovice spricht, dass es hier möglich ist, noch kostenlos auf der Straße zu parken. Angesichts der strengen Parkbeschränkungen in der ganzen Stadt braucht man häufig aber auch hier Glück, um noch einen freien Platz zu finden.

### LE PALAIS HOTEL Karte S. 134 Hotel €€€

**☎ 234 634 111; www.palaishotel.cz; U Zvonařky 1, Vinohrady; EZ/DZ 6160/6800 Kč, Suite ab 9850 Kč; 6, 11; Ⓟ**

Das Palais befindet sich in einem tollen Belle-Époque-Gebäude aus dem späten 19. Jh., in dem der tschechische Künstler Luděk Marold (1865–1898) gewohnt hat (seine Wohnung umfasste die heutigen Zimmer 407 bis 412). Es wurde sehr schön saniert, auch die ursprünglichen Bodenmosaiken, Kamine, Marmortreppen, gusseisernen Geländer, Fresken, Deckengemälde und feinen Stuckarbeiten. Die luxuriösen Zimmer sind in warmen Gelb-, Rosa- und Ockertönen gehalten, und die Suiten – von denen einige im Eckturm liegen, andere einen Südbalkon haben – profitieren von der perfekten Lage des Hotels auf einem Felsen mit Blick auf die Festung Vyšehrad. Vorteilhaft ist natürlich auch, dass die Bars und Restaurants von Vinohrady mühelos zu Fuß zu erreichen sind, und auch zum Wenzelsplatz benötigt man zu Fuß lediglich rund 15 Minuten.

### HOTEL SIEBER
Karte S. 134 Boutiquehotel €€€

**☎ 224 250 025; www.sieber.cz; Slezská 55, Vinohrady; EZ/DZ/Suite 4480/4780/5480 Kč; Ⓜ Jiřího z Poděbrad, 11;**

Das bei Geschäftsreisenden beliebte Hotel Sieber ist ein kleines Luxushotel mit 13 Zimmern und sieben Suiten, die sich in einem prächtigen Wohnhaus aus dem 19. Jh. befinden. Pluspunkte sammeln neben der schicken Einrichtung und der aufmerksamen Belegschaft so fürsorgliche Details wie Bademäntel und frische Blumen. Das Gebäude stammt aus dem Jahre 1889. Man hat es nach jahrelanger Vernachlässigung unter kommunistischer Herrschaft in alter Pracht wiederaufleben lassen. Die Zimmer sind in ruhigen, neutralen Tönen gehalten (cremefarben mit hellem Holz). Der Service ist tadellos, die Angestellten sind höflich und hilfsbereit. Außerdem gilt das Haus als schwulenfreundlich. Über die Internetseite ergattert man oft bessere Preise.

### AMETYST Karte S. 134 Boutiquehotel €€€

**☎ 222 921 921; www.hotelametyst.cz; Jana Masaryka 11, Vinohrady; EZ/DZ ab 3940/5540 €; Ⓜ Náměstí Míru; Ⓟ**

Das glänzende Ametyst liegt irgendwo zwischen Boutiquehotel und normalem Hotel, mit deutlicher Tendenz zum Boutiquehotel, wenn man sich die Lobby (hübsche Fliesen im Retrostil) und die Zimmer (Parkett, kunstvolle Lampen und Flachbildschirme) so anschaut. Alle Zimmer haben Klimaanlage und WLAN sowie Badewanne und Föhns im Bad. Die Lobby bietet eine gemütliche Cafébar. In fußläufiger Entfernung lassen sich einige nette Fleckchen zum Ausruhen finden, denn das Hotel liegt in einem besonders hübschen Teil des grünen Vinohrady. Leider sind die Zimmerpreise in den letzten Jahren ziemlich in die Höhe geschnellt, von daher lohnt sich der Blick ins Internet, das über günstige Schnäppchen des Hotels informiert.

### HOTEL CHODSKÁ Karte S. 134 Hotel, Pension €€

**☎ 224 251 460; www.hotelchodska.cz; Chodská 26, Vinohrady; EZ/DZ ab 1600/3000 Kč; Ⓜ Náměstí Míru plus 10, 16; Ⓟ**

Das kleine, familiengeführte Hotel liegt in einer ruhigen, eleganten Wohnstraße von Vinohrady. Die Zimmer sind alle einfach und einfallslos möbliert, dafür aber sauber und gepflegt; von daher stimmt auch der Preis für diese Lage. In den Zimmern gibt es kostenlosen Internetzugang über WLAN. Gästen ohne eigenen Computer oder Smartphone steht außerdem ein Computerterminal zur Verfügung. Wie so gut wie überall in Vinohrady ist auch hier das Parken auf der Straße streng reglementiert, was für die Hotelgäste bedeutet, dass sie in einiger Entfernung vom Hotel ihr Auto gebührenpflichtig abstellen müssen. Unbedingt vorher fragen, ob das Hotel in der Nebensaison für Kurzzeitgäste überhaupt geöffnet hat.

### HOTEL LUNÍK Karte S. 134 Hotel €€

**☎ 224 253 974; www.hotel-lunik.cz; Londýnská 50, Vinohrady; EZ/DZ ab 2000/2900 Kč; Ⓜ Náměstí Míru oder IP Pavlova; Ⓟ**

Das kleine saubere, attraktive Hotel Luník liegt in einer ruhigen Anwohnerstraße, einen Block vom Friedensplatz entfernt zwischen den Metrostationen Náměstí Míru und IP Pavlova. Es ist seit den 1920ern ein Hotel. Die Lobby und die Gemeinschaftsbereiche strahlen etwas Gediegenes aus. Die Zimmer sind heimelig und etwas altmodisch, die schönen Bäder grün gefliest. In den Zimmern gibt es kostenlosen Internetzugang via WLAN und in der Lobby ein paar Internetcomputer. Wenn nicht viel los ist, kann man an der Rezeption einen besseren Preis aushandeln.

### ORION Karte S. 134 Hotel, Apartments €€

**☎ 222 521 706; www.okhotels.cz; Americká 9, Vinohrady; 2-/4-Personen-Apt. 2290/2590 Kč; Ⓜ Náměstí Míru; Ⓟ**

Das preiswerte Hotel liegt in einer gehobenen Gegend von Vinohrady in fußläufiger Entfernung von Náměstí Míru und dem Havlíčkovy-Sady-Park. Alle 26 Apartments sind mit kleinen Küchen inklusive Kühlschrank und Kaffeemaschine ausgestattet. Einige Apartments haben mehrere Zimmer und können von daher auch von Kleingruppen gemietet werden. Ebenfalls im Haus vorhanden ist eine Finnische Sauna. Die Zimmer bieten nichts besonderes, sind aber sauber und bequem eingerichtet.Gäste sollten sich am besten einige Zimmer zeigen lassen, da sie alle etwas unterschiedlich sind: So haben einige Parkett, andere Teppich.

### HOTEL ANNA Karte S. 134 Hotel, Pension €€

**☎ 222 513 111; www.hotelanna.cz; Budečská 17, Vinohrady; EZ/DZ ab 1725/2215 Kč, Suite ab 100 €; Ⓜ Náměstí Míru; Ⓟ**

Das Hotel Anna ist klein und freundlich, die hilfsbereiten und kompetenten Angestellten sprechen Englisch und Deutsch. Viele der Jugendstilelemente des Gebäudes aus dem 19. Jh. sind noch erhalten. Die Gästezimmer sind hell und einladend, die Bettüberwürfe haben Blumenmuster und an den Wänden hängen Schwarz-Weiß-Fotografien von Prager Gebäuden. Im oberen Stock gibt es zwei kleine Suiten, von denen eine einen großartigen Blick auf die Burg bietet. Das Hotel liegt etwas versteckt in einer ruhigen Nebenstraße unweit der Metrostation. Ganz in der Nähe befinden sich gute Restaurants und Bars, zum oberen Ende des Wenzelsplatzes sind es 10 Minuten zu Fuß. Auf der Website werden oft Rabatte angeboten.

### ARKADA Karte S. 134 Boutiquehotel €€

**☎ 242 429 111; www.arkadahotel.cz; Balbínová 8, Vinohrady; EZ/DZ ab 1725/2215 Kč; Ⓜ Muzeum, 🚊 11; Ⓟ ⊠ 💻**

Das relativ neue Hotel in Vinohrady ist sehr zu empfehlen – für das Haus sprechen sein Stil, der Komfort und die gute Lage. Die Zimmer sind schön eingerichtet, mit ihrem 1930er-Jahre-Retrostil greifen sie stilistisch den Charakter des Gebäudes auf. Die Zimmer haben Flachbildfernseher, freien Internetzugang und Minibars. Da alle unterschiedlich eingerichtet sind, am besten zunächst einige anschauen. Die Lage ist super: Zum oberen Ende des Wenzelsplatzes geht es in fünf Minuten, außerdem liegen einige der besten Clubs und Restaurants von Vinohrady ganz in der Nähe.

### HOLIDAY HOME KarteS. 134 Pension €

**☎ 222 512 710; www.holidayhome.cz; Americká 37, Vinohrady; EZ/DZ ab 1480/1800 Kč; Ⓜ Náměstí Míru; Ⓟ ⊠ 💻 📶**

Die einfache Pension in Familienbesitz liegt in einer der schönsten Wohngegenden der Stadt und bietet ein gutes Preis-Leistungsverhältnis. Obwohl es sich um ein elegantes Stadthaus handelt, sollten Gäste innen nicht zu viel erwarten: Die Zimmer sind klein und spartanisch mit kleinen Betten. Wer damit leben kann, bekommt als Entschädigung eine ideale Lage und sehr gastfreundliche Besitzer. Überall im Haus gibt es kostenlosen Internetzugang (WLAN), zudem liegt ein Internetcafé gleich nebenan. Zur Metrostation Náměstí Míru sind es nur ein paar Schritte.

### PENSION BEETLE Karte S. 134 Pension €

**☎ 222 515 093; www.pension-beetle.cz; Šmilovského 10, Vinohrady; DZ ab 1700 Kč, Suite ab 1900 Kč; 🚊 4, 22; Ⓟ ⊠ 💻**

Das Beetle befindet sich in einem hübschen Wohnhaus von 1910, das in einer grünen Seitenstraße weit weg vom Touristenrummel liegt. Die günstigen Zimmer sind karg, aber funktional eingerichtet, die größeren Zimmer und „Suiten" (Zwei-Zimmer-Wohnungen) etwas schicker mit alten, abgebeizten Kiefernmöbeln, Leselampen, Minibar, Tisch und Stühlen möbliert. Im Preis enthalten ist das Frühstück mit Kaffee (so viel man will). In der Nebensaison fallen die Preise – ein Blick ins Internet zeigt die aktuellen Angebote.

### PENZION MÁNES Karte S. 134 Pension €

**☎ 222 252 180; www.penzionmanes.cz; Mánesova 46, Vinohrady; EZ/DZ ab 1200/1600 Kč; Ⓜ Jiřího z Poděbrad, 🚊 11; ⊠ 💻**

Die Zimmer der Pension sind schlicht, aber der Preis ist angesichts der Lage an der Mánesova in unmittelbarer Nähe zu einigen der besten Bars, Restaurants und Clubs völlig in Ordnung. Allzu viele Annehmlichkeiten bietet die Pension nicht, aber die Zimmer sind bequem und ruhig und die Angestellten sehr freundlich.

### CZECH INN Karte S. 134 Hostel, Hotel €

**☎ 267 267 600; www.czech-inn.com; Francouzská 76, Vršovice; B 285–385 Kč, EZ/DZ 1320/1540 Kč, Apt. ab 1650 Kč, 3-Zi.-Apt. ab 3300 Kč; Ⓜ Náměstí Míru und 🚊 4, 22; Ⓟ ⊠ 💻 📶**

Das Czech Inn bezeichnet sich selbst als Hostel, ist aber nicht weit vom Boutiquehotelstandard entfernt. Alles wirkt, als habe es ein Industriedesigner im Auftrag von Ian Schrager entworfen: Die von Hand hergestellten Metallbetten, die Fußböden aus gebürstetem Stahl und die minimalistischen, eckigen Waschbecken könnten direkt einem deutschen Designkatalog entsprungen sein. Das Czech Inn bietet ganz unterschiedliche Unterkünfte – von klassischen Schlafsaalbetten bis hin zu günstigen Doppelzimmern (mit oder ohne Bad) und Ein-, Zwei- und Drei-Zimmer-Apartments. Die Apartments im 5. Stock teilen sich eine Dachterrasse und bieten bis zu acht Personen Platz. In der Lobby gibt es gleich mehrere Computerterminals, in dem angeschlossenen Bar-Café wird ein hervorragendes Frühstücksbüffet serviert.

### PENSION ARCO Karte S. 134 Pension, Apartments €

**☎ 271 740 734; www.arco-guesthouse.cz; Donská 13, Vršovice; DZ/Apt. ab 1085/1330 Kč; 🚊 4, 22; ⊠ 💻**

Das Arco ist umgezogen – in eine noch etwas schäbige, aber im Aufbruch befindliche Straße unweit der Linie Vršovice-Vinohrady, gleich in der Nähe des Czech Inn (s. oben). Auch wenn die Nachbarschaft noch etwas heruntergekommen wirkt, ist die Unterkunft sicher und die Zimmer sind sauber. Das Arco hat sich einen Namen als schwulenfreundliche Pension gemacht. Die Apartments sind bequem und sauber, haben Laminatböden und sind mit IKEA-Möbeln eingerichtet. Mit der Straßenbahn dauert es fünf Minuten bis zur Metrostation Náměstí Míru. Die Restaurants, Pubs und Clubs von Vinohrady liegen alle nur ein paar Blocks weiter.

# ŽIŽKOV & KARLÍN

Wer eine günstige Unterkunft in Zentrumsnähe sucht, ist in Žižkov und Karlín richtig. Die leicht verratzte Atmosphäre dieser Viertel schreckt jedoch viele Leute ab, doch die Viertel sind ebenso sicher wie andere Stadtteile und liegen nur ein paar Straßenbahnhaltestellen von der Altstadt entfernt.

Leider sind viele der Quartiere hier vom Qualitätsstandard herbetrachtet ziemlich mittelmäßig, die Situation verbessert sich aber stetig – in Žižkov entstehen in den nächsten Jahren sicher coole Designerhotels, da die steigenden Grundstückspreise im benachbarten Vinohrady die Bauherren dazu zwingen, sich anderswo umzusehen.

### HOTEL ALWYN Karte S. 140 f. Boutiquehotel €€

**☎ 222 334 200; www.hotelalwyn.cz; Vítkova 26, Karlín; EZ/DZ ab 2900/3400 Kč; 🚊 8, 24; 💻 📶**
Das Alwyn ist das erste von wahrscheinlich bald vielen Designerhotels, die hier im aufstrebenen Viertel Karlín eröffnen werden. Es liegt in einer ruhigen Seitenstraße nur ein paar Straßenbahnhaltestellen östlich der Altstadt. Das Haus ist erfrischend modern in den Farben Schokoladenbraun, Beige und Dunkelorange gehalten, in der Cocktailbar finden sich polierte Holzböden und schöne Sofas, in die Zimmer selbst wurden superbequeme Hästens-Betten gestellt. Das Hotel eignet sich sowohl für Geschäftsreisende als auch für Urlauber – es gibt Breitbandanschlüsse, WLAN, einen Tagungsraum, ein Fitnessstudio, Sauna und einen Massageraum.

### AMEDIA HOTEL THEATRINO

Karte S. 140 f. Hotel €€

**☎ 221 422 111; www.amediahotels.com; Bořivojova 53, Žižkov; Zi. ab 2000 Kč; 🚊 5, 9, 26; 💻 📶**
Die Einrichtung vieler Boutiquehotels kann man nicht anders als theatralisch beschreiben, aber es dürfte nur wenige geben, die wie dieses Hotel wirklich als Theater geplant wurden. Gebaut wurde das Jugendstiltheater 1910, heute wird das ursprünglich als Kulturzentrum genutzte Gebäude von einem Österreicher geführt – es ist Žižkovs Pendant zum Repräsentationshaus (S. 109). Im einstigen Zuschauersaal wird beispielsweise das hervorragende Frühstücksbüffet serviert. Die Zimmer sind eher sparsam und modern möbliert und bieten noch einige Jugendstilelemente wie beispielsweise schmiedeeiserne Gitter und Buntglasfenster.

### HOSTEL ELF Karte S. 140 f. Hostel €

**☎ 222 540 963; www.hostelelf.com; Husitská 11, Žižkov; B 290–390 Kč, EZ/DZ 1200/1400 Kč; Ⓜ Florenc; 💻 📶**
Das gesellige Hostel Elf wirkt jung und hip. Ständig belegen unzählige feierwütige Backpacker aus der ganzen Welt die gepflegten und blitzsauberen Schlafsäle (max. 11 Pers.). Bunte Graffitikunst und diverse Wandmalereien zieren die Wände – kein Wunder, dass viele Gäste länger bleiben als geplant. Auf der Terrasse (mit Biergarten) und in der lauschigen Lounge gibt es neben kostenlosem Tee und Kaffee auch günstiges Bier. Die unzähligen Kneipen von Žižkov liegen nur einen Steinwurf entfernt. Leider herrscht durch eine Bahnstrecke in der Nähe gehöriger Lärm. Vom Hostel sind es weniger als zehn Gehminuten bis zur Bushaltestelle Florenc.

### CLOWN & BARD HOSTEL

Karte S. 140 f. Hostel €

**☎ 222 716 453; www.clownandbard.com; Bořivojova 102, Žižkov; B 250–330 Kč, DZ 1000 Kč, 2BZ/3BZ mit eigenem Bad 1400/1950 Kč; 🚊 5, 9, 26; Ⓟ 💻 📶**
Das im Herzen des Kneipenviertels Žižkov gelegene Hostel ist eine Partylocation – Ruhe und Frieden finden Gäste hier sicher nicht. Das immer gut ausgebuchte Hostel hat ein Café (mit einem kostenlosen, vegetarischen All-you-can-eat-Frühstück von 9–13 Uhr), eine immer gut besuchte Bar, freundliche, kompetente Angestellte und ein gutes Freizeitprogramm. Neben Schlafsaalbetten und Doppelzimmern gibt es auch Zwei-, Drei- und Vier-Bett-Zimmer mit eigenem Bad. Das Partyvolk zieht es in die dröhnende Kellerbar, die bis Mitternacht geöffnet hat und regelmäßig Livebands und DJ-Nächte bietet. Die Zimmer sind eher einfach, aber sauber und komfortabel gehalten. Insgesamt stehen den Gästen vier Computer mit freiem Internetzugang zur Verfügung, WLAN ist im Haus ebenfalls vorhanden.

# HOLEŠOVICE, BUBENEČ & DEJVICE

Wer sich einen netten Ausblick auf die Prager Burg oder gleich um die Ecke auf das Kopfsteinpflaster der Kleinseite wünscht, sollte gar nicht erst nach einem Zimmer in Holešovice, Bubeneč oder Dejvice schauen. Auch hier gibt es einige schöne Straßenzüge, doch im Großen und Ganzen handelt es sich um ganz normale Prager Wohnviertel. Entsprechend moderat fallen die Preise im Vergleich zum Zentrum aus; hier können Gäste auch versuchen, angesichts der geringeren Nachfrage die Preise etwas nach unten zu verhandeln. Dafür haben Dejvice und Bubeneč (Prag 6) zwei ganz große Vorteile: Beide liegen relativ nah am Flughafen, außerdem bestehen gute Chancen, einen Parkplatz auf der Straße zu bekommen, da es hier keine Parkbeschränkungen gibt. Wer mit dem Zug aus Berlin, Budapest oder Wien anreist, für den sind die Unterkünfte rund um den Bahnhof Nádraží Holešovice empfehlenswert. Die Metro- und Straßenanbindungen ins Zentrum sind relativ gut.

### HOTEL PRAHA Karte S. 62 f. Hotel €€€

**☎ 224 343 305; www.htlpraha.cz; Sušická 20, Dejvice; DZ 5420 Kč; Taxi; P ⊠ 💻 ♿**

Das Hotel Praha zählt zu den interessanteren Hotels in Prag. Es liegt abseits auf einem Hügel in Dejvice, umgeben von einem mehrere Hektar großen Privatgrundstück, das einmal durch einen Elektrozaun geschützt war. Der Luxuskomplex wurde 1981 für die kommunistische Parteielite errichtet. Die Gemeinschaftsbereiche des Hotels sind eine faszinierende Mischung aus dem Futurismus der 1970er-Jahre (geschwungene Linien und rostfreier Stahl) und sowjetischer Pracht der 1950er-Jahre (polierter Marmor und gläserne Kronleuchter). Die Zimmer sind geräumig und bieten allen Luxus, den man in einem Fünf-Sterne-Hotel erwartet (einige sind auch für Rollstuhlfahrer geeignet). Aber das größte Plus des Hotels ist die Tatsache, dass jedes der 124 Zimmer einen eigenen Balkon hat – die ganze Südfassade ist eine schräge Tribüne von Balkons, die mit Pflanzen dekoriert sind und einen großartigen Blick auf die Prager Burg bieten. Vor 1989 übernachteten hier die Größen der Sowjetzeit, darunter Nicolae Ceauşescu, Erich Honecker und Eduard Schewardnadse, heute sind es Hollywood- und Popgrößen wie Tom Cruise, Johnny Depp, Alanis Morissette, Kris Kristofferson und Paul Simon, die nachts den Zimmerservice anrücken lassen.

### ABSOLUTUM HOTEL

Karte S. 144 f. Boutiquehotel €€

**☎ 222 541 406; www.absolutumhotel.cz; Jablonského 639/4, Holešovice; EZ/DZ 3200/4000 Kč; M Nádraží Holešovice; P ⊠ 💻 📶**

Das sehr zu empfehlende Boutiquehotel (das keine überzogenen Preise verlangt, wenn online über die Homepage gebucht wird), liegt gegenüber vom Bahnhof und der Metrostation Nádraží Holešovice. Die umliegenden Straßen gewinnen sicher keinen Schönheitswettbewerb, aber das Hotel kompensiert das durch eine Reihe von Annehmlichkeiten, die man in dieser Preisklasse so nicht erwarten kann: Dazu zählen große, wunderschön eingerichtete Räume mit unverputzten Ziegelwänden, große moderne Bäder (viele haben sogar Dusche und Badewanne), Klimaanlage, ein hervorragendes Hotelrestaurant, ein Massage- und Wellnesszentrum gleich nebenan und kostenlose Parkplätze. Wenn wenig los ist, können Gäste an der Rezeption noch etwas den Preis nach unten verhandeln. Das Hotelrestaurant liegt so nahe am Bahnhof Nádraží Holešovice, dass alle die, die länger auf den nächsten Zug warten müssen, noch schnell dort essen gehen können.

### SPLENDID KarteS. 144 f. Hotel €€

**☎ 233 375 940; www.hotelsplendid.cz; Ovenecká 33, Bubeneč; EZ/DZ 1900/2600 Kč; 🚋 1, 8, 15, 25, 26; ⊠ 💻**

Das Hotel mit Gästehaus belegt ein Stadthaus in einer wunderschönen Wohnstraße unweit des Stromovka-Parks. Es stand schon vor der Samtenen Revolution. Die Atmosphäre der kommunistischen Ära hängt noch immer in der Luft. Vielleicht liegt das ja an den Kunstlederhockern in der Hotelbar, die aus den 1970er-Jahren stammen, oder an den ultrakargen Zimmern mit ihren winzigen, engen Betten und dünnen Matratzen (Kommunisten haben offenbar nie zu zweit in einem Bett geschlafen). Das Splendid schreit von daher geradezu nach einer gründlichen Renovierung. Auf der anderen Seite ist alles sauber und ruhig, und die Lage für alle jene toll, die sich eine Unterkunft im Grünen ohne Touristenrummel wünschen. Die Parkplätze sind ausschließlich Anwohnern vorbehalten. Den einzigen Internetzugang bietet ein Computer bei der Rezeption.

### EXPO PRAGUE KarteS. 144 f. Hotel €€

**☎ 266 712 470; www.expoprag.cz; Za Elektrárnou 3, Holešovice; EZ/DZ ab 1800/2600 Kč; 🚋 5, 12, 14, 15, 17; P ⊠ 💻 📶**

Das mittelgroße, moderne Hotel wurde Mitte der 1990er-Jahre für die Messebesucher des nahe gelegenen Messezentrums Výstaviště gebaut. Ihm fehlt es zwar etwas an Atmosphäre, dafür ist es aber eine gute Alternative, wenn das in der Nähe gelegen (und bessere) Absolutum Hotel (S. 238) ausgebucht ist. Der

Bahnhof Nádraží Holešovice ist nur eine Straßenbahnstation entfernt, auch die Sport- und Konzerthalle Tesla Aréna (Sportovní hala) liegt ganz in der Nähe. Die sauberen Zimmer sind in einem schmucklosen, modernen Kettenhotelstil gehalten und bieten Klimaanlage, Minibar und Safe.

### HOTEL DENISA Karte S. 144 f. Pension, Hotel €€

**☎ 224 318 969; www.hotel-denisa.cz; Narodní Obrany 33, Dejvice; EZ/DZ ab 1700/1900 Kč; Ⓜ Dejvická; Ⓟ**

Das kleine Hotel in einem Jahrhundetwende-Wohnhaus liegt in einer ruhigen Seitenstraße und wurde 2008 komplett renoviert. Aus den einfachen Räumen wurden nun hervorragende Zimmer: Alle haben dicke Matratzen, Flachbildfernseher, Minibars und superschnelle Internetverbindungen (WLAN). Auch die Lage ist gut, denn das Hotel liegt günstig zur Metrostation Dejvická (von dort geht es schnell ins Zentrum) und zum Flughafen. Die umliegenden Straßen eignen sich herrlich für einen Bummel, es gibt eine ganze Reihe von Cafés und Restaurants. Sehr gut ist auch das Frühstück mit heißen Gerichten.

### HOTEL BELVEDERE Karte S. 144 f. Hotel €€

**☎ 220 106 111; www.hhotels.cz; Milady Horákové 19, Holešovice; EZ/DZ ab 1600/1800 Kč; 1, 8, 15, 25, 26; Ⓟ**

Das Belvedere ist ein altes Hotel aus der kommunistischen Ära, das aber komplett renoviert wurde und nun eine günstige Unterkunft mit guter Anbindung an die City bietet. Die Standardzimmer sind unspektakulär, aber komfortabel und sauber. Die „Executive-Zimmer" (ab 3000 Kč in der Hauptsaison) sind geräumiger, haben Lärmschutzfenster, nette dunkelrote Bettdecken und Vorhänge sowie riesige weiße Marmorbäder. Auf der Homepage finden sich immer mal wieder Sonderangebote, vor allem im Hochsommer. Der große Frühstücksraum wirkt etwas nüchtern, aber das Essen ist gut und reichlich. Die Straßenbahnlinie 8 hält unmittelbar vor dem Hotel, von dort sind es nur fünf Minuten bis zur Metrostation Náměstí Republiky.

### HOTEL EXTOL INN Karte S. 144 f. Hotel €€

**☎ 220 876 541; www.extolinn.cz; Přístavní 2, Holešovice; EZ/DZ ab 1050/1800 Kč; 1, 3, 5, 25; Ⓟ**

Das helle, moderne Extol Inn bietet günstige Zimmer in einem aufstrebenden Viertel nahe der Innenstadt. Die preiswertesten Zimmer (in den oberen Stockwerken) sind einfach und haben ein Gemeinschaftsbad. Hier übernachten oft Schulklassen. Wer Ruhe schätzt, sollte etwas mehr ausgeben und ein teureres Drei-Sterne-Zimmer (DZ ab 2350 Kč) nehmen, das ein eigenes Bad, TV und eine Minibar hat. Dann darf man auch kostenlos die Sauna und den Whirlpool im Hotel benutzen. In der Lobby gibt es einen öffentlichen Internetcomputer. Das Nichtraucherhotel ist für Rollstuhlfahrer geeignet. Von der 100 m entfernten Straßenbahnhaltestelle sind es zehn Minuten bis in die Innenstadt.

### HOTEL LEON Karte S. 144 f. Hostel, Hotel €

**☎ 220 941 351; www.leonhotel.eu; Ortenovo náměstí 26, Holešovice; EZ/DZ ab 900/1400 Kč; Ⓜ Nádraží Holešovice oder 5, 12, 15; Ⓟ**

Das Hotel Leon wirbt damit, eine Kreuzung aus Hostel und kleinem Hotel zu sein. Und tatsächlich ist es viel besser als die üblichen Hostels, aber kaum teurer (vor allem wenn man ein Drei- oder Vierbettzimmer nimmt). Die Zimmer sind einfach (ohne TV), aber ruhig und sauber und haben ein angeschlossenes Bad. Wer lärmempfindlich ist, sollte ein Zimmer hinten raus mit Blick auf den Garten nehmen. Es gibt ein Fernsehzimmer und einen Internetcomputer. Die Unterkunft ist eine Straßenbahnhaltestelle (Ortenovo náměstí) vom Nádraží Holešovice und der gleichnamigen Metrostation entfernt.

### PLUS PRAGUE HOSTEL Karte S. 144 f. Hostel €

**☎ 220 510 046; www.plusprague.com; Přívozní 1, Holešovice; B 300 Kč, EZ/DZ 800/1600 Kč; Ⓜ Nádraží Holešovice; Ⓟ**

Das fröhliche Plus Prague Hostel liegt nur eine Straßenbahnhaltestelle vom Bahnhof Nádraží Holešovice entfernt. Wer den Bahnhof Richtung Ortenovo náměstí verlässt, kann jede Straßenbahn nehmen, die nach Osten (links) fährt. Günstige Tarife, saubere Zimmer mit Bad, freundliche Angestellte, WLAN, ein Hallenbad und eine Sauna machen die Unterkunft zu etwas Besonderem. Ab und zu veranstalten die Mitarbeiter in der Hausbar Spieleabende, außerdem organisieren sie regelmäßig Kneipentouren für ihre Gäste. Es gibt auch Schlafsäle ausschließlich für Frauen mit vier, sechs oder acht Betten. Sie sind mit Haartrocknern und flauschigen Badehandtüchern ausgestattet.

### ART HOTEL Karte S. 144 f. Boutiquehotel €€

**☎ 233 101 331; www.arthotel.cz; Nad Královskou Oborou 53, Bubeneč; EZ/DZ ab 2955/3450 Kč; 1, 8, 15, 25, 26 (Haltestelle Sparta); Ⓟ**

Das kleine, versteckt im ruhigen Botschafterviertel hinter dem Generali Aréna (Sparta stadium) liegende Hotel wird hauptsächlich durch Mundpropaganda weiterempfohlen. Zum schicken, modernen Stil tragen zeitgenössische Kunst in der Lobby und Kunstfotos an den Wänden der Zimmer bei. Das schönste Zimmer – Nr. 203 – hat einen Balkon mit Blick auf den Sonnenuntergang. Die Zimmer 104 und 106 sind ebenfalls mit Balkonen ausgestattet. Auch wenn es auf dem Stadtplan etwas abgelegen aussieht: In wenigen Gehminuten ist man an der Straßenbahnlinie 8, mit der man in zehn Minuten ins Stadtzentrum zum Náměstí Republiky fahren kann.

### HOTEL VILLA SCHWAIGER

Karte S. 144 f. Boutiquehotel €€

**☎ 233 320 271; www.villaschwaiger.com; Schwaigerova 59/3, Bubeneč; EZ/DZ ab 1725/2710 Kč; Taxi oder Ⓜ Hradčanská (plus Buslinie 131, eine Station bis Sibirské náměstí);**

Die elegante Villa im Kolonialstil liegt in einem ruhigen Tal von Bubeneč – und scheinbar Lichtjahre vom Trubel des Altstädter Rings entfernt. Mit großer Liebe und Sorgfalt wurden die 22 Zimmer geplant. Eines (Nr. 102) wurde sogar im chinesischen Stil eingerichtet – mit dunklem Holz, leuchtend roten Textilien und chinesischen Drucken an den Wänden. Das „Zen"-Bad bietet gebürstetes Metall und ein einfaches Porzellanbecken. Am besten zunächst ein paar Zimmer anschauen. Die Gäste können im Garten ausspannen, sich eines der hoteleigenen Leihräder ausleihen und damit in den nahe gelegenen Stromovka-Park radeln oder sich in der hauseigenen Sauna entspannen. Die Gemeinschaftsbereiche begeistern mit weißem Holz, Marmorböden und gemütlichen Korbmöbeln. Das Hotel ist etwas schwer zu finden, deshalb am besten ein Taxi nehmen (zumindest für die Anreise).

### PLAZA ALTA HOTEL

Karte S. 144 f. Hotel €€

**☎ 220 407 011; www.plazahotelalta.com; Ortenovo náměstí 22, Holešovice; EZ/DZ ab 1970/2465 Kč; Ⓜ Nádraží Holešovice 5, 12, 15;**

Das schickste Hotel in diesem Teil von Prag wird vor allem von Geschäftsreisenden und Reisenden gebucht, die ein Hotel mit gutem Service in der Nähe des Bahnhofs Nádraží Holešovice (nur eine Straßenbahnhaltestelle entfernt) suchen. Das Hotel wurde 2007 komplett renoviert und präsentiert sich heute mit sauberen Zimmern, dicken Matratzen und kühn gestreiften Tagesdecken. Alle Zimmer haben Klimaanlage und Minibar, außerdem ist überall kostenloses Einloggen ins Internet möglich (WLAN). Wer über das Internet bucht, kann wirklich gute Preise erwischen. Bei der Lobby befindet sich ein pseudo-mexikanisches Restaurant (bis 23 Uhr geöffnet), was ganz praktisch ist für alle, die erst abends ankommen und keine Lust mehr haben, draußen nach einem Lokal zu suchen.

### HOTEL CROWNE PLAZA

Karte S. 144 f. Hotel €€

**☎ 296 537 111; www.austria-hotels.at; Koulova 15, Dejvice; DZ ab 2095 Kč; 8 (Haltestelle Podbaba);**

Früher hieß der sozialistische Palast einmal Hotel International, gebaut wurde er in den 1950er-Jahren im Stil der Moskauer Univesität – nicht mal der Sowjetstern auf dem Turm fehlte (heute ist er gold, nicht mehr rot). Inzwischen komplett modernisiert, lässt es sich hier am Ende der Straßenbahnline 8 nun ruhig und bequem wohnen. Die Zimmer haben Standard-Kettenhotelniveau, sie bieten alles Notwendige, aber keinen Luxus. Das Gebäude selbst ist etwas Besonderes, denn es ist mit poliertem Marmor, Flachreliefs und Fresken mit Helden der Arbeit verkleidet. Die Luxuszimmer im 9. Stock und höher sind geräumiger und bieten gute Blicke über die Stadt.

### HOTEL LETNÁ

Karte S. 144 f. Pension, Hotel €€

**☎ 233 374 763; www.prague-hotel-letna.com; Na Výšinách 8, Bubeneč; EZ/DZ ab 1230/1480 Kč; 1, 8, 15, 25, 26;**

Das Hotel in Familienbesitz ist ein Wohnhaus aus dem späten 29. Jh. in einer ruhigen Wohnstraße unweit des Sparta-Stadions und des Letenské náměstí. Bitte nicht von der muffigen Lobby abschrecken lassen: Die Zimmer wurden alle vor kurzem renoviert, sind ruhig und sauber und haben Minibars. Die meisten Bäder bieten neben Duschen und Föhns sogar noch zusätzlich Badewannen. Das Hotel liegt fünf Minuten zu Fuß von der Straßenbahnhaltestelle entfernt, von dort dauert es 10 Minuten bis ins Zentrum. Es lohnt sich, sich mehrere Zimmer anzuschauen, da sie alle etwas unterschiedlich sind. Auf der Website finden sich günstige Angebote.

### SIR TOBY'S HOSTEL

Karte S. 144 f. Hostel €

**☎ 246 032 610; www.sirtobys.com; Dělnická 24, Holešovice; B 200–400 Kč, EZ/DZ 950/1200 Kč; 1, 3, 5, 25;**

Das Sir Toby's befindet sich in einem ruhigen, hübsch renovierten Wohnhaus und hat neben einer großen Küche und einem Gemein-

## EIN LOHNENSWERTER UMWEG

Traveller schwärmen vom **Hostel Boathouse** (außerhalb von Karte S. 62 f.; ☎ 241 770 051; www.hostelboathouse.com; Lodnická 1, Braník; B 350–400 Kč; 🚊 3, 17, 21; P 💻), einem freundlichen und sehr beliebten Hostel am ruhigen Moldauufer wenige Kilometer außerhalb des Stadtzentrums. Geleitet wird das Haus von Věra und Helena. Geschlafen wird in 3- bis 9-Bett-Zimmern, es gibt getrennte Bäder für Frauen und Männer und eine sonnige Terrasse vor dem Haus. Das Frühstück ist kostenlos (etwas Warmes kostet 50 Kč extra), außerdem können Räder und Kayaks ausgeliehen werden, es gibt einen Miniladen und einen Wäscheservice. Zum Hostel fahren die Straßenbahnlinien 3, 17 und 21: die Haltestelle Černý kůň nehmen und von dort den Hinweisschildern zum Hostel folgen (5 Gehminuten).

schaftsbereich eine freundliche, fröhliche Belegschaft. Mit der Straßenbahn sind es nur zehn Minuten in die südlich gelegene Innenstadt. Die Schlafsäle haben vier bis acht Betten (die größeren zählen zu den billigsten Quartieren in Prag). In den separaten Zimmern stehen Einzelbetten mit Metallgestell. Alle Räume sind hell, sauber und geräumig, aber nicht gerade luxuriös. Die Matratzen sind etwas dünn, Bettwäsche und Decken kosten nicht extra. Für Selbstversorger gibt es eine Gemeinschaftsküche, ein Wohnzimmer und einen netten kleinen Garten, in dem man abhängen und plaudern kann.

### A&O HOSTEL Karte S. 144 f. — Hostel €

**☎ 220 870 252; www.aohostels.com; U Výstaviště 1/262, Holešovice; B 1295 Kč , EZ/DZ 370/885 Kč; Ⓜ Nádraží Holešovice; ⊠ 💻**

Das saubere, gepflegte Hostel liegt in einem umgebauten Wohnhaus. Gäste müssen nur vom Bahnhof Nádraží Holešovice aus die Straße überqueren und ein paar Schritte dorthin laufen. Die Zimmer sind eher karg eingerichtet, haben Holzböden und weiß getünchte Wände, manches erinnert an die Atmosphäre eines kleinen Krankenhauses. In der Lobby gibt es ein paar Computer, um E-Mails zu lesen, an der Rezeption können ein paar Snacks gekauft werden – das war es dann auch schon an Zerstreuung. Die Preise ändern sich von Tag zu Tag und hängen von der Nachfrage ab. Wer günstig übernachten will, sollte vorher buchen. Im Untergeschoss gibt es eine beliebte Lounge bzw. einen Nachtclub, sodass es zum Feiern nicht weit ist.

# SMÍCHOV

Vor ein paar Jahren hätte der Gedanke, in Smíchov zu übernachten, noch Gelächter hervorgerufen – inzwischen hat sich vieles geändert: In der mittlerweile recht noblen Gegend liegen ein paar der schönsten Hotels der Stadt. Zu Fuß ist Smíchov vom Zentrum aus weniger gut zu erreichen (auch wenn das die Hotelbroschüren gerne so vorgaukeln), aber die Metroanbindung ab Anděl ist hervorragend: In zehn Minuten ist die Haltestelle Můstek am Ende des Wenzelsplatzes erreicht. Wer mit dem eigenen Auto unterwegs ist, hat in Smíchov zudem die Möglichkeit, ohne Einschränkung auf den Straßen zu parken.

### ANDĚL'S HOTEL PRAGUE

Karte S. 152 — Boutiquehotel €€€

**☎ 296 889 688; www.andelshotel.com; Stroupežnického 21; EZ/DZ ab 200/225 €; Ⓜ Anděl; P ⊠ 💻 📶**

Das elegante Designerhotel ist durchgängig in Weiß gehalten und setzt mit Rot und Schwarz gezielt Akzente. Die Fenster sind alle raumhoch, es gibt DVD- und CD-Spieler, Internetzugang und moderne, abstrakte Gemälde in allen Zimmern. Die Bäder begeistern mit poliertem Edelstahl und gefrostetem Glas. Die besten Zimmer – die „Clubrooms" – bieten zusätzliche Aufmerksamkeiten wie Bademäntel und Hausschuhe sowie Zeitung und ein kostenloses Frühstück auf's Zimmer. Über die Website lassen sich manchmal auch günstige Preise finden. Die Lobby ist ein atemberaubendes Beispiel für modernen Minimalismus.

### ANGELO HOTEL Karte S. 152 — Boutiquehotel €€€

**☎ 234 801 111; www.angelohotel.com; Radlická 1g; EZ/DZ ab 4925/5540 Kč; Ⓜ Anděl; P ⊠ 💻**

Das Angelo präsentiert sich noch heller und noch extravaganter als das **Anděl's Hotel Prague**. Auch hier ist die Lobby minimalstisch-elegant gehalten und bietet eine vergleichbare Hightech-Ausstattung in den Zimmern, doch anders als das ganz in Weiß gehaltene Anděl's erleben die Gäste hier eine wahre Farborgie. Beide Häuser werden von der österreichischen Hotelgruppe Vienna International geführt, entsprechend wenig Unterschiede gibt es hinsichtlich Preis und Service. Welches besser ist, ist letztendlich eine Frage des Geschmacks. Die Hotels grenzen aneinander, wenn also das eine ausgebucht ist, kann man sein Glück noch im anderen versuchen. Auf der Website gibt es häufig Sonderangebote – im Hochsommer 2010 war ein online gebuchtes Standard-Doppelzimmer beispielsweise für den halben Preis zu bekommen.

### ADMIRÁL BOTEL Karte S. 152 Hotel €€

**☎ 257 321 302; www.admiral-botel.cz; Hořejší nábřeží 57; EZ/DZ 2980/3130 Kč; Ⓜ Anděl; Ⓟ** Wer schon immer mal in einer Schiffskabine übernachten wollte, ohne dabei gleich seekrank zu werden, geht an Bord des Admiral. Das fest vertäute Flussboot dümpelt am westlichen Moldau-Ufer vor sich hin. Der Rezeptionsbereich (mit vornehmen Sitzgelegenheiten aus Leder, poliertem Holz und Messing) empfängt Landratten mit einer seemännischen Atmosphäre. Wie von einem Schiff nicht anders zu erwarten, sind die kompakten Zimmer einfach und eher zweckdienlich als luxuriös. Dazu kommen eigene Minibäder mit Dusche. Von den Zimmern auf der Wasserseite hat man eine tolle Aussicht – und man kann man vom Fenster aus die Schwäne füttern. Seit neuestem kann man hier auch überall kabellos ins Internet.

### HOTEL JULIAN Karte S. 152 Hotel €€

**☎ 257 311 150; www.julian.cz; Elišky Peškové 11; EZ/DZ ab 2440/2930 Kč; 6, 9, 12, 20; Ⓟ**

Das beliebte kleine Hotel mit hilfsbereitem Personal liegt in einer ruhigen Lage südlich der Kleinseite. Die schönen, gut geschnittenen Zimmer sind in angenehmen Pastelltönen gehalten und mit Kiefernmöbeln eingerichtet. Als Treffpunkt der Gäste dient ein clubähnlicher Salon mit Bibliothek, gemütlichen Armsesseln und einem offenen Kamin. Raucher können hier auch ihr Frühstück einnehmen (wird an den Wochenenden bis 11 Uhr serviert) – der eigentliche Frühstücksraum ist ausschließlich Nichtrauchern vorbehalten. Wer mit Kindern oder in einer Gruppe unterwegs ist, kann eines von einer Handvoll Familienzimmern mieten, sie bieten Platz für bis zu sechs Personen. Wenn es in Prag so richtig heiß ist, weiß man auch die Klimaanlage in allen Zimmern zu schätzen. Auch ein Zimmer für Rollstuhlfahrer wurde eingerichtet. Das Hotel bietet seinen Gästen mit Behinderungen eine ganze Reihe von Dienstleistungen.

### HOTEL ARBES-MEPRO Karte S. 152 Hotel €€

**☎ 257 210 410; www.hotelarbes.cz; Viktora Huga 3; EZ/DZ ab 1900/2400 Kč; Ⓜ Anděl; Ⓟ**

Sauber, ruhig und sein Geld wert – so lässt sich das bodenständige Pendant zum Anděl's Hotel Prague und Angelo Hotel (S. 241) beschreiben. Die Viktora Huga ist eine ruhige Straße rund zwei Blocks von der Metrostation Anděl und dem Einkaufszentrum Nový Smíchov entfernt – die Anbindung ins Zentrum ist hervorragend. Das Hotel ist in Familienbesitz, die Mitarbeiter sind sehr freundlich. Die Zimmer sind einfach, aber modern möbliert und mit sauberen Bädern ausgestattet. Wer lärmempfindlich ist, sollte nach einem der zum Hof ausgerichteten Räume fragen. Bei der Lobby gibt es einen öffentlichen Computer. Parkplätze sind in der Straße eher rar, doch ganz in der Nähe gibt es eine Parkgarage.

### IBIS PRAHA MALÁ STRANA

Karte S. 152 Hotel €€

**☎ 221 701 700; www.ibishotel.com; Plzeňská 14; EZ/DZ ab 1700/2190 Kč; Ⓜ Anděl; Ⓟ**

Wer meint, das Hotel läge in der Nähe der Kleinseite (netter Versuch seitens der Marketing-Abteilung), irrt sich. Das IBIS in Smíchov fügt sich ganz gut in die Unterkunftsszene des Viertels ein, denn es bietet ein wenig vom Schick des Anděl's Hotel Prague und des Angelo Hotel (S. 241) – zu allerdings weniger als dem halben Preis. Die Zimmer sind einfacher Standard, haben aber immerhin Klimaanlage und kostenloses WLAN. Der aggressiv moderne Stil passt gut zum futuristischen Aussehen vieler Gebäude rund um die Metrostation Anděl. Die Metrostation und das Einkaufszentrum befinden sich ganz in der Nähe. Das Frühstück ist nicht im Preis inbegriffen.

### ARPACAY HOSTEL Karte S. 152 Hostel €

**☎ 251 552 297; www.arpacayhostel.com; Radlická 76; B 250–320 Kč, EZ/DZ 1300/1300 Kč; Ⓜ Smíchovské Nádraží oder 7; Ⓟ**

Das saubere, bunte Hostel in der Nähe des Bahnhofs Smíchovské Nádraží ist die günstigste Unterkunft in der Umgebung des Bahnhofs. Anders als angegeben ist es nicht möglich von hier aus zu Fuß ins Zentrum zu laufen, aber mit der Straßenbahnline 7 (Haltestelle direkt vor dem Hosteleingang) bzw. mit der Metrolinie B ab dem Bahnhof (die Gleise erreicht man über eine Brücke) gelingt das schnell. Dank der etwas abgelegenen Situation liegen die Preise im Vergleich zu den konkurrierenden Hostels niedriger, als Zuckerl gibt es eine kostenlose WLAN-Verbindung im ganzen Haus. Das Hostel erstreckt sich über zwei Gebäude an einer vielbefahrenen Straße. An warmen Abenden können sich die Gäste auf die rückwärtige Terrasse des Hauptgebäudes zurückziehen.

# AUSFLÜGE

# AUSFLÜGE

Jenseits der dicht gedrängten Wohnblocks der Prager Vororte geht die Stadt in die überraschend grüne Landschaft Mittelböhmens über. Sanfte Hügel, fruchtbares Ackerland und dichte Wälder sind typisch für die Gegend, wo man überall Burgen, Schlösser und malerische mittelalterliche Städte findet. Hier geht es ländlich und unkompliziert zu, und doch ist die Hauptstadt nicht weit. Das ist auch der Grund, warum seit Jahrhunderten die Stadtbewohner gern hierherkommen, wenn sie von ihrer Hauptstadt genug haben. Könige und Adlige errichteten hier Landschlösser, heute kommen die Prager übers Wochenende, um auf den vielen Wegen und Flüssen zu wandern, zu radeln oder Kanu zu fahren.

Burgen und Schlösser gibt es viele. Zu den bekanntesten zählt **Burg Karlstein** (s. unten), eine Festung wie aus dem Märchenbuch, die als Schatzkammer Kaiser Karls IV. errichtet wurde, **Schloss Konopiště** (S. 247), der Zufluchtsort des unglücklichen Erzherzogs Franz Ferdinand, dessen Ermordung den Ersten Weltkrieg auslöste, und das Landschloss der Familie Lobkowicz – **Schloss Mělník** (S. 248). Dort kann man vom kleinen historischen Weinanbaugebiet auf den Zusammenfluss von Elbe und Moldau blicken.

Auch die vielen mittelalterlichen Städtchen bieten sich an, wenn man genug von den Massen hat, die sich durch die engen Prager Straßen schieben. In **Litoměřice** (S.252) gibt es einen sehr schönen Marktplatz, an dem sich hübsche Häuser aus dem Mittelalter und der Renaissance aneinanderreihen. Sehenswert im kleinen **Mělník** (S. 248) sind die stillen Gassen der Altstadt und der herrliche Blick über die böhmische Landschaft. Die früher wegen des Silberbergbaus bedeutende Stadt **Kutná Hora** (S. 253) mit einer schönen Kathedrale und diversen beeindruckenden Barockstatuen liegt malerisch auf einem Plateau. Das beeindruckendste Ansichtskartenmotiv bietet jedoch die südböhmische Stadt **Český Krumlov** (S. 256).

Nördlich von Prag stößt man auf zwei traurige Orte, die an das Leid der Tschechen im Zweiten Weltkrieg erinnern. Gemeint ist das Dorf **Lidice** (S. 249), das von den Nazis aus Rache für das Attentat an Reichsprotektor Reinhard Heydrich zerstört wurde, und das frühere Konzentrationslager **Theresienstadt (Terezín)** (S. 250), durch das 150 000 Juden auf dem Weg in die Gaskammern geschleust wurden.

Einige Sehenswürdigkeiten in der Nähe Prags sind eher ungewöhnlich. Da ist z.B. die **Trophäensammlung** (S. 248) und das **Geweihzimmer** (S. 248) in Schloss Konopiště, die voll gestopft sind mit Geweihen, Schädeln und präparierten Köpfen unzähliger Tiere. Die Jagdleidenschaft Erzherzog Franz Ferdinands wirkt heute im Rückblick geradezu bizarr. Im **Tschechischen Silbermuseum** (S. 255) in Kutná Hora erhalten die Besucher Helm und Lampe und können damit die klaustrophobisch engen Gänge der mittelalterlichen Silbermine unter der Stadt erkunden. Am ungewöhnlichsten ist allerdings das **Beinhaus von Sedlec** (S. 253) in Kutná Hora, wo die Knochen von 40 000 Menschen dazu genutzt wurden, faszinierend schöne Objekte zu schaffen.

Die meisten der in diesem Kapitel genannten Ziele lassen sich leicht im Rahmen eines Tagesausflugs besichtigen. Der Nachteil ist allerdings, dass man an schönen Sommerwochenenden dort nicht alleine ist. Wer kann, sollte deshalb unter der Woche oder gleich außerhalb der Sommersaison die genannten Ziele besuchen: Karlstein beispielsweise ist ein wunderbarer Anblick im Winter. Noch besser ist es, über Nacht zu bleiben: Wenn die Ausflugsbusse und Wohnmobile abends wegfahren, gehören viele Dörfer und Städte wieder ganz den Einheimischen und den Übernachtungsgästen.



## KARLSTEIN (KARLŠTEJN)

**Burg Karlstein** (Karlštejn; ☎ 311 681 617; www.hradkarlstejn.cz; ⏰ Juli & Aug. Di–So 9–18 Uhr, Mai, Juni & Sept. Di–So 9 bis 17 Uhr, April & Okt. Di–So 9–16 Uhr, Nov.–März eingeschränkte Öffnungszeiten, s. Website) thront über dem gleichnamigen Dorf, das 30 km südwestlich von Prag liegt. Die Burganlage ist hervorragend restauriert worden und deshalb ein vielbesuchtes Ziel: Führungen sollte man deshalb besser im Voraus buchen. Die friedliche Umgebung bietet fantastische Blicke auf die imposante Burganlage, die allemal mit dem mithalten können, was es im Gebäude zu sehen gibt.

PRAG
Karlstein (S. 244)
Konopiště (S. 247)
Kuttenberg (S. 253)
Lidice (S. 249)
Mělník (S. 248)
Pürglitz (S. 246)
Litoměřice (S. 252)
Theresienstadt (S. 260)
Koněprusy-Höhlen
Křivoklát National Park
Hradec Králové
Pardubice
Chrudim
Žleby
Čáslav
Sedlec
Kolín
Poděbrady
Nymburk
Čelákovice
Brandýs nad Labem
Kostelec nad Černými Lesy
Sázava
Český Šternberk
Čerčany
Benešov
Štěchovice
Davle
Dobřichovice
Zbraslav
Průhonice
Kbely
Mořina
Beroun
Skryje
Višňová
Roztoky
Rakovník
Slaný
Kladno
Slaný
Kralupy
Veltrusy
Neratovice
Louny
Libochovice
Lovosice
Most
Bílina
Duchcov
Teplice
Ústí nad Labem
Úštěk
Doksy
Bělá
Mladá Boleslav
Mnichovo Hradiště
Turnov
Semily
Jilemnice
Lomnice
Jičín
Nová Paka
Hořice
Dvůr Králové
Elbe
Moldau
Sázava
Berounka
Rakovnický potok
Slapská přehrada
Český Krumlov (150 km)
E442
E67
E65
E55
E48
E50
38
12
333
9
7
6
3
0
20 km

## ANFAHRT: KARLSTEIN

**Entfernung von Prag:** 30 km

**Richtung** Südwesten

**Fahrzeit** 1 Std.

**Zug** Züge von Prag-Smíchov nach Beroun halten in Karlstein (49 Kč, 45 Min., stündlich).

Das Bauwerk sitzt auf einem Felsvorsprung über dem Moldauzufluss Beraun (Berounka). Die Ansammlung von Zinnen, massiven Mauern und hoch aufragenden Türmen ist gut erhalten und macht mächtig Eindruck. Kein Wunder, dass diese Anlage zu den Hauptattraktionen des Landes zählt. Das hat nur einen Nachteil: Im Sommer ist die Festung vollständig überfüllt – mit Besucherscharen, Eisverkäufern und Souvenirständen.

Die Ursprünge der Burg sind wahrlich edel: 1348 wurde sie als Aufbewahrungsort für die kostbaren Kronjuwelen und den Schatz Karls IV. (des Kaisers des Heiligen Römischen Reichs) errichtet, als Verwalter setzte man einen Burggrafen ein. Die Ländereien der Umgebung erhielten mehrere Ritter als Lehen, im Gegenzug kamen sie der Burg bei akuter Gefahr zu Hilfe.

Während der Hussitenkriege im frühen 15. Jh. schützte Karlstein wieder die Kronjuwelen Böhmens und des Heiligen Römischen Reichs. Als die Wehranlagen später nicht mehr dem neuesten Stand entsprachen, verfiel die Burg aber zusehends. Erst nach umfangreichen Restaurationsmaßnahmen (nicht zuletzt durch Josef Mocker im späten 19. Jh.) erstrahlt die Burganlage heute wieder in ihrem alten Glanz.

Es werden zwei geführte Touren angeboten: Tour I (Erw./erm. 250/150 Kč, 50 Min.) führt zunächst durch den **Rittersaal** mit den Waffenröcken und Namen der ritterlichen Vasallen, dann folgen das **Schlafgemach Karls IV.**, der **Audienzsaal** und die **Schatzkammer**. Letztere beherbergt Kleinode aus der Kapelle des Heiligen Kreuzes und eine Nachbildung der Wenzelskrone.

Tour II (Erw./erm. 300/200Kč, 70 Min.; nur Juni bis Okt.) umfasst u. a. den **Großen Turm** (den höchsten Punkt der Burg) mit einem Museum zu Mockers Restaurationstätigkeit. Dann besichtigt man den **Marienturm** und im Anschluß die herrliche **Kapelle des Heiligen Kreuzes** mit ihrer prächtigen Decke.

## ESSEN & SCHLAFEN

**Pension & Restaurant U Janů** (☎ 311 681 210; info@ujanu.cz; DZ/Apt. 1000/1200 Kč, Hauptgerichte 90–180 Kč) Das Haus liegt an der Straße zur Burg und hat einen netten authentischen Charme; vermietet werden drei Apartments und ein Doppelzimmer.

**Penzión U královny Dagmar** (☎ 311 681 614; www.penzion-dagmara.cz; DZ/3BZ/Apt. 1000/1200/1500 Kč) Die Pension liegt näher an der Burg und vermietet zu vergleichbaren Preisen wie das U Janů; die Zimmer des gepflegten Hauses sind mit allem ausgestattet, was man so braucht. Auch das Restaurant ist sehr gut.

# PÜRGLITZ (KŘIVOKLÁT)

Křivoklát ist ein verschlafenes Dorf am Flüsschen Rakovnický potok. Hauptattraktion ist die Burg Křivoklát, aber fast genau so schön ist die Zugfahrt durch das landschaftlich schöne Tal der Berounka.

**Burg Křivoklát** (☎ 313 558 120; www.krivoklat.cz; Juli & Aug. Di–So 9–18 Uhr, Mai, Juni & Sept. Di–So 9 bis 17 Uhr, April & Okt. Di–So 10–16 Uhr, Nov.–März Di–So 10 bis 15 Uhr) war ursprünglich ein berühmter Jagdsitz: Die Burg überstand mehrere Brände und endlose Renovierungen und ist heute eine schön restaurierte Anlage, in der sich die Ideen der Romantik des 19. Jhs. widerspiegeln.

Führung I (Erw./erm. 100/70 Kč, Führung in Englisch 150/105 Kč; ggf. auch in Deutsch) umfasst die Besichtigung der Innenräume. Dazu gehört auch die schöne, vollständig erhaltene spätgotische **Kapelle** mit ihrem aufwendig bemalten Schnitzwerk und einem Altar mit Engeln, die Folterinstrumente tragen – ein Hinweis auf das 16. Jh., als das Schloss ein Gefängnis war. Im **Rittersaal**, der mit bemalten Paneelen vertäfelt ist, befindet sich eine Sammlung spätgotischer religiöser Skulpturen. Die 25 m lange **Königshalle** ist nach dem Vladislav-Saal in der Prager Burg der zweitgrößte gotische Saal des Landes. Außerdem gibt es eine **Bibliothek** mit 52 000 Bänden.

Führung II (Erw./erm. 80/60 Kč, Führung in Engl. 120/85 Kč; April–Okt.) schließt die Festungsanlagen der Burg ein, u.a. auch den mühsamen Aufstieg auf den beeindruckenden, massiven Wehrturm, der die gesamte Anlage dominiert.

Wer mit der Eisenbahn anreist, muss auf dem Weg nach Křivoklát in **Beroun** umsteigen. Es lohnt sich, hier über den großzügigen Marktplatz zu schlendern und auf das **Pilsener**

## ANFAHRT: KŘIVOKLÁT

**Entfernung von Prag** 44 km

**Richtung** Südwesten

**Fahrzeit** 1½ Std.

**Zug** Vom Prager Hauptbahnhof und vom Bahnhof Smíchov aus fahren häufig Züge nach Beroun (30 Min., 49 Kč). 9 Mal täglich fahren Züge von Beroun nach Křivoklát (50 Min., 43 Kč).

Tor zu steigen. (Erw./erm. 20/20 Kč; Mai–Okt. Mi & Sa 9–12 Uhr).

Auf einem bewaldeten Hügel westlich der Altstadt von Beroun leben im Medvědarium (Eintritt frei; ganztägig) drei Braunbären, die Maskottchen der lokalen Eishockeymannschaft und der Brauerei. Daneben befindet sich ein für die Bären unerreichbarer Kinderspielplatz.

## ESSEN & SCHLAFEN

**Pivovar Berounský medvěd** (311 622 566; Tyršova 135, Beroun; www.berounskymedved.com; Hauptgerichte 50 bis 80 Kč) Noch regionaltypischer kann es kaum werden als in der kleinen Brauerei mit angeschlossenem Restaurant. Sie liegt versteckt auf einem Fabrikgelände voller vor sich hinrostender Maschinen. Bier (20 Kč für 0,5 l) und Essen sind gleichermaßen gut, und das Restaurant ist sehr gemütlich. Vom Bahnhof kommend hält man sich links, geht nochmals links unter einer Brücke hindurch und sieht dann das Gebäude rechts vor sich.

**Penzion Berona** (311 626 184; www.berona.cz; Havlíčkova 116, Beroun; EZ/DZ ab 700/1000 Kč; ) Die Pension bietet großzügige, komfortable Zimmer, Satellitenfernsehen und ein gutes Frühstücksangebot. Das „Lance-Armstrong"-Frühstück ist auch dann empfehlenswert, wenn man nicht später radeln will.

**Pension restaurace U Jelena** (313 558 529; www.ujelena.eu; Hradní 53, Křivoklát; DZ/3BZ/4BZ 1000/1500/2000 Kč; ) Die Pension „Hirsch" ist ein modernes, im Stil einer Jagdhütte ausgestattetes Haus. Es betreibt ein gutes Restaurant mit Terrasse und Blick auf die Burg und den Fluss.

# KONOPIŠTĚ

Als Thronfolger Österreich-Ungarns starb Erzherzog Franz Ferdinand d'Este einen berühmten Tod – seine Ermordung im Jahr 1914 löste den Ersten Weltkrieg aus. Der Erzherzog war ein rätselhafter, unergründlicher Charakter, der den Intrigen am Wiener Hof aus dem Weg ging. Seine letzten 20 Lebensjahre verbrachte er in Abgeschiedenheit auf seinem geliebten Landsitz Schloss Konopištì (317 721 366; www.zamek-konopiste.cz; Benešov; Mai–Aug. Di–So 9–17 Uhr, Sept. Di–Fr 9–16, Sa & So bis 17 Uhr, April & Okt. Di–Fr 9–15, Sa & So bis 16 Uhr, Nov Sa & So 9–15 Uhr; Dez.–März & das ganze Jahr 12–13 Uhr geschl.).

Konopiště steht 2 km westlich der Stadt Benešov mitten auf einem weitläufigen Gelände. Das Schloss zeugt von den beiden erzherzöglichen Leidenschaften: der Jagd und dem hl. Georg. In den 1890er-Jahren ließ Franz Ferdinand das gewaltige Gotik- und Renaissancebauwerk renovieren und mit modernster Technik ausstatten (u. a. Stromversorgung, Zentralheizung, Toiletten mit Wasserspülung, Duschen und eine luxuriöse Aufzuganlage). Außerdem dekorierte er sein Heim mit Jagdtrophäen. Seinen Aufzeichnungen zufolge hat Franz Ferdinand in seinem

## ANFAHRT: KONOPIŠTĚ

**Entfernung von Prag** 50 km

**Richtung** Süden

**Fahrzeit** 1¼ Std.

**Bus** Von der Prager Metrostation Roztyly aus fahren Busse nach Benešov (39Kč, 40 Min., 2-mal stündlich); die Endhaltestellen sind meist Pelhřimov oder Jihlava. Es fahren allerdings auch Busse vom Busbahnhof Florenc nach Benešov (48 Kč, 40 Min., 8-mal tgl.).

**Zug** Es gibt eine häufig fahrende Direktverbindung vom Prager Hauptbahnhof nach Benešov u Prahy (68 Kč, 1¼ Std., stündlich). Konopiště liegt 2 km westlich von Benešov. 400 m nördlich vom Bahnhof liegt die Bushaltestelle Dukelská (am Bahnhof links, erste Straße rechts in die Tyršova und dann die erste links): Von dort fährt die Linie 2 zum Schlossparkplatz (10 Kč, 6 Min. stündlich). Wer zu Fuß gehen will, wendet sich am Bahnhof links, geht links über die Eisenbahnbrücke und folgt dann 2 km der Konopištská.

Leben rund 300 000 Tiere geschossen, von Füchsen und Hirschen bis hin zu Elefanten und Tigern, und rund 100 000 davon zieren die Wände. Alle sind mit Datum und Ort der Erlegung gekennzeichnet. Im rappelvollen **Trophäenkorridor** (Tour I & III) hängen unzählige Tierköpfe. Der Kronleuchter in der **Chamoiskammer** (Tour III) ist aus Geweihen gemacht, auf denen ein ausgestopfter Kondor sitzt. Alles in allem eine für heutige Verhältnisse irgendwie bizarre Angelegenheit.

Insgesamt gibt es drei geführte Touren durch Konopiště. Tour III ist am interessantesten, sie führt durch die **Privatgemächer** des Erzherzogs und seiner Familie. Seit der Staat 1921 das Schloss übernommen hat, wurde darin so gut wie überhaupt nichts verändert. Im Rahmen von Tour II besichtigen Besucher die **Rüstkammer**, die zu den umfangreichsten und beeindruckendsten Waffensammlungen Europas gehört. Die englischsprachigen Touren I und II kosten für Erwachsene 200 Kč, für Kinder 130 Kč, Tour III kostet auf Englisch 300 bzw. 200 Kč.

Die Sammlung an Kunstgegenständen, die das Interesse des Erzherzogs am hl. Georg belegen, ist nicht weniger beeindruckend. Sie umfasst insgesamt 3750 Objekte, von denen zahlreiche im **Museum des hl. Georg** vor dem Schloss unterhalb der Terrasse zu sehen sind (Muzeum sv Jiří; Erw./Kind 30/15 Kč; ⌚ Mai–Aug. Di–So 9–17 Uhr, Sept. Di–Fr 9–16, Sa & So 9–17 Uhr, April & Okt. Di–Fr 9–15, Sa & So 9–16 Uhr, Nov. Sa & So 9–15 Uhr, Dez.–März & ganzjährig 12–13 Uhr geschl.).

## ESSEN & SCHLAFEN

**Stará Myslivna** (☎ 728 818 567; Hauptgerichte 110–250 Kč) Nach der Besichtigung lohnt sich ein Besuch des guten tschechischen Restaurants am Fuß des Schlossbergs. Das Haus aus dem 19. Jh. besitzt viel Atmosphäre, alte Fotografien hängen an den Wänden und sorgen so für einen schönen Rahmen.

**Hotel Atlas** (☎ 317 724 771; www.hotel-atlas.cz; Tyršova 2063, Benešov; EZ/DZ ab 810/920 Kč) Das Hotel ist zwar nüchtern und funktional, aber die Zimmer sind tadellos und komfortabel. Benešov liegt nur 2 km östlich von Schloss Konopiště.

**Hotel Nová Myslivna** (☎ 317 722 496; www.e-stranka.cz/novamyslivna; Konopiště; Zi. pro Pers. ab 375 Kč; Ⓟ) Das ungewöhnliche ausladende und verwinkelte Dach des Hotels im Landhausstil passt nicht so ganz zu den harmonischen Linien des Schlosses, aber die Lage am Parkplatz ist hervorragend.

# MĚLNÍK

Eine Autostunde nördlich von Prag breitet sich das hübsche Mělník über ein felsiges Vorgebirge aus, und drum herum erstreckt sich die flache Ebene Mittelböhmens. Die Stadt hielt immer den Hussiten die Treue und wurde im Dreißigjährigen Krieg (1618–1648) von den Schweden überrollt. Als man das Schloss später wieder aufgebaute, hat man mehr Wert auf die Optik als auf die Wehrkraft gelegt. Das Stadtzentrum hat sich eine starke historische Identität bewahrt, auch wenn mittlerweile am etwas unterentwickelten Stadtrand einige Fabriken von modernen Zeiten künden – die Aussicht von der Burg wird dadurch nicht beeinträchtigt. Mělník ist bis heute ein toller Ort, um ganz gepflegt verschiedene Weine zu probieren: Die Stadt ist das Zentrum von Böhmens bodenständiger Weinregion.

1739 erwarb die Familie Lobkowitz das **Renaissanceschloss Mělník** (Zámek Mělník; ☎ 315 622 121; www.lobkowicz-melnik.cz; Erw./erm. 80/60 Kč; ⌚ 10–17 Uhr), seit 1990 ist es für die Öffentlichkeit zugänglich. Besucher können sich bei einer selbstständigen Tour die ehemaligen Wohngemächer mit ihren zahlreichen Barockmöbeln und Gemälden aus dem 17. und 18. Jh. anschauen. In weiteren Räumen werden wechselnde Ausstellungen moderner Werke gezeigt und es gibt mehrere großartige Karten und Stiche von Europas Großstädten aus dem 17. Jh. Eine separate Tour führt hinunter in die Weinkeller aus dem 14. Jh., hier kann man die Schlossweine probieren. Ein Laden im Hof verkauft die hauseigene Lese; Weinproben kosten zwischen 90 und 220 Kč.

Neben dem Schloss steht die gotische **Kirche St. Peter und Paul** (kostel sv. Petra a Pavla) aus dem 15. Jh. Die Inneneinrichtung ist barock, ebenso der Turm. Im hinteren Bereich des Gotteshauses wurden einige Überreste der romanischen Vorgängerkirche in den Bau

### ANFAHRT: MĚLNÍK

**Entfernung von Prag** 30 km

**Richtung** Norden

**Fahrzeit** 1 Std.

**Bus** An Wochentagen fährt ein Bus von Gleis 10 am Busbahnhof vor dem Bahnhof Praha-Holešovice ab. Die Fahrkarte verkauft der Busfahrer (nur einfache Fahrt, keine Rückfahrkarte).

integriert. Die alte Krypta wurde zum Beinhaus (kostnice; Erw./Kind 30/15Kč; Di–Fr 9.30–12.30 & 13.15–16, Sa & So 10–12.30 & 13.15–16 Uhr) umfunktioniert, als man die Knochen von rund 10 000 Menschen exhumieren musste, um Platz für die Pestopfer des 16. Jh. zu schaffen. Die Gebeine wurden in makaberen Mustern angeordnet. Diese Krypta ist weit unheimlicher – und noch weniger etwas für Klaustrophobiker – als das Beinhaus in Sedlec (S. 253): Der Boden ist aus gestampfter Erde und man streift im Vorbeigehen in der Tat so einige Knochenstapel.

Der Pfad zwischen Schloss und Kirche führt zu einer Terrasse mit großartiger Aussicht auf den Fluss und die mittelböhmische Landschaft. Die Weinreben an den steilen Hängen unterhalb der Terrasse sind möglicherweise Vorfahren genau der Gewächse, die Karl IV. im 14. Jh. erstmals nach Böhmen brachte.

## PRAKTISCHE INFORMATIONEN

Touristeninformation (☎ 315 627 503; www.melnik.cz; náměstí Míru 11; Mai–Sept. tgl. 9–17 Uhr, Okt.–April nur Mo–Fr) verkauft Karten und Informationsmaterial zur Geschichte und hilft bei der Suche nach einer Unterkunft.

## ESSEN & AUSGEHEN

Restaurace sv Václav (☎ 315 622 126; Svatováclavská 22; Hauptgerichte 120–180 Kč; 11–23 Uhr) Dunkles Holz, rote Ledermöbel, Zigarren aus dem Humidor und eine sonnige Terrasse machen das Haus zu einem der nettesten Restaurants in Mělník.

Kavárna ve Věži (☎ 315 621 954; ulice 5.května; Hauptgerichte 30–70Kč; Mo–Fr 7–22, Sa & So 14–22 Uhr) Das stimmungsvolle Café plus Kunstgalerie befindet sich im Prager Tor, einem der Altstadttore der Stadt. Die Räumlichkeiten ziehen sich über drei Etagen, die mit knarrenden Holztreppen verbunden sind. Der Service ist patent organisiert: Man schreibt die Bestellung auf einen Notizblock, läutet eine Glocke, das Tablett fährt mit dem Speiseaufzug nach unten und kurze Zeit später kommt es mit dem Bestellten wieder nach oben. Es gibt ein großes Angebot an Kaffees, Teesorten, regionalen Weinen, Bier und Medovina (Met).

## SCHLAFEN

Hotel U Rytířů (☎ 315 621 440; www.urytiru.cz; Svatováclavská 17; DZ 2100–2700 Kč) Das Hotel liegt günstig direkt neben dem Schloss und vermietet schicke Zimmer im Apartmentstil mit allen gewünschten Annehmlichkeiten. Das Gartenrestaurant (Hauptgerichte 110–250 Kč) ist von 8 bis 23 Uhr geöffnet.

Pension Hana (☎ 315 622 485; Fugnerova 714; EZ 450–600 Kč, DZ 900–1200 Kč; ) Die Pension wird von einer netten Familie geführt, deren Kinder sehr gut Englisch sprechen. Es gibt zehn große Zimmer mit Blick auf den sonnigen Garten des Hauses. In zehn Minuten ist man über steile Straßen in der Altstadt.

# LIDICE, THERESIENSTADT & LITOMĚŘICE

Nördlich von Prag erinnern zwei böhmische Ortschaften auf ernüchternde Weise an die Schrecken, die das tschechische Volk während des Zweiten Weltkriegs erleiden musste. Wer selbst fährt, kann Lidice und Theresienstadt in einem Tagesausflug kombinieren. Übernachtungsmöglichkeiten gibt's in der schönen Stadt Litoměřice 3 km nördlich von Theresienstadt. Mit öffentlichen Verkehrsmitteln hat man dagegen die Qual der Wahl: An einem Tag lässt sich nur eine der beiden Stätten sinnvoll besichtige

## LIDICE

Im Juni 1942 wurde Reichsprotektor Reinhard Heydrich von tschechoslowakischen Fallschirmjägern ermordet, die in Großbritannien ausgebildet worden sind (s. Kasten S. 127). Die Nazis übten fürchterliche Vergeltung und wählten dafür das Bergbau- und Gießereidorf Lidice 18 km nordwestlich von Prag: Am 10. Juni 1942 wurde es – scheinbar willkürlich – dem Erdboden gleichgemacht. Nachdem alle Männer erschossen worden waren, deportierten die Besatzer Frauen und ältere Kinder ins KZ Ravensbrück. Die jüngeren Kinder landeten in deutschen Erziehungsheimen. Das Dorf wurde niedergebrannt und anschließend planiert – so blieb kein Stein auf

### ANFAHRT: LIDICE

Entfernung von Prag 18 km
Richtung Nordwesten
Dauer 30 Min.
Bus Von Prag aus fahren Busse ab der Haltestelle Evropská gegenüber vom Hotel Diplomat und direkt westlich der Metrostation Dejvická (Karte S. 144 f.) nach Lidice (26 Kč, 30 Min., stündlich).

dem anderen. Von den 500 Einwohnern sind letztlich 192 Männer, 60 Frauen und 88 Kinder gestorben. Die Grausamkeit erregte einen Aufschrei der Empörung auf der ganzen Welt und löste eine Kampagne zum Gedenken an das Dorf aus. Heute findet man hier eine Grünfläche – und die Stille spricht für sich. Es gibt ein paar Mahnmale und die rekonstruierten Fundamente eines Bauernhofs, auf dem die meisten Männer ermordet wurden.

Im **Muzeum Lidice** (www.lidice-memorial.cz; Lidice; Erw./erm. 80/40 Kč; ⌚ April–Okt. 9–18 Uhr, März 9–17 Uhr, Nov.–Feb. 9–16 Uhr) wird das Dorf mit Hilfe von Fotos, Texten und einer ergreifenden Multimediaausstellung wieder lebendig. Gezeigt wird auch erschreckendes Filmmaterial der SS von der Zerstörung. In einem neuen Ausstellungsbereich gegenüber vom Museum werden Dokumentarfilme in Tschechisch, Deutsch und Englisch gezeigt.

## THERESIENSTADT (TEREZÍN)

Kaiser Joseph II. ließ die gigantischen Festung **Theresienstadt** – ein wahres Bollwerk aus Stein und Erde – im Jahr 1780 erbauen. Sie sollte einen einzigen Zweck erfüllen: den Feind abzuwehren. Ironischerweise wurde sie aber eher dafür bekannt, dass Menschen in ihr festgehalten wurden. Im späten Habsburgerreich war die Festung ein politisches Gefängnis, und während des Ersten Weltkrieges saß hier Gavrilo Princip ein, der Attentäter, der 1914 Erzherzog Franz Ferdinand getötet hat. Als die Deutschen im Zweiten Weltkrieg die Macht übernahmen, wurde die Festung zur grausigen Zwischenstation für Juden auf dem Weg in die Vernichtungslager. Im Gegensatz zu den farbenfrohen Barockgesichtern zahlreicher tschechischer Städte ist Theresienstadt also ein schlichtes, aber umso intensiveres Mahnmal für eine dunkle Seite der europäischen Geschichte.

Das schlimmste Kapitel in der Geschichte Theresienstadts begann 1940. Damals richtete die Gestapo in der Kleinen Festung ein Gefängnis ein. Im nächsten Jahr vertrieben die Nazis alle Einwohner aus der Großen Festung und verwandelten die Stadt in ein Durchgangslager. Rund 150 000 Menschen wurden auf dem Weg zu den Vernichtungslagern hier interniert, unter größtenteils grausamsten Bedingungen. Zwischen April und September 1942 stieg die Zahl der Menschen, die in dem Ghetto leben mussten, von 12 968 auf 58 491 an – so blieben jedem Gefangenen gerade mal 1,65 m² Platz. Krankheiten und Hunger machten sich breit, gleichzeitig nahmen die Todesfälle innerhalb der Mauern um das 15-fache zu.

Später wurde Theresienstadt zum Herzstück einer außergewöhnlichen nationalsozialistischen Propaganda-Aktion: Offiziellen Besuchern der Festung (auch Vertretern des Roten Kreuzes) präsentierte sich die Stadt als eine Art jüdische „Fluchtburg“, mit einer jüdischen Verwaltung, Banken, Läden, Cafés und Schulen. Auch das blühende kulturelle Leben – es gab sogar eine Jazzband – war Teil einer Scharade, die internationale Beobachter zweimal komplett in die Irre führte. In Wirklichkeit wurden immer mehr Gefangene hier untergebracht und regelmäßig fuhren Züge in Richtung Auschwitz ab. 35 000 Lagerinsassen verhungerten, starben an Krankheiten oder begingen Selbstmord.

Von unten betrachtet lassen sich die gigantischen Ausmaße der Gräben und Wälle rund um die **Große Festung** (Hlavní pevnost) kaum erfassen – hauptsächlich, weil die Stadt innen drin liegt. Wer mit dem Bus oder Auto in die Stadt hineinfährt, wird zunächst kaum einen Unterschied zu gewöhnlichen alten Kleinstädten feststellen. Wenn man sich aber die Luftaufnahme im Ghettomuseum anschaut oder auf dem Weg zur Kleinen Festung an den Mauern entlangläuft, bekommt man allmählich ein komplett anderes Bild.

Das enge Straßenraster im Herzen der Großen Festung bildet die eigentliche Stadt Theresienstadt. Hier gibt's nur wenig zu sehen, Ausnahme: die gedrungene **Kirche der Auferstehung Christi**. Unter ihren Arkaden befindet sich die **frühere Kommandantur**. Grausame Geheimnisse bergen auch die neoklassischen Verwaltungsgebäude am Platz und die Häuserblocks der Umgebung. Südlich vom Platz befinden sich die **Überreste der Gleisanlagen**, die von den Gefangenen gebaut wurden. Hier kamen unzählige Waggons mit neuen Häftlingen an – oder Gefangene wurden abtransportiert.

Besonders sehenswert ist das beklemmende **Ghettomuseum** (Muzeum ghetta; ☎ 416 782 576; www.pamatnik-terezin.cz; Komenského, Terezín; Erw./Kind 160/130 Kč; ⌚ April–Okt. 9–18 Uhr, Nov.–März bis 17.30 Uhr), das aus zwei Standorten besteht. Der größere beleuchtet den Aufstieg des Nationalsozialismus und das Leben im Theresienstädter

# THERSIENSTADT (TEREZÍN)

Ghetto. Ausstellungsstücke aus der Nazizeit lassen die Besucher erschaudern und nachdenken. Im 19. Jh. war im heutigen Museumsgebäude übrigens die Schule des Ortes – später brachten die Nazis darin alle 10- bis 15-jährigen Jungen des Lagers unter. Bis heute hängen tief bewegende Bilder an den Wänden, die diese Kinder gemalt haben. Ein neuerer Museumsteil befindet sich in der ehemaligen Magdeburgkaserne (Magdeburská kasárna), dem Sitz des jüdischen „Stadtrats". Hier kann man sich einen rekonstruierten Schlafsaal anschauen, und diverse Ausstellungsstücke informieren über die außergewöhnliche Vielfalt des kulturellen Lebens (Musik, Theater, Bildende Kunst und Literatur), das sich auf wundersame Weise vor einer Kulisse aus Angst behaupten konnte. Auch im finsteren Krematorium (April–Okt. So–Fr 10–18 Uhr, Nov.–März So–Fr bis 16 Uhr) auf dem Jüdischen Friedhof gibt's eine kleine Ausstellung, gleich abseits der Bohušovická brána und rund 750 m südlich vom Hauptplatz. Im Ghettomuseum helfen gute mehrsprachige Broschüren, sich zurechtzufinden, außerdem eine große Sammlung von Büchern, die zum Verkauf stehen, sowie Führer (von denen einige Überlebende sind).

Durch die Kleine Festung (Malá pevnost; ☎ 416 782 576; www.pamatnik-terezin.cz; Terezín; Erw./Kind 160/130 Kč; April–Okt. 8–18 Uhr, Nov.–März bis 16.30 Uhr) kann man Touren auf eigene Faust unternehmen und dabei die Gefängnisbaracken, Einzelzellen, Werkstätten und Leichenhäuser, Hinrichtungsstätten und ehemalige Massengräber besichtigen. Einen bedrohlicheren Ort kann man sich kaum vorstellen, und erst wer durch die scheinbar endlosen Tunnel unter den Mauern läuft, kann die gigantischen Ausmaße der Festung erfassen. Über dem Tor haben die Nazis das zynische KZ-Motto „Arbeit macht frei" angebracht. Auf dem Nationalfriedhof vor der Festung ruhen seit 1945 die exhumierten Toten aus den Massengräbern. Das Kombiticket für Ghettomuseum und Kleine Festung kostet 200 bzw. 150 Kč.

## LITOMĚŘICE

Nach den schauderhaften Eindrücken in Theresienstadt bietet Litoměřice eine ganz gute Erholung. Die malerische Uferstadt liegt zwar nur ein paar Kilometer nördlich der berüchtigten Festung, aber hier findet man eine komplett andere Welt vor: Fassaden in Pastelltönen und aufwendig verzierte Giebel schmücken den Hauptplatz, und die brummenden

### ANFAHRT: TEREZÍN & LITOMĚŘICE

**Entfernung von Prag** 60 km (bis Terezín)
**Richtung** Norden
**Fahrzeit** 1½ Std.
**Bus** Vom Busbahnhof vor dem Bahnhof Praha-Holešovice aus fahren Direktbusse nach Litoměřice (75 Kč, 1 Std., stündlich), die auch in Terezín halten. Zwischen dem Busbahnhof Litoměřice und Terezín fahren häufig Busse (12 Kč, 10 Min., mind. 1-mal stündlich).

Bars und Restaurants der Stadt versprechen unterhaltsamen Freizeitspaß. Ein Großteil des gotisch geprägten Stadtbilds von Litoměřice – die Einwohner waren früher hussitisch bis ins Mark – wurde während des Dreißigjährigen Kriegs dem Erdboden gleichgemacht. Im Vergleich zu den dekadenten Renaissancehäusern und beeindruckenden Kirchen (zahlreiche stammen vom angesehenen Architekten Ottavio Broggio aus dem 18. Jh.) spielt das unauffällige Stadtschloss definitiv die zweite Geige.

Der hübsche Hauptplatz heißt Mírové náměstí und liegt im Schatten der Allerheiligenkirche (kostel Všech svatých) mit ihrem gotischen Turm. Sie stammt aus dem 13. Jh. und wurde 1718 von Broggio überarbeitet. Im gotischen Alten Rathaus (Stará radnice) daneben ist ein kleines Stadtmuseum untergebracht. Das Gebäude selbst ist sehr schön mit seinen zahlreichen Giebeln, spitzen Bögen und einem kupferbeschlagenen Turmdach. Absolutes Highlight ist das Haus zum Schwarzen Adler (dům U černého orla) von 1560: Bibelszenen überziehen seine *sgraffito*-Fassade aus der Renaissance. Dahinter verbirgt sich das Hotel Salva Guarda. Ein paar Türen weiter steht das Kelchhaus (dům U kalicha) aus dem Jahr 1539 mit einem gewaltigen Hussitenkelch auf dem Dach. Heute haben hier die Gemeindeverwaltung und auch die Touristeninformation ihren Sitz. Am oberen Ende steht das Haus von Ottavio Broggio – ein etwas schmaler barocker Hochzeitskuchen.

Broggio hat seine Spuren auch an einem Gebäude in der Michalská hinterlassen, sie verläuft am Südwestrand des Platzes. Und die hervorragende Nordböhmische Galerie Bildender Kunst (Severo česká galerie výtvarného umění; ☎ 416 732 382; Michalská 7, Litoměřice; Erw./erm. 32/16 Kč; April–Sept. Di–So 9–12 & 13–18 Uhr, Okt.–März Di–So 9–12 & 13–17 Uhr) zeigt hier die unschätzbar wertvollen Renaissancepaneele des Altars von Litoměřice.

Wenn man sich am Ende der Michalská nach links wendet und der Domská bis zur baumgesäumten Grünfläche des Domské náměstí auf dem Domhügel folgt, sieht man in einer Nebenstraße zur Rechten die hübsche barocke Kirche St. Wenzel (kostel sv Václav). Und auf dem Hügelgipfel ragt der Dom St. Stephan (Chrám sv Štěpán) aus dem 11. Jh. in den Himmel, das älteste Gotteshaus der Stadt.

Nun durch den Bogen links neben dem Dom laufen und auf einem steilen Pflastersträßchen namens Máchova bergabwärts marschieren. Am Fuß des Hügels geht's nach links weiter, gleich darauf führt rechts eine Treppe im Zickzack-Kurs hinauf zu den Alten Stadtmauern. Wer nun den Mauern nach rechts bis zur nächsten Straße (Jezuitská) folgt, gelangt über eine Linkskurve wieder zurück zum Platz.

## PRAKTISCHE INFORMATIONEN

Touristeninformation (☎ 416 732 440; www.litomerice-info.cz; Mírové náměstí 15, Litoměřice; ⏰ Mai–Sept. 9–18 Uhr, Okt.–April Mo–Do 9–17, Fr 9–16, Sa 10–13 Uhr)

## ESSEN

Bašta Steakhouse (☎ 608 437 783; Mezibraní 5, Litoměřice; Hauptgerichte 100–450 Kč; ⏰ 11–24 Uhr) Das gut besuchte Steakhouse findet man gegenüber vom Bahnhof in einer ehemaligen Festung, die zur alten Stadtmauer gehört. Auf den Tisch kommt allerlei vom Holzkohlengrill – von gut gewürzten Chicken Wings bis hin zu dicken T-Bone-Steaks.

Memorial Café & Restaurant (☎ 416 783 082; nám Československé armády, Terezín; Hauptgerichte 130–270 Kč) Das Restaurant gehört zum renovierten Hotel Memorial. Auf der sonnigen Terrasse am Marktplatz werden herzhafte tschechische Gerichte, Nudelgerichte und ordentliche Weine serviert.

## SCHLAFEN

Hotel Salva Guarda (☎ 416 732 506; www.salva-guarda.cz; Mírové náměstí 12, Litoměřice; EZ/DZ ab 1220/1800 Kč; Ⓟ) Litoměřices Tophotel im schönen Haus zum Schwarzen Adler aus der Renaissance. Es besitzt wohl das beste Restaurant am Platz.

Pension Prislin (☎ 416 735 833; www.prislin.cz; Na Kocandě 12, Litoměřice; EZ/DZ 750/1260 Kč; Ⓟ) Aussicht auf den Fluss und Frühstück im Garten sprechen für das familienfreundliche Prislin. An der Hauptstraße, fünf Gehminuten östlich vom Rathausplatz.

U svatého Václava (☎ 416 737 500; www.upfront.cz/penzion; Svatováclavská 12, Litoměřice; EZ/DZ 800/1200 Kč) Hübsche Villa im Schatten der Kirche St. Wenzel. Die schöne Pension hat eine Sauna und Zimmer mit prima Ausstattung. Der herzliche Eigentümer ist immer mit einer Schürze bewaffnet und tischt ein wirklich prima Frühstück auf.

# KUTTENBERG (KUTNÁ HORA)

Heute ist Kuttenberg neben Prag geradezu winzig – aber lange entwickelten sich beide Städte parallel, und mit etwas Glück wäre sogar Kuttenberg und nicht Prag das Herz und die Seele Böhmens geworden. Die Stadt ist im Mittelalter schnell gewachsen, ihren Reichtum verdankte sie den Silberminen in den Hügeln der Umgebung. 1308 richtete Wenzel II. hier seine königliche Münzanstalt ein und keine 100 Jahre später erkor Wenzel IV. Kuttenberg zu seiner Residenz. Die hier geprägten Silbergroschen waren damals die harte Währung Mitteleuropas. Während des Aufschwungs sah die Goldene Stadt neben Kuttenberg tatsächlich recht alt aus, aber als die Silberförderung im 16. Jh. stockte und schließlich gar nichts mehr hergab, versank der Ort in Bedeutungslosigkeit. Der Dreißigjährige Krieg beschleunigte den Niedergang, und ein Feuer im Jahr 1770 besiegelte ihn endgültig. Prag wuchs ständig weiter und Kuttenberg verschwand fast ganz von der Bildfläche.

Trotzdem ist die Stadt nie ganz in Vergessenheit geraten; heute ist Kuttenberg sogar eines der Top-Touristenziele des Landes. Seit 1996 gehört es zum Unesco-Weltkulturerbe, und die vielen historischen Sehenswürdigkeiten verströmen mehr als nur ein Hauch von Nostalgie. Wer sich auf die Wälle rund um den mächtigen Dom St. Barbara stellt und auf die Dächer hinunter blickt (sie erinnern auf unheimliche Weise an die Prager Kleinseite), kann sich nur allzu leicht in einer gewissen Melancholie darüber verlieren, was hier möglich gewesen wäre.

Besucher, die per Zug ankommen, gehen normalerweise als Erstes zur bemerkenswerten „Gebeinkirche", dem Sedlecbeinhaus (Kostnice; ☎ 327 561 143; www.kostnice.cz; Zámecká 127; Erw./erm. 50/30 Kč; ⏰ April–Sept. 8–18 Uhr, März & Okt. 9–12 & 13 bis 17 Uhr, Nov.–Feb. 9–12 & 13–16 Uhr). Es liegt 800 m südlich vom Hauptbahnhof. Die Familie Schwarzenberg hat 1870 das Kloster Sedlec erworben, und im Laufe der Jahrhunderte hatten sich in seiner Krypta diverse Gebeine

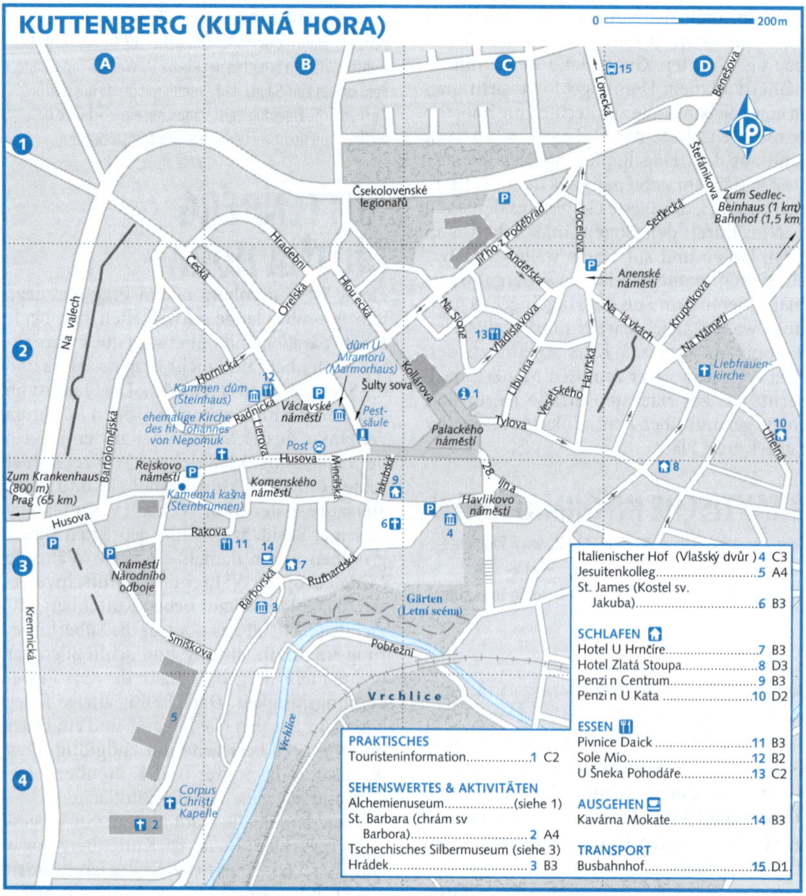


angesammelt. Ein einheimischer Holzschnitzer erhielt von den Schwarzenbergs den Auftrag, an diesem Material seine Kreativität zu

## ANFAHRT: KUTNÁ HORA

**Entfernung von Prag** 65 km

**Richtung** Osten

**Fahrzeit** 1½ Std.

**Bus** Täglich fahren 6 Busse nach Kutná Hora, nur an Wochentagen ab Gleis 2 vom Prager Busbahnhof Florenc (68 Kč, 1¼ Std.).

**Zug** Vom Prager Hauptbahnhof fahren Direktzüge nach Kutná Hora Hlavní Nádraží (hin & zurück 180 Kč, 55 Min., 7-mal tgl.).

beweisen. Dabei hatte er es nicht mit einem niedlichen Stapel zu tun, sondern mit den sterblichen Überresten von nicht weniger als 40 000 Menschen. Spektakuläres Ergebnis: Wie die Weihnachtsdeko der Addams Family hängen Girlanden aus Schädeln und Oberschenkelknochen vom Deckengewölbe herab, und im gigantischen Kronleuchter in der Mitte sind sicher fast alle Einzelknochen des menschlichen Körpers mit dabei. In den Eckkapellen drängen sich jeweils vier riesige Gebeinpyramiden, und knöcherne Kreuze, Kelche und Monstranzen zieren den Altar. Es gibt sogar ein Wappen der Schwarzenbergs aus Knochen. Man beachte die Krähe, die dem Türken die Augen auspickt – sie ist ein grausiges Bild für die Schwarzenberg-Familie.

Von Sedlec aus läuft man 1,5 km (oder fährt fünf Minuten mit dem Bus) bis ins Stadtzentrum. Der Hauptplatz (Palackého náměstí) ist relativ nichtssagend – der interessanteste Teil der Altstadt befindet sich südlich davon. Zunächst empfiehlt sich aber ein Abstecher ins **Alchemiemuseum** (☎ 327 511 259; Palackého náměstí 377; Erw./erm. 50/30 Kč; ⌚ April–Okt. 10–17 Uhr, Nov.–März bis 16 Uhr) im Gebäude der Touristeninformation. Zu sehen gibt's hier ein Kellerlabor und eine gotische Kapelle – und nicht zu vergessen den Museumsdirektor vom Typ „verrückter Wissenschaftler".

Vom oberen Platzende führt eine schmale Pflasterstraße (Jakubská) direkt zur gewaltigen Kirche **St. Jakob** (kostel sv. Jakuba) von 1330. Der **Italienische Hof** (Vlašský dvůr; ☎ 327 512 873; Havlíčkovo náměstí 552; Erw./erm. 100/60 Kč; ⌚ April–Sept. 9–18 Uhr, März & Okt. 10–17 Uhr, Nov.–Feb. 10–16 Uhr) gleich östlich des Gotteshauses war früher Sitz der königlichen Münzanstalt. Der Name stammt von den florentinischen Handwerksmeistern, die Wenzel II. engagiert hat, um das Geschäft anzukurbeln. Ab 1300 prägten sie Silbermünzen in den Werkstätten, die sich in den Nischen des Hofes befanden. Es ist der älteste Gebäudeteil, und die Nischen sind mittlerweile leider zugemauert. In den ursprünglichen Schatzkammern informiert heute eine Ausstellung über Münzen und Prägetechniken. Eine Führung mitzumachen, lohnt sich durchaus: Besucher können dabei einen Blick in die wenigen historischen Räume werfen, die öffentlich zugänglich sind, vor allem in den **Audienzsaal** aus dem 15. Jh., in dem es zwei beeindruckende Wandgemälde aus dem 19. Jh. zu bestaunen gibt. Das erste stellt die Wahl Vladislav Jagiellos zum böhmischen König im Jahr 1471 dar – der wütende Mann in Weiß ist der Verlierer Matthias Corvinus, der König von Ungarn. Das zweite zeigt die Verkündung des Dekrets von Kuttenberg (1409) durch Wenzel IV. und Jan Hus.

Von der Südseite der Kirche St. Jakob führt eine schmale gepflasterte Straße (Ruthardská) zunächst bergab und dann hinauf zum **Hrádek** (Kleines Schloss). Es war früher Teil der Stadtbefestigung und wurde im 15. Jh. zur Residenz Jan Smíšeks ausgebaut. Der königliche Minenverwalter bereicherte sich kräftig, indem er illegal das Silber unter dem Gebäude abbaute. Heute ist in dem Bau das **Tschechische Silbermuseum** (České muzeum stříbra; ☎ 327 512 159; Erw./erm. 60/30 Kč; ⌚ Juli & Aug. 10–18 Uhr, Mai, Juni & Sept. 9–18 Uhr, April & Okt. 9–17 Uhr; Nov.–März & das ganze Jahr Mo geschl.) untergebracht. Die Ausstellungsstücke singen ein Loblied auf die Bergwerke, denen Kuttenberg seinen Reichtum verdankte. Zu sehen gibt's u. a. einen riesigen Holzapparat, der bis zu 1 t Material aus den 200 m tiefen Schächten an die Oberfläche befördert hat. Mit Schutzhelm und Kopflampe bewaffnet können Besucher auch an einer 45-minütigen geführten Tour (Erw./Kind 110/70 Kč) teilnehmen und einen halben Kilometer weit durch die **mittelalterlichen Bergwerksstollen** unter der Stadt marschieren.

Hinter dem Hrádek steht ein ehemaliges **Jesuitenkolleg** aus dem 17. Jh. Die insgesamt 13 barocken Heiligenfiguren auf der Frontterrasse erinnern an die Standbilder der Prager Karlsbrücke. Sie stehen alle mit den Jesuiten bzw. der Stadt in Verbindung. Die Dame an Nr. 2 ist ganz besonders beachtenswert: Neben einem steinernen Turm hält sie einen Kelch in ihren Händen. Es ist die hl. Barbara, Schutzheilige der Bergleute und damit auch Kuttenbergs.

Der gotische **Dom St. Barbara** (Chrám sv Barbora; ☎ 776 393 938; Erw./erm. 50/30 Kč; ⌚ Mai–Sept. Di–So 9 bis 17.30 Uhr, Okt.–April Di–So 10–16 Uhr) am anderen Ende der Terrasse ist Kuttenbergs herrlichstes Bauwerk, fast so groß und prächtig wie der Prager St.-Veits-Dom. Das Hauptschiff gipfelt in einem sechsteiligen Kreuzrippengewölbe. Der Bau wurde 1380 begonnen und während der Hussitenkriege unterbrochen. 1558, als die Silberminen erschöpft waren, wurden die Arbeiten endgültig gestoppt und erst gegen Ende des 19. Jhs. erfolgte die endgültige Fertigstellung im neogotischen Stil. Die **Kapellen des Chorumgangs** enthalten ein paar Originalfresken aus dem 15. Jh., einige zeigen Bergleute bei der Arbeit. Auch ein Rundgang um das Gotteshaus herum lohnt sich: Von der Terrasse am Ostende aus hat man die beste Aussicht der Stadt.

## PRAKTISCHE INFORMATIONEN

**Touristeninformation** (☎ 327 512 378; www.kh.cz; Palackého náměstí 377; ⌚ April–Okt. 9–18 Uhr, Nov.–März Mo–Fr 9–17, Sa & So 10–16 Uhr) bietet Zimmervermittlung, Fahrradverleih (220 Kč pro Tag) und Internetzugang (Min. 1 Kč, Minimum 15 Kč).

## ESSEN & AUSGEHEN

**U Šneka Pohodáře** (☎ 327 515 987; Vladislavova 11; Pizzas 90–130 Kč) In dem beliebten und gemütlichen Lokal bekommt man die besten italienischen Gerichte in Kutná Hora. Hier kommen die Leute gern vorbei, um Pizza oder Pastagerichte zu essen oder etwas mitzunehmen. Das erklärt aber alles noch nicht den Namen „Zufriedene Schnecke".

Sole Mio (☎ 327 515 505; Česká 184; Hauptgerichte 90–120 Kč; ⏲ So–Do 11–22, Fr & Sa 11–23 Uhr) In dem netten kleinen Lokal, das mit vielen Sonnen dekoriert ist, haben die Gäste die Wahl zwischen 40 verschiedenen Pizzas.

**Pivnice Dačický** (☎ 327 512 248; Rakova 8; Hauptgerichte 110–250 Kč; ⏲ 11–23 Uhr) In dem traditionellen böhmischen Bierlokal zwischen holzvertäfelten Wänden haben die Gäste auch schon mal Schaum um den Mund. Es werden fünf verschiedene Fassbiere angeboten, darunter auch Pilsner Urquell, Budweiser und Primátor-Hefebier. Eine gute Grundlage bieten z.B. die leckeren Knödel.

**Kavárna Mokate** (Barborská 37; ⏲ Mo–Fr 8–22, Sa 10–22, So 10–20 Uhr) Das gemütliche kleine Café mit dem alten Fliesenboden, den Holzbalken, den bunt zusammen gewürfelten Möbeln und den Orientteppichen bietet eine breite Auswahl an Kaffees und Tees, im Sommer natürlich auch Eistee oder Eiskaffee.

## SCHLAFEN

**Penzión U Kata** (☎ 327 515 096; www.ukata.cz; Uhelná 596; EZ/DZ/3BZ 500/760/1140 Kč; 📶) Wer im Scharfrichter schläft, wird wohl kaum seinen Kopf verlieren, denn das Preis-Leistungs-Verhältnis stimmt. Für 200 Kč pro Std. können Gäste ein Rad ausleihen, auch zum Busbahnhof ist es nicht weit. Unten im Haus befindet sich ein nettes tschechisches Bierlokal mit angeschlossenem Restaurant.

**Hotel Zlatá Stoupa** (☎ 327 511 540; zlatastoupa@iol.cz; Tylova 426; EZ/DZ ab 1220/1980 Kč; Ⓟ) Wer das Gefühl hat, er will sich wirklich etwas gönnen, sollte im eleganten Hotel „Goldener Berg" übernachten. Manche werden sich auch darüber freuen, dass die Minibar im Zimmer sogar mit Weinflaschen in normaler Größe bestückt ist.

**Penzión Centrum** (☎ 327 514 218; www.sweb.cz/penzion_centrum; Jakubská 57; DZ/3BZ 1000/ 1400 Kč; Ⓟ) Die Pension liegt versteckt in einem ruhigen, mit Blumen bepflanzten Innenhof etwas abseits der Hauptstraße von Kutná Hora. Hier gibt es gemütliche Zimmer und auch einen sonnigen Garten.

**Hotel U Hrnčíře** (☎ 327 512 113; www.hoteluhrncire.cz; Barborská 24; EZ/DZ/3BZ 800/1300/1500 Kč) Zu dem schön verzierten, rosa getünchten Stadthaus mit allerdings fünf modisch eingerichteten Zimmern (die Preise richten sich nach Saison und Ausstattung) gehört eine hübsche Gartenterrasse.

# BÖHMISCH KRUMAU (ČESKÝ KRUMLOV)

Český Krumlov im tiefsten Südböhmen gehört zu den malerischsten Orten Europas. Die Stadt ist seit dem 18. Jh. nahezu unverändert erhalten geblieben und wurde deshalb 1992 von der Unesco auf die Liste der Welterbestätten gesetzt. Manche bezeichnen die Stadt auch als „Prag im Miniaturformat". Es gibt ein fantastisches Schloss hoch über der Moldau, einen historischen Marktplatz, schöne Architektur aus Renaissance und Barock und ganze Horden von Touristen, die durch die Straßen strömen. Anders als in Prag ist hier alles aber viel überschaubarer, das Städtchen lässt sich leicht zu Fuß in zehn Minuten durchqueren. Es gibt viele gut besuchte Lokale und zahlreiche Picknickplätze am Fluss. Auch deshalb ist der Ort über die Sommermonate ein beliebtes Ziel von Rucksackreisenden. Aber auch im Winter kann es ein magischer Ort sein, wenn die Massen verschwunden sind und das Schloss unter einer Schneedecke liegt.

Hoch über der Altstadt, deren Anlage den Schleifen der Moldau folgt, liegt **Schloss Český Krumlov** (☎ 380 704 721; www.castle.ckrumlov.cz; ⏲ Juni bis Aug. Di–So 9–18 Uhr, April, Mai, Sept. & Okt. 9–17 Uhr) mit dem aufwendig verzierten **Rundturm** (Erw./erm. 50/30 Kč). Es werden drei verschiedene Schlossführungen angeboten: Führung I (Erw./Kind 240/140 Kč in Deutsch, 1 Std.) schließt die üppig ausgestatteten Renaissanceräume, die Kapelle, die Barocksuite, die Gemäldegalerie und den Maskensaal mit ein, während bei Führung II (180/100 Kč; 1 Std.) die Porträtsammlung der Schwarzenbergs und die von ihnen im 19. Jh. bewohnten Räume zu sehen sind. Bei einer Führung durch das sehenswerte Rokokotheater (Erw./erm. 380/220 Kč; 40 Min., Mai–Okt. Di–So 10–16 Uhr) wird auch die historische Bühnentechnik gezeigt. Der Spaziergang durch die Innenhöfe und Gärten ist kostenlos.

Der Weg hinter dem vierten Innenhof leitet über die spektakuläre **Most ná Plášti** (Mantelbrücke) in den Schlossgarten. Eine Auffahrt auf der rechten Seite führt zur **Alten Reitschule**, die heute als Restaurant genutzt wird. Das Relief über dem Tor zeigt einen Cherubim, der den Kopf und die Stiefel eines besiegten Türken hochhält. Es ist ein Hinweis auf Adolf von Schwarzenberg, der die türkische Festung Raab im 16. Jh. eroberte. Von hier aus er-

## BÖHMISCH KRUMAU (ČESKÝ KRUMLOV)

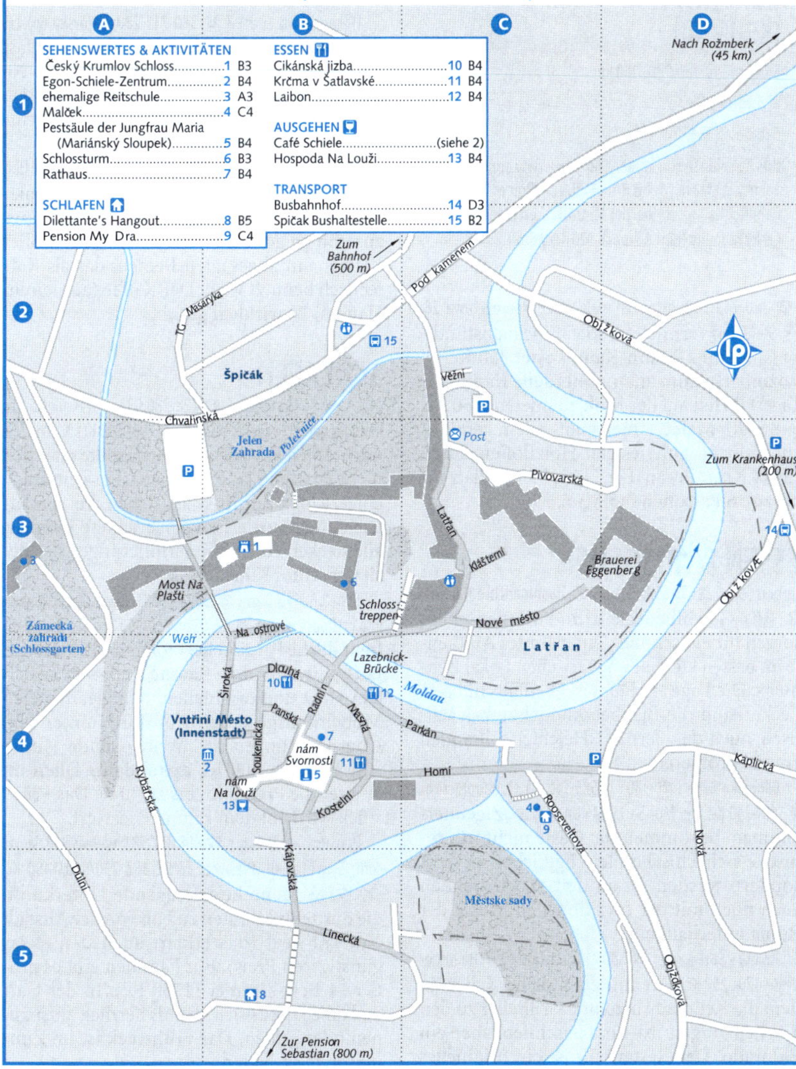


streckt sich der **Zámecká zahrada** (Schlossgarten) im italienischen Stil bis zum **Lustschloss Bellarie**.

Auf der anderen Seite der Moldau befindet sich der **Alte Marktplatz** (nám Svornosti) mit dem **Rathaus** aus dem 16. Jh. und der **Mariensäule** (Mariánský sloupek) von 1716.

Unterhalb des Platzes in einer ehemaligen Brauerei lohnt sich der Besuch der **Egon-Schiele-Galerie** (☎ 380 704 011; www.schieleartcentrum.cz; Široká 70–72; Erw./erm. 120/70 Kč; Di–So 10–18 Uhr): Die Galerie wurde im Jahr 1993 gegründet und bietet einen ausgezeichneten Rückblick auf die Arbeiten des Wiener Malers Egon Schiele (1890–1918), der 1911 nur für kurze Zeit in Krumau lebte. Er zog sich damals allerdings den Zorn der frommen Bewohner auf sich, weil er junge Mädchen aufforderte, sich als Aktmodell zur Verfügung zu stellen.

Im Sommer ist es schön, sich am Fluss zu vergnügen – und kühler außerdem. **Maleček**

## ANFAHRT: ČESKÝ KRUMLOV (KRUMAU)

**Entfernung von Prag** 180 km

**Richtung** Süden

**Fahrzeit** 3 Std.

**Bus** Reisebusse von Student Agency (www.student agency.cz) fahren 6- bis 8-mal tgl. vom Prager Busbahnhof Na Knižecí (bei der Metrostation Anděl) nach Český Krumlov (hin- & zurück 320 Kč; 3 Std.).

(☎ 380 712 508; http://en.malecek.cz; Rooseveltova 28; ⌚ 9–17 Uhr) vermietet Boote: Eine halbstündige Fahrt im 2-Mann-Kanu kostet 350 Kč. In Rožmberk kann man außerdem Kanus für Tagesfahrten auf der Moldau mieten (850 Kč, 6–8 Std.). Maleček bietet außerdem gemütliche Fahrten auf riesigen Holzflößen durch Český Krumlov an. Die Flöße bieten Platz für bis zu 36 Personen (45 Min., 290 Kč).

# ESSEN & AUSGEHEN

**Laibon** (☎ 728 676 654; Parkán 105; Hauptgerichte 100–200 Kč; Ⓥ) Gewölbedecken und Kerzenschein sorgen für ein schönes, entspanntes Ambiente im besten kleinen vegetarischen Lokal Böhmens. Die Lage am Fluss ist ebenfalls hübsch. Lecker sind die Blaubeerknödel zum Nachtisch, auch das Bernard-Hefebier sollte man einmal probieren.

**Cikánská Jizba** (☎ 380 717 585; Dlouhá 31; Hauptgerichte 100–240 Kč; ⌚ Mo–Sa 15–24 Uh r) Im „Zigeunerzimmer" bekommen die Gäste nicht nur typische tschechische Fleischgerichte serviert, sondern werden sie an den Wochenenden auch noch mit der traditionellen Musik der Roma unterhalten.

**Krčma v Šatlavské** (☎ 380 713 344; Horní 157; Hauptgerichte 120–250 Kč) Der mittelalterliche Keller, in dem die Kellner brutzelnde Grillteller zu den Tischen tragen, ist für Fleischliebhaber ein Eldorado. Das Restaurant ist ein originelles Labyrinth, das von Kerzen und flackernden Grillöfen beleuchtet wird.

**Hospoda Na Louži** (☎ 380 711 280; Kájovská 66) In dem holzvertäfelten Bierlokal hat sich seit fast einem Jahrhundert nichts geändert. Das Na Louži ist voller Einheimischer und Touristen, die das leckere, dunkle Eggenberg-Bier trinken, das im Ort gebraut wird.

**Café Schiele** (☎ 380 704 011; Široká 71; ⌚ 10–19 Uhr; 📶) Das hübsche Café gehört zur Kunstgalerie. Auf den alten Eichendielen stehen bunt zusammen gewürfelte Möbel und ein großes Klavier mit abgesägten Beinen, das als Kaffeetisch benutzt wird. Der Kaffee (aus fairem Handel) ist wirklich gut.

# SCHLAFEN

**Dilettante's Hangout** (☎ 728 280 033; www.dilettantes hangout.com; Plesivecke nám 93; Zi. 790–890 Kč) Von der nüchternen Fassade des Hotels sollte man sich nicht täuschen lassen: Innen ist es gemütlich eingerichtet. Zur Auswahl stehen drei romantisch und künstlerisch eingerichtete Zimmer, alle stecken voller Reiseerinnerungen des Besitzers, eines Künstlers.

**Pension Myší Díra** (☎ 380 712 853; www.ceskykrumlov-info.cz; Rooseveltova 28; EZ/DZ ab 790/990 Kč; Ⓟ 💻) Die freundliche Pension liegt toll mit Blick auf den Fluss; die hübschen Räume sind mit viel hellem Holz und originellen, handgearbeiteten Möbeln ausgestattet. Komfortzimmer und Übernachtungen am Wochenende (Juni–Aug.) kosten 300 Kč extra, dafür fallen im Winter die Preise um bis zu 40 %. Das Frühstück wird auf dem Zimmer serviert.

**Pension Sebastian** (☎ 608 357 581; www.sebastianck.com; 5 Května Ul, Plešivec; EZ/DZ/3BZ 790/990/1490 Kč; 🚭 📶 👶) Eine hervorragende Unterkunft, die nur zehn Minuten zu Fuß von der Altstadt entfernt liegt (das erklärt auch den etwas günstigeren Preis). Für Familien gibt es größere 4-Bett-Zimmer (1780 Kč). In der Gartenlaube lässt es sich abends herrlich entspannen oder grillen. Das Frühstück ist im Zimmerpreis enthalten.

# VERKEHRSMITTEL & -WEGE

Prag liegt im Herzen Europas und ist gut mit Flugzeug, Bahn und Auto erreichbar. Die Stadt hat ein hervorragend ausgebautes öffentliches Nachverkehrssystem mit gut getakteten Straßenbahnen, Metros und Bussen. Und die historische Altstadt ist klein genug, um sie bequem zu Fuß zu entdecken.

## AUTO & MOTORRAD

Autofahren in Prag ist eine stressige Angelegenheit – vor allem in den schmalen und kurvigen Straßen im Stadtzentrum. Wer sich zurechtfinden (oder legal parken) möchte, muss den Kampf gegen unzählige Straßenbahnen, Busse, andere Fahrer, Fahrräder und Fußgänger aufnehmen. Da sollte man das Auto vielleicht besser zu Hause lassen.

Der Prager Informationsservice (PIS; s. S. 275) gibt eine Broschüre namens *Transport Guide* mit vielen nützlichen Tipps für Autofahrer heraus, der u. a. Infos zu Pannendiensten, Autowerkstätten und wichtige Hinweise zum Parken enthält (s. auch S. 260).

### Fahren

Straßenbahnen dürfen in Prag ausschließlich rechts überholt werden – und das auch nur, wenn sie gerade in Bewegung sind. Wenn Passagiere ein- oder aussteigen und keine Passagierinsel vorhanden ist, muss man hinter Straßenbahnen grundsätzlich anhalten. Straßenbahnen haben auch dann Vorfahrt, wenn sie bei einer angekündigten Richtungsänderung den eigenen Weg kreuzen.

Im Falle eines Unfalls gilt: Bei Sachschäden von über 20 000 Kč oder Personenschäden immer sofort die Polizei verständigen! Und wenn man mit dem eigenen Fahrzeug unterwegs ist, ist es sogar sinnvoll, selbst kleine Schäden zu melden: Der polizeiliche Versicherungsbericht vermeidet dann Schwierigkeiten bei der Ausreise.

Der **ÚAMK** (Zentraler Auto- & Motorradclub; Karte S. 62 f.; ☎ 261 104 111; www.uamk.cz; Na Strži 9, Nusle) leistet landesweit Pannenhilfe rund um die Uhr – bei Pannen ☎ 1230 anrufen (oder ☎ +420 21230 vom Handy). Weil er der Alliance Internationale de Tourisme und der Fédération Internationale de l'Automobile angeschlossen ist, arbeitet der ÚAMK mit nationalen Automobilverbänden der ganzen Welt zusammen (z. B. auch mit dem ACAC) und hilft deren Mitgliedern zu ungefähr den gleichen Konditionen. Wer nirgends Mitglied ist, muss alle Servicekosten selbst tragen.

## KLIMAWANDEL & REISEN

Der Klimawandel stellt eine ernste Bedrohung für unsere Ökosysteme dar. Zu diesem Problem tragen Flugreisen immer stärker bei. Lonely Planet sieht im Reisen grundsätzlich einen Gewinn, ist sich aber der Tatsache bewusst, dass jeder seinen Teil dazu beitragen muss, um die globale Erwärmung zu verringern.

### Fliegen & Klimawandel

Fast jede Art der motorisierten Fortbewegung erzeugt $CO_2$ (die Hauptursache für die globale Erwärmung), doch Flugzeuge sind mit Abstand die schlimmsten Klimakiller – nicht nur wegen der großen Entfernungen und der entsprechend großen $CO_2$-Mengen, sondern auch weil sie diese Treibhausgase direkt in hohen Schichten der Atmosphäre freisetzen. Die Zahlen sind erschreckend: Zwei Personen, die von Europa in die USA und wieder zurück fliegen, erhöhen den Treibhauseffekt in demselben Maße wie ein durchschnittlicher Haushalt in einem ganzen Jahr.

### Emissionsausgleich

Die englische Website www.climatecare.org und die deutsche Internetseite www.atmosfair.de bieten sogenannte $CO_2$-Rechner. Damit kann jeder ermitteln, wie viel Treibhausgase seine Reise produziert. Das Programm errechnet den zum Ausgleich erforderlichen Betrag, mit dem der Reisende nachhaltige Projekte zur Reduzierung der globalen Erwärmung unterstützen kann, beispielsweise Projekte in Indien, Honduras, Kasachstan und Uganda.

Lonely Planet unterstützt gemeinsam mit Rough Guides und anderen Partnern aus der Reisebranche das $CO_2$-Ausgleichs-Programm von climatecare.org. Alle Reisen von Mitarbeitern und Autoren von Lonely Planet werden ausgeglichen.

Weitere Informationen gibt's auf www.lonelyplanet.com.

## Mietwagen

Alle großen internationalen Autovermieter haben Büros im Stadtzentrum und bieten am Flughafen die Möglichkeit, Fahrzeuge zu übernehmen bzw. abzugeben. Die Tarife beginnen bei rund 1900/6600 Kč pro Tag/Woche für einen Škoda Fabia (unbegrenzte Kilometer, Vollkasko und Mehrwertsteuer (auf Tschechisch DPH).

Kleine lokale Vermieter wie Secco, Vecar und West Car Praha bieten bessere Tarife, haben leider aber nicht immer fließend Englisch sprechende Mitarbeiter – um Sprachschwierigkeiten aus dem Weg zu gehen, bucht man bei diesen Firmen statt über das Telefon lieber über die Homepage. Für einen Škoda Fabia liegt die Tagesmiete bei 600–900 Kč – einschließlich unbegrenzter Kilometerzahl, Vollkasko und Mehrwertsteuer.

**A-Rent Car/Thrifty** (Karte S. 118 f.; ☎ 224 233 265; www.arentcar.cz; Washingtonova 9, Nové Město; Ⓜ Muzeum)

**Avis** (Karte S. 116; ☎ 810 777 810; www.avis.cz; Klimentská 46, Nové Město; 🚋 5, 8, 14)

**CS-Czechocar** (Karte S. 128; ☎ 261 222 079; www.czechocar.cz; Congress Centre, 5.května 65, Vyšehrad; Ⓜ Vyšehrad)

**Europcar** (Karte S. 96 f.; ☎ 224 811 290; www.europcar.cz; Elišky Krásnohorské 9, Staré Město; 🚋 17)

**Hertz** (☎ 225 345 000; www.hertz.cz; Hotel Diplomat, Evropská 15, Dejvice; Ⓜ Dejvice)

**Secco Car** (Karte S. 144 f.; ☎ 220 802 361; www.seccocar.cz; Přístavní 39, Holešovice; 🚋 1, 3, 12, 15, 25)

**Vecar** (Karte S. 144 f.; ☎ 603 419 343; www.vecar.cz; Svatovítská 7, Dejvice; Ⓜ Dejvická)

**West Car Praha** (Karte S. 62 f.; ☎ 235 365 307; www.westcarpraha.cz; Veleslavínská 17, Veleslavín; 🚋 20, 26)

## Parken

Das Parken war in Prag schon immer ein Problem, in den letzten Jahren hat sich die Situation jedoch etwas entspannt. Die Stadt ist in Parkzonen aufgeteilt, was praktisch bedeutet, dass nur noch Anwohner im Bezirk Prag 1 (Staré Město, Malá Strana, Nové Město und Hradčany), Prag 2 (Teile von Nové Město, Vyšehrad und Vinohrady), Prag 3 (Žižkov) und Prag 7 (Holešovice und Letná) parken dürfen. Besucher und alle Nicht-Anwohner können in allen anderen Stadtteilen gratis parken, finden dort aber so gut wie keinen freien Parkplatz. In den oben genannten Distrikten dürfen Nicht-Anwohner ihr Fahrzeug auf keinen Fall in den mit blauen Linien markierten Straßenabschnitten abstellen! Lediglich da, wo weiße Linien Parkplätze markieren, befinden sich kostenpflichtige Parkplätze – oft mit einer zeitlichen Begrenzung auf zwei bis sechs Stunden.

In der Zone Prag 1 gibt es quasi nur blaue Zonen (Anwohner-Parkplätze), einige wenige weiße kostenpflichtige Parkplätze finden sich in den Straßen rund um das InterContinental Hotel, außerdem gibt es Parkgaragen im InterContinental, im Kaufhaus Kotva sowie einigen weiteren Gebäuden, die Parkgebühr von 100 Kč pro Stunde addiert sich allerdings schnell zu einer größeren Summe auf. Wer trotz dieser Informationen immer noch plant, mit dem eigenen Fahrzeug nach Prag zu reisen, sollte vorab das Thema Parken mit dem Hotel abklären. Viele Unterkünfte bieten Parkplätze an – die Kosten belaufen sich auf 200–300 Kč pro Nacht. Billiger ist die Nutzung der Park & Ride'-Parkplätze in der Nähe der Metrostationen in den Vororten. Dazu zählen die Parkplätze an den Haltestellen Skalka (Metrolinie A) sowie Zličín, Nové Butovice, Palmovka, Rajská Zahrada, Černý Most (alle Metrolinie B). An der Linie C empfehlen sich die Parkplätze der Metrostationen Nádraží Holešovice, Ladví und Opatov.

Als Strafe für illegales Parken wird das Fahrzeug in der Regel mit einer Kralle versehen oder – noch schlimmer – man findet es gar nicht mehr an der geparkten Stelle, sondern muss es auf einem Polizei-Parkplatz abholen, weil es abgeschleppt wurde. Die Folgen: Ein paar Stunden Verwaltungsaufwand und ein Bußgeld um die 1500 Kc.

# BUS

Prag hat zwei Hauptbusbahnhöfe. Alle internationalen und nationalen Langstreckenbusse (und viele Regionalbusse) nutzen den renovierten und kundenfreundlichen Busbahnhof **Florenc** (ÚAN Praha Florenc; Karte S. 140 f.; Křižíkova 4, Karlín). Regionalbusse mit Zielen im Nordosten Tschechiens (z. B. Mělník; s. S. 248) fahren vom Busbahnhof **Holešovice** (ÚAN Praha Holešovice; Karte S. 144 f.; Vrbenského, Holešovice) ab.

International agierende Busgesellschaften wie **Eurolines** (Karte S. 116; ☎ 245 005 245; www.elines.cz) und die hervorragende **Student Agency** (Karte S. 116; ☎ 800 100 300; www.studentagency.cz) haben beide Büros im Busbahnhof, alternativ kann die Fahrkarte auch online gekauft werden.

Die Busfahrpläne der Lokal- und Regionalbusse gibt es unter www.vlak-bus.cz bzw. der Telefonnummer ☎ 900 144 444 – auch auf

## VOM FLUGHAFEN IN DIE STADT

Wer vom Flughafen in die Stadt fahren will, kauft sich am Busschalter (Praha Dopravní podnik hlavního město Praha; DPP) in der Ankunftshalle eine Fahrkarte (26 Kč), steigt dann in die Buslinie 119 (20 Min., alle 10 Min., 4–24 Uhr) und fährt bis zur Endhaltestelle (Dejvická). Von dort geht die Fahrt mit der Metro ins Stadtzentrum weiter (10–15 Min., kein neues Ticket erforderlich). Wenn das Gepäck die Maße 25 cm x 45 cm x 70 cm überschreitet, muss ein zweites Ticket zum halben Preis (13 Kč) gekauft werden. Wer in den Westteil der Stadt möchte, nimmt Buslinie 100, die zur Metrostation Zličín fährt. Die Alternative ist der Airport Expressbus (50 Kč, 35 Min., alle 30 Min., 5–22 Uhr), der zum Hauptbahnhof Praha hlavní nádraží fährt. Dort kann man in die Metro-Linie C umsteigen. Den Fahrschein verkauft der Busfahrer, der Gepäcktransport ist gratis.

Eine weitere Möglichkeit ist der Cedaz-Minibus (☎ 221 111 111; www.cedaz.cz), der vor dem Ankunftsbereich zum Büro von Czech Airlines (Karte S. 116) in der Nähe des Náměstí Republiky (120 Kč, 20 Min., alle 30 Min., 7.30–19 Uhr) startet; das Ticket verkauft der Fahrer. Auf Wunsch ist es möglich, bereits vorher an der Metro-Haltestelle Dejvická (90 Kč) auszusteigen oder sich mit dem Cedaz-Minibussen direkt zum Hotel oder jeder beliebigen Adresse im Stadtzentrum fahren zu lassen (1–4 Pers. 480 Kč, 4–8 Pers. 680 Kč) – die Fahrt wird vorab am Schalter von Cedaz in der Ankunftshalle bezahlt. Der Prague Airport Shuttle (☎ 777 777 237; www.prague-airport-shuttle.cz) bietet einen vergleichbaren Service an.

Airport Cars (☎ 220 113 892; www.airport-cars.cz) ist ein rund um die Uhr arbeitender Taxidienst – für die Fahrt ins Prager Stadtzentrum werden 500–650 Kč verlangt. In der Regel sprechen die Fahrer etwas Englisch bzw. Deutsch, bezahlt werden kann auch mit Kartekarte (Visa).

Deutsch. Die Fahrkarten werden direkt beim Fahrer an Bord des Busses gekauft. Weitere Details stehen auf S. 262.

## FAHRRAD

Radfahrer haben es schwer in Prag. Es herrscht dichter Verkehr, die Straßenbahngleise sind gefährlich und es gibt Hügel und Kopfsteinpflasterstraßen. Dennoch wird das Radfahren immer beliebter und die Stadt hat mittlerweile ein etwa 260 km langes, beschildertes Wegenetz.

Die Vorderreflektoren und das Frontlicht eines Fahrrads müssen weiß sein, hinten ist neben roten Reflektoren ein ebenfalls rotes Blinklicht erforderlich. Auch Klingel, Schutzbleche und Pedalreflektoren dürfen nicht fehlen. Verstöße werden mit bis zu 1000 Kč bestraft. Für Radfahrer bis zum Alter von 15 Jahren besteht Helmpflicht.

Radler ab zwölf Jahren dürfen maximal zwei Drahtesel in der Metro mitnehmen. Bikes können im letzten Waggon in der Nähe der Hintertür verstaut werden, allerdings nur wenn der Wagen nicht voll besetzt ist oder hier schon ein Kinderwagen steht.

Weitere Infos zum Radfahren und zur Fahrradvermietung siehe S. 267.

## FLUGZEUG

### Flughafen

Der Flughafen Prag (Letiště Praha; außerhalb von Karte S. 62 f.; Flugplan ☎ 220 113 314; www.csl.cz) liegt 17 km westlich der Innenstadt und ist das Drehkreuz der Staatslinie Czech Airlines (ČSA; Karte S. 116; ☎ 239 007 007; www.csa.cz; V Celnici 5, Nové Město), die von Prag aus viele Direktflüge in die wichtigsten Städte Europas anbietet, z. B. nach Berlin, Düsseldorf, Frankfurt/Main, Hamburg, Hannover Köln, Stuttgart und Zürich.

Prags Flughafen besitzt zwei internationale Terminals: Terminal Nord 2 ist für Flüge in/von Schengen-Staaten (die meisten EU-Länder und mittlerweile auch die Schweiz) zuständig. Terminal Nord 1 fertigt Flüge in/von Ländern außerhalb des Schengener Geltungsbereichs ab.

In beiden Terminals sind Ankunfts- und Abflugshalle auf derselben Ebene. In der Ankunftshalle gibt es Wechselstuben, Geldautomaten, Hotelagenturen, Mietwagenfirmen, Taxischalter und eine rund um die Uhr offene Gepäckaufbewahrung (120 Kč pro Stück & Tag). In der Abflughalle sind Restaurants und Bars, Infoschalter, Büros der Fluglinien, eine Wechselstube und Reisebüros. Wer die Sicherheitskontrolle hinter sich hat, kann Läden, Restaurants und Bars aufsuchen sowie Internetzugang und WLAN nutzen.

Eine Post (🕑 Mo–Fr 8–22, Sa & So Mo–Fr 9–17 Uhr) befindet sich im Verbindungsgebäude zwischen den Terminals 1 und 2.

## ÖFFENTLICHE VERKEHRSMITTEL

Prags hervorragend organisiertes ÖPNV-System kombiniert Metro, Straßenbahn, und Bus. Die Betreibergesellschaft Dopravní podnik hlavního mìsto Prahy (DPP; ☎ 800 19 18 17; www.dpp.cz)

## DIE DINGE ÄNDERN SICH

Die Informationen in diesem Kapitel sind ständigen Änderungen unterworfen. Es empfiehlt sich deshalb, direkt bei der Fluglinie oder dem Reisebüro nach Fahrpreisen und Tickets sowie den aktuellen Sicherheitsbestimmungen zu fragen. Ein Vergleich der Preise und Bedingungen lohnt sich. Detaillierte Angaben in diesem Kapitel sollten nur als Richtlinien, nicht aber als Ersatz für eigene sorgfältige Recherchen verstanden werden.

unterhält Infoschalter am Flughafen Ruzyně (7–22 Uhr) und in diesen vier Metrostationen: Muzeum (7–21 Uhr), Můstek, Anděl und Nádraží Holešovice (alle 7–18 Uhr). Dort bekommt man neben Fahrkarten und Informationen auch mehrsprachige Nahverkehrspläne, Karten mit Nachtverbindungen *(noční provoz)* und detaillierte Infobroschüren zum gesamten Netz.

In Metrozügen, in neueren Straßenbahnen und in Bussen informiert ein elektronisches Display über die Liniennummer und den nächsten Halt. Zusätzlich kündigt eine digitale Banddurchsage alle Bahnhöfe und Haltestellen an. Sobald Züge, Straßenbahnen oder Busse anfahren, ertönen die Durchsagen *„Příští stanice ...“* („Nächste Station ...“) oder *„Příští zastávka ...“* („Nächster Halt ...“), eventuell ergänzt durch den Hinweis *„přestupní stanice“* („Umsteigebahnhof“). In den Metrostationen weisen Schilder den Weg zum *výstup* (Ausgang) oder zu einem *přestup* (Umsteigegleis).

Die Metro fährt von 5 bis 24 Uhr auf drei Linien: Linie A fährt von Dejvická im Nordwesten der Stadt nach Skalka im Osten, Linie B von Zličín im Südwesten nach Černý Most im Nordosten und Linie C von Ladví im Norden nach Háje im Südosten. In der Station Muzeum treffen die Metrolinien A und C aufeinander. In Florenc schneiden sich die Linien B und C und in Můstek kreuzt Linie A die Linie B.

Nach Betriebsschluss der Metro rumpeln die Nachtlinien der Straßenbahnen (51–58) und -busse (501–512) weiter durch die Straßen der Stadt (alle 40 Min.); es gelten nur Fahrkarten zu 26 Kč. Nachtschwärmer sollten prüfen, ob eine der Linien in der Nähe ihrer Unterkunft hält.

### Fahrkarten

Bevor man in Bus, Straßenbahn oder Metro steigt, muss man ein Ticket kaufen. Automaten stehen an Metrostationen und großen Straßenbahnhaltestellen, an Zeitungsständen, in „Trafiky“-Shops, PNS-Kiosken und Hotels, in den PIS-Touristeninformationen (s. S. 275), an Ticketschaltern in den Metrostationen und bei Infostellen der DPP. Die Tickets gelten für Busse, Straßenbahnen, die Metro und die Seilbahn auf den Laurenziberg.

Eine Netzkarte *(přestupní jízdenka)* kostet 26/13 Kč für Erwachsene/Kinder zwischen sechs und 15 Jahren; Kinder unter sechs fahren kostenlos. Für Gepäck größer als 25 x 45 x 70 cm braucht man zusätzlich eine Fahrkarte für 13 Kč. Vor dem Einsteigen muss man das Ticket entwerten, indem man es in einen der Automaten am Eingang zu den Metrostationen, im Bus oder in der Straßenbahn steckt. Sie stempeln Datum und Uhrzeit auf die Karte. Ab diesem Zeitpunkt sind Netzkarten 75 Minuten lang gültig. Auch Umsteigetickets gelten so lange. Innerhalb dieser Zeitspanne kann man zwischen allen Verkehrsmitteln beliebig umsteigen – das Ticket muss nicht erneut entwertet werden!

Kurzstreckentickets (18/9 Kč) gelten 20 Minuten für Busse und Straßenbahnen (oder max. 5 Metrostationen). Umsteigen ist damit nicht möglich (ausgenommen Metrolinien), und auch in der Laurenziberg-Standseilbahn und den Nachtbussen (501 bis 512) und -straßenbahnen (51 bis 58) sind sie nicht gültig.

Man kann auch eine 24 Stunden (100 Kč) oder drei/fünf Tage (330/500 Kč) gültige Karte kaufen. Die letztgenannten gelten für einen Erwachsenen und ein Kind zwischen sechs und 15 Jahren. Man muss sie vor der ersten Fahrt entwerten; wenn sie zweimal gestempelt werden, sind sie ungültig. Wer eine solche Fahrkarte hat, muss für Gepäckstücke nicht extra bezahlen.

Wer ohne gültigen Fahrschein angetroffen wird, muss sofort 500 Kč berappen (100 Kč, wenn man kein Ticket für Gepäck hat). Die in Zivil gekleideten Kontrolleure zeigen eine gold-rote Marke vor, wenn sie nach der Fahrkarte fragen. Einige verlangen von Ausländern höhere Summen und streichen dann die Differenz ein. Vor dem Bezahlen eine Quittung *(doklad)* verlangen!

## SCHIFF

Auf S. 268 finden sich nutzdienliche Informationen zum Schiffsverkehr auf der Moldau zwischen der Prager Innenstadt und Troja (z. B. für den Besuch des Zoos oder aber von Schloss Troja; s. S. 154).

## TAXI

Der Stadtrat hat etwas gegen die berüchtigten Taxifahrer unternommen und ein Netz von Taxiständen errichtet, an denen rot-gelbe Schilder die Fahrpreise zwischen den Stadtteilen zeigen. Für lizenzierte Taxis beträgt der Grundpreis 40 Kč plus 28Kč pro Kilometer und 6 Kč pro Minute beim Warten. Somit kostet eine Fahrt im Zentrum – z. B. vom Wenzelsplatz zur Kleinseite – rund 170 Kč. Eine Fahrt in die Außenbezirke dürfte 400 bis 500 Kč kosten, zum Flughafen zwischen 500 und 650 Kč. Fahrten außerhalb Prags unterliegen keiner Regelung. Den Preis sollten Sie vorher aushandeln!

Wer auf der Straße ein Taxi anhält, riskiert zumindest in einer Touristengegend, einen überhöhten Fahrpreis zu zahlen. Die Taktik der Fahrer ist meist, einen „Maximalpreis" anzugeben und so lange herumzufahren, bis das Taxameter diesen Höchstpreis anzeigt.

Es ist besser, telefonisch ein Taxi zu bestellen als eines anzuhalten, weil die Fahrer dann kontrolliert werden. Die folgenden Unternehmen dürften ehrliche Fahrer haben (von denen die meisten etwas Englisch sprechen) und sind rund um die Uhr erreichbar:

**AAA Radio Taxi** (☎ 14014; www.aaaradiotaxi.cz)

**Airport Cars** (☎ 220 113 892; www.airport-cars.cz)

**City Taxi** (☎ 257 257 257; www.citytaxi.cz)

**ProfiTaxi** (☎ 14015; www.profitaxi.cz)

## ZUG

Der Zugverkehr wird von der privatisierten Tschechischen Bahn **České dráhy** (ČD; www.cd.cz) betrieben, auf der Internetseite www.vlak-bus.cz findet sich ein Online-Fahrplan. Infos zum städtischen Metro-Zugnetz stehen auf S. 261.

### Anreise mit dem Zug

Viele Fernzüge aus dem Ausland kommen im Hauptbahnhof Praha hlavní nádraží (Karte S. 118 f.) an, einige Züge halten allerdings nur am Bahnhof Praha-Holešovice (Karte S. 144 f.) im Norden der Stadt (dazu zählen auch einige Züge aus Berlin, Wien und Budapest), andere am Bahnhof Praha-Smíchov (Karte S. 62 f.) im Süden. Alle drei Bahnhöfe haben jeweils eine eigene Metrostation, was die Weiterreise erleichtert. Der Bahnhof Masarykovo nádraží (Karte S. 116) liegt zwei Blocks nördlich des Hauptbahnhofs und ist Endstation der Inlandszüge. (Wichtig zu wissen: Der Bahnhof Praha hlavní nádraží wird derzeit umfassend saniert, nach der Fertigstellung kann sich einiges an der Aufteilung ändern.) Nach der Ankunft im Bahnhof Praha hlavní nádraží geht es vom Gleis durch eine Unterführung zur Ebene 3 des aus vier Ebenen bestehenden Gebäudekomplexes. Eine Treppe führt zu Ebene 2, dort befindet sich neben dem Metroeingang am südlichen (linken) Ende der Haupthalle der Schalter der **PIS-Touristeninformation** (🕑 Mo–Fr 9–19, Sa & So 9–17 Uhr).

Am Nordende des Haupthalle gibt es die rund um die Uhr geöffnete **Gepäckaufbewahrung** (úschovna; pro Gepäckstück und Tag 15 oder 30 Kč) und **Schließfächer** (60 Kč), die mit 5-, 10- und 20-Kč-Münzen bestückt werden können.

Auf Ebene 2 gibt es vier Eingänge zur Metrostation – die beiden nahe der Treppe zur Ebene 3 führen zum Bahnsteig Richtung Norden (Letňany), die zwei in der Nähe der Ausgänge nach Süden (Háje). Infos und Tickets für den ÖPNV bekommt man an den DPP-Schaltern neben den Eingängen zur Metro nach Süden. An beiden Enden der Ebene gibt es Taxistände. Die nächste Straßenbahnhaltestelle (Linien 5, 9 & 26) ist rechts vom Ausgang der Ebene 2 am Ende des Parks.

Man sollte möglichst nicht nachts ankommen – der Bahnhof ist zwischen 0.40 und 3.40 Uhr geschlossen und in der Umgebung treiben sich neben Taschendieben oft auch einige Betrunkene herum.

### Abreise mit dem Zug

Fahrkarten für Zugfahrten ins Ausland können vorab in den Bahnhöfen und den Reise-

#### NICHT SCHIMPFEN ...

...über die sich ewig ändernden Prager Straßenbahn- und Busfahrpläne. Der Bau der Stadtumfahrung – vor allem rund um die Metrostration Hradčanská – sorgt bei allen Besuchern und Einheimischen für Verwirrung. Straßenbahnen verschwinden einfach so, andere fahren plötzlich auf neuen Routen, und einige fahren, Gott sei Dank, sogar nach wie vor auf ihren alten Strecken. Ein System ist nicht dahinter zu erkennen. Als kleines Trostpflaster versuchen die Leute vom Prager Nahverkehr alle Änderungen auf ihrer Webseite zu veröffentlichen (www.dpp.cz), für Auswärtige ist es aber schwer, das System zu durchschauen und die richtigen Schlüsse daraus zu ziehen. Deshalb der Tipp: Wer eine Straßenbahn fahren sieht, sollte – wenn möglich – gleich einsteigen und die Fahrt genießen.

*Mark Baker*

## WOHIN DES WEGS?

Die Angestellten an den internationalen Schaltern der Prager Bahnhöfe sprechen meist wenigstens ein bisschen Englisch, das Personal an den Regionalschaltern dagegen kaum. Um den Fahrkartenkauf zu beschleunigen und Missverständnisse zu vermeiden, händigen Reisende ihr Anliegen dem zuständigen Mitarbeiter am besten in schriftlicher Form aus (funktioniert so natürlich auch bei Bustickets).

Das sollte so aussehen:

- *z:* Ausgangsbahnhof, z. B. PRAHA
- *do:* Zielbahnhof, z. B. KARLŠTEJN
- *čas:* Abfahrtzeit
- *datum:* Datum; für den 20. Mai um 14.30 Uhr sollte man z. B. schreiben: „14.30h. 20/05". Oder einfach *dnes* (heute)
- *osoby:* Anzahl der Passagiere
- *jednosměrný* (einfache Strecke) oder *zpáteční* (hin & zurück)

Wer Plätze in einem EC oder IC reserviert hat, sollte zudem noch *1. třídá* oder *2. třídá* (1. od. 2. Klasse) und *okno* (Fenster) oder *chodba* (Gang) hinzufügen.

Bei einfacher Fahrtstrecke und Entfernungen über 50 km sind Regionalzugtickets ab dem Kaufzeitpunkt 24 Stunden lang gültig – bei weniger als 50 km aber nur bis 6 Uhr am nächsten Tag. Achtung: Regionalzugtickets mit Rückfahrt (rund 10 % teurer als die einfache Fahrt) gelten nur 48 Stunden ab dem Kaufzeitpunkt. Wer länger als zwei Tage unterwegs ist, muss also zwei Einzeltickets kaufen.

büros **ČD Travel** (Karte S. 118 f.; ☎ 972 243 071; Pasáž Broadway, Na příkopě 31, Nové Město) und **Čedok** (Karte S. 118 f.; ☎ 221 447 242; www.cedok.com; Na Příkopě 18, Nové Město) erstanden werden.

Im Hauptbahnhof befinden sich die Fahrkartenschalter im Untergeschoss. Informationen für Fahrten ins Ausland gibt es an dem Schalter mit dem dunkelblauen Zeichen (auf der rechten Seite) und beim Informationscenter des Reisebüros ČD Travel (auf der linken Seite). Dort finden sich außerdem interaktive elektronische Fahrpläne, die auch online über www.vlak.cz einsehbar sind.

Die riesige elektronische Anzeigetafel in der Haupthalle bietet folgende Informationen: *vlak* (Zugart – EC steht für internationale, IC für nationale Verbindungen), *čislo* (Zugnummer), *doprav* (Gesellschaft), *cilová stanice* (Endstation), *směr jízdy* (via), *odjezd* (Abfahrtszeit), *našt* (Gleis) und *zpoz'vdení* (Verspätungen).

Inlandsfahrkarten *(vnitrostátní jízdenky)* sind am Schalter mit dem hellblauen Zeichen auf der linken Seite in der Halle im Tiefgeschoss erhältlich, Reservierungen für Zugfahrten ins Ausland *(mezínárodní rezervace)* und der Kauf von Fahrkarten ins Ausland *(mezínárodní jízdenky)* können an den Schaltern mit dem dunkelblauen Schild (rechts) vorgenommen werden.

## ARBEITEN IN PRAG

Die Arbeitslosenquote in der Tschechischen Republik ist Anfang 2010 auf 10 % angestiegen (die offizielle Rate für Prag liegt bei rund 4 %, realistischerweise aber wahrscheinlich noch etwas darüber) – ausländische Jobsuchende finden am ehesten in den Bereichen Englischunterricht, IT, Finanzen, Immobilien und Management einen Job. Der Wettbewerb ist hart, entsprechend schwer tun sich Ausländer.

EU-Bürger dürfen ohne spezielle Genehmigung in Tschechien arbeiten, Schweizer brauchen eine Arbeitserlaubnis. Die vielen Prager Sprachschulen suchen immer wieder Lehrkräfte für kurz- und längerfristige Beschäftigungsverhältnisse; man kann sein Glück auch bei den vielen Restaurants, Bars und Hostels versuchen, die von Auswanderern betrieben werden. Beschäftigungsmöglichkeiten bieten auch ausländische Firmen; besonders in den Bereichen Investmentbanking, Immobilienwirtschaft, IT und Management werden bei entsprechender Qualifikation häufig Ausländer eingestellt. Auf eine solche Stelle bewirbt man sich aber besser von zu Hause aus und nicht erst, wenn man bereits vor Ort ist.

Über den aktuellen Arbeitsmarkt informieren Websites wie z. B. www.jobs.cz, www.expats.cz und www.prague.tv. Auch ein Blick auf die Stellenanzeigen in der Prague Post (www.praguepost.cz) kann sich lohnen.

### Geschäftskontakte

Prager Kongress- und Messebüro (☎ 224 235 159; www.pragueconvention.cz; Rytířská 26, Staré Město, 110 00 Prag)

Tschechische Handelskammer (Karte S. 62 f.; ☎ 296 646 112; www.komoracz.eu; Freyova 27, Vysočany, 190 00 Prag)

## BOTSCHAFTEN & KONSULATE

Österreich (Karte S. 152; ☎ 257 090 511; www.bmeia.gv.at/botschaft/prag.html, Deutsch & Tschechisch; Viktora Huga 10, Smíchov)

Deutschland (Karte S. 82 f.; ☎ 257 113 111; www.deutschland.cz, Deutsch & Tschechisch; Vlašská 19, Malá Strana)

Schweiz (☎ 220 400 611; www.eda.admin.ch/prag; Pevnostni 7, Dejvice)

## ERMÄSSIGUNGEN

Die Prague Card fungiert sowohl als Eintrittskarte als auch als Ticket für die öffentlichen Verkehrsmittel. Die Eintrittskarte ist ein Jahr gültig, die Fahrkarten nur einen Tag, an dem dann Metro, Straßenbahn und Busse unbegrenzt genutzt werden dürfen. Die Karte gewährt freien oder ermäßigten Eintritt zu 60 Sehenswürdigkeiten, darunter auch die Prager Burg, das Alte Rathaus, das Nationalmuseum, der Petřín-Aussichtsturm und der Vyšehrad. Nicht eingeschlossen im Verbund ist das Jüdische Museum der Stadt.

Der Pass kostet 36/25 € (926/643 Kč) pro Erwachsener/Kind und ist in allen Touristeninformationen erhältlich, außerdem am Audio-Guide-Schalter in der Prager Burg, in den Reisebüros von Čedok und in vielen Hotels. Online kann die Karte über www.praguecitycard.com bestellt werden.

## FEIERTAGE & FERIEN

Banken, Ämter, Kaufhäuser und einige Läden bleiben an staatlichen Feiertagen geschlossen. Viele Restaurants, Museen und Sehenswürdigkeiten haben dann aber geöffnet, schließen aber teilweise am ersten Werktag nach einem Feiertag (s. auch S. 16).

Neujahr 1. Januar

Ostermontag März/April

Tag der Arbeit 1. Mai

Tag der Befreiung Prags 8. Mai

Tag der Slawenapostel Kyrill & Method 5. Juli

Todestag von Jan Hus 6. Juli

Tag des böhmischen Landespatrons Wenzel 28. September

Gründungstag der Tschechoslowakei 28. Oktober

Tag des Kampfes für Freiheit & Demokratie 17. November

Heiligabend 24. Dezember

1. Weihnachtstag 25. Dezember

2. Weihnachtstag (Stefanitag) 26. Dezember

## FRAUEN UNTERWEGS

Als Frau ohne Begleitung unterwegs zu sein, ist in Prag so sicher (oder gefährlich) wie in vielen anderen europäischen Großstädten.

Nach Einbruch der Dunkelheit sollte frau den Park vor dem Prager Hauptbahnhof möglichst meiden. Das Gebiet rund um die Kreuzung Wenzelsplatz/Na Příkopě verwandelt sich bei Nacht in einen regelrechten Rotlichtbezirk. Die Prager Sexindustrie boomt – dafür sorgen zahlreiche Stripteaseclubs, Tabledance-Schuppen, Bordelle und „Bordsteinschwalben". Am Wochenende torkeln dann auch betrunkene, oft grölendeMitglieder britischer Junggesellenabschiedsgruppen durch die Straßen rund um den Wenzelsplatz.

Leider gibt es kaum Einrichtungen für Frauen, etwa Beratungsstellen, Frauenhäuser oder Notdienste für Vergewaltigungsopfer. Der **Weiße Ring** (Karte S. 152; Bílý kruh bezpečí; ☎ 257 317 110; www.bkb.cz; U Trojice 2, Smíchov) ist die größte Organisation vor Ort – sie steht Verbrechensopfern mit Rat und Tat zur Seite.

# GELD

Die ursprünglich für 2010 geplante Euro-Einführung wurde bereits verschoben; derzeit gilt der 1. Januar 2012 als Zielmarke. Eine Tschechische Krone (*Koruna česká*, als „Kč" abgekürzt) setzt sich aus 100 Hellern (*haléřů*, „h") zusammen. Banknoten gibt's im Wert von 20, 50, 100, 200, 500, 1000, 2000 und 5000 Kč, Münzen zu 1, 2, 5, 10, 20 und 50 Kč.

Für öffentliche Toiletten und Straßenbahn-Ticketautomaten sollte man immer etwas Kleingeld in der Tasche haben. In Läden, Cafés und Bars bezahlt man am besten mit kleinen Scheinen – die 2000-Kč-Banknoten, die Geldautomaten oft ausspucken, bekommt man nur schwer gewechselt.

Hinweise zum Wechselkurs stehen auf der Umschlaginnenseite vorn.

## Geldwechsel

Am praktischsten und günstigsten ist es, an einem Geldautomaten *(bankomat)* oder am Bankschalter mit der Karte der eigenen Bank Bargeld abzuheben. Für die Abhebung am Geldautomaten berechnet die Bank in der Regel eine Gebühr (bis zu 5 € od. 1,5–2,5 %), dafür ist der Wechselkurs gut. Wer in seinem Urlaub ein paar Tausend Kronen abheben wird, zahlt unter Strich sicher weniger als mit Reiseschecks. Banken informieren über Gebühren und Maximalbeträge.

Reiseschecks eignen sich für einen Pragbesuch kaum. Sie können nur in Banken und Wechselstuben eingetauscht werden, Läden und Restaurants akzeptieren sie nicht.

Bargeld wechselt man am besten bei den großen tschechischen Banken: Komerční banka, Česká spořitelna, Československá obchodní banka (ČSOB) und UniCredit Bank. Sie verlangen normalerweise eine Kommission von 2 %, mindestens aber 50 Kč (stets nachfragen – die Kommission kann in jeder Filiale anders ausfallen). Mit einer Visa oder MasterCard bekommt man bei den Banken auch gebührenlos Bargeld. Hotels verlangen eine Kommission von 5 bis 8 %, Čedok-Reisebüros und Postfilialen 2 %.

Um die privaten Wechselstuben *(směnárna)* in den Touristengegenden sollte man einen Bogen machen. Sie locken mit attraktiven Wechselkursen, die aber nur für den „Verkauf" *(prodej* oder *prodajáme)* von Kronen gelten. Wer Euros umtauschen will, „kauft" *(nákup)*. Wer nur „kleine" Beträge wechselt (etwa weniger 500 €), bekommt oft einen noch viel mieseren Kurs. Also immer vorher gründlich prüfen und fragen, wie viele Kronen man bekommt, bevor man sein Geld aus der Hand gibt.

# GEFAHREN & ÄRGERNISSE

Prag ist so sicher wie alle anderen europäischen Hauptstädte, wenngleich durch den großen Kapitalzufluss die Kleinkriminalität stark zugenommen hat. Touristen haben es hauptsächlich mit Taschendieben zu tun. Deren bevorzugte Jagdgründe sind die Prager Burg (vor allem zur Wachablösung), die Karlsbrücke, der Altstädter Ring (in der Menschenmenge vor der Astronomischen Uhr), der Eingang zum Alten Jüdischen Friedhof, der Wenzelsplatz und der Hauptbahnhof. Langfinger lauern auch in der Metro (auf Rolltreppen besonders gut auf den Rucksack aufpassen) und in Straßenbahnen (besonders in den überfüllten Linien 9 und 22).

Auch wenn kein Grund zur Panik besteht, sollte man Wertsachen immer gut verstauen und in Menschenmengen und öffentlichen Verkehrsmitteln wachsam sein. Der Klassiker: Jemand fragt nach dem Weg und zückt einen Stadtplan oder bettelnde Frauen mit Kleinkindern lenken die Aufmerksamkeit des Opfers ab, währenddessen die Komplizen Gepäck und Taschen plündern.

## Abzocke

Vorsicht vor angeblichen Polizisten in Zivil, die scheinbar Fälle von Geldfälscherei oder illegalen Wechselgeschäften untersuchen. Sie lassen sich von Touristen ihr Geld zeigen und geben es nach der „Untersuchung" zurück. Ein Blick darauf offenbart dann meistens recht schnell, dass ein großer Betrag auf Nimmerwiedersehen verschwunden ist. Kein echter Polizist hat das Recht, Ihre Reisekasse zu überprüfen!

Bei einem anderen Trick fragt ein „verirrter Tourist" nach dem Weg (meistens in gebrochenem Englisch). Die Person verwickelt einen mehrere Minuten lang in ein Gespräch. Plötzlich tauchen zwei Freunde des vermeintlichen Touristen auf, geben sich als Zivilbeamte aus und beschuldigen einen, illegal Geld gewechselt zu haben. Sie fordern einen auf, Geldbörse und Reisepass vorzuzeigen – und wenn die Herren beides in den Händen halten, machen sie sich höchstwahrscheinlich blitzschnell aus dem Staub.

## Rassismus

Ausländische Besucher werden überrascht sein über die latenten Vorurteile gegenüber Roma, die schnell für alle Probleme der Stadt verantwortlich gemacht werden. Offene Feindseligkeiten gegenüber ausländischen Besuchern sind zwar selten, doch dunkelhäutige Gäste werden mitunter mit rassistischen Bemerkungen provoziert.

## Verlust von Wertsachen

Wenn Pass, Geldbeutel oder andere Wertsachen gestohlen wurden, sollte man den Verlust innerhalb von 24 Stunden bei der Polizei melden. Am einfachsten ist es beim **Polizeiposten im 1. Prager Bezirk** (Karte S. 118 f.; Jungmannovo náměstí 9; ⌚ 24 Std.) in der Nähe des unteren Endes des Wenzelsplatzes. Man nennt seine Muttersprache und erhält dann einen Formular *(Policejní zpráva)* zum Ausfüllen. Das Dokument wird abgestempelt und einem dann ausgehändigt (nur für Versicherungszwecke, dem Verbrechen selbst wird in der Regel nicht nachgegangen). Wenn man kein Tschechisch spricht, ist ein Anruf bei der Polizei zwecklos – die Wahrscheinlichkeit ist gering, an einen Beamten zu geraten, der einen versteht. Mit dem genannten Formular kann man in der Konsularabteilung der Botschaft einen Ersatzausweis beantragen.

Das gleiche Prozedere empfiehlt sich auch, wenn man Wertsachen verloren hat. Mit Ausnahme der Reisedokumente bekommt man Verlorenes mit viel Glück im **Fundbüro** (ztráty a nálezy; Karte S. 96 f.; ☎ 224 235 085; Karoliny Světlé 5; ⌚ Mo & Mi 8–12 & 12.30–17.30, Di & Do bis 16, Fr bis 14 Uhr; 🚊 6, 9, 18, 22, 23) zurück. Ein weiteres **Fundbüro** (☎ 220 114 283; ⌚ 24 Std.) gibt's im Flughafen.

# GEFÜHRTE TOUREN

Diverse private Unternehmen, die Buden in der Na Příkopě unterhalten, bieten dreistündige Stadtrundfahrten im Bus für rund 650 bis 700 Kč pro Person an. Sie sind in Ordnung, wenn man wenig Zeit hat – in der Burg und bei anderen Sehenswürdigkeiten können einem die Massen aber die Freude vermiesen. Mit den im Kapitel „Stadtviertel" vorgestellten Stadtspaziergängen sollte man besser beraten sein. Zudem gibt es hervorragende spezialisierte Touren.

## Bus & Straßenbahn

**Historische Straßenbahn Nr. 91** (☎ 233 343 349; www.dpp.cz; Museum des Öffentlichen Personennahverkehrs, Patočkova 4, Střešovice; Erw./Kind 35/20 Kč; ⌚ Abfahrt März–Mitte Nov. stündlich Sa, So & Feiertag 12–17.30 Uhr) verkehrt mit alten Zügen aus den Jahren 1908 bis 1924. Die Strecke führt vom Museum des öffentlichen Personennahverkehrs (Karte S. 74 f.) über die Prager Burg, dem Kleinseitner Ring (Malostranské náměstí), das Nationaltheater, den Wenzelsplatz, Platz der Republik (náměstí Republiky), die Štefánikův most und Hlakův most bis zum Messegelände (Výstaviště). Man kann an jeder Haltestelle ein- und aussteigen. Fahrkarten gibt es an Bord. Normale Fahrkarten und Pässe gelten auf dieser Linie nicht.

Eine ganze Reihe von Touren bietet **Prague Sightseeing Tours** (☎ 222 314 661; www.pstours.cz) an, zu finden an der gelben Bude nahe dem Eingang zur Metrostation náměstí Republiky (Karte S. 96 f.). Die zweistündige Tour „Informative Prague" (Erw./Kind 450/380 Kč, Abfahrt April–Okt. 11 &13.30 Uhr) umfasst alle bedeutenden historischen Sehenswürdigkeiten Prags, die „Große Stadtrundfahrt" (730/380 Kč, Abfahrt April–Okt. 9.30 & 14 Uhr) kombiniert eine Bustour zu den wichtigsten Stätten mit einem Spaziergang durch die Prager Burg.

## Fahrrad

**City Bike** (Karte S. 96 f.; ☎ 776 180 284; www.citybike-prague.com; Králodvorská 5, Staré Město; ⌚ April–Okt. 9–19 Uhr; Ⓜ Náměstí Republiky) bietet 2½-stündige geführte Touren an (ab 540 Kc), sie beginnen von Mai bis September um 11, 14 und 17 Uhr (April und Okt. 11 und 14 Uhr). Die Radtouren führen in die Altstadt, zur Moldau und in den Letná-Park, zwischendurch wird eine Pause in einer Kneipe am Fluss eingelegt.

**Praha Bike** (Karte S. 96 f.; ☎ 732 388 880; www.praha bike.cz; Dlouhá 24, Staré Město; ⌚ 9–19 Uhr; Ⓜ Náměstí Republiky) veranstaltet eine 2½-stündige geführte Radtour durch die Altstadt bzw. eine leichte Abendtour durch die Parkanlagen der Stadt (490 Kč). Die Touren beginnen von Mitte März bis Oktober um 14.30 Uhr, zwischen Mai und September gibt es zwei zusätzliche Termine um 11.30 und um 17.30 Uhr. Wer außerhalb der Innenstadt radeln möchte, kann eine individuell zusammengestellte Tour vereinbaren. Helme und Fahrradschlösser werden hierfür bereitgestellt, die Räder können auch für individuelle Fahrten ausgeliehen werden (s. S. 221).

**AVE Travel** (☎ 251 551 011; www.bicycle-tours.cz) veranstaltet ganztägige Radtouren von Prag zur Burg Karlštejn (S. 244), der Preis pro Person liegt bei 1500 Kč (inkl. Radmiete, Mittagessen in Karlštejn und Rückfahrt mit dem Zug). Weitere Fahrten führen nach Konopiště (S. 247) oder durchs Land (1 Woche).

## Jüdisches Prag

**Precious Legacy Tours** (Karte S. 96 f.; ☎ 222 321 954; www.legacytours.net; Kaprova 13, Staré Město; ⌚ Führungen So–Fr 10.30 Uhr, mit Vereinbarung auch 14 Uhr) bietet Touren zu Stätten an, die vor allem die jüdische Geschichte Prags beleuchten. So gibt es z. B. einen dreistündigen Spaziergang durch die Josefstadt/Josefov (630 Kč pro Pers.; im Preis eingeschlossen sind die Eintritte für vier Synagogen, nicht aber der Eintritt zur Staronová-Synagoge, der 200 Kč extra kostet). Möglich ist auch eine täglich angebotene sechsstündige Fahrt nach Theresienstadt (Terezín; 1300 Kč pro Pers., Abfahrt 10 Uhr). Weitere Informationen zu Theresienstadt siehe S. 249. Auf individuelle Wünsche zugeschnittene Privatführungen sind ebenfalls möglich (für 2 Pers. 1300 Kč/Std.).

**Wittmann Tours** (☎ 222 252 472; www.wittmann-tours.com; Novotného lavka 5, Staré Město) bietet dreistündige Spaziergänge durch die Josefstadt (880 Kč pro Pers.; Mitte März–Dez. So–Fr tgl. 10.30 Uhr) sowie eine siebenstündige Fahrt nach Theresienstadt (S. 249) an. Die Fahrten kosten 1450 Kč pro Person, bei einer Mindestteilnehmerzahl von fünf Personen. Die von Wittmann durchgeführten Touren sind nach Ansicht der Autoren weniger hektisch und persönlicher als die vergleichbaren Touren von Precious Legacy.

## Oldtimerfahrten

Gleich eine ganze Reihe von Firmen bietet Stadtrundfahrten in tschechischen Oldtimern an – die Wagen wurden um 1930 herum gebaut. Die Touren beginnen an verschiedenen Treffpunkten in der Innenstadt, die Abfahrtszeiten richten sich nach der Verfügbarkeit der Oldtimer bzw. können auch individuell verabredet werden, wenn die Nachfrage nicht zu groß ist. Die Rundfahrten dauern im Allgemeinen etwa 40 Minuten.

**3 Veterans** (☎ 603 521 700; www.3veterani.cz; Auto 1200 Kč; ⌚ 9–18 Uhr) hat eine kleine Flotte von Praga Piccolos und frühen Škoda-Modellen, die alle Anfang der 1930er-Jahre gebaut wurden. Die Treffpunkte liegen an der Rytířská in der Altstadt, am Malé náměstí/Kleiner Platz und an der Kreuzung der Pařížská mit dem Staroměstské Náměstí/Altstädter Ring sowie am Malostranské náměstí (Kleinseitner Ring) auf der Kleinseite.

Mit dem **Old Timer History Trip** (☎ 776 829 897; www.historytrip.cz; 1/2 Pers. 950 Kč, 3–6 Pers. 1300 Kč; ⌚ April–Nov. 9–18 Uhr) schaukelt man in einem Praga Piccolo von 1928 oder einem größeren Praga Alfa von 1929 über die Kopfsteinpflasterstraßen Prags. In der Altstadt finden sich Haltepunkte am Kleinen Ring und an der Karlova, auf der Kleinseite am Kleinseitner Ring. Im Angebot ist auch eine zweistündige Nachtfahrt (ab 1890 Kč).

## Privatführung

Der **Prager Informationsservice** (Karte S. 96 f.; ☎ 236 002 562; guides@pis.cz; Altes Rathaus, Staroměstské náměstí 1; 3-Std.-Führung pro Pers. 1000 Kč, ab 2 Pers. 1200 Kč plus 300 Kč für jede weitere Pers.; ⌚ Mo–Fr 9–18, Sa & So 9–16 Uhr) kann Privatführungen auch in deutscher Sprache organisieren. Der Schalter befindet sich im PIS-Büro im Alten Rathaus.

## Schiff

**Evropská Vodní Doprava** (EVD; Karte S. 96 f.; ☎ 224 810 030; www.evd.cz; Čechův most, Altstadt; 🚋 17) unterhält große Passagierschiffe, die von der Čechův most (Böhmische Brücke) ablegen. Im Angebot sind stündlich zwischen 10 und 18 Uhr eine einstündige Fahrt (Erw./Kind 220/110 Kč), um 12 Uhr eine zweistündige Fahrt mit Essen und Livemusik (Erw./Kind 690/380 Kč), um 15.30 Uhr ein zweistündiger Ausflug nach Vyšehrad (420/350 Kč) und um 19 Uhr eine dreistündige Tour mit Abendessen und Musik (790/500 Kč). Alle Fahrten finden das ganze Jahr über statt.

**Pražské Benátky/Prague Venice** (Karte S. 96 f.; ☎ 603 819 947; www.prague-venice.cz; Platnéřská 4, Altstadt; Erw./Kind 290/145 Kč; ⌚ Juli & Aug. 10.30–23 Uhr, März–Juni, Sept. & Okt. bis 20 Uhr, Nov.–Feb. bis 18 Uhr; 🚋 17) bietet 45-minütige Touren. In kleinen Booten schippert man unter versteckten Bögen der Karlsbrücke hindurch und über den Čertovka an Kampa entlang. Die Bootstouren starten an folgenden Anlegestellen alle 15 Minuten: unterhalb des Altstädter Brückenturms (Eingang neben dem Karlsbrückenmuseum am westlichen Ende der Platnéřská; Karte S. 96 f.) sowie auf der Kleinseite am Čertovka (Karte S. 82 f.) und bei der Mánesův most (Mánesbrücke; Karte S. 82 f.) in der Nähe der Metrostation Malostranská.

Von April bis Oktober veranstaltet die **Prager Passagierfahrt** (Pražská paroplavební společnost, PPS; Karte S. 118 f.; ☎ 224 930 017; www.paroplavba.cz; Rašínovo nábřeží 2, Neustadt; Ⓜ Karlovo Náměstí) Bootsfahrten auf der Moldau, los geht's am Kai an der Rašínovo nábřeží. Besonders fotogen ist eine einstündige Tour vorbei am Nationaltheater, an der Schützeninsel und am Vyšehrad; sie beginnt von April bis September um 11, 14, 16, 17 und 18 Uhr (Erw./Kind 190/90 Kč).

Zwischen Mai und September fährt ein Schiff an Samstagen und Sonntagen um 9 Uhr 37 km in Richtung Süden den Fluss hinauf. Durch unberührte Landschaft schippert man zum Slapy-Staudamm bei Třebrenice. Der tolle, den ganz Tag dauernde Ausflug kostet hin und zurück 340/170 Kč. Um 18.30 Uhr ist man wieder in der Stadt.

Mit dem Schiff gelangt man schließlich in 75 Minuten nach Troja (beim Zoo; einfache Strecke 150/80 Kč). Im Mai und Juni startet es wochentags um 8.30 Uhr, von Mai bis Mitte September täglich um 12.30 und 15.30 Uhr sowie im April und von Mitte September bis Ende Oktober an Wochenenden und Feiertagen um 9.30, 12.30 und 15.30 Uhr. Die Schiffe legen auf der Rückfahrt in Troja um 11, 14 und 17 Uhr ab.

## Spaziergänge

Vor dem Alten Rathaus drücken sich normalerweise scharenweise Stadtführer herum. Die Qualität der Touren variiert beträchtlich; die besten sind im Folgenden aufgeführt. Die meisten Guides unterhalten kein Büro – wer an einem Stadtrundgang teilnehmen will, erscheint einfach am Ausgangspunkt. Will man auf Nummer sicher gehen, vereinbart man telefonisch Zeit und Treffpunkt. Die meisten Rundgänge beginnen an der Astronomischen Uhr (Karte S. 96 f.). Die Führungen werden meistens im Voraus bezahlt.

Zahlreiche Traveller haben die vertraulich-persönlichen Rundgänge von **George's Guided Walks** (☎ 607 820 158; www.ggeorge.info) empfohlen. Im Angebot sind ein vierstündiger *History Walk* (max. 4 Pers. 2200 Kč; wer Prag schon kennt, wird viel neues entdecken), ein zweistündiger *Iron Curtain Walk* (max. 4 Pers. 1400 Kč) und eine fünfstündige Kneipentour mit Abendessen in einem tschechischen Lokal (1400 Kč/Pers.). George holt einen am Hotel oder an einem anderen Punkt in der Stadt ab.

Die wohl interessanten Spaziergänge von **Prague Walks** (☎ 222 322 309; www.praguewalks.com; 300–1000 Kč/Person) widmen sich Schwerpunkten wie der Prager Architektur, der Žižkover Kneipenlandschaft und der Samtenen Revolution. Treffpunkt an der Astronomischen Uhr (Karte S. 96 f.) oder vorm Hotel.

# INTERNETZUGANG

Viele Hotels haben inzwischen einen WLAN-Zugang; normalerweise muss man die Zugangsdaten bei der Rezeption erfragen. Alternativ kann man sich im Hotelzimmer zum Preis eines Ortsgesprächs bei einem Provider wie **MaGlobe** (www.maglobe.com) einloggen. Die Zimmer der meisten Mittel- und Spitzenklassehotels sind mit gängigen Telefonbuchsen ausgestattet, die mit einem Modem verbunden werden können. Mancherorts gibt es gar Ethernet-Schnittstellen, mit denen man das DSL des Hotels nutzen kann. (Mehr Infos zu

### KABELLOS SURFEN

Auf der Internetseite www.jiwire.com finden sich alle WLAN-Hot-Spots in Prag (sowie rund um den Globus). Immer mehr Cafés und Bars der Stadt bieten für zahlende Kunden kostenloses WLAN an, doch die Erfahrung hat gezeigt, dass noch über die Hälfte der Orte, die mit diesem Service werben, derzeit keine funktionierende Internetanbindung haben („Sorry, funktioniert heute gerade nicht!"). Wer dringend ins Internet will, sollte den Zugang überprüfen, bevor er etwas bucht! Die folgenden Adressen sowie alle Filialen von Starbucks bieten ihren Kunden zuverlässige WLAN-Verbindungen:

- **Blatouch** (S. 198)
- **Krásný Ztráty** (S. 195)
- **Café Savoy** (S. 198)
- **Caffe Kaaba** (S. 198)
- **Grand Café Orient** (S. 199)
- **Káva Káva Káva** (S. 195)

### AB WANN DARF MAN ...?

Traveller sollten immer im Auge behalten, dass sie auch im Ausland den gesetzlichen Volljährigkeitsbestimmungen unterliegen und zumindest theoretisch bei Fehlverhalten dafür bestraft werden können. In Tschechien gilt das folgende Mindestalter:

- Trinken von Alkohol – 18 Jahre
- Autofahren – 18 Jahre
- Geschlechtsverkehr (heterosexuell/homosexuell) – 15 Jahre
- Rauchen – 16 Jahre
- Heiraten – 18 Jahre
- Wählen – 18 Jahre

Reisen mit dem Laptop gibt es unter www.kropla.com.)

Wer nicht mit dem eigenen Laptop unterwegs ist, findet in Prag unzählige Internetcafés. Einige gut erreichbare sind:

**Bohemia Bagel** (Karte S. 96 f.; ☎ 224 812 560; www.bohemiabagel.cz; Masná 2, Staré Město; Min. 1,50 Kč; 🕑 7–24 Uhr; Ⓜ Náměstí Republiky)

**Globe Bookstore & Café** (Karte S. 118 f.; ☎ 224 934 203; www.globebookstore.cz; Pštrossova 6, Nové Město; Min. 1 Kč; 🕑 10–24 Uhr; Ⓜ Karlovo Náměstí) Keine Mindestminutenzahl; hat eine Ehternet-Schnittstelle, an die auch eigene Laptops angeschlossen werden dürfen (gleicher Preis, Kabel können bereitgestellt werden; Pfand beträgt 50 Kč) sowie WLAN.

**Internet Centre** (Karte S. 96 f.; Rytířská 18, Staré Město; 15 Min. 25 Kč, Std. 100 Kč; 🕑 Mo–Fr 9–23, Sa 10–21, So 11–21 Uhr; Ⓜ Můstek) Im Hinterzimmer des Cafés Au Gourmand; hier sind auch günstige Ferngespräche möglich.

**Pl@neta** (Karte S. 134; ☎ 267 311 182; Řipská 24, Vinohrady; Min. 0,44–0,88 Kč; 🕑 8–23 Uhr; Ⓜ Jiřího z Poděbrad) Der günstigste Internetzugang der Stadt! Am Wochenende sowie von Montag bis Freitag vor 10 und nach 18 Uhr sind die Tarife am günstigsten; die Mindestgebühr liegt bei 10 Kč.

**Spika** (Karte S. 118 f.; ☎ 224 211 521; http://netcafe.spika.cz; Dlážděná 4, Nové Město; 15 Min. Mo–Fri 20 Kč, Sa & So 16 Kč; 🕑 8–24 Uhr; Ⓜ Náměstí Republiky)

## KARTEN & STADTPLÄNE

Stadtpläne sind an Zeitungsständen, in Buchläden und in Reisebüros erhältlich. Kartografie Praha gibt mit dem *Praha – plán města* (1:10 000) einen detaillierten Plan des Stadtzentrums und der inneren Vorstädte heraus. Er enthält Infos zu öffentlichen Verkehrsmitteln und Parkplätzen, ein Register, eine Metrokarte und Detailpläne von Burg und Karlsbrücke. Die wichtigsten historischen Attraktionen sind kurz beschrieben.

Der **Prager Informationsservice** (Pražská informační služba, PIS; ☎ 12444, 221 714 444, Englisch & Deutsch; www.prague-info.cz) verschickt die Gratisbroschüre *Willkommen in Tschechien*, die vom Innenministerium herausgegeben wird. Darin enthalten sind ein Stadtplan des historischen Zentrums, ein Nahverkehrsplan der Prager Innenstadt, alle wichtigen Notfallnummern sowie die Adressen der Botschaften.

Wer länger in Prag bleiben möchte, für den lohnt sich der sehr nützliche Taschenatlas *Praha – plán města – standard* (1:20 000), den Kartografie Praha verlegt. Er deckt das komplette Stadtgebiet ab.

Eine Karte mit allen Linien des öffentlichen Nahverkehrs (Metro, Straßenbahn und Bus) bieten die Infostellen des städtischen Verkehrsunternehmens Dopravní podnik hlavního město Prahy (DPP; s. S. 261) an. In den Buchläden gibt es auch die Karte *Praha Městská Doprava* (Öffentliche Verkehrsmittel in Prag) im Maßstab 1:25 000.

## KINDER

Die Tschechen sind Familienmenschen. Für Kinder gibt es daher in der Stadt ein vielfältiges Angebot an Aktivitäten. Immer mehr Prager Restaurants haben Spielwiesen für Kinder und Kinderteller *(dětský jídelníček)*; falls nicht, servieren sie für gewöhnlich eine kleinere Portion zu einem niedrigeren Preis.

Wer etwas im Freien unternehmen will, kann den Prager Zoo (S. 154) besuchen, was auch mit einer Bootstour verbunden werden kann (S. 268). In den Letnáanlagen (S. 147) werden Inlineskates verliehen. Ein wenig durchschnaufen können Groß und Klein auch auf dem Laurenziberg (S. 90) – in dem schönen Park gibt es auch einen tollen Aussichtsturm, von dem aus man einen prima Blick auf Prag genießen kann. Ein noch höherer Aussichtspunkt ist der Fernsehturm (S. 142) in Žižkov.

Im März findet auf dem Messegelände von Holešovice der St.-Matthias-Rummel (S. 16) statt – mit allem, was so dazugehört: Achterbahnen, Schießbuden und Zuckerwatte bis zum Abwinken. Im Sommer kann man hier Ruder- und Paddelboote mieten und über die Moldau fahren oder sich in einem Ausflugsschiff über den Fluss schippern lassen (S. 268).

Oldtimer-Straßenbahnen der Linie 91 verkehren an den Wochenenden und Feiertagen zwischen April und Mitte November; die Strecke verläuft quer durch das Stadtzentrum

(s. S. 268). Auf keinen Fall sollte man die Wachablösung an der Prager Burg verpassen (Infos s. S. 65) – man sollte jedoch rechtzeitig anrücken, damit die Kleinen um sich herum nicht nur Bäuche sehen.

Ein paar Museen dürften auch für Kids interessant sein: Im Spielzeugmuseum (S. 72) bekommen die Kinder große Augen, anfassen dürfen sie die Exponate aber leider nicht. Im Museum des öffentlichen Personennahverkehrs (S. 155) können kleine Techniker in alte Busse und Straßenbahnen klettern und im Flugzeugmuseum Kbely (S. 154) russische MiG-Jets aus der Nähe bestaunen.

Sichere Spielplätze mit Umzäunung gibt es am náměstí Kinských (Karte S. 82 f.), am Nordende der Insel Kampa (Karte S. 82 f.), auf der Kinderinsel (S. 87), am Südende der Sophieninsel (S. 125) und in der Vlašská einige Schritte westlich der Deutschen Botschaft (Karte S. 82 f.).

Weitere Infos und Anregungen für ein möglichst entspanntes Reisen mit Kindern gibt es im Lonely Planet *Travel with Children* von Brigitte Barta et. al. Tipps finden sich auch im Kasten „Top Picks“ auf S. 124.

### Babysitting

Der **Prager Informationsservice** (Pražská informační služba, PIS; ☎ 221 714 444, englisch & deutsch; www.prague-info.cz) hat eine Liste mit Babysittingagenturen *(hlídaní dětí)*. Auch die meisten Spitzenklassehotels haben einen Babysitterservice. Der Preis beträgt rund 150 Kč pro Stunde.

## KLIMA

Während des warmen Prager Sommers kommt gelegentlich auch einmal ein Regenschauer runter. Im kalten und oft schneereichen Winter ist die Witterung recht wechselhaft. An einem typischen Sommertag (Juni bis Aug.) klettert das Quecksilber in Prag auf durchschnittliche 12 bis 22 °C, von Dezember bis Februar liegen die Temperaturen unter dem Gefrierpunkt – aber auf diese Richtwerte ist natürlich nicht immer Verlass und im Sommer hat es auch mal über 35 °C und im Winter unter –20 °C. Während langer Hitzeperioden unterbrechen oft heftige Gewitter aus heiterem Himmel die sommerlich-sonnige Idylle. Allgemein ist das Wetter im Mai und September am angenehmsten.

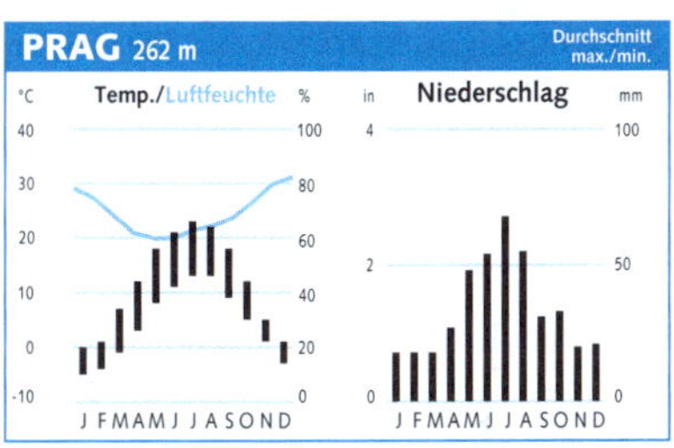


Auf S. 16 stehen Tipps zur besten Reisezeit.

## KURSE

Folgende Schulen bieten Sprachkurse in Tschechisch an:

**Institute for Language & Preparatory Studies** (Ústav jazykové a odborné přípravý, ÚJOP; Karte S. 128; ☎ 224 990 420; www.ujop.cuni.cz; Vratislavova 10, Vyšehrad; Ⓜ Vyšehrad) ÚJOP hat sechswöchige Sprachkurse für Ausländer im Programm, für diese Kurse sind keine Vorkenntnisse in Tschechisch notwendig. Die Kursgebühr beträgt 610 € ohne Übernachtung. Daneben besteht die Möglichkeit, Einzelunterricht (45 Min.) für 620 Kč pro Unterrichtsstunde zu nehmen. Weitere Informationen und ein Anmeldeformular gibt es auf der Homepage des Instituts.

**1to1 Czech** (Karte S. 116; ☎ 605 554 117; http://1to1czech.weebly.com; Revoluční 8, Nové Město; 🚋 5, 8, 14, 51, 54) Bietet Tschechischkurse für Einzelpersonen oder auch Gruppen an, beispielsweise dreiwöchige Kurse für Anfänger. Der Preis für eine Einzelstunde, die 45 Minuten dauert, beginnt bei 400 Kč.

## MEDIZINISCHE VERSORGUNG

Notfallbehandlungen und Erste Hilfe außerhalb von Krankenhäusern sind für alle Besucher der Republik Tschechien kostenlos. Bei ernsthaften Gesundheitsproblemen (z. B. Verdacht auf Herzinfarkt) ist die Notrufzentrale unter der Nummer ☎ 112 zu erreichen. Es sind dort auch Telefonisten mit Deutschkenntnissen beschäftigt.

EU-Bürgern und Schweizern mit einer European Health Insurance Card (EHIC) garantiert die Republik Tschechien kostenlose medizinische Behandlungen in staatlichen Einrichtungen (auf www.cmu.cz stehen Details zum Einsatz dieser Karte). Verschriebene Medikamente sind grundsätzlich kostenpflichtig.

### Apotheken

In Prag gibt es viele Apotheken *(lékárna)*, die meisten in der Innenstadt haben sogar rund um die Uhr geöffnet. In Nové Město befindet sich die Apotheke im **Bezirkskrankenhaus** (Karte S. 118 f.; ☎ 224 946 982; Palackého 5, Nové Město; 🕐 Mo–Fr 7–19, Sa 8–12 Uhr; Ⓜ Národní Třída). In Vinohrady geht man zur **Lékárna U sv Ludmily** (Karte S. 134; ☎ 222 513 396; Belgická 37, Vinohrady; ⌚ Mo–Fr 7–19, Sa 8–12 Uhr; Ⓜ Náměstí Míru).

Für Notfälle außerhalb der offiziellen Öffnungszeiten gibt es eine Klingel (roter Knopf mit der Aufschrift *zvonek lékárna* (Apotheken-Glocke) und/oder *první pomoc* (Erste Hilfe). Wer verschreibungspflichtige Medikamente benötigt, sollte diese von zu Hause mitbringen, da nicht alle in den Apotheken zu bekommen sind.

### Krankenhäuser

**American Dental Associates** (Karte S. 116; ☎ 221 181 121; www.americandental.cz; 2. Stock Atrium, Stará Celnice Bldg, V Celnici 4, Nové Město; Ⓜ Náměstí Republiky) Alle Mitarbeiter sprechen Englisch.

**Canadian Medical Care** (Karte S. 62 f.; ☎ 235 360 133, nach Dienstschluss 724 300 301; www.cmcpraha.cz; Veleslavínská 1, Veleslavín; ⌚ Mo–Fr 8–18, Di & Do 8–20 Uhr; 🚊 20, 26 ab Ⓜ Dejvická) Teure, aber sehr professionell arbeitende Privatklinik mit englisch sprechenden Ärzten; eine Erstuntersuchung kostet 1500–2500 Kč.

**Polyclinic in Národní** (Poliklinika na Národní; Karte S. 96 f.; ☎ 222 075 120, 24-Std.-Notfallnummer 777 942 270; www.poliklinika.narodni.cz; Národní třída 9, Nové Město; ⌚ Mo–Fr 8.30–17 Uhr; Ⓜ Národní Třída) Die Klinik beschäftigt Personal, das Englisch, Deutsch, Französisch und Russisch spricht. Für eine Erstuntersuchung zahlt man 600–1250 Kč.

### Notaufnahmen

**Na Homolce Hospital** (Karte S. 62 f.; ☎ 257 271 111; www.homolka.cz; Station für Ausländer im 5. Stock, Roentgenova 2, Motol; 🚌 167 ab Ⓜ Anděl) Das beste Krankenhaus der Stadt – eingerichtet nach westlichem Standard, ein Standard, der auch für das Personal gilt. Dieses spricht Deutsch, Englisch, Französisch und Spanisch.

## NOTFALL

**EU-weite Notfall-Hotline** (☎ 112) Deutsch- und englischsprachige Vermittlung.

**Feuerwehr** (☎ 150)

**Krankenwagen** (☎ 155)

**Pannenhilfe für Autofahrer** (ÚAMK; ☎ 1230)

**Staatspolizei** (☎ 158)

**Stadtpolizei** (☎ 156)

## ÖFFNUNGSZEITEN

Die meisten Läden öffnen montags bis freitags zwischen 8 und 8.30 Uhr und schließen irgendwann zwischen 17 und 19 Uhr, samstags sind sie von 8.30 bis 12 oder 13 Uhr offen. Kaufhäuser empfangen Kunden wochentags bis 20 Uhr (Sa & So bis 18 Uhr); in den Touristenshops im Prager Zentrum kann länger eingekauft werden (Sa & So 24 Std.).

Banken haben normalerweise montags bis freitags von 8 bis 16.30 offen. Die Prager Hauptpost steht Kunden täglich von 7 bis 20 Uhr zur Verfügung, die Filialen wochentags von 8 bis 18 oder 19 Uhr und samstags bis 12 Uhr. In Restaurants kann man generell zwischen 10 und 23 Uhr essen, Cafés öffnen gegen 8 Uhr. In den meisten Kneipen herrscht von 11 bis 24 Uhr Betrieb (im Stadtzentrum teilweise auch bis 3 od. 4 Uhr).

Die meisten Museen und Galerien öffnen ihre Pforten ganzjährig von 9 oder 10 bis 17 oder 18 Uhr. Viele bleiben montags und am ersten Arbeitstag nach einem Feiertagen geschlossen. Für ein paar größere Prager Kirchen gelten ähnliche Öffnungszeiten.

Burgen, Schlösser und andere historische Bauwerke außerhalb vom Stadtgebiet können zwischen Mai und September täglich von 8 oder 9 bis 17 oder 18 Uhr besichtigt werden (Mo, am ersten Arbeitstag nach Feiertagen & oft auch mittags geschl.). Der Großteil bleibt von November bis März geschlossen, einige haben im Oktober und April nur an den Wochenenden geöffnet. Wer an geführten Touren teilnehmen will, sollte eines bedenken: Abhängig von der Tourdauer schließen die Ticketschalter rund eine Stunde vor dem offiziellen Ende der Öffnungszeit.

## POST

Die **Hauptpost** (Karte S. 118 f.; ☎ 221 131 111; www.cpost.cz; Jindřišská 14, Neustadt; ⌚ 2–24 Uhr; Ⓜ Můstek) findet sich gleich hinter dem Wenzelsplatz. Es gibt ein Nummernsystem: Kunden ziehen sich ein Ticket an den Automaten im Eingangsbereich (Taste 1 für Briefmarken, Briefe und Pakete, Taste 4 für Kuriersendungen). Dann heißt's die Anzeigetafeln in der Haupthalle beobachten – wenn die Ticketnummer aufleuchtet, geht's zum zugewiesenen Schalter. Die meisten anderen Postfilialen haben wochentags von 8 bis 18 oder 19 Uhr geöffnet (Sa bis 12 Uhr).

Die Tschechische Post (Česká Pošta) ist relativ zuverlässig. Wichtige Sendungen sollten aber trotzdem per Einschreiben *(doporučený dopis)* oder Kurierservice verschickt werden. Postkarten und Briefe bis 20 g innerhalb Europas kosten 17 Kč, zu Zielen außerhalb 18 Kč. Eine 2 kg schwere Kuriersendung kostet innerhalb Europas 900 Kč. Briefmarken bekommt man bei Straßenhändlern und an Zeitschriftenkiosken oder in den Filialen der Post.

Die Hauptpostschalter 1 und 2 (ganz links) sind für postlagernde Sendungen *(výdej listovních zásilek)* zuständig. Sie haben wochentags von 7 bis 20 Uhr geöffnet (Sa bis 12 Uhr) und bewahren Post maximal einen Monat lang auf. Die korrekte Anschrift lautet „Poste Restante, Hlavní pošta, Jindřišská 14, 11000 Praha 1, Tschechische Republik". Beim Abholen muss man sich ausweisen (auch unter dem Vornamen nachschauen lassen).

Wer einen professionellen Kurierdienst braucht, wendet sich am besten an die praktisch gelegene Filiale von DHL (Karte S. 118 f.; ☎ 800 103 000; www.dhl.cz; Václavské náměstí 47, Neustadt; 🕒 Mo bis Fr 8–18.30, Sa 9–15 Uhr) in der Nähe des Wenzelsplatzes (mit englischsprachigem Personal).

## RADIO

Radio Prag (www.radio.cz; 92.6MHz FM) sendet mehrmals täglich halbstündig auf Deutsch Nachrichten aus Tschechien und Berichte zur Kultur und aktuellen Themen (6.30, 10, 12, 15, 16.30 Uhr). Der wohl beste alternative Musiksender der Stadt ist Radio 1 (91.9MHz FM), der werbefreie Sender Radio Wave (100.7MHz FM) ist angesichts seines Budgets auch zu empfehlen.

BBC World Service (www.bbc.co.uk/worldservice) sendet von 11–13 und 16–20 Uhr Nachrichten und Kulturprogramme in Englisch und Tschechisch auf 101.1MHz FM.

## RECHTSFRAGEN

Wer aus irgendeinem Grund verhaftet wird, hat das Recht, seine Botschaft zu kontaktieren (Adressen s. S. 265). Streng genommen muss man jederzeit einen Ausweis mit sich führen. Wer seine Identität nicht nachweisen kann, darf von der Polizei bis zu 48 Stunden festgehalten werden. Manche der älteren Polizisten haben das Misstrauen gegenüber Ausländern beibehalten, das in der kommunistischen Periode herrschte. Jüngere Polizisten sind weniger problematisch, allerdings spricht kaum einer fließend Englisch.

Die Strafen für illegalen Drogenbesitz sind hart. Wer erwischt wird, darf von der Botschaft wenig Hilfe erwarten. Allerdings wurden 2008 Gesetze erlassen, die geringere Strafen für den Besitz kleinster Mengen (bis zu 20 Joints oder 1 g Haschisch) vorsehen.

Alkohol am Steuer ist verboten, die Promillegrenze liegt bei 0,0. Bußgelder muss man normalerweise auf der Stelle bezahlen (eine Quittung verlangen). Wer sich nicht an das Rauchverbot hält, muss 1000 Kč Strafe zahlen – diese ist sofort zu entrichten. Das Rauchverbot gilt an öffentlichen Orten, beispielsweise in Krankenhäusern, Kinos, Theatern, Bibliotheken, Bahnhöfen und öffentlichen Verkehrsmitteln – sogar an Bus- und Straßenbahnhaltestellen im Freien. In Restaurants, Kneipen und Clubs ist Rauchen dagegen erlaubt. Siehe dazu auch den Kasten auf S. 168.

## REISEN MIT BEHINDERUNG

In Prag gibt's immer mehr behindertengerechte Einrichtungen, das Angebot lässt aber allgemein noch zu wünschen übrig. Mittlerweile hat die Anzahl der Rollstuhlrampen zugenommen, vor allem an großen Straßenkreuzungen, in neueren Einkaufszentren und in Spitzenklassehotels (im Kapitel „Schlafen" wird auf rollstuhlgerechte Hotels hingewiesen). An den meisten Fußgängerüberwegen im Prager Zentrum werden Blinde oder Sehbehinderte durch akustische Signale sicher auf die andere Straßenseite geleitet. Eingänge und Toiletten von McDonald's und KFC sind für Rollstuhlfahrer zugänglich.

Auch in einem Großteil der Prager Burg werden Rollstuhlfahrer keine Probleme haben – auf den Pflasterstraßen, schmalen Bürgersteige und steilen Hügel des Hradschin und der Kleinseite drum herum allerdings schon. Das Ständetheater (S. 215) ist für Hörgeschädigte ausgerüstet und diverse andere Theater sind auf Rollstuhlfahrer eingestellt. Die mittelalterlichen Skulpturen im EG des Agnesklosters (S. 104) werden durch Texte in Braille erläutert. Der PIS gibt einmal pro Monat die Infobroschüre Přehled heraus (auf Tschechisch) – diese weist auf rollstuhlgerechte Veranstaltungsorte hin. Aufzüge und andere behindertengerechte Einrichtungen werden überdies im Text dieses Reiseführers erwähnt.

Nur wenige Busse haben Rollstuhlrampen, die Straßenbahnen überhaupt nicht. Wochentags fahren die rollstuhlgerechten Buslinien 1 und 3 vom Busbahnhof Florenc und vom Bahnhof Holešovice zum náměstí Republiky (weitere Informationen unter www.dpp.cz).

Der Prager Hauptbahnhof (Praha hlavní nádraží) und der Bahnhof Praha-Holešovice haben vollautomatische Aufzüge, ebenso eine Handvoll Metrostationen (Hlavní Nádraží, Hůrka, Luka, Lužiny, Nádraží Holešovice,

Stodůlky und Zličín). In anderen Metrostationen (Chodov, Dejvická, Linie Florenc C, Háje, IP Pavlova, Opatov, Pankrác, Roztyly and Skalka) hilft das Bahnhofspersonal, die umgebauten Aufzüge zu benutzen. Laut Tschechischer Eisenbahn (ČD) haben alle großen Bahnhöfe im Land Rampen und Aufzüge für Rollstuhlfahrer – in Wirklichkeit sieht's aber eher traurig aus.

Die meisten internationalen Flughäfen (auch der in Prag) haben Rampen und Aufzüge und auch rollstuhlgerechte Toiletten und Telefone. Die Toiletten in den Flugzeugen machen allerdings meistens Probleme – das sollte frühzeitig mit der Fluglinie und/oder dem Hausarzt besprochen werden.

Ganz hilfreich sind die folgenden Institutionen:

**Tschechische Blindenunion** (Sjednocená organizace nevidomých a slabozrakých v ČR; Karte S. 118 f.; ☎ 221 462 146; www.braillnet.cz; Krakovská 21, Nové Město) Vertritt die Belange Sehbehinderter, kann infomieren, bietet aber keine eigenen Dienstleistungen.

**Vereinigung der Prager Rollstuhlfahrer** (Pražská organizace vozíčkářů; Karte S. 96 f.; ☎ 224 827 210; www.pov.cz, nur Tschechisch; Benediktská 6, Staré Město) Die Organisation kann einen Führer und Transportmöglichkeiten (halber Taxipreis) organisieren. Hilfreich ist ein CD-ROM-Führer auf Tschechisch, Englisch und Deutsch, der über alle barrierefreien Orte der Stadt informiert.

## SCHWULE & LESBEN

Homosexualität ist in der tschechischen Republik legal (ab 15 Jahren). Allerdings sind es die Tschechen nicht gewohnt, dass gleichgeschlechtliche Paare in der Öffentlichkeit ihre Zuneigung äußern. Am besten verhält man sich zurückhaltend. Prag ist jedoch der liberalste Ort des Landes und verfügt über eine lebendige Schwulenszene. Die meisten Schwulenbars und -clubs konzentrieren sich im Stadtzentrum sowie in den Bezirken Vinohrady und Žižkov.

Das alle zwei Monate erscheinende Magazin *Amigo* bietet ein paar Seiten in Englisch, hilfreicher und informativer ist der **Gay Guide Prague** (http://prague.gayguide.net) und **Prague Saints** (www.praguesaints.cz). Siehe auch Kasten S. 208, in dem schwulenfreundliche Unterkünfte und Treffpunkte vorgestellt werden.

## STROM

In Tschechien können mitgebrachte elektrische Geräte problemlos benutzt werden: Die Netzspannung beträgt 230 V (50 Hz Wechselstrom), die Steckdosen sind die gleichen wie in Deutschland, Österreich und der Schweiz.

## TELEFON

Die meisten tschechischen Telefonnummern sind neunstellig – alle Ziffern müssen zwingend gewählt werden – egal ob es sich um ein Orts- oder ein Ferngespräch handelt (in Tschechien gibt es keine Ortsvorwahlen). Alle Festnetznummern in Prag beginnen mit einer 2; alle Handynummern mit einer 6 oder 7. Ausnahmen sind die Notfallnummern, die Rufnummern einiger Taxiunternehmen und Hotlines, die ab und zu kürzer als neunstellig sind. Einige wichtige Telefon- und Vorwahlnummern finden sich in der vorderen Umschlaginnenseite.

In ganz Prag gibt's Telefonzellen für Orts- und Ferngespräche und Anrufe ins Ausland. Die Münzfernsprecher schlucken nur Münzen im Wert von 2, 5, 10 und 20 Kč. Wesentlich beliebter und praktischer sind Prepaid-Karten; mit ihnen kann man von allen tschechischen Telefonen und Telefonzellen landesweite und internationale Gespräche führen.

Auslandsgespräche kann man auch im Telefonbüro der Hauptpost führen, es befindet sich gleich links hinter dem rechten Eingang. Kunden hinterlegen einfach eine Anzahlung und telefonieren in schalldichten Kabinen. Ein kleiner Gebührenzähler läuft mit. Hier gibt's auch Telefonbücher von Prag und anderen Großstädten. Ein Verzeichnis mit Geschäftsnummern findet sich auf der Website www.zlatestranky.cz.

### Handys

Wie im übrigen Europa gilt in Tschechien der Mobilfunkstandard GSM 900 (jetzt 3G-kompatibel). **Telefonica/O2** (www.cz.o2.com), **T-Mobile** (www.t-mobile.cz) und **Vodafone** (www.vodafone.cz) betreiben die größten Handynetze.

Falls wider Erwarten das Roaming nicht funktioniert, holt man sich einfach in einem Mobilfunkshop eine tschechische SIM-Karte (450 Kč inkl. 300 Kč Gesprächsguthaben) und telefoniert so zu ortsüblichen Tarifen (3–9 Kč/Min.) – selbstverständlich nicht unter der gewohnten Nummer.

Nutzern von iPhones und anderen Smartphone-Nutzern bietet Telefonica/O2 das größte und am besten funktionierende 3G-Netzwerk. Die wichtigsten Konkurrenten arbeiten hart daran, einen vergleichbaren Standard zu erreichen.

Wenn das eigene Handy nicht gesperrt ist, können tschechische SIM-Karten eingelegt werden – sie werden in den Handyläden für rund 450 Kč (inkl. 300 Kč Guthaben) verkauft und ermöglichen Inlandsanrufe zu ortsüblichen Tarifen (Min. 3–9 Kč). Logischerweise ist in diesem Fall aber die eigene Handyrufnummer inaktiv.

### Telefonkarten

An Telefonkarten stehen beispielsweise die Smartcall (www.smartcall.cz) und die Karta X Plus zur Auswahl – sie sind mit Guthaben von 300 bis 1000 Kč in Hotels, an Kiosken und bei Touristeninformationen erhältlich. Beim Gebrauch sollte man die Anleitung auf der Karte befolgen – erst die Zugangsnummer wählen, dann den freigerubbelten PIN-Code und schließlich die Telefonnummer (einschließlich Landesvorwahl). Der Preis für ein Gespräch nach Deutschland, Österreich und in die Schweiz kostet von einem Festanschluss aus mit der Smartcall-Karte 6,60 bis 8,90 Kč pro Minute – je teurer die Karte, desto günstiger der Minutenpreis.

## TOILETTEN

Öffentliche Toiletten in staatlichen Museen, Galerien und Konzertsälen können kostenlos benutzt werden. Bei allen anderen staatlichen Einrichtungen (z. B. Bahnhöfen, Busbahnhöfen und Metrostationen) kassieren Angestellte zwischen 5 und 10 Kč. Die meisten Anlagen sind sauber und gepflegt. Ach ja: Herren gehen durch die Tür mit der Aufschrift *muži* oder *páni*, Damen achten auf *ženy* oder *dámy*.

In Touristengebieten gibt es öffentliche Toiletten u. a. auf der Prager Burg, gegenüber der Straßenbahnhaltestelle am Kleinseitner Ring, neben dem Palais Goltz-Kinsky am Altstädter Ring, in der Celetná in der Nähe des Pulverturms und am Uhelný trh in der Altstadt. Ein weiteres stilles Örtchen steht neben der Laterna Magica an der Národní třída.

## TOURISTENINFORMATIONEN

Der Prager Informationsservice (Pražská informační služba, PIS; ☎ 221 714 444, Englisch & Deutsch; www.prague-info.cz) ist die wichtigste Quelle für touristische Informationen jeglicher Art: Er verteilt gratis gute Stadtpläne und informative Broschüren (inkl. Übernachtungsadressen und Beschreibung der historischen Sehenswürdigkeiten) Beim PIS werden auch Fahrkarten für die öffentlichen Verkehrsmittel verkauft.

Es gibt vier PIS-Büros:

Malá Strana/Karlsbrücke (Karte S. 82 f.; ⌚ April–Okt. 10–18 Uhr)

Praha hlavní nádraží/Hauptbahnhof (Karte S. 118 f.; Wilsonova 2, Nové Město; ⌚ April–Okt. Mo–Fr 9–19, Sa & So 9–16 Uhr, Nov.–März Mo–Fr 9–18, Sa & So 9–16 Uhr)

Rytírská (Karte S. 96 f.; Rytírská 31, Staré Město; ⌚ April–Okt. 9–19, Nov.–März 9–18 Uhr)

Staroměstská Radnice/Altes Rathaus (Karte S. 96 f.; Staroměstské Náměstí 5, Staré Město; ⌚ April–Okt. 9–19, Nov.–März 9–18 Uhr)

### Fremdenverkehrsämter im Ausland

Die Tschechische Zentrale für Tourismus (www.czechtourism.com) unterhält weltweit Büros und informiert über die touristischen Sehenswürdigkeiten, über Kultur und Wirtschaft.

Deutschland (☎ 030-204 4770; Wilhelmstrasse 44, 10117 Berlin-Mitte)

Österreich (☎ 01-533 21933; Herrengasse 17, 1010 Wien)

## VISA

Bei der Einreise wird ein gültiger Reisepass (bzw. Personalausweis bei EU-Bürgern) verlangt. Deutsche, Österreicher und Schweizer benötigen kein Visum.

Die Tschechische Republik ist Teil der Schengen-Zone.

Für alle Fragen rund um das Thema Visum empfiehlt sich ein Blick auf die Homepage des Außenministeriums: www.mzv.cz.

## ZEIT

In der Republik Tschechien ist alles wie in Deutschland, Österreich und der Schweiz: Es gilt die Mitteleuropäische Zeit, am letzten Märzwochenende werden die Uhren auf Sommerzeit umgestellt (plus 1 Std.) und am letzten Wochenende im Oktober geht's dann eine Stunde zurück. Es wird die 24-Stunden-Skala benutzt.

## ZEITUNGEN & ZEITSCHRIFTEN

Zahlreiche Zeitungskioske am Wenzelsplatz, Náměstí Republiky und an der Na Příkopě und die Relay-Shops in größeren Metrostationen verkaufen die aktuellen Ausgaben deutschsprachiger Zeitungen und Zeitschriften, etwa die *FAZ*, die *Süddeutsche Zeitung* oder den *Spiegel*.

Auf S. 57 gibt's Infos zu Prager Zeitungen.

## ZOLL

Nach Deutschland, Österreich und in die Schweiz darf man aus Tschechien einführen: 800 Zigaretten (od. 400 Zigarillos od. 200 Zigarren od. 1 kg Rauchtabak). Erlaubte Alkoholmengen für EU-Bürger sind: 10 l Spirituosen, 20 l Zwischenerzeugnisse (z. B. Likörwein, Wermutwein), 90 l Wein und 110 l Bier. Für Schweizer gelten: 1 l Spirituosen mit über 22 % bzw. 2 l Spirituosen mit unter 22 % Alkoholgehalt, 2 l Wein und 2 l Schaumwein. Alle Waren müssen jedoch für den persönlichen Gebrauch bestimmt sein. Traveller unter 17 Jahren dürfen keinen Alkohol und keinen Tabak ausführen.

Echte Antiquitäten dürfen keinesfalls ausgeführt werden. Neben der tschechischen darf man ausländische Währungen in beliebigen Summen in die Tschechische Republik einführen. Allerdings sind Gesamtbeträge über 500 000 Kč meldepflichtig.

# SPRACHE

Tschechisch *(Čeština)* ist die Hauptsprache der Tschechischen Republik. Es handelt sich um eine westslawische Sprache, die zur Gruppe der indoeuropäischen Sprachen zählt. Das Tschechische ist mit dem Polnischen verwandt, noch enger allerdings mit dem Slowakischen: Erwachsene Bürger der Tschechischen und der Slowakischen Republik verstehen einander relativ problemlos, nur jüngere Menschen, die mit der Sprache des Nachbarn wenig Kontakt gehabt haben – speziell seitdem die Tschechen und Slowaken im Jahr 1992 das gemeinsame Staatsgebilde, die Tschechoslowakei, aufgelöst hatten –, tun sich manchmal im Gespräch ein wenig schwer.

In Prag, wo ausländische Besucher an der Tagesordnung sind, kann man sich an vielen touristischen Orten ganz gut auf Englisch oder auch Deutsch verständigen. Es macht unterwegs aber einfach mehr Spaß, wenn man zumindest ein paar tschechische Sätze beherrscht. Und die Einheimischen nehmen auch unzulängliche Versuche in ihrer Sprache normalerweise sehr erfreut zur Kenntnis.

Wer sich über die hier aufgeführten Sätze und Wendungen hinaus ein wenig mit dem Tschechischen beschäftigen möchte, findet in Buchhandlungen mit Sicherheit weitere Hilfestellungen, beispielsweise den *Sprachführer Tschechisch* von Marco Polo.

## AUSSPRACHE

Um tschechische Wörter wirklich richtig auszusprechen, wird man eine Weile brauchen – vor allem für die auf den ersten Blick unaussprechlich wirkenden Häufungen von Konsonanten. Mit ein wenig Übung ist das aber trotzdem zu schaffen, denn man spricht die Wörter zumindest so, wie man sie schreibt: Ist man also einmal mit den ungewohnten Zeichen und Lauten vertraut, lassen sich tschechische Wörter relativ einfach lesen. Betont wird normalerweise die erste Silbe.

### Vokale

Lange (mit einem Akut versehen) und kurze Vokale werden im Prinzip gleich ausgesprochen – lange werden einfach länger gehalten. Die folgenden Lauten entsprechen ungefähr diesen im Deutschen:

| | |
|---|---|
| a | wie in „Ball“ |
| á | wie in „Bad“ |
| e | wie in „Bett“ |
| é | wie in „Ehre“ |
| ì | wie in „jetzt“; am Wortanfang |
| i/y | wie in „Ritt“ |
| í/ý | wie in „Spiel“ |
| o | wie in „Gott“ |
| ó | wie in „Bote“ |
| u | wie in „Bus“ |
| ú/ù | wie in „Mus“ |

### Diphthonge

| | |
|---|---|
| aj | wie in „Geier“ |
| áj | länger als in „Kaiser“ |
| au | wie in „Moldau“ |
| ej | wie im englischen „day“ |
| ij/yj | Kurzform; wie „iy“ |
| íj/ýj | Langform von ij/yj |
| oj | wie in „Räuber“ |
| ou | wie im englischen „note“; aber die einzelnen Vokale werden stärker betont als im Englischen |
| uj | wie in „pfui“ |
| ùj | Langform von uj |

### Konsonanten

| | |
|---|---|
| c | wie in „Pfütze“ |
| è | wie in „Tschüss“ |
| ch | wie in „Dach“ |
| j | wie in „jagen“ |
| r | rollendes „r“ mit der Zungenspitze |
| ř | kein deutsches Äquivalent; ein rollender „rsch“-Laut (wie beim Komponisten „Dvořák“) |
| š | wie in „Schutz“ |
| ž | wie in „Gage“; immer stimmhaft |
| ď, ¾, | sehr weiche palatale Laute; dabei berührt die Zunge nach einem Konsonanten kurz den harten Gaumen und erzeugt dabei ein „j“ (z. B. im englischen „canyon“ in der Wortmitte). Dasselbe gilt für d, n und t, wenn darauf ein i, í oder ě folgt. |

Alle anderen Konsonanten entsprechen ihren deutschen Gegenstücken, jedoch sind die Laute **k**, **p** und **t** nicht aspiriert. Das bedeutet, dass die Aussprache nicht von einem hörbaren Luftstoß begleitet wird.

# KONVERSATION

## Ausgehen

Was kann man abends alles unternehmen?
Kam se tady dá večer jít?
Was ist heute Abend los?
Kde se večer můžeme pobavit?
Gibt es einen örtlichen Veranstaltungskalender?
Existuje přehled kulturních programů?

Ich hätte Lust auf ein/eine/das/die …
Mám chuť jít …

| | |
|---|---|
| Bar | do baru |
| Café | do kavárny |
| Kino | do kina |
| Nachtclub | do noční podnik |
| Oper | na operu |
| Restaurant | do restaurace |
| Theater | do divadla |

Gibt es hier gute Nachtclubs?
Jsou tady nějaké dobré noční podniky?

## Grußformeln & Höflichkeitsformen

Hallo/Guten Tag.
Dobrý den. (höflich)
Ahoj. (salopp)
Auf Wiedersehen.
Na shledanou. (höflich)
Ahoj/Čau. (salopp)
Ja.
Ano/Jo. (höflich/salopp)
Nein.
Ne.
Entschuldigung/Entschuldigen Sie bitte. (wenn man jemanden um Verzeihung oder um Hilfe bittet)
Promiňte.
Könnten Sie mir bitte helfen?
Prosím, můžete mi pomoci?
Bitte.
Prosím.
Danke/Herzlichen Dank.
(Mockrát) děkuji.
Gern geschehen.
Není zač.
Guten Morgen.
Dobré jitro/ráno.
Guten Tag.
Dobré odpoledne.
Guten Abend.
Dobrý večer.
Wie geht es Ihnen?
Jak se máte?
Danke, gut.
Děkuji, dobře.

## Verständigungsschwierigkeiten

Sprechen Sie Englisch/Deutsch?
Mluvíte anglicky/německy?
Ich verstehe.
Rozumím.
Ich verstehe nicht.
Nerozumím.
Könnten Sie das bitte aufschreiben?
Můžete mi to napsat, prosím?

# NÜTZLICHES

## Fragewörter

| | |
|---|---|
| Wer? | Kdo? |
| Was? | Co? |
| Wann? | Kdy? |
| Wo? | Kde? |
| Wie? | Jak? |

## Geld

Wo ist der/die nächste …?
Kde je …?

| | |
|---|---|
| Geldautomat | bankomat |
| Bank | banka |
| Wechselstube | směnárna |

Ich möchte (einen) … wechseln.
Chtěl/Chtěla bych vyměnit … (m/w)

| | |
|---|---|
| Bargeld/Geld | peníze |
| (Reise-) Scheck | (cestovní) šek |

Wann öffnet die Bank?
V kolik hodin otevírá banka?

## Internetzugang

Gibt's in der Nähe ein Internetcafé?
Je tady internet kavárna? (m/w)
Ich hätte gerne Internetzugang.
Chtěl/Chtěla bych se připojit na internet. (m/w)
Ich würde gerne meine E-Mails abrufen.
Chtěl/Chtěla bych si skontrolovat můj email. (m/w)

## Papierkram

| | |
|---|---|
| Name | jméno |
| Geburtsdatum | datum narození |
| Geburtsort | místo narození |
| Alter | věk |
| Geschlecht | pohlaví |
| Nationalität | národnost |
| Visum | vizum |
| Führerschein | řidičský průkaz |

## Post

Wo ist die nächste Post?
Kde je pošta?

Ich möchte … kaufen.
Rád/Ráda bych koupil/a … (m/w)

| | |
|---|---|
| Postkarten | pohlednice |
| Briefmarken | známky |

Ich möchte einen/eine/ein … versenden.
Chtěl/Chtěla bych poslat … (m/w)

| | |
|---|---|
| Brief | dopis |
| Päckchen | balík |
| Postkarte | pohled |

## Schilder

| | |
|---|---|
| Kouření Zakázáno | Rauchen verboten |
| Otevřeno | Offen |
| Umývárny/Toalety | Toiletten |
| Páni/Muži | Herren |
| Dámy/Ženy | Damen |
| Vchod | Eingang |
| Východ | Ausgang |
| Zákaz | Verboten |
| Zavřeno | Geschlossen |

## Shoppen & Service

Wo ist der/die/das nächste …?
Kde je …?
Ich suche nach einer/der/einem/dem …
Hledám …

| | |
|---|---|
| Kunstgalerie | uměleckou galérii |
| Stadtzentrum | centrum |
| Hauptplatz | hlavní náměstí |
| Markt | tržiště |
| Museum | muzeum |
| Toilette | veřejné záchody |
| Touristen-information | turistická informační kancelář |

Wann wird geöffnet/geschlossen?
V kolik hodin otevírají/zavírají?

## Telefonieren

Wo ist die nächste Telefonzelle?
Kde je nejbližší veřejný telefon?
Dürfte ich das Telefon benutzen?
Mohu si zatelefonovat?
Ich möchte bei ... anrufen.
Chci zavolat …
Ich möchte ein Ferngespräch nach ... führen.
Chtěl/Chtěla bych volat do … (m/w)
Ich möchte ein R-Gespräch führen.
Chtěl/Chtěla bych zavolat na účet volaného. (m/w)
Ich möchte eine Telefonkarte kaufen.
Chtěl/Chtěla bych koupit telefonní karta. (m/w)

## Uhrzeit & Datum

| | |
|---|---|
| Wie viel Uhr ist es? | Kolik je hodin? |
| morgens | ráno |
| nachmittags | odpoledne |
| abends | večer |
| heute | dnes |
| jetzt | teď |
| gestern | včera |
| morgen | zítra |

| | |
|---|---|
| Montag | pondělí |
| Dienstag | úterý |
| Mittwoch | steda |
| Donnerstag | čtvrtek |
| Freitag | pátek |
| Samstag | sobota |
| Sonntag | neděle |

| | |
|---|---|
| Januar | leden |
| Februar | únor |
| März | březen |
| April | duben |
| Mai | květen |
| Juni | červen |
| Juli | červenec |
| August | srpen |
| September | září |
| Oktober | říjen |
| November | listopad |
| Dezember | prosinec |

## Verkehrsmittel & -wege

Wann fährt der Zug/Bus?
V kolik hodin odjíždí vlak/autobus?
Wann kommt der Zug/Bus an?
V kolik hodin přijíždí vlak/autobus?
Entschuldigen Sie bitte, wo ist der Fahrkartenschalter?
Prosím, kde je pokladna?

Ich möchte nach …
Chci jet do …
Ich hätte gerne (ein) …
Rád/a bych … (m/w)

| | |
|---|---|
| Ticket ohne Rückfahrt | jednosměrnou jízdenku |
| Ticket mit Rückfahrt | zpáteční jízdenku |
| zwei Tickets | dvě jízenky |

## Wegweiser

| | |
|---|---|
| Haben Sie einen Stadtplan? | Máte mapu okolí? |
| Wo ist …? | Kde je …? |
| Geradeaus gehen. | Jděte přímo. |
| Links abbiegen. | Zatočte vlevo. |
| Rechts abbiegen. | Zatočte vpravo. |
| dahinter | za |
| davor | před |
| weit | daleko |
| nah | blízko |
| gegenüber | naproti |

## Zahlen

Tschechen nennen Zahlen von 21 bis 99 gern in umgekehrter Reihenfolge; sie sagen z. B. *jedna dvacet* (21) anstelle von *dvacet jedna*.

| | |
|---|---|
| 0 | nula |
| 1 | jedna |
| 2 | dva |
| 3 | tři |
| 4 | čtyři |
| 5 | pět |
| 6 | šest |
| 7 | sedm |
| 8 | osm |
| 9 | devět |
| 10 | deset |
| 11 | jedenáct |
| 12 | dvanáct |
| 13 | třináct |
| 14 | čtrnáct |
| 15 | patnáct |
| 16 | šestnáct |
| 17 | sedmnáct |
| 18 | osmnáct |
| 19 | devatenáct |
| 20 | dvacet |
| 21 | dvacet jedna |
| 22 | dvacet dva |
| 23 | dvacet tři |
| 30 | třicet |
| 40 | čtyřicet |
| 50 | padesát |
| 60 | šedesát |
| 70 | sedmdesát |
| 80 | osmdesát |
| 90 | devadesát |
| 100 | sto |
| 1000 | tisíc |

## Zeitangaben in Museen

| | |
|---|---|
| Jahr | rok |
| Jahrhundert | století |
| Jahrtausend | milénium/tisíciletí |
| Anfang (des) … | začátek … |
| erste Hälfte (des) … | první polovina … |
| Mitte (des) … | polovina … |
| zweite Hälfte (des) … | druhá polovina … |
| Ende (des) … | konec … |

# ESSEN & TRINKEN

Weitere Hinweise auf Speisen und das Essen in Restaurants siehe S. 167.

Vegetarier sollten bedenken, dass *Bezmasá jídla* (fleischlose Gerichte) zwar auf vielen tschechischen Speisekarten aufgeführt sind, dass einige dieser Speisen aber in tierischem Fett gebraten werden oder Schinken bzw. Speck enthalten können. Auf Nachfrage sind die Köche aber meist gern bereit, etwas wirklich Vegetarisches zuzubereiten.

Können Sie ein/eine … empfehlen?
Můžete doporučit …?

| | |
|---|---|
| Café | kavárnu |
| Kneipe | hospodu |
| Restaurant | restauraci |

Ich möchte bitte den/einen …
Chtěl/Chtěla bych …, prosím. (m/w)
Tisch für (fünf)
stůl pro (pět)
Nichtraucherraum
nekuřáckou místnost
Raucherraum
kuřáckou místnost

Ist die Bedienung im Preis inbegriffen?
Je to včetně obsluhy?
Was ist die hiesige Spezialität?
Co je místní specialita?
Was würden Sie empfehlen?
Co byste doporučil/doporučila? (m/w)
Prost!
Na zdraví!

Ich möchte bitte (die) …
Chtěl/Chtěla bych …, prosím. (m/w)

| | |
|---|---|
| Rechung | účet |
| Getränkekarte | nápojový lístek |
| Speisekarte | jídelní lístek |
| dieses Gericht | ten pokrm |

Ich bin Vegetarier.
Jsem vegetarián/vegetariánka. (m/w)
Ich esse kein Fleisch/Schweinefleisch/Fisch/Geflügel.
Nejím maso/vepřové/ryby/drůbež.
Könnten Sie ein Gericht ohne ... zubereiten?
Mohl/Mohla by jste připravit jídlo bez ...? (m/w)

Ich bin allergisch gegen ...
Mám alergii na ...

| | |
|---|---|
| Milchprodukte | mléčné výrobky |
| Gluten | lepek |
| Nüsse | ořechy |
| Meeresfrüchte | plody moře |

| | |
|---|---|
| Snack | občerstvení |
| Frühstück | snídaně |
| Mittagessen | oběd |
| Abendessen | večeře |

## Typische Gerichte

bramborový salát – Kartoffelsalat aus Mayonnaise und Joghurt, Kartoffelscheiben, Karotten, Erbsen, sauren Gurken, Zwiebeln & Mais
chlebíèky – Baguettehälfte mit kaltem Braten, Ei, Käse oder Salaten mit Mayonnaise und Hummer, Fisch, Kartoffeln oder Schinken und Erbsen.
ïábelská topinka – ein pikanter Toast mit Fleisch und Käse
guláš – dickflüssiger, kräftiger Eintopf meist aus Rindfleisch und Kartoffeln, manchmal mit Wild oder Pilzen
hranolky – Pommes frites
krokety – Kroketten
kuøe na paprice – in scharfer Paprika-Sahne-Sauce gekochtes Hühnchen
míchaná vejce s klobásou – Rührei mit Würstchen
opékané brambory – Bratkartoffeln
párek v rohlíku – Hot Dog
Pražská šunka – Prager Schinken; in Salzwasser und Gewürze eingelegter und über Buchenholz geräucherter Schinken
ruská vejce – Russische Eier; hartgekochtes Ei, Kartoffel und Salami, mit Mayonnaise
salát – Salat
sendviè – Sandwich
smažené žampiony – gebratene Pilze
smažený kvìták – gebratener panierter Blumenkohl
smažený sýr – gebratener panierter Käse
smažený vepøový øízek – Schweineschnitzel
šopský salát – Kopfsalat mit Tomaten, Zwiebeln & Käse
vejce se slaninou – Eier & Speck

## Essglossar

| | |
|---|---|
| ananas | Ananas |
| arašídy | Erdnüsse |
| banán | Banane |
| brambor | Kartoffel |
| brokolice | Brokkoli |
| èesnek | Knoblauch |
| chléb | Brot |
| cibule | Zwiebel |
| citrón | Zitrone |
| èokoláda | Schokolade |
| cuketa | Zucchini |
| cukr | Zucker |
| dort | Kuchen |
| dýnì | Kürbis |
| fazole | Bohnen |
| hlávkový | Kopfsalat |
| hoøèice | Senf |
| houba | Pilze |
| hoøèice | Rindfleisch |
| hrášek | Erbsen |
| hruška | Birne |
| jablko | Apfel |
| jahoda | Erdbeere |
| jehnìèí | Lamm |
| jogurt | Joghurt |
| kapusta | Kohl |
| kari | Curry |
| knedlíky | Knödel |
| krùta | Truthahn |
| kukuøice | Mais |
| kuøe | Hühnchen |
| kvìták | Blumenkohl |
| kyselá smetana | saure Sahne |
| lilek | Aubergine |
| losos | Lachs |
| majonéza | Mayonnaise |
| malina | Himbeere |
| mandle | Mandel |
| máslo | Butter |
| maso | Fleisch |
| med | Honig |
| mrkev | Karotte |
| ocet | Essig |
| okurka | Salatgurke oder saure Gurke |

| | |
|---|---|
| olej | Öl |
| omáèka | Sauce |
| omeleta | Omelett |
| oøechy | Nüsse |
| ovoce | Obst |
| palaèinka | Pfannkuchen |
| paprika | Paprika |
| peèivo | Brötchen |
| pepø | schwarzer Pfeffer |
| plody moøe | Meeresfrüchte |
| polévka | Suppe |
| pomeranè | Orange |
| pstruh | Forelle |
| rajèe | Tomate |
| rozinky | Rosinen (Sultaninen) |
| ryba | Fisch |
| rýže | Reis |
| salám | Salami |
| skopové | Hammel |
| slanina | Speck |
| sleï | Hering |
| šlehaèka | Schlagsahne |
| smetana | Sahne |
| sójová omáèka | Sojasauce |
| sójové mléko | Sojamilch |
| sójový tvaroh | Tofu |
| špenát | Spinat |
| sùl | Salz |
| šunka | Schinken |
| svíèková | Lendenfilet |
| sýr | Käse |
| tatarská omáèka | Remouladensauce |
| telecí | Kalbfleisch |
| tìstovina | Pasta |
| tuòák | Thunfisch |
| tvaroh | Hüttenkäse |
| ústøice | Auster |
| vanilka | Vanille |
| vejce | Eier |
| vepøové | Schwein |
| zelenina | Gemüse |
| zelí | Kraut, Sauerkraut |
| zmrzlina | Eiscreme |

## Arten Der Zubereitung

| | |
|---|---|
| èerstvý | frisch |
| fritovaný | frittiert |
| grilovaný | gegrillt |
| horký | heiß |
| krvavý | blutig (bei Fleisch) |
| míchaný | gemischt |
| na roštu | gegrillt |
| peèený | gebraten |
| propeèený | durchgebraten (bei Fleisch) |
| se sýrem | mit Käse |
| sladký | süß |
| smažený | gebraten |
| støednì propeèený | rosa (bei Fleisch) |
| studený | kalt |
| teplý | warm |
| uzený | geräuchert |
| vaøený | gekocht |
| zmrzlí | gefroren |

## Getränke

| | |
|---|---|
| èaj | Tee |
| káva | Kaffee |
| limonáda | Limonade |
| mléko | Milch |
| nealkoholický nápoj | Erfrischungsgetränk |
| neperlivá voda | Stilles Wasser |
| odstøedìné mléko | Magermilch |
| perlivá minerálka | Mineralwassser mit Kohlensäure |
| pivo | Bier |
| pomeranèový džus | Orangensaft |
| slivovice | Zwetschgenschnaps |
| víno | Wein |
| voda | Wasser |
| bez kofeinu | koffeinfrei |
| bez ledu | ohne Eis |
| s citrónem | mit Zitrone |
| s ledem | mit Eis |
| s mlékem | mit Milch |
| se smetanou | mit Sahne |

# NOTFÄLLE

Hilfe!
Pomoc!
Das ist ein Notfall!
To je naléhavý případ!
Würden Sie mir bitte helfen?
Prosím, můžete mi pomoci?
Rufen Sie einen Krankenwagen/einen Arzt/die Polizei!
Zavolejte sanitku/doktora/policii!
Wo ist die Polizei?
Kde je policejní stanice?

# GESUNDHEIT

Wo ist der/die/das nächste …?
Kde je …?

| | |
|---|---|
| Apotheke | lékárna |
| Zahnarzt | zubař |
| Arzt | doktor |
| Krankenhaus | nemocnice |

Ich benötige einen englisch sprechenden/deutsch sprechenden Arzt.

Potřebuji lékaře, který mluví anglicky/německy.
Mir ist schlecht.
Jsem nemocný/nemocná. (m/w)
Ich habe Kopfweh
Bolí mě hlava.

Ich habe …
Mám …

| | |
|---|---|
| Durchfall | průjem |
| Fieber | horečku |

## GLOSSAR

Diesen Wörtern und Abkürzungen begegnet man bei einem Pragbesuch vermutlich häufiger.

**autobus** – Bus
**bankomat(y)** – Geldautomat(en)
**èajovná** – Teehaus
**ÈD** – Tschechische Eisenbahn (staatliche Gesellschaft)
**Èedok** – ehemaliges staatliches Reisebüro und Tourveranstalter, mittlerweile privatisiert
**chrám** – Dom
**ÈSA** – Czech Airlines, die Landesfluglinie
**ÈSSD** – Sozialdemokratische Partei
**cukrárna** – Konditorei
**divadlo** – Theater
**doklad** – Quittung oder Dokument; s. auch *potvrzení*
**dùm** – Haus oder Gebäude
**galérie** – Galerie, Arkade
**hlavní nádraží (hl nád)** – Hauptbahnhof
**hora** – Hügel, Berg
**hospoda** – Kneipe
**hostinec** – Kneipe
**hrad** – Burg
**høbitov** – Friedhof
**jízdenka** – Ticket
**kaple** – Kapelle
**katedralá** – Kathedrale
**kavárna** – Café oder Kaffeeladen
**Kè (Koruna èeská)** – Tschechische Krone
**kino** – Kino
**kostel** – Kirche
**koupelna** – Bad
**KSÈM** –Kommunistische Partei Böhmens und Mährens
**lékárna** – Apotheke
**mìsto** – Stadt
**most** – Brücke
**muzeum** – Museum
**nábøeží (nábø)** – Ufer
**nádraží** – Bahnhof
**námìstí (nám)** – Platz
**národní** – national
**ODS** – Demokratische Bürgerpartei
**ostrov** – Insel
**palác** – Palast/Palais
**pasáž** –Einkaufspassage
**pekárna** – Bäckerei
**penzión** – Pension
**pivnice** – kleine Bierstube/Schänke
**pivo** – Bier
**pivovar** – Brauerei
**potraviny** – Lebensmittelladen
**Praha** – Prag
**pøestup** – Umsteigen oder Anschluss
**restaurace** – Restaurant
**sad(y)** – Garten, Park, Obstgarten (Pl.)
**Sametová revoluce** – Samtene Revolution: unblutige Überwindung des Kommunismus 1989
**sleva** – Supermarkt
**stanice** – Bahnhof oder Haltestelle
**svatý (sv.)** – Sankt (St.) oder heiliger (hl.)
**tøída (tø)** – Hauptstraße
**ulice (ul)** – Straße
**ulièka (ul)** – Weg, Gasse
**viž** – Turm
**vinárna** – Weinbar, Restaurant
**vlak** – Zug
**výdej listovních zásilek** – postlagernde Sendungen
**zahrada** – Gärten, Park
**zámek** – Schloss
**zastávka** – Haltestelle (Bus, Straßenbahn, Zug)

# HINTER DEN KULISSEN

## ÜBER DIESES BUCH

Dies ist die 3. deutsche Auflage von *Prag*, basierend auf der mittlerweile 9. englischen Auflage. Neil Wilson und Mark Baker sind für Recherchen und Text verantwortlich. Beide haben schon die 8. Auflage gemeinsam erarbeitet; Neil war außerdem verantwortlich für die 5., 6. und 7. Auflage, und er hat an der 4. Auflage mitgeschrieben. Dieser Band entstand im Londoner Büro von Lonely Planet; daran mitgewirkt haben:

**Verantwortliche Redakteure** Joe Bindloss, Jo Potts

**Leitende Redakteure** Anna Metcalfe, Gina Tsarouhas

**Leitung der Kartografie** Peter Shields

**Layout-Leitung** Paul Iacono

**Redaktion** Imogen Bannister, Bruce Evans, Annelies Mertens

**Kartografie** David Connolly, Owen Eszeki, Corey Hutchison, Herman So

**Layout** Indra Kilfoyle

**Redaktionsassistenz** Kim Hutchins

**Kartografieassistenz** Andras Bogdanovits, Csanad Csutoros

**Umschlag** Naomi Parker, lonelyplanetimages.com

**Bildredaktion** Aude Vauconsant, lonelyplanetimages.com

**Register** Susan Paterson

**Sprache** Laura Crawford

**Dank an** Lisa Knights, Trent Paton, Kalya Ryan

**Abbildungen auf dem Umschlag** Karlsbrücke in Prag, Walter Bibikow (oben); Fassadendetail in der Prager Altstadt, Jon Arnold Images (unten).



## DANK DER AUTOREN

### NEIL WILSON

Ein großes Dankeschön an all die Barkeeper, Buchhändler, Baristas und Hotelpagen, die mir bereitwillig auf meine endlosen Fragen nach den besten Bars, Kneipen und Restaurants geantwortet haben. Ein Dank auch an die Anwohner der Navrátilova, die sich nie beklagt haben, wenn ich nachts über Mülltonnen gestolpert bin – auf meinem Heimweg von anstrengenden Recherche-Nächten ... Und schließlich ein herzliches *děkuji mockrát* an Jo Potts und Lonely Planet, die mich wieder ins Team geholt haben, und an meinen Kollegen Mark für die angenehme Begleitung und den Hinweis auf Kout na Šumavě.

### MARK BAKER

Ich danke meinen drei „Kontaktpersonen" vor Ort: dem Bierkenner Max Bahnson, der Kämpferin aus den Tagen der Samtenen Revolution, Anna Siskova, und dem Restaurant-Kritiker „Brewsta". Ich danke aber auch dem Verantwortlichen Redakteur Jo Potts bei Lonely Planet ganz herzlich – dafür, dass ich

## DIE LONELY PLANET STORY

Am Küchentisch fing alles an – nachdem Tony und Maureen Wheeler 1972 eine lange, abenteuerliche Reise durch Europa, Asien und Australien unternommen hatten, trugen sie all ihre Informationen und Notizen zusammen. So entstand der erste Lonely Planet Reiseführer *Across Asia on the Cheap*.

Der Reiseführer wurde von Travellern geradezu verschlugen. Ermutigt durch ihren Erfolg, veröffentlichten die Wheelers weitere Bücher über Südostasien, Indien und andere Länder. Die Nachfrage war so ungeheuerlich groß, dass die Wheelers ihr Untenehmen erweiterten. Über die Jahre deckten sie mit ihrer Reiseliteratur den ganzen Globus ab und sie dehnten ihre Berichterstattung auf die virtuelle Welt von lonelyplanet.com und das Lonely Planet Messageboard Thorn Tree aus.

Lonely Planet wurde ein immer beliebterer Reisebuchverlag und Tony und Maureen konnten sich vor Aufträgen kaum mehr retten. Doch erst 2007 fanden sie einen verlässlichen Partner, bei dem sie sich sicher sein konnten, dass er dem Prinzip abenteuerlustiger, aber umweltbewusster Reisen treu blieb. Im Oktober dieses Jahres erwarb BBC Worldwide 75% der Anteile von Lonely Planet, mit dem Versprechen, die Grundsätze unabhängiges Reisen, vertrauenswürdige Auskünfte und redaktionelle Unabhängigkeit aufrechtzuerhalten.

Heute hat Lonely Planet Büros in Melbourne (Australien), London und Oakland (USA) mit mehr als 500 Mitarbeitern und rund 300 Autoren. Tony und Maureen engagieren sich immer noch aktiv bei Lonely Planet. Sie reisen mehr als je zuvor und in ihrer Freizeit widmen sie sich wohltätigen Projekten. Das Unternehmen wird nach wie vor von der Philosophie von *Across Asia on the Cheap* getragen: „Wichtig ist, dass du dich entscheidest zu gehen, dann hast du den härtesten Teil geschafft. Also, los geht's!"

wieder an diesem Titel mitarbeiten durfte und für seine wichtige Arbeit im Hintergrund. Und schließlich danke ich meinem Kollegen Neil für seine gute Projektleitung, seinen Sinn für die bizarren Elemente der Stadt Prag – und für seine unermüdliche Suche nach dem perfekten *pivo*.

## DANK VON LONELY PLANET

**Wir danken allen Reisenden, die uns nach Benutzung der vorhergehenden Auflage Tipps, Ratschläge und interessante Reiseberichte geschickt haben:**

Kate Ahmad, Ville Alho, Rupert Allen, Sheila Armstrong, Jan-Benjamin Benej, L Carroll, Paul Croft, Peter Daly, Finette Devrell, Nick Dillen, Bruce Dodson, Sanvila Domic, Dave Dutta, Bradford Elder, Martin Fojtek, Mario Freitas, Suzanne Gardent, Jon Giullian, Christina Gousetis, Michaela Jiroutova, Lucy Johnston, Paul Kail, Jana Kleinova, Roos Korevaar, Marek Kubej, Jesse Ligo, Kim Lockwood, John Lovejoy, Emma Månsson, Chris Mills, Deborah O'Bray, Melissa O'Brien, Jessica Olschowka, Alison O'Neill, Lisa Rehman, Adele Reilly, Keith Resnick, Carolyn Robinson, Judith Schulman, Marsha Stewart, Jan Stojaspal, Lisa Street, David Talacko, Franciska Tillema, Manuele Zunelli, Gabriel Zuri, Jane Zwisohn.

## WIR FREUEN UNS ÜBER EIN FEEDBACK

Post von Travellern zu bekommen ist für uns ungemein hilfreich – Kritik und Anregungen halten uns auf dem Laufenden und helfen, unsere Bücher zu verbessern. Unser reiseerfahrenes Team liest alle Zuschriften genau durch, um zu erfahren, was an unseren Reiseführern gut und was schlecht ist. Wir können solche Post zwar nicht individuell beantworten, aber jedes Feedback wird garantiert schnurstracks an die jeweiligen Autoren weitergeleitet, noch rechtzeitig vor der nächsten Nachauflage.

Wer uns schreiben will, erreicht uns über www.lonelyplanet.de/kontakt.

Hinweis: Da wir Beiträge möglicherweise in Lonely-Planet-Produkten (Reiseführer, Websites, digitale Medien) veröffentlichen, ggf. auch in gekürzter Form, bitten wir um Mitteilung, falls ein Kommentar nicht veröffentlicht oder ein Name nicht genannt werden soll.

Wer Näheres über unsere Strategie bei der Datenschutzpolitik wissen will, erfährt das unter www.lonelyplanet.com/privacy.

# Notizen

Siehe auch separate Teilregister für:



**000** Kartenseiten
**000** Abbildungen

**000** Kartenseiten
**000** Abbildungen

## BRÜCKEN & TORE



**000** Kartenseiten
**000** Abbildungen

## BURGEN, SCHLÖSSER & PALÄSTE



## FRIEDHÖFE



## GEDENKSTÄTTEN & MONUMENTE



## HÄUSER & VILLEN



## INSELN



## JÜDISCHE STÄTTEN & SYNAGOGEN



## KIRCHEN & KATHEDRALEN



## KLÖSTER & KONVENTE



## MUSEEN & GALERIEN

## PARKS & GÄRTEN



## PLÄTZE



## STATUEN & SKULPTUREN



## STRASSEN & GASSEN



## THEATER



## TÜRME



## VERKEHRSMITTEL



## ZOOS & AQUARIEN



# SHOPPEN

## ANTIQUITÄTEN



## BÜCHER



## EINKAUFSZENTREN & MÄRKTE



## ESSEN & TRINKEN



## FOTOGRAFIE



## GESCHENKARTIKEL



## HAUSHALTSWAREN

**000** Kartenseiten
**000** Abbildungen

## HOTELS



## PENSIONEN

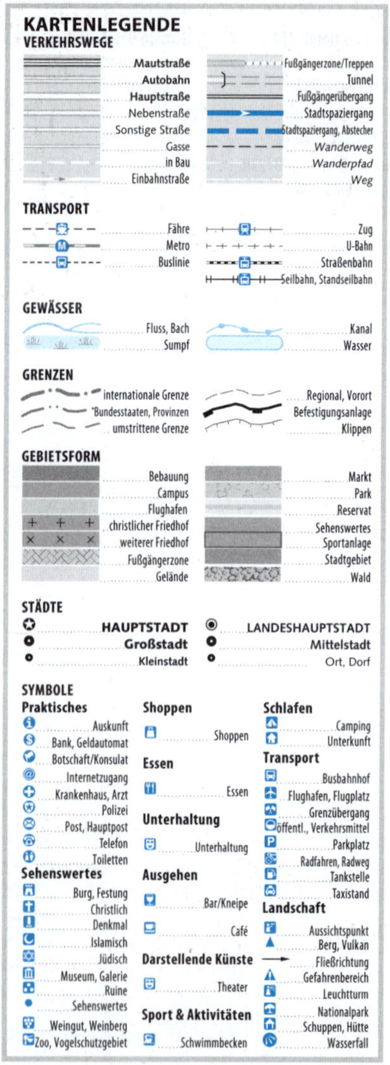


**Lonely Planet Publications,**
Locked Bag 1, Footscray,
Melbourne, Victoria 3011,
Australia

**Verlag der deutschen Ausgabe:**
**MAIRDUMONT**, Marco-Polo-Str. 1, 73760 Ostfildern,
www.mairdumont.com, lonelyplanet@mairdumont.com
Chefredakteurin deutsche Ausgabe: Birgit Borowski
Übersetzung: Christiane Gsänger, Sigrid Weber-Krafft, Raphaela Moczynski, Dr. Thomas Pago; Christina Kagerer, Andrea Schleipen
Redaktion: CLP Carlo Lauer & Partner, Aschheim
Technischer Support: CDN Media, München

**Prag**
3. deutsche Auflage März 2011, übersetzt von *Prague 9th edition*, November 2010, Lonely Planet Publications Pty


Printed in China

Titelfotos: Karlsbrücke in Prag, Walter Bibikow (oben); Fassadendetail in der Prager Altstadt, Jon Arnold Images (unten).

Die meisten Fotos in diesem Reiseführer können bei Lonely Planet Images, www.lonelyplanetimages.com, auch lizenziert werden.